JOSH KAUFMAN

MEIN PERSÖNLICHER MBA

1. Auflage 2024

Türkenstraße 89, 80799 München
info@yes-publishing.de

Übersetzung: Petra Pyka
Redaktion: Rainer Weber
Umschlaggestaltung: Ivan Kurylenko (hortasar covers)
Umschlagabbildung: Alex Fabbri/Shutterstock.com
Layout und Satz: Daniel Förster
Druck: GGP Media GmbH, Pößneck
Printed in Germany

ISBN Print 978-3-96905-330-0
ISBN E-Book (EPUB, Mobi) 978-3-96905-331-7
ISBN E-Book (PDF) 978-3-96905-332-4

Sonderausgabe zum 10-jährigen Jubiläum

MEIN PERSÖNLICHER MBA

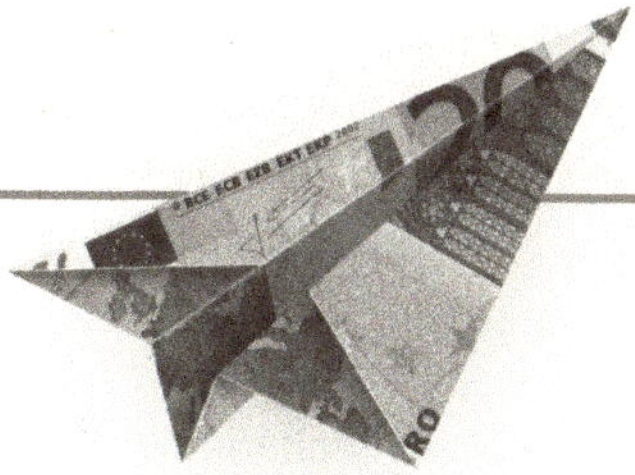

Alles, was Sie über Betriebswirtschaft und Management wissen müssen, zum Preis von einem Buch

JOSH KAUFMAN

YES

Lobende Stimmen für die Jubiläumsausgabe

»Eine wahre Goldgrube an brauchbaren Konzepten und nützlichen Erläuterungen. Sollte jeder Unternehmer parat haben.«

James Clear, Autor des millionenfach verkauften Bestsellers *Die 1%-Methode*

»Josh Kaufman hat mir mehr betriebswirtschaftliches Wissen vermittelt als mein MBA-Studium. *The Personal MBA* führt Sie Schritt für Schritt durch die Denkmodelle, die Sie brauchen, um in der Geschäftswelt Erfolg zu haben. Die betriebswirtschaftlichen Erkenntnisse eines ganzen Berufslebens in einem Band.«

Shane Parrish, Gründer von *Farnam Street* (fs.blog) und
Host des Podcasts *The Knowledge Project*

»Ein echtes Meisterwerk. Dieses Buch ist das A und O für jeden, der sich für Betriebswirtschaft interessiert. Ein fantastischer Überblick über alles, was man wissen muss. Liefert sämtliche Grundlagen – ganz ohne Hype und heiße Luft. Seit Jahren hat mich kein Buch mehr so begeistert.«

Derek Sivers, Gründer von CD Baby und Autor des Bestsellers *Anything You Want*

»*The Personal MBA* ist das beste Wirtschaftsbuch, das ich je gelesen habe. Die meisten Bücher fokussieren sich nur auf einen bestimmten betriebswirtschaftlichen Teilbereich, doch *Mein persönlicher MBA* erklärt Ihnen sämtliche beweglichen Teile und vermittelt Ihnen das nötige Rüstzeug, um zu verstehen, wie diese ineinandergreifen und wie daraus ein funktionierendes System entsteht.«

Amy Hoy, Gründerin von Noko Time Tracking und Stacking the Bricks

»Das einzige Fachbuch, das ich wirklich empfehlen kann. Josh Kaufman ist es gelungen, eine ganze Bibliothek wichtiger Erkenntnisse übersichtlich in ein Buch zu verpacken, das sich auch noch richtig gut liest. Die eingesparte Lesezeit können Sie in den Aufbau Ihres Unternehmens investieren. Kaufmans Buch liefert nicht nur einen brauchbaren Überblick, sondern dient auch als nützliches Nachschlagewerk. Ich greife immer wieder zu *The Personal MBA,* und zwar häufiger als zu jedem anderen Buch.«

Courtland Allen, Mitgründer von Indie Hackers

»Als *The Personal MBA* erschien, habe ich das Buch bis zur letzten Seite verschlungen. Es hat mein betriebswirtschaftliches Denken geprägt. Unglaublich, wie es Josh Kaufman schafft, Hunderte von Büchern und das betriebswirtschaftliche Wissen von Jahrhunderten ebenso prägnant wie elegant zu kondensieren.«

Rob Walling, Mitgründer von MicroConf und Autor des Bestsellers *Start Small, Stay Small*

»Vor zehn Jahren absolvierte ich ein MBA-Studium – dank Kaufmans Buch. Seine praxisnahen Einblicke in Betriebswirtschaft und betriebswirtschaftliche Denke haben mich seither nie im Stich gelassen. *The Personal MBA* ist das kompakteste, zeitsparendste MBA-Studium der Welt: nur das Wissen, ganz ohne Ego.«

Joanna Wiebe, Gründerin von Copyhackers

»Mein abgegriffenes Exemplar von *The Personal MBA* steht seit über fünf Jahren stets griffbereit auf meinem Schreibtisch. Seit ich mein eigenes Unternehmen gegründet habe und ausbaue, ist dieses Buch mein wichtigster Ratgeber in Bezug auf alles, was ich in der Schule und im Studium nicht gelernt oder nie so richtig begriffen oder verinnerlicht habe.«

Shawn Blanc, Gründer von The Sweet Setup und The Focus Course

»Vor zehn Jahren habe ich *The Personal MBA* zum ersten Mal gelesen – und seither immer wieder. Ich nehme das Buch oft zur Hand, nämlich immer dann, wenn es darum geht, bessere Entscheidungen zu treffen. Ob ich einen Geschäftsplan für die Gründung meines Schreibstudios erstelle, meinen Arbeitstag plane oder einen systematischen Ansatz zur Ermittlung und Lösung von Problemen brauche – ich kenne kein anderes Buch, das sich insgesamt so positiv auf meine Produktivität und meine Lebensfreude ausgewirkt hat.«

Daniel Joshua Rubin, Dramatiker und Autor von *27 Essential Principles of Story*

»*The Personal MBA* sollte Pflichtlektüre für jeden sein, der betriebswirtschaftlich tätig ist. Dieses Buch brachte mich mit Ideen, Systemen und Best Practices in Berührung, die mir nie jemand vermittelt hatte. Auch nach zehn Jahren schlage ich es noch regelmäßig auf. Kaufen Sie es, lesen Sie es und behalten Sie es in Reichweite. Es wird Ihnen im Geschäftsleben jahrelang ein treuer Begleiter sein.«

Tim Grahl, Autor von *Running Down a Dream* und Gründer von Book Launch

»Ich hatte mein MBA-Studium 2005 bereits abgeschlossen, als ich *The Personal MBA* in die Finger bekam und prompt den Eindruck gewann, überhaupt nichts von Betriebswirtschaft zu verstehen. Rückblickend wünschte ich mir, ich hätte das Buch gelesen, bevor ich mich an der Business School einschrieb – dann hätte ich sicherlich mehr von meinen MBA-Studium gehabt. Wer weiß … vielleicht hätte ich es mir sogar komplett sparen können. Dieses Buch ist mit Abstand das beste betriebswirtschaftliche Grundlagenwerk auf dem Markt.«

Roger Hui, Senior Software Manager bei RedHat, Inc.

»Mithilfe der Denkmodelle aus *The Personal MBA* ist es mir gelungen, in nicht einmal vier Wochen ein gewinnbringendes Unternehmen auf die Beine zu stellen. Josh Kaufman räumt schnell auf mit vielen Fehlauffassungen zur unternehmerischen Tätigkeit. Unter seiner Anleitung bin ich sehr viel produktiver und erfolgreicher, und mein Leben ist erfüllter.«

Evan Deaubl, President und CEO von Tic Tac Code, LLC

»Dieses Buch fällt unter die Rubrik ›Schluss mit den faulen Ausreden!‹ Wer es gelesen hat, hört nicht mehr darauf, wenn ihm andere erzählen, er verfüge nicht über die nötige Intelligenz, Bildung oder Qualifikation, um etwas Bedeutendes zu leisten. Lassen Sie sich von Josh Kaufman in die wichtigsten Grundlagen der Betriebswirtschaft einführen – es lohnt sich!«

Seth Godin, Autor des Bestsellers *Das ist Marketing!*

»Was man Ihnen auch einredet – Sie brauchen nicht unbedingt einen MBA-Abschluss. Wer dieses Buch liest und seinen Inhalt umsetzt, hat in der Wirtschaft die Nase vorn.«

Kevin Kelly, Gründer und Chefredakteur von *Wired* und Autor des Bestsellers *The Inevitable*

Für die vielen Millionen Geschäftsleute, die in aller Welt daran arbeiten, den Menschen das Leben angenehmer zu machen – im Großen wie im Kleinen

Inhalt

2 – Marketing 117

3 – Vertrieb 147

4 – Der Wertbeitrag für den Kunden 181

5 – Finanzwesen 205

6 – Die menschliche Psyche 259

7 – An sich selbst arbeiten 307

8 – Die Arbeit im Team 371

9 – Systeme begreifen 415

10 – Systeme richtig analysieren 441

11 – Systeme optimieren 467

HINWEIS FÜR ALLE LESERINNEN UND LESER

»Eine klare Sprache sorgt für Klarheit im Denken – und klar zu denken, ist der größte Nutzen, den eine gute Ausbildung bringen kann.«

Richard Mitchell, *The Graves of Academe*

Viele meinen, sie müssten unbedingt BWL studieren oder berufsbegleitend einen MBA machen, um zu erfahren, wie man erfolgreich ein Unternehmen aufbaut oder Karriere macht. Doch das stimmt nicht. Um in der modernen Geschäftswelt zu reüssieren, ist wenig mehr erforderlich als gesunder Menschenverstand, die Beherrschung der Grundrechenarten und die Kenntnis einiger weniger wichtiger Konzepte und Grundsätze.

Mein persönlicher MBA ist ein Wirtschaftsbuch, dass sich ganz auf die Grundlagen fokussiert. Es soll Ihnen in kürzester Zeit einen verständlichen, umfassenden Überblick über die wichtigsten betriebswirtschaftlichen Konzepte geben.

Jedes Konzept wird in diesem Buch möglichst einfach formuliert. Die Schnittstellen zwischen diesen Konzepten sind der Übersichtlichkeit halber hervorgehoben. Beherrschen Sie erst die Grundlagen, können Sie sich ganz darauf konzentrieren, Ihre Karriere voranzutreiben – in dem sicheren Bewusstsein, dass Ihre Prioritäten stimmen.

Die meisten Bücher, die als »Alternative zum MBA« bezeichnet werden, versuchen, die Lehrpläne von Studiengängen der führenden Business Schools abzuarbeiten. *Mein persönlicher MBA* setzt einen ganz anderen Schwerpunkt. Ich will Ihnen helfen, solides Grundwissen über die betriebswirtschaftliche Praxis aufzubauen – ganz von vorne, ungeachtet Ihrer Vorbildung oder Erfahrung auf diesem Gebiet.

Ihre Zeit ist wertvoll. Ich habe mich daher nach Kräften bemüht, ein umfassendes, vielschichtiges Thema in ein eingängiges Buch zu packen, das in ein paar Stunden gelesen ist. Ist es in Ihrer speziellen Situation ratsam, sich eingehender mit bestimmten Themen auseinanderzusetzen, wissen Sie, wonach Sie suchen müssen und wo Sie ansetzen sollten.

Zu wissen, wo man ansetzen sollte, ist im normalen Geschäftsbetrieb ausgesprochen nützlich – ganz gleich, ob Sie Einsteiger, gestandener Unternehmer, qualifizierte Fachkraft oder Topmanager mit jahrzehntelanger Erfahrung sind. Eine gemeinsame Sprache öffnet bei Überlegungen zu bestimmten Beobachtungen Tür und Tor für wesentliche Verbesserungen – ganz gleich, womit Sie Ihr Geld verdienen.

Diese überarbeitete und aktualisierte Fassung von *Mein persönlicher MBA* enthält viele neue Konzepte, die die ohnehin schon sehr umfassende Darstellung grundlegender Ideen noch komplettieren. Ebenso wurden kleine Änderungen vorgenommen, um die in den ersten beiden Ausgaben enthaltenen Konzepte noch klarer darzustellen, und die Registerfunktionen wurden erweitert, sodass das Buch als Nachschlagewerk auf lange Sicht an Wert gewinnt.

Wenn Sie mit realweltlichen Erfahrungen bündeln, was Sie aus diesem Buch lernen, profitieren Sie davon bis ans Ende Ihres Lebens. Ich hoffe, dieses Buch hilft Ihnen, mehr zu verdienen, mehr zu schaffen und dabei mehr Spaß zu haben.

VORWORT ZUR AUSGABE VON 2020

Fantastisch, wenn die Theorie auch in der Praxis funktioniert.

Vor 15 Jahren begann ich nebenbei mit der Arbeit an *Mein persönlicher MBA*. Ich wollte meine betriebswirtschaftlichen Kenntnisse und Kompetenzen erweitern – und zwar direkt, effizient und kosteneffektiv. Als ich das Projekt in Angriff nahm, hatte ich dabei eigentlich eine Karriere in einem großen multinationalen Konzern im Auge. Ich hatte nicht die Absicht, ein Buch daraus zu machen, und konnte nicht ahnen, dass meine Recherchen Hunderttausenden von Menschen weltweit weiterhelfen und meinem eigenen Leben eine ganz neue Richtung geben würden.

Mein persönlicher MBA hat Leserinnen und Lesern jeder Couleur – vom Berufsanfänger, der gerade ins Arbeitsleben eingetreten ist, über die qualifizierte Fach- oder Führungskraft bis hin zur selbstständigen Unternehmerin – genauere, praxistaugliche Informationen darüber vermittelt, was ein Unternehmen eigentlich ist, wie es funktioniert, wie man ein neues Unternehmen von Grund auf aufbaut und wie man laufende geschäftliche Projekte optimieren kann.

Wer sich im Erwachsenenalter für eine betriebswirtschaftliche Qualifikation interessiert, der schaut sich unweigerlich unter MBA-Studiengängen um. Doch ein akademischer *Abschluss* ist oftmals eine schlechte Investition. Betriebswirtschaftliche *Kompetenzen* dagegen sind immer nützlich, ganz egal, wie Sie sie erwerben.

Das Schöne am Bücherschreiben ist, dass Leserinnen und Leser rückmelden, wenn sie in irgendeiner Form davon profitiert haben. In den zehn Jahren, die seit der Erstveröffentlichung von *Mein persönlicher MBA* vergangen sind, habe ich von Tausenden von Leserinnen und Lesern gehört, die die Inhalte dieses Buches eingesetzt haben, um gewinnbringende Unternehmen zu gründen, in ihrer Firma den Aufstieg zu schaffen oder persönlich oder beruflich weiterzukommen.

Dirk aus Berlin in Deutschland wollte sich gern auf eigene Faust weiterbilden statt an einer Business School:

> *Mein persönlicher MBA* hat mir einen 150 000 Dollar teuren Fehler erspart und mir eine ganz neue Perspektive auf meine persönliche Weiterbildung eröffnet. 2014 war ich mit der Entwicklung meiner Karriere unzufrieden und dachte ernsthaft daran, an einer europäischen Spitzenuniversität ein MBA-Studium aufzunehmen. Zwei Tage bevor ich meine Einschreibungsunterlagen einsenden und die erste Zahlung leisten sollte, las ich *Mein persönlicher MBA* … und überlegte es mir prompt anders. Statt mich in hohe Schulden zu stürzen, ging ich auf eine private Bildungsreise, um meine Karrierepläne zu verfolgen: die Arbeit mit Start-ups. Ich reiste viel, besuchte Tagungen und nahm an Fortbildungen teil. Parallel dazu las ich alle Bücher, die ich in die Finger bekam. Mit einem Bruchteil des Zeit- und Geldaufwands, den ein MBA erfordert hätte, knüpfte ich die richtigen Kontakte und lernte alles, was ich wissen musste, um beruflich voranzukommen. Seit fünf Jahren leite ich erfolgreich mein eigenes Unternehmen und habe mittlerweile schon mit über 300 Start-ups gearbeitet.

Michael aus dem Vereinigten Königreich trieb mithilfe dieses Buches seine Karriere in dem Unternehmen voran, für das er arbeitet:

> Nach dem Studium dachte ich, jetzt sei ich gut auf das Arbeitsleben vorbereitet … doch das war ein Irrtum. Für mich ist *Mein persönlicher MBA* die ultimative Vorbereitung auf lebenslanges Lernen. Seit über zwei Jahren nehme ich es mindestens einmal im Monat zur Hand. Ich bin jetzt 26 und leite Marketing- und Produktmanagementteams für eines der größten Unternehmen der Welt. Ich bin der Jüngste, der bisher den Sprung in die Führungsetage geschafft hat. Vor Kurzem drückte ich *Mein persönlicher MBA* einem Teammitglied in die Hand, das gerade frisch von der Uni gekommen war. Der Betreffende hat es gleich mehrmals von vorne bis hinten durchgelesen. Inzwischen bekomme ich aus dem Team häu-

> fig Feedback über ihn. Er sei »sehr versiert für sein Alter« und könne »die richtigen Fragen stellen«. Alles das Verdienst von Josh Kaufman.

M. R. zieht das Buch heran, um mehrere Hundert Beschäftigte zu führen und Millionen von Menschen auf Sri Lanka mit grundlegenden Dienstleistungen zu versorgen:

> Ich habe *Mein persönlicher MBA* vor drei Jahren an einem Bücherstand in Malaysia gekauft. Ich habe keinen MBA, praktiziere aber die Managementmethoden aus diesem Buch. Ich habe Ihre Konzepte zu Systemen verwendet, um Bestände im Wert von über 20 Millionen Dollar zu steuern und einen reibungslosen Materialfluss zu gewährleisten. Außerdem leitete ich ein Team, um ein Kundenbetreuungssystem zu entwickeln, von dem inzwischen 6,2 Millionen Kunden profitieren. Ferner haben wir über 2000 Geschäftsprozesse ermittelt, die sich in ein neues Enterprise-Resource-Planning-System überführen lassen. Ich kann Ihnen nur gratulieren und mich bedanken für die harte Arbeit, die Sie zum Wohle von Millionen von Managern weltweit leisten.

Elizabeth aus Minneapolis, Minnesota, USA, setzt dieselben Ideen in ihrem Privatleben um:

> Ich hätte nie gedacht, dass ich es ohne Studium intellektuell so weit bringen könnte. Sie haben mir beigebracht, wie man sein Wissen erweitert und in die Praxis umsetzt und wie ich fast alles schaffen kann, was ich ernsthaft versuche. Ich fungiere als Mentorin für vier Kinder und gebe an diese weiter, was ich von Ihnen gelernt habe. Ich bin Ihnen sehr dankbar für alles, was Sie geleistet haben.

Das sind keine Einzelfälle: Hunderttausende von Leserinnen und Lesern aus aller Welt setzen die Anregungen aus *Mein persönlicher MBA* um, um beruflich voranzukommen, glücklicher zu leben und die Welt zu verbessern.

Es ist mir eine Ehre, Sie mit diesem Kompendium wichtiger Erkenntnisse vertraut zu machen, das Ihnen Ihr Leben lang gute Dienste leisten wird. Wer diese Konzepte kennt, der kann leichter Großes vollbringen, die richtigen Entscheidungen treffen und seine Kompetenzen, Fähigkeiten und Chancen optimal nutzen – ganz gleich, womit er (oder sie) den Lebensunterhalt verdient (oder verdienen möchte).

Danke, dass Sie diese erweiterte und überarbeitete Jubiläumsausgabe von *Mein persönlicher MBA* lesen. Ich hoffe, das Buch wird Ihnen bei all Ihren Vorhaben nützlich sein, und wünsche Ihnen Erfolg auf ganzer Linie.

Josh Kaufman
Fort Collins, Colorado, USA
September 2020

EINLEITUNG

WARUM SIE DIESES BUCH LESEN SOLLTEN

»Dinge, die die Welt nicht braucht – noch ein Wirtschaftsbuch!«

US-Zollbeamter am John F. Kennedy International Airport auf die Frage nach meinem Beruf

»Das Leben ist hart – ganz besonders für Dummköpfe.«

John Wayne, Westernikone

Da Sie zu diesem Buch gegriffen haben, wollen Sie vermutlich etwas Wichtiges erreichen: ein Unternehmen gründen, befördert werden oder etwas Neues erfinden. Und höchstwahrscheinlich gibt es einen oder mehrere Faktoren, die Ihnen dabei im Wege stehen, Ihre Träume zu verwirklichen:

- *»Businessangst«* – das Gefühl, »im Geschäftsleben zu wenig von der Materie zu verstehen« und sich deshalb nie auf eigene Füße stellen oder in der jetzigen Position mehr Verantwortung übernehmen zu können. Besser soll alles bleiben, wie es ist, als sich der Angst vor dem Unbekannten zu stellen.
- *Übertriebene Ehrfurcht vor Qualifikationen* – die Vorstellung, dass »das Geschäftsleben kompliziert ist« und am besten gut ausgebildeten »Fachleuten« überlassen werden sollte. Wie kann man sich ohne MBA oder

ähnlich anspruchsvolle Qualifikation anmaßen zu behaupten, man wüsste, was zu tun ist?
- *Das Hochstaplersyndrom* – die Befürchtung, einer Situation schon jetzt »nicht gewachsen« zu sein, und die Überzeugung, dass es nur eine Frage der Zeit ist, bis Sie als Scharlatan auffliegen. Und wer mag schon Blender?

Doch hier die gute Nachricht: Unbegründete Ängste hat jeder – das ist vollkommen normal. Lassen Sie sich dadurch nicht von Dingen abhalten, die Ihnen wirklich wichtig sind. Unternehmen werden von ganz gewöhnlichen Menschen gegründet, betrieben und zum Erfolg geführt – von Menschen wie Ihnen. Das ist keine Hexerei und erfordert auch kein Geheimwissen. Sie müssen sich lediglich ein paar einfache Konzepte aneignen, die verändern, wie Sie betriebswirtschaftliche Abläufe betrachten, und die es Ihnen ermöglichen, vielversprechende Chancen wahrzunehmen.

Ob Unternehmen, Studentin, Vertriebler, Führungs- oder Fachkraft – wenn Sie die Grundlagen solider Geschäftspraktiken beherrschen möchten, ist dieses Buch das richtige für Sie. Wer Sie auch sind und was immer Sie vorhaben, hier eröffnet sich Ihnen eine ganz neue Perspektive auf unternehmerische Tätigkeit, damit Sie künftig weniger Zeit aufwenden müssen, um gegen Ihre Ängste anzukämpfen, und stattdessen mehr Zeit haben, um wirklich etwas zu bewegen.

Sie müssen nicht alles wissen

> **»Methoden gibt es millionenfach, doch nur wenige Grundprinzipien. Wer diese verstanden hat, kann die richtigen Methoden auswählen. Wer aber auf Methoden setzt und dabei die Prinzipien ignoriert, der bekommt Probleme.«**
>
> Harrington Emerson, Managementberater und Effizienzexperte[1]

Für welches Fachgebiet Sie sich auch interessieren, eines sollten Sie sich vorab unbedingt bewusst machen – nämlich dass *man nicht alles wissen muss.* Es reicht, die wenigen grundlegenden Konzepte zu beherrschen, die den größten Wertbeitrag leisten. Verfügen Sie erst über ein solides Grundgerüst zentraler Prinzipien, auf denen Sie aufbauen und Ihr Wissen erweitern können, fallen Ihnen alle weiteren Schritte gleich viel leichter.

Mein persönlicher MBA ist eine Sammlung grundlegender betriebswirtschaftlicher Konzepte, die Sie einsetzen können, um Aufgaben zu erledigen. Wer diese Grundprinzipien kennt, verfügt über ein Instrumentarium, auf das er zurückgreifen kann, um gute Entscheidungen zu treffen. Wenn Sie die Zeit und Mühe aufbringen, sich diese Konzepte anzueignen, gehören Sie bald zu dem einen Prozent der Menschen, die am besten wissen,

- wie Unternehmen wirklich funktionieren;
- wie man ein neues Unternehmen gründet;
- wie man ein bestehendes Unternehmen auf Vordermann bringt und
- wie man betriebswirtschaftliche Kompetenzen einsetzen kann, um auch private Ziele zu erreichen.

Betrachten Sie dieses Buch als Filter. Statt all die vielen Informationen aufzunehmen, die da draußen zum Thema Betriebswirtschaft kursieren – und das sind *eine ganze Menge* –, sollten Sie dieses Buch zur Hand nehmen, das Ihnen verrät, worauf es wirklich ankommt. Dann können Sie sich ganz auf das Wichtigste konzentrieren: Dinge in Bewegung zu bringen.

Keine Vorkenntnisse erforderlich

»Die Leute halten Betriebswirtschaft grundsätzlich für schwieriger, als sie eigentlich ist. Dabei ist sie kein Hexenwerk – in Wirklichkeit haben wir einen der einfachsten Berufe der Welt.«

Jack Welch, Ex-CEO von General Electric

Keine Angst, wenn Sie ein blutiger Anfänger sind. Anders als viele andere Wirtschaftsbücher setzt dieses Buch keinerlei Vorkenntnisse oder Erfahrung voraus. Ich gehe nicht davon aus, dass Sie CEO eines Großkonzerns sind, der täglich Entscheidungen über mehrere Millionen Dollar trifft. Falls aber doch, könnte das Buch trotzdem interessant für Sie sein.

Sollten Sie betriebswirtschaftliche Erfahrung mitbringen, dürfen Sie getrost denjenigen aus meinem Klientenstamm und meiner Leserschaft aus aller Welt glauben, die MBA-Abschlüsse von Spitzenuniversitäten haben: Sie werden feststellen, dass Ihnen dieses Buch wertvollere und praxistauglichere Informationen liefert als alles, was Sie im Studium gelernt haben.

Gemeinsam werden wir 271 einfache Konzepte beleuchten, die Ihnen helfen werden, betriebswirtschaftliche Fragen ganz anders anzugehen – viel effektiver nämlich. Wenn Sie dieses Buch gelesen haben, verfügen Sie über umfassendere und genauere Kenntnisse dazu, was ein Unternehmen eigentlich ist und wie erfolgreiche Unternehmen in Wirklichkeit arbeiten.

Fragen statt Antworten

»Bildung liefert nicht die Antwort auf eine Frage. Bildung liefert die Methoden, um alle Fragen zu beantworten.«

Bill Allin, Soziologe und Bildungsaktivist

Die meisten Wirtschaftsbücher versuchen, Ihnen mehr Antworten beizubringen: eine Technik für dies, eine Methode für jenes. Dieses Buch ist anders. Es liefert Ihnen keine Antworten, sondern hilft Ihnen dabei, bessere Fragen zu stellen. Der erste Schritt zu einer guten unternehmerischen Entscheidung besteht in *jedem* Unternehmen darin, beurteilen zu können, was wirklich wichtig ist. Je mehr Sie darüber wissen, welche grundlegenden Fragen Sie in Ihrer aktuellen Situation stellen sollten, desto schneller werden Sie die nötigen Antworten finden, um weiterzukommen.

Keine Methoden, sondern Denkmodelle

»Die Grenzen meiner Sprache bedeuten die Grenzen meiner Welt.«

Ludwig Wittgenstein, Philosoph und Logiker

Um Ihre betriebswirtschaftlichen Kompetenzen zu verbessern, müssen Sie nicht alles lernen, was es zu wissen gibt – wenn Sie nur die Grundlagen beherrschen, bringt Sie das schon sehr weit. Ich bezeichne diese grundlegenden betriebswirtschaftlichen Konzepte als »Denkmodelle«. Im Zusammenspiel ergibt sich daraus ein solides Grundgerüst, auf das Sie bauen können, um gute Entscheidungen zu treffen.

Denkmodelle sind Konzepte, die für Ihr Wissen darüber stehen, wie etwas Bestimmtes in der Welt funktioniert. Denken Sie ans Autofahren: Was erwarten Sie, wenn Sie auf das rechte Pedal drücken? Wird das Fahrzeug dann langsamer, wären Sie sicherlich überrascht, denn dieses Pedal sollte eigentlich das Gaspedal sein. Ihre Erwartungen, Ihre Entscheidungen, Ihr Verhalten und – auf lange Sicht – auch Ihre Ergebnisse richten sich danach, wie zutreffend Ihr »Weltmodell« ist, Ihre Vorstellungen von der Welt.

In Ihrem Gehirn bilden sich Denkmodelle, indem Sie im täglichen Leben Muster erkennen. Sehr oft treffen die von Ihnen entwickelten Modelle aber nicht zu – schließlich sind Sie nur ein einzelner Mensch. Ihr Wissen und Ihre Erfahrungen sind begrenzt. Bildung ist eine Möglichkeit, Ihre Denkmodelle zu präzisieren, indem Sie das Wissen und die Erfahrungen verinnerlichen, die andere im Laufe ihres Lebens gesammelt haben. Richtig gut ist Bildung dann, wenn Sie dadurch lernen, die Welt anders und produktiver zu betrachten.

So glauben beispielsweise viele Menschen Dinge wie: »Es ist riskant, sich selbstständig zu machen.« »Um ein Unternehmen zu gründen, muss man einen detaillierten Geschäftsplan aufstellen und hohe Kredite aufnehmen.« Oder auch »Im Geschäftsleben geht es darum, wen man kennt – nicht darum, was man weiß.« Jeder dieser Sätze ist ein Denkmodell, trifft aber nicht wirklich zu. Ihre Denkmodelle zu korrigieren, kann Ihren Blick darauf schärfen, was Sie tun – und Ihnen so zu besseren Entscheidungen verhelfen.

Falsches Denkmodell	Richtiges Denkmodell
Es ist riskant, sich selbstständig zu machen.	Unsicherheit ist ein Faktor, der im Geschäftsleben stets vorhanden, aber zu verkraften ist. Risiken lassen sich minimieren.
Um ein erfolgreiches Unternehmen zu gründen, muss man zunächst einen perfekten Businessplan aufstellen.	Noch wichtiger als ein niedergeschriebener Plan ist es, über die entscheidenden Funktionen Ihres Unternehmens Bescheid zu wissen. Ganz gleich, wie gründlich Sie sich auch vorbereiten – es wird *immer* Überraschungen geben.
Sie müssen hohe Beträge aufnehmen, wenn Sie ein eigenes Unternehmen gründen wollen.	Sie müssen nur dann einen Kredit aufnehmen, wenn Sie dadurch etwas bewerkstelligen können, das ansonsten unmöglich wäre (wie der Bau einer Fabrik).
Es kommt nicht darauf an, was man weiß, sondern darauf, wen man kennt.	Persönliche Beziehungen sind wichtig, doch Wissen ist die Voraussetzung dafür, diese optimal zu nutzen.

Haben Sie sich erst mit den Denkmodellen aus diesem Buch vertraut gemacht, merken viele meiner Leserinnen und Leser, dass sie ganz falsche Vorstellungen davon hatten, was ein Unternehmen eigentlich ist und wie es funktioniert – und dass es viel einfacher sein würde, ihr Projekt in Schwung zu bringen, als sie gedacht hatten. Statt wertvolle Zeit und Kraft darauf zu verschwenden, sich zu ängstigen und in Panik zu verfallen, konnten sie ihre Bedenken beiseiteschieben, sobald sie sich diese Konzepte angeeignet hatten, und vorankommen.

Dieses Buch wird Ihnen helfen, grundlegende betriebswirtschaftliche Prinzipien so zu verinnerlichen, dass Sie Ihre Zeit und Kraft auf produktive Dinge konzentrieren können: auf Wertschöpfung, auf Werbung, auf Abschlüsse, auf Kundengewinnung, auf Ihre nächste Beförderung, auf einen höheren Verdienst oder darauf, die Welt zu verändern. Auf diese Weise werden Sie nicht nur einen größeren Wertbeitrag für andere leisten, sondern auch Ihre persönliche finanzielle Situation verbessern – und dabei auch noch mehr Spaß haben.

Mein persönlicher MBA

»Sich selbst weiterzubilden, ist meiner festen Überzeugung nach die einzige Bildung, die es gibt.«

Isaac Asimov, ehemals Professor für Biochemie an der Boston University und Autor von über 500 Büchern

> **Dieser Abschnitt schildert die Geschichte des *Personal MBA* als Projekt. Vielleicht interessiert Sie dieser Kontext, doch der eigentliche Wert dieses Buches ist unabhängig von meinem persönlichen Hintergrund. Möchten Sie gleich mit den betriebswirtschaftlichen Konzepten loslegen, können Sie gern auf Seite 55 vorblättern.**

Ich werde oft gefragt, ob ich einen MBA-Abschluss habe. »Nein«, sage ich dann, »aber ich habe an einer Business School studiert.«

Als Student an der University of Cincinnati hatte ich das Glück, einen Platz im Studiengang Carl H. Lindner Honors-PLUS zu ergattern – einer Art MBA auf Bachelorniveau. Für diesen Studiengang gab es Stipendien, sodass ich die ungewöhnliche Chance bekam, ohne hohe Schuldenlast ein betriebswirtschaftliches Studium zu absolvieren. Beruflich kam ich ebenfalls schnell voran. Über das kooperative Bildungsprogramm der University of Cincinnati konnte ich mir im zweiten

Collegejahr eine Position im Management eines *Fortune*-500-Unternehmens sichern – bei Procter & Gamble. Als ich 2005 meinen Abschluss in der Tasche hatte, bekam ich ein Stellenangebot als Assistant Brand Manager in der Home-Care-Sparte von P&G – ein Posten, wie er sonst nur den Absolventen führender MBA-Studiengänge vorbehalten ist.

Im letzten Collegesemester fokussierte ich mich aber nicht so sehr auf meinen Lernstoff, sondern schmiedete Zukunftspläne. Mein neuer Job erforderte solide betriebswirtschaftliche Kenntnisse, und fast alle meine Kollegen und Vorgesetzten würden MBA-Abschlüsse von Spitzenuniversitäten mitbringen. Ich dachte kurz darüber nach, mich für einen MBA-Studiengang einzuschreiben, fand es aber wenig sinnvoll, viel Geld für eine Qualifikation auszugeben, die mir eine Stelle verschaffen würde, wie ich sie bereits hatte. Hinzu kam, dass mich meine Arbeit ohnehin stark beanspruchte, auch ohne dass ich mir noch ein berufsbegleitendes Studium aufhalste.

Als ich über meine Optionen nachdachte, kam mir in den Sinn, was mir Andy Walter für meinen beruflichen Werdegang mit auf den Weg gegeben hatte – der erste Associate Director, dem ich bei P&G unterstellt war: »Wenn du die ganze Zeit und Kraft, die du für einen MBA-Abschluss bräuchtest, in gute Arbeit und Weiterbildung investierst, wirst du damit nicht schlechter fahren.« (Andy selbst hat keinen MBA – er hat auf dem College Elektrotechnik studiert. Als er in den Ruhestand ging, gehörte er zu den führenden globalen IT-Spitzenmanagern des Unternehmens und zeichnete für viele der größten Projekte von P&G verantwortlich.)

Letztlich entschied ich mich gegen die Business School – aber nicht gegen betriebswirtschaftliche *Bildung.* Statt mich in ein MBA-Programm einzuschreiben, vertiefte ich mich in Bücher und entwickelte mein ganz persönliches betriebswirtschaftliches Masterstudium.

Betriebswirtschaftlicher Crashkurs in Eigenregie

»Viele Autodidakten haben deutlich mehr auf dem Kasten als die Doktoren, Master und Bachelors der renommiertesten Universitäten.«

Ludwig von Mises, österreichischer Ökonom und
Autor von *Menschliches Handeln*

Ich war schon immer ein Bücherwurm, doch bevor ich mich entschloss, so viel wie möglich über Betriebswirtschaft zu lernen, las ich vor allem Romane. Ich bin in New London aufgewachsen, einer Kleinstadt auf dem Land im Norden Ohios, deren wichtigste Industriezweige Landwirtschaft und Leichtindustrie sind. Meine Mutter war Bibliothekarin, mein Vater unterrichtete erst naturwissenschaftliche Fächer in der sechsten Jahrgangsstufe und übernahm später die Leitung einer Grundschule. Bücher spielten in meinem Leben schon immer eine wichtige Rolle – die Wirtschaft nicht.

Bevor ich meine erste richtige Anstellung fand, wusste ich praktisch nichts darüber, wie Unternehmen aufgebaut waren oder funktionierten – außer dass die Menschen täglich hingingen, um am Monatsende ihr Gehalt zu kassieren. Dass es Unternehmen wie Procter & Gamble gab, wurde mir erst klar, als ich mich um den Job bewarb, der mich in die Welt der Wirtschaft hineinzog.

Die Arbeit bei P&G war an sich schon ein laufendes Weiterbildungsprogramm. Das Unternehmen war so groß und vielfältig, dass ich es kaum fassen konnte – von der Komplexität, ein Unternehmen dieser Größe zu verwalten, ganz zu schweigen. In meinen ersten drei Jahren bei P&G war ich in Entscheidungsprozesse in allen Teilbereichen betrieblicher Abläufe eingebunden: Produktentwicklung, Produktionsanlauf, Zuweisung von Millionen an Marketingdollars und Sicherstellung des Vertriebs über große Einzelhändler wie Walmart, Target, Kroger und Costco.

Als Assistant Brand Manager leitete ich ein Team von 30 bis 40 P&G-Beschäftigten, Subunternehmern und Zeitarbeitskräften mit jeweils konkurrierenden Projekten, Plänen und Prioritäten. Es ging dabei um viel Geld, und der Druck war enorm. Ich staune immer über die vielen tausend Arbeitsstunden, die vielen Millionen Dollar und die komplexen Prozesse, die erforderlich sind, bis eine einfache Flasche Spülmittel im heimischen Supermarkt im Regal steht. Von der Form der Flasche bis zum Duft des Produkts wird alles optimiert – bis hin zu dem Aufdruck auf den Kartons, in denen die Flaschen in den Laden transportiert werden.

Doch es war nicht nur meine Arbeit bei P&G, die mich damals beschäftigte. Meine Entscheidung gegen das MBA-Studium und für Fortbildung auf eigene Faust wuchs sich von einer Nebensache zur kleinen Obsession aus. Jeden Tag saß ich stundenlang über meinen Büchern und Recherchen auf der Suche nach allen Erkenntnissen, die mir helfen würden, besser zu verstehen, wie die Unternehmenswelt funktionierte.

Den Sommer nach meinem Abschluss nutzte ich nicht, um mich zu erholen und Urlaub zu machen, sondern ich verbrachte diese Tage in der Wirtschaftsabteilung meiner örtlichen Buchhandlung und verschlang so viele Bücher, wie ich konnte. Als ich im September 2005 dann Vollzeit bei P&G einstieg, hatte ich Bücher zu jedem Fachgebiet gelesen, das an Business Schools unterrichtet wird, und auch zu Disziplinen, die an den meisten Business Schools eher stiefmütterlich behandelt werden wie Psychologie, Naturwissenschaften und Systemtheorie. An meinem ersten Arbeitstag bei P&G fühlte ich mich gut gerüstet.

Wie sich herausstellen sollte, kamen mir die Kenntnisse, die ich mir in Eigenregie angeeignet hatte, gut zupass – ich leistete wertvolle Beiträge, brachte Dinge in Bewegung und bekam jedes Jahr gute Beurteilungen. Im Laufe der Zeit fielen mir aber drei wesentliche Dinge auf:

1. *Große Unternehmen reagieren schwerfällig.* Gute Ideen ersticken oft im Keim, weil sie von zu vielen Leuten gebilligt werden müssen.
2. *Auf der Karriereleiter voranzukommen, verträgt sich nicht mit guten Leistungen.* Ich wollte mich auf meine Arbeit fokussieren und dafür sorgen, dass alles besser lief – und nicht Memos schreiben, an Sitzungen teilnehmen und mich für die nächste Beförderung in Stellung bringen. Vetternwirtschaft und Kompetenzgerangel sind aber unvermeidlicher Bestandteil des Arbeitsalltags in einem großen Unternehmen.
3. *Frust führt zu Burn-out.* Ich hätte gern Spaß an meiner Arbeit gehabt, kam mir aber jeden Tag vor wie bei einem Spießrutenlauf. Das wirkte sich auf meine Gesundheit, auf meine Lebensfreude und auf mein Privatleben aus. Je länger ich in der Unternehmenswelt tätig war, desto klarer erkannte ich, dass ich aussteigen wollte. Ich wollte selbst entscheiden, woran und mit wem ich arbeitete und was für mich Priorität genoss. Langfristig schien mir der Weg in die Selbstständigkeit daher ideal.

Spreu und Weizen

»Studierende müssen dem Stoff unbedingt eine gewisse derbe, unverfrorene Respektlosigkeit entgegenbringen. Sie sollen bisherige Erkenntnisse nicht beweihräuchern, sondern hinterfragen.«

Jacob Bronowski, Autor und Präsentator von *Der Aufstieg des Menschen*

Wenn ich etwas gut kann, dann ist es, eine große Fülle von Informationen auf das Wesentliche herunterzubrechen. Dennoch war es eine echte Herausforderung, die gewaltige Menge an verfügbarem betriebswirtschaftlichem Wissen zu sondieren. Jedes Jahr erscheinen Tausende neuer Wirtschaftsbücher, und in

Wirtschaftsmagazinen, in Fachblättern und im Internet werden täglich neue Forschungsergebnisse veröffentlicht. Manche dieser Informationen sind nützlich, die meisten sind es nicht.

Meine ersten Recherchen in der Wirtschaftsliteratur folgten dem Zufallsprinzip – ich ging in einen Buchladen und suchte mir ein Buch aus, das mir interessant schien. Für jedes richtig gute Buch, das ich auf diese Weise ausfindig machte, musste ich mir zehn minderwertige zu Gemüte führen, deren Autoren mehr daran interessiert waren, auf 300 Seiten ihre Visitenkarte zu hinterlassen, statt brauchbare Informationen zu liefern.

Allmählich fragte ich mich, wie viel von alledem, was da kursierte – und das ist *eine ganze Menge* –, ich *wirklich* wissen musste. Und wie ich die wertvollen Informationen von den nutzlosen trennen konnte. Meine Zeit und meine Energie waren schließlich begrenzt. Also suchte ich nach einem Filter. Dieser sollte mich zu nützlichem Wissen hinführen und mir den Ballast vom Hals schaffen. Doch je länger ich suchte, desto klarer wurde mir: So einen Filter gab es nicht. Deshalb beschloss ich, selbst einen zu kreieren.

Zunächst hielt ich fest, welche Ressourcen von Wert waren und welche nicht. Meine Feststellungen veröffentlichte ich auf meiner Website – sowohl, um sie zu archivieren, als auch, um anderen Interessierten weiterzuhelfen. Dabei handelte es sich um ein rein privates Projekt. Ich war ein einigermaßen frischgebackener Collegeabsolvent, der sich gern zielführend weiterbilden wollte. Die Ergebnisse meiner Recherchen zu veröffentlichen, erschien mir eine sinnvolle Verwendung meiner Zeit und Energie.

An einem schicksalhaften Vormittag ging der *Personal MBA* dann online – und es wurde viel mehr daraus als ein persönliches Steckenpferd.

Der *Personal MBA* erobert die Welt

»Wer ein Problem am besten beschreiben kann, hat die besten Aussichten, es auch zu lösen.«

Dan Roam, Autor von *Auf der Serviette erklärt*

Ich las nicht nur Bücher, sondern folgte auch mehreren hundert Wirtschaftsblogs. Manche der besten Wirtschaftsideen wurden im Internet schon Monate (oder Jahre) im Voraus veröffentlicht, bevor sie gedruckt verfügbar waren, und ich wollte solche Informationen lesen, sobald sie herauskamen.

Einer der Blogger, denen ich folgte, war Seth Godin. Der Bestsellerautor (der Bücher wie *Permission Marketing*, *Purple Cow* und *Linchpin* geschrieben hat), der zu den ersten erfolgreichen Onlinemarketingexperten gehört, ist für kühne Aussagen über große Ideen bekannt, die jeden auffordern sollen, mehr zu geben, besser zu werden, den Status quo infrage zu stellen und etwas zu bewirken.

An einem Morgen äußerte sich Seth Godin über eine aktuelle Meldung: Harvard zog die Zulassung für 119 vordem noch künftige Harvard-MBA-Studenten zurück.[2] Die potenziellen Studienanfänger hatten es geschafft, die Zulassungswebsite von Harvard zu hacken, um ihren Bewerbungsstatus einzusehen, noch bevor die offiziellen Annahmebestätigungen versandt wurden. Die Story ging durch die Medien und daraus entspann sich eine Diskussion darüber, ob MBA-Studenten von Haus aus dazu neigten, zu lügen, zu betrügen und zu stehlen, oder ob sie das erst an der Business School lernten.

Statt sich über das Verhalten der Bewerber zu echauffieren, nahm Seth Godin einen ganz anderen Blickwinkel ein: Harvard machte diesen Studenten ein *Geschenk.* Indem die Universität ihre Zulassung widerrief, gab sie ihnen 150 000 Dollar und zwei Jahre ihres Lebens zurück, die sie sonst mit der Jagd nach einem Stück Papier verbracht hätten. »Es will mir nicht in den Kopf, warum Zeit und Geld [für ein MBA-Studium] besser verwendet sein sollen als für praktische Erfahrung, kombiniert mit der gründlichen Lektüre von 30 oder 40 Büchern«, schrieb er.

Ich sah mich unerwartet bestätigt und machte mich ans Werk.

Nach zwei Tagen hatte ich ein Verzeichnis mit Büchern und Ressourcen zusammengestellt, die mir bei meinen Studien besonders viel gebracht hatten.[3] Diese Liste veröffentlichte ich auf meiner Website und verlinkte sie mit dem Beitrag, den Seth Godin gepostet hatte, damit jeder, der wissen wollte, wie sich Seths Anregung umsetzen ließ, darauf stoßen würde. Dann schickte ich Seth eine E-Mail mit ein paar Dankesworten und einem Link zu meinem Post.

Zwei Minuten später erschien in Seths Blog ein Post, der alle Interessierten auf meine Leseliste hinwies. Bald wurde meine Website von Lesern aus aller Welt überrannt.

Populäre Blogs und Websites zu Persönlichkeitsentwicklung und Produktivität wie etwa Lifehacker griffen die Geschichte auf, die sich prompt über Social-Media-Websites und eine Vielzahl privater Blogs weiterverbreitete. In der ersten Woche, in der es den *Personal MBA* gab, suchten 30 000 Menschen meine kleine Internetpräsenz auf und interessierten sich für meine Arbeit. Und – was noch besser war – sie sprachen darüber.

Manche Leserinnen und Leser stellten Fragen – beispielsweise wollten sie wissen, womit sie anfangen sollten. Andere berichteten mir von tollen Büchern, die sie gelesen hatten, und unterstützten mich so bei meinen Recherchen. Ein paar erklärten mein Vorhaben pauschal für naiv und meinten, ich würde nur meine Zeit verschwenden. Die ganze Zeit über las und recherchierte ich in meiner Freizeit weiter und arbeitete am *Personal MBA*. Die Bewegung zur betriebswirtschaftlichen Weiterbildung in Eigenregie entwickelte sich zum Schneeball.

In kürzester Zeit war der *Personal MBA* vom Steckenpferd eines Einzelnen zum globalen Phänomen geworden. Seit die Website personalmba.com Anfang 2005 online ging, ist sie millionenfach aufgerufen worden. Und die *New York Times*, das *Wall Street Journal*, *Bloomberg Businessweek*, die *Financial Times*, *Time*, *Fortune*, *Fast Company* und Hunderte andere namhafte Nachrichtenmedien und unabhängige Websites berichteten über das Projekt. Ende 2008 verließ ich P&G, um mich ganz der Recherche und dem Schreiben zu widmen und in Vollzeit an der Optimierung des *Personal MBA* zu arbeiten.

Sosehr ich mich über das Interesse an meiner Leseliste freute, merkte ich bald, dass diese nicht ausreichte. Die Menschen lesen Wirtschaftsbücher, um bestimmte Herausforderungen zu bewältigen oder sich konkret weiterzuentwickeln. Sie suchen nach Lösungen, und dabei kommen sie mit einer Bücherliste – so nützlich diese sein mag – nicht wirklich weit.

Die Bücher selbst sind nicht so wichtig wie die darin enthaltenen Gedanken und Erkenntnisse. Doch viele meiner Leserinnen und Leser verpassten Chancen, weil sie sich durch so viele Seiten wühlen mussten, um sich zum wirklich interessanten Stoff vorzuarbeiten. Viele machten sich engagiert an die Lektüre, gaben aber nach den ersten paar Büchern auf, weil es ihnen zu lange dauerte, bis sich die Mühe lohnte. Auch die Anforderungen von Arbeitsalltag und Familienleben hielten viele Interessierte davon ab, das Projekt auch durchzuziehen.

Um ihnen zu helfen, musste ich mehr tun.

Mungers Denkmodelle

»Ich halte es für erwiesen, dass das menschliche Gehirn mit Modellen arbeitet. Der Trick dabei ist, das eigene Gehirn so weit zu bringen, dass es besser funktioniert als bei anderen, weil es die ganz grundlegenden Modelle kennt – die Modelle, die am meisten bringen.«

Charles T. Munger, milliardenschwerer Geschäftspartner von Warren Buffett, Ex-CEO von Wesco Financial und Vice-Chairman von Berkshire Hathaway

Den ersten Blick in die Zukunft des *Personal MBA* erhaschte ich, als ich mit der Arbeit von Charlie Munger in Berührung kam.

Munger kam kurz vor der Weltwirtschaftskrise in Omaha, Nebraska, auf die Welt. In seiner Jugend schwänzte er auf der Highschool den Sportunterricht, weil er lieber las, um seine ungeheure Wissbegierde zu befriedigen. Ihn interessierte, wie die Welt funktionierte. Seine ersten Erfahrungen als Unternehmer sammelte er im Lebensmittelgeschäft seiner Familie, wo er für zwei Dollar pro Tag jobbte.

1941 schloss Munger die Highschool ab. Nach zwei Jahren Bachelorstudium der Mathematik und Physik an der University of Michigan trat er ins US Army Air Corps ein und wurde zum Meteorologen ausgebildet. Nach dem Ausscheiden aus dem Militär erhielt er 1946 die Zulassung zum Jurastudium an der Harvard Law School, obwohl er keinen Bachelorabschluss hatte, der damals eigentlich vorgeschrieben war.

1948 schloss Munger sein Studium in Harvard ab und praktizierte die nächsten 17 Jahre als Anwalt. 1965 stieg er aus der von ihm gegründeten Kanzlei aus, um eine Investmentgesellschaft aufzubauen, die den Markt über 14 Jahre um jährlich insgesamt 19,8 Prozent schlagen sollte – eine wirklich unglaubliche Bilanz angesichts des Umstands, dass er über keinerlei formelle wirtschaftswissenschaftliche Ausbildung verfügte.[4]

Charlie Munger ist nicht so bekannt. Von seinem Geschäftspartner Warren Buffett hat dagegen fast jeder schon gehört. 1978 stieg Munger in Buffetts Unternehmen Berkshire Hathaway ein, das sich vom dahinvegetierenden Textilproduzenten zur Investmentholding gemausert hatte. Gemeinsam wurden Buffett und Munger zu Milliardären.

Wie Buffett sagt, ist Mungers auf Denkmodelle ausgerichteter unternehmerischer Ansatz ein Faktor, der maßgeblich zum Erfolg von Berkshire Hathaway beigetragen hat – und auch zu Buffetts Status als einem der reichsten Investoren der Welt. Buffett selbst formulierte das so: »Charlie kann jede beliebige

Transaktion schneller und zutreffender analysieren und bewerten als jeder andere Mensch auf der Welt. Maßgebliche Schwächen erkennt er in 60 Sekunden. Er ist der ideale Partner.«[5]

Mungers Erfolgsgeheimnis ist seine systematische Analyse der Funktion eines Unternehmens. Obwohl er nie Betriebswirtschaft studiert hat, erlaubte ihm seine konsequente Aneignung von Wissen aus vielen verschiedenen Fachgebieten, ein System zu entwickeln, das er selbst als *latticework of mental models* bezeichnet, als »Gerüst von Denkmodellen«, und auf geschäftliche Entscheidungen anwendet.

> Ich bin schon lange der Ansicht, dass ein bestimmtes System – das sich fast jeder halbwegs intelligente Mensch aneignen kann – besser funktioniert als die Systeme, die die meisten Menschen einsetzen[, um die Welt zu verstehen]. Man muss ein Grundgerüst von Denkmodellen im Kopf haben. Mit diesem System fügen sich die Dinge nach und nach so ineinander, dass es der Erkenntnis förderlich ist.
>
> So wie jedes System von vielen verschiedenen Faktoren geprägt wird, sind auch viele verschiedene Denkmodelle aus unterschiedlichen Disziplinen erforderlich, um dieses System zu verstehen … Man muss die Wahrheit in der Vorstellung des Biologen Julian Huxley erkennen, dass das »Leben nur eine verdammte Verkettung von Zusammenhängen ist«. Daher braucht man alle Modelle und muss die Zusammenhänge und deren Auswirkungen erkennen …[6]
>
> Es macht Spaß, dazusitzen und Menschen zu übertrumpfen, die viel intelligenter sind als man selbst, nur weil man sich beigebracht hat, objektiver und multidisziplinärer vorzugehen. Außerdem kann das eine Menge Geld einbringen, wie ich aus persönlicher Erfahrung sagen kann.[7]

Indem Buffett und Munger ihre Investmententscheidungen auf ihr umfangreiches Wissen darüber stützten, wie Unternehmen, Menschen und Systeme funktionieren, schufen sie ein Unternehmen, das über 500 Milliarden Dollar wert ist – gar nicht schlecht für einen Ex-Meteorologen und Anwalt aus Omaha ohne jede formale betriebswirtschaftliche Ausbildung.

Dass ich Mungers Ansatz zur betriebswirtschaftlichen Ausbildung entdeckte, war für mich eine Offenbarung. Es gab einen Mann, der Jahrzehnte vor mir die Entscheidung getroffen hatte, genauso vorzugehen, wie ich es tat – und zwar mit einem Erfolg, der alle Erwartungen übertraf. Mungers Methode, Grundprinzipien zu ermitteln und anzuwenden, leuchtete mir besser ein als die meisten Wirtschaftsbücher, die ich gelesen hatte. Ich beschloss, so viel wie möglich über die Denkmodelle in Erfahrung zu bringen, die Charlie Munger einsetzte, um Entscheidungen zu treffen.

Munger hat nie eine umfassende Darstellung seiner Denkmodelle veröffentlicht. In seinen Vorträgen und Essays hat er zwar Hinweise gegeben – und in der 2005 erschienenen Biografie *Poor Charlie's Almanack* sogar eine Liste psychologischer Grundsätze publiziert, die er besonders nützlich fand –, doch es gibt keine Veröffentlichung, die Charlies Auffassung dazu wiedergibt, was »man alles wissen muss, um in der Wirtschaft Erfolg zu haben«.

Wollte ich also wissen, nach welchen grundlegenden Prinzipien jeder erfolgreiche Unternehmer funktioniert, so musste ich das selbst herausfinden. Und dafür musste ich meine betriebswirtschaftlichen Kenntnisse von Grund auf neu aufbauen.

Zusammenhänge erkennen

»Es ist in allen Lebenslagen gesund, immer mal wieder ein Fragezeichen hinter Dinge zu setzen, die man lange für selbstverständlich gehalten hat.«

Bertrand Russell, berühmter Philosoph und Autor von *Probleme der Philosophie* und *Principia Mathematica*

Die meisten Wirtschaftsbücher – und Business Schools – gehen davon aus, dass die Studierenden bereits wissen, was ein Unternehmen ist, was es tut und wie es funktioniert, als wäre das ganz selbstverständlich. Ist es aber nicht. Die Betriebswirtschaft ist einer der komplexesten und multidisziplinärsten Bereiche der menschlichen Erfahrungswelt. Zu verstehen, wie Unternehmen funktionieren, kann schwierig sein, auch wenn sie uns im Alltag ständig umgeben.

Unternehmen sind ein so fester Bestandteil des täglichen Lebens, dass wir gar nicht viel darüber nachdenken. Tag für Tag versorgen uns Unternehmen ohne viel Aufhebens und Trara mit allem, was wir wollen und brauchen. Schauen Sie sich nur mal um: Fast jedes materielle Gut um Sie herum wurde von irgendeinem Unternehmen erzeugt und befördert.

Unternehmen produzieren und liefern so viele verschiedene Dinge auf so vielen unterschiedlichen Wegen, dass pauschale Aussagen schwierig sind: Was hat Apfel-Cidre mit einer Fluggesellschaft gemein? Wie sich zeigt, gar nicht so wenig – wenn man weiß, worauf man achten muss.

Hier meine Definition eines Unternehmens:

> Jedes erfolgreiche Unternehmen (1) erzeugt oder liefert etwas Werthaltiges, das (2) andere haben möchten oder brauchen, (3) zu einem Preis, den sie aufzubringen bereit sind, auf eine Weise, die (4) die Bedürfnisse und Erwartungen des Käufers erfüllt und (5) dem Unternehmen genügend einbringt, damit es sich für seine Eigentümer lohnt, den Betrieb fortzuführen.

Nimmt man einen dieser Faktoren aus der Gleichung heraus – Wertschöpfung, Kundennachfrage, Geschäftsvorgänge, Wertbeitrag für den Kunden (Value Delivery) oder ausreichender Gewinn –, kommt irgendetwas anderes heraus, aber kein Unternehmen mehr. Jeder einzelne Faktor ist ebenso wesentlich wie universell.

Als ich die einzelnen Faktoren eingehender analysierte, stieß ich auf zusätzliche universelle Anforderungen. So ist Wertschöpfung nicht möglich, wenn man nicht weiß, was die Menschen wollen (Marktforschung). Und wer Kunden gewinnen möchte, muss zunächst ihre Aufmerksamkeit und dann ihr Interesse erregen (Marketing). Wenn ein Geschäft zum Abschluss kommen soll, muss Ihnen der Kunde zutrauen, dass Sie auch liefern, was Sie versprochen haben (Wertbeitrag für den Kunden und operatives Geschäft). Ob Kunden zufrieden sind, richtet sich danach, ob ihre Erwartungen übertroffen werden (Kundenbetreuung). Und ausreichender Gewinn liegt nur vor, wenn mehr Geld hereinkommt, als ausgegeben wird (Finanzwesen).

Das ist alles kein Hexenwerk, doch absolut unabdingbar – ganz gleich, wer Sie sind oder aus welcher Branche Sie kommen. Wenn diese Faktoren gegeben sind, dann brummt das Geschäft. Ignorieren Sie sie, haben Sie schlechte Karten.

Jedes Unternehmen steht und fällt noch mit zwei weiteren Faktoren: Menschen und Systemen. Ein Unternehmen wird von Menschen geschaffen und kann fortbestehen, wenn es anderen Menschen einen Nutzen bringt. Um zu begreifen, wie Unternehmen funktionieren, müssen Sie zunächst genau wissen, wie die Menschen ticken und wie sie sich verhalten – wie sie Entscheidungen treffen, danach handeln und mit anderen kommunizieren. Jüngste Fortschritte in der Psychologie und der Neurowissenschaft verraten, warum Menschen bestimmte Dinge tun, aber auch, wie wir unser Verhalten optimieren und effizienter und effektiver mit anderen zusammenarbeiten können.

Systeme sind dagegen unsichtbare Strukturen, die ein Unternehmen zusammenhalten. Im Kern besteht jedes Unternehmen aus einer Reihe von Prozessen, die *wiederholt* werden können, um ein bestimmtes Ergebnis herbeizuführen.

Wer weiß, wie komplexe Systeme funktionieren, kann Wege finden, bestehende Systeme zu verbessern – ob es um eine Marketingkampagne oder um eine Fertigungsstraße in der Autoindustrie geht.

Bevor ich dieses Buch schrieb, testete ich die darin enthaltenen Prinzipien über mehrere Jahre mit Kundinnen und Kunden, Leserinnen und Lesern. Diese betriebswirtschaftlichen Denkmodelle zu begreifen und anzuwenden, hat ihnen geholfen, beruflich neue Wege zu gehen, Jobangebote von renommierten Unternehmen und Universitäten an Land zu ziehen, befördert zu werden und Gehaltserhöhungen durchzusetzen, neue Unternehmen zu gründen und, gleich in mehreren Fällen sogar, den gesamten Produktentwicklungsprozess (von der Idee bis zum ersten verkauften Produkt) von Jahren auf Wochen zu verkürzen.

Diese Konzepte sind so bedeutsam, weil sie *funktionieren*. Sie können dadurch nicht nur einen größeren Wertbeitrag für andere leisten und Ihre Karriere vorantreiben, sondern auch Ihre eigenen Ziele leichter erreichen – und dabei mehr Spaß haben.

Für die Skeptiker

»Du hast 150 Riesen für eine Ausbildung in den Sand gesetzt, die du für eineinhalb Dollar Säumnisgebühr in der öffentlichen Bibliothek bekommen hättest.«

Matt Damon als Will Hunting in *Good Will Hunting*

In diesem Abschnitt werden die Vor- und Nachteile klassischer Business-School-Studiengänge im Vergleich zur Aneignung betriebswirtschaftlicher Konzepte außerhalb der akademischen Welt beleuchtet. Sind Sie bereits für ein Studium eingeschrieben, haben einen MBA-Abschluss oder interessieren sich nicht für die derzeitige Situation an Business Schools oder Unis mit MBA-Abschluss, wird Ihnen dieser Abschnitt nicht so viel bringen. Sie können gern bis auf Seite 55 weiterblättern.

In diesem Buch geht es um betriebswirtschaftliche Konzepte, nicht um Business Schools. Viele Menschen sind jedoch überzeugt, dass es nicht möglich ist, die Früchte einer umfassenden betriebswirtschaftlichen Ausbildung zu ernten, ohne hohe Summen für einen MBA an einer namhaften Uni oder Business School auszugeben. Dieser Abschnitt über die Vor- und Nachteile klassischer MBA-Studiengänge ist für Skeptiker gedacht.

Sollten Sie einen MBA anstreben?

»Dass ein MBA dabei hilft, anderen zu beweisen, was Sie können (A), und inwiefern er Ihre Kompetenzen tatsächlich steigert (B), sind zwei Paar Schuhe.«

Scott Berkun, Autor von *Making Things Happen* und *The Myths of Innovation*

Jedes Jahr stellen Millionen von Menschen, die gern mehr aus sich machen möchten, folgende Überlegungen an: »Ich möchte im Geschäftsleben erfolgreich sein. Wo sollte ich mein MBA-Studium absolvieren?« Da Sie dieses Buch in Händen halten, haben Sie sich irgendwann im Leben vermutlich schon dieselbe Frage gestellt. Die Antwort: zwei einfache Sätze, die Ihnen jahrelange Arbeit und ein paar Hunderttausend Dollar sparen:

Vergessen Sie die regulären MBA-Studiengänge. Bilden Sie sich selbst weiter.

Dieses Buch weist Ihnen den Weg zum Erfolg in der Wirtschaft – ohne sich dafür auf Jahre hinaus zu verschulden.

Die drei großen Probleme der Business Schools

»College ist, wenn 200 Leute dasselbe Buch lesen. Das kann nicht gut sein. Schließlich können 200 Leute 200 Bücher lesen.«

John Cage, autodidaktischer Schriftsteller und Komponist

Ich habe nichts gegen Menschen, die an einer Business School arbeiten. Im Großen und Ganzen sind deren Professoren und Verwaltungsfachkräfte nette Menschen, die ihr Bestes geben, damit ihre Studierenden Erfolg haben. MBA-Studiengänge sind jedoch mit drei wesentlichen systembedingten Problemen behaftet:

1. *Ein MBA-Studium ist – zumindest in den USA – inzwischen so teuer, dass man sich dafür bis ans Lebensende verschulden muss.* Die Rendite einer Investition richtet sich stets danach, wie viel man dafür auf den Tisch blättern musste. Nachdem die Studiengebühren für MBA-Programme jahrzehntelang gestiegen sind, nutzen diese den Studierenden nicht mehr,

sondern belasten sie. Die Hauptfrage ist daher nicht, ob das Studium an einer Universität eine positive Erfahrung ist, sondern, ob diese Erfahrung ihr Geld wert ist.[8]

2. *Auf dem MBA-Lehrplan stehen viele nutzlose, überholte, ja regelrecht schädliche Konzepte und Praktiken* – immer vorausgesetzt, dass Sie ein erfolgreiches Unternehmen gründen und Vermögen aufbauen möchten. Viele MBA-Absolventinnen und -Absolventen aus meinem Leser- und Kundenstamm haben bereits Zig- (und manchmal sogar Hundert-)Tausende ausgegeben und können komplexe Finanzformeln und statistische Modelle in- und auswendig herunterbeten, wenn sie sich an mich wenden, nur um dann festzustellen dass sie im MBA-Studium nicht gelernt haben, wie man ein echtes operatives Unternehmen gründet oder optimiert. Das ist ein Problem. Der Abschluss von einer Business School garantiert nicht, dass Sie auch über praxistaugliche betriebswirtschaftliche Kenntnisse verfügen, und die brauchen Sie, wenn Sie in der Wirtschaft Erfolg haben wollen.
3. *Ein MBA ist keine Garantie für einen hoch bezahlten Job. Schon gar nicht macht er aus Ihnen einen kompetenten Manager oder eine fähige Führungskraft mit Aussichten auf eine Spitzenposition.* Wer kompetent entscheiden, managen und Mitarbeiter führen möchte, der braucht realweltliche Praxis und Erfahrung, und die können Business Schools im Hörsaal nicht vermitteln, ganz gleich wie prestigeträchtig der Studiengang auch sein mag.

Statt enorme Beträge auszugeben, um Dinge von fragwürdigem Wert zu erlernen, können Sie Ihre Zeit und Ihre Mittel auch darauf verwenden, sich mit betriebswirtschaftlichen Konzepten vertraut zu machen, die wirklich etwas bringen. Wenn Sie bereit und in der Lage sind, in den Ausbau Ihrer Kompetenzen und Fähigkeiten zu investieren, können Sie auf eigene Faust alles lernen, was Sie über Betriebswirtschaft wissen müssen, ohne sich für dieses Privileg auf ewig zu verschulden.

Größenwahn

»Das eigentliche Wesen des Ehrgeizes ist nur der Schatten eines Traumes.«

William Shakespeare, *Hamlet*

Ganz klar, warum ein Studium an einer Business School so attraktiv ist: Es gilt als Eintrittskarte für ein Leben in Wohlstand und Komfort. Es ist ja auch eine verlockende Vorstellung, dass sich nach zwei Jahren mit Fallstudien und Happy-Hour-Netzwerken die Personaler der Spitzenunternehmen um Sie reißen und Ihnen prestigeträchtige und hoch dotierte Positionen anbieten.

Sie werden garantiert einen rasanten Aufstieg hinlegen und als Spitzenmanager in der Industrie hohe Boni kassieren und den Wert Ihrer Aktienoptionen zusammenrechnen, wenn Sie an Ihrem imposanten Mahagonischreibtisch im Eckbüro ganz oben in einem riesigen gläsernen Wolkenkratzer sitzen. Dann sind Sie der große Boss, der anderen sagt, was sie zu tun haben, bis es Zeit ist, auf den Golfplatz zu fahren oder sich auf Ihrer Jacht zu entspannen. Sie werden überall auf der Welt hofiert und umschmeichelt, und die weniger Begüterten werden Sie und Ihre erstaunlichen Leistungen mit Ehrfurcht betrachten. Jeder wird Sie für wohlhabend, intelligent und einflussreich halten – und mit Recht.

Was Sie diese Aussicht auf Reichtum, Einfluss und Ruhm kostet? Ein paar Tausend Dollar Bewerbungsgebühr, eine schnell geleistete Unterschrift auf einem Darlehensvertrag, und schon sind Sie auf dem Weg nach ganz oben! Und obendrein bekommen Sie noch zwei Jahre Urlaub von Ihrem Arbeitsalltag. Ein großartiges Geschäft – oder?

Solche Tagträume haben aber leider oft wenig mit der Realität zu tun.

Ihr Geld UND Ihr Leben

»Nichts auf der Welt ist umsonst.«

Robert A. Heinlein, Autor von *Fremder in einer fremden Welt* und *Mondspuren*

Nehmen wir einmal an, Sie sind überzeugt, ein MBA-Studium sei Ihr Garant für dauerhaften Erfolg. Dann haben Sie Glück, denn irgendeine Business School wird Sie sicherlich aufnehmen. Wenn Sie ein paar Tausend Dollar Bewerbungsgebühren entrichtet, genügend Motivationsschreiben aufgesetzt haben, die genau den richtigen Zwischenton zwischen Selbstvertrauen und Bescheidenheit treffen, und in Vorstellungsgesprächen die Qualität des Studiengangs gelobt haben, wird Ihnen früher oder später schon ein College oder eine Universität die Chance eröffnen, der nächste Bill Gates zu werden.[9]

Doch dann wird es problematisch: Ein Studium an einer Business School ist teuer, und der Preis steigt jedes Jahr. Wenn Sie nicht bereits über das nötige Kleingeld verfügen oder ein gut dotiertes Stipendium bekommen, ist Ihre einzige Option, einen Kredit aufzunehmen, für den Sie mit Ihrem künftigen Verdienst bürgen, um die Studiengebühren zu zahlen.

Die meisten angehenden MBA-Studenten haben bereits einen Bachelorabschluss und sind deshalb schon mit einem Studienkredit belastet. Dem Institute for College Access and Success zufolge – einer gemeinnützigen Organisation, die sich mit der Verfügbarkeit und Bezahlbarkeit höherer Bildung befasst – standen junge Menschen mit einem Bachelorabschluss in den Vereinigten Staaten 2017 im Durchschnitt mit insgesamt 28 650 Dollar in der Kreide.[10] Studierende, die auf den Bachelor noch einen MBA draufsetzen, stehen am Ende im Durchschnitt in der Summe mit 66 300 Dollar Schulden da.[11] Doch nicht nur für die Studiengebühren nehmen Masterstudenten Kredite auf: Auch Dinge des täglichen Bedarfs wie Miete, Lebensmittel und Fahrtkosten werden oft über Studiendarlehen finanziert.

66 000 Dollar sind nicht wenig, und so viel kostet eine *durchschnittliche* Business School. Doch wer will schon durchschnittlich sein? Wer auf Jobangebote von führenden Finanzdienstleistern wie Goldman Sachs oder großen Unternehmensberatungen wie McKinsey und Bain aus ist (die frischgebackenen MBA-Absolventen die höchsten Gehälter bieten), der muss schon an einer der zehn Spitzenunis studieren, und dafür braucht er *wesentlich* mehr als bescheidene 66 000 Dollar.

Breaking Out the Benjamins

»Borgen bringt Sorgen ... Ein Narr wird sein Geld schnell los.«

Thomas Tusser, englischer Landwirt und Dichter des 16. Jahrhunderts

Beim Erscheinen dieses Buches liegen die Studiengebühren der Top-MBA-Programme bei 50 000 bis 80 000 Dollar *pro Jahr.*[12] Gebühren, Zinsen für Studienkredite oder Kosten für den Lebensunterhalt sind da noch gar nicht eingerechnet. Und jedes Jahr werden es 5 bis 10 Prozent mehr.

Das ist aber noch nicht alles. Den Daten zufolge, die die auf Business Schools spezialisierte Nachrichtenwebsite *Poets&Quants* zusammengestellt hat, übersteigen die unmittelbaren Kosten für das zweijährige Vollzeitstudium an neun Business Schools 200 000 Dollar: nämlich Harvard, Stanford, Wharton, NYU, Columbia, Dartmouth, Chicago, MIT und Northwestern.[13] Rechnet man dem Darlehenssaldo noch 1 bis 3 Prozent Kreditprovision und 6 bis 10 Prozent jährliche Zinsen hinzu und ebenso die Lebenshaltungskosten in einem großen Ballungsraum sowie den Verdienst, auf den man während des Studiums verzichtet, dann ergeben sich daraus die wirklichen Kosten für eine solche Ausbildung. Unter Berücksichtigung all dieser Posten können sich die Gesamtkosten für einen Spitzen-MBA auf über 400 000 Dollar belaufen. Selbst wenn wir davon ausgehen, dass Absolventen nach dem Abschluss sechsstellige Gehälter beziehen, machen die Gesamtkosten für das Studium einen erheblichen prozentualen Anteil am künftigen Verdienst aus.

Natürlich immer unter der Annahme, dass Sie überhaupt angenommen werden. Nicht ohne Grund sind die Zulassungsstellen der Business Schools für ihre strengen Auswahlprozesse berüchtigt. Die Reputation einer Business School steht und fällt damit, wie erfolgreich ihre Absolventinnen und Absolventen sind. Diese Einrichtungen haben daher einen unmittelbaren Anreiz, möglichst nur solche Leute zum Studium zuzulassen, die bereits alles mitbringen, was man für den Erfolg braucht – mit oder ohne MBA.

Außerdem sind die führenden Anbieter auf finanzkräftige Spender, gut situierte Alumni und Beziehungen zu Unternehmen angewiesen, um Mittel einzuwerben, künftige Studierende zu rekrutieren und ihren Campus zu erweitern. Infolgedessen haben wohlhabende Bewerberinnen und Bewerber mit guten Verbindungen bessere Chancen auf einen positiven Zulassungsbescheid.[14] Einer Umfrage der *Bloomberg Business Week* unter den Absolventinnen und Absolventen von 126 Business Schools zufolge gaben 44 Prozent der Ehemaligen an, sie hätten für ihren Abschluss keinen Kredit aufnehmen müssen.[15] Das geht logischerweise nur, wenn man andere Formen der finanziellen Unterstützung hat: eine vermögende Familie, Zulassung aufgrund von Spenden oder Sponsoring durch ein Unternehmen.

Business Schools *bringen* also keine wohlhabenden und gut vernetzten Menschen *hervor*, sondern *nehmen sie auf* und schreiben sich im Anschluss ihre Erfolge auf die Fahne.

Haben Sie den Einstieg geschafft, wird die Schule alles in ihrer Macht Stehende tun, um Ihnen binnen Monaten nach Ihrem Abschluss einen gut bezahlten Job zu verschaffen. Dass es damit klappt, liegt aber letztlich stets in *Ihrer* Verantwortung. Machen Sie als Absolvent rasch Karriere, werden Sie von Ihrer Alma Mater als leuchtendes Beispiel für die Qualität ihres Studiengangs hochgehalten.

Der »Halo-Effekt« Ihres Namens wird genutzt, um weitere Studierende anzuwerben. Doch wenn Sie Ihre Stelle verlieren und das Geld knapp wird, erhalten Sie weder Zuwendung noch Hilfe. Die Kreditraten müssen Sie aber schön weiter abstottern. Pech gehabt.

Folgendes schrieb Christian Schraga, der 2002 an der Wharton School der University of Pennsylvania seinen MBA-Abschluss machte, auf seiner Website über seine diesbezüglichen Erfahrungen:[16]

> Aus erster Hand weiß ich, dass ein Spitzen-MBA-Studienplatz gewisse Vorteile bietet, doch für einen hohen Preis. Wer daran denkt, ein Vollzeitstudium aufzunehmen, sollte sich dringend fragen, ob er die damit verbundenen Risiken wirklich eingehen möchte.
>
> Eine Business School stellt ein enormes Risiko dar. Mit der Entscheidung für eine Immatrikulation ist nur eines sicher: Man wird an die 125 000 Dollar los. Diese Zahl entspricht einer steuerlich nicht abzugsfähigen Tilgungsrate von 1500 Dollar im Monat über einen Zeitraum von zehn Jahren, in dem man nicht in der Lage ist, auch nur einen Cent auf die Seite zu legen. Wer glaubt, der Stammbaum, der Eintritt in eine verschworene Gemeinschaft, die beiden geopferten Lebensjahre und die Chance auf das große Geld seien es wert, für den ist der MBA das Richtige. Alle anderen sollten sich lieber nicht darauf einlassen.

Kluge Worte. Wer das alles nicht braucht, sollte sich gar nicht erst immatrikulieren.

Was Sie von einem MBA wirklich haben

> **»Wer heuchelt, kann sich vollmundige Versprechungen leisten. Denn wenn sowieso nie die Absicht besteht, diese auch zu erfüllen, sind sie billig.«**
>
> Edmund Burke, Politiker und Politiktheoretiker

In »The End of Business Schools? Less Success Than Meets the Eye«, einer Studie, die Jeffrey Pfeffer von der Stanford University und Christina Fong von der University of Washington in *Academy of Management Learning & Education*[17] veröffentlichten, analysierten die beiden Daten aus 40 Jahren, um nachzuweisen, dass Business Schools zum Erfolg ihrer Absolventinnen und Absolventen beitragen. Ihre Hypothese war schlicht:

> Wenn ein MBA-Studium eine geeignete betriebswirtschaftliche Ausbildung darstellt, dann sollte logischerweise Folgendes zutreffen: (1) Unter sonst gleichen Bedingungen sollte ein Zusammenhang zwischen einem MBA-Abschluss und verschiedenen Messgrößen für Erfolg und Leistungen im Beruf bestehen, beispielsweise dem Gehalt. (2) Wenn das an einer Business School erworbene Wissen besser auf die Unternehmenswelt vorbereitet und mehr diesbezügliche Kompetenzen vermittelt – anders formuliert, wenn Business Schools Wissen vermitteln, das im Beruf nützlich ist –, dann sollte ein Maßstab dafür, wie viel jemand gelernt hat oder wie gut er den Stoff beherrscht, wie die im Studium erzielten Noten, zumindest eine gewisse Aussagekraft für verschiedene Ergebnisse haben, die auf Erfolg in der Wirtschaft hindeuten.

Was Pfeffer und Fong feststellten, war ebenso erstaunlich wie irritierend: Business Schools bewirken so gut wie nichts, außer dass sie den Studierenden das Geld aus der Tasche ziehen.

> Business Schools sind nicht sehr effektiv: Weder der MBA-Abschluss noch die im Studium erzielten Noten korrelieren mit beruflichem Erfolg – ein Ergebnis, das infrage stellt, wie effektiv solche Einrichtungen ihre Studierenden vorbereiten. Ebenso gibt es kaum Belege dafür, dass die Forschungsarbeit von Business Schools Einfluss auf die Managementpraxis hat, was die professionelle Relevanz von Managementstipendien in Zweifel zieht.

Der Studie von Pfeffer und Fong zufolge kommt es nicht darauf an, ob man als Jahrgangsbester mit der Traumnote von 4,0 GPA abschließt oder gerade so besteht – ein MBA-Abschluss hat keinerlei Zusammenhang mit dem langfristigen beruflichen Erfolg. Null.

> Es gibt wenig Indizien dafür, dass die MBA-Qualifikation, insbesondere, wenn der Abschluss nicht von einer Eliteuni stammt, oder die im betriebswirtschaftlichen Studium erzielten Noten – ein Maßstab dafür, wie gut jemand den Stoff beherrscht – in Zusammenhang stehen mit dem Verdienst oder dem Erreichen einer leitenden Position in einer Organisation. Diese Daten lassen zumindest vermuten, dass die Lehr- oder Ausbildungskomponenten eines betriebswirtschaftlichen Studiums nur sehr wenig mit der betriebswirtschaftlichen Realität in Organisationen zu tun haben.

Das ist allerhand für jemanden, der gerade mehrere Hunderttausend Dollar für einen Abschluss auf den Tisch geblättert hat, dessen einziger Zweck es ist, demjenigen mehr Erfolg in der Wirtschaft zu verschaffen.

Doch das ist noch nicht alles: Der MBA hat noch nicht einmal Einfluss darauf, wie viel Sie in Ihrem gesamten Arbeitsleben verdienen. Sie müssen Jahrzehnte lang arbeiten, um sich die Schulden vom Hals zu schaffen, die Sie für den Abschluss aufgenommen haben. Der Wharton-MBA Christian Schraga schätzt den Kapitalwert eines MBA-Studiums an einer Eliteuni über zehn Jahre (eine Methode der Finanzanalyse, die eingesetzt wird, um einzuschätzen, ob sich eine Investition lohnt) auf rund minus 53 000 Dollar, was ziemlich schlecht ist. Dabei geht er von einem Gehalt von 85 000 Dollar vor dem MBA, einem Gehalt von 115 000 Dollar nach dem MBA (das heißt 35 Prozent mehr), geringfügig höheren Steuersätzen (die anfallen, wenn Ihr Job den Umzug in eine Metropole erfordert) sowie einem Abzinsungssatz von 7 Prozent zur Berücksichtigung von Opportunitätskosten aus (also dafür, dass Sie auf andere Verwendungsmöglichkeiten für Ihr Geld verzichten, weil Sie es für das MBA-Studium ausgeben, anstatt es anderweitig zu investieren). Schlicht gesagt: Schraga verwendete eine an Business Schools gelehrte Methode, um nachzuweisen, dass ein MBA einer führenden Business School finanziell keine gute Entscheidung ist.

Wenn wir davon ausgehen, dass Schragas Annahmen korrekt sind, müssen Sie nach dem Abschluss zwölf Jahre lang fleißig arbeiten, *nur um die Kosten wieder hereinzubringen* – vorausgesetzt, alles läuft nach Plan. Sieht es auf dem Arbeitsmarkt gerade schlecht aus, wenn Sie von der Uni abgehen, haben Sie ein Problem.

Wie Business Schools entstanden sind

»Es grenzt tatsächlich an ein Wunder, dass moderne Lehrmethoden die Wissbegierde noch nicht gänzlich abgewürgt haben.«

Albert Einstein, Physiker und Nobelpreisträger

Ein MBA-Studium macht Menschen nicht erfolgreicher, denn an der Business School lernen sie nur wenig, was in der Arbeitswelt nützlich ist. Wie Pfeffer und Fong in ihrer Studie feststellen:

> Viele Indizien belegen, dass die Lehrpläne der Business Schools nur wenig damit zu tun haben, was für Erfolg in der Wirtschaft wichtig ist. …

> Besteht tatsächlich nur ein schwacher Zusammenhang zwischen den in Unternehmen benötigten Kompetenzen und dem in MBA-Studiengängen vermittelten Wissen, ist nachvollziehbar, dass ein MBA-Abschluss oder die Beherrschung des Lernstoffes keine Effekte auf den beruflichen Erfolg der Absolventinnen und Absolventen hat.

Wenn Sie sich den Lehrplan einer Business School anschauen, werden Sie feststellen, dass da verschiedene Annahmen dazu getroffen werden, was Sie nach dem Abschluss anfangen werden: Sie werden entweder in der Chefetage eines großen industriellen Fertigungs- und Einzelhandelsunternehmens landen, als Berater oder als Wirtschafsprüfer arbeiten oder im Finanzwesen für eine Investmentbank oder einen Hedgefonds. Der Stoff dreht sich um die Leitung großer Betriebe und/oder um anspruchsvolle quantitative Analysen – nicht um die übrigen wichtigen Aufgaben, die 99 Prozent aller im Management tätigen Personen täglich erledigen.

Die Argumente für ein Studium an einer Business School stützen sich auf die Behauptung, dass es fähigere Führungskräfte, Manager und Unternehmer hervorbringt. Es gibt jedoch keine Belege dafür, dass ein solches betriebswirtschaftliches Studium eine kompetentere oder effektivere Wirtschaftsfachkraft aus Ihnen macht: Viel ausschlaggebender dafür sind situationsbedingte Faktoren. In einer umfassenden Studie mit dem Titel »The MBA Myth and the Cult of the CEO« offenbarten Dan Rasmussen und Haonan Li ihre Forschungsergebnisse zu den Effekten einer MBA-Qualifikation auf den persönlichen Erfolg von über 8500 CEOs und auf den Erfolg ihrer Unternehmen.[18] Einen Schwerpunkt ihrer Forschungsarbeit beschrieben die beiden folgendermaßen:

> Sagen die Merkmale eines CEO etwas über die Entwicklung des Aktienkurses aus? Bringen CEOs mit MBA-Abschluss bessere Leistungen als CEOs ohne MBA? Schneiden CEOs mit MBA-Abschlüssen der besten MBA-Studiengänge besser ab als andere CEOs? Sind CEOs, die für führende Beratungsunternehmen und Investmentbanken gearbeitet haben, besser als andere CEOs? Allgemeiner gefragt: Sind die »fähigsten Köpfe« die besseren Unternehmenslenker?

Hier das Fazit der Studie von Rasmussen und Li:

> Wir haben keinen statistisch signifikanten [Vorteil] festgestellt – obwohl wir jede mögliche Business School anhand einer angemessenen Stich-

> probengröße getestet haben. MBA-Studiengänge bringen schlicht keine CEOs hervor, die Unternehmen besser leiten können, wenn man den Erfolg an der Kursrendite der Aktien misst. ... Das Ist-Ergebnis zur CEO-Leistung entspricht ziemlich genau dem, was wir zufällig erwarten würden. [...] Wie lange wollen sich Investoren und Verwaltungsratsgremien noch durch Zufälligkeit und übertriebenes ungerechtfertigtes Vertrauen in Qualifikationen zum Narren halten lassen?

Der fehlende Zusammenhang zwischen Lehre und Arbeitswelt wird verständlich, wenn man begreift, dass die Konzepte, Prinzipien und Methoden, die an den meisten Business Schools vermittelt werden, für eine ganz andere Welt konzipiert wurden. Business Schools, an denen Masterabschlüsse erworben werden konnten, kamen Ende des 19. Jahrhunderts während der zweiten industriellen Revolution auf. Zweck der ersten MBA-Studiengänge war eine wissenschaftlichere Ausbildung in Betriebswirtschaft, um große Betriebe effizienter zu machen.

Frederick Winslow Taylor, Pionier der »wissenschaftlichen Managementmethoden«, die heute die Grundlage einer modernen betriebswirtschaftlichen Ausbildung darstellen, verwendete eine Stoppuhr, um die Zeit, die ein Arbeiter im Durchschnitt brauchte, um Eisenbarren in einen Güterwaggon zu verladen, um wenige Sekunden zu verkürzen. Das sollte Ihnen einen Eindruck von der Geisteshaltung vermitteln, die den meisten Managementstudiengängen an Business Schools zugrunde liegt.

Management wurde als Übung betrachtet, um Menschen dazu zu bringen, schneller zu arbeiten und zu tun, was man ihnen sagte. Die Könige der Philosophien, die hinter der Managementpsychologie standen, waren Iwan Pawlow und später B. F. Skinner, der glaubte, wenn man nur die richtigen Anreize finde und einsetze, könne man Menschen zu jedem gewünschten Verhalten veranlassen. Diese Mentalität führte zum verbreiteten Einsatz finanzieller Anreize, um das Verhalten zu beeinflussen: Gehälter, Bonuszahlungen, Aktienoptionen und dergleichen mehr. So sollten Fachkräfte und Manager dazu angehalten werden, im besten Interesse ihrer Aktionäre zu handeln.

Es gibt aber eine (wachsende) Vielzahl von Belegen dafür, dass direkte Anreize im wirklichen Leben häufig die Leistung, die Motivation und die Zufriedenheit am Arbeitsplatz torpedieren.[19] Obwohl es inzwischen brauchbarere andere Theorien zum menschlichen Verhalten gibt,[20] geht die Suche nach dem magischen Anreiz in den Hörsälen der Business Schools bis heute weiter.

Auf der Suche nach Verbreitung

»Jede Methode, wie wertvoll und wünschenswert sie auch sein mag, wird zur Krankheit, wenn man von ihr besessen ist.«

Bruce Lee, weltbekannter Kampfsportler

Marketing sollte dagegen ursprünglich bewirken, dass physische Produkte mehr Verkaufsfläche erhielten und in der Folge teure Fertigungsstraßen in Fabriken ausgelastet wurden. Mit der breiten Akzeptanz von Radio und Fernsehen Anfang des 20. Jahrhunderts wurde es möglich, ein großes Publikum landesweit mit Werbung zu erreichen, was den Weg ebnete für nationale Marken und Einzelhändler. Mehr Werbung sorgte für größere Verbreitung, was wiederum den Umsatz steigerte, sodass noch mehr Geld in Werbung fließen konnte, und so weiter und so fort. Im Laufe der Jahrzehnte führte diese sich selbst verstärkende Rückkopplungsschleife dazu, dass es in jeder Branche ein paar dominante Platzhirsche gab. In den Business Schools dachte man wie besessen darüber nach, wie sich durch immer größere Fusionen Marktanteile erobern und riesige Unternehmen aufbauen ließen. Der finanzielle Einsatz stieg dabei mit jeder neuen Akquisition.

Für Unternehmer wurde Risikokapital zu einem unabdingbaren Aspekt der Unternehmensgründung – wie sonst konnte man die nötigen Mittel aufbringen, um in wenigen Jahren eine Fabrik zu errichten oder eine nationale Marke aufzubauen? Skalenvorteile in der Produktion bedeuteten, dass große Unternehmen kleinere Konkurrenten aus dem Markt drängen konnten, indem sie ähnliche Produkte billiger anboten. Investoren verlangten enorme Renditen für ihr Kapital. Sie schlugen alle Vorsicht in den Wind. Das zahlte sich für Spekulanten aus, die Businesspläne mit fantastischen Exit-Szenarien in kürzester Zeit aufstellten. Wirtschaftlich tragfähige Unternehmen wurden aufgekauft und im Namen der Konsolidierung und der »Synergieeffekte« ausgeweidet – und das alles mit dem Segen der Wirtschaftswissenschaft. Was es für eine gewaltige Aufgabe war, diese gigantischen, komplexen betrieblichen Systeme zu integrieren, wurde ausgeblendet oder verdrängt. Das führte die meisten der Unternehmen, die sich an solchen Riesenfusionen versuchten, in den Ruin.

Das Spiel mit dem Feuer

»Hütet euch vor Theoretikern mit ihren Formeln.«

Warren Buffett, Chairman und CEO von Berkshire Hathaway und einer der reichsten Männer der Welt

Das Finanzwesen wurde währenddessen immer komplizierter. Bis zum 20. Jahrhundert brauchte man im Rechnungswesen und in der Finanzabteilung gesunden Menschenverstand und relativ einfache Kenntnisse im Umgang mit Zahlen. Die flächendeckende Einführung der doppelten Buchführung (eine Erfindung aus dem 13. Jahrhundert) brachte viele Vorteile, darunter größere Genauigkeit und die leichtere Ermittlung von Unregelmäßigkeiten wie Diebstahl. Die Sache wurde dadurch allerdings etwas komplizierter.

Die Einführung der Statistik in die Finanzpraxis erhöhte die analytischen Kapazitäten auf Kosten der Abstraktion. Dadurch gab es mehr Gelegenheiten zur Manipulation der Zahlen, ohne dass dies jemandem auffiel. Mit der Zeit zogen Manager und Führungskräfte Statistiken und Analysen heran, um Prognosen für die Zukunft zu stellen. Dabei verließen sie sich so auf Datenbanken und Tabellen wie die Seher früherer Zeiten auf Teeblätter und Ziegeneingeweide. Die Welt wird nicht weniger vorhersehbar und auch nicht unsicherer: Wie in früheren Zeiten »beweisen« die Zeichen nur die Vorurteile und Wünsche der Wahrsager.

Die Komplexität von Finanzgeschäften und die statistischen Modelle, auf die sich solche Geschäfte stützen, nahmen so lange zu, bis nur noch die wenigsten Anwender so richtig durchschauten, wie sie funktionierten, oder ihre Grenzen respektierten. Wie *Wired* in einem Artikel vom Februar 2009 enthüllte (»Recipe for Disaster: The Formula That Killed Wall Street«), spielten Finanzformeln wie das Black-Scholes-Optionspreismodell, die Gauß'sche Glockenkurve und das Capital Asset Pricing Model (CAPM) eine wesentliche Rolle im Zusammenhang mit der Tech-Blase des Jahres 2000 und dem Irrsinn auf dem Häuser- und Derivatemarkt, der die Rezession von 2008 auslöste.

Wer gelernt hat, komplizierte Finanzformeln anzuwenden, kann deshalb noch lange kein Unternehmen führen. Dazu muss man unbedingt wissen, *was Unternehmen tun, damit Wert entsteht und weitergegeben wird.* Doch in vielen MBA-Studiengängen liegt der Schwerpunkt nicht mehr auf Wertschöpfung und Betriebsführung, sondern eher auf Finanzwesen und quantitativer Analyse. In dem Artikel »Upper Mismanagement«, der in *New Republic* erschien, ergründet der Journalist Noam Scheiber, was hinter dem Niedergang der amerikanischen Industrie steckt:

> Seit 1965 hat sich der Prozentsatz der Absolventen hochkarätiger Business Schools, die in die Unternehmensberatung und ins Finanzdienstleistungsgeschäft gehen, verdoppelt – von rund einem auf etwa zwei Drittel. Ein paar dieser Berater und Finanzfachleute landen am Ende zwar im Fertigungssektor, doch ist das in verschiedener Hinsicht problematisch. ... Die meisten Topmanager von GM kamen in den letzten Jahrzehnten aus der Finanzbranche, nicht aus dem operativen Geschäft. [...] Doch diese Führungskräfte hatten oft kein Ohr für die Innovationen, die hochwertige Produktion zu geringen Kosten ermöglichen.[21]

Verbesserungen an den Prozessen sind leicht verzichtbar, wenn man die Zahlen eines Unternehmens kurzfristig besser aussehen lassen möchte. Doch solche Verbesserungen sind eine Voraussetzung für die langfristige Wirtschaftlichkeit. Indem Manager mit MBA Aspekte ignorieren, die dafür sorgen, dass ein Unternehmen effektiv und nachhaltig arbeitet, haben sie im Namen des Quartalsgewinns je Aktie schon so manches rentable Unternehmen ausbrennen lassen.

Währenddessen entstanden durch die verbreitete Praxis, durch viel Fremdkapital eine Hebelwirkung[22] zu erzielen, riesige Unternehmen mit noch größeren Verbindlichkeiten, die die Erträge zwar in guten Jahren steigern, doch schon beim leisesten Abschwung in eine katastrophale Instabilität abgleiten. Die in den Hörsälen vieler Business Schools gelehrte »Leveraged Buyout«-Strategie – der zufolge Unternehmen gekauft, dann unter Aufnahme hoher Schulden stark vergrößert und anschließend mit Aufschlag an ein anderes Unternehmen verkauft werden[23] – verwandelte viele vormals selbsttragende Unternehmen in durch Schulden aufgeblähte Monstrositäten. Dass Unternehmen ständig von einem kurzfristigen Eigentümer auf den nächsten übergingen, ließ die Finanzmärkte zu einer Art Reise nach Jerusalem werden.

Wenn Finanzjongleure und kurzfristige Renditevorgaben mehr zählen als Umsicht und langfristige Wertschöpfung, geht das zulasten von Kunden und Beschäftigten. Davon profitieren nur die Finanziers und Fondsmanager mit MBA-Abschlüssen, die in ihren Führungspositionen den Ton angeben. Sie beziehen Hunderte Millionen Dollar an Transaktionsgebühren und Gehältern und vernichten dabei gesunde Unternehmen, Hunderttausende von Arbeitsplätzen und Milliardenwerte.

In der Betriebswirtschaft geht es um Wertschöpfung und Wertbeiträge für zahlende Kunden – nicht darum, legale Betrügereien zu orchestrieren. Zu unser aller Leidwesen haben die Business Schools ihre Schwerpunkte in der Lehre von Ersterem auf Letzteres verschoben.

Kein Grund für Veränderungen

»In der Schule lernt man, dass man Unterweisung braucht.«

Ivan Illich, Priester, Theologe und Kritiker des Bildungswesens

Die Welt verändert sich, die Business Schools aber nicht. Mit dem Einzug des Internets und der breiten Verfügbarkeit neuer Technologien sind moderne Erfolgsunternehmen in der Regel kleiner, erfordern weniger Gründungskapital, verursachen geringere Gemeinkosten und brauchen keine so große Belegschaft mehr. Der US Small Business Administration zufolge sind 99,9 Prozent aller Unternehmen in den Vereinigten Staaten klein.[24] Auf sie entfällt fast die Hälfte aller Beschäftigten in der Privatwirtschaft,[25] sie haben von 2000 bis 2018 64,9 Prozent aller neuen Arbeitsplätze geschaffen[26] und tragen rund 44 Prozent zum US-amerikanischen Bruttoinlandsprodukt (BIP) bei.[27] Das würde man nie vermuten, wenn man sich den Lehrplan einer Business School anschaut: Legt man aktuelle Standards zugrunde, so scheinen die meisten MBA-Programme davon auszugehen, dass für Manager nur ganz große Unternehmen interessant sind.

Doch Massenmarketing ist nicht länger in der Lage, Pennys vorhersehbar und verlässlich in Dollars zu verwandeln. Die Lagerbestände (falls überhaupt vorhanden) sind in aller Regel kleiner. Unternehmen sind in Bezug auf erfolgskritische Funktionen auf andere angewiesen, und Branchen verändern sich und passen sich an neue Entwicklungen an. Tempo, Flexibilität und Einfallsreichtum sind die Eigenschaften, auf die erfolgreiche Unternehmen heute setzen – Eigenschaften, die sich Großkonzerne nur schwer aneignen und bewahren können und die in den Hörsälen der Business Schools nur widerstrebend vermittelt werden.

Die Ansprüche des Aktienmarkts treiben Topmanager dazu, auf Kosten der langfristigen Stabilität kurzfristigen Gewinnen hinterherzujagen, was immer wieder neue Entlassungswellen und Budgetkürzungen auslöst, wenn es eng wird oder unerwartete Entwicklungen eintreten. Gleichzeitig streben Beschäftigte nach mehr wahrgenommener Autonomie, Flexibilität und Sicherheit durch ihre

Arbeit. Und das wird ihnen außerhalb der Einschränkungen des klassischen Jobs im Unternehmen geboten. Doch wie kann man Personal führen, das eigentlich gar nicht für einen arbeiten will?

Die MBA-Studiengänge versuchen, darauf einzugehen, vermitteln aber immer noch Theorien, die längst überholt, fehlgeleitet oder schlicht falsch sind, und sie haben wenig Anreize, das zu ändern. Warum sollte man sich die Mühe machen, solange MBA-Programme häufig profitable Statussymbole für Universitäten darstellen und so gefragt sind? Solange sich noch genügend Leute immatrikulieren, ist nicht davon auszugehen, dass die Business Schools ihre Herangehensweise an ein betriebswirtschaftliches Studium verändern.

Der eine große Vorteil des Studiums an einer Business School

»Institutionen versuchen stets, das Problem aufrechtzuerhalten, für das sie die Lösung sind.«

Clay Shirky, Professor an der NYU und Autor von *Here Comes Everybody* und *Cognitive Surplus*

Der eine maßgebliche Vorteil, den Business Schools tatsächlich bieten, ist besserer Zugang zu den Personalern der *Fortune* 500, der Unternehmensberatungen, der großen Wirtschaftsprüfungsgesellschaften und Investmentbanken über Werbeveranstaltungen auf dem Campus und Alumni-Netzwerke. Mit dem Abschluss an einer hochkarätigen Business School erhalten Sie um einiges leichter eine Einladung zum Vorstellungsgespräch bei einem *Fortune*-500-Unternehmen, einer Investmentbank oder einer Unternehmensberatung. Am stärksten macht sich dieser Effekt unmittelbar nach dem Abschluss bemerkbar. Nach drei bis fünf Jahren nutzt er sich bereits ab. Später sind Sie wieder auf sich gestellt: Dann interessieren sich die Personaler nicht mehr so sehr dafür, wo Sie studiert haben, sondern fragen eher danach, was Sie bisher erreicht haben.

Die zuständigen Fachkräfte in den Personalabteilungen verwenden MBA-Programme als Filter, wenn sie entscheiden, wen sie zum Vorstellungsgespräch einladen. HR-Manager sind viel beschäftigte Fachleute, und da jeder Absolvent eines solchen Studiengangs bereits zuvor auf Herz und Nieren geprüft wurde, ist die Wahrscheinlichkeit geringer, dass der Personalmanager seine kostbare Zeit verschwendet. Außerdem liefert die Einstellung frischgebackener MBAs auch eine plausible Ausrede, wenn der Neuzugang die Erwartungen nicht erfüllt: »Ich kann mir auch nicht erklären, was da schiefgelaufen ist – sie hat immerhin an der Harvard Business School studiert.«

Der Filteraspekt von MBA-Programmen ist ausgesprochen real und lässt sich für einen Einzelkämpfer nur schwer ausgleichen. Wenn Sie unbedingt Managementberater oder internationaler Finanzier werden oder es in einem *Fortune*-500-Unternehmen auf die Überholspur der Karriereleiter schaffen wollen, dann führt womöglich kein Weg daran vorbei, sich für 200 000 Dollar ein Vorstellungsgespräch zu kaufen. Wer diesen Weg einschlägt, sollte sich aber *im Vorfeld* darüber im Klaren sein, worauf er sich einlässt – hat man erst einmal unterschrieben, kann man es sich kaum noch anders überlegen, weil man schon zu tief in der Kreide steht.

Möchten Sie sich aber lieber selbstständig machen oder suchen Sie einen erfüllenden Beruf, der auch noch ein Privatleben zulässt, ist ein MBA-Studium reine Zeit- und Geldverschwendung. Wie Dr. Pfeffer, Co-Autor der AMLE-Business-School-Studie, in einem Artikel über MBA-Programme feststellte, der 2006 in der *Business Week* erschien: »Wer so gut ist, dass er genommen wird, bringt offensichtlich alles Nötige mit, um es auch ohne MBA zu schaffen.«[28]

Heiho, heiho, die Schulden drücken so

»Kommen Sie auch dann ans Ziel, wenn es nicht klappt?«

Louis L'Amour, Autor und Historiker

Nehmen wir an, Sie immatrikulieren sich und schaffen Ihren MBA. Mit etwas »Glück« finden Sie vielleicht eine Stelle bei einem großen Finanzdienstleister oder einer Unternehmensberatung, wo Sie dann das Privileg genießen, für rund 100 000 Dollar im Jahr zehn und mehr Stunden täglich zu arbeiten. Das Geld kommt Ihnen zwar gelegen, doch Sie haben kaum noch ein Privatleben, und der Druck ist hoch und gnadenlos. Selbst wenn Ihnen Ihr Job nicht gefällt, müssen Sie zusehen, dass Sie vorankommen, damit Sie Ihren Studienkredit abstottern können und sich Ihre Investition auch »auszahlt«.

Herzlichen Glückwunsch: Sie haben Ihren Verstand und Ihre Energie dazu verwendet, sich selbst zu einem Leben als Leibeigener zu verurteilen.

Wenn Sie gut sind, steigen Sie in die Chefetage auf, verdienen besser, tragen größere Verantwortung – und arbeiten noch mehr. Dann wäre es gut, wenn Sie die Früchte Ihrer Arbeit auch allein genießen können, denn Scheidungen und familiäre Probleme kommen bei Spitzenmanagern häufig vor. Wie heißt es doch? Sie können alles haben – Sie müssen nur bereit sein, den Preis dafür zu bezahlen.

Haben Sie nicht so viel »Glück«, bekommen Sie einen Posten, der Ihnen nur wenig mehr einbringt, als Sie ohne MBA verdienen würden. Das ist aber noch nicht alles. Gehen Sie von der Uni ab, wenn der Arbeitsmarkt gerade am Boden ist, dann stehen Sie womöglich mit einer Kreditrate von 1000 Dollar im Monat da – und ohne Job, um das nötige Geld dafür zu verdienen. Ob es gerade Stellenangebote gibt oder nicht – Ihren Studienkredit müssen Sie trotzdem zurückzahlen. Er bleibt Ihnen erhalten, ganz gleich, wie sich Ihr Leben gestaltet. Und bis er getilgt ist, sitzen Ihnen die Inkassoleute im Nacken.

Ich kann das gar nicht oft genug betonen: *Eine zu hohe Schuldenlast ist der schnellste und einfachste Weg, sich Ihr Leben zu ruinieren.* Der Hauptgrund dafür, dass Menschen jahrzehntelang Berufe ausüben, die sie verabscheuen, sind Schulden, die abgezahlt werden müssen. Finanzielle Belastungen können Beziehungen zerstören, die Gesundheit gefährden und Menschen um den Verstand bringen. Ist das die Aussicht auf ein schickes Eckbüro wirklich wert?

Angesichts der hohen Schuldenlast und der fragwürdigen Rendite sind MBA-Studiengänge keine gute Investition, sondern eine Falle für Unvorsichtige.

Wie es besser geht

»Erzieher erziehen! Aber die Ersten müssen sich selbst erziehen! Und für diese schreibe ich.«

Friedrich Nietzsche, Philosoph und Autor von *Der Wille zur Macht* und *Also sprach Zarathustra*

Ein Glück, dass Sie selbst bestimmen können, wie Sie an Ihre Ausbildung herangehen – eine Entscheidung, die Ihnen *mehr* Erfolg bringen kann als den besten MBA-Absolventen und Ihnen dabei auch noch Hunderttausende von Dollar einspart. Sich mit den Grundlagen solider betriebswirtschaftlicher Praxis zu befassen und ein eigenes Netzwerk aufzubauen, kann Ihnen die meisten Vorteile eines MBA-Studiums zu einem Bruchteil der Kosten verschaffen. Statt Ihre Zeit und Ihr sauer verdientes Geld darauf zu verschwenden, sich überholte Theorien anzueignen, die Sie vermutlich nie einsetzen werden, sollten Sie Ihre Zeit und Kraft lieber darauf verwenden, sich selbst beizubringen, was Sie wissen müssen, um Erfolg zu haben.

Für jemanden, der die Aufnahme in ein Spitzen-MBA-Programm schafft und in der Lage ist, nach dem Abschluss das Nötige zu tun, um voranzukommen, könnte es die beste Entscheidung seines Lebens sein, auf ein Studium an der Business School zu verzichten und sich die betriebswirtschaftlichen Grundlagen selbst anzueignen, indem er dieses Buch liest.

Was Sie aus diesem Buch lernen können

»Um sich mit einem neuen Fachgebiet vertraut zu machen, muss man sich allem Anschein nach alles Mögliche merken. Stimmt aber nicht. In Wirklichkeit müssen Sie nur die zentralen Prinzipien erkennen – in der Regel gibt es davon drei bis zwölf –, die für dieses Gebiet gelten. Die vielen Dinge, von denen Sie glauben, sie sich einbläuen zu müssen, sind lediglich verschiedene Kombinationen dieser zentralen Grundsätze.«

John T. Reed, Immobilieninvestor und Autor von *Succeeding*

Dieses Buch soll Ihnen die Grundlagen solider betriebswirtschaftlicher Praxis vermitteln. Hier ein kurzer Ausblick auf den Inhalt:

Wie Unternehmen funktionieren. Grob gesprochen, liefert ein erfolgreiches Unternehmen (1) etwas Wertvolles, das (2) andere Menschen haben wollen oder brauchen, und zwar zu (3) einem Preis, den sie dafür zu zahlen bereit sind, und so, dass (4) die Bedürfnisse und Erwartungen des Kunden erfüllt werden, damit (5) das Unternehmen so viel Gewinn erzielt, dass es sich für die Eigentümer lohnt, den Betrieb fortzuführen. Im Zusammenspiel beschreiben die Konzepte aus den Kapiteln 1 bis 5, wie ein Unternehmen arbeitet und was Sie tun können, um bessere Ergebnisse zu erzielen.

Wie Menschen funktionieren. Jedes Unternehmen wird von Menschen geschaffen und lebt davon, dass es anderen Menschen Nutzen bringt. Um zu begreifen, wie Unternehmen funktionieren, müssen Sie feste Vorstellungen davon haben, wie Menschen Entscheidungen treffen, diese umsetzen und mit anderen kommunizieren. Die Kapitel 6 bis 8 führen Sie in eine Handvoll maßgeblicher psychologischer Konzepte ein, aus denen hervorgeht, wie der menschliche Verstand die Welt verarbeitet, wie Sie selbst effektiver und effizienter arbeiten und wie Sie berufliche Beziehungen aufbauen und stärken können.

Wie Systeme funktionieren. Unternehmen sind komplexe Systeme mit vielen beweglichen Teilen, die innerhalb noch komplexerer Systeme wie Branchen, Gesellschaften, Kulturen und Staaten existieren. Die Kapitel 9 bis 11 werden Ihnen begreiflich machen, wie komplexe Systeme funktionieren, aber auch, wie Sie bestehende Systeme analysieren und verbessern können, ohne unerwartete Konsequenzen zu provozieren.

Hier ein paar Dinge, die Sie *nicht* erwarten sollten:

Überfrachtung mit Management und Führung (Leadership). Viele Ressourcen für die betriebswirtschaftliche Bildung (und alle Business Schools) verwechseln Management- und Führungskompetenzen mit betriebswirtschaftlichem Know-how. *Das ist aber etwas ganz anderes.* Management und die Kunst, Menschen zu führen, sind in der unternehmerischen Praxis zwar wichtig, aber nicht das A und O der betriebswirtschaftlichen Ausbildung. Ohne solide betriebswirtschaftliche Kenntnisse kann es vorkommen, dass eine Gruppe von Menschen so organisiert und geführt wird, dass sie am Ende die falschen Ziele erreicht. In der Wirtschaft geht es um die profitable Entwicklung und Bereitstellung wertvoller Angebote an zahlende Kunden. Management und Personalführung sind Mittel zum Zweck. Über die wesentlichen Grundlagen für effektives Management und wirkungsvolle Personalführung sprechen wir in Kapitel 8, aber dann im richtigen Kontext.

Finanz- und Rechnungswesen auf CFA/CPA-Niveau. Finanzmanagement und Rechnungswesen (Buchführung) sind zwei sehr wichtige Themenbereiche. Wir erörtern die wesentlichen Konzepte und Praktiken in Kapitel 5, einschließlich häufiger Fehler und Fallstricke. Doch daneben gibt es noch viele Themen, die wir beleuchten müssen. Finanzmanagement wie etwa Finanzierungsentscheidungen oder Finanzanalysen steht nicht allein im Fokus dieses Buches. Gründliche Untersuchungen zu Finanzanalyse und Bilanzierungsstandards füllen Tausende von Büchern, die viel dicker sind als dieses. Wenn Sie aber nicht gerade Chartered Financial Analyst (CFA) oder Certified Public Accountant (CPA) werden möchten, sollten Sie sich zwar die Grundlagen dieser Fächer aneignen, die Details aber den Spezialisten überlassen.

Zum Glück müssen wir das Rad nicht neu erfinden: Es gibt bereits ausgezeichnete Bücher zum Bereich Finanz- und Rechnungswesen. Wer sich näher für diese Themen interessiert, wenn er das fünfte Kapitel durchgelesen hat, dem empfehle ich die folgenden Bücher:

Financial Intelligence for Entrepreneurs von Karen Berman und Joe Knight
Simple Numbers, Straight Talk, Big Profits! von Greg Crabtree
Accounting Made Simple von Mike Piper
How to Read a Financial Report von John A. Tracy

Außerdem gibt es Onlinekurse wie MBA Math (http://mbamath.com) und Bionic Turtle (http://bionicturtle.com) für alle, die noch tiefer in die Materie einsteigen wollen. (Viele Business Schools und Schulungsprogramme für Unternehmensfinanzierung empfehlen diese Kurse vor der Einschreibung oder setzen sie sogar voraus.)

Quantitative Analyse und Modellierung. Im zehnten Kapitel klären wir die Grundlagen von Messung und Analyse, doch dieses Buch macht aus Ihnen noch keinen quantitativen Börsenanalysten (»Quant«) oder Excel-Überflieger. Richtig eingesetzt, sind Kenntnisse in Statistik und quantitativer Analyse ausgesprochen nützlich. Doch die Methoden als solche hängen stark von der Situation ab und sprengen den Rahmen dieses Buches. Allen, die nach der Lektüre von Kapitel 10 noch mehr über statistische Analyse erfahren möchten, lege ich folgende Werke ans Herz:

Thinking Statistically von Uri Bram
How to Lie with Statistics von Darrell Huff
Turning Numbers into Knowledge von Dr. Jonathan Koomey

Genauer beleuchtet werden anspruchsvollere Analysemethoden in den *Principles of Statistics* von M. G. Bulmer – ein nützliches Nachschlagewerk.

Wie Sie mit diesem Buch arbeiten sollten

»Alle wirklich klugen Gedanken sind schon tausendmal gedacht worden; um sie zu unseren eigenen zu machen, müssen wir sie aufrichtig überdenken, bis sie sich in unseren persönlichen Erfahrungen niederschlagen.«

Johann Wolfgang von Goethe

Hier ein paar Tipps, wie Sie für sich das meiste aus diesem Buch herausholen können:

Blättern Sie, überfliegen Sie, lesen Sie quer. Sie müssen ein Buch nicht von vorne bis hinten durchlesen, um davon zu profitieren. Darin herumzublättern, bringt manchmal mehr – und macht weniger Arbeit. Blättern Sie ruhig vor und zurück und lesen Sie Passagen an, bis Sie ein Abschnitt fesselt. Nehmen Sie sich dann vor, dieses Konzept ein paar Tage lang in Ihrem beruflichen Alltag anzuwenden. Sie werden bald feststellen, dass Ihre Arbeit deutlich an Qualität gewinnt – und ebenso Ihre Fähigkeit, »unternehmerisch zu denken«.

Halten Sie ein Notizbuch und einen Stift bereit. Dieses Buch soll Ihnen Anregungen geben, Dinge besser zu machen. Stellen Sie sich also darauf ein, Gedanken und Ideen festzuhalten, wenn sie Ihnen einfallen. Dann können Sie wichtige Konzepte später leichter rekapitulieren. Mithilfe Ihres Notizbuchs werden Sie auch leichter vom Notizenmachen zur Erarbeitung eines detaillierten Handlungsplans übergehen, wenn Ihnen ein solcher einfällt.[29]

Schlagen Sie oft nach. Legen Sie das Buch an Ihren Arbeitsplatz, damit Sie es bei der Arbeit konsultieren können – vor allem, bevor Sie mit einem neuen Projekt beginnen. Übung macht den Meister. Je besser Sie diese Konzepte verinnerlichen, desto bessere Ergebnisse erzielen Sie. Ich empfehle auch, sich von Ihrem Kalender alle paar Monate daran erinnern zu lassen, dieses Buch oder Ihre Notizen zur Hand zu nehmen, um Ihr Verständnis zu vertiefen und neue Anregungen zu erhalten.

Sprechen Sie im Kollegenkreis über diese Ideen. Es kommt viel in Bewegung, wenn alle, mit denen Sie zusammenarbeiten, diese Konzepte kennen und dieselbe Sprache sprechen, wenn es um ihre Anwendung geht. Im Anschluss an die einzelnen Konzepte füge ich einen Link zu einer Onlinereferenzseite ein, den Sie an E-Mails, Vorschläge, Blogbeiträge oder andere Mitteilungen anhängen können. Das sorgt dafür, dass alle à jour sind – vor allem, wenn der Empfänger das Konzept nicht kennt, auf das Sie sich beziehen.

Es gibt immer noch mehr zu entdecken. Jede Idee lässt sich auf vielfältige Weise umsetzen. Es ist daher unmöglich, alle potenziellen Auswirkungen dieser Konzepte in nur einem Buch auszuloten. Die Wirtschaftsliteratur bietet viele großartige Ressourcen, die Ihnen helfen können, Ihre Kenntnisse zu vertiefen, wenn Sie mehr über ein bestimmtes Denkmodell erfahren möchten. Ich lade Sie ein, sich auf **personalmba.com** noch eingehender mit diesen Ideen auseinanderzusetzen und zu erfahren, wie Sie sie in Ihrem Alltag und an Ihrem Arbeitsplatz umsetzen können.

Legen Sie los.

1 – WERTSCHÖPFUNG

»Stellen Sie etwas her, was die Menschen haben wollen ... Nichts bietet mehr Wertpotenzial als ein ungedeckter Bedarf, für den sich gerade eine Lösung abzeichnet. Liegt etwas im Argen und Sie können für viele Menschen Abhilfe schaffen, dann haben Sie eine Goldmine entdeckt.«

Paul Graham, Mitgründer von Y Combinator, Risikokapitalgeber und Essayist auf paulgraham.com

Jedes erfolgreiche Unternehmen schafft Wert. Die Welt ist voller Gelegenheiten, das Leben anderer zu verbessern. Ihre Aufgabe als Unternehmer ist es herauszufinden, wo etwas fehlt, und sich zu überlegen, wie Sie das ändern können.

Wertschöpfung kann verschiedene Formen annehmen, doch sie dient stets demselben Zweck: irgendjemandem das Leben zu erleichtern. Ohne Wertschöpfung kann kein Unternehmen überleben – man kommt nur dann mit anderen ins Geschäft, wenn man etwas Wertvolles anzubieten hat.

Die besten Unternehmen der Welt sind diejenigen, die anderen den größten Wert bieten. Manche Unternehmen florieren, indem sie wenig Wert für viele Menschen bereitstellen, andere fokussieren sich darauf, nur wenigen Menschen sehr viel Wert zu verschaffen. Dessen ungeachtet gilt: Je mehr echten Wert Sie für andere entstehen lassen, desto besser wird Ihr Unternehmen dastehen und desto mehr werden Sie verdienen.

Link zur Referenz: **personalmba.com/value-creation/**

Die fünf Bausteine eines jeden Unternehmens

»Ein Unternehmen ist ein wiederholbarer Prozess, der Geld bringt. Alles andere ist ein Hobby.«

Paul Freet, Serienunternehmer und Kommerzialisierungsexperte

Grob gesprochen, ist ein Unternehmen ein wiederholbarer Prozess, der:

1. etwas Werthaltiges hervorbringt und abgibt ...
2. das andere haben möchten oder brauchen ...
3. zu einem Preis, den diese zu zahlen bereit sind ...
4. und zwar so, dass die Bedürfnisse und Erwartungen der Kunden erfüllt werden ...
5. damit das Unternehmen so viel ***Gewinn*** erzielt, dass es sich für seine Eigentümer lohnt, es weiter zu betreiben.

Dabei spielt keine Rolle, ob Sie als Soloselbstständiger unterwegs sind oder mit einer milliardenschweren Marke. Fällt einer dieser fünf Faktoren heraus, haben wir es nicht mehr mit einem Unternehmen zu tun, sondern mit etwas anderem: Entsteht kein Wert für andere, dann ist es ein Steckenpferd. Eine geschäftliche Unternehmung, die keine ***Aufmerksamkeit*** auf sich zieht, ist ein Flop. Eine Unternehmung, die den Wert, den sie erzeugt, nicht verkauft, ist eine gemeinnützige Organisation. Eine geschäftliche Unternehmung, die nicht hält, was sie verspricht, ist Betrug. Ein Unternehmen, das nicht genügend Geld einbringt, um seinen Betrieb aufrechtzuerhalten, wird nicht lange überleben.

Im Kern stellt jedes Unternehmen ein Zusammenspiel von fünf ***voneinander abhängigen*** Prozessen dar, von denen jeder in den nächsten übergeht:

1. *Wertschöpfung* – Sie ermitteln, was Menschen brauchen oder haben möchten, und das entwickeln Sie dann.
2. *Marketing* – Sie erregen Aufmerksamkeit und bauen Nachfrage für Ihre Angebote auf.
3. *Verkauf und Vertrieb* – Sie machen aus Interessenten zahlende Kunden.
4. *Wertbeitrag* (Value Delivery) – Sie geben Ihren Kunden, was Sie Ihnen versprochen haben, und sorgen dafür, dass diese zufrieden sind.
5. *Finanzwesen* – Sie beschaffen genügend Kapital, um im Geschäft zu bleiben und rentabel zu arbeiten.

Diese fünf Punkte hören sich ganz einfach an – und das sind sie auch. Betriebswirtschaft ist kein Hexenwerk (und war es nie). Sie ist ein Prozess, der ein Problem ermittelt und einen Weg findet, dieses so zu lösen, dass beide Parteien etwas davon haben. Wer versucht, ein Unternehmen komplizierter zu beschreiben, der will entweder Eindruck schinden oder er will Ihnen etwas verkaufen, das Sie gar nicht brauchen.

Die ***fünf Bausteine eines jeden Unternehmens*** bilden die Grundlage jeder guten Geschäftsidee und jedes brauchbaren Businessplans. Wer jeden dieser fünf Prozesse für ein Unternehmen benennen kann, der hat durchschaut, wie es funktioniert. Wenn Sie über die Gründung eines neuen Unternehmens nachdenken, fangen Sie am besten damit an zu bestimmen, wie diese Prozesse aussehen könnten. Können Sie Ihre Geschäftsidee nicht anhand dieser zentralen Prozesse beschreiben oder skizzieren, dann haben Sie sie nicht gut genug verstanden, um sie auch erfolgreich umzusetzen.[30]

Link zur Referenz: **personalmba.com/5-parts-of-every-business/**

Wirtschaftlich wertvolle Kompetenzen

»Erzählen Sie nicht, die Welt sei Ihnen etwas schuldig.
Die Welt schuldet Ihnen gar nichts – sie war zuerst da.«

Mark Twain, amerikanischer Schriftsteller

Wenn Sie Ihren Wert als Unternehmer steigern möchten, sollten Sie sich darauf konzentrieren, die Kompetenzen zu verbessern, die im Zusammenhang mit den ***fünf Bausteinen eines jeden Unternehmens*** stehen.

Nicht jede Kompetenz und nicht jedes Wissensgebiet hat einen ***wirtschaftlichen Wert,*** und das ist auch gut so – es gibt viele Aktivitäten, die durchaus sinnvoll sind, weil sie entspannen oder Spaß machen. Vielleicht haben Sie ja Freude an Wildwasser-Rafting, doch es ist äußerst unwahrscheinlich, dass Ihnen dafür jemand Geld bezahlen wird, solange Sie Ihre Fähigkeiten auf diesem Gebiet nicht zum Nutzen anderer einsetzen. Gelingt es Ihnen aber, den Sprung zu schaffen von persönlichem Vergnügen hin zu ***Produkten*** und ***Dienstleistungen,*** dann werden Sie feststellen, dass Sie Geld dafür bekommen. So sind beispielsweise viele abenteuerlustige Zeitgenossen bereit, für Raftingausrüstung und geführte Touren zu bezahlen.

Wie Michael Masterson in *Ready, Fire, Aim* schreibt, sollten Sie nicht erwarten, dass sich Kompetenzen, die nichts mit den fünf Bausteinen eines jeden Unternehmens zu tun haben, wirtschaftlich auszahlen. Geld können Sie damit nur verdienen, wenn Sie eine Möglichkeit finden, wirtschaftlichen Wert zu schaffen.

Jedes Können oder Wissen, das Ihnen hilft, Wert hervorzubringen, diesen zu vermarkten, zu verkaufen und auszuliefern oder das Finanzmanagement im Griff zu haben, ist wirtschaftlich wertvoll. Um solche Kompetenzen geht es in diesem Buch.

Link zur Referenz: **personalmba.com/economically-valuable-skills/**

Das eiserne Gesetz des Marktes

»Auf den Markt kommt es an. Kein noch so herausragendes Team, kein noch so fantastisches Produkt kann einen schlechten Markt aufwiegen. ... *Wenn es keinen Markt gibt, ist es vollkommen unerheblich, wie clever Sie sind.*«

Marc Andreessen, Risikokapitalgeber und Mitgründer von Netscape

Stellen Sie sich vor, Sie geben eine Party und keiner kommt. In der Wirtschaft passiert das am laufenden Band.

Der bekannte und sehr eifrige Erfinder Dean Kamen, dem wir unter anderem den Stirlingmotor, die erste tragbare Insulinpumpe der Welt sowie Geräte zur Wasseraufbereitung verdanken, steckte über 100 Millionen Dollar in die Entwicklung des Segway PT, eines 5000 Dollar teuren zweirädrigen selbstbalancierenden Rollers, der Kamen zufolge den Personenverkehr ähnlich revolutionieren würde »wie das Auto, als es die Pferdekutsche verdrängte«. Als der Segway 2002 breit verfügbar war, gab das Unternehmen an, es rechne mit einem Absatz von 50 000 Stück pro Jahr.

Nach fünf Jahren hatte es insgesamt nur 23 000 Roller verkauft – nicht einmal 10 Prozent des ursprünglich angepeilten Ziels. (Die Unternehmensbücher sind nicht öffentlich einsehbar, doch gut ausgesehen haben sie sicherlich nicht. 2015 wurde das Unternehmen ohne Nennung des Preises an den Mitbewerber Ninebot verkauft, der billige Elektroroller vertreibt.)

Das Produktkonzept war nicht schlecht, das war nicht das Problem. Technisch ist der Segway hoch entwickelt und bietet erheblichen Nutzen: Er ist ein praktischer, umweltfreundlicher Autoersatz für die Stadt. Der Haken war nur, dass es den wenigsten Menschen 5000 Dollar wert war, sich mit einem albern aussehenden Gefährt fortzubewegen statt zu Fuß oder auf dem Fahrrad. Der Riesenmarkt, mit dem Kamen gerechnet hatte, existierte nicht.

So etwas passiert jungen Unternehmen jeden Tag. Reicht der Umsatz nicht zum Leben, scheitern sie. Und Ihr Umsatz richtet sich danach, ob die Menschen *haben wollen*, was Sie anbieten.

Jedes Unternehmen ist grundsätzlich durch die Größe und die Qualität des Marktes begrenzt, den es bedienen möchte. Das **eiserne Gesetz des Marktes** ist eiskalt, knallhart und gnadenlos: Gibt es nicht genügend Menschen, die sich dafür interessieren, was Sie anzubieten haben, sind Ihre Aussichten, ein rentables Unternehmen aufzubauen, ausgesprochen düster.

Am besten fokussieren Sie sich daher von vornherein darauf, etwas zu liefern, das die Menschen auch kaufen wollen. Produkte zu entwickeln, die keiner haben will, ist Verschwendung auf ganzer Linie. Marktforschung entspricht dem auf Unternehmen umgemünzten Motto: »Erst wägen, dann wagen«. Bücher wie *The New Business Road Test* von John Mullins können Ihnen helfen, schon im Vorfeld vielversprechende Märkte zu ermitteln, und so die Wahrscheinlichkeit erhöhen, dass Ihr Vorhaben zum Erfolg wird.

In den nächsten Abschnitten gehen wir näher darauf ein, wie Sie herausfinden können, was Menschen haben wollen und brauchen, *bevor* Sie Ihre Zeit und Ihr hart verdientes Geld in eine Neugründung stecken.

Link zur Referenz: **personalmba.com/iron-law-of-the-market/**

Zentrale menschliche Triebe

»Wer die Bedürfnisse der Menschen kennt, ist auf dem besten Wege, sie zu decken.«

Adlai Stevenson II, Politiker und Ex-Gouverneur von Illinois

Wenn Sie ein erfolgreiches Unternehmen aufbauen wollen, sollten Sie in groben Zügen wissen, was die Menschen wollen. Die bekannteste allgemeine Theorie dazu ist die Maslow'sche Bedürfnishierarchie, die der Physiker Abraham Maslow 1943 aufstellte. Maslows Theorie besagt, dass Menschen auf der Suche nach der Erfüllung ihrer Bedürfnisse fünf grundlegende Phasen durchlaufen, die sich auf physiologische Bedürfnisse, Sicherheitsbedürfnisse, soziale Bedürfnisse, Individualbedürfnisse und Selbstverwirklichung beziehen. An der Basis der menschlichen Bedürfnisse stehen physiologische Bedürfnisse, ganz oben steht die Selbstverwirklichung (also die Ergründung des persönlichen Potenzials).

In der Maslow'schen Bedürfnispyramide müssen erst alle auf tieferen Stufen angesiedelten Bedürfnisse erfüllt sein, bis sich ein Mensch auf höhere Bedürfnisse fokussieren kann. Wer nicht genug zu essen hat oder physisch in Gefahr schwebt, dem dürfte ziemlich egal sein, ob ihn andere mögen oder wie stark er sich persönlich weiterentwickelt.

Ich bevorzuge in der Praxis Clayton Alderfers Version der Maslow'schen Hierarchie, die er als »ERG-Theorie« (ERG = Existence, Relatedness, Growth) bezeichnete: Menschen streben nach Existenz, Beziehungen und Wachstum, und zwar in dieser Reihenfolge. Haben Menschen, was sie zum Leben brauchen, suchen sie sich Freunde und Partner. Führen sie erfüllte Beziehungen, konzentrieren sie sich auf Dinge, die ihnen Spaß machen, und verbessern ihre Kompetenzen auf Gebieten, für die sie sich interessieren. Erst kommt das Überleben, dann die sozialen Beziehungen und am Schluss die Weiterentwicklung.

Die ERG-Theorie erklärt die grundlegenden *Prioritäten* menschlichen Strebens, aber nicht die *Methoden*, die Menschen einsetzen, um ans Ziel zu gelangen. Wenn wir mehr darüber wissen wollen, müssen wir uns anderen Verhaltenstheorien zuwenden. Den Professoren der Harvard Business School Paul Lawrence und Nitin Nohria zufolge, die *Driven: Was Menschen und Organisationen antreibt* geschrieben haben, unterliegen alle Menschen vier **zentralen Triebkräften**, die sich maßgeblich auf unsere Entscheidungen und Handlungen auswirken:

1. *Acquire:* der Trieb, sich etwas anzueignen – das Streben nach materiellen Objekten, aber auch nach ideellen Werten wie Status, Macht und Einfluss. Unternehmen, die auf dieser Triebkraft beruhen, sind unter anderem Einzelhändler, Investmentmakler und politische Beratungsunternehmen. Unternehmen, die versprechen, uns reich, berühmt, einflussreich oder mächtig zu machen, setzen auf diesen Trieb.
2. *Bond:* das Bedürfnis nach Wertschätzung und Liebe durch Beziehungen zu anderen, die entweder platonischer oder romantischer Natur sein können. Zu den Unternehmen, die auf diesen Trieb abzielen, zählen Restaurants, Tagungszentren und Datingdienste. Also alle Unternehmen, die uns Attraktivität, Beliebtheit oder hohes Ansehen versprechen.
3. *Learn:* der Trieb dazuzulernen – das Streben nach Befriedigung unserer Neugier. Unternehmen, die auf diesen Trieb aufbauen, sind zum Beispiel

Universitäten, Verlage und Schulungsanbieter. Diesen Trieb befriedigen Unternehmen, die uns versprechen, unser Wissen zu bereichern oder unsere Kompetenzen zu verbessern.

4. *Defend:* der Trieb, sich zu verteidigen – der Wunsch, uns, unsere Lieben und unseren Besitz zu schützen. Auf diesem Trieb fußende Unternehmen sind unter anderem Anbieter von Alarmanlagen, Versicherungen, Kampfsportschulen und Anwaltskanzleien. Unternehmen, die uns versprechen, uns abzusichern, ein Problem aus der Welt zu schaffen oder schlimme Dinge zu verhindern, stehen mit diesem Trieb in Zusammenhang.

Es gibt noch eine fünfte zentrale Triebkraft, die Lawrence und Nohria nicht berücksichtigt haben:

5. *Feel:* der Trieb zu fühlen – der Wunsch nach neuen Sinnesreizen, intensiven emotionalen Erfahrungen, Spaß, Spannung, Unterhaltung und Vorfreude. Auf diesen Trieb ausgerichtete Unternehmen sind unter anderem Theater, Vergnügungsparks, Konzertpromoter und Sportmannschaften. Mit diesem Trieb stehen Unternehmen in Verbindung, die uns Vergnügen verschaffen, uns begeistern oder uns fesseln.

Sobald eine Gruppe von Menschen in einem oder mehreren dieser Bereiche ungedeckte Bedürfnisse hat, bildet sich ein Markt, um diese Bedürfnisse zu befriedigen. Infolgedessen ist Ihr Angebot für Ihren potenziellen Markt umso attraktiver, je mehr dieser Triebkräfte es anspricht.

Link zur Referenz: **personalmba.com/core-human-drives/**

Sozialer Status

»Eine Gesellschaft, die auf die hervorragende Arbeit eines Klempners herabschaut, weil das eine einfache Tätigkeit ist, und fragwürdige Leistungen in der Philosophie toleriert, weil es sich dabei um eine anspruchsvolle Aktivität handelt, wird weder gute Klempner noch gute Philosophen hervorbringen. Ihre Leitungen werden am Ende ebenso wenig wasserdicht sein wie ihre Theorien.«

John W. Gardner, ehemaliger President der Carnegie Corporation

Sie sollten aber nicht nur die ***zentralen menschlichen Triebkräfte*** kennen, sondern sich auch darüber im Klaren sein, dass Menschen soziale Wesen sind. Wie viele andere Säugetiere auch haben Menschen eine Hackordnung entwickelt, die sie in der Gruppe nach ***Macht*** oder Status einstuft. Dass sie mit anderen im Wettbewerb um Status und Macht stehen, wirkte sich in vieler Hinsicht positiv aus – unter anderem in Form von Zugang zu Nahrungsmitteln, potenziellen Partnern, Ressourcen und Schutz für die übrigen Mitglieder der Gruppe.

Der Statusaspekt ist zwar nicht mehr so überlebenswichtig, doch unser Gehirn hat dem ***sozialen Status*** im Zuge seiner Entwicklung sehr hohe Priorität eingeräumt. Infolgedessen übt dieser Aspekt Einfluss auf die allermeisten Entscheidungen und Handlungen von Menschen aus.

Der soziale Status ist ein universelles Phänomen: Neurotypischen Menschen ist nicht egal, was andere von ihnen halten, und sie wenden erhebliche Energie auf, um ihren Status im Vergleich zu anderen Mitgliedern ihrer Gruppe im Blick zu behalten. Ergeben sich Chancen, den eigenen Status zu verbessern, werden die meisten Menschen zugreifen. Haben sie die Wahl zwischen mehreren Alternativen, entscheiden sie sich gewöhnlich für die Option mit dem vermeintlich höchsten Status.

Generell suchen wir die Nähe von Menschen und Organisationen, die wir für einflussreich, wichtig oder exklusiv halten oder die andere Eigenschaften oder Verhaltensweisen zeigen, die mit hohem Status assoziiert werden. Wir sorgen auch gern dafür, dass andere sich unseres Status bewusst sind: Ein Beleg dafür sind die Beiträge, die die Leute auf ihre Profile in den sozialen Medien einstellen.

Der soziale Status ist für Menschen eine Lebensrealität. Er ist nicht von Haus aus schlecht oder zu meiden. Ganz im Gegenteil: Das Streben nach Status kann Menschen zu erstaunlichen Leistungen anspornen. Um mit dem Philosophen und Sozialkritiker Alain de Botton zu sprechen: »*Käme* man sich erfolgreich *vor*, gäbe es kaum einen Anreiz, erfolgreich zu *sein.*«

Ungezügelt kann dieser Drang nach höherem Status Menschen allerdings zu schlechten Entscheidungen verleiten: Denken Sie nur an Leute, die sich ein großes Haus, eine Nobelkarosse und Designerklamotten kaufen und deshalb am Ende finanziell ruiniert oder hoch verschuldet sind. Für den Einzelnen kann es hilfreich sein, sich bei Kaufentscheidungen bewusst zu überlegen, wie viel Wert er auf Status legt – vor allem, wenn es noch andere Optionen gibt, die dieselben Bedürfnisse oder Wünsche für weniger Geld befriedigen.

Ein Wirtschaftsfachmann muss dagegen wissen, dass Statusdenken auf jeder Ebene der zentralen menschlichen Triebkräfte vorhanden ist. Unterbreiten Sie einem Interessenten ein Angebot, wird er sich unwillkürlich überlegen, wie sich dieses auf seinen sozialen Status auswirkt. ***Statussignale*** in ein Angebot zu packen, ist fast immer eine effektive Methode, dessen Reiz auf Ihrem Zielmarkt zu erhöhen.

Link zur Referenz: **personalmba.com/social-status/**

Zehn Methoden, einen Markt zu bewerten

> »Viel zu oft arbeiten Menschen hart auf ein falsches Ziel zu. Dabei kommt es nicht so sehr darauf an, wie sehr man sich anstrengt, sondern vielmehr darauf, dass man auf das richtige Ziel zustrebt.«
>
> Caterina Fake, Mitgründerin von Flickr und Hunch

Wer ein neues Unternehmen gründen oder mit einem bestehenden Unternehmen auf einen neuen Markt vordringen möchte, sollte vor diesem Schritt auf jeden Fall etwas Marktforschung betreiben. Das zahlt sich aus. Die ***zehn Methoden, einen Markt zu bewerten*** skizzieren grob, wie Sie die Attraktivität eines potenziellen Marktes ermitteln können. Stufen Sie jeden der zehn Faktoren auf einer Skala von 0 bis 10 ein, wobei 0 für verheerend und 10 für fantastisch steht. Bewerten Sie im Zweifel eher konservativ:

1. *Dringlichkeit.* Wie dringend wollen oder brauchen die Menschen dieses Produkt im Moment? (Sich einen alten Film auszuleihen, ist gar nicht dringend. Die Erstaufführung eines neuen Films am Premierenabend zu sehen, hat dagegen hohe Dringlichkeit, denn das ist nur an diesem Abend möglich.)
2. *Marktgröße.* Wie viele Menschen kaufen solche Produkte? (Der Markt für Kurse zum Unterwasserkorbflechten ist eher klein, der Markt für Krebstherapien dagegen gewaltig.)
3. *Preispotenzial.* Welchen Höchstpreis würde ein typischer Käufer für eine bestimmte Lösung zahlen? (Ein Lolli lässt sich für 0,05 Dollar verkaufen, ein Flugzeugträger für Milliarden.)
4. *Kosten für die Akquise.* Wie leicht sind neue Kunden zu gewinnen? Wie viel Zeitaufwand und sonstiger Aufwand fallen im Durchschnitt für einen Abschluss an? (Restaurants an einer verkehrsreichen Autobahnverbindung geben für die Kundengewinnung wenig Geld aus. Der Aufwand

für die Beschaffung eines großen Staatsauftrags kann dagegen in die Millionen gehen.)

5. *Kosten des Wertbeitrags für den Kunden.* Wie hoch sind der Zeitaufwand und der sonstige Aufwand für die Wertschöpfung und den Wertbeitrag? (Dateien übers Internet zu liefern, kostet fast nichts. Um ein Produkt zu erfinden und eine Fabrik dafür zu bauen, sind Millionen erforderlich.)
6. *Alleinstellungsmerkmal.* Wie einzigartig ist Ihr Angebot im Vergleich zu dem, was die Konkurrenz auf den Markt bringt? Wie leicht könnten potenzielle Konkurrenten nachmachen, was Sie anbieten? (Friseursalons gibt es an jeder Ecke, doch private Weltraumflüge bieten nur eine Handvoll Unternehmen an.)
7. *Zeit bis zur Marktreife.* Wie lange brauchen Sie, um ein Produkt auf den Markt zu bringen? (Das Angebot, den Rasen Ihres Nachbarn zu mähen, ist in Minuten gemacht. Bis eine Bank eröffnet ist, kann es Jahre dauern.)
8. *Vorlaufkosten.* Wie viel müssen Sie investieren, bevor Sie etwas verkaufen können? (Wenn Sie einen Putzdienst eröffnen möchten, brauchen Sie nur ein paar billige Reinigungsprodukte. Doch um nach Gold zu schürfen, müssen Sie Millionen investieren, um die nötigen Rechte und die Fördertechnik zu erwerben.)
9. *Upselling-Potenzial.* Gibt es verwandte Produkte, die Sie zahlenden Kunden ebenfalls anbieten könnten? (Wer einen Rasierer kauft, könnte auch Rasierschaum und Ersatzklingen brauchen. Eine Frisbeescheibe dagegen wird erst ersetzt, wenn sie verloren geht.)
10. *Evergreen-Potenzial.* Wenn Ihr Ausgangsangebot steht, wie viel zusätzlicher Aufwand ist dann erforderlich, um weiter im Geschäft zu bleiben? (Als Unternehmensberater brauchen Sie laufend neue Aufträge, um Geld zu verdienen. Ein einmal produziertes Buch können Sie in gehabter Form immer wieder verkaufen.)

Stehen Ihre Bewertungen, zählen Sie die Punkte zusammen. Erreichen Sie höchstens 50 Punkte, sollten Sie sich etwas anderes überlegen – dann gibt es sicherlich bessere Möglichkeiten, Ihre Kraft und Ihr Geld zu investieren. Eine Punktzahl ab 75 spricht für eine sehr aussichtsreiche Idee – geben Sie Vollgas. Punktwerte zwischen 50 und 75 könnten reichen, um davon zu leben, doch ohne größeren Kraft- und Ressourcenaufwand dürften Sie damit kaum den großen Wurf landen.

Link zur Referenz: **personalmba.com/ten-ways-to-evaluate-a-market/**

Die heimlichen Vorteile des Wettbewerbs

»Fürchten sollten Sie solche Mitbewerber, die sich gar nicht für Sie interessieren, sondern Ihr eigenes Unternehmen fortlaufend verbessern.«

Henry Ford, Gründer der Ford Motor Company
und Pionier der Fließbandfertigung

Eine Erfahrung machen die allermeisten Jungunternehmer: Sie merken, dass ihre brillante Geschäftsidee längst nicht so originell ist, wie sie dachten, weil nämlich andere Unternehmen bereits ähnliche Produkte oder Dienstleistungen anbieten. Das erschüttert die Zuversicht – wozu sich noch ins Zeug legen, wenn ein anderer schneller war?

Doch keine Sorge: Es gibt sie, die ***heimlichen Vorteile des Wettbewerbs.*** Sind zwei Märkte in jeder anderen Hinsicht gleichermaßen attraktiv, sollten Sie sich lieber für den entscheiden, auf dem es Konkurrenz gibt – und zwar aus folgendem Grund: Dann wissen Sie nämlich von Anfang an, dass es für die Idee einen Markt mit zahlenden Kunden gibt. Ihr größtes Risiko fällt damit weg.

Ein bestehender Markt bedeutet, dass das **eiserne Gesetz der Märkte** für Sie arbeitet. Sie können daher mehr Zeit in Ihre Produkte oder Dienstleistungen stecken, weil Sie nicht mehr nachprüfen müssen, ob es dafür überhaupt einen Markt gibt. Wird dieser bereits von mehreren Unternehmen erfolgreich bedient, brauchen Sie keine Angst zu haben, in eine Sackgasse zu geraten, denn Sie wissen ja bereits, dass es Kunden für Ihr Produkt gibt.

Wie Ihre potenziellen Konkurrenten vorgehen, können Sie am besten einschätzen, wenn Sie deren Kunde werden. Kaufen Sie so viele ihrer Produkte wie möglich. Betrachten Sie die Konkurrenz von der Warte des Kunden aus, können Sie sehr viel über den Markt lernen: über das Wertangebot der Konkurrenten, darüber, wie diese Aufmerksamkeit auf sich ziehen, wie sie mit Problemen umgehen und welche Marktbedürfnisse sie noch nicht decken.

Als zahlender Kunde erhalten Sie Einblick darin, was auf Ihrem Markt funktioniert und was nicht – und das, bevor Sie sich auf eine bestimmte Strategie festlegen. Lernen Sie so viel wie möglich von der Konkurrenz und bieten Sie dann einen Mehrwert.

Link zur Referenz: **personalmba.com/hidden-benefit-of-competition/**

Die Söldnerregel

»Wer Geld wie einen Gott verehrt, wird davon heimgesucht werden wie vom Teufel.«

Henry Fielding, Romancier und Satiriker des 18. Jahrhunderts

Es lohnt sich nicht, sich zum **Söldner** zu machen – Geld sollte nie der einzige Grund sein, ein Unternehmen zu gründen. Und zwar deshalb, weil es *grundsätzlich* mehr Arbeit macht, ein Unternehmen aufzubauen und zu leiten, als Sie denken.

Selbst wenn es Ihnen gelingt, einen Selbstläufer auf die Beine zu stellen, erfordert die Einrichtung der nötigen Systeme, um das Unternehmen zu betreiben, Ausdauer und Engagement. Wenn Sie sich nur aus pekuniären Gründen für eine geschäftliche Chance interessieren, geben Sie vermutlich auf, noch bevor Sie auf Gold gestoßen sind.

Achten Sie sehr genau auf die Dinge, auf die Sie immer wieder zurückkommen. Wer etwas aufbauen oder durchziehen will, muss *immer wieder* von vorn anfangen. Verdrängen Sie nicht, was Sie antreibt. Der Trick besteht darin, einen attraktiven Markt zu finden, der Sie so interessiert, dass Sie jeden Tag aufs Neue daran arbeiten, Ihr Angebot zu optimieren. Und so einen Markt finden Sie nur mit Geduld und durch aktive Forschung.

Abgesehen davon, sollten Sie »langweilige« Geschäftszweige erst verwerfen, wenn Sie sich gründlicher damit befasst haben. Wenn Sie einem banalen Markt einen interessanten Aspekt abgewinnen können, der Sie fasziniert, können solche Märkte recht attraktiv sein. »Schmutzige« Branchen wie Klempnerarbeiten oder Müllentsorgung sind nicht so sexy, können aber ausgesprochen lukrativ sein, weil stets erheblicher Bedarf besteht und nur wenige Lust haben, diesen zu decken.

Wenn Sie eine Möglichkeit sehen, einen notwendigen, aber wenig ansprechenden Markt so interessant zu machen, dass sich die Mühe lohnt, dann entdecken Sie vielleicht eine verkappte Goldmine.

Link zur Referenz: **personalmba.com/mercenary-rule/**

Die Kreuzfahrerregel

»Der Eiferer demonstriert die Stärke seines Glaubens, der Besonnene dessen Grundlagen.«

William Shenstone, Dichter und Landschaftsgärtner des 18. Jahrhunderts

Ebenso wenig lohnt es sich, einen **Kreuzzug** zu starten. Womöglich stoßen Sie auf eine Idee, die Sie so fesselt, dass Sie kaum noch objektiv darüber nachdenken können. Dann stimmt die Konstellation, die himmlischen Fanfaren ertönen und es beschleicht Sie das Gefühl, Ihre Berufung gefunden zu haben.

In diesem Zustand vergisst man leicht, dass es einen großen Unterschied gibt zwischen einer interessanten Idee und einem soliden Unternehmen. Über all Ihrem Optimismus dürfen Sie die Vorsicht nicht in den Wind schlagen: Es ist nicht so einfach, die Welt zu verändern, wenn man seine Rechnungen nicht mehr bezahlen kann.

Für manche Ideen gibt es einfach keinen ausreichenden Markt, um ein Unternehmen zu tragen, und das ist auch ganz gut so. Das bedeutet nicht, dass Sie so einen Markt links liegen lassen müssen: Nebenprojekte können Ihnen helfen, Ihr Know-how zu erweitern, Ihre Kompetenzen zu verbessern und mit neuen Methoden und Techniken zu experimentieren. Ich bin ein großer Verfechter der Nebenprojekte, solange man nicht darauf setzt, davon zu leben. Sobald Sie finanziell abgesichert sind, können Sie Kreuzzüge starten, so viel Sie wollen.

Bevor Sie ein Unternehmen gründen, sollten Sie sich die Zeit für eine gründliche Bewertung nehmen. Ziehen Sie dazu die oben dargelegten **zehn Methoden, einen Markt zu bewerten,** heran. Fällt es Ihnen schwer, objektiv zu bleiben, suchen Sie sich einen vertrauenswürdigen Kollegen oder Berater zu Ihrer Unterstützung und testen Sie den Markt, bevor Sie voll einsteigen. Ein paar Stunden Aufwand für eine solche Bewertung können Ihnen Monate (oder Jahre) der Frustration und der fehlgeleiteten Bemühungen ersparen.

Link zur Referenz: **personalmba.com/crusader-rule**

12 Standardformen, die Wert annehmen kann

»Es gibt keinen intrinsischen Wert. Wert wohnt nicht Dingen inne, sondern uns. Wert besteht darin, wie der Mensch auf die Bedingungen seiner Umwelt reagiert.«

Ludwig von Mises, österreichischer Ökonom

Damit Ihr Unternehmen erfolgreich Wert für andere bereitstellen kann, muss dieser Wert eine Form annehmen, für die andere zu zahlen bereit sind. Zum Glück müssen wir das Rad nicht neu erfinden – **wirtschaftlicher Wert** nimmt gewöhnlich eine von zwölf Standardformen an:

1. *Produkt.* Sie erzeugen eine konkrete Einheit von etwas und verkaufen und liefern diese zu einem Preis, der über den Gestehungskosten liegt.
2. *Dienstleistung.* Sie leisten eine bestimmte Hilfe oder Unterstützung und berechnen für diese Dienste ein Honorar.
3. *Gemeinsam genutzte Ressourcen.* Sie erzeugen ein Gebrauchsgut, das von vielen Menschen verwendet werden kann, und berechnen dann Gebühren für den Zugriff darauf.
4. *Abonnement.* Sie bieten einen fortlaufenden Nutzen und berechnen dafür eine wiederkehrende Gebühr.
5. *Wiederverkauf.* Sie erwerben einen Vermögensgegenstand von einem Großhändler und verkaufen diesen dann zu einem höheren Preis an einen Einzelhändler.
6. *Leasing.* Sie erwerben einen Vermögensgegenstand und erlauben einem anderen, diesen über eine festgelegte Frist gegen Gebühr zu nutzen.
7. *Vermittlung.* Sie vermarkten und verkaufen einen Vermögenswert oder Dienst im Auftrag eines Dritten und vereinnahmen einen Prozentsatz des Transaktionspreises als Provision.
8. *Zielgruppenaggregation.* Sie gewinnen die Aufmerksamkeit einer Gruppe von Menschen mit bestimmten Merkmalen und verkaufen dann den Zugang zu dieser Gruppe in Form von Werbung an ein anderes Unternehmen, das genau diese Zielgruppe ansprechen möchte.
9. *Kredit.* Sie verleihen einen bestimmten Betrag und ziehen über einen festgelegten Zeitraum Zahlungen ein, die dem ursprünglichen Kredit zuzüglich einer Verzinsung zu einem vorgegebenen Satz entsprechen.

10. *Option.* Sie bieten für eine vereinbarte Frist die Option auf eine festgelegte Maßnahme im Austausch gegen eine Prämie.
11. *Versicherung.* Sie übernehmen vom Versicherungsnehmer das Risiko für den Eintritt eines bestimmten negativen Ereignisses und erhalten im Gegenzug festgelegte Zahlungen. Im Versicherungsfall leisten Sie die vereinbarte Zahlung.
12. *Kapital.* Sie erwerben eine Beteiligung an einem Unternehmen und ziehen im Anschluss einen entsprechenden Anteil am Gewinn als Einmalausschüttung oder als laufende Dividende ein.

Befassen wir uns ein bisschen genauer mit den **zwölf Standardformen** der Wertschöpfung.

Link zur Referenz: **personalmba.com/12-standard-forms-of-value/**

Form 1: Produkt

»Betriebswirtschaft ist keine Finanzwissenschaft. ... Es geht darum, ein Produkt oder eine Dienstleistung zu entwickeln, die so gut sind, dass Menschen Geld dafür bezahlen.«

Anita Roddick, Unternehmerin und Gründerin von The Body Shop

Ein ***Produkt*** ist eine materielle Form von Wert. Wer ein produktorientiertes Unternehmen führen möchte, der muss:

1. etwas Bestimmtes herstellen, das von Menschen nachgefragt wird;
2. dieses Produkt so kostengünstig erzeugen, wie das unter dem Gesichtspunkt einer annehmbaren Qualität möglich ist;
3. davon so hohe Stückzahlen wie möglich zu dem höchsten Preis verkaufen, den der Markt hergibt;
4. genügend Lagerbestände an fertigen Produkten vorhalten, damit alle eingehenden Aufträge ausgeführt werden können.

Das Buch, das Sie gerade lesen, ist ein gutes Beispiel für ein solches Produkt. Es musste geschrieben, redigiert, gesetzt, gedruckt, gebunden und in ausreichender Menge an Buchhandlungen ausgeliefert werden, bevor es in Ihren Händen landete. Hätten wir einen dieser Schritte ausgelassen, würden Sie diese Zeilen jetzt nicht lesen können. Um damit Geld zu verdienen, muss ein Buch zu einem Preis verkauft werden, der über den Kosten für Entwicklung, Druck und Distribution liegt.

Bei Produkten kann es sich um Gebrauchsgüter wie Autos, Computer und Staubsauger handeln, aber auch um Verbrauchsgüter: Waren wie Äpfel, Donuts und verschreibungspflichtige Medikamente sind ebenfalls Produkte. Produkte müssen nicht physischer Natur sein – auch Dinge wie Software, E-Books und MP3-Downloads, die keine konkrete physische Form haben, sind verkäufliche Einheiten.

Die Bereitstellung von Wert in Form von Produkten ist wertvoll, weil sich Produkte **duplizieren** lassen. Dieses Buch wurde nur einmal geschrieben, doch es können davon viele einzelne Exemplare erzeugt und millionenfach an Leser in aller Welt ausgeliefert werden. Infolgedessen lassen sich Produkte in der Regel besser **skalieren** als andere Formen der Wertschöpfung, denn sie können dupliziert beziehungsweise ***multipliziert*** werden (alles Konzepte, die wir an anderer Stelle noch näher erörtern).

Link zur Referenz: **personalmba.com/product/**

Form 2: Dienstleistung

»Aus jedem kann etwas Großes werden, denn jeder kann dienen.«

Martin Luther King, Jr., Menschenrechtsaktivist

Eine ***Dienstleistung*** besteht darin, jemandem gegen ein Honorar weiterzuhelfen oder Unterstützung zu bieten. Wertschöpfung durch Dienstleistungen setzt voraus, dass Sie in der Lage sind, dem Konsumenten einen Nutzen zu bieten.

Ein erfolgreiches Dienstleistungsunternehmen muss:

1. Beschäftigte haben, die über eine von anderen gefragte Kompetenz oder Fähigkeit verfügen, welche diese nicht selbst erbringen können, werden oder wollen;
2. sicherstellen, dass die Dienstleistung in einer hohen Qualität bereitgestellt wird;
3. zahlende Kunden gewinnen und binden.

Ein gutes Beispiel für ein Dienstleistungsunternehmen ist ein Friseursalon. Ein Haarschnitt ist kein ***Produkt:*** Man kann ihn nicht aus dem Regal nehmen. Die Dienstleistung besteht aus einem Ablauf von Handlungen des Friseurs oder der Friseurin, um Ihre Frisur nach Ihren Wünschen zu gestalten. So betrachtet, sind Ärzte, freiberuflich tätige Designer, Physiotherapeuten, Gartenpfleger und Berater allesamt Dienstleister.

Dienstleistungen können lukrativ sein – vor allem, wenn es nur wenige Menschen gibt, die über die erforderlichen Kompetenzen verfügen, und wenn es nicht so einfach ist, sich diese anzueignen. Dadurch sind sie allerdings schwer zu duplizieren. Dienstleistungen hängen davon ab, dass ihr Anbieter Zeit und Kraft investiert, und beides ist begrenzt. Ein Herzchirurg kann nur so und so viele vierstündige Operationen pro Tag durchführen.

Wer eine Dienstleistung entwickelt, muss dafür unbedingt so viel Geld verlangen, dass er für den Zeitaufwand entschädigt wird, den er täglich leistet, um die Dienstleistung für seine Kunden zu erbringen. Ansonsten wird der Dienstleister feststellen, dass sich seine viele Arbeit nicht lohnt.

Link zur Referenz: **personalmba.com/service/**

Form 3: Gemeinsame Ressourcen

»Geteilte Freude ist doppelte Freude, heißt es wohl.«

Anne Sexton, mit dem Pulitzerpreis ausgezeichnete Lyrikerin, »Welcome Morning«

Eine **gemeinsame Ressource** ist ein Gebrauchsgut, das von vielen Menschen verwendet werden kann. Gemeinsame Ressourcen ermöglichen es, einen Vermögenswert zu schaffen und dann Kunden für dessen Nutzung Gebühren zu berechnen.

Um erfolgreich eine gemeinsame Ressource zu entwickeln, müssen Sie:

1. einen Vermögenswert schaffen, zu dem Menschen gern Zugang haben möchten;
2. so viele Nutzer wie möglich bedienen, ohne dass dadurch die Qualität des Nutzererlebnisses für den Einzelnen abnimmt;
3. so viel berechnen, dass die gemeinsame Ressource auf Dauer aufrechterhalten und optimiert werden kann.

Ein klassisches Beispiel für eine gemeinsame Ressource sind Fitnessstudios. Ein Fitnessstudio kann 40 Laufbänder, 30 Hometrainer, sechs Sätze freie Gewichte, einen Satz Kettlebells und andere nützliche, aber teure Geräte anschaffen, die eine lange Lebensdauer haben. Die Kunden des Studios profitieren davon, dass sie Zugriff auf die Geräte haben, ohne sie kaufen zu müssen. Stattdessen zahlen sie einen Beitrag, den sie sich eher leisten können. (Viele Fitnessstudios kombinieren den Zugang zu ihren gemeinsamen Ressourcen mit ***Dienstleistungen*** und ***Abonnements*** – ein typisches Beispiel für ***Bündelung,*** über die wir später noch sprechen werden.)

Ganz ähnlich funktionieren Unternehmen, die Kinos oder Vergnügungsparks betreiben. Ob Sie sich den neuesten Kinohit anschauen oder Achterbahn fahren wollen – gemeinsame Ressourcen ermöglichen es vielen Menschen, sich Erlebnisse zu verschaffen, die sie sich sonst nicht leisten könnten.

Das Schwierige am Angebot einer gemeinsamen Ressource ist die sorgfältige Überwachung des Nutzungsniveaus. Haben Sie nicht genügend Nutzer, können Sie die mit Ihrem Angebot verbundenen Kosten nicht ausreichend breit verteilen, um Vorlaufkosten und laufende Betriebsaufwendungen zu decken. Haben Sie zu viele Nutzer, wird das Nutzererlebnis darunter leiden. Enttäuschte Nutzer werden künftig fernbleiben und anderen davon abraten, Ihr Angebot in Anspruch zu nehmen, was Ihrer ***Reputation*** schadet. Das richtige Mittelmaß zwischen zu vielen und zu wenigen Nutzern ist die Voraussetzung dafür, dass eine gemeinsame Ressource funktioniert.

Link zur Referenz: **personalmba.com/shared-resource/**

Form 4: Abonnement

»Hiermit kündige ich meine Mitgliedschaft. In einem Klub, der mich aufnimmt, möchte ich nicht Mitglied sein.«

Groucho Marx, Comedian

Ein ***Abomodell*** bietet fortlaufend einen bestimmten Nutzen gegen eine regelmäßige Gebühr. Der Nutzen an sich kann dabei materieller oder immaterieller Natur sein – die wesentlichen Unterschiede zu anderen Formen der Wertschöpfung sind (a) die Erwartung, dass künftig zusätzlicher Wert geboten wird, und (b) die Vereinbarung, dass Gebühren vereinnahmt werden, bis das Abonnement gekündigt wird.

Damit ein Abomodell Erfolg hat, müssen Sie:

1. jedem Abonnenten regelmäßig erheblichen Wert bieten;
2. einen Abonnentenstamm aufbauen und fortlaufend neue Abonnenten finden, um Schwund auszugleichen;
3. Kunden regelmäßig Gebühren berechnen;
4. jeden Abonnenten so lange wie möglich bei der Stange halten.

Ein Paradebeispiel für ein Abomodell sind Kabel- oder Satelliten-TV-Dienste. Sobald Sie sich angemeldet haben, stellt der Anbieter Fernsehprogramme bereit, solange Sie die vereinbarten Zahlungen leisten. Sie müssen das Unternehmen nicht jeden Monat ansprechen, um wieder für 30 Tage Leistungen zu erwerben – der Dienst wird fortgeführt, solange die Rechnungen bezahlt werden.

Ein Abomodell ist eine attraktive Form der Wertschöpfung, weil es besser prognostizierbare Einnahmen liefert. Statt jeden Tag wieder etwas an Bestandskunden verkaufen zu müssen, ermöglicht Ihnen ein Abonnement, im Laufe der Zeit einen verlässlichen Stamm treuer Kunden aufzubauen. Das Modell stellt sicher, dass in jedem Abrechnungszeitraum eine bestimmte Umsatzhöhe erreicht wird.

Damit Ihr Aboangebot erfolgreich bleibt, müssen Sie alles tun, um den Abgang von Kunden so gering wie möglich zu halten. Solange Ihre Kunden nach wie vor zufrieden sind, wird in jedem Abrechnungszeitraum nur ein kleiner Prozentsatz davon kündigen, sodass Ihre Finanzplanung sicherer wird. Sollten doch Abonnenten abwandern, können Sie das ausgleichen, indem Sie neue Kunden gewinnen.

Link zur Referenz: **personalmba.com/subscription/**

Form 5: Wiederverkauf

»Billig kaufen, teuer verkaufen.«

Börsenweisheit

Unter ***Wiederverkauf*** ist der Erwerb eines Vermögenswerts von einem Großhändler zu verstehen, gefolgt vom Verkauf desselben an einen Einzelhändler – zu einem höheren Preis. Die meisten Einzelhändler, die Sie kennen, arbeiten nach diesem Grundsatz: Sie kaufen ihre Waren von anderen Unternehmen und verkaufen sie dann über ihren Einstandskosten.

Um als Wiederverkäufer einen Wertbeitrag für Ihre Kunden zu leisten, müssen Sie:

1. ein Produkt so billig wie möglich einkaufen – gewöhnlich en gros;
2. das Produkt bis zum Wiederverkauf in gutem Zustand erhalten – beschädigte Waren lassen sich nicht verkaufen;
3. so bald wie möglich potenzielle Käufer für das Produkt auftreiben, um die Lagerkosten niedrig zu halten;
4. das Produkt mit einem möglichst hohen Preisaufschlag verkaufen – bevorzugt zum Mehrfachen des Einkaufspreises.

Wiederverkäufer leisten einen Wertbeitrag, weil sie Großhändlern helfen, ihre Produkte an den Mann zu bringen, ohne dass sich diese selbst einzelne Käufer suchen müssen. Für einen Obstbauern wäre es sehr zeitaufwendig und ineffizient, seine Äpfel an Millionen Einzelkunden zu verkaufen. Er ist weitaus besser bedient, wenn er sein Obst an eine Lebensmittelkette verkauft und sich darauf fokussiert, mehr Äpfel anzubauen. Die Lebensmittelkette nimmt die Äpfel dann auf Lager und verkauft sie zu einem höheren Preis an die Endkunden.

Große Einzelhändler wie Walmart oder Tesco, Fachhändler wie CVS und Walgreens und Versandhäuser wie Lands' End arbeiten ebenfalls nach diesem Prinzip: Sie kaufen die Produkte zu niedrigen Preisen vom Hersteller und verkaufen sie dann möglichst zügig zu einem höheren Preis weiter.

Zentrale Voraussetzungen für den erfolgreichen Wiederverkauf sind der Einkauf hochwertiger Produkte zu niedrigen Preisen und die Lagerwirtschaft. Ohne stetiges Angebot an verkäuflichen Produkten, die so günstig beschafft werden können, dass ein Gewinn übrig bleibt, wird es Wiederverkäufern schwerfallen, ausreichenden Umsatz zu erzielen, um im Geschäft zu bleiben. Die meisten erfolgreichen Wiederverkäufer bauen enge Beziehungen zu den Unternehmen auf, von denen sie beliefert werden, um sicherzustellen, dass sie stets Nachschub an qualitativ einwandfreien Waren zu günstigen Preisen erhalten.

Link zur Referenz: **personalmba.com/resale/**

Form 6: Leasing

»Die Spezies Mensch setzt sich nach der besten Theorie, die ich dazu entwickeln kann, aus zwei bestimmten Arten zusammen: Kreditnehmern und Geldgebern.«

Charles Lamb, Essayist

Leasing beinhaltet den Erwerb eines Wertgegenstands, der im Anschluss gegen Gebühr anderen für einen bestimmten Zeitraum zur Nutzung überlassen wird. Dabei kann es sich um alles Mögliche handeln: ein Auto, ein Haus, ein Motorrad oder ein Elektrowerkzeug. Solange der Gebrauchsgegenstand so solide ist, dass er bei Rückgabe wiederverwendet werden kann, kann man ihn ***verleasen.***

Ein erfolgreicher Leasinganbieter muss:

1. einen Wertgegenstand erwerben, den andere gern nutzen möchten;
2. diesen anderen zu günstigen Bedingungen vermieten;
3. sich gegen unerwartete oder widrige Ereignisse wie den Verlust oder die Beschädigung des Leasingobjekts absichern.

Für den Kunden hat Leasing den Vorteil, dass er einen Vermögensgegenstand nutzen kann, ohne dafür den kompletten Kaufpreis zu entrichten. Sie haben vielleicht nicht ein paar zigtausend Dollar übrig, um sich ein Premiumfahrzeug oder ein Schnellboot zu kaufen, können sich aber für ein paar Hundert Dollar im Monat eines leasen. Dasselbe gilt für Wohnraum: Wer diesen anmietet, kann für deutlich weniger Geld in einer teuren Immobilie wohnen, als es ihn kosten würde, diese zu kaufen oder zu bauen.

Um durch Leasing einen Wertbeitrag zu leisten, müssen Sie sicherstellen, dass die Einnahmen aus den Leasingverträgen den Kaufpreis des Vermögensgegenstands decken, bevor dieser verschleißt oder verloren geht. Die meisten Vermögensgegenstände haben eine begrenzte Nutzungsdauer. Deshalb muss man so viel berechnen, dass die Einnahmen den Kaufpreis übersteigen, noch bevor der Vermögensgegenstand seinen Wert verliert. Außerdem müssen Reparatur- und Wiederbeschaffungskosten eingeplant werden, um sicherzustellen, dass Sie durch die berechneten Raten für den Fall abgesichert sind, dass Ihr Vermögensgegenstand bei der Verwendung verloren geht oder beschädigt wird.

Link zur Referenz: **personalmba.com/lease/**

Form 7: Vermittlung

»Ich möchte eingeäschert werden. Ein Zehntel meiner Asche soll meinem Agenten übergeben werden, wie es in unserem Vertrag steht.«

Groucho Marx, Comedian

Vermittlungstätigkeiten beinhalten die Vermarktung und den Verkauf von Vermögensgegenständen, die Ihnen nicht gehören. Statt selbst etwas von Wert herzustellen, tun Sie sich mit jemandem zusammen, der etwas Wertvolles anzubieten hat, und arbeiten dann daran, einen Käufer dafür zu finden. Für die Begründung einer neuen Beziehung zwischen Ihrer Bezugsquelle und einem Käufer erhalten Sie eine Provision oder ein Honorar.

Um durch Vermittlungstätigkeiten einen Wertbeitrag zu leisten, müssen Sie:

1. einen Verkäufer finden, der über einen Wertgegenstand verfügt;
2. Kontakte und Vertrauen zu Menschen herstellen, die am Kauf dieses Wertgegenstands interessiert sind;
3. verhandeln, bis eine Vereinbarung über die Verkaufskonditionen erzielt ist;
4. das vereinbarte Honorar beziehungsweise die Provision vom Verkäufer kassieren.

Verkäufer profitieren von einer Vermittlerbeziehung, weil sie dadurch Umsätze erzielen, auf die sie sonst womöglich verzichten müssten. Ein klassisches Beispiel für eine solche Tätigkeit sind Literaturagenten: Ein potenzieller Autor hat vielleicht eine Idee für ein Buch, kennt aber niemanden in der Verlagsbranche. Durch die Zusammenarbeit mit einem Agenten, der bereits über Beziehungen zu Verlagen verfügt, hat der Autor deutlich bessere Aussichten, einen Vertrag mit einem Verlag abzuschließen. Als Gegenleistung für die Suche nach einem Verlag und die Aushandlung des Vertrags erhält der Agent einen prozentualen Anteil am Vorschuss und an den Tantiemen des Buches.

Aber auch der Käufer profitiert von einer Vermittlerbeziehung – gute Vermittler können ihm zu interessanten Einkäufen verhelfen. Vermittler fungieren häufig als Filter für Käufer, die darauf vertrauen, dass ihnen der Vermittler Projekte zur Kenntnis bringen wird, die sich lohnen, und ihm schlechte Geschäfte erspart. Ein großartiges Beispiel dafür sind Immobilienmakler: Die Zusammenarbeit mit einem erfahrenen Vertreter dieser Zunft, der sich in der Region auskennt, kann den Kauf eines Eigenheims in einer unbekannten Stadt enorm erleichtern.

Um erfolgreich als Vermittler tätig zu sein, müssen Sie so viel Honorar oder Provision verlangen, dass sich der Aufwand auch lohnt. In dieser Branche kommt es im Regelfall darauf an, dass ein Geschäft zum Abschluss kommt. Deshalb müssen Sie Zeit auf Aktivitäten verwenden, die genau dazu führen, und Sie müssen sichergehen, dass Sie Ihre Provision oder Ihr Honorar für die Zeit und die Arbeit entschädigen, die Sie darauf verwendet haben, das Geschäft unter Dach und Fach zu bringen.

Link zur Referenz: **personalmba.com/agency/**

Form 8: Zielgruppenaggregation

»Solange Sie eine Werbemelodie im Ohr haben, ist Fernsehen nicht gratis.«

Jason Love, Marketingmanager

Zielgruppenaggregation dreht sich darum, die Aufmerksamkeit einer Gruppe von Menschen mit ähnlichen Merkmalen zu gewinnen und den Zugang zu dieser Zielgruppe dann an Dritte zu verkaufen. Da Aufmerksamkeit begrenzt und wertvoll ist, stellt es für Unternehmen oder Organisationen, die die Aufmerksamkeit einer bestimmten Zielgruppe erregen möchten, einen erheblichen Wert dar, wenn es gelingt, eine bestimmte demografische Gruppe zusammenzubringen.

Damit Zielgruppenaggregation zum Wertangebot wird, müssen Sie:

1. eine Gruppe von Menschen mit gemeinsamen Merkmalen oder Interessen ausfindig machen;
2. einen Weg finden, dauerhaft die Aufmerksamkeit dieser Gruppe zu erregen;
3. Dritte ermitteln, die daran interessiert sind, für die Aufmerksamkeit dieser Gruppe zu zahlen;
4. den Zugang zu der Zielgruppe verkaufen, ohne diese zu verlieren.

Zielgruppenaggregation kommt der betreffenden Zielgruppe zugute, weil diese dadurch Informationen bekommt, die sie interessieren. Ein gutes Beispiel dafür sind Zeitschriften und werbefinanzierte Websites: Die Leser profitieren von den

Informationen und dem Unterhaltungswert dieser Quellen und nehmen dafür in Kauf, dass sie in gewissem Umfang mit Werbung konfrontiert werden. Wird Ihnen die Werbung lästig, wandern sie ab. Gefallen ihnen die Inhalte, sind die meisten Menschen aber bereit, ein gewisses Maß an Werbung hinzunehmen.

Zielgruppenaggregation nützt dem Werbetreibenden, weil er Aufmerksamkeit bekommt, die den Absatz fördern kann. Denken Sie an Tagungen oder Messen: Einen Stand mitten in einem Gebäude voller Menschen zu buchen, die sich dafür interessieren, was man anzubieten hat, kann eine sehr kluge Entscheidung sein. Gut gemachte Werbung zieht Aufmerksamkeit auf sich. Das bringt Interessenten und Interessenten bringen Umsatz. Solange dadurch mehr Geld hereinkommt, als für Werbung und ***Gemeinkosten*** anfallen, kann Werbung ein wertvolles Instrument sein, um neue Kunden zu gewinnen. Das bedeutet, der Werbetreibende kann den Anbieter von Zielgruppenaggregation weiter unterstützen, indem er mehr Werbung schaltet.

Link zur Referenz: **personalmba.com/audience-aggregation/**

Form 9: Kredit

»Money talks – aber Kredit hat ein Echo.«

Bob Thaves, Karikaturist und Schöpfer von *Frank and Ernest*

Ein ***Kredit*** beinhaltet eine Vereinbarung, dem Kreditnehmer für einen bestimmten Zeitraum einen bestimmten Betrag zur Verfügung zu stellen. Im Gegenzug muss der Kreditnehmer dem Kreditgeber über einen festgelegten Zeitraum eine Reihe von Zahlungen leisten, die dem ursprünglichen Kreditbetrag plus Zinsen in der vereinbarten Höhe entsprechen.

Wenn Sie durch Kredite Wert bereitstellen wollen, müssen Sie:

1. über die finanziellen Möglichkeiten verfügen, Geld zu verleihen;
2. Menschen finden, die sich dieses Geld leihen möchten;
3. einen Zinssatz festlegen, der Sie angemessen für die Kreditvergabe entschädigt;
4. bewerten, wie wahrscheinlich es ist, dass der Kredit nicht zurückgezahlt wird, und vermeidbare Verluste möglichst ausschließen.

Werden Kredite verantwortungsvoll eingesetzt, können Menschen dadurch vom unmittelbaren Zugang zu Produkten oder Dienstleistungen profitieren, die sie sich sonst nicht leisten könnten. Hypothekendarlehen ermöglichen es Menschen, im eigenen Haus zu leben, auch wenn sie keine Hunderttausende Dollar oder Euro auf der Bank haben. Autokredite erlauben es ihnen, ihren Neuwagen monatlich abzuzahlen, statt den Kaufpreis vollständig zu entrichten. Mithilfe von Kreditkarten können Menschen Produkte und Dienstleistungen sofort erwerben und diese dann über mehrere Monate abstottern.

Kredite sind für den Kreditgeber von Vorteil, weil er überschüssiges Kapital gewinnbringend einsetzen kann. Dass auf den ursprünglichen Betrag (das »Kapital«) Zins und Zinseszins anfallen, bedeutet, dass der Kreditgeber mehr einnimmt, als er ursprünglich ausgelegt hat – bei langfristigen Krediten wie Hypotheken manchmal sogar zwei- bis dreimal so viel.

Ist der Kredit einmal gewährt, muss der Kreditgeber lediglich die Zahlungen des Kreditnehmers entgegennehmen und hat sonst kaum Aufwand – es sei denn, der Kreditnehmer zahlt nicht mehr. Das Verfahren zur Ermittlung, wie riskant ein bestimmter Kredit ist – die Risiko- oder Bonitätsprüfung –, ist für Kreditgeber eine wichtige Kompetenz. Diese verlangen häufig bestimmte Vermögenswerte als Sicherheiten, um sich vor der Gefahr zu schützen, dass ein Kredit ausfällt. Wird der Kredit nicht zurückgezahlt, geht das Eigentum an der Sicherheit auf den Kreditgeber über und kann von diesem verkauft werden, um seinen Verlust aus dem Kreditgeschäft auszugleichen.

Link zur Referenz: **personalmba.com/loan/**

Form 10: Option

»Du zahlst dein Geld und triffst damit deine Wahl.«

Punch, britische Satirezeitschrift aus dem 19. Jahrhundert, 1846

Eine **Option** ist die Möglichkeit, gegen eine Gebühr über eine festgelegte Frist eine bestimmte Handlung vorzunehmen. Die meisten Menschen stellen sich unter Optionen Wertpapiere vor, doch in Wirklichkeit gibt es sie überall: Kino- oder Konzertkarten, Gutscheine, Vorschüsse und Lizenzrechte sind allesamt Beispiele für Optionen. Gegen Zahlung einer Gebühr hat der Käufer das Recht, vor Ablauf der Frist bestimmte Maßnahmen zu ergreifen – eine Vorstellung zu besuchen, einen Vermögenswert zu kaufen, ein ***Produkt*** unter Lizenz herzustellen oder ein Wertpapier zu einem bestimmten Kurs zu erwerben.

Um durch Optionen Wert bereitzustellen, müssen Sie:

1. herausfinden, was Menschen künftig unternehmen wollen;
2. potenziellen Käufern das Recht anbieten, diese Vorhaben vor Ablauf einer festgelegten Frist auszuführen;
3. Kaufinteressenten davon überzeugen, dass die Option ihren Preis wert ist;
4. die Einhaltung der vorgegebenen Durchführungsfrist durchsetzen.

Optionen haben einen Wert, weil der Käufer die *Möglichkeit*, aber nicht die *Pflicht* hat, etwas Bestimmtes zu unternehmen. Kaufen Sie sich beispielsweise eine Kinokarte, können Sie Ihren Sitz in Anspruch nehmen, *müssen* das aber nicht, wenn Sie etwas Besseres vorhaben. Mit dem Kauf der Karte erwerben Sie lediglich das Recht, die Option auszuüben, sich den Film zum angegebenen Zeitpunkt anzusehen – mehr nicht.

Optionen werden häufig eingesetzt, um sich bestimmte Möglichkeiten für einen festgelegten Zeitraum offenzuhalten, bevor ein anderes Geschäft stattfindet. Als wir von Colorado nach New York zogen, leistete meine Frau Kelsey zum Beispiel eine Anzahlung für eine Wohnung, die wir noch nicht persönlich in Augenschein genommen hatten. Diese Anzahlung stellte sicher, dass der Vermieter die Wohnung bis zu unserem Umzug an niemand anderen vermieten würde. Sobald wir den offiziellen Mietvertrag unterschrieben hatten, wandelte sich diese Anzahlung in die zu hinterlegende Kaution um. Hätten wir uns aber gegen den Einzug entschieden, hätte der Vermieter die Anzahlung als Entschädigung dafür einbehalten, dass er die Wohnung für uns freigehalten hat, und hätte sich dann andere Mieter suchen können. Die Option war daher für beide Parteien von Vorteil.

Optionen sind eine Form der Wertschöpfung, die häufig vernachlässigt wird. Dabei ist Flexibilität eine der ***drei Universalwährungen.*** Wenn es Ihnen gelingt, Menschen mehr Flexibilität zu ermöglichen, haben Sie damit womöglich ein lukratives Geschäftsmodell entdeckt.

Link zur Referenz: **personalmba.com/option/**

Form 11: Versicherung

»Gehen Sie kalkulierte Risiken ein. Das hat nichts mit Unbesonnenheit zu tun.«

General George S. Patton, Commander
der US Third Army im Zweiten Weltkrieg

Eine ***Versicherung*** besteht in der Übertragung eines Risikos vom Käufer auf den Verkäufer. Als Gegenleistung für die Übernahme des Risikos, dass dem Versicherungsnehmer etwas bestimmtes Schlimmes zustoßen könnte, erklärt sich dieser bereit, dem Versicherer vorgegebene Zahlungen zu leisten. Tritt das schlimme Ereignis ein, muss der Versicherer die Kosten dafür übernehmen. Andernfalls kann er das Geld behalten.

Um durch Versicherungen Wert bereitzustellen, müssen Sie:

1. einen verbindlichen rechtsgültigen Vertrag abschließen, der das Risiko eines bestimmten negativen Ereignisses (»Schaden«) vom Versicherungsnehmer auf Sie überträgt;
2. anhand verfügbarer Daten einschätzen, wie hoch das Risiko ist, dass so etwas Schlimmes passiert;
3. über die Versicherungsdauer regelmäßig die vereinbarten Zahlungen (auch Prämien oder Beiträge genannt) entgegennehmen;
4. für berechtigte Ansprüche aus der Police aufkommen.

Eine Versicherung ist für den Käufer von Wert, weil sie ihn vor Verlustrisiken schützt. So kann beispielsweise ein Haus aus verschiedenen Gründen Feuer fangen, und nur die wenigsten Hauseigentümer haben so viel Geld, dass sie sich eine neue Immobilie leisten können, wenn die alte bis auf die Grundmauern abbrennt. Dieses Risiko überträgt die Brandversicherung des Hauseigners auf den Versicherer. Brennt das Haus ab, entschädigt die Versicherung den Eigentümer, sodass er sich ein neues Haus kaufen kann. Andernfalls vereinnahmt sie Prämienzahlungen ohne Gegenleistung.

Versicherungen funktionieren, weil sie die Risiken auf sehr vielen Schultern verteilen. Schließt ein Versicherer Policen für Tausende oder Millionen Eigenheime ab, ist es höchst unwahrscheinlich, dass diese allesamt auf einmal den Flammen zum Opfer fallen. Es wird nur eine gewisse Zahl von Ansprüchen beglichen werden müssen. Solange der Versicherer mehr Prämienzahlungen einnimmt, als er Leistungen auszahlt, verdient er Geld. Genauso verhält es sich mit Autoversicherungen, Krankenversicherungen und Gewährleistungsansprüchen bei Konsumgütern.

Je mehr Beiträge ein Versicherer einzieht und je weniger Ansprüche er erfüllt, desto mehr verdient er. Versicherungsgesellschaften haben von Haus aus ein großes Interesse daran, »schlechte Risiken« zu meiden, möglichst hohe Prämien zu verlangen und im Schadensfall möglichst wenig auszuzahlen. Dabei müssen sie streng darauf achten, betrügerische Aktivitäten zu vermeiden, indem sie sowohl unberechtigte Forderungen ablehnen als auch darauf verzichten, Versicherte zu betrügen, indem sie Prämien kassieren, ohne für berechtigte Ansprüche aufzukommen. Zahlt eine Versicherung nicht, obwohl eine legitime Forderung vorliegt, dürfte sie vor Gericht landen, da Versicherungsnehmer das Rechtssystem nutzen, um die Rechte aus ihren Verträgen durchzusetzen.

Link zur Referenz: **personalmba.com/insurance/**

Form 12: Kapital

> **»Kapital ist der Teil des Vermögens, der dem Aufbau weiteren Vermögens gewidmet wird.«**
>
> Alfred Marshall, Ökonom und Autor von *Principles of Economics*

Bei ***Kapital*** handelt es sich um eine Beteiligung an einem Unternehmen. Für Parteien, die die Mittel dafür haben, ist die Bereitstellung von Kapital eine Möglichkeit, den Eigentümern neuer oder bestehender Unternehmen dabei zu helfen, zu expandieren oder sich neue Märkte zu erschließen. Beispiele für die Bereitstellung von Wert in Form von Kapital sind sogenannte »Business Angel«-Investitionen, Risikokapital oder der Erwerb von Aktien börsengehandelter Unternehmen. Darauf gehen wir an anderer Stelle im Rahmen der ***Finanzierungshierarchie*** noch näher ein.

Um Wert in Form von Kapital bereitzustellen, müssen Sie:

1. ausreichende Mittel für Investitionen zur Verfügung haben;
2. ein vielversprechendes Unternehmen ausfindig machen, in das Sie gern investieren würden;

3. den aktuellen und den künftigen Wert dieses Unternehmens taxieren und einschätzen, wie hoch die Wahrscheinlichkeit ist, dass das Unternehmen pleitegeht, was den Verlust Ihres Kapitals bedeuten würde;
4. aushandeln, wie hoch die Beteiligung ist, die Sie im Gegenzug für das von Ihnen investierte Kapital erhalten.

Unternehmen profitieren von solchen Investitionen, weil sie dadurch in der Lage sind, die nötigen Mittel aufzubringen, um zu expandieren oder sich neue Branchen zu erschließen. In manchen Industriezweigen wie Fertigung oder Finanzdienstleistungen ist der Finanzierungsbedarf für Neugründungen oder Expansion sehr hoch. Indem sich Unternehmenseigner Investoren ins Boot holen, können sie sich die nötigen Mittel beschaffen, um voranzukommen.

Investoren haben Vorteile vom Erwerb eines prozentualen Anteils an dem betreffenden Unternehmen. Sie profitieren ohne aktive Beteiligung von der Geschäftstätigkeit. Statt ihr Geld auf dem Konto liegen zu lassen, können sie es Unternehmen zuweisen, die an aussichtsreichen Projekten arbeiten, welche eine höhere Rendite bringen können. Verdient das Unternehmen viel Geld, können Investoren von einer regelmäßigen Dividende profitieren. Wird es von einem anderen Unternehmen übernommen oder geht es an die Börse, erhalten Investoren manchmal pauschal einen Prozentsatz des Kaufpreises oder sie können ihre Aktien am Unternehmen an der Börse mit Gewinn verkaufen.

Link zur Referenz: **personalmba.com/capital/**

Die Nervprämie

»Jede Lebenslage hat ihre Unannehmlichkeiten.«

Benjamin Franklin, amerikanischer Spitzenpolitiker, Wissenschaftler und Universalgelehrter des 18. Jahrhunderts

Die Menschen sind fast immer bereit, für die Erledigung von Arbeiten zu bezahlen, die ihnen lästig sind. Unannehmlichkeiten stellen daher eine Geschäftsgelegenheit dar.

Solche Unannehmlichkeiten können viele Formen annehmen. Dabei kann es sich um Vorhaben oder Aufgaben handeln, die:

- zeitraubend sind;
- aufwendig sind, wenn das Ergebnis stimmen soll;
- von anderen, wichtigeren Prioritäten ablenken;
- zu viel Verwirrung, Unsicherheit oder Komplexität stiften;
- Vorkenntnisse erfordern, die kostspielig sind oder die man sich nicht zutraut;
- spezielle Ressourcen oder besondere Ausrüstung voraussetzen, die schwer zu beschaffen sind.

Je mehr Scherereien mit einem Projekt oder einer Aufgabe verbunden sind, desto mehr Menschen sind bereit, für eine einfache Lösung Geld in die Hand zu nehmen – oder jemand anderen dafür zu bezahlen, die Aufgabe an ihrer Stelle zu erledigen. Ein Beispiel: Für die Ausrüstung zum Reinigen eines Swimmingpools gibt ein Hauseigentümer möglicherweise einmalig 50 Dollar aus, doch für einen Reinigungsdienst, der ihm diese Arbeit abnimmt, wird er vielleicht sogar 100 Dollar *im Monat* lockermachen.

In beiden Fällen ist der Pool am Ende sauber, doch der Reinigungsdienst übernimmt die unangenehmen Aufgaben. Der Besitzer des Pools muss weder Zeit noch Mühe aufwenden, um dasselbe angestrebte Ergebnis zu erzielen. Infolgedessen profitiert die Poolreinigungsfirma von der ***Nervprämie:*** Sie kann 1200 Dollar im Jahr kassieren – 1150 Dollar mehr, als für die Do-it-yourself-Option anfallen –, indem sie dem Eigner des Pools die lästigen Arbeiten abnimmt.

Das hat jedoch seine Grenzen. Wer 10 000 Dollar im Monat für die regelmäßige Poolreinigung verlangt, hat vermutlich Pech – so viel dürfte es den wenigsten Hauseigentümern wert sein, diese Aufgabe abzugeben. Um von der Nervprämie zu profitieren, müssen Sie genau einschätzen können, wie lästig die Aufgabe für den potenziellen Kunden ist. Je lästiger, desto höher das Potenzial für eine Nervprämie.

Auf der Suche nach einer neuen Geschäftsidee sollten Sie unbedingt auf solche nervenden Tätigkeiten achten. Alles, was besonders lästig ist, bietet Gelegenheiten. Je mehr Mühe Sie Ihren Kunden ersparen, desto mehr können Sie dafür verlangen.

Link zur Referenz: **personalmba.com/hassle-premium/**

Der wahrgenommene Wert

»Die Menschen geben kein Geld für Sachen aus, die ihnen weniger wert sind, als sie dafür zahlen müssen.«

Roy H. Williams, *The Wizard of Ads*

Nicht alle Formen der Wertschöpfung sind gleich. Der Wert liegt stets im Auge des Betrachters.

Der wahrgenommene Wert bestimmt darüber, wie viel Ihre Kunden für das zu zahlen bereit sind, was Sie anzubieten haben. Je größer der Wert, den ein Interessent Ihrem Angebot beimisst, desto wahrscheinlicher schlägt er zu und desto eher ist er bereit, dafür zu zahlen.

Die wertvollsten Angebote erfüllen eines oder mehrere der folgenden Kriterien:

- Sie befriedigen einen oder mehrere der ***zentralen menschlichen Triebe*** des potenziellen Kunden.
- Sie bieten ein attraktives ***Endergebnis,*** das sich der Interessent gut vorstellen kann.
- Sie können die höchste ***Nervprämie*** verlangen, indem Sie dem Endnutzer möglichst viel Eigenbeteiligung ersparen.
- Sie erfüllen das Bedürfnis potenzieller Käufer nach ***sozialem Status,*** indem Sie ***Statussignale*** aussenden, die diese in den Augen anderer gut aussehen lassen.

Der wahrgenommene Wert ist wohlgemerkt eine subjektive Angelegenheit und hängt von Faktoren ab wie der jeweils aktuellen Situation Ihres potenziellen Kunden, seinen Werten, seinen Überzeugungen und seiner Weltanschauung. Wenn Ihre potenziellen Kunden Ihr Angebot nicht als werthaltig erachten, werden sie dafür nicht ***empfänglich*** sein.

Fokussieren Sie sich darauf, ihnen einen möglichst großen Nutzen und den höchsten Status zu bieten – und zwar so, dass es für den Endverbraucher möglichst mühelos und enttäuschungsfrei ist. Damit erhöhen Sie den wahrgenommen Wert Ihres Angebots.

Link zur Referenz: **personalmba.com/perceived-value/**

Das Baukastenprinzip

»Großes geschieht nicht aus einem Impuls heraus, sondern durch eine Verkettung kleiner Dinge, die zusammenkommen.«

Vincent van Gogh, Maler

Bedenken Sie, dass sich die ***zwölf Standardformen von Wert*** nicht wechselseitig ausschließen: Sie können Ihren potenziellen Kunden beliebige Kombinationen aus diesen Formen der Wertschöpfung anbieten, um festzustellen, welche am besten ankommen. Diese Strategie wird als ***Baukastenprinzip*** bezeichnet.

Die meisten erfolgreichen Unternehmen bieten Wert in mehreren verschiedenen Formen. Nehmen Sie beispielsweise die Zeitschriftenbranche. Zeitschriften berechnen monatlich oder jährlich anfallende Gebühren für ein ***Abonnement,*** damit der Kunde regelmäßig ein gedrucktes Heft im Briefkasten hat. Ebenso bedienen sie sich der ***Zielgruppenaggregation,*** um über Werbung anderen den Zugang zu ihren Kunden zu verkaufen. Diese Werbung wird neben dem eigentlichen Inhalt in der Zeitschrift geschaltet.

Reiseseiten wie Orbitz verkaufen ***Optionen*** (Flugtickets), aber auch ***Versicherungen*** für den Fall, dass eine Reise abgesagt werden muss. Und sie schalten Werbung ***(Zielgruppenaggregation),*** die Besucher ihrer Website zu sehen bekommen. Kinos kombinieren die Filmvorführung ***(gemeinsame Ressource)*** mit Karten ***(Option)*** und Konzessionsgeschäft ***(Produkten).*** Unternehmen wie Netflix und Spotify eröffnen digitalen Zugang zu einer großen Film- und Musikbibliothek ***(gemeinsame Ressource)*** gegen eine Monatsgebühr ***(Abonnement).***

In den meisten Unternehmen erfolgen diese Angebote getrennt. Der Kunde kann frei wählen, welche Angebote er nutzen möchte. Durch die modulare Gestaltung von Angeboten kann ein Unternehmen jedes Angebot für sich entwickeln und optimieren und es dann in den verschiedenen Kombinationen auf den Markt bringen, die den Kunden am meisten bringen. Das ist wie bei Lego: Hat man einen Satz Bausteine, kann man diese nach Gusto immer wieder neu zusammenbauen.

Link zur Referenz: **personalmba.com/modularity/**

Bündelung und Entbündelung

»Ein bisschen hiervon, ein bisschen davon – so kommt Neues in die Welt.«

Salman Rushdie, Schriftsteller

Einer der größten Vorteile des ***Baukastenprinzips*** ist, dass es ermöglicht, sich einer Strategie zu bedienen, die als ***Bündelung*** bezeichnet wird. Durch Bündelung können Sie einmal geschaffenen Wert anders einsetzen, um noch mehr Wert zu erzeugen.

Bündelung liegt vor, wenn Sie mehrere kleinere Angebote zu einem größeren Paket zusammenschnüren. Ein Beispiel dafür liefert die Mobilfunkindustrie, die ein Handy (ein physisches ***Produkt***) mit einem monatlichen Serviceplan (einem ***Abonnement***) zu einem Preis bündelt. Eine weitere Form der Bündelung sind Angebote nach dem Motto »zwei zum Preis von einem« im Supermarkt.

Je mehr Angebote gebündelt werden, desto höher der ***wahrgenommene Wert*** des Angebots und desto mehr kann der Anbieter berechnen. Aus diesem Grund bieten Mobilfunkdienste zusätzliche Minuten, unbegrenzte Textnachrichten und Internetdienste ergänzend zu ihrem Basisservice an. Je mehr Vorteile der Kunde hat, desto mehr zahlt er oft bereitwillig pro Monat für das Gesamtpaket.

Entbündelung ist das Gegenteil von Bündelung. Man nimmt ein Angebot her und splittet es in seine Bestandteile auf. Ein gutes Beispiel dafür ist das Angebot, statt des gesamten Albums nur einen Song herunterzuladen. Ein Kunde ist vielleicht nicht bereit, zehn Dollar für das Album zu zahlen, würde aber schon einen oder zwei Dollar für die Songs lockermachen, die ihm besonders gut gefallen. Das Album zu entbündeln, eröffnet Absatzmöglichkeiten, die sonst nicht vorhanden wären.

Bündelung und Entbündelung können Ihnen Wertschöpfung für unterschiedliche Kundentypen ermöglichen, ohne dass Sie neue Produkte entwickeln müssen. Indem Sie Angebote und Formen der Wertschöpfung in verschiedenen Konstellationen kombinieren, können Sie Ihren Kunden liefern, was diese gern haben möchten.

Link zur Referenz: **personalmba.com/bundling-unbundling/**

Intermediation und Disintermediation

»Der schnellste und beste Weg, Ihr Glück zu machen: Wecken Sie bei anderen die Erkenntnis, dass es in deren Interesse ist, Ihren Interessen zu dienen.«

Jean de la Bruyère, Philosoph und Satiriker des 17. Jahrhunderts

Einen anderen Blickwinkel auf Wertschöpfung ermöglicht eine einfache Frage: Wie viel Unterstützung findet Ihr ***voraussichtlicher Kunde*** hilfreich?

Denken Sie dabei an eine komplexe Kaufentscheidung wie den Erwerb eines Eigenheims. In diesem Fall können Sie nicht einfach in den Laden gehen, sich alle infrage kommenden Objekte zeigen lassen, das Haus aussuchen, das am besten für Sie geeignet ist, zur Kasse gehen und es bar oder mit Kreditkarte bezahlen. Um angebotene Immobilien zu besichtigen, Bedürfnisse und Präferenzen zu klären, die Finanzierung zu sichern, den Kaufpreis auszuhandeln und die nötigen Dokumente aufzusetzen und zu unterzeichnen, ist eine Menge Zeit, Wissen und Kompetenz erforderlich.

Aus diesem Grund gibt es einen Markt für Immobilienmakler: Wer ein Haus kaufen möchte, weiß oft gar nicht, welche Auswahl er hat (vor allem, wenn er sich in der Region nicht auskennt), hat meist wenig Erfahrung mit solchen Geschäften und ist überfordert. Immobilienmakler helfen bei der Suche, bei der Kaufentscheidung und beim Abschluss. Und Immobilienkäufer sind oft froh, mit jemandem zusammenzuarbeiten, der weiß, was er tut.

Der Fachbegriff für diese Art der Unterstützung lautet ***Intermediation:*** Dabei wird zwischen Käufer und Verkäufer eine Partei zwischengeschaltet, die dafür zuständig ist, einer der beiden Parteien zu helfen, das Geschäft abzuschließen oder sich mit dem Kauf Wertpotenzial zu verschaffen.

Intermediation ist in komplexen Situationen hilfreich, wenn der Käufer von der Anleitung und Unterstützung durch Fachleute profitiert. Intermediäre gibt es häufig in Bereichen mit einer großen Auswahl an Optionen – etwa für Einzelhändler, die sich überlegen, welche Artikel sie auf Lager nehmen sollen. Üblich sind sie auch bei komplexen Verhandlungen und Kauftransaktionen – etwa als Vermittler für den Kauf oder Verkauf von Unternehmen, die dazu beitragen, Unternehmen richtig zu bepreisen, und dann helfen, übernahmewillige Unternehmen zu finden, die bereit sind, diesen Preis zu zahlen. In den meisten Fällen fungiert der Intermediär auch als ***Puffer*** zwischen den Parteien, denen er unnötigen Druck oder unangenehme Situationen ersparen kann.

Der Gegenpart zur Intermediation ist die ***Disintermediation:*** Dadurch werden überflüssige Parteien aus Transaktionen herausgenommen zugunsten eines direkten Kontakts zwischen Käufer und Verkäufer. Vor dem Einzug des Internets mussten die meisten Produzenten mit Einzelhändlern in Verbindung treten, wenn sie ihre Waren an den Mann bringen wollten, da es nur begrenzte Möglichkeiten für Massenwerbung und Massendistribution gab – und das zu hohen Kosten. Das Internet ermöglichte es Herstellern, die Aufmerksamkeit potenzieller Kunden zu erregen, Verkäufe abzuschließen und Waren direkt an die Verbraucher zu liefern, ohne dass ein Einzelhändler zwischengeschaltet werden musste. Infolgedessen können heute mehr produzierende Unternehmen und Dienstleister rentabel und nachhaltig existieren: Die ***Margen,*** die sonst ein Intermediär abgezweigt hätte, können stattdessen verwendet werden, um Preise zu senken, gezielte Werbung zu schalten, neue Produkte zu entwickeln oder ***Gewinne*** zu verbuchen.

Chancen gibt es an beiden Enden des Spektrums: Ist für Ihre potenziellen Kunden mehr oder weniger mehr?

Link zur Referenz: **personalmba.com/intermediation-disintermediation/**

Prototyping

»Es ist ganz einfach: Wer nie etwas ausprobiert, der lernt auch nichts.«

Hugh Prather, Autor von *Notes to Myself*

Um das Stereotyp des Produktentwicklungsmodells wird ein großes Geheimnis gemacht: Entwickelt wird im stillen Kämmerlein, jeder Beteiligte muss eine Verschwiegenheitserklärung unterzeichnen,[31] es werden Millionen an Risikokapital beschafft, dann wird jahrelang an der Perfektionierung gearbeitet und schließlich das fertige Produkt der erstaunten Welt enthüllt, dass die Kasse nur so klingelt.

Diese Mentalität ruiniert Karrieren und leert Bankkonten. Eine Idee an sich ist wertlos. Festzustellen, ob man sie auch umsetzen kann, ist die wichtigste Aufgabe eines Unternehmers.

Scheuen Sie sich nicht, Ihren potenziellen Kunden zu zeigen, woran Sie gerade arbeiten. Solange Sie nicht in einer Branche tätig sind, in der Sie es mit ungewöhnlich aggressiven, kompetenten und finanzkräftigen Konkurrenten zu tun haben, brauchen Sie keine Angst davor zu haben, andere könnten Ihnen Ihre Idee »stehlen«. Ideen kosten nichts – worauf es ankommt, ist, sie richtig umzusetzen, und das ist viel schwieriger, als eine gute Idee als solche zu erkennen.

Geheimnistuerei verringert Ihre Chancen, frühzeitig zu lernen, und das bringt Ihnen quasi von vornherein einen großen Nachteil. Fast immer ist es besser, sich gezielt und so bald wie möglich Feedback von echten Kunden einzuholen.

Ein ***Prototyp*** ist ein erster Eindruck davon, wie Ihr Angebot aussehen wird. Dabei kann es sich um ein physisches Modell handeln, um eine Computerskizze, ein Diagramm, ein Flowchart oder einen Einseiter, der die wichtigsten Vorteile und Merkmale beschreibt. Es muss gar nicht viel sein: So ein Prototyp soll nur nachvollziehbar vermitteln, worin Ihr Angebot besteht, damit Ihre potenziellen Abnehmer einen ausreichenden Einblick erhalten, um Ihnen brauchbares Feedback zu erteilen.

Die besten Ergebnisse erzielen Sie, wenn Ihr Prototyp dieselbe Form hat wie das fertige Produkt. Arbeiten Sie an einem physischen Produkt, sollten Sie daher ein begreifbares Modell bauen. Arbeiten Sie an einer Website, gestalten Sie eine funktionierende Seite mit allen Grundkomponenten. Arbeiten Sie an einer Dienstleistung, erstellen Sie ein Diagramm oder ein Flowchart mit allen Bestandteilen des Prozesses und führen Sie diese vor. Je realistischer Ihr Prototyp, desto leichter versteht Ihr Publikum, was Ihnen vorschwebt.

Der Prototyp ist Ihr erster Versuch, etwas Brauchbares zu entwickeln – aber nicht Ihr letzter. Der erste Anlauf ist zwangsläufig dürftig und unvollständig. Das ist überhaupt nicht schlimm. Prototypen sind wertvoll, weil sie es Ihnen ermöglichen, aufschlussreiche Rückmeldungen von echten Menschen zu erhalten, bevor Sie viel Zeit, Geld und Mühe in das Projekt investieren. Ein Prototyp soll nicht perfekt sein – er soll einen konkreten Fokus für Ihre Bestrebungen liefern, etwas, was Sie und andere sehen, bewerten und verbessern können.

Wenn Sie Ihren Prototyp potenziellen Kunden vorführen, erhalten Sie einen steten Strom von Ideen und Feedback. Das alles kann Ihnen helfen, Ihr Angebot noch zu optimieren.

Link zur Referenz: **personalmba.com/prototype/**

Der Iterationszyklus

»Ich habe nicht versagt. Ich habe nur zigtausend Methoden gefunden, die nicht funktionieren.«

Thomas Edison, Serienerfinder

Niemand kriegt gleich im ersten Anlauf alles richtig hin – ganz gleich, wie klug oder begabt er ist.

Das beweist jedes künstlerische Meisterwerk. Unter der Oberfläche der fertigen *Mona Lisa* findet sich Schicht um Schicht von Entwürfen, verworfenen Versuchen und größeren Veränderungen. Die Decke der Sixtinischen Kapelle ist mit Hunderten Millionen winziger Pinselstriche überzogen, von denen jeder einzelne das letztlich entstandene Meisterwerk der Vollendung ein Stück näher brachte. Michelangelo brauchte Millionen Hammerschläge, um einen rohen Marmorblock in den *David* zu verwandeln.

Der ***Iterationszyklus*** ist ein Prozess, den Sie einsetzen können, um sukzessive Verbesserungen zu erzielen. Die unvermeidlichen Änderungen und Überarbeitungen, die diese Künstler an ihren Werken vornahmen, sind alles andere als Zeitverschwendung: Jeder Durchlauf brachte das Projekt seiner Vollendung einen Schritt näher.

Iteration beruht auf einer wissenschaftlichen Methode, die sich aus fünf allgemeinen Schritten zusammensetzt:

1. Sie beobachten, was vor sich geht, und erkennen einen bestimmten Verbesserungsbedarf.
2. Sie konzipieren ein Experiment und ermitteln Indikatoren, die Ihnen verraten, ob die vorgesehene Änderung wirklich eine Verbesserung darstellt.
3. Sie führen das Experiment durch und sammeln Daten.
4. Sie werten das Ergebnis des Experiments aus.
5. Sie übernehmen oder verwerfen die Änderung als Optimierungsmöglichkeit.

Iteration ist ein Zyklus. Sobald Sie das Ergebnis einer Änderung erfasst und beschlossen haben, ob diese beibehalten werden soll, gehen Sie zurück an den Start, beobachten, was vor sich geht, und der Zyklus wiederholt sich.

Um bestmögliche Ergebnisse zu erzielen, müssen Sie festlegen, was Sie mit jeder Iteration erreichen wollen. Versuchen Sie, das Angebot attraktiver oder ansprechender zu gestalten? Wollen Sie ein neues Feature einbauen, das den Kunden einen Mehrwert bringt? Oder soll das Angebot billiger werden, ohne Wertpotenzial zu verlieren? Je genauer Sie formulieren können, worum es Ihnen geht, desto mehr können Sie mit dem ***Feedback*** anfangen, das Sie erhalten – und desto mehr Wert können Sie jedem Iterationszyklus abgewinnen.

Link zur Referenz: **personalmba.com/iteration-cycle/**

Das Iterationstempo

»Unser Ziel ist es, uns pro Zeit- und Geldeinheit mehr Chancen auf den großen Wurf zu sichern als alle anderen.«

Eric Schmidt, Ex-Chairman und Ex-CEO von Google

Bei der Arbeit an einem neuen Angebot sollten wir in erster Linie darauf abzielen, die einzelnen ***Iterationszyklen*** so schnell wie möglich zu durchlaufen. Iteration ist eine strukturierte Form des Lernens, die Ihnen hilft, Ihr Angebot zu optimieren. Je schneller Sie lernen, desto schneller werden Sie besser.

Je rascher Sie den Iterationszyklus durchlaufen, desto besser wird Ihr Angebot. Darum geht es beim ***Iterationstempo.*** Wenn Sie gut sind, können Sie den Prozess gleich mehrmals täglich ablaufen lassen. Dabei kommt es vor allem darauf an, dass jede einzelne Iteration klein und eindeutig ist, zügig vonstattengeht und sich darauf stützt, was Sie aus vorangegangenen Iterationen gelernt haben.

Der Iterationszyklus fühlt sich oft nach Mehrarbeit an, denn er *macht* zusätzliche Arbeit. Deshalb drücken sich so viele davor: Die Versuchung ist groß, all diese »Extraschritte« zu überspringen und gleich zum endgültigen Angebot überzugehen.

Das große Problem dieses direkten Ansatzes sind die Risiken: Sie stecken eine Menge Zeit, Kraft und Mittel in die Entwicklung eines Produkts, das sich vielleicht nicht verkaufen lässt. Ist die Idee ein Blindgänger, sind Sie weit besser dran, wenn Sie das im Zuge mehrerer kurzer Iterationszyklen feststellen, und nicht erst, wenn Sie schon alles auf ein Konzept gesetzt haben, das nicht einschlägt – oder auf einen Markt, der nicht funktioniert.

Iteration macht womöglich im Vorfeld etwas mehr Arbeit, doch nach ein paar Durchläufen kennen Sie Ihren Markt viel besser, wissen genau, was die Menschen so dringend haben möchten, dass Sie dafür auch Geld in die Hand nehmen, und haben eine klare Vorstellung davon, ob Sie Ihren Kunden ein wirtschaftlich tragfähiges Angebot machen können.

Stellen Sie fest, dass Ihr Produkt gut ankommt, ist das ganz großartig – dann können Sie in die Vollen gehen. Will aber keiner haben, was Sie da entwickeln, dann sollten Sie sich schleunigst nach einer neuen vielversprechenden Idee umschauen.

Link zur Referenz: **personalmba.com/iteration-velocity/**

Feedback

»Kein Businessplan überlebt den ersten Kundenkontakt.«

Steven Gary Blank, Serienunternehmer und Autor
von *The Four Steps to the Epiphany*

Das Herzstück des ***Iterationszyklus*** besteht darin, aussagekräftiges ***Feedback*** von Ihren potenziellen Kunden einzuholen. Brauchbares Feedback echter Interessenten verrät Ihnen mehr darüber, wie gut Ihr Angebot auf deren Bedürfnisse zugeschnitten ist, bevor die Entwicklung abgeschlossen ist. Dadurch können Sie rechtzeitig vor der Markteinführung noch Änderungen vornehmen.

Hier ein paar Tipps, wie Sie eingehendes Feedback für sich optimal nutzen:

1. *Holen Sie sich Feedback von echten potenziellen Kunden ein – nicht von Freunden oder Angehörigen.* Die Menschen in Ihrem Umfeld wünschen Ihnen Erfolg und möchten die Beziehung zu Ihnen nicht gefährden. Es liegt daher nahe, dass sie ihre Rückmeldungen möglichst positiv formulieren. Die besten Ergebnisse erhalten Sie, wenn Sie dafür sorgen, dass Feedback von Menschen kommt, die kein persönliches Interesse an Ihnen oder Ihrem Projekt haben.
2. *Stellen Sie ergebnisoffene Fragen.* Wenn Sie Feedback einholen, sollten Sie mehr zuhören als selbst sprechen. Überlegen Sie sich vorher ein paar ergebnisoffene Fragen, um dem Gespräch ein bisschen Struktur zu geben. Überlassen Sie die Initiative aber ansonsten möglichst Ihrem Gegenüber. Kurze W-Fragen (wer/was/wann/wo/warum/wie) funktionieren am besten. Beobachten Sie, was der Verbraucher tut, und achten Sie darauf, wie sich das mit seinen Aussagen deckt.

3. *Bleiben Sie ruhig und gelassen.* Wer um ehrliches Feedback bittet (und alles andere bringt nichts), der braucht ein dickes Fell. Keiner hört gern, dass das eigene Baby eine Missgeburt ist. Reagieren Sie möglichst nicht beleidigt oder defensiv, wenn anderen nicht gefällt, was Sie sich ausgedacht haben. Sie tun Ihnen einen großen Gefallen, wenn sie Ihnen das offen sagen.
4. *Legen Sie nicht alles auf die Goldwaage, was Sie zu hören bekommen.* Selbst das frustrierendste Feedback enthält wichtige Informationen, die Ihnen helfen können, Ihr Angebot zu verbessern. Die schlimmste Reaktion auf die Bitte um Feedback ist keineswegs mitfühlende Ablehnung, sondern totale Apathie. Kann keiner etwas mit Ihrer Erfindung anfangen, dann haben Sie keine tragfähige Geschäftsidee.
5. *Geben Sie potenziellen Kunden die Möglichkeit, Ihr Produkt vorzubestellen.* Zum wichtigsten Feedback, das Sie im Zuge des Iterationsprozesses erhalten können, zählt die Bereitschaft anderer zu kaufen, woran Sie arbeiten. Es ist eine Sache, wenn jemand sagt, er würde etwas kaufen, und eine ganz andere, wenn er bereit ist, seine Brieftasche oder Kreditkarte zu zücken und es auch zu bestellen. Das geht selbst dann, wenn das Angebot noch gar nicht verfügbar ist – diese Taktik nennt man ***Shadow Testing.*** Geben Sie möglichst allen, die Ihnen Feedback erteilen, die Gelegenheit, Ihr Angebot vorzubestellen. Nimmt eine größere Zahl von Menschen diese Gelegenheit wahr, liegen Sie gut im Rennen: Dann wissen Sie, dass Sie ein solides Angebot haben, *und* Sie stärken Ihren Cashflow. Ist niemand bereit, Ihr Produkt schon im Vorfeld zu ordern, sollte Ihnen klar sein, dass Sie noch einiges tun müssen, bis Sie über ein zukunftsfähiges Angebot verfügen. Erfragen Sie dann noch die Gründe für die mangelnde Bereitschaft, sofort zuzuschlagen, dann kennen Sie die größten Hindernisse, die Kunden davon abhalten, Ihr Produkt zu kaufen.

Link zur Referenz: **personalmba.com/feedback/**

Alternativen

»Bis man sich endgültig festgelegt hat, ist da immer noch ein Zögern, die Möglichkeit, einen Rückzieher zu machen, und stets auch mangelnde Effektivität. Für alle Vorhaben, die Initiative und Kreativität erfordern, gilt eine Grundwahrheit. Weil diese ignoriert wird, ersticken zahllose Ideen und großartige Pläne im Keim: nämlich dass in dem Moment, in dem man sich festlegt, auch die Vorsehung reagiert.«

W. H. Murray, Bergsteiger und Schriftsteller

Es ist Freitagabend. Sie haben Hunger und wollen essen gehen. Sie haben bereits beschlossen, dass es Ihnen die Mehrkosten wert ist, sich Ihr Essen nicht selbst zubereiten zu müssen. Wohin sollen Sie gehen?

Entscheiden Sie sich für die Kneipe an der Ecke, haben Sie eine große Auswahl an leckeren Gerichten zu einem günstigen Preis. Die Einrichtung ist vielleicht ein bisschen rustikal, doch Sie wissen: Sie bekommen ohne größere Umstände eine ordentliche Mahlzeit, die nicht zu teuer ist.

Gehen Sie in ein schickes In-Restaurant, werden Sie mit ansprechender Atmosphäre, hervorragendem Service und feiner Küche verwöhnt. Dann können Sie Ihren Freunden davon vorschwärmen und sich auf einen aufregenden Abend in der Stadt freuen. Natürlich geht das für Sie auch deutlich mehr ins Geld.

Sofern Sie nicht total ausgehungert sind, werden Sie kaum beide Lokale am selben Abend aufsuchen. Sie müssen sich für eines von beiden entscheiden. Dabei gibt es keine »richtige« Entscheidung – vielleicht gehen Sie ja heute in die Kneipe und morgen in das Szenelokal. Das hängt ganz davon ab, was Ihnen im Moment der Entscheidung gerade am wichtigsten ist.

Betrachten wir die Situation nun von der anderen Seite. Sie sind der Wirt der Eckkneipe und stets daran interessiert, Ihren Kunden mehr zu bieten und neue Gäste anzulocken. Worauf sollten Sie sich konzentrieren, wenn Sie besser werden möchten? Was hätte wohl den größten Effekt auf Ihren Gewinn: wenn Sie die Auswahl an Vorspeisen vergrößern? Wenn Sie dafür sorgen, dass das Essen schneller auf dem Tisch steht? Oder wenn Sie die Kneipe renovieren?

In einer perfekten Welt würden Sie am besten *alle drei* Vorschläge auf einmal umsetzen, doch leider läuft das Geschäft in letzter Zeit nicht so gut und Sie müssen mit einem begrenzten Budget auskommen. Sie wissen, Sie müssen etwas tun. Es ist aber nicht klar, welcher der Optimierungsvorschläge – wenn überhaupt – mehr Geld in die Kasse spülen würde. Was tun Sie also?

Bei der Arbeit an Ihrem Angebot stehen Sie unweigerlich vor Entscheidungen zwischen konkurrierenden ***Alternativen.*** Sollen Sie eine bestimmte Funktion hinzufügen oder nicht? Sollen Sie bei der Optimierung auf Markt A oder auf Markt B setzen oder versuchen, beiden Märkten gerecht zu werden? Wenn Sie noch mehr Geld in Ihr Angebot stecken, werden Ihre Abnehmer dann bereit sein, dafür tiefer in die Tasche zu greifen?

Wenn Sie alle Möglichkeiten prüfen, die Ihnen offenstehen, und dabei die Sicht des Kunden berücksichtigen, dürften Sie die bessere Wahl treffen. Bei Entscheidungen darüber, was ins Angebot hineinsollte und was Sie weglassen können, sollten Sie unbedingt die Alternativen in Betracht ziehen, vor denen Ihre potenziellen Kunden stehen, wenn sie sich für oder gegen Ihr Angebot entscheiden. Sobald Sie alle Optionen kennen, können Sie die Kombinationen und Abwandlungen dieser Alternativen analysieren, um ein attraktives Angebot zu unterbreiten.

Link zur Referenz: **personalmba.com/alternatives/**

Zielkonflikte

»Die bombensichere Erfolgsformel kann ich Ihnen auch nicht liefern – wohl aber ein Rezept für den Misserfolg: zu versuchen, es allen recht zu machen.«

Herbert Bayard Swope, Journalist und Pulitzerpreisträger

Ein ***Zielkonflikt*** liegt vor, wenn bei einer Entscheidung mehr Wert auf eine von mehreren konkurrierenden Optionen gelegt wird. Wir leben in einer Welt, in der Zeit, Kraft und Ressourcen begrenzt sind. Ein Tag hat nur 24 Stunden, Ihnen steht nur so und so viel Kraft zur Verfügung und es gibt immer eine Obergrenze für den Betrag, den Sie auszugeben bereit sind. Was, wenn nicht alles möglich ist, was Sie gern umsetzen wollen?

Sie können nicht immer alles haben. Selbst wenn Sie genug Geld besitzen, um sich eine Privatinsel zu kaufen, stehen Sie immer noch vor der Entscheidung, *welche* es werden soll. Sie wollen vielleicht alles, aber Sie kriegen es nicht. Sie versuchen daher, möglichst die Option auszuwählen, die das mitbringt, was für Sie zum Zeitpunkt der Entscheidung am wichtigsten ist.

Solche Zielkonflikte müssen Sie und andere jeden Tag bewältigen – in jeder Minute. Manche sind wirtschaftlicher Natur: Welche Hose sollen Sie kaufen?

Manche haben eine zeitliche Komponente: Sollen Sie Freunde besuchen oder lieber ins Kino gehen? Manche drehen sich darum, was anstrengender ist: Nehmen Sie lieber an einer Teamsitzung teil oder machen Sie den überfälligen Bericht fertig?

Vorherzusagen, wie Menschen bei bestimmten Zielkonflikten entscheiden, ist nicht so einfach. Werte verändern sich je nach Umfeld und Kontext. Werte sind Präferenzen. Wie wichtig ist uns ein bestimmtes Objekt, eine Eigenschaft oder eine Verfassung im Vergleich zu anderen? Wie stark ist unser Verlangen danach? Das kann je nach Tageszeit variieren. Und vielleicht wollen Sie schon morgen etwas anderes als heute.

Bei Entscheidungen darüber, was Sie in Ihr Angebot aufnehmen sollten, lohnt es sich, auf Muster zu achten – auf Informationen darüber, wie bestimmte Gruppen von Menschen bestimmte Merkmale in einem bestimmten Kontext bewerten. Ihre Entscheidungen, was Sie davon letztlich berücksichtigen und was nicht, werden nie alle zufriedenstellen. Versuchen Sie daher gar nicht erst, die perfekte Lösung zu finden. Wenn Sie auf die Muster achten, die anzeigen, was Ihre *besten* Kunden schätzen, können Sie sich darauf konzentrieren, Ihr Angebot für die *meisten* Ihrer aussichtsreichsten Interessenten die *meiste* Zeit über zu verbessern.

Link zur Referenz: **personalmba.com/tradeoffs/**

Wirtschaftlicher Wert

»Ein erfolgreiches Unternehmen wird entweder geliebt oder gebraucht.«

Ted Leonsis, Ex-Führungskraft bei AOL und Eigentümer der Washington Wizards und der Washington Capitals

Jedes Mal, wenn Ihnen ein Kunde etwas abkauft, beschließt er, dass ihm das, was Sie anzubieten haben, mehr wert ist als alles andere, was er sich mit seinem Geld zum betreffenden Zeitpunkt kaufen könnte. Bei der Arbeit an Ihrem Angebot sollte für Sie oberste Priorität haben herauszufinden, was Ihren potenziellen Kunden mehr wert ist als die Kaufkraft des Geldes in ihrer Tasche.

Jeder hat zu einem bestimmten Zeitpunkt eigene Wertvorstellungen, doch es gibt ein paar verbreitete Muster, die sich zeigen, wenn Menschen über einen potenziellen Kauf nachdenken. Wenn wir davon ausgehen, dass der zugesicherte Nutzen des Angebots reizvoll ist, gibt es neun übliche **wirtschaftliche Werte,** die Menschen berücksichtigen, wenn sie ein potenzielles Angebot bewerten. Das sind:

1. *Wirksamkeit* – wie gut funktioniert es?
2. *Geschwindigkeit* – wie schnell funktioniert es?
3. *Zuverlässigkeit* – kann ich mich darauf verlassen, dass es die gewünschte Wirkung erzielt?
4. *Benutzerfreundlichkeit* – wie leicht ist es zu bedienen?
5. *Flexibilität* – wie vielseitig ist es verwendbar?
6. *Status* – wie wirkt es sich darauf aus, wie mich andere wahrnehmen?
7. *Ästhetischer Reiz* – wie attraktiv oder anderweitig ästhetisch ansprechend ist es?
8. *Emotion* – wie fühle ich mich damit?
9. *Kosten* – wie viel muss ich dafür opfern?

In dem Buch *Trade-Off: Why Some Things Catch On, and Others Don't* bricht Kevin Maney diese gemeinsamen Werte auf zwei Hauptmerkmale herunter: Komfort und Integrität. Komfortabel ist alles, was schnell, zuverlässig, einfach und flexibel ist. Integer ist, was Qualität, Status, ästhetische Reize oder emotionale Effekte bringt.

Fast jede Verbesserung, die Sie an einem Angebot vornehmen, kann der Optimierung von Komfort oder Integrität zugeordnet werden. Beides gleichzeitig zu optimieren, ist unglaublich schwierig. Die erfolgreichsten Angebote versuchen daher, unter allen konkurrierenden Auswahlmöglichkeiten den größtmöglichen Komfort und die größtmögliche Integrität zu bieten. Wenn Sie Appetit auf Pizza haben, dann ist ein Tisch in der originalen »Pizzeria Uno« in Chicago sicherlich das Nonplusultra, doch die bequeme Lösung ist der Lieferdienst Domino's. Die »Pizzeria Uno« profitiert eher davon, dass sie einen unvergesslichen Abend verspricht, während Domino's Vorteile darin liegen, dass schnellstmöglich eine anständige Pizza auf dem Tisch steht.

Die ***Zielkonflikte*** bei der Entwicklung neuer Angebote sind es, die den jeweiligen Optionen Alleinstellungsmerkmale verleihen. Hier ein Beispiel aus der Bekleidungsbranche: Old Navy, Banana Republic und Gap gehören zu ein und demselben Unternehmen: Gap Inc. Alle drei Bereiche produzieren ähnliche Klamotten – Hemden, Hosen et cetera –, doch mit anderen Schwerpunkten.

Statt eine einzige Bekleidungslinie herauszubringen, die alle anspricht (was unmöglich ist, denn die Geschmäcker sind verschieden), fokussierte sich das Unternehmen mit jedem Bereich auf einen bestimmten Schwerpunkt. Old Navy setzt auf Funktionalität zu günstigen Preisen, Gap auf Stil und Mode zu moderaten Kosten und Banana Republic auf Ästhetik und ***sozialen Status*** zum Premiumpreis. Jede Linie hat eine eigene Identität und spricht eine andere Zielgruppe an, obwohl die Teile mithilfe ähnlicher Prozesse hergestellt werden und die Einnahmen in der Kasse desselben Unternehmens landen.

Link zur Referenz: **personalmba.com/economic-values/**

Prüfung auf relative Bedeutung

> **»Dinge, die am wichtigsten sind, dürfen niemals denen untergeordnet werden, die am wenigsten wichtig sind.«**
>
> Johann Wolfgang von Goethe, Dichter, Dramatiker und Universalgelehrter des 18. Jahrhunderts

Herauszufinden, was die Menschen wollen, ist deshalb so schwierig, weil die Menschen alles wollen. Das ist ganz leicht nachzuweisen: Stellen Sie eine Gruppe potenzieller Kunden zu einer Fokusgruppe zusammen. Bitten Sie die Teilnehmer, die Bedeutung Ihres Angebots in Bezug auf die neun ***wirtschaftlichen Werte*** auf einer Skala von 0 bis 10 anzugeben. Wie wird das Ergebnis aussehen?

Ungeachtet Ihres Produkts oder Ihrer Dienstleistung wird das Ergebnis gleich ausfallen: Ihre Kunden wünschen sich Produkte, die jedes Mal mühelos herausragende Ergebnisse erzielen. Gleichzeitig wollen sie, dass das Angebot sie reich, berühmt, attraktiv und glücklich macht, und zwar bis in alle Ewigkeit. Und umsonst haben möchten sie es außerdem. Fragen Sie sie, worauf sie eventuell verzichten würden, entgegnen sie, dass sie alles wichtig finden und sich nicht mit weniger zufriedengeben wollen.

Außerhalb der Fokusgruppe sieht die Realität aber immer anders aus. Sobald sich die Gruppe auflöst, gehen die Teilnehmer los und kaufen Dinge, die Geld kosten und keineswegs vollkommen sind, und sind damit zufrieden. Warum?

Im Regelfall lassen sich die Menschen nur auf Kompromisse ein, wenn sie eine ***Entscheidung*** treffen müssen. Gäbe es die perfekte Option, würden sie diese wählen. Doch da es nun einmal kein vollkommenes Angebot gibt, geben sich die Menschen gern mit der ***nächstbesten Alternative*** zufrieden.

Was die Menschen wirklich wollen, stellen Sie am besten fest, indem Sie sie während des Marktforschungsprozesses ausdrücklich auffordern, Kompromisse zu machen. Das Problem bei der hypothetischen Fokusgruppe war: Die Teilnehmer wurden nicht aufgefordert, echte Entscheidungen zu treffen – sie hätten alles haben können, also haben sie alles verlangt.

Die Prüfung auf relative Bedeutung – eine Reihe von Analysemethoden, die erstmals von dem Statistiker Jordan Louviere in den 1980er-Jahren[32] eingesetzt wurden – ist eine Möglichkeit festzustellen, was die Menschen wollen, mithilfe mehrerer einfacher Fragen, die realweltliche Kompromisse simulieren sollen. Und das funktioniert so:

Angenommen, wir führen eine Prüfung auf relative Bedeutung für die bereits erwähnte Eckkneipe durch. Statt die Teilnehmer zu bitten, jeden erzielten Nutzen auf einer Skala von 0 bis 10 einzustufen, legen wir ihnen folgende Vorschläge vor:

A. Bestellungen werden in höchstens fünf Minuten serviert
B. Vorspeisen kosten meist unter 20 Dollar
C. Ansprechende Einrichtung
D. Große Speisenauswahl

Im Anschluss stellen wir den Teilnehmern folgende Fragen:

1. Welcher dieser Punkte ist der wichtigste?
2. Welcher dieser Punkte ist der am wenigsten wichtige?

Haben die Teilnehmer diese Fragen beantwortet, legen wir ihnen die nächsten Vorschläge vor.

E. Vorspeisen, die es sonst nirgendwo gibt
F. Die Gewissheit, dass ich stets mein Lieblingsgericht bestellen kann
G. Dass ich hier esse, imponiert anderen
H. Große Portionen

Den Teilnehmern werden zufällig ausgewählte Fragenkataloge vorgelegt, die vier oder fünf Kriterien beinhalten, bis es keine weiteren möglichen Kombinationen mehr gibt oder die Konzentration des Teilnehmers nachlässt, was oft nach fünf oder zehn Minuten der Fall ist.

Die Teilnehmer brauchen nicht lange, um jede dieser einfachen Fragen zu beantworten, doch die Ergebnisse sind ausgesprochen aufschlussreich. Indem man die Teilnehmer gezielt auffordert, sich zu entscheiden, erhält man genauere

Informationen darüber, wie sie reagieren würden, wenn sie im wirklichen Leben vor einer ähnlichen Wahl stünden. Werden die Ergebnisse zusammengefasst und analysiert, wird die relative Bedeutung der einzelnen Nutzenfaktoren sehr klar. Je mehr solche Fragenkataloge die Probanden abarbeiten, desto besser können Sie daran die relative Bedeutung der einzelnen Punkte beurteilen.[33]

Die Prüfung auf relative Bedeutung kann Ihnen helfen festzustellen, auf welche Nutzenfaktoren Sie sich konzentrieren sollten, um Ihr Angebot möglichst attraktiv zu gestalten.

Link zur Referenz: **personalmba.com/relative-importance-testing/**

Erfolgskritische Annahmen

»Es ist besser, ungefähr richtigzuliegen als genau falsch.«

John Maynard Keynes, Ökonom

Nehmen wir an, Sie möchten ein Yogastudio eröffnen. Die Marktchancen scheinen vielversprechend: Sie sind überzeugt, dass Sie sich für Ihr Studio eine unterversorgte Gegend mit erheblicher Nachfrage ausgesucht haben, in der Menschen leben, deren verfügbares Einkommen ausreicht, um den Mitgliedsbeitrag von 100 Dollar im Monat zu stemmen. Sie haben auch schon eine grobe Vorstellung davon, wie das Studio aussehen soll, welche verschiedenen Stilrichtungen Sie anbieten werden und wer bei Ihnen unterrichten wird.

Sie haben eine geeignete Immobilie gefunden, die Sie für rund 10 000 Dollar im Monat anmieten können (wenn Sie einen auf zwölf Monate befristeten Mietvertrag unterzeichnen), und Sie gehen von einem Kapitalbedarf von weiteren 12 000 Dollar pro Monat für Personalkosten und sonstigen monatlichen Betriebsaufwand aus. Außerdem müssen Sie noch rund 5000 Dollar vorab in Ausrüstung investieren: Matten, Blöcke und einen Computer für die Mitgliederverwaltung.

Der auf Gewerbeimmobilien spezialisierte Makler, den Sie beauftragt haben, macht Ihnen Druck. Sie müssten schnell zuschlagen, drängt er, sonst könnte Ihnen das Objekt vor der Nase weggeschnappt werden. Ihre bisherigen Ersparnisse reichen aus, um die Vorlaufkosten und die prognostizierten Betriebskosten für drei Monate zu decken. Sie brennen darauf loszulegen, wollen aber vorher sicherstellen, dass Sie auch die richtige Entscheidung treffen. Sollten Sie den Mietvertrag unterschreiben?

Solche Geschichten gibt es viele: Ein begeisterter Jungunternehmer träumt vom eigenen Restaurant, einer Bar oder einem Buchladen, investiert seine gesamten Ersparnisse und nimmt einen größeren Kredit auf, um das neue Unternehmen zu eröffnen. Manchmal geht das gut aus. In den meisten Fällen ist der frischgebackene Unternehmer aber nach wenigen Monaten finanziell am Ende, muss sein Geschäft aufgeben und fragt sich, wie alles so schieflaufen konnte.

Erfolgskritische Annahmen sind Faktoren oder Merkmale, die in der wirklichen Welt vorliegen müssen, damit Ihr Unternehmen – Ihr Angebot – Erfolg hat. Jedes Unternehmen und jedes Angebot hat seine eigenen erfolgskritischen Annahmen, die für seinen Fortbestand entscheidend sind: Stellt sich heraus, dass auch nur eine dieser erfolgskritischen Annahmen falsch war, dann ist die Geschäftsidee gar nicht so aussichtsreich, wie es den Anschein hatte.

Für das vorgenannte Beispiel vom Yogastudio gelten drei primäre erfolgskritische Annahmen:

1. Genügend Menschen aus der Gegend sind bereit, sich zu verpflichten, für die Mitgliedschaft in einem Yogastudio in Wohnortnähe 100 Dollar oder mehr im Monat zu zahlen.
2. Das Unternehmen kann innerhalb von drei Monaten mindestens 220 Vollzahler als Mitglieder anwerben.
3. Der Gesamtumsatz pro Monat wird für die nächsten zwölf Monate – die Mindestdauer des Mietvertrags – über 22 000 Dollar liegen.

Schauen wir uns an, was mit dem Yogastudio passiert, wenn sich diese erfolgskritischen Annahmen als falsch erweisen:

1. Das Interesse ist anfänglich groß, doch die meisten potenziellen Kunden, die sich das neue Studio anschauen, schrecken vor einem Monatsbeitrag von 100 Dollar zurück. Nach eigener Aussage nehmen sie lieber ein paar Meilen Anfahrt in Kauf und zahlen dann nur 75 Dollar. Das Studio senkt die Preise auf 75 Dollar. Das bedeutet, es muss 300 Mitglieder anwerben, um im Geschäft zu bleiben. Nach der Preissenkung erreichen die Mitgliederzahlen die anvisierte Marke von 220, doch das reicht nicht, um das Studio am Laufen zu halten.
2. Das Studio findet nicht genügend Mitglieder, um kostendeckend zu arbeiten, weil die Yogabegeisterten aus der Gegend bereits mit einem ein paar Kilometer entfernt gelegenen Studio Zwölfmonatsverträge abgeschlossen haben. Dem Studio geht das Geld aus und es muss schließen.

3. Etwa zur gleichen Zeit eröffnet im selben Viertel ein sehr ansprechendes anderes Yogastudio. Nach drei Monaten hat das Studio nur die Hälfte der Mitglieder, die für sein wirtschaftliches Überleben notwendig wären. Da der Mietvertrag noch neun Monate läuft, sehen die finanziellen Aussichten düster aus.

Wer solche Annahmen im Vorfeld erkennen und prüfen kann, ob sie wirklich zutreffen, geht weniger Risiken ein und kann mehr Vertrauen in die Klugheit seiner Entscheidungen haben.

Link zur Referenz: **personalmba.com/critical-assumptions/**

Shadow Testing

»Praemonitus praemunitus.« (Gefahr erkannt, Gefahr gebannt.)

Römisches Sprichwort

Die beste Methode, um zu prüfen, ob ***erfolgskritische Annahmen*** zutreffen, ist die Probe aufs Exempel. Doch zu diesem Zweck den gesamten Prozess der Unternehmensgründung zu durchlaufen, ist unnötig riskant und kostspielig. Viel klüger ist es, Ihre Risiken zu minimieren, indem Sie Ihr Angebot an echten zahlenden Kunden austesten, bevor Sie es vollständig umsetzen.

Shadow Testing bezeichnet den Prozess, ein Angebot an den Mann zu bringen, noch bevor es überhaupt auf dem Markt ist. Solange Sie Ihren Interessenten offen sagen, dass sich Ihr Angebot noch in der Entwicklung befindet, ist das sogenannte Shadow Testing eine ausgesprochen brauchbare Strategie, die Sie einsetzen können, um Ihre erfolgskritischen Annahmen an echten Kunden auszutesten.

Echte zahlende Kunden verhalten sich stets anders als hypothetische. Shadow Testing ermöglicht es Ihnen, sich von den Kunden entscheidendes Feedback einzuholen, das Sie auf keinem anderen Wege erhalten können: nämlich dazu, ob die Menschen für Ihre Entwicklung auch wirklich zu zahlen bereit sind. Um das Risiko zu minimieren, das Sie eingehen, indem Sie auf Ihr Projekt setzen, sollten Sie folgendes Ziel verfolgen: so bald wie möglich erste Daten von realen, zahlenden Kunden zu sammeln.

Bei Fitbit handelt es sich um ein Unternehmen, das weiß, was Shadow Testing wert ist. Fitbit wurde im September 2008 von Eric Friedman und James

Park gegründet und produziert ein kleines, tragbares Gerät zur Erfassung von Sport- und Schlafdaten. Der Fitbit-Tracker zeichnet Tag und Nacht Ihr Aktivitätsniveau auf und lädt Ihre Daten dann ins Netz hoch, um Ihre gesundheitliche Verfassung, Ihre Fitness und Ihre Schlafmuster zu analysieren.

Das ist ein recht einfaches Konzept, doch die Entwicklung neuer Hardware ist zeitraubend, teuer und mit vielen Risiken behaftet. Deshalb gingen Friedman und Park folgendermaßen vor: Noch am selben Tag, an dem sie der Welt die Idee zu Fitbit präsentierten, ermöglichten sie es den Kunden, Fitbit auf ihrer Website vorzubestellen – auf kaum mehr gestützt als eine Beschreibung, welche Möglichkeiten das Gerät bietet, und ein paar Darstellungen dazu, wie es aussehen sollte. Im Abrechnungssystem wurden Namen, Anschriften und geprüfte Kreditkartennummern erfasst. Gebühren wurden aber erst erhoben, nachdem das Produkt versandbereit war, um dem Unternehmen noch ein Hintertürchen offenzulassen, falls sich seine Pläne nicht verwirklichen ließen.

Die Bestellungen gingen ein. Einen Monat später hatten die Investoren genügend Vertrauen, um zwei Millionen Dollar bereitzustellen, damit Fitbit Wirklichkeit werden konnte. Ein Jahr später wurde das erste echte Fitbit-Gerät an Kunden ausgeliefert. So viel bringt Shadow Testing.

Link zur Referenz: **personalmba.com/shadow-testing/**

Die erste funktionsfähige Produktversion

»Wenn Sie die erste Version Ihres Produktes nicht peinlich finden, haben Sie es zu spät lanciert.«

Reid Hoffman, Mitgründer von LinkedIn

Fürs ***Shadow Testing*** brauchen Sie ein verkäufliches Produkt. Glücklicherweise muss Ihr Angebot bis zum Verkaufsstart noch nicht komplett stehen.

Ein sogenanntes ***Minimum Viable Offer*** – eine erste funktionsfähige Version – ist ein Angebot, das die wichtigsten Kernfunktionen verspricht und/oder liefert, die Voraussetzung für einen tatsächlichen Geschäftsabschluss sind. Bei einem solchen Angebot handelt es sich um einen ***Prototyp,*** der so weit entwickelt wurde, dass dafür jemand Geld in die Hand nimmt und sich zum Kauf verpflichtet. Das muss nicht sehr kompliziert sein: Das Minimum Viable Offer von Fitbit war ein Prototyp mit einer Beschreibung und ein paar Computerdarstellungen. Sie müssen dafür nur so viele Informationen übermitteln, dass sich ein realer Interessent zum Kauf überreden lässt.

Die Entwicklung eines Minimum Viable Offer ist zweckdienlich, weil man vorher nie mit hundertprozentiger Sicherheit sagen kann, was wirklich funktioniert. Schließlich wollen Sie wohl kaum jede Menge Zeit und Geld in ein Produkt stecken, das keine Aussicht hat, auf dem Markt anzukommen. Und je schneller Sie in Erfahrung bringen können, ob Ihre Idee zündet oder nicht, desto besser für Sie.

Feedback von potenziellen Kunden ist etwas ganz anderes als voll bezahlte Bestellungen. Deshalb ermöglicht Ihnen ein Minium Viable Offer, erste Daten von echten Kunden zu erheben, die ***erfolgskritischen Annahmen*** der Idee auf die Probe zu stellen und das mit einer schicksalhaften Investitionsentscheidung verbundene Risiko zu mindern.

Das bereits erwähnte hypothetische Yogastudio könnte so ein Minimum Viable Offer und das Shadow-Testing-Verfahren folgendermaßen einsetzen, um seine erfolgskritischen Annahmen zu überprüfen:

Erster Schritt: Erstellen Sie eine einfache Website, auf der das Studio ausführlich beschrieben wird, einschließlich Standort, vorläufiger Kursplan, Kursleiter, Skizzen der Räumlichkeiten und Mitgliedsbeiträge. Die Seite umfasst auch ein Formular, mit dem sich Besucher unter Angabe ihrer Kreditkartendaten voranmelden können. Durch die Anmeldung verpflichten sich Mitglieder bei Studioeröffnung für zwölf Monate, können ihre Mitgliedschaft aber bei Nichtgefallen innerhalb des ersten Monats kündigen. Wird das Studio doch nicht eröffnet, werden alle Voranmeldungen kostenfrei storniert. Gesamtkosten: ein paar hundert Dollar.

Zweiter Schritt: Leiten Sie Interessenten auf die Website weiter. Dafür gibt es mehrere kostengünstige Möglichkeiten: Flyer, Haustüranfragen, Direktwerbung und lokale Suchmaschinenwerbung. Gesamtkosten: ein paar hundert Dollar.

Dritter Schritt: Verfolgen Sie, wie viele Personen sich zum vollen Satz über die Website voranmelden, oder bitten Sie um zusätzliche Informationen. Gesamtkosten: ein paar Stunden Analyse.

Diese Testmethode ist einfach, schnell durchführbar und kostet nicht viel. Dienste wie Kickstarter (www.kickstarter.com) erleichtern die Ausführung. Alles, was Sie brauchen, um potenziellen Kunden eine Vorbestellung zu ermöglichen, ist ein Video, ein paar Skizzen oder Darstellungen und ein einfaches Grundprodukt. Mit ein paar Stunden Aufwand und ein paar hundert Dollar können Sie Ihre erfolgskritischen Annahmen auf Herz und Nieren prüfen und diese Investition zahlt sich in jedem Fall aus – vor allem, wenn Sie dabei feststellen, dass Ihre Geschäftsidee doch nicht einschlägt.

Mit einem Minimum Viable Offer sollten Sie anfangen, um Ihre Risiken zu minimieren. Wenn Sie vorsichtig, nur nach und nach und lernorientiert investieren, können Sie erkennen, was gut klappt und was nicht. Ist Ihre Idee vielversprechend, dann sind Sie gut aufgestellt, um sie umzusetzen. Treffen Ihre Annahmen doch nicht zu, können Sie Ihre Verluste begrenzen, ohne alles zu verlieren – sodass Sie sich keinen Zacken aus der Krone brechen.

Link zur Referenz: **personalmba.com/minimum-viable-offer/**

Sukzessive Verbesserung

> »Entscheiden Sie sich für drei maßgebliche Attribute oder Merkmale, die Sie richtig gut hinkriegen müssen – und vergessen Sie alles andere. … Indem Sie sich bei Ihrer Erstversion nur auf wenige zentrale Merkmale konzentrieren, finden Sie zwangsläufig heraus, was Ihr Produkt und dessen Wert wirklich ausmacht.«
>
> Paul Buchheit, geistiger Vater von Gmail und Google AdSense

Sobald sich Ihr ***Minimum Viable Offer*** gut verkauft und Sie bestätigen konnten, dass Ihre ***erfolgskritischen Annahmen*** tragfähig sind, sind Sie in einer guten Ausgangsposition – aber noch nicht am Ziel. Möchten Sie ein wirklich optimales Angebot präsentieren, müssen Sie nach und nach kleine Änderungen vornehmen, die es verbessern, wenn Sie wettbewerbsfähig bleiben und noch mehr Kunden gewinnen möchten.

Die ***sukzessive Verbesserung*** ist der Prozess, der den ***Iterationszyklus*** einsetzt, um den Nutzen eines bestehenden Angebots zu steigern. Der Prozess ist ganz einfach: Ergänzen Sie das eigentliche Angebot fortlaufend und testen Sie Ihre Änderungen. Führen Sie weiter, was gut funktioniert, und stellen Sie ein, was nicht so gut ankommt.

Das Tuning von Fahrzeugen ist ein Beispiel für sukzessive Verbesserung. Ausgehend von einem serienmäßigen Fahrzeug, ersetzt und optimiert der Tuner bestimmte Teile: Er baut einen stärkeren Motor ein, einen Spoiler, getönte Scheiben und verchromte Radkappen. Hinter jeder Änderung steht die Absicht, das Auto ein kleines bisschen besser zu machen – bis es nicht mehr besser werden kann. Ist es fertig, hat es mit dem ursprünglichen Modell nur noch wenig zu tun.

Die sukzessive Verbesserung hilft Ihnen, Ihr Angebot zu optimieren und dabei die Risiken zu minimieren, dass eine einzige Iteration total danebengeht. Wenn Sie nicht aufpassen, können drastische Veränderungen nach der Markteinführung genau die Eigenschaften eliminieren, die Ihr Angebot attraktiv gemacht haben – oder die Systeme zum Zusammenbruch bringen, die Sie zur Wertschöpfung für Ihre Kunden einsetzen. Indem Sie Veränderungen vornehmen und austesten, können Sie Ihr Angebot verbessern, ohne Kopf und Kragen zu riskieren – und so Ihren Kunden im Zeitverlauf noch mehr Wert bieten.

Bedenken Sie dabei, dass die sukzessive Verbesserung Grenzen hat. Wenn Sie einen ganz neuen Markt erobern oder Ihren Markt revolutionieren möchten, müssen Sie sich womöglich etwas Neues einfallen lassen. In dem Fall sollten Sie bei einem neuen ***Prototyp*** ansetzen und sich ganz von vorne durch den Wertschöpfungsprozess arbeiten. Ist der Prototyp fertig, holen Sie ***Feedback*** ein und ***testen*** die neue Version im Vergleich zur alten. Bringen Sie sie erst auf den Markt, wenn Sie sicher sein können, dass sie auch wirklich besser ist.

Link zur Referenz: **personalmba.com/incremental-augmentation/**

Feldversuche

»Ein Ingenieur, der sich nicht mindestens dreimal täglich die Hände schmutzig macht, taugt nichts.«

Shoichiro Toyoda, Ex-Chairman von The Toyota Motor Company

150 Tage im Jahr verbringt Patrick Smith in der Wildnis Colorados – und das seit 50 Jahren. Smith ist Gründer der Colorado School of Outdoor Living und zweier erfolgreicher Jagd- und Rucksacktourismusunternehmen: Mountainsmith, das er 1995 verkaufte, und Kifaru International, das er 1997 gründete.

So ein Kifaru-Kunde gerät schnell an die Grenzen des Verfügungsrahmens seiner Kreditkarte. Kifaru stellt wohl die besten Wander- und Jagdrucksäcke und -zelte der Welt her – unverwüstlich, leicht und gut durchdacht. So ein Kifaru-

Rucksack kann locker 100 Kilo fassen, hält jahrzehntelang und kostet mehrere Hundert Dollar. Begeisterte Sportler und Soldaten geben auch schon mal Tausende für Kifaru-Spezialanfertigungen aus, auf die sie dann gespannt sechs bis acht Wochen warten. So lange dauert es, bis sie produziert sind. Sie finden kaum einen Kifaru-Kunden, der mit der Qualität seiner Ausrüstung unzufrieden ist. Neue Kifaru-Kunden sind mehrheitlich Kunden fürs Leben.

Das Geheimnis hinter der Qualität von Kifaru sind ***Feldversuche.*** Smith entwickelt, verwendet und ***iteriert*** jedes einzelne Kifaru-Produkt höchstpersönlich *über Jahre*, bevor er es seinen Kunden anbietet. Wenn das fertige Produkt auf den Markt kommt, fällt es auch den anspruchsvollsten Kunden schwer, es zu bemängeln.

Das sagt Smith selbst über seinen persönlichen Ansatz zu Feldversuchen:

> Das Hinterland ist mir definitiv Inspiration und Labor zugleich. Da draußen [im Feldversuch] habe ich herausgefunden, wie man Modelle entwickelt. Das ist die Methode meines Vertrauens. Ich erhalte unmittelbar Rückmeldungen zu einem neuen Modell, weil ich es vor Ort zu seinem eigentlichen Zweck verwende und es sofort einem Praxistest unterziehe – unter den realweltlichen Bedingungen, für die es vorgesehen ist. … Ich halte das tatsächlich für einen besseren Designprozess, als in einem Büro in der Stadt vor dem Rechner zu sitzen. Für mich ist das eine Win-win-Situation.[34]

Feldversuche spielen seit Langem eine herausragende Rolle bei der Entstehung erfolgreicher Unternehmen. 1923 ließ sich W. H. Murphy von der New Yorker Protective Garment Corporation von einem Kollegen vor Publikum mit einer Pistole in die Brust schießen, um vorzuführen, dass sein Produkt seinen Zweck erfüllte – ein Marketingstunt, der auf extensiven Feldversuchen beruhte, um zu bestätigen, dass die Schutzweste in der Lage war, Kugeln im Feuergefecht abzufangen. Der kolumbianische Anzugfabrikant Miguel Caballero, der kugelsichere Anzüge für Staatsoberhäupter wie Barack Obama und Hugo Chávez herstellte, setzt diese Tradition fort, indem er Videos ins Netz stellt, die zeigen, wie Träger seiner Anzüge aus kürzester Entfernung in den Bauch geschossen werden.[35]

Die meisten großen Autobauer lassen neue Modelle über On- und Offroad-Hindernisparcours fahren, um ihre Leistung und Bedienung unter realweltlichen Bedingungen zu testen. Softwareschmieden wie Microsoft und Google führen mit neuen Produkten groß angelegte interne Feldversuche mit Beschäftigten durch, bevor sie sie an Kunden ausliefern. Interne Tests ermöglichen es solchen Unternehmen, Fehler zu eliminieren, noch bevor ein Kunde das Produkt in die Finger bekommt.

Das eigene Produkt täglich zu nutzen, ist die beste Methode, seine Qualität zu verbessern. Es gibt keine bessere Möglichkeit herauszufinden, wie Sie Ihr Produkt optimieren können, als selbst Ihr leidenschaftlichster und anspruchsvollster Kunde zu sein.

Link zur Referenz: **personalmba.com/field-testing/**

2 — MARKETING

»Marketing darf alles sein – nur nicht langweilig.«

Dan Kennedy, Marketingexperte

Wert allein reicht nicht aus. Wenn niemand weiß (oder wissen will), was Sie anzubieten haben, nützt Ihnen alle Wertschöpfung nichts. Ohne Marketing kann kein Unternehmen überleben – Menschen, die gar nicht wissen, dass es Sie gibt, können nicht kaufen, was Sie im Angebot haben. Wer sich nicht für Ihr Angebot interessiert, wird auch kein zahlender Kunde werden.

Jedes erfolgreiche Unternehmen findet Möglichkeiten, die Aufmerksamkeit der richtigen Leute zu erregen und diese für sein Angebot zu interessieren. Ohne Interessenten können Sie nichts verkaufen und ohne rentable Geschäftsabschlüsse ist Ihr Unternehmen dem Untergang geweiht.

Marketing ist die Kunst und Wissenschaft, »potenzielle Kunden« zu finden – Menschen, die sich für Ihr Angebot interessieren. Den besten Unternehmen der Welt gelingt es, die Aufmerksamkeit infrage kommender Interessenten zu einem angemessenen Preis zu erregen. Je mehr potenzielle Kunden Sie anlocken, desto besser läuft Ihr Unternehmen.

Marketing ist nicht gleich Verkauf. Direktmarketingstrategien versuchen zwar oft, den Zeitraum zwischen dem Erregen von Aufmerksamkeit und der Aufforderung zum Abschluss zu minimieren, doch Marketing und Verkauf sind zwei Paar Schuhe.

Beim Marketing geht es darum, Aufmerksamkeit zu erregen. Im Vertrieb, konkret beim Verkauf, über den wir im dritten Kapitel sprechen, geht es um Abschlüsse.

Link zur Referenz: **personalmba.com/marketing/**

Aufmerksamkeit

»In einem Wirtschaftssystem, das auf Aufmerksamkeit fußt (wie diesem), kämpfen Marketingfachleute um Aufmerksamkeit. Wer sie nicht bekommt, der verliert.«

Seth Godin, Autor der Bestseller *Permission Marketing, Purple Cow* und *Tribes*

In der heutigen Zeit wird unsere ***Aufmerksamkeit*** überbeansprucht. Denken Sie nur an all die Dinge, die in diesem Moment um Ihre Aufmerksamkeit konkurrieren: anstehende Arbeiten, Anrufe, die erledigt werden müssen, E-Mails, die gelesen werden wollen, Fernsehsendungen, Musik und die zahllosen Websites, die Sie besuchen könnten. Jeder hat zu viel zu tun und nicht genügend Zeit dafür.

Marketingregel Nr. 1: Die verfügbare Aufmerksamkeit Ihrer potenziellen Kunden ist begrenzt. Sich über alles auf dem Laufenden zu halten, was sich in Ihrer Welt abspielt, würde *viel* mehr Aufmerksamkeit erfordern, als Sie zur Verfügung haben. Um das auszugleichen, setzen Sie Filter ein: Sie rationieren Ihre Aufmerksamkeit und widmen sich verstärkt den Dingen, die Ihnen besonders wichtig sind. Für alles andere bleibt entsprechend weniger übrig. So macht das jeder, auch Ihre potenziellen Kunden. Um Aufmerksamkeit zu erregen, müssen Sie es schaffen, solche Filter auszuhebeln.

Aufmerksamkeit in der richtigen Qualität muss man sich verdienen. Wenn Sie die Aufmerksamkeit eines potenziellen Kunden auf sich ziehen möchten, ist es hilfreich, sich kurz bewusst zu machen, dass Sie gegen alle anderen Faktoren antreten, die in seiner Welt auf ihn einstürmen. Um aufzufallen, müssen Sie interessanter oder nützlicher sein als die Alternativen, mit denen Sie im Wettbewerb stehen.

Aufmerksamkeit ist nichts wert, wenn sich die Menschen nicht dafür interessieren, was Sie tun. Geht es Ihnen nur um Aufmerksamkeit, können Sie sich alle betriebswirtschaftlichen Kenntnisse schenken: Hüpfen Sie einfach in einem rosa Hasenkostüm die Straße hinunter und schreien Sie dabei aus vollem Hals – dann haben Sie alle Aufmerksamkeit, die Sie sich wünschen können. Doch im Geschäftsleben gibt es auch unerwünschte Aufmerksamkeit. Was Sie auf sich ziehen wollen, ist die Aufmerksamkeit potenzieller Kunden, die dann auch bei Ihnen *kaufen* – alles andere ist Zeitverschwendung.

Es ist zwar ganz nett, im Mittelpunkt zu stehen, doch im Geschäftsleben geht es um Umsatz und Gewinn. Es ist kein Beliebtheitswettbewerb. Schön, wenn Sie in einem landesweit ausgestrahlten Fernsehbericht oder auf einer stark frequentierten Website erwähnt werden. Nur leider zieht diese Art breitenwirksamer Publicity nur selten handfeste Umsätze nach sich. Zeit und Kraft für gesellschaftliches Leben aufzuwenden, verringert die Ressourcen, die Sie echter Wertschöpfung für Ihre Kunden widmen können – und damit ist niemandem geholfen.

Erregen Sie die Aufmerksamkeit der Menschen, die Ihre Produkte auch kaufen. Dann kommt Ihr Unternehmen voran. Die Denkmodelle in diesem Kapitel verraten Ihnen, wie das geht.

Link zur Referenz: **personalmba.com/attention/**

Aufnahmebereitschaft

»Dem einen passt der Schuh, den anderen drückt er. Es gibt kein allgemeingültiges Patentrezept fürs Leben.«

Carl Jung, wegbereitender Psychiater und Psychologe

Was die Menschen nicht interessiert, das beachten sie nicht. Eine der primären Funktionen des menschlichen Gehirns ist das Filtern von Wahrnehmungen: Dabei entscheidet sich, worauf sich Ihre Aufmerksamkeit richtet. Wollen Sie von anderen ignoriert werden, erreichen Sie das am schnellsten, indem Sie ein Thema ansprechen, das niemanden interessiert.

Die ***Aufnahmebereitschaft*** oder Rezeptivität ist ein Maßstab dafür, wie aufgeschlossen eine Person für das ist, was Sie zu sagen haben. Fanatische Fans erfolgreicher Romanreihen wie J. K. Rowlings Harry-Potter-Bücher sind Paradebeispiele für besondere Aufnahmebereitschaft: Sie verschlingen wie besessen alles zum Thema, sobald es auf den Markt kommt. Aus betriebswirtschaftlicher

Perspektive ist das ein absoluter Glücksfall – Sie können eigentlich gar nichts anbieten, was dieses Publikum *nicht* nachfragt.

Aufnahmebereitschaft hat zwei Hauptkomponenten: *was* und *wann.* In der Regel sind Menschen nur zu bestimmten Zeiten für bestimmte Kategorien aufnahmebereit. Ich interessiere mich zwar grundsätzlich für spannende neue Wirtschaftsbücher, ein Anruf von einem Verlag um 3 Uhr morgens käme mir trotzdem ungelegen.

Wenn Sie möchten, dass Ihre Botschaft gehört wird, dann müssen Sie das richtige Medium wählen. In welcher Form Sie sich mitteilen, hat großen Einfluss darauf, wie aufgeschlossen andere für die Informationen sind, die Ihre Botschaft übermittelt. Lässt deren Form vermuten, dass die Botschaft nur für Ihre potenziellen Kunden konzipiert ist, dürfte die Wahrscheinlichkeit weitaus größer sein, dass Sie ihre Aufmerksamkeit erregen können.

Hier ein Beispiel: Werbebriefe werden häufig ignoriert. Was nach Werbung oder Massenprodukt aussieht, landet mit 99-prozentiger Wahrscheinlichkeit im Papierkorb, ohne dass der Empfänger auch nur darüber nachdenkt. Ändern Sie aber die Form, verändert sich auch die Aufnahmebereitschaft: Einen handschriftlich adressierten Umschlag öffnen die meisten Menschen zumindest, denn offensichtlich hat da jemand Zeit und Mühe investiert, um ihn zu versenden. Ein Extrembeispiel: Einen großen, handschriftlich adressierten FedEx-Eilbrief wird praktisch jeder öffnen und einen Blick auf den Inhalt werfen (selbst ein viel beschäftigter Topmanager), denn er macht Eindruck und es kostet Geld und Mühe, ihn zu verschicken. Doch selbst dann gilt: Interessiert der Inhalt nicht, wandert die Aufmerksamkeit des Empfängers rasch ab.

Link zur Referenz: **personalmba.com/receptivity/**

Auffälligkeit

»Werbung ist die Steuer, die man für Unscheinbarkeit bezahlt.«

Robert Stephens, Gründer von Greek Squad

Jedes Mal, wenn ich laufen gehe, werden ich auf meine Schuhe angesprochen. Nicht, weil diese besonders modisch wären, sondern deshalb, weil sie aus dem Rahmen fallen.

Vibram FiveFingers sind Schuhe, die aussehen wie eine Kreuzung aus Socke und Handschuh. Wer sie trägt, erinnert ein bisschen an einen Frosch: Jede Zehe steckt in einem eigenen Futteral, was an den Fuß einer Amphibie denken lässt – das genügt, um aufzufallen.

Ich holte mir ein Paar FiveFingers, weil ich es mit Barfußlaufen probieren wollte. Die dünnen Gummisohlen schützen die Füße vor Steinen und Glasscherben, ohne dem Fuß unnötigen Halt zu geben, damit dieser tun kann, wofür er gemacht ist. Es macht Spaß, mit FiveFingers zu laufen oder spazieren zu gehen, deshalb trage ich sie seither gern.

Doch sie sehen so eigenartig aus, dass die Menschen unwillkürlich hinschauen. Sie verstoßen gegen die Erwartung, wie ein Schuh aussehen sollte. Infolgedessen werde ich ständig darauf angesprochen – sogar auf den sonst eher unkommunikativen Straßen von New York. Im Zuge solcher Gespräche kläre ich meine neuen Bekannten darüber auf, was es mit diesen Schuhen auf sich hat, warum ich sie trage, wie viel sie kosten und wo man sie beziehen kann.

FiveFingers sind dafür prädestiniert, das größte Problem aus der Welt zu schaffen, vor dem jedes neue Produkt steht: Wenn keiner weiß, dass es Sie gibt, wird niemand kaufen, was Sie anzubieten haben. Jeder Kunde, der ein Paar FiveFingers trägt, macht für Vibram alle Werbung, die das Unternehmen braucht, um weiterzuwachsen – und das vollkommen kostenlos.

Aus betriebswirtschaftlicher Sicht funktioniert das ***augenfällige*** Design der FiveFingers hervorragend. An der Basis bestätigen die Händler, dass FiveFingers weggehen wie warme Semmeln. Kaum auf Lager, sind sie schon wieder ausverkauft. Der *New York Times*[36] zufolge verdreifacht sich der Absatz dieser Produktlinie seit ihrer Einführung im Jahr 2006 jedes Jahr. 2009 knackten die Unternehmensumsätze in Nordamerika die Zehn-Millionen-Dollar-Marke – ganz ohne Massenwerbung. Nicht schlecht für ein paar seltsam anmutende Froschlatschen.

Aufzufallen, ist der beste Weg, um Aufmerksamkeit zu erregen. In dem Marketingklassiker *Purple Cow* verwendet Seth Godin eine wundervolle Metapher, um diesen Grundsatz zu veranschaulichen: Eine Weide voller brauner Kühe ist banal. Eine lila Kuh aber widerspricht den Erwartungen der Betrachter, und das erregt Aufmerksamkeit und Interesse.

Wer sein Angebot so gestaltet, dass es auffällt – also so außergewöhnlich ist, dass es die Neugier potenzieller Kunden weckt –, dem fällt es viel leichter, Aufmerksamkeit zu erregen.

Link zur Referenz: **personalmba.com/remarkability/**

Der wahrscheinliche Käufer

»Es gibt sechs Milliarden Menschen auf diesem Planeten. 99,999 Prozent davon würden Ihnen ihr Geld eher nicht geben.«

Hugh Macleod, Karikaturist und Autor von *Ignore Everybody*

Davon auszugehen, dass sich jeder Mensch auf der Welt dafür interessiert, was Sie anzubieten haben, ist im Marketing ein Kardinalfehler. Vielleicht glauben Sie ja, dass Ihr Produkt die tollste Erfindung aller Zeiten ist – und das hoffe ich für Sie! Trotzdem wird nicht jeder diese Ansicht teilen. Was Sie auch anbieten, ich kann Ihnen garantieren, dass die meisten Menschen auf der Welt nicht daran interessiert sind – und es auch nie sein werden. Hart, aber wahr.

Doch zum Glück müssen Sie es ja nicht jedem recht machen, um Erfolg zu haben. Sie müssen nur so viel ***Aufmerksamkeit*** erregen, dass genügend Abschlüsse zustande kommen, damit Ihr Geschäft weiterläuft. Am besten konzentrieren Sie sich deshalb auf die Aufmerksamkeit der Menschen, die sich für Ihr Produkt interessieren dürften.

Versierte Marketingfachleute versuchen gar nicht erst, bei allen anzukommen – sie fokussieren sich darauf, zur *rechten Zeit* die Aufmerksamkeit der *richtigen Leute* zu erregen. Wenn Sie Harley-Davidson-Maschinen verkaufen wollen und versuchen, einen Auftritt in der *Oprah Winfrey Show* zu ergattern, um dort die neuesten Modelle zu präsentieren, ist das nicht unbedingt die beste Strategie. Umgekehrt gilt: Zu Oprahs Stammpublikum dürften kaum harte Kerle in Lederjacken mit Schnauzbärten und Tattoos gehören. Daher würde sie kaum auf einer Motorradmesse für ihre Sendung werben.

Ihr ***wahrscheinlicher Käufer*** ist ein Mensch, der zu Ihrem Angebot passt. Harleys zahlungskräftigste Kunden sind »Wochenendrocker« – Männer mittleren Alters mit hohem verfügbarem Einkommen, die sich stark und verwegen vorkommen möchten, wenn sie in ihrer Freizeit auf Tour gehen. Oprahs »wahrscheinliche Käufer« sind dagegen Frauen mittleren Alters, die an sich arbeiten möchten und gern inspirierende Geschichten hören, die ans Herz gehen.

Harley versucht gar nicht erst, bei Oprahs voraussichtlichen Käufern zu landen, und umgekehrt – sie fokussieren sich stattdessen darauf, ihr spezifisches Kernpublikum zu erreichen, und das äußerst effektiv.

Allen gefallen zu wollen, ist Zeit- und Geldverschwendung: Fokussieren Sie Ihre Marketingaktivitäten daher auf Ihre voraussichtlichen Käufer. Indem Sie Ihre begrenzten Mittel dafür ausgeben, Menschen zu erreichen, die von Haus

aus an den Produkten interessiert sind, die Sie anbieten, maximieren Sie die Effektivität Ihrer Bemühungen um Aufmerksamkeit.

Link zur Referenz: **personalmba.com/probable-purchaser/**

Geistesabwesenheit

»Sie würden sich längst nicht so viele Gedanken darüber machen, was andere von Ihnen denken, wenn Sie wüssten, wie selten das überhaupt vorkommt.«

Eleanor Roosevelt, ehemalige First Lady der Vereinigten Staaten

Um die ***Aufmerksamkeit*** eines potenziellen Kunden zu gewinnen, müssen Sie diesen von allem ablenken, was er gerade tut. Und das ist gar nicht so einfach.

Zu Beginn des Marketingprozesses sind Ihre potenziellen Kunden mit anderen Dingen beschäftigt und achten nicht auf Sie. Um die Aufmerksamkeit Ihres potenziellen Kunden auf Ihr Angebot zu lenken, müssen Ihre Aktivitäten interessanter sein als das, worauf er sich gerade konzentriert.

Am leichtesten lässt er sich ablenken, wenn es Ihnen gelingt, seine Neugier zu erregen, ihn zu überraschen oder betroffen zu machen. Unser archaisches Gehirn ist auf Chancen und Gefahren getrimmt. Ständig tastet es unsere Umwelt auf neue Reize hin ab, die uns weiterhelfen oder uns schaden könnten.

Je stärker diese Reize sind und je intensiver sie unsere Emotionen ansprechen, desto leichter ziehen sie uns in ihren Bann. Marketingleute verwenden aufrüttelnde Bilder, Wörter und Klänge: Unser Gehirn ist darauf programmiert, alle anderen Tätigkeiten einzustellen, um solche Reize auszuwerten.

Das heißt nicht, dass Marketing immer grell und laut sein muss: Es gibt Tausende subtiler Methoden, Aufmerksamkeit zu erregen, die ebenso gut funktionieren. Je nach Umfeld oder emotionaler Verfassung des potenziellen Kunden kann das Interesse, das Sie erregen müssen, sehr niederschwellig sein. Ist Ihr potenzieller Abnehmer gelangweilt, ruhelos oder auf der Suche nach Unterhaltung oder Ablenkung, ist es leichter, seine Aufmerksamkeit auf sich zu ziehen.

Es zahlt sich grundsätzlich aus, davon auszugehen, dass potenzielle Kunden mit anderen Dingen beschäftigt sind. Setzen Sie mit Ihren Marketingaktivitäten so an, dass er abgelenkt wird und Sie seine Aufmerksamkeit gewinnen können.

Link zur Referenz: **personalmba.com/preoccupation/**

Bewusstseinsebenen

»Versprechungen – und zwar große Versprechungen – sind die Seele der Werbung.«

Samuel Johnson, Essayist und Lexikograf des 18. Jahrhunderts

Im Idealfall holt das Marketing den potenziellen Kunden dort ab, wo er steht – nicht dort, wo Sie ihn gerne hätten. Wenn Sie gezielt ***Aufmerksamkeit*** erregen möchten, müssen Sie Antennen dafür entwickeln, wie viel Ihr ***wahrscheinlicher Käufer*** weiß und wie sehr er sich für Ihr Angebot interessiert.

In *Breakthrough Advertising* behauptet Eugene Schwartz, dass potenzielle Kunden im Marketing- und Verkaufsprozess fünf verschiedene ***Bewusstseinsstufen*** durchlaufen:

1. *Unbewusst* – der potenzielle Kunde ist sich nicht bewusst, dass er braucht oder haben möchte, was Sie ihm anbieten.
2. *Problembewusst* – der potenzielle Kunde weiß, dass er ein Bedürfnis oder einen Wunsch hat, aber nicht, dass es dafür geeignete Lösungen gibt.
3. *Lösungsbewusst* – der potenzielle Kunde weiß, dass es Lösungsmöglichkeiten gibt, kennt Ihr konkretes Angebot aber nicht.
4. *Angebotsbewusst* – der potenzielle Kunde kennt Ihr Angebot, ist sich aber nicht sicher, ob es für ihn das Richtige ist.
5. *Vollständig bewusst* – der potenzielle Kunde ist überzeugt, dass Ihr Angebot eine gute Lösung für sein Bedürfnis oder seinen Wunsch darstellt. Er muss nur noch den Preis und die Bedingungen erfahren, damit er eine Kaufentscheidung treffen kann.

Ihr Ansatz zum Erregen von Aufmerksamkeit hängt von der jeweiligen Bewusstseinsebene Ihres potenziellen Kunden ab. Ihr Ziel ist es, Interessenten bei jedem Marketingkontakt auf eine höhere Bewusstseinsstufe zu heben.

Weiß Ihr potenzieller Kunde nicht, dass er Ihr Angebot braucht oder haben möchte, wird er auch nicht ***aufnahmebereit*** sein für Informationen über dessen Vorteile oder Preis – Ihre Marketingaktivitäten sind für ihn nur Störgeräusche. Ebenso stören sich potenzielle Kunden, die sich ihrer Lage vollständig bewusst sind, an Marketing, das sich zu sehr auf das Problem oder auf die Vorzüge Ihrer Lösung fokussiert: Sie sind ja schon bereit, eine Entscheidung zu treffen. In diesem Fall sollten Sie am besten direkt auf den Punkt kommen. Wenn Sie potenzielle Kunden auf bestimmten Bewusstseinsstufen ins Visier nehmen, können Sie leichter überzeugende Botschaften übermitteln.

Dieser Ansatz zieht sich in den Vertriebsprozess hinein. ***Education-Based Selling*** vermittelt potenziellen Kunden, warum ein Kauf in ihrem ureigenen Interesse liegt und wie sie von dem ***Geschäft*** profitieren können.

Bewusstseinsstufen erzeugen, was viele Marketingfachleute als »Trichter« oder Funnel bezeichnen. Ihre anfänglichen Marketingaktivitäten schaffen Bewusstsein für das Angebot, das aber viele ursprüngliche Interessenten aus verschiedenen Gründen nicht annehmen. Auf dem Weg über die verschiedenen Bewusstseinsstufen steigt die Wahrscheinlichkeit, dass potenzielle Kunden aus Ihrem Marketingprozess in Ihren Vertriebsprozess übergehen, der letztlich in einen Kauf mündet.

Link zur Referenz: **personalmba.com/levels-of-awareness/**

Das Endergebnis

»Niemand wünscht sich einen Bohrer. Alle wollen nur das Loch.«

L. E. »Doc« Hobbs, Werbung für die Manhattan Mutual Life Insurance Company, 1946

Die meisten Menschen, die eine Geschäftschance wittern, interessieren sich nicht für die Kleinarbeit und die Pflichten im Tagesgeschäft eines Unternehmens. Sie kaufen sich Wirtschaftsbücher und belegen Kurse, weil sie sich eine lukrativere, aussichtsreichere Zukunft erhoffen.

Die wenigsten Fahrer kaufen sich teure Geländewagen, weil sie damit tatsächlich offroad fahren wollen. Sie kaufen sie vielmehr, weil sie nach Mut und Abenteuer aussehen und sich in jeder Situation gut fahren lassen.

Die wenigsten Frauen geben nur wegen seiner Farbe 20 Dollar für einen Lippenstift aus. Sie kaufen ihn, weil sie das Gefühl haben, er mache sie schöner und begehrenswerter.

Die wenigsten Collegestudenten zahlen Hunderttausende an Harvard, Stanford oder Yale, um dort zu studieren. Sie gehen dorthin (oder werden von ihren Eltern dorthin geschickt), weil sie glauben, dass sie nach ihrem Abschluss als besonders gebildet, intelligent und einflussreich gelten.

Marketing ist dann am wirkungsvollsten, wenn es sich auf das angestrebte ***Endergebnis*** fokussiert, das gewöhnlich ein bestimmtes Erlebnis oder eine

Emotion im Zusammenhang mit einem ***zentralen menschlichen Trieb*** ist. Die eigentliche Funktion des Produkts ist wichtig, doch vor allem möchte der potenzielle Kunde mehr über das Endergebnis wissen.

Oft ist es viel bequemer, sich auf die Funktionen zu konzentrieren: Sie wissen schließlich, was Ihr Produkt alles *kann.* Dennoch ist es weitaus effektiver, sich auf den Nutzen zu fokussieren – darauf, was Ihr Angebot dem Kunden *bringt.*

Auf das Endergebnis kommt es an. Indem Sie sich darauf fokussieren, nehmen Sie ins Visier, was Ihren potenziellen Kunden zu dem Schluss bringt: »Das ist das Richtige für mich.«

Link zur Referenz: **personalmba.com/end-result/**

Die Demonstration

»Die Wahrheit wird in aller Regel gesehen, nicht gehört.«

Baltasar Gracián, spanischer Philosoph des 17. Jahrhunderts

Marketingfachleute versuchen häufig, die Vorzüge ihres Angebots zu erklären. Dabei ist es effektiver, das Produkt im Einsatz vorzuführen. ***Demos*** überzeugen potenzielle Kunden von den Vorteilen Ihres Produkts, denn sie belegen, wie gut es funktioniert.

Die Vorführung gehört zu den ältesten und effektivsten Marketingmethoden. Sie wird schon seit Jahrhunderten eingesetzt, um die öffentliche Meinung zu beeinflussen. Die Brooklyn Bridge wurde 1883 eröffnet, doch die Fußgänger hatten kein Vertrauen in das Konstrukt – die Brücke war seinerzeit die längste Hängebrücke der Welt und die erste Brücke über den East River. Das beunruhigte die Menschen, die sie als Erste nutzen sollten.

Sechs Tage nach der Öffnung der Brücke für den öffentlichen Verkehr rutschte eine Frau auf der Treppe aus, die auf die Brücke führte. Das löste eine Massenpanik aus, bei der sich die Fußgänger ähnlich verhielten wie Theaterbesucher, die zu den Ausgängen drängen, weil ein Feuer ausgebrochen ist. Dabei kamen 12 Menschen zu Tode, 7 wurden lebensgefährlich und weitere 28 leicht verletzt.[37]

Nach diesem PR-Debakel gestattete die Stadt dem berühmten Zirkusmann P. T. Barnum, mit 21 Elefanten und 17 Kamelen über die Brücke zu ziehen. Die Brücke gab nicht nach, und das öffentliche Vertrauen war wiederhergestellt:

Wenn die Brooklyn Bridge eine Horde fünf Tonnen schwerer Elefanten tragen konnte, dann verkraftete sie sicherlich auch den Fußgängerverkehr.[38]

Viele der gewinnbringendsten Unternehmen des 20. Jahrhunderts wurden mit Demonstrationen als wichtigster Marketingstrategie aufgebaut. Denken Sie nur an das goldene Zeitalter der Informationswerbung: Billy Mays verkaufte Haushaltsprodukte wie OxiClean, Mighty Putty, Orange Glo und Kaboom für über eine Milliarde US-Dollar mithilfe von Direktwerbung im Fernsehen.[39] Billys überschäumender Enthusiasmus schaffte es, die Zuschauer ***abzulenken*** und von dem automatischen Impuls abzubringen umzuschalten. Zuzusehen, wie Billy einen schmutzigen Fußboden oder ein fleckiges Hemd sauber bekam, ließ die Kassen klingeln. Das Publikum musste Billy nicht glauben, wie gut das Produkt wirkte: Es konnte das Ergebnis mit eigenen Augen sehen.

Solche Vorführungen sind äußerst effektiv, um potenzielle Kunden davon zu überzeugen, dass ihnen Ihr Angebot weiterhilft. Erzählen Sie daher Interessenten möglichst nicht, was Sie für sie tun können, sondern *zeigen* Sie es ihnen.

Link zur Referenz: **personalmba.com/demonstration/**

Qualifizierung

»Ein Produkt, das sich ohne Werbung nicht verkaufen lässt, lässt sich auch mit Werbung nicht gewinnbringend verkaufen.«

Albert Lasker, Ex-CEO von Lord & Thomas und
Pionier der modernen Werbung

Ob Sie es glauben oder nicht – es kann durchaus klug sein, zahlende Kunden abzuweisen. Nicht jeder Kunde ist auch ein guter Kunde: Kunden, die mehr Zeit, Kraft und Aufmerksamkeit erfordern und mehr Risiken bergen, als sie unter dem Strich einbringen, sollten am besten gar nicht erst angeworben werden.

Unter ***Qualifizierung*** ist der Prozess zu verstehen herauszufinden, ob ein Interessent auch ein guter Kunde werden könnte, noch bevor Sie ihm etwas verkaufen. Indem Sie potenzielle Kunden vor dem Geschäftsabschluss bewerten, können Sie die Wahrscheinlichkeit minimieren, dass Sie Ihre Zeit auf einen Kunden verschwenden, der gar nicht zu Ihrem Unternehmen passt.

Progressive Insurance hat die Qualifizierung zur lukrativen Geschäftsstrategie erhoben. Wenn Sie wissen wollen, wie das geht, dann suchen Sie die Website von Progressive Insurance[40] auf und fordern Sie ein Angebot für eine Autoversicherung an.

In diesem Fall stellt Ihnen Progressive ein paar grundlegende Fragen:

1. Was für ein Auto fahren Sie?
2. Ist es gekauft oder geleast? Wenn Sie es gekauft haben, ist es schon abbezahlt?
3. Wie lautet Ihre Postleitzahl?
4. Sind Sie verheiratet?
5. Haben Sie studiert?
6. Hatten Sie in den vergangenen fünf Jahren selbst verschuldete Unfälle?

Anhand Ihrer Antworten erhebt Progressive dann Daten aus verschiedenen Datenbanken, um zwei Fragen zu beantworten:

A. Sind Sie ein Mensch, den Progressive gern versichern möchte?
B. Wenn ja, wie hoch sollte Ihre Versicherungsprämie ausfallen?

Sind Sie als Kunde für Progressive interessant, erhalten Sie ein Angebot und werden aufgefordert, einen Vertrag abzuschließen. Andernfalls teilt Ihnen Progressive mit, dass Sie sich anderswo günstiger versichern können, und *empfiehlt Ihnen, Ihre Versicherung bei der Konkurrenz abzuschließen.*

Warum in aller Welt sollte ein Unternehmen einen interessierten potenziellen Kunden an die Konkurrenz verweisen? Aus unseren bisherigen Abstechern ins ***Versicherungsgeschäft*** wissen Sie sicher noch: Wie rentabel eine Versicherung arbeitet, hängt davon ab, dass sie über Beiträge so viel Geld wie möglich einnimmt und möglichst wenig zur Begleichung von Schäden auszahlt.

Progressive ist nicht daran gelegen, den Kundenstamm insgesamt zu maximieren. Der Anbieter möchte nur Menschen versichern, die aller Wahrscheinlichkeit nach vorsichtig fahren und wenig Unfälle haben. Im Klartext heißt das, Progressive möchte Kunden anwerben, die über lange Zeit Beiträge zahlen, ohne Leistungen zu beanspruchen. Durch den Qualifizierungsprozess kann Progressive die Zahl besonders rentabler Versicherter maximieren, während die Versicherung die »Hochrisikokunden« an Konkurrenten abgibt. Für Progressive-Kunden hat das ebenfalls Vorteile – der mit geringeren Risiken behaftete Personenkreis erhält Autoversicherungen zu günstigeren Tarifen.

Kunden auf diese Weise auszusieben, kann Ihnen helfen, unliebsame Interessenten auszufiltern, bevor Sie mit ihnen Geschäfte machen. Je klarer Sie Ihr

Idealbild definieren, desto besser können Sie die Interessenten aussieben, die dieser Beschreibung entsprechen, und desto stärker können Sie sich darauf fokussieren, Ihre besten Kunden gut zu betreuen.

Link zur Referenz: **personalmba.com/qualification/**

Der Markteinstiegspunkt

»Nichts ist härter als die Weichheit der Gleichgültigkeit.«

Juan Montalvo, Essayist

Wenn Sie nicht gerade die Mutter eines Babys oder Kleinkinds sind, interessieren Sie sich vermutlich eher nicht für Windeln, Kinderwagen, Wiegen, Babyspielzeug, Kitas oder Kindergärten. Alle Informationen, die zu diesen Themen auf Sie einfließen, dürften von Ihrem Gehirn ausgefiltert werden, da sie für Ihr Leben momentan unwichtig sind.

Doch sobald in Kürze ein solcher Wonneproppen in Ihr Leben treten wird, interessieren Sie sich plötzlich sehr für all diese Dinge und informieren sich vermutlich aktiv darüber. Zuvor gab es dafür keinen Grund – jetzt schon.

Bestimmte Märkte haben offensichtlich Ein- und Ausstiegspunkte. Die Nachricht, dass Sie ein Kind erwarten, ist ein Beispiel für einen solchen ***Markteinstiegspunkt.*** Sobald Sie das wissen, sind Sie *viel* empfänglicher für Informationen über Produkte und Dienstleistungen, die Ihnen helfen, sich gut um Ihr Kind zu kümmern. Wenn Sie sich um die ***Aufmerksamkeit*** von Menschen bemühen, die kein Interesse an Ihrem Angebot haben, verschwenden Sie damit nur Zeit, Geld und Energie. Am besten finden Sie heraus, *wann* die Menschen gern von Ihnen hören möchten, bevor Sie Kontakt aufnehmen.

Gelingt es Ihnen, die Aufmerksamkeit Ihrer ***wahrscheinlichen Käufer*** genau dann auf sich zu ziehen, wenn diese den Markteinstiegspunkt erreicht haben, zahlt sich das aus. Unternehmen wie Procter & Gamble, Kimberly-Clark, Johnson & Johnson und Fisher-Price schenken Markteinstiegspunkten sehr viel Aufmerksamkeit, da sich diese stark auf die Effektivität aller Marketingaktivitäten für Babyprodukte auswirken. Häufig kommen frischgebackene Mamas und Papas mit einem Gratispaket von einem oder mehreren dieser Unternehmen aus der Klinik, das Muster von Windeln, entzündungshemmenden Cremes, Babynahrung und anderen Produkten enthält, die zur Grundausstattung für Neugeborene zählen.

Schaffen Sie es, die Aufmerksamkeit potenzieller Kunden zu erregen, sobald sich diese für Ihr Produktangebot interessieren, werden Sie zur Messlatte für Konkurrenzangebote. Das ist eine starke Position, die die Wahrscheinlichkeit erhöht, dass der potenzielle Kunde Ihre Produkte kauft.

In diesem Zusammenhang ist es von Wert herauszufinden, wo wahrscheinliche Käufer Informationen einholen, nachdem sie die Interesseschwelle überschritten haben. Vor dem Einzug des Internets verschlangen die meisten werdenden Eltern Bücher zum Thema und sprachen mit erfahreneren Familienangehörigen und Freunden. Heute recherchieren junge Eltern als Erstes im Internet, weshalb organisches und bezahltes Suchmaschinenmarketing oft von großem Wert ist. Durch Optimierung in Bezug auf die Stichwörter, nach denen Ihre potenziellen Kunden voraussichtlich suchen, können Sie sicherstellen, dass Sie zuerst gefunden werden.

Link zur Referenz: **personalmba.com/point-of-market-entry/**

Ansprechbarkeit

»Manchmal sind die nicht so ausgetretenen Pfade aus gutem Grund schwächer frequentiert.«

Jerry Seinfeld, Comedian

Ich bin in einer ländlichen Gegend von Ohio aufgewachsen, nicht weit von mehreren Amischen-Siedlungen. Entgegen der gängigen Meinung lehnen die Amischen moderne Technologie nicht grundsätzlich ab: Sie entscheiden danach, ob eine Technologie ihre Ortsgemeinschaft stärkt oder schwächt.[41] Druckluft- und dampfbetriebene Anlagen sind durchaus üblich, und viele Fertigungsbetriebe der Amischen setzen hoch entwickelte Elektrowerkzeuge ein. Dennoch stehen sie nicht im besonderen Fokus von Vertriebsteams: Ein Abschluss erfordert einen persönlichen Besuch bei jedem einzelnen potenziellen Kunden vor Ort, einen persönlichen Geschäftsabschluss und die Bereitschaft, Kunden auf dem Land zu beliefern und zu betreuen. Jeder Abschluss ist dadurch mit viel Aufwand verbunden, weshalb sich die meisten Marketing- und Vertriebsleute die Mühe sparen.

Ansprechbarkeit ist der Maßstab dafür, wie leicht Sie mit Menschen in Kontakt kommen, die sich für Ihr Angebot interessieren könnten. Ein gut ansprechbares Publikum lässt sich mühelos zu geringen Kosten erreichen. Ein gar nicht ansprechbares ist nur äußerst schwer zu erreichen oder nicht ***aufnahmebereit*** und wünscht keinen Kontakt.

Yoga ist ein gutes Beispiel für einen leicht adressierbaren Markt. Orte, an denen sich Menschen bereits für Informationen über Yoga interessieren, sind problemlos zu finden: Studios, populäre Zeitschriften wie das *Yoga Journal*, Tagungen, Websites et cetera. Yoga ist eine Branche, in der 16 Milliarden Dollar umgesetzt werden. Man kann manche oder alle diese Kanäle anzapfen, um Yogis und Yoginis über das eigene Angebot zu informieren.

Sensible oder unangenehme Themen zeichnen sich in aller Regel durch eine geringe Ansprechbarkeit aus, selbst wenn der Bedarf eigentlich groß ist. Ein gutes Beispiel dafür sind chronische Krankheiten – es ist schwer, eine größere Gruppe zu finden und zu erreichen, die unter lästigen und potenziell peinlichen Beschwerden wie Schuppenflechte oder Colitis ulcerosa leidet. Solche Menschen versammeln sich nicht alle am selben Ort, und sie lesen auch nicht dieselben Publikationen. Viele möchten nicht gern mit ihrer Krankheit in Verbindung gebracht werden und meiden deshalb einschlägige Organisationen. Deshalb sind sie schwer auffindbar und ansprechbar.

Ärzte sind dagegen besser zugänglich: Ihre Adressen und Telefonnummern sind öffentlich, und sie sind bereit und in der Lage, mit Vertretern von Pharmaunternehmen über neue Angebote zu sprechen. Da jeder Arzt viele Patienten betreut und als Torwächter für verschreibungspflichtige Medikamente fungiert, wenden Pharmaunternehmen so viel Zeit und Geld für Werbung bei Medizinern aus.

Das Internet hat die Adressierbarkeit der meisten Märkte verbessert. Menschen mit sensiblen Erkrankungen informieren sich mit hoher Wahrscheinlichkeit im Internet und sind dort für Werbung ansprechbar. Blogs, Diskussionsforen und Datenbanken wie WebMD erleichtern es Menschen, die einander gar nicht kennen, Erfahrungen und Erkenntnisse auszutauschen, sodass diese schlecht ansprechbaren Märkte heute besser zugänglich sind als je zuvor.

Ansprechbarkeit ist ein wichtiges Thema bei der Entwicklung eines neuen Angebots. Haben Sie die Wahl, ist es weitaus besser, etwas für ein ansprechbares Publikum zu entwickeln, als herumzulaufen und jeden Kunden einzeln zu gewinnen oder zu versuchen, ein nicht adressierbares Publikum anzusprechen oder eines, das nicht angesprochen werden will.

Link zur Referenz: **personalmba.com/addressability/**

Verlangen

»Aber ich will das haben!!!«

Zweijährige überall auf der Welt

Effektives Marketing bewirkt, dass Ihr potenzieller Kunde haben möchte, was Sie anbieten. Damit ein Interessent bereit ist, gutes Geld für Ihr Produkt zu zahlen, muss er wollen, was Sie ihm zu bieten haben. Lösen Ihre Marketingaktivitäten bei Ihren potenziellen Kunden kein starkes ***Verlangen*** aus, verschwenden Sie nur Ihre Zeit und Ihr Geld.

Solches Verlangen zu wecken, ist der Teilbereich des Marketings, der den meisten Menschen unangenehm ist. Verständlich: Die Popkultur klammert sich gern an das Bild des Marketingprofis als zwielichtiger Meister der Manipulation, der die Massen hypnotisiert und sie Dinge begehren lässt, die sie eigentlich gar nicht haben wollen und nicht brauchen. Dabei sieht die Wahrheit ganz anders aus.

In Wirklichkeit ist es nämlich so: Es ist fast unmöglich, jemanden dazu zu bringen, etwas haben zu wollen, was er sich nicht *wünscht.* Es ist sicherlich möglich, zu betrügen und zu manipulieren, indem man Angebote oder Versprechungen macht, die man nicht erfüllen kann. Das dürfen Sie aber nicht mit Gehirnwäsche gleichsetzen: Der schnellste Weg, viele Werbemillionen zu verbrennen, ist nämlich zu versuchen, den Menschen Dinge aufzudrängen, nach denen sie gar kein Verlangen haben. Das entspricht nicht der Funktion des menschlichen Gehirns – wir kaufen nur, was wir unterschwellig haben wollen.

Effektives Marketing besteht im Kern darin festzustellen, was sich die Menschen wünschen, und das eigene Angebot dann so zu präsentieren, dass es sich mit einem vorhandenen Verlangen überschneidet. Im Idealfall gleicht Marketing dem ***Education-Based Selling:*** Es führt dem potenziellen Kunden vor Augen, wie das angebotene Produkt ihm dabei hilft zu erreichen, was er sich wünscht. Ihr Job als Marketer ist nicht, Menschen dazu zu überreden, haben zu wollen, was Sie anbieten, sondern vielmehr, potenziellen Kunden dabei zu helfen, *sich davon zu überzeugen*, dass Ihr Produkt ihnen hilft, ihre Ziele zu erreichen.

Was aber wollen die Menschen denn? Darüber haben wir bereits gesprochen: Ein Ausgangspunkt sind die ***zentralen menschlichen Triebe.*** Sie helfen Ihnen herauszufinden, was Ihr Markt im Grunde haben will. Je mehr dieser Triebe Sie mit Ihrem Angebot in Verbindung bringen können, desto effektiver Ihr Marketing.

Link zur Referenz: **personalmba.com/desire/**

Visualisierung

»Wenn Ihre Arbeit für sich spricht, sollten Sie ihr nicht ins Wort fallen.«

Henry J. Kaiser, Pionier des modernen Schiffsbaus und Gründer von Kaiser Permanente

Sobald Sie das Firmengelände eines Autohauses betreten, hat der Verkäufer, der Sie betreut, nur ein klares Ziel: Sie zu überreden, sich für eine Probefahrt ans Steuer zu setzen.

Die Probefahrt wird nicht ohne Grund weltweit beim Autoverkauf eingesetzt: Sie funktioniert. Die Probefahrt ist das effektivste Hilfsmittel, das einem Verkäufer zur Verfügung steht, um Sie dazu zu bringen, das Auto noch am selben Tag zu kaufen.

Solange Sie noch nicht gefahren sind, ist es viel einfacher, einen potenziellen Kauf distanziert zu betrachten. Dann können Sie noch rational Hersteller und Modelle, Ausstattung und Preise vergleichen. Sie können sich einreden, dass Sie sich »nur umschauen«, vorerst noch ohne feste Kaufabsicht.

Sitzen Sie aber einmal am Steuer, übernimmt der emotionale Part in Ihrem Gehirn die Kontrolle. Sie stellen sich vor, wie es wäre, das Fahrzeug zu besitzen. Statt objektiv Motorstärke und Beschleunigungskennzahlen gegenüberzustellen, fühlen Sie, wie stark der Motor ist und wie gut sich das Auto fährt. Und Sie können sich die neidischen Blicke Ihrer Nachbarn ausmalen, wenn Sie mit Ihrem schicken neuen Wagen vorfahren.

Sie hören auf zu vergleichen. Stattdessen *begehren* Sie. Und wenn das passiert, dann kaufen Sie vermutlich früher oder später auch.

Dieselbe Strategie setzt B&H Photo Video auf einem anderen Markt ein. Durch die Gänge des B&H-Superstores in Manhattan zu schlendern, ist eine intensive sinnliche Erfahrung. Sie können das Gewicht der Kamera spüren, die Sie kaufen möchten, die Knöpfe und Rädchen aus der Nähe betrachten und das Schnappen der Blende hören. Besser noch, Sie können vergleichen, wie sich eine Kamera im Verhältnis zu Hunderten anderen anfühlt – und das alles hautnah. Kein Wunder, dass B&H zu den erfolgreichsten Fotografieeinzelhändlern der Welt zählt. Hat man erst einmal ein paar Kameras auf Herz und Nieren geprüft, ist es schwer, dem Drang zu widerstehen, eine davon mit nach Hause zu nehmen.

Die effektivste Methode, Begierden zu wecken, besteht darin, andere zur ***Visualisierung*** zu animieren. Sie sollen sich ausmalen, wie es wäre, wenn sie Ihr Angebot annähmen. Wie wir an anderer Stelle im Abschnitt über ***mentale Si-***

mulation noch feststellen, können wir uns die Folgen unseres Handelns vorstellen. Diese natürliche Neigung können Sie zu Ihrem Vorteil nutzen, indem Sie potenziellen Kunden helfen, sich die positiven Erlebnisse auszumalen, die sie erwarten.

Bringen Sie Ihre potenziellen Kunden dazu zu visualisieren, wie sich ihr Leben durch den Kauf verändert, dann steigern Sie die Wahrscheinlichkeit, dass sie Ihnen etwas abkaufen werden. Und zur Visualisierung halten Sie Ihre Kunden am besten dadurch an, indem Sie sie so vielen sinnlichen Informationen aussetzen wie möglich – Informationen, die ihr Geist dazu verwendet, zu einem bestimmten Schluss zu gelangen: »Das will ich haben.«

Link zur Referenz: **personalmba.com/visualization/**

Framing

»Alles, was wir hören, ist eine Meinung, keine Tatsache. Alles, was wir sehen, ist eine Perspektive, nicht die Wahrheit.«

Marcus Aurelius, Philosoph und römischer Kaiser, 2. Jahrhundert nach Christus

In einem berühmten Experiment, das die Psychologen Amos Tversky und Daniel Kahneman durchgeführt haben, wurden die Teilnehmer aufgefordert, eine Entscheidung über die Behandlung einer 600-köpfigen Patientenpopulation zu treffen: Behandlung A würde 200 von ihnen das Leben retten. Behandlung B böte eine 33-prozentige Chance darauf, allen 600 das Leben zu retten, bei einer Wahrscheinlichkeit von 66 Prozent, dass niemand gerettet werden kann.

Behandlung A und Behandlung B liefern mathematisch dasselbe Ergebnis – Sie können sich ausrechnen, dass kein Unterschied beim erwarteten Ergebnis besteht. Die Studienergebnisse belegen allerdings eine eindeutige psychologische Präferenz: 72 Prozent der Teilnehmer entscheiden sich für Behandlungsoption A, 28 Prozent für Option B.

Das Experiment wurde im Anschluss mit zwei anderen Behandlungsoptionen wiederholt. Dabei würde Behandlung C 400 Todesopfer fordern, Behandlung D eine 33-prozentige Chance bieten, dass niemand sterben muss, aber eine 66-Prozentige Wahrscheinlichkeit, dass alle 600 Betroffenen das Zeitliche segnen. Die Teilnehmer entschieden sich mit gewaltiger Mehrheit – mit 78 zu 22 Prozent – für Behandlungsoption D.

Wohlgemerkt sind auch die Behandlungen A und C statistisch identisch, doch A wurde von einer überwältigenden Mehrheit bevorzugt, C dagegen nicht. Das Abwägen zwischen geretteten Leben und Todesfällen hatte erheblichen Einfluss auf die Präferenzen der Entscheidungsträger, obwohl das erwartete Ergebnis stets dasselbe war. Auf die Gründe für die Präferenz gehen wir im Abschnitt über ***Verlustaversion*** noch näher ein. Für den Moment wollen wir uns allerdings darauf fokussieren, wie die *Betonung* der verschiedenen Botschaften das Ergebnis verändert.

Beim ***Framing*** (wörtlich »Rahmung« bzw. wie etwas dargestellt wird) handelt es sich um das Hervorheben wesentlicher Details, während andere Aspekte in den Hintergrund gerückt werden, indem man bestimmte Fakten minimiert oder ganz weglässt. Richtig gemacht, kann Ihnen Framing helfen, Ihr Angebot überzeugend zu präsentieren und den Kunden gleichzeitig für seine Zeit und Aufmerksamkeit zu honorieren.

Framing ist ein natürlicher Bestandteil jeder Kommunikation. Dass Botschaften in irgendeiner Form komprimiert werden, ist unvermeidlich. Es ist praktisch unmöglich, in der Kommunikation mit anderen alle Fakten und den kompletten Kontext wiederzugeben – um Zeit zu sparen, stellen wir bestimmte Details in den Vordergrund und lassen andere weg. Wir bedienen uns der Technik des Framings, weil uns gar nichts anderes übrig bleibt: Andernfalls würde es enorm viel Zeit in Anspruch nehmen, anderen selbst einfachste Informationen zu übermitteln. Es würde Stunden dauern, eine Pizza zu bestellen, weil Sie der Person am Telefon nicht nur Größe und Belag mitteilen müssten, sondern auch, woher Sie die Telefonnummer haben und warum Sie an diesem Abend ausgerechnet Appetit auf Pizza haben und nicht auf Burger oder Sushi.

Da Framing so ein selbstverständlicher Bestandteil der Kommunikation ist, lohnt es sich, es bewusst wahrzunehmen. Achten Sie darauf, was Sie besonders hervorheben und was Sie unter den Tisch fallen lassen. So können Sie Ihren potenziellen Kunden die Vorzüge Ihres Angebots klipp und klar vermitteln, und das verleiht Ihnen größtmögliche Überzeugungskraft.

Framing bedeutet nicht, zu lügen oder zu täuschen. Ehrlichkeit ist grundsätzlich die beste Strategie – nicht nur aus moralischer Sicht. Stellen Sie Ihr Angebot falsch dar, bringt Ihnen das vielleicht kurzfristig etwas mehr Umsatz, doch auf lange Sicht steigt die Wahrscheinlichkeit, dass die Erwartungen Ihrer Kunden nicht erfüllt werden, dass diese unzufrieden sind und dass Ihre ***Reputation*** dadurch dauerhaft Schaden nimmt. Darauf gehen wir an anderer Stelle noch näher ein – im Abschnitt über den ***Erwartungseffekt.***

Wenn Sie Framing zu Ihrem Vorteil einsetzen, können Sie Ihren ***voraussichtlichen Käufern*** dadurch die Vorzüge Ihres Angebots überzeugend beschreiben – solange Sie dabei keine Informationen auslassen, auf die Ihre Kunden Anspruch haben.

Link zur Referenz: **personalmba.com/framing/**

Gratisangebote

»Wer anderen nichts berechnet, macht garantiert keinen Gewinn. Aufmerksamkeit ist keine Bezahlung.«

Joseph Ferrara, Anwalt für geistiges Eigentum

Wenn Sie ***Aufmerksamkeit*** erregen möchten, geben Sie etwas Wertvolles ***umsonst*** her.

Die Leute freuen sich, wenn man ihnen verspricht, dass sie etwas kostenlos bekommen. Sie haben vermutlich schon erlebt, wie im Supermarkt Gratisproben verteilt werden, oder Angebote erhalten, ein Produkt oder eine Leistung eine gewisse Zeit lang unverbindlich zu testen. Ich vermute stark, dass Sie zumindest manche dieser Gratisangebote dazu verleitet haben, mehr zu kaufen. Solche Angebote gibt es nach wie vor, weil sie funktionieren. Finanziert werden sie durch den Mehrabsatz, den sie zur Folge haben.

Als ich mein Schulungs- und Beratungsunternehmen gründete, bot ich meine Forschungsergebnisse und Schriften auf meiner Website kostenlos an. Aufgrund dessen sind Hunderttausende auf den *Personal MBA* gestoßen (oder verwiesen worden), profitieren von den Informationen und halten mich für eine vertrauenswürdige, nützliche Ressource. Die allermeisten gestatten mir auch, ihnen weitere nützliche Informationen per E-Mail zukommen zu lassen.

In meiner Anfangszeit als Berater entschloss ich mich, potenziellen Klienten kostenlose Telefontermine anzubieten – für sie ist das vollkommen unverbindlich, und ich halte mit nichts hinter dem Berg. Auf jedes solche Angebot gehen Hunderte Anfragen ein, und ich komme mit vielen neuen, interessanten Menschen in Kontakt. Ein nicht unerheblicher Prozentsatz derjenigen, die die kostenlose Erstberatung in Anspruch nehmen, werden später zu zahlenden Kunden. Gratisangebote sind daher die Grundlage für meine Schulungs- und Beratungsfirma.

Kostenlos echten Wert anzubieten, ist in den meisten Fällen eine schnelle, effektive Möglichkeit, Aufmerksamkeit zu erregen. Indem Sie Ihren potenziellen Kunden vorab gratis etwas Nützliches an die Hand geben, gewinnen Sie deren Aufmerksamkeit und geben ihnen Gelegenheit, sich einen Eindruck von dem Wert zu verschaffen, den Sie zu bieten haben. Richtig ausgeführt, bringt Ihnen diese Strategie Umsätze, auf die Sie andernfalls verzichten müssten.

Gratisangebote erregen Aufmerksamkeit. Bedenken Sie dabei aber stets, dass Sie davon keine Rechnungen bezahlen können. Die Sirenengesänge von der »viralen Verbreitung« animieren viele Unternehmer dazu, der Publicity wegen auf zu viel zu verzichten, statt die gewinnbringenden Bereiche ihres Unternehmens auszubauen und zu optimieren. Aufmerksamkeit ist nötig, um zahlende Kunden anzuwerben. Doch führt sie nicht zu Umsätzen, steht Ihr Unternehmen auf schwachen Füßen. Die besten Ergebnisse erzielen Sie, wenn Sie sich auf solche Gratisangebote fokussieren, die Ihnen mit größter Wahrscheinlichkeit zahlende Kunden einbringen.

Link zur Referenz: **personalmba.com/free/**

Permission Marketing

»Menschen, die gern von Ihnen hören, etwas zu verkaufen, ist viel effektiver, als Fremde zu belästigen, die kein Interesse haben.«

Seth Godin, Autor der Bestseller *Permission Marketing*, *Purple Cow* und *Tribes*

Ich habe mich gerade zum absolut Undenkbaren hinreißen lassen: Ich habe den Spam-Ordner meines E-Mail-Accounts geöffnet. Er enthielt 1555 ungelesene Nachrichten, von denen sich die meisten so oder ähnlich lasen:

»Heiße Russenbräute möchten mit DIR chatten!«
»Viagra online kaufen!«
»Haarausfall sofort stoppen!«

Ich hatte um keine dieser Mails gebeten – die Spammer haben sie mir unaufgefordert gesendet. Ihnen war gleich, ob ich sie haben wollte oder nicht. Ich möchte weder mit »heißen Russenbräuten« chatten noch habe ich Verwendung für Viagra vom Schwarzmarkt. Und ich trage *gerne* Glatze.

Wie groß ist die Wahrscheinlichkeit, dass ich diese Nachrichten lese oder gar darauf reagiere? Gleich null – ganz im Gegenteil, ich versuche, ihnen möglichst *wenig* ***Aufmerksamkeit*** zu schenken. Und eher friert die Hölle zu, als das ich mir eines der Produkte kaufe, die mir so dreist aufgedrängt werden sollen.

Viele Unternehmen glauben, der Spam-Ansatz sei die beste Methode, Aufmerksamkeit zu gewinnen. Unaufgeforderte Anrufe, Pressemitteilungen, Massenwerbung und Direktwerbung, die an die »Bewohner« adressiert ist, sind die häufigsten legalen Pendants zu Spam: Eine riesige, undifferenzierte Zielgruppe wird mit einer Standardmitteilung beschossen in der Hoffnung, dass ein winziger Prozentsatz der Angeschriebenen darauf anspringt.

In der Frühzeit der Fernseh- und Radiowerbung erzielten Werbepausen noch Wirkung. Als es erst drei Programme gab, blieben die Menschen auch während der Werbesendungen am Apparat. Wer auf jedem der drei Hauptsender nur einen 30-sekündigen Slot zur besten Sendezeit erwarb, konnte damit an einem Tag 90 Prozent aller Fernsehzuschauer erreichen.

Inzwischen haben die Leute die Möglichkeit herauszufiltern, was sie nicht interessiert, indem sie lästige Nachrichten ignorieren oder sich auf etwas anderes konzentrieren. Sobald Sie Ihre potenziellen Kunden langweilen, wenden sie sich ab.

Viel effektiver als solche Belästigungen ist es, nach einem ***Gratisangebot*** um ***Zustimmung*** für Nachfassaktionen zu bitten. Wer potenziellen Kunden echten Wert zu bieten hat, gewinnt auch deren Aufmerksamkeit. Die Bitte um Zustimmung gibt Ihnen Gelegenheit, sich auf die Kommunikation mit den Menschen zu fokussieren, die *nachweislich* an Ihrem Angebot interessiert sind.

Permission Marketing ist ein echter Aktivposten. Es ist in der Regel schwierig und kostspielig, neue Kontakte zu knüpfen. Viele leichter ist es, bei jemandem nachzufassen, der Sie bereits kennt – eine E-Mail, ein Brief oder ein Anruf genügt, und das ist alles einfach und kostet nicht viel. Bitten Sie neue Interessenten nach dem Erstkontakt um die Zustimmung, wieder auf diese zuzugehen, holen Sie das meiste aus solchen Initiativen heraus. Und Zustimmung erhalten Sie am besten, indem Sie darum bitten. Sobald Sie einen Wertbeitrag geleistet haben, sollten Sie nachfragen, ob Sie das auch künftig wieder tun dürfen. Mit der Zeit wird die Liste Ihrer potenziellen Kunden immer länger, und je länger, desto größer die Wahrscheinlichkeit, dass sich das im Umsatz niederschlägt.

Nutzen Sie die Zustimmung, aber missbrauchen Sie dieses Privileg nicht. Die Erlaubnis, sich wieder zu melden, ist kein Freibrief, die Betreffenden mit allen möglichen Nachrichten zu bombardieren. Bevor Sie Ihre potenziellen Kunden um die Erlaubnis bitten, nachfassen zu dürfen, sollten Sie klarstellen, was diese bekommen und was sie davon haben.

Halten Sie sich dann an Ihre Zusage, laufend wertvolle Informationen zu liefern, und verzichten Sie darauf, Ihre potenziellen Kunden mit irrelevanten Informationen zuzumüllen, verfügen Sie über einen effektiven Aktivposten, der Ihnen helfen kann, Ihre Beziehungen zu Menschen zu vertiefen, die sich für Ihr Angebot interessieren.

Link zur Referenz: **personalmba.com/permission/**

Der Aufhänger

»Wenn du liefern kannst, hast du keine Sprüche geklopft.«

Dizzy Dean, Baseballspieler, Hall of Fame

Komplizierte Botschaften werden ignoriert oder vergessen. Ihre ***wahrscheinlichen Käufer*** sind viel beschäftigte Menschen. Sie haben nicht die Zeit, all den Informationen ***Aufmerksamkeit*** zu schenken, die tagtäglich auf sie einströmen. Wenn Sie möchten, dass sich die Leute merken, wer Sie sind und was Sie tun, müssen Sie ihre Aufmerksamkeit fesseln und halten – und das in Sekunden.

Ein ***Aufhänger*** ist ein Satz, der den größten Vorteil eines Angebots beschreibt. Das kann eine Bezeichnung sein oder auch eine kurze Tagline, ein Slogan. So oder so übermittelt er, warum sich jemand für Ihr Produkt interessieren könnte.

Ein klassisches Beispiel für einen solchen Aufhänger aus der Verlagswelt ist der Titel von Timothy Ferriss' Buch *Die 4-Stunden-Woche*. Aus dem kurzen Titel sprechen gleich mehrere faszinierende Vorteile: (1) Vier Stunden sind viel weniger, als die meisten Menschen arbeiten, und die meisten Menschen würden gern weniger arbeiten. (2) Es ist möglich, in einer 4-Stunden-Woche so viel zu verdienen wie in 40 oder mehr Stunden. (3) Wenn Sie nicht mehr so viel arbeiten müssten, könnten Sie mit Ihrer Zeit etwas Besseres anfangen. Gar nicht schlecht für die paar Wörter. In Verbindung mit dem Umschlagbild des Buches, das zeigt, wie jemand in einer Hängematte am Tropenstrand lümmelt, animiert dieser Titel Menschen recht effektiv dazu, das Buch zu kaufen und zu lesen.

Apple verwendete bei der Markteinführung des iPod einen solchen Aufhänger: »1000 Songs in deiner Tasche«. Damals gab es zwar schon tragbare Musikabspielgeräte, doch das waren sperrige CD-Player und Kassettenrekorder. Und die Werbung für die ersten MP3-Player hob auf Geek-Speak ab: Da ging es um Megabytes an Speicherplatz. Apples Aufhänger dagegen hob den Hauptvorteil des Produkts hervor: Statt Hunderte Kassetten oder CDs mit sich herumzuschleppen, konnte man seine gesamte Musiksammlung künftig elegant in einem kleinen Gerät unterbringen.

Apples knackiger Slogan wirkte Wunder. Kein Jahr später waren 236 000 iPods der ersten Generation verkauft – ein fulminanter Start, wenn man bedenkt, dass dies der erste Vorstoß des Unternehmens in die Kategorie tragbare Musikwiedergabegeräte darstellte. Der Aufhänger fesselte – und die Qualität des Produkts besiegelte das Geschäft.

Ein Aufhänger sollte so beschaffen sein, dass er sich auf den größten Vorteil oder Wert fokussiert, den Ihr Angebot darstellt. Stellen Sie heraus, was Ihrem Produkt einzigartigen Wert verleiht und warum das für potenzielle Kunden interessant ist. Stellen Sie mithilfe von Brainstorming eine Liste mit Wörtern und Sätzen zum größten Vorzug Ihres Produkts zusammen und spielen Sie verschiedene Möglichkeiten durch, diese zu einem kurzen Satz zusammenzufügen. Einen Aufhänger zu formulieren, ist eine Übung in Kreativität – je mehr Möglichkeiten Ihnen einfallen, desto schneller finden Sie eine, die funktioniert.

Haben Sie Ihren Aufhänger gefunden, sollten Sie ihn verwenden! Auf Ihrer Website, in Ihrer Werbung, auf Ihrer Visitenkarte – er sollte das Erste sein, was potenzielle Kunden zu Gesicht bekommen. Der Aufhänger erregt Aufmerksamkeit – und Ihre übrigen Marketing- und Vertriebsaktivitäten bringen das Geschäft zum Abschluss.

Je besser Ihr Aufhänger, desto mehr Aufmerksamkeit erhalten Sie – und desto leichter fällt es Ihren zufriedenen Kunden, ihren Freunden von Ihnen zu erzählen.

Link zur Referenz: **personalmba.com/hook/**

Die Handlungsaufforderung

»Alle noch so schönen Empfindungen der Welt wiegen nicht so viel wie eine einzige liebenswürdige Tat.«

James Russell Lowell, Dichter des 19. Jahrhunderts

Es nützt nichts, die ***Aufmerksamkeit*** potenzieller Kunden zu erregen, wenn diese dann in der Versenkung verschwinden: Um ein Geschäft zum Abschluss zu bringen, müssen Sie Interessenten dazu veranlassen, etwas zu tun.

Ihre potenziellen Kunden können keine Gedanken lesen. Wenn Sie möchten, dass diese den nächsten Schritt tun, der Ihnen vorschwebt, dann müssen Sie ihnen sagen, was sie tun sollen. Die effektivsten Marketingbotschaften verraten dem Empfänger oder potenziellen Kunden, welchen einfachen kleinen Schritt er als Nächstes tun sollte.

Denken Sie an die Plakatwände an der Autobahn, auf denen Sprüche stehen wie: »Tonys Burger sind die besten.« Was tut jemand, der das liest? Vermutlich gar nichts. Höchstwahrscheinlich ist Werbung auf solchen Tafeln Zeit- und Geldverschwendung.

Fordern Sie sie daher zu einer konkreten ***Handlung*** auf wie »Nehmen Sie Ausfahrt 25 nach rechts – dort kriegen Sie die besten Burger der Stadt«. Dann serviert Tony hungrigen Autofahrern bestimmt bald mehr Burger.

So eine Aufforderung leitet Ihre potenziellen Kunden zu einer einfachen offensichtlichen Handlung an: Besuchen Sie eine Website. Geben Sie eine E-Mail-Adresse ein. Rufen Sie eine Telefonnummer an. Senden Sie einen adressierten frankierten Umschlag ein. Klicken Sie auf eine Schaltfläche. Kaufen Sie ein Produkt. Erzählen Sie das Ihren Freunden.

Voraussetzung für eine effektive Handlungsaufforderung ist, dass Sie so unmissverständlich, einfach und selbstverständlich sein muss wie möglich. Je überzeugender Ihr Angebot, desto höher die Wahrscheinlichkeit, dass Ihre potenziellen Kunden Ihrer Anregung folgen.

Wenn Sie jemanden dazu auffordern, seine E-Mail-Adresse anzugeben, um sich zu einem Newsletter anzumelden, tun Sie das gern mehrfach – und sagen Sie unmissverständlich, *wo* sich das Feld für die E-Mail-Adresse befindet, *warum* es ausgefüllt werden sollte, *wo* die Person hinklicken muss, wenn sie die Adresse eingegeben hat und *was* sie dann erwarten kann. Wenn Sie den Eindruck haben, es sei zu dick aufgetragen, dann haben Sie alles richtig gemacht.

Die besten Handlungsaufforderungen bitten entweder um den Abschluss eines Geschäfts oder um die ***Erlaubnis*** nachzufassen. Optimal ist natürlich ein direkter Zuschlag, denn dann wissen Sie gleich, ob Ihre Marketingaktivitäten kosteneffektiv sind oder nicht. Die Bitte um Zustimmung ist das zweitbeste Ergebnis, denn dann können Sie sich über längere Zeit bei Ihren potenziellen Kunden melden, was Ihre Marketingkosten senkt und die Wahrscheinlichkeit erhöht, dass es früher oder später doch zu einem Geschäft kommt.

Achten Sie darauf, dass jede Nachricht, die Sie erstellen, eine klare Handlungsaufforderung enthält. Das erhöht die Effektivität Ihrer Marketingaktivitäten.

Link zur Referenz: **personalmba.com/call-to-action/**

Das Narrativ

»In allem steckt eine Geschichte.«

William Wordsworth, Dichter des 19. Jahrhunderts

Seit frühester Zeit erzählen Menschen Geschichten. Das ist eine universelle menschliche Erfahrung, und im Geschäftsleben werden seit jeher Geschichten eingesetzt. Eine gute Geschichte macht selbst das beste Angebot noch einen Tick besser.

Die überzeugendsten ***Narrative*** haben weltweit dasselbe Format. Der weltbekannte Mythologe Joseph Campbell bezeichnete diesen Prototyp der Erzählung als »Heldenreise« oder »Monomythos« Auf dieses Motiv reagieren Menschen in aller Welt ausgesprochen stark. Dieses Grundformat können Sie heranziehen, um Ihre eigenen Geschichten zu entwickeln und zu erzählen.

Die Heldenreise beginnt mit der Vorstellung des Helden: eines Menschen wie Sie und ich, der die Irrungen und Wirrungen des Alltags erlebt. Dann erhält der Held den »Ruf zum Abenteuer«: eine Herausforderung, eine Mission oder Aufgabe, die von ihm verlangt, über sich selbst hinauszuwachsen und seine Kenntnisse und Fertigkeiten zu verbessern, um sich durchzusetzen.

Nimmt der Held den Ruf an, verlässt er seinen normalen Erfahrungsbereich und tritt ein in eine Welt der Ungewissheit und des Abenteuers. In dieser neuen Welt erwarten ihn erstaunliche Erlebnisse. Um letztlich erfolgreich zu sein, muss der Held viele Prüfungen bestehen und erfährt zahlreiche Geheimnisse.

Bewährt er sich im Angesicht des Ungemachs und besiegt den Feind, erhält der Held eine besondere Gabe oder Kraft und kehrt anschließend in die normale Welt zurück, um anderen mitzuteilen, was er Wertvolles erfahren, gelernt oder bekommen hat. Im Gegenzug genießt er die Anerkennung und Bewunderung aller.

Ihre Kunden möchten auch gern Helden sein. Sie möchten von allen respektiert und bewundert werden, Einfluss und Erfolg haben und allen Widrigkeiten trotzen. Sie möchten sich von den Irrungen und Wirrungen anderer inspirieren lassen, die vor ihnen kamen und den Feind überwanden. Eine Geschichte über Menschen, die Ihren potenziellen Kunden auf dem Weg vorausgegangen sind, den diese in Erwägung ziehen, ist eine hocheffektive Methode, sie bei der Stange zu halten.

Testimonials, Fallstudien und andere Geschichten sind effektive Instrumente, um Ihre potenziellen Kunden dazu zu animieren, ihren »Ruf zum Abenteuer« anzunehmen. Indem Sie ihnen Geschichten von den Kunden erzählen, die vor ihnen kamen, fesseln Sie die ***Aufmerksamkeit*** von Interessenten und zeigen diesen, wie sie ihr Ziel erreichen können. Je lebhafter, eindeutiger und mitreißender die Geschichte, desto mehr potenzielle Kunden zieht sie in ihren Bann.

Erzählen Sie Ihren potenziellen Kunden die Geschichten, die diese gern hören wollen. Dann ist Ihnen ihre Aufmerksamkeit sicher.

Link zur Referenz: **personalmba.com/narratives/**

Die Kontroverse

»Wenn du Publikum brauchst, dann brich einen Streit vom Zaun.«

Irisches Sprichwort

Eine ***Kontroverse*** bedeutet, dass Sie öffentlich eine Haltung einnehmen, die nicht jeder gut findet, billigt oder unterstützt. Konstruktiv eingesetzt, kann eine Kontroverse eine effektive Möglichkeit darstellen, ***Aufmerksamkeit*** zu erregen: Die Menschen fangen an zu reden, sich einzumischen und Ihre Position zur Kenntnis zu nehmen – und das ist gut.

Der *Personal MBA* ist selbst ein anschauliches Beispiel für die Macht einer positiven Kontroverse. Er dreht sich um Grundlagen der Betriebswirtschaft – um alles, was Sie zum Thema wissen müssen, um Erfolg zu haben. Ich bin überzeugt, dass sich dieses Wissen jeder auch auf eigene Faust aneignen kann, ohne seine Zukunft durch die Einschreibung an einer klassischen Business School zu verpfänden.

Manche sind da ganz anderer Meinung – allen voran die Absolventen der MBA-Studiengänge von Eliteuniversitäten. Leute, die bereits einen MBA haben oder darauf hinarbeiten, äußern ihre anderslautende Ansicht oft recht lautstark. Gewöhnlich verurteilen sie den *Personal-MBA*-Ansatz zur betriebswirtschaftlichen Bildung auf ihren Websites oder widersprechen öffentlich, indem sie Kommentare auf meiner Website hinterlassen.

Das ist nicht schlimm: Dass der *Personal MBA* laufend auf gewissen Widerspruch stößt, hat ihm Jahr um Jahr mehr Zulauf beschert, ohne dass ich Geld für Werbung ausgeben musste. Indem sie äußern, was sie denken, sorgen die Kritiker des *Personal MBA* dafür, dass sich dieser bei Menschen herumspricht, denen vorher möglicherweise gar nicht klar war, dass es Alternativen zum klassischen Business-School-Studium gibt.

Die Kontroverse bringt viele dazu, sich erstmals für den *Personal MBA* zu interessieren und sich mit diesem Weg auseinanderzusetzen. Und sich selbst eine Meinung darüber zu bilden, wie zielführend er ist. Eine ganze Reihe von ihnen bleibt am Ball. Sie lesen meine ***Gratis***angebote, entscheiden sich dann für den Kauf eines Buches, belegen einen Kurs oder nehmen meine Dienste als Berater in Anspruch. Solange meine Kritiker höflich bleiben, begrüße ich ihren Widerspruch.

Es ist absolut in Ordnung, eine Meinung zu haben und diese auch überzeugt zu vertreten. Jeder Mensch möchte von Natur aus gern, dass ihn andere mögen. Meinungsverschiedenheiten sind vielen unangenehm. Doch in dem Bemühen, nur ja nicht anzuecken, verwässert man die eigene Meinung manchmal so stark, bis niemand mehr daran Anstoß nehmen kann. Pflichtet Ihnen jeder bei, ist Ihr Standpunkt vermutlich so langweilig, dass Ihnen keiner mehr wirklich Aufmerksamkeit schenkt.

Es spricht nichts dagegen, eine Haltung zu unterstützen, die nicht jeder mitträgt. Sie dürfen anderen durchaus widersprechen, sie herausfordern oder eine andere Meinung äußern, denn Kontroverse führt zu Diskussionen. Und Diskussionen bringen Aufmerksamkeit. Das ist gut, wenn Sie Menschen anziehen wollen, die von dem profitieren, was Sie tun.

Doch nicht jede Kontroverse ist auch eine gute Kontroverse. Es ist ein schmaler Grat zwischen konstruktiven Kontroversen und solchen, wie wir sie aus Soaps kennen. Kontroversen, die zielführend sind, zahlen sich aus. Das gilt aber nicht für Kontroversen um der Auseinandersetzung willen oder für solche, die andere kleinmachen und herabwürdigen. Kontroversen bringen Sie nicht weiter, wenn Sie aus dem Blick verlieren, was Sie eigentlich erreichen wollen.

Solange Sie noch das große Ganze vor Augen haben und anderen weiterhelfen wollen, können Kontroversen ein äußerst wirkungsvolles Mittel sein, Menschen dazu zu ermutigen, sich genauer über Ihre Tätigkeit zu informieren.

Link zur Referenz: **personalmba.com/controversy/**

Ihre Reputation

»Ob Ihnen das passt oder nicht – wie der Markt Sie wahrnimmt, wird zu Ihrer Realität.«

Howard Mann, Schauspieler und Comedian

Meiner Ansicht nach ist »Branding« eines der abgedroschensten und hochgejubeltsten Konzepte in der modernen Wirtschaft. Am Aufbau einer Marke ist weiter nichts Magisches oder besonders Komplexes: Wenn Wirtschaftsprofis davon sprechen, dass sie »ihre Marke optimieren« oder »Markenkapital aufbauen« wollen, dann meinen sie damit fast immer, sie wollen »deren Reputation verbessern«.

Unter ***Reputation*** ist zu verstehen, was die Menschen über ein bestimmtes Angebot oder Unternehmen denken. Reputation entsteht immer dann, wenn Menschen miteinander sprechen. Manche Produkte und Dienstleistungen sind ihren Preis wert, andere nicht. Manches sollte man unbedingt erlebt haben, anderes nicht. Mit manchen Menschen kann man gut zusammenarbeiten, mit anderen nicht. Niemand verschwendet gern Zeit oder Geld. Deshalb hören die Leute genau hin, was andere zu Themen zu sagen haben, für die sie sich interessieren.

Eine solide Reputation ist ein hohes Gut: Dafür sind Menschen oft bereit, etwas mehr zu bezahlen. Einer der Gründe, aus denen bekannte Konsumgütermarken wie Tide und Crest auch in Massenwarenkategorien höhere Preise verlangen können, ist ihre starke Reputation. Potenzielle Kunden möchten sichergehen, dass sie vom geplanten Kauf eines Produkts profitieren, dass andere ihre Entscheidung gutheißen und dass sie ihr Geld nicht zum Fenster hinauswerfen. Wie lautet noch die alte Unternehmensweisheit? »Es ist noch keiner entlassen worden, weil er IBM gekauft hat.«

Auf Ihre Reputation können Sie wohlgemerkt nicht direkt Einfluss nehmen. Sie stellt die Gesamtheit dessen dar, was andere über all Ihre Aktivitäten denken: über die Produkte, die Sie auf den Markt bringen, über Ihre Werbung und über Ihren Kundenservice. Sie können sich anstrengen, wie Sie wollen – Ihre Reputation können Sie nicht »steuern«. Sie können lediglich versuchen, sie mit der Zeit zu verbessern, indem Sie dafür sorgen, dass Menschen gern mit Ihnen Geschäfte machen.

Vergessen Sie nie: Am Ende entscheidet der Markt über Ihre Reputation, und er beobachtet Sie auf Schritt und Tritt. Wenn es Ihnen gelingt, sich eine gute Reputation aufzubauen, werden Ihnen Ihre Kunden erhalten bleiben und Sie weiterempfehlen, weil sie viel von Ihnen halten (und weil es ihrer eigenen Reputation zugutekommt, wenn sie Freunden hochwertige Produkte und Dienstleistungen empfehlen). Es erfordert Zeit und Mühe, sich eine Reputation aufzubauen. Doch effektiveres Marketing gibt es nicht.

Link zur Referenz: **personalmba.com/reputation/**

3 – VERTRIEB

»Menschen lassen sich nicht gerne etwas verkaufen – aber sie kaufen für ihr Leben gern.«

Jeffrey Gitomer, Autor von *Die Gitomer-Verkaufsbibel* und *Das kleine rote Buch für erfolgreiches Verkaufen*

Jedes erfolgreiche Unternehmen verkauft, was es anzubieten hat. Es reicht nicht, Millionen von Interessenten zu finden, wenn keiner davon seine Brieftasche zückt und »gekauft« sagt. Der Verkaufsprozess fängt beim Interessenten an und endet mit einem zahlenden Kunden. Kein Abschluss, kein Geschäft.

Die besten Unternehmen der Welt verdienen sich das Vertrauen ihrer potenziellen Kunden und machen diesen begreiflich, warum es sich für sie lohnt, für die angebotenen Produkte zu zahlen. Niemand trifft gern Entscheidungen, die er später bereuen muss, oder lässt sich gern übervorteilen. Zum Verkauf gehört daher, Interessenten zu vermitteln, worum es geht, und sie zu überzeugen, dass Sie auch liefern können, was Sie versprechen.

Am Ende des Verkaufsprozesses stehen ein zufriedener Neukunde und ein Plus auf der Bank.

Link zur Referenz: **personalmba.com/sales/**

Das Geschäft

»Am Ende hat der Kunde das Sagen: Er kann jeden im Unternehmen feuern, vom Chef abwärts – einfach indem er sein Geld woanders ausgibt.«

Sam Walton, Gründer von Walmart

Ein ***Geschäft*** ist ein Wertaustausch zwischen zwei oder mehr Parteien. Wenn ich etwas habe, das Sie gerne haben wollen, und Sie haben etwas, was ich gern haben will, haben wir beide etwas davon, wenn wir ein Geschäft abschließen.

Geschäftsabschlüsse sind der entscheidende Moment eines jeden Unternehmens. Nur an dem Punkt des Geschäftszyklus, an dem etwas verkauft wird, gelangen Ressourcen ins Unternehmen. Deshalb sind Geschäftsabschlüsse so wichtig für dessen Fortbestand. Unternehmen leben davon, dass sie mehr Geld einnehmen, als sie ausgeben – und ohne Geschäftsabschlüsse geht das nicht.

Und Geschäfte lassen sich nur mit solchen Dingen machen, die einen ***wirtschaftlichen Wert*** haben. Haben Sie nichts anzubieten, was Ihre potenziellen Kunden gern hätten, dann werden Ihnen diese nichts abkaufen. Das mag sich banal anhören, doch überraschend viele potenzielle Unternehmer treten auf einem Markt an, ohne ein Produkt zu haben, das dieser nachfragt. Aus diesem Grund ist es so wichtig, ein ***Minimum Viable Offer*** zu erstellen und auszutesten: Es ist die beste Methode festzustellen, ob Sie etwas so Werthaltiges entwickelt haben, dass es sich verkaufen lässt, bevor Sie all Ihr Erspartes riskieren.

Wenn Sie ein Unternehmen gründen, ist das erste Ziel, ein gewinnbringendes Geschäft abzuschließen. Erst dann wird aus einem Projekt ein Unternehmen. Die in diesem Kapitel vorgestellten Konzepte werden Ihnen helfen, gewinnbringende Geschäfte abzuschließen, die beide Seiten zufriedenstellen.

Link zur Referenz: **personalmba.com/transaction/**

Vertrauen

»Das Geheimnis des Lebens sind Ehrlichkeit und Fairness. Wenn Sie das vortäuschen können, haben Sie es geschafft.«

Groucho Marx, Comedian

Hier mein Angebot: Schicken Sie mir unverzüglich einen bestätigten Scheck Ihrer Bank über 100 000 Dollar, dann kriegen Sie von mir in zehn Jahren die Schlüssel für eine brandneue 900-Quadratmeter-Villa an der italienischen Amalfiküste. Sie können sich kein Musterhaus ansehen und werden erst dann wieder von mir hören, wenn die Villa steht. Das gezahlte Geld kann nicht rückerstattet werden. Einverstanden?

Vermutlich nicht – sofern Sie nicht ein besonders vertrauensseliger Mensch mit zu viel Geld in der Tasche sind. Wer sagt Ihnen denn, dass ich Ihnen für eine so lächerliche Summe eine Villa am Meer hinstellen kann? Und dass ich mich mit Ihrem Geld nicht absetze?

Niemand – und aus diesem Grund sollten Sie weder mir noch sonst irgendjemandem Geld für eine Villa am Mittelmeer geben, die Sie nicht gesehen haben.

Betrachten wir die Sache umgekehrt: Nehmen wir an, ich bin in der Lage, diese Villa zu bauen, und Sie würden sie gern kaufen. Wäre es dann klug von mir, das Grundstück zu erwerben, zu erschließen und mit dem Bau zu beginnen, wenn ich noch gar nicht weiß, ob Sie auch das Geld haben, das Haus zu bezahlen? Eher nicht – denn wenn das Geschäft platzt, muss ich mir einen anderen Kunden suchen oder bleibe auf den Kosten sitzen.

Ohne ein gewisses ***Vertrauen*** zwischen den Parteien kommt kein ***Geschäft*** zustande. Ganz gleich, wie vollmundig die Versprechen oder wie interessant die Konditionen – kein Kunde ist bereit, sich von seinem sauer verdienten Geld zu trennen, wenn er nicht überzeugt ist, dass Sie Ihre Zusagen auch einhalten. Ebenso unklug wäre es von Ihnen, Kunden, die Sie nicht kennen, Kredit zu geben oder sie anschreiben zu lassen.

Die effektivste vertrauensbildende Maßnahme ist der allmähliche Aufbau einer verlässlichen ***Reputation*** durch Fairness und Ehrlichkeit im geschäftlichen Umgang. Sie können aber noch mehr tun, um Ihre Vertrauenswürdigkeit zu signalisieren: Solange noch kein Vertrauen zwischen den Parteien eines Geschäfts gewachsen ist, lässt sich das über Onlinebewertungen, Bonitäts- und Zuverlässigkeitsprüfungen und Finanzvereinbarungen wie Treuhandkonten erreichen. Solche Angebote reißen eine erhebliche wechselseitige Barriere für den

Abschluss eines Geschäfts ein: Ohne derartige Indikatoren für Vertrauenswürdigkeit gingen viele Transaktionen nie über die Bühne.

Je leichter Sie Ihre eigene Vertrauenswürdigkeit nachweisen und prüfen können, ob die Gegenpartei vertrauenswürdig ist, desto besser die Aussichten auf ein erfolgreiches Geschäft.

Link zur Referenz: **personalmba.com/trust/**

Eine gemeinsame Grundlage

»Ein Kompromiss ist die Kunst, einen Kuchen so aufzuteilen, dass jeder glaubt, er bekäme das größte Stück.«

Ludwig Erhard, Politiker und ehemaliger Bundeskanzler

Eine gemeinsame Grundlage besteht, wenn sich die Interessen von zwei oder mehr Parteien überschneiden. Stellen Sie sich Ihre verfügbaren Optionen als Kreis vor, der Sie umgibt. Auch Ihre potenziellen Kunden befinden sich in einem solchen Kreis verfügbarer Optionen. Ihre Aufgabe besteht darin, Schnittmengen zu finden – und das geht viel leichter, wenn Sie genau wissen, was Ihre ***wahrscheinlichen Käufer*** gerne möchten oder brauchen.

Denken Sie an Ihre derzeitige oder vorherige Arbeitsstelle. Höchstwahrscheinlich haben Sie diese angenommen, weil Sie bereit waren, bestimmte Aufgaben zu übernehmen, und weil Ihr Arbeitgeber Sie gern mit diesen Aufgaben betrauen wollte. Sie hatten bestimmte Gehaltsvorstellungen und Ihr Arbeitgeber war bereit, Ihnen mindestens so viel zu bezahlen. Ihre Interessen überschnitten sich, was dazu führte, dass man Ihnen einen Arbeitsvertrag anbot, den Sie unterzeichnet haben. Das ist eine gemeinsame Grundlage.

So ist es auch jedes Mal, wenn Sie etwas im Einzelhandel kaufen. Der Händler verfügt über ein ***Produkt,*** das Sie gern haben wollen. Sie besitzen genügend Geld, um den verlangten Preis zu bezahlen. Wenn Sie das Produkt nicht haben wollen oder der Einzelhändler mehr Geld dafür verlangt, als Sie zu zahlen bereit sind, kommt das ***Geschäft*** nicht zustande.

Gemeinsame Grundlagen sind eine Voraussetzung für jedes Geschäft. Ohne Schnittmengen bei den Interessen gibt es keinen Grund für einen potenziellen Kunden, mit Ihnen zusammenzuarbeiten. Schließlich ist es kaum sinnvoll, mehr für ein Produkt zu bezahlen, als es Ihnen wert ist. Warum sollten Sie also erwarten, dass Ihre potenziellen Kunden Ihr Angebot annehmen, wenn dies gar nicht in ihrem Interesse ist?

Um gemeinsame Grundlagen zu finden, müssen Interessen abgeglichen werden. Im Vertrieb geht es nicht darum, andere zu etwas zu überreden, von dem sie nichts haben. Im Idealfall sollten Sie dasselbe wollen wie Ihre potenziellen Kunden: nämlich deren Bedürfnisse befriedigen beziehungsweise ihre Probleme lösen. Je stärker sich Ihre Interessen mit denen Ihrer potenziellen Kunden decken, desto größer deren ***Vertrauen*** in Ihre Fähigkeit, das Gewünschte auch zu liefern.

Es gibt stets mehrere Wege zu einem erfolgreichen Geschäftsabschluss und darin besteht der Sinn von Verhandlungen. Verhandlungen sind der Prozess, verschiedene Optionen auszuloten, um gemeinsame Grundlagen zu finden: Je mehr potenzielle Möglichkeiten Sie dabei prüfen, desto größer die Chance, dass Sie eine finden, bei der sich Ihre Interessen überschneiden.

Je aufgeschlossener Sie für potenzielle Möglichkeiten sind, desto höher die Wahrscheinlichkeit, dass Sie gemeinsame Grundlagen finden, die für alle Beteiligten akzeptabel sind.

Link zur Referenz: **personalmba.com/common-ground/**

Das Prinzip der Unsicherheit in der Preissetzung

»Alles im Leben hat seinen Preis. Optimierung ist ebenso mit gewissen Kosten verbunden wie der Erhalt des Status quo – und alles andere ebenso.«

Harry Browne, Autor von *Fail-Safe Investing*

Einer der faszinierendsten Teilbereiche des Verkaufs- oder Vertriebsprozesses ist das ***Prinzip der Unsicherheit in der Preissetzung,*** wie ich es nenne: Alle Preise sind willkürlich und veränderbar. Preise werden stets in der Chefetage festgesetzt. Sie können natürlich versuchen, einen Stein für 350 Millionen Dollar zu verkaufen. Und niemand kann Sie daran hindern, diesen Preis eine Stunde später zu vervierfachen oder auf 0,10 Dollar herabzusetzen. *Jeder* Preis kann ohne Einschränkungen *jederzeit* auf *jedem* beliebigen Niveau festgesetzt werden.

Das Prinzip der Unsicherheit in der Preissetzung hat einen wesentlichen Begleiteffekt: Sie müssen in der Lage sein, den von Ihnen geforderten Preis zu *begründen*, bevor ihn ein Kunde akzeptiert. Generell möchten die Menschen für die Produkte, die sie haben wollen, möglichst wenig bezahlen (mit ein paar nen-

nenswerten Ausnahmen, auf die wir im Zusammenhang mit dem **sozialen Status** noch ausführlicher zu sprechen kommen). Wenn Sie erwarten, dass andere gutes Geld bezahlen, um zu kaufen, was Sie anzubieten haben, dann müssen Sie ihnen einen ***guten Grund*** dafür nennen können, dass Ihr Produkt sein Geld auch wert ist.

Warum jemand 350 Millionen Dollar für einen Stein zahlen sollte, ist schwer zu rechtfertigen – es sei denn, es handelt sich dabei um den Hope-Diamanten, einen dunkelblauen 45,5-Karäter mit langer, ruhmreicher Geschichte.

Der Hope-Diamant befindet sich derzeit im Besitz des Smithsonian National Museum of Natural History und steht nicht zum Verkauf. Sollte das Smithsonian jedoch beschließen, den Stein zu veräußern, könnte es dafür eine Milliarde Dollar verlangen. Wer sollte es daran hindern?

Auktionen sind ein Beispiel dafür, wie das Prinzip der Unsicherheit in der Preissetzung in der Praxis funktioniert – die Preise verändern sich und steigen, je nachdem, wie viele Menschen an dem Produkt interessiert sind und wie viel Geld sie dafür ausgeben würden.

Weil bei Auktionen ein niedriges Mindestgebot festgesetzt wird und potenzielle Käufer dann gegeneinander bieten können, sind sie häufig eine effiziente Möglichkeit, den wahren Marktpreis für einen Wertgegenstand zu ermitteln, der schwer zu reproduzieren ist und für den es auf dem Markt kein vergleichbares Angebot gibt. Aus diesem Grund werden seltene Dinge wie der Hope-Diamant, wenn überhaupt, dann auf dem Auktionsweg verkauft. Der teuerste bisher verkaufte Diamant war der ungeschliffene Cullinan Heritage mit 507,5 Karat, der bei einer Auktion einen Preis von 35,3 Millionen Dollar erzielte.[42] Gar nicht mal so schlecht für einen Stein.

Link zur Referenz: **personalmba.com/pricing-uncertainty-principle/**

Die vier Preissetzungsmethoden

> »Der Preis ist der Wechselkurs, den Sie für alle materiellen und immateriellen Aspekte Ihres Unternehmens ansetzen. Wert gegen Cash.«
>
> Patrick Campbell, Mitgründer und CEO von Profitwell

Nehmen wir für einen Moment an, Sie seien Besitzer einer Immobilie, die Sie verkaufen möchten. Das ***Prinzip der Unsicherheit in der Preissetzung*** besagt, dass der Preis frei bestimmbar ist – Sie müssen ihn selbst festlegen, da ein Haus nicht mit einem Preisschild versehen ist. Nehmen wir weiter an, Sie möchten das Objekt möglichst teuer verkaufen. Wie würden Sie vorgehen, um den höchsten Preis festzulegen, den ein Käufer gerade noch akzeptiert?

Es gibt vier Methoden, den Preis eines Wertgegenstands zu ermitteln: (1) die Wiederbeschaffungskosten, (2) ein Marktvergleich, (3) der abgezinste Cashflow/Kapitalwert und (4) ein Wertvergleich. Mithilfe dieser ***vier Preissetzungsmethoden*** können Sie einschätzen, wie viel ein Objekt Ihren Kunden potenziell wert ist.

Die *Wiederbeschaffungskostenmethode* ermittelt einen Preis, indem sie die Frage beantwortet, wie viel es kosten würde, den Wertgegenstand zu ersetzen. Im Falle Ihres Hauses lautet die Frage: »Wie viel würde es kosten, ein identisches Haus zu kaufen oder zu bauen?«

Angenommen, ein Meteorit schlägt direkt in das Haus ein und macht es dem Erdboden gleich. Sie müssen es komplett neu aufbauen. Wie viel würde es kosten, ein ähnliches Grundstück zu kaufen, einen Architekten mit der Planung zu beauftragen, dieselben Baustoffe zu erstehen und Bauarbeiter zu bezahlen, damit sie das Haus nachbauen? Rechnen Sie diese Kosten zusammen, legen Sie noch etwas obendrauf als Entschädigung für Ihre Zeit und Ihre Mühen und Sie haben eine plausible Schätzung, wie viel Ihr Haus wert ist.

Bei der Anwendung auf die allermeisten Angebote sind die Wiederbeschaffungskosten gewöhnlich eine Aufschlagskalkulation: Finden Sie heraus, wie viel es kostet, das Objekt neu zu bauen, addieren Sie Ihren gewünschten Aufschlag und bestimmen Sie den Preis entsprechend.

Die *Marktvergleichsmethode* rechtfertigt einen Preis, indem sie folgende Frage beantwortet: »Zu welchem Preis werden ähnliche Objekte gehandelt?« Im Falle unseres Hauses lautet die Frage: »Zu welchem Preis wurden vergleichbare Immobilien in dieser Gegend in letzter Zeit verkauft?«

In der Umgebung gibt es vermutlich ein paar ähnliche Häuser wie Ihres, die im letzten Jahr veräußert wurden. Vermutlich sind sie nicht genau identisch – vielleicht haben sie ein Zimmer oder ein Badezimmer mehr, etwas weniger Wohnfläche oder dergleichen –, aber entsprechen Ihrem Objekt ungefähr. Nachdem Sie ein paar Anpassungen aufgrund der bestehenden Unterschiede vorgenommen haben, können Sie den Verkaufspreis dieser »vergleichbaren« Objekte als plausible Schätzung für den Wert Ihres Hauses heranziehen.

Ein Marktvergleich ist eine sehr verbreitete Methode der Preissetzung: Suchen Sie ein ähnliches Angebot und legen Sie einen Preis fest, der sich ungefähr auf derselben Höhe bewegt.

Die *Methode des abgezinsten Cashflows (Discounted Cashflow, kurz DCF)/Kapital- oder Nettobarwert (Net Present Value, NPV)* liefert einen Preis durch die Beantwortung der Frage: »Wie viel ist etwas wert, wenn es im Zeitverlauf Geld einbringt?« Mit Blick auf unser Haus ergibt sich daraus die Frage: »Wie viel würde Ihnen dieses Haus einbringen, wenn Sie es für eine bestimmte Zeit vermieten, und wie stellt sich diese Serie von Zahlungsströmen heute als Gesamtbetrag dar?«

Eine Miete wird monatlich gezahlt. Das ist ziemlich praktisch: Sie können die Formeln für die Ermittlung des DCF/NPV[43] heranziehen, um zu berechnen, was die eingehenden regelmäßigen Zahlungen über einen bestimmten Zeitraum wert wären, wenn sie als Gesamtbetrag eingingen. Indem Sie den NPV Ihres Hauses berechnen – unter der Annahme, dass Sie es über einen Zeitraum von zehn Jahren für 2000 Dollar im Monat bei einer Belegungsquote von 95 Prozent vermieten und für Ihr Geld 7 Prozent Zinsen vereinnahmen könnten, wenn Sie sich für die ***nächstbeste Alternative*** entscheiden würden –, erhalten Sie eine plausible Schätzung für den Wert der Immobilie.

Die DCF/NPV-Methode wird nur für die Bepreisung von Wertgegenständen herangezogen, die laufende Zahlungsströme einbringen. Daher ist sie eine ausgesprochen gängige Methode zur Bewertung von Unternehmen, wenn diese verkauft oder übernommen werden – je mehr Gewinn das Unternehmen jeden Monat abwirft, desto wertvoller ist es für den Käufer.

Die *Wertvergleichsmethode (auch Vergleichswertmethode)* liefert einen Preis, indem sie die folgende Frage beantwortet: »Für wen ist dieses Objekt besonders wertvoll?« Für Ihr Haus hieße das: »Welche besonderen Merkmale machen es für bestimmte Käufer besonders wertvoll?«

Nehmen wir an, das Haus befindet sich in einer attraktiven, sicheren Gegend ganz in der Nähe einer hervorragenden Schule. Damit wäre es für Familien mit Kindern im schulpflichtigen Alter besonders wertvoll – vor allem, wenn die Kinder auf diese Schule gehen sollen. Für diesen Interessentenkreis wäre Ihr Haus wertvoller als eine entsprechende Immobilie, in deren Nähe es keine solche Schule gibt.

Ein anderes Beispiel: Angenommen, das Haus hat irgendwann Elvis Presley gehört. Für bestimmte Menschen – etwa für gut betuchte Elvis-Fans – hätte es dadurch einen unschätzbaren Wert. Dass es sich einst im Besitz dieses Superstars befand, könnte den Preis, den Sie sich aus dem Wiederbeschaffungswert, einem Marktvergleich oder mithilfe der DCF/NPV-Methode errechnen, problemlos verdrei- oder vervierfachen. Mit Blick auf die einzigartigen Merkmale Ihres Angebots und den Wert, den bestimmte Käufer diesen Merkmalen beimessen, lassen sich häufig deutlich höhere Preise rechtfertigen.

Der Wertvergleich ist gewöhnlich die optimale Methode, den Preis für Ihr Angebot zu ermitteln, denn der Wert eines solchen Angebots für eine bestimmte Gruppe kann recht hoch sein, woraus sich ein deutlich interessanterer Preis ergibt. Nutzen Sie die anderen Methoden zur Ermittlung eines Ausgangspreises, fokussieren Sie sich aber darauf festzustellen, wie viel Ihr Haus der Partei wert ist, der Sie es zu verkaufen hoffen, und bestimmen Sie den Preis danach.

Link zur Referenz: **personalmba.com/4-pricing-methods/**

Der Preisübergangsschock

»Wenn Sie als Pilot alt werden wollen, müssen Sie wissen, wann Sie es darauf ankommen lassen sollten und wann lieber nicht.«

Chuck Yeager, erster Pilot, der die Schallmauer durchbrach

Ändern Sie den Preis eines Angebots, hat das Auswirkungen, die nicht auf Ihren aktuellen Zielmarkt begrenzt sind. Durch eine Preisänderung kann sich Ihr typischer potenzieller Kunde über Nacht verändern.

Die meisten Neulinge im Geschäft halten Preissenkungen für die beste Methode, den Umsatz zu steigern. Das trifft aber nicht unbedingt zu. Häufig können Sie sogar effektiv *mehr* Kunden gewinnen, indem Sie die Preise erhöhen.

Rabatte ziehen Kunden an, wenn es um Massenware geht. Kann man an zwei Tankstellen dasselbe Benzin tanken, wird diejenige mehr Kunden anlocken, die die Preise senkt. Da die meisten Tankstellen mit ihrem Warenangebot im Shop mehr verdienen als am Benzinverkauf, kann die Strategie, die Benzinpreise zu senken, zu höheren Gewinnen führen.

In Einführungskursen im Wirtschaftsstudium wird diese Vorstellung als »Preiselastizität« bezeichnet. Angebot mit hoher Preiselastizität verzeichnen erhebliche Nachfrageveränderungen, wenn die Preise steigen oder fallen. Bei geringer Preiselastizität lösen Preisänderungen kaum Nachfrageschwankungen aus. Die Ökonomen zeichnen mit Vorliebe abwärts verlaufende Preiskurven vor, die ausweisen, dass die Nachfrage steigt, wenn der Preis sinkt.

Das Problem an der klassischen Preiskurve ist aber: Sie kann irreführend sein, wenn es sich beim angebotenen Produkt um ein Massengut handelt. In der Praxis kann die Nachfrage sogar *anziehen*, wenn Sie Ihre Preise erhöhen, dabei aber eine attraktivere Kundengattung ansprechen.

Ein klassisches Beispiel für diese Art der Preissensitivität sind Autos: Manche Autos sind gerade deshalb begehrt, *weil sie teuer sind.* Der typische Kunde, der sich einen Bentley Continental GT leistet, unterscheidet sich grundlegend von dem Kundentypus, der einen Toyota Camry kauft.

Wenn Sie verschiedene Preissetzungsstrategien ausprobieren, werden Sie Schwellenwerte feststellen, ab denen Sie für bestimmte Kundentypen nicht mehr so interessant sind und stattdessen Kunden mit ganz anderen Merkmalen ansprechen. Dieser ***Preisübergangsschock*** kann Ihren Geschäftsbetrieb komplett verändern. Das sollten Sie nicht auf die leichte Schulter nehmen.

Bei der Preiskalkulation unter Berücksichtigung des Preisübergangsschocks sind zwei Aspekte maßgeblich: (1) die potenzielle Rentabilität und (2) die idealen Kundenmerkmale. Die beste Strategie: Legen Sie Ihre Preise so fest, dass Sie Interessenten ansprechen, die gewährleisten, dass Sie am Ende so mit den für Sie erstrebenswertesten Kunden zusammenarbeiten, dass möglichst viel Gewinn hängen bleibt.

Die optimale Balance richtet sich nach Ihrem Zielmarkt. Auf manchen Märkten lassen sich Kunden leicht bedienen, die auf niedrige Preise ansprechen. Auf anderen Märkten können solche Kunden zum Problem werden – und unhöflich obendrein. Ebenso können potenzielle Käufer, die bei hohen Preisen nicht mit der Wimper zucken, höflich und freundlich sein, aber auch anspruchsvoll und arrogant. Das hängt ganz von der Branche ab und von den Erwartungen der potenziellen Kunden.

Ein Unternehmen, mit dem ich zu tun hatte, konnte seinen durchschnittlichen Auftragswert im Laufe der Jahre erfolgreich verdoppeln, indem es auf Billigangebote verzichtete. Infolgedessen stieg der Gewinn. Als ***sekundärer Effekt*** veränderte sich der typische Kunde des Unternehmens aber zum Schlechteren: Interessenten stellten häufiger unzumutbare Ansprüche und vergriffen sich im Ton, wenn diese nicht erfüllt wurden. Kurzfristig fiel das Finanzergebnis zwar positiv aus, doch das Personal wurde durch die Veränderungen stärker belastet.

Ein Dienstleistungsunternehmen, für das ich als Berater tätig war, beschloss dagegen, den Preis für sein Standardangebot zu vervierfachen, und stellte fest, dass diese Neuaufstellung seinem idealen Kundenkreis entgegenkam: Menschen, die die Arbeit des Unternehmens schätzten und das Projekt ernst nahmen. Nicht ganz so ideale Kunden ließen sich durch die Preiserhöhung abschrecken und wanderten ab. Infolgedessen konnte das Unternehmen die Qualität seines Kundenstamms deutlich verbessern und den Gewinn um mehr als 500 Prozent steigern. Die Belegschaft war von den Veränderungen begeistert: Die Beschäftigten arbeiteten häufiger für angenehmere Kunden und wurden für ihre Leistungen besser bezahlt.

Wenn Sie an der Preisschraube drehen, hat das auch Auswirkungen auf die potenziellen Kunden, die sich für Ihr Angebot interessieren. Solange Sie noch ***genug verdienen,*** können Sie sich Ihre Kunden nach Ihrem Geschmack aussuchen.

Link zur Referenz: **personalmba.com/price-transition-shock/**

Wertorientierter Verkauf

»Was Sie zahlen, ist der Preis. Was Sie bekommen, ist der Wert.«

Warren Buffett, Chairman und CEO von Berkshire Hathaway und einer der reichsten Männer der Welt

Stellen Sie sich vor, Sie erbringen fortlaufend Dienstleistungen für ein *Fortune*-500-Unternehmen, das seinen Jahresumsatz um 100 Millionen Dollar steigert. Ist Ihre Leistung 10 Millionen Dollar im Jahr wert? Bestimmt – welches Unternehmen würde denn auf 90 Millionen Dollar an laufenden Einnahmen verzichten?

Spielt es dabei eine Rolle, ob es Sie viel kostet, diese wertvolle Dienstleistung zu erbringen? Nein – selbst wenn das für Sie nur mit 100 Dollar pro Jahr zu Buche schlägt, bieten Sie doch einen enormen Wert, der den vergleichsweise hohen Preis rechtfertigt.

Kommt es darauf an, ob die meisten B2B-Dienstleistungen 10 000 Dollar oder weniger kosten? Nein – Sie liefern schließlich deutlich mehr Wert als andere Dienstleister auf dem Markt und das rechtfertigt einen höheren Preis.

Unter ***wertorientiertem Verkauf*** ist der Prozess zu verstehen, die Gründe zu durchschauen und zu erhärten, aus denen Ihr Angebot für den Käufer so wertvoll ist. Im vorausgegangenen Abschnitt haben wir darüber gesprochen, wie sich die Wertvergleichsmethode oft am besten eignet, um einen hohen Preis für Ihr Angebot zu begründen. Im wertorientierten Verkauf geht es darum, *wie* Sie diesen Preis rechtfertigen. Indem Sie ***den Grund*** erkennen und bestätigen, ***aus dem*** ein ***Geschäft*** für den Kunden wertvoll ist, erhöhen Sie damit die Wahrscheinlichkeit eines Abschlusses – und den Preis, den der Käufer zu zahlen bereit ist, gleich mit.

Beim wertorientierten Verkauf sprechen Sie nicht, Sie hören zu. Beim Stichwort Verkaufen denken die meisten unwillkürlich an einen schmierigen, aufdringlichen Klinkenputzer, der Ihnen ein Kind in den Bauch redet und um jeden Preis einen »Abschluss« herbeiführen will. Es einem solchen Verkäufer vom Typ zwielichtiger Gebrauchtwagenhändler gleichzutun, ist aber der schnellste Weg, ***Vertrauen*** zu zerstören und bei potenziellen Kunden den Eindruck zu erwecken, Ihnen sei Ihr eigener Umsatz wichtiger als ihre Wünsche. In Wirklichkeit sind die besten Verkäufer Menschen, die genau hinhören und wissen, was Ihre Kunden wollen.

Die richtigen Fragen zu stellen, ist die beste Methode herauszufinden, was Ihr Angebot dem potenziellen Kunden wert ist. Im klassischen Verkaufsratgeber *SPIN Selling* beschreibt Neil Rackham die vier Phasen des erfolgreichen Verkaufs: (1) die Lage richtig einschätzen, (2) das Problem erkennen, (3) dessen kurz- und langfristige Auswirkungen klären und (4) den erforderlichen Nutzen quantifizieren – also den finanziellen und emotionalen Nutzen, den ein Kunde aus der Lösung seines Problems zieht. Statt mit knallharten Standardverkaufsargumenten vorzupreschen, fokussieren sich erfolgreiche Vertriebler darauf, detailliert nachzufragen, um genau zu verstehen, was der potenzielle Kunde braucht.

Indem Sie Ihre Interessenten dazu animieren, Ihnen mehr über ihre Bedürfnisse mitzuteilen, schlagen Sie zwei Fliegen mit einer Klappe: Erstens stärken Sie das Vertrauen des Interessenten in Ihre Fähigkeiten, ihm eine Lösung zu liefern. Zweitens bekommen Sie Informationen, die Ihnen helfen hervorzuheben, wie wertvoll Ihr Angebot in Wirklichkeit ist. Das wiederum hilft Ihnen, den Preis Ihres Angebots auf der Grundlage des Werts zu stellen, den es dem Kunden bietet.

Wissen Sie erst einmal, warum, wie und wie sehr Ihr Angebot dem Kunden nützt, dann können Sie dessen Wert auch so erklären, dass ihn der Kunde erkennt und würdigt. Die Erkenntnis, welchen Wert Sie Ihren Kunden bieten können, ist der Königsweg zu einem lukrativen Geschäftsabschluss.

Link zur Referenz: **personalmba.com/value-based-selling/**

Aufklärungsorientierter Verkauf

»Optimieren Sie Ihre Nutzer, nicht Ihr Produkt. ›Wertschöpfung‹ entsteht nicht in erster Linie aus dem Produkt, sondern daraus, was der Kunde mit dem Produkt anfangen kann. Sie sollten daher nicht bessere Kameras anbieten, sondern bessere Fotografen heranziehen.«

Kathy Sierra, Autorin und einer der kreativen Köpfe hinter der *Head-First*-Buchreihe

Vor unserem Umzug nach Colorado verkaufte meine Frau Kelsey Brautkleider im Mark Ingram Bridal Atelier in New York – dem renommiertesten Brautmodengeschäft der Welt. Ihre Aufgabe war es, Bräuten aus aller Welt zu helfen, »ihr Kleid« zu finden – die perfekte Robe für ihre Traumhochzeit.

Mark Ingram ist die Martha Stewart der Brautmodenbranche – sein Stilgespür ist legendär. Er führt Modelle von Monique Lhuillier, Lela Rose und Vera Wang. Marks Beratungsteam ist so gut, dass sich die Braut fast immer für eines der drei ersten Kleider entscheidet, die ihr gezeigt werden. Hinzu kommt, dass das Einkaufserlebnis und die Kundenbetreuung bei Mark Ingram unvergleichlich sind – Preisnachlässe gibt er nicht, doch die Bräute kaufen trotzdem lieber bei ihm als bei der Konkurrenz, selbst wenn sie dort weniger zahlen würden.

Im Vergleich zu den meisten anderen Brautmodenanbietern hat das Mark Ingram Bridal Atelier ausgesprochen hochpreisige Modelle im Programm. Im Durchschnitt kostet ein Brautkleid dort 6000 Dollar – viermal so viel wie im US-Durchschnitt. Damit sich die Braut zum Kauf entschließt, müssen Marks Beratungskräfte ihr (und ihren Eltern, die die Rechnung häufig übernehmen) begreiflich machen, dass das Kleid seinen Preis wert ist.

In anderen Geschäften bekommt man zwar günstigere Kleider, doch das merkt man auch: Der Stoff ist nicht so hochwertig, die Verarbeitung nicht so perfekt, die Spitze oder die Perlenstickerei nicht von Hand gefertigt. Außerdem muss das gewählte Modell so abgeändert werden, dass es der Braut auf den Leib geschnitten ist. Marks Brautkleidnäherinnen sind die besten der Welt – und um ihre Dienste in Anspruch zu nehmen, muss die Braut ihr Kleid in Marks Atelier erstehen.

Wem solche Dinge wichtig sind – und das gilt für besonders modebewusste Bräute –, der weiß, dass es sich lohnt, sein Kleid bei Mark zu kaufen, wenn man es sich leisten kann.

Aufklärungsorientierter Verkauf (Education-Based Selling) ist der Prozess, der aus Interessenten bessere, kompetentere Kunden macht. Als Verkaufsberaterin hatte Kelsey zwei Ziele: (1) Die Braut sollte sich wohlfühlen und entspannt sein. (2) Sie sollte mehr darüber erfahren, wie ihr Kleid gefertigt wurde und worauf sie beim Kauf besonders achten musste.

Statt die Braut zum »Abschluss« zu drängen, nahm sich Kelsey stets die Zeit, die Braut und ihre Angehörigen ausführlich über Stoffe, Spitze, Perlenstickerei, Schnitt und Änderungen zu informieren. Sie investierte Zeit, um Bräuten Wissen zu vermitteln. Das erhöhte die Wahrscheinlichkeit, dass sie ihr ein teures Modell abkaufen würden, weil sie die Qualität des Produkts richtig zu würdigen wussten und weil sie ***Vertrauen*** gewonnen hatten.

Education-Based Selling erfordert Vorlaufinvestitionen in Ihre potenziellen Kunden, doch diese zahlen sich aus. Indem Sie daran arbeiten, Ihre Kunden besser zu informieren, bauen Sie gleichzeitig Vertrauen in Ihre Sachkenntnis auf und werden zu besseren Kunden. Eines sollte Ihnen jedoch klar sein: Effektive Aufklärung setzt voraus, dass Ihr Produkt Konkurrenzangeboten in gewisser Hinsicht überlegen sein muss – andernfalls verlieren Sie Ihre Kunden. Umso mehr Grund, auf die Qualität Ihres Angebots zu achten.

Link zur Referenz: **personalmba.com/education-based-selling/**

Die nächstbeste Alternative

> »Merken andere, dass Sie nicht um jeden Preis verkaufen wollen, stärkt das Ihre Position. ... Manchmal ist es besser für Sie, wenn Sie den Zuschlag nicht bekommen.«
>
> Robert Rubin, ehemaliger US-Finanzminister

Am Verhandlungstisch ist es stets von Vorteil zu wissen, wie die andere Partei wahrscheinlich reagieren wird, wenn keine Einigung erzielt wird. Manchmal kommt man nicht zusammen – es gibt dann keine ***gemeinsame Grundlage***, sodass beide Parteien lieber getrennte Wege gehen. Doch was dann?

Ihre ***nächstbeste Alternative*** besteht darin, was Sie tun, wenn Sie mit Ihrem Verhandlungspartner nicht auf einen gemeinsamen Nenner kommen. Angenommen, Sie suchen einen Job und drei Unternehmen sind daran interessiert, Sie einzustellen. Sie würden vielleicht lieber bei Unternehmen A anfangen, doch wenn Sie sich nicht auf einen Vertrag einigen können, der für beide Seiten akzeptabel ist, stärkt es Ihre Verhandlungsposition, wenn Sie wissen, dass Sie auch bei den Unternehmen B und C angenommen werden würden. Ist Unternehmen A Ihre einzige Option und Ihr Gegenüber weiß das, haben Sie schlechte Karten.

Auch die andere Partei hat aber stets eine nächstbeste Alternative – und auf dieser Grundlage wird verhandelt. Verkaufen Sie ein Produkt für 100 Dollar, stehen Sie dabei in Konkurrenz zum Nächstbesten, was Ihr Kunde mit seinen 100 Dollar anfangen könnte: Er könnte das Geld sparen, er könnte es investieren oder sich etwas anderes dafür kaufen. Wollen Sie einen neuen Mitarbeiter einstellen, treten Sie gegen das nächstbeste Angebot eines anderen Arbeitgebers an. Je mehr Optionen Ihr Gegenüber hat, desto schwächer ist Ihre Verhandlungsposition.

Kennen Sie die nächstbeste Alternative Ihres Verhandlungspartners, ist das im Vertrieb ein enormer Vorteil: Dann können Sie Ihren Vertrag so abfassen, dass er attraktiver ist als die nächstbeste Option Ihres potenziellen Kunden. Je mehr Sie über die Alternativen wissen, die die andere Partei hat, desto exakter können Sie Ihr Angebot auf deren Bedürfnisse zuschneiden, indem Sie verschiedene Optionen ***bündeln*** oder ***entbündeln.***

Eine gute nächstbeste Alternative hält die Verhandlung in Schwung. Im Sport nutzen viele Profis, deren Verträge in Kürze auslaufen, die Chance, diese mit ihrer derzeitigen Mannschaft neu zu verhandeln oder zu verlängern – insbesondere, wenn andere Teams an ihnen interessiert sind. Möchte das bisherige Team den Spieler nicht verlieren, hat es einen Anreiz, sich zu akzeptablen Bedingungen zu einigen.

Bei jeder Verhandlung hat die Partei mehr Macht, die *willens und in der Lage ist,* ungünstige Bedingungen *abzulehnen.* Fast immer gilt: je ansprechender die Alternativen, desto besser Ihre Ausgangsposition. Je attraktiver Ihre anderen Optionen, desto eher werden Sie bereit sein, von einem Vertrag Abstand zu nehmen, der Ihnen wenig bringt, um einen besseren abzuschließen.

Link zur Referenz: **personalmba.com/next-best-alternative/**

Exklusivangebote

»Die beste Strategie ist stets, besonders stark zu sein.«

Carl von Clausewitz, Militärstratege

In den meisten Vertriebssituationen liegt es in Ihrem ureigenen Interesse, auf ***Exklusivität*** zu achten: ein einzigartiges Produkt oder einen Nutzen zu bieten, bei dem andere Unternehmen nicht mithalten können. Sind Sie der einzige Anbieter für das Produkt, das Ihre potenziellen Kunden brauchen, befinden Sie sich in einer ausgesprochen günstigen Ausgangsposition, um vorteilhafte Bedingungen auszuhandeln.

Wer ein iPhone kaufen will, kann das nur über Apple. Apple ist die einzige Bezugsquelle, direkt oder indirekt. Ob Sie das Produkt direkt bei Apple bestellen oder im Einzelhandel erwerben: Apple kriegt sein Geld. Solange Sie unbedingt ein iPhone haben wollen und nicht bereit sind, sich auf ein alternatives Produkt einzulassen, hat Apple gewonnen.

Exklusivität ist aus vielen Gründen vorteilhaft. Exklusivangebote erleichtern es sehr, einen hohen ***wahrgenommenen Wert*** zu wahren, weil es keine direkte Konkurrenz gibt. Ersatzprodukte oder Alternativen existieren womöglich, doch wenn ein potenzieller Kunde genau auf Ihr Angebot anspringt, muss er bei Ihnen kaufen. Für Sie wird es entsprechend leichter, hohe Preise zu fordern und sich dauerhaft eine solide ***Gewinnmarge*** zu sichern.

Exklusivität erreichen Sie am leichtesten, wenn Sie etwas Neues entwickeln. Eine auf Exklusivität ausgerichtete Strategie bietet sich daher besonders für ***Produkte*** und ***Dienstleistungen*** an. Wiederverkäufern fällt es oft schwer, für Exklusivität zu sorgen, sofern sie nicht an der Herstellung des Produkts beteiligt sind. Aus diesem Grund entwickeln Einzelhändler oft »Eigenmarken«. Costcos berühmte Signature-Marke Kirkland ist ein Beispiel für die Erzeugung von Exklusivität – ebenso wie die Strategie von Trader Joe, mit Herstellern in Verhandlung zu treten, die einzigartige Produkte entwickeln.

Sind Sie die exklusive Bezugsquelle für ein Produkt, das Ihre potenziellen Kunden haben wollen, dann haben Sie schon gewonnen.

Link zur Referenz: **personalmba.com/exclusivity/**

Die drei Universalwährungen

»Die Zeit wird dein Geld nehmen, doch Geld wird dir keine Zeit kaufen.«

James Taylor, Musiker

In jeder Verhandlung gibt es ***drei Universalwährungen***: Ressourcen, Zeit und Flexibilität. Und jede dieser Währungen kann für mehr oder auch weniger von den anderen Währungen getauscht werden.

Bei *Ressourcen* handelt es sich um materielle Dinge wie Geld, Gold, Öl et cetera. Ressourcen sind physischer Natur: Sie können sie in Händen halten. Möchten Sie sich neue Möbel kaufen, können Sie dafür Geld anbieten. Wollen Sie Ihr Auto verkaufen, könnten Ihnen der Käufer (Ihr Einverständnis vorausgesetzt) einen Goldbarren oder eine Erstausgabe von *Action Comics #1* geben, dem ersten Printmedium, in dem Superman vorkam. Sie tauschen eine Ressource gegen eine andere.

Die zweite Universalwährung ist *Zeit*. Werden Sie im Angestelltenverhältnis nach Stunden bezahlt, tauschen Sie eine bestimmte Menge an Zeit und Arbeitskraft gegen eine bestimmte Menge an Ressourcen. Sie können aber auch Ressourcen gegen Zeit eintauschen: Sie können anderen anbieten, diese für Ihre Arbeit zu bezahlen – die Grundlage für Beschäftigung, Auftragsvergabe und freiberufliche Tätigkeiten.

Die dritte Universalwährung ist *Flexibilität* – und wird gewöhnlich unterschätzt. Ein Angestelltenverhältnis ist kein direkter Austausch von Ressourcen gegen Zeit und Arbeitsleistung. Man gibt dafür auch eine gewisse Flexibilität auf. Es versteht sich von selbst, dass Sie sich nicht mit anderen Dingen beschäftigen, wenn Sie eigentlich für Ihren Arbeitgeber tätig sein sollten. Damit sind ausgesprochen reale ***Opportunitätskosten*** verbunden. Während Ihrer Arbeitszeit verzichten Sie auf die Flexibilität, etwas anderes zu tun.

Sie können ohne Weiteres mehr oder weniger Flexibilität aushandeln, indem Sie Ihre Arbeitsleistungen oder die Ressourcen entsprechend anpassen. So können Sie Ihre Arbeitsleistung verringern und Ihre Flexibilität erhöhen, indem Sie Teilzeit arbeiten und dafür weniger Ressourcen erhalten – ein niedrigeres Gehalt und geringere Nebenleistungen. Wenn Sie sich ein Haus kaufen wollen, geht das schneller, wenn Sie eine Hypothek mit 30 Jahren Laufzeit abschließen und nicht erst so lange sparen, bis Sie den Kaufpreis aufbringen können. Das erfordert aber zusätzliche Ressourcen (Zinsen) und verringert Ihre Flexibilität.

Sie können sich mehr von jeder dieser begehrten Währungen beschaffen, indem Sie entsprechende Kompromisse eingehen. Möchten Sie mehr verdienen – etwa durch eine Gehaltserhöhung oder ein höheres Auftragsvolumen –, können Sie im Gegenzug auf Zeit oder Flexibilität verzichten (etwa auf die Möglichkeit, die Früchte Ihrer Arbeit anderweitig zu nutzen). Würden Sie Ihre Arbeitszeit gern flexibler gestalten oder legen Sie Wert auf mehr Freizeit, können Sie sich als Ausgleich zu einer Gehaltskürzung bereiterklären. Möchte Ihr Arbeit- oder Auftraggeber, dass Sie mehr arbeiten, oder möchte er mehr Nutzen aus Ihrer Arbeit ziehen, können Sie Ihrerseits eine höhere Vergütung fordern.

Denken Sie in jeder Verhandlung an die drei Universalwährungen – Sie werden staunen, wie viele potenzielle Optionen Sie der anderen Partei anbieten können. Das erleichtert es, eine Option zu finden, die für alle Beteiligten funktioniert.

Link zur Referenz: **personalmba.com/3-universal-currencies/**

Die drei Dimensionen des Verhandelns

»Das Wichtigste, was Sie sich überlegen sollten, bevor Sie sich an den Verhandlungstisch setzen: Was tun Sie, wenn der andere Nein sagt?«

Ernest Bevin, ehemaliger britischer Außenminister

Eine Verhandlung ist für die meisten Menschen, wenn sich zwei Parteien gegenübersitzen und Angebote und Gegenangebote vorlegen. Das ist aber nur die letzte Phase des Prozesses. Davor kommen noch zwei andere – und zwar schon bevor man sich überhaupt an den Verhandlungstisch setzt.

Die ***drei Dimensionen des Verhandelns*** sind Vorbereitung, Struktur und Gespräch. Wie David A. Lax und James K. Sebenius in *3-D Negotiation* darlegen, ist jede dieser Phasen wesentlich: Indem Sie ein ***Umfeld*** schaffen, das einem Geschäftsabschluss förderlich ist, und sich Ihre Strategie schon im Vorfeld zurechtlegen, können Sie voraussichtlich eher zu einer für alle Seiten akzeptablen Lösung gelangen.

Die erste Phase jeder Verhandlung ist die *Vorbereitung*: Damit bereiten Sie die Bühne für ein befriedigendes Verhandlungsergebnis. Wenn Sie schon vor Verhandlungsbeginn für möglichst gute Erfolgschancen sorgen, können Sie sich auf bessere Konditionen verständigen.

- Wer ist an der Verhandlung beteiligt? Ist dieser Personenkreis bereit, mit Ihnen ins Geschäft zu kommen?
- Mit wem verhandeln Sie? Sind Sie den Beteiligten bekannt und wissen diese, was Sie für sie tun können?
- Wie sieht Ihr Vorschlag aus? Welche Vorteile bietet er der anderen Verhandlungspartei?
- In welchem Rahmen findet die Verhandlung statt – unterbreiten Sie Ihr Angebot persönlich, telefonisch oder auf anderem Wege?

- Welche Faktoren bestimmen die Verhandlungssituation – ist ein Abschluss für die andere Partei angesichts der jüngsten Ereignisse wichtiger oder nicht mehr so wichtig?

Die Vorbereitung ist sozusagen die ***Leitstruktur*** der Verhandlung – das Umfeld, das den Verhandlungsrahmen festlegt, hat großen Einfluss auf das letztlich erzielte Ergebnis. Deshalb zahlt es sich aus, dafür zu sorgen, dass das Umfeld einem guten Geschäft zuträglich ist, noch bevor Sie sich überhaupt an den Tisch setzen. Im Zuge der Vorbereitung können Sie sicherstellen, dass Sie auch mit dem richtigen Partner verhandeln – nämlich mit der Person, in deren ***Macht*** es steht, Ihnen Ihre Wünsche zu erfüllen. Diese Verhandlungsdimension steht und fällt mit der Qualität Ihrer Recherchen – je mehr Sie in dieser Phase über Ihren Verhandlungspartner in Erfahrung bringen, desto mehr Einfluss haben Sie auf den gesamten Verhandlungsverlauf. Machen Sie daher unbedingt Ihre Hausaufgaben, bevor Sie ein Angebot unterbreiten.

Bei der zweiten Verhandlungsdimension handelt es sich um die *Struktur*: darum, wie Ihr Vorschlag aussieht. In dieser Phase setzen Sie Ihren Vorschlagsentwurf so auf, dass ihn die andere Partei aller Wahrscheinlichkeit nach würdigen und akzeptieren kann:

- Was schlagen Sie vor, und wie ***präsentieren*** Sie das Ihrem Verhandlungspartner?
- Wie sieht die ***nächstbeste Alternative*** für die andere Partei aus? Inwiefern ist Ihr Vorschlag dieser überlegen?
- Wie entkräften Sie potenzielle Einwände Ihres Vertragspartners und räumen ***Kaufbarrieren*** aus dem Weg?
- Gibt es Kompromisse oder Zugeständnisse, zu denen Sie bereit wären, um zu einer Einigung zu kommen?

Sie wissen ja: Ihr Ziel bei der Abfassung des Vorschlags ist es, ***gemeinsame Grundlagen*** zu finden: eine Vereinbarung, mit der beide Parteien glücklich werden. Indem Sie die Struktur Ihres Vorschlags im Vorfeld durchdenken, können Sie auch ein paar andere Optionen in den Blick nehmen, die Ihrem Verhandlungspartner vermutlich gelegen kommen dürften – zu Bedingungen, die für Sie akzeptabel sind.

Gehen Sie beispielsweise davon aus, dass Ihr Gegenüber vor den Kosten zurückschreckt, können Sie sich Argumente überlegen, um solche Einwände zu entkräften, kostengünstigere Optionen ins Spiel bringen, deren Wertbeitrag geringer ist, oder alternative Angebote unterbreiten, die noch besser auf die spezifischen Bedürfnisse Ihres Verhandlungspartners zugeschnitten sind. Beginnt dann das eigentliche Verhandlungsgespräch, sind Sie auf alle Eventualitäten vorbereitet.

Die dritte Verhandlungsdimension ist das *Gespräch*: Sie legen der anderen Verhandlungspartei Ihr Angebot vor und sprechen darüber. Manchmal laufen solche Gespräche ab wie im Film: in einem mahagonivertäfelten Vorstandszimmer, in dem Sie dem CEO direkt gegenübersitzen. Manchmal wird aber auch am Telefon verhandelt. Oder per E-Mail. Doch in welchem Rahmen das Gespräch auch stattfindet, Sie müssen es nutzen, um Ihr Angebot zu präsentieren, zu besprechen oder zu klären, ob die andere Partei noch Fragen hat, auf Einwände einzugehen und Kaufbarrieren auszuräumen – und schließlich um den Zuschlag zu bitten.

Ganz gleich, wie die Gesprächsphase abläuft, das Endergebnis ist immer entweder (1) ein »Ja, zu diesen Bedingungen sagen wir zu«, (2) ein »Wir sind uns noch nicht ganz einig – hier unser Gegenangebot oder eine andere Option, über die wir sprechen müssen« oder (3) »Nein, aus diesem Geschäft wird nichts – wir haben da keine gemeinsame Grundlage. Wir brechen die Verhandlungen daher ab und behalten uns vor, uns an jemand anderen zu wenden«. Das Gespräch wird so lange fortgesetzt, bis sich die Parteien letztlich einigen oder eine Partei die Verhandlungen abbricht – je nachdem, was früher eintritt.

Bereiten Sie sich im Voraus auf die drei Dimensionen der Verhandlung (Vorbereitung, Struktur und Gespräch) vor, ist die Wahrscheinlichkeit weitaus größer, dass Sie sich auf Bedingungen einigen können, die für beide Seiten vorteilhaft sind.

Link zur Referenz: **personalmba.com/3-dimensions-of-negotation/**

Der Puffer

»Eifer ohne Wissen ist die Schwester des Unverstands.«

Sir John Davies, Dichter und ehemaliger irischer Generalstaatsanwalt zur Zeit Elisabeths der Ersten

Sofern keine besonderen mildernden Umstände vorliegen, stellt eine ***gemeinsame Grundlage*** sicher, dass jedes Geschäft im Interesse sämtlicher beteiligten Parteien ist. Die Vereinbarung oder das Gespräch kann jedoch in Teilen des einen Freud' und des anderen Leid sein. Versuchen Sie, im Vorstellungsgespräch ein höheres Gehalt durchzusetzen, ist das für Ihren potenziellen Arbeitgeber in jedem Fall ein Nachteil.

Situationsabhängig können solche Verhandlungsaspekte heikel sein. Sie möchten so viel erreichen wie möglich, doch wenn Sie den Bogen überspannen, gefährden Sie damit den Abschluss und könnten Ihre Beziehung zu Ihrem Verhandlungspartner dauerhaft schädigen. In solchen Fällen kann es nützlich sein, mit jemandem zusammenzuarbeiten, der Ihnen hilft, gute Bedingungen auszuhandeln, ohne die Beziehung aufs Spiel zu setzen.

Ein solcher ***Puffer*** ist eine dritte Partei, die bevollmächtigt ist, in Ihrem Auftrag zu verhandeln. ***Agenten,*** Anwälte, Mediatoren, Makler, Steuerberater und ähnliche Fachleute können diese Pufferfunktion zum Beispiel übernehmen. So ein »Prellbock«, der Erfahrung mit bestimmten Verhandlungen hat, kann wertvolle Beiträge dazu leisten, dass Sie für sich das meiste aus einem Abschluss herausholen. Und Sie müssen sich selbst gar nicht so gut mit trockenen Themen wie Schadenersatzrecht oder Steuervorschriften auskennen, wenn Sie einen ehrlichen, kompetenten Fachmann als Puffer beauftragen.

Handelt ein Profi im Sport einen Vertrag mit einer Profimannschaft aus, lässt er sich dabei sowohl von einem Agenten als auch von einem Anwalt unterstützen. Aufgabe des Agenten ist es, die höchstmögliche Vergütung für den Athleten auszuhandeln. Die Manager und Eigentümer der betreffenden Mannschaft wissen das. Sie können die Verpflichtung selbst dann noch in positivem Licht sehen, wenn der Agent mit harten Bandagen kämpft. Am Ende verdient der Sportler dann insgesamt mehr, obwohl er den Agenten bezahlen muss.

Dasselbe trifft auf den Anwalt des Sportlers zu. Dieser kann sich für die Aufnahme oder Streichung bestimmter Klauseln im Vertragsentwurf einsetzen. Ein Anwalt kann solche Vorschläge nachdrücklicher und effektiver durchsetzen, weil er mehr Sachkenntnis, Erfahrung und Kompetenz mitbringt. Der Anwalt und der Agent können mit dem Eigentümer und dem Manager der Mannschaft zusammenarbeiten, um sicherzustellen, dass der Sportler die besten Konditionen bekommt, die für die Mannschaft gerade noch akzeptabel sind, ohne dass sich dies negativ auf seine ***Reputation*** oder seinen Goodwill auswirkt.

Solche Puffer können auch nützlich sein, um für etwas mehr zeitlichen oder anderweitigen Spielraum zu sorgen, wenn die Verhandlung sehr hitzig geführt wird. Manchmal kann es ausgesprochen hilfreich sein, wenn man selbst nicht die Partei ist, die letztlich die Entscheidung trifft. Wer sagen kann, »das muss ich erst mit meinem Agenten/Steuerberater/Anwalt besprechen«, bevor er zusagt, gewinnt dadurch einen wertvollen Überprüfungsschritt, der vor überstürzten oder unklugen Entscheidungen schützt.

Hüten Sie sich aber unbedingt vor **anreizbedingter Verzerrung,** wenn Sie mit einem Puffer arbeiten. Je nach den vereinbarten Konditionen kann Ihr Puffer ganz andere Prioritäten haben als Sie. So fungieren beispielsweise Immobilienmakler als Puffer zwischen dem Verkäufer eines Objekts und dem potenziellen Käufer. Wollen Sie eine Immobilie kaufen, ist es oft ratsam, mit einem käuferorientierten Makler zusammenzuarbeiten – vorausgesetzt, Sie wissen, wie dieser honoriert wird.

Gewöhnlich erhalten Makler eine Provision. Es zahlt sich daher aus, wenn Sie genauer hinschauen, sobald Sie als Käufer einen Makler beauftragen. Dieser erhält sein Geld nämlich erst (und nur dann), wenn es auch zum ***Geschäft*** kommt. Oberste Priorität hat für ihn daher ein Abschluss – ungeachtet dessen, ob dieser für den Käufer optimale Bedingungen bietet.

Wenn möglich, sollten Sie mit einem Puffer arbeiten, der für geleistete Dienste eine Pauschale erhält – ob es zum Abschluss kommt oder nicht. Kriegt er sein Geld so oder so, liegt es eher in seinem Interesse, Ihnen bestmögliche Konditionen zu sichern, denn das kommt seiner Reputation zugute.

Lassen Sie aber keinesfalls zu, dass der Puffer Ihr eigenes fundiertes Urteil verdrängt. Die Entscheidungsgewalt zur Gänze auf den Puffer zu übertragen, ist ein ganz großer Fehler – besonders dann, wenn Ihre Interessen nicht hundertprozentig deckungsgleich sind. Viele unbedarfte Anleger haben schon erleben müssen, wie sich ihre Ersparnisse verflüchtigten, weil sie einem »Investmentprofi« freie Hand ließen, der an jedem ge- oder verkauften Wertpapier verdiente. Durch viele unnötige Transaktionen kann so ein Broker ganz legal Gebühreneinnahmen in vier- und fünfstelliger Höhe erzielen. Entscheidungen, die sich auf Ihr Geld auswirken, sollten Sie grundsätzlich *nie* komplett aus der Hand geben.

Puffer können eine lohnende Ressource sein, solange Sie sich darüber im Klaren sind, wie diese ihr Geld verdienen, wofür sie zuständig sind und wie Sie mit ihnen zusammenarbeiten möchten.

Link zur Referenz: **personalmba.com/buffer/**

Überzeugungsresistenz

»Der Abschluss hängt von der Einstellung des Verkäufers ab, nicht von der Einstellung des potenziellen Kunden.«

W. Clement Stone, Versicherungsvertreter, Philanthrop und Autor

Potenzielle Kunden haben im Umgang mit Verkäufern ein ungutes Gefühl, wenn sie den Eindruck bekommen, sie werden zum Kauf gedrängt oder dazu verleitet, etwas zu unterschreiben, was nicht in ihrem Interesse liegt. Diese Erfahrung wird als ***Überzeugungsresistenz*** bezeichnet und ist eine maßgebliche Hürde im Verkauf.

Merkt ein Interessent, dass er zu etwas überredet oder gezwungen werden soll, wovon er nicht überzeugt ist, widersetzt er sich und versucht, sich dem Gespräch zu entziehen. Das gilt vor allem in Situationen, in denen der Verkäufer eine bestimmte Entscheidung herbeiführen oder die verfügbaren Optionen des potenziellen Kunden in irgendeiner Weise einschränken möchte.

Die Psychologen bezeichnen das als »Reaktanz« und diese tritt in frühester Kindheit auf. Wer Kinder hat, hat sicher schon erlebt, was passiert, wenn ein Kind etwas »nicht tun darf« oder »tun muss«. Potenzielle Kunden reagieren ganz ähnlich, wenn der Verkäufer sie zu einem Abschluss zu drängen versucht. Dann leisten sie Widerstand – aus dem Instinkt heraus, ihre Autonomie zu wahren. Je hartnäckiger der Verkäufer seine Strategie verfolgt, desto größer der Widerstand des Kunden. Aus diesem Grund bringen aggressive Verkaufstaktiken in aller Regel keine nachhaltigen Ergebnisse. Die effektivere Strategie ist laut dem namhaften Vertriebsexperten Zig Ziglar, sich dem potenziellen Kunden sozusagen als »Kaufassistent« zu präsentieren. Ihre Aufgabe ist nicht, dem Interessenten alles Mögliche zu verkaufen, sondern, ihm zu helfen, fundiert zu entscheiden, was für ihn das Beste ist. Sie üben keinen Druck auf ihn aus, sein Geld bei Ihnen zu lassen. Sie helfen ihm vielmehr sicherzugehen, dass er seine Mittel klug verwendet. Diese grundlegende ***Neuinterpretation*** Ihrer Rolle im Verkaufsprozess funktioniert: Sie nehmen dem Interessenten das Gefühl, unter Druck gesetzt zu werden, indem Sie ihn davon überzeugen, dass Sie seine Interessen im Auge haben.

Verkäufer müssen noch zwei weitere Signale kennen, die Überzeugungsresistenz auslösen können: wenn deutlich wird, dass sie *verzweifelt* sind, und wenn sie versuchen, den Interessenten zu *hetzen*. Senden Sie im Zuge des Verkaufsprozesses eines dieser Signale, so wird das die Zahl und das Volumen Ihrer ***Abschlüsse*** verringern.

Hat ein potenzieller Kunde den Eindruck, Sie wollen ihm verzweifelt etwas verkaufen, dämpft das sofort sein Interesse. Verzweiflung sendet das unterschwellige Signal, dass andere Ihr Angebot nicht gut finden. Der ***soziale Beweis*** arbeitet dann gegen Sie. Bei der Partnersuche gilt: Wer verzweifelt eine Beziehung eingehen möchte, kommt nicht gut an. Ganz ähnlich ist das im Geschäftsleben. Potenzielle Kunden kaufen nicht gern bei jemandem, der ihr Geld unbedingt braucht oder haben will.

Sie sind weit besser beraten, wenn Sie sich selbstbewusst präsentieren und dadurch signalisieren, dass Sie etwas zu bieten haben, was für Ihren potenziellen Kunden interessant ist und gut investiertes Geld bedeutet. Sind Sie davon selbst nicht überzeugt, sollten Sie lieber etwas anderes verkaufen.

Fühlt sich ein Kunde von Ihnen gehetzt, ist sein erster Impuls, von Ihnen abzurücken. Das sind evolutionäre Verhaltensmuster: Seit Jahrtausenden jagt der Mensch, was er gern haben möchte – und empfindet es als bedrohlich, wenn er gejagt wird. Selbst wenn wir diese Situation anders benennen würden, würden wir sie doch unbewusst genauso empfinden und genauso darauf reagieren.

Einem Kunden nachzujagen, ist eine kontraproduktive Vertriebsstrategie. Damit verschwenden Sie nur Zeit und Energie. Versuchen Sie stattdessen lieber, die Situation so darzustellen, dass der Kunde auf den Gedanken kommt, *er sei hinter Ihnen her.* Hat Ihr Interessent das Gefühl, er müsse beweisen, dass er gut genug ist, um mit Ihnen zusammenzuarbeiten, dann sind das die besten Voraussetzungen für einen vorteilhaften Geschäftsabschluss.

Im Abschnitt über das ***Höhlenmenschensyndrom*** erörtern wir noch weitere Beispiele dafür, wie unser urzeitliches Gehirn unsere moderne Umwelt verarbeitet. Vorerst sollten Sie sich nur merken, dass diese sozialen Signale zwar bestenfalls dumm und schlimmstenfalls manipulativ erscheinen mögen, deshalb aber nicht minder real oder bedeutsam sind. Wenn Sie wissen, wie Ihr potenzieller Kunde Angebote bewertet, können Sie sich die richtigen Verkaufsargumente zurechtlegen, um Überzeugungsresistenz zu minimieren und den Interessenten zu animieren, gerne ***haben zu wollen,*** was Sie verkaufen möchten.

Link zur Referenz: **personalmba.com/persuasion-resistance/**

Reziprozität

»Kein Geschenk ist gratis: Es bindet den Schenker und den Beschenkten in eine Schleife wechselseitiger Verpflichtungen ein.«

Marcel Mauss, Soziologe und Anthropologe

Der Begriff Reziprozität beschreibt das dringende Bedürfnis der meisten Menschen, sich für Gefälligkeiten erkenntlich zu zeigen – sich für Geschenke, eingeräumte Vorteile und zur Verfügung gestellte Ressourcen zu revanchieren. Hat Ihnen schon einmal jemand etwas aus dem Urlaub mitgebracht, und Sie hatten kein Mitbringsel für ihn, dann wissen Sie, wie sich das anfühlt. Wenn jemand etwas für uns tut, möchten wir Gleiches mit Gleichem vergelten.

Als gesellschaftliche Kraft gehört dieser Impuls zu den primären psychologischen Tendenzen, die der Zusammenarbeit von Menschen zugrunde liegen. Der »Eine Hand wäscht die andere«-Instinkt ist nicht zu unterschätzen und bildet die Grundlage für Freundschaften und Allianzen. In der Geschichte hielten sich die Mächtigen durch Geschenke an der ***Macht:*** Indem sie exklusive Feste gaben oder großzügig Titel und Ländereien verteilten, bauten Leitfiguren ihren Einfluss dadurch aus, dass sie die vielen Gefälligkeiten, die sie anderen erwiesen, wieder einfordern konnten, wenn Not am Mann war.

Der Haken daran: Das Bedürfnis, sich zu revanchieren, steht nicht unbedingt im Verhältnis zu dem ursprünglich erbrachten Nutzen. In *Influence: Wie man (andere) überzeugt* liefert Dr. Robert Cialdini ein Beispiel dafür aus dem Autogeschäft. Autoverkäufer machen potenziellen Kunden gern vorab kleine Geschenke. »Darf ich Ihnen einen Kaffee bringen? Hätten Sie gern eine Limo? Oder ein Glas Wasser? Etwas Gebäck? Kann ich Ihnen sonst noch etwas Gutes tun?«

Diese höflichen Gesten sind aber alles andere als normale Gastfreundlichkeit. Wer solche kleinen Gefälligkeiten annimmt, hat automatisch ein psychologisches Bedürfnis, sich zu revanchieren. Auf diese Weise kann der Verkäufer die Karten zu seinem Vorteil mischen. Potenzielle Autokäufer, die diese ***Gratisangebote*** annehmen, sind eher geneigt, ein Fahrzeug zu kaufen, ein paar zusätzliche Extras zu ordern und sich auf weniger attraktive Finanzierungsbedingungen einzulassen. Infolgedessen geben solche Kunden schnell ein paar Tausender mehr aus als andere, die im Zuge der Verhandlungen nichts vom Verkäufer angenommen haben. Rational ist das nicht zu erklären, denn der Kaffee oder die Kekse kosten den Autohändler nicht viel. Das Bedürfnis, sich zu revanchieren, erhöht aber die Wahrscheinlichkeit, dass der Käufer die kleinen Gefälligkeiten mit weit größeren Zugeständnissen honoriert.

Je mehr echten Wert Sie anderen schon im Voraus zukommen lassen können, desto aufgeschlossener sind diese für Ihre Verkaufsargumente. Durch die kostenlose Bereitstellung von Wert entsteht soziales Kapital. Das wiederum erhöht die Wahrscheinlichkeit, dass sich die Empfänger Ihrer Gefälligkeiten revanchieren, wenn Sie später Ihr Angebot auf den Tisch legen.

Großzügigkeit gehört zu den besten Methoden, Ihren Verkaufserfolg zu steigern. Nutzen und helfen Sie anderen, so gut Sie können, steigen Sie damit in deren Achtung. Sie bauen sich eine ***Reputation*** auf und erhöhen die Wahrscheinlichkeit, dass Ihre potenziellen Kunden auch genügend Interesse zeigen, wenn Sie erst Ihre ***Handlungsaufforderung*** präsentieren.

Link zur Referenz: **personalmba.com/reciprocation/**

Eingeständnisse

»Wir geben unsere kleinen Fehler zu, um andere davon zu überzeugen, dass wir keine großen haben.«

François de la Rochefoucauld, französischer Höfling und Aphoristiker des 17. Jahrhunderts

Als Kelsey und ich aus New York in die Berge von Nordcolorado zogen, wiesen uns unsere neuen Vermieter Ben und Betty ausdrücklich auf zwei wichtige Besonderheiten unseres neuen Heims hin:

1. dass Felsstürze nicht auszuschließen seien;
2. dass Schwarzbären und Pumas die Gegend unsicher machten.

Das hielt uns nicht davon ab, die Immobilie zu mieten. Wir waren aber froh, dass wir von vornherein gewarnt waren, und fühlten uns in der Einschätzung bestätigt, es mit anständigen Menschen zu tun zu haben. Wir wogen die Risiken ab, stockten unsere Versicherung entsprechend auf, kauften uns eine Dose Pfefferspray gegen Bären und unterzeichneten den Mietvertrag.

Anders als erwartet, kann ein ***Eingeständnis*** wie dieses das ***Vertrauen*** Ihrer potenziellen Kunden in Ihre Fähigkeit *stärken*, Ihre Zusagen einzuhalten.

Da Kelsey und ich in Manhattan kein Auto hatten, mussten wir uns eines kaufen, als wir nach Colorado zogen. Wir fanden im Internet ein Fahrzeug, das uns zusagte, fühlten uns aber nicht wohl bei dem Gedanken, so viel Geld auszugeben, ohne den Wagen gesehen zu haben.

Um unsere Bedenken zu zerstreuen, gab sich der Händler, der das Auto anbot, größte Mühe, jedes Detail zu fotografieren – sogar einen winzigen Kratzer im Lack auf der linken Seite, der uns überhaupt nicht störte. Weil uns der Händler vor dem Kauf sogar auf solche kleinen Macken hinwies, waren wir uns recht sicher, dass er das Fahrzeug erschöpfend beschrieben hatte. Wir kauften den Wagen, und er entsprach genau der Beschreibung. Ohne das Eingeständnis des Händlers hätten wir vermutlich gezögert.

Ihre Kunden wissen, dass niemand vollkommen ist. Also tun Sie gar nicht erst so. Erscheint etwas zu schön, um wahr zu sein, werden die Leute misstrauisch. Hat ein Angebot keine erkennbaren Nachteile, fragen sich Ihre potenziellen Kunden prompt, was daran faul sein könnte.

Statt sie ins Grübeln zu bringen, sollten Sie es Ihnen lieber selbst sagen. Indem Sie Ihren potenziellen Kunden gegenüber offen und ehrlich zugeben, welche Mankos und Kompromisse sie akzeptieren müssen, wirken Sie vertrauenswürdiger und bringen letztlich mehr Geschäft unter Dach und Fach.

Link zur Referenz: **personalmba.com/damaging-admission/**

Entscheidungsmüdigkeit

»Zwingt mich bitte nicht zum Denken.«

Steve Krug, Computerexperte für Benutzerfreundlichkeit

Nehmen wir an, Sie möchten sich einen neuen Computer kaufen. Sollten Sie sich für den Prozessor entscheiden, der am schnellsten ist? Für die Option mit der geringsten Leistung, die aber nur halb so viel kostet? Oder für einen Mittelweg? Wie viel Speicherplatz brauchen Sie? Wie groß muss der interne Speicher sein, damit Ihre Software laufen kann, ohne dass der Rechner langsamer wird? Welche Bildschirmgröße sollten Sie wählen? Sollten Sie sich einen Laptop, einen Desktop oder ein Tablet zulegen?

Die meisten Computerkäufer sind von dieser Entscheidungsmatrix überfordert. Eigentlich sollte es ganz einfach sein, die beste Option auszuwählen. Doch das ist es nicht: Gibt es fünf gesonderte Variablen und für jede davon drei Optionen, dann sind das schon 243 mögliche Kombinationen, die in Betracht gezogen werden könnten. Genug, um in jedem Gehirn einen Kurzschluss auszulösen.

Entscheidungsmüdigkeit ist häufig ein maßgebliches Hindernis für Kaufentscheidungen: Ist ein potenzieller Kunde von der Vielzahl der Optionen überfordert, entscheidet er sich oft gegen den Kauf, um sich dieses Problem vom Hals zu schaffen. Jede Entscheidung, die der Interessent treffen muss, verringert die Wahrscheinlichkeit, dass das Geschäft zum Abschluss kommt.

Die beste Methode ist im Allgemeinen, dem Käufer zwei oder drei vorgegebene Optionen zur Auswahl zu stellen, die eine gute Ausgangsbasis für bestimmte Kundentypen darstellen, und diese Optionen dann bei Bedarf individueller zu gestalten. Aus diesem Grund arbeiten Computerhersteller wie Apple und Dell mit wenigen vorkonfigurierten Rechnern, die darauf ausgerichtet sind, bestimmte Kundengruppen anzusprechen. Im weiteren Verlauf des Kaufprozesses können Sie die einzelnen Komponenten dann noch auf- oder abrüsten. Die Zahl der Optionen bleibt gleich, die kognitive Belastung für den potenziellen Kunden wird deutlich geringer.

Sie müssen nicht jede verfügbare Option von vornherein auf den Tisch legen. Wenn Sie Ihren potenziellen Kunden zunächst ein paar strategische Empfehlungen erteilen, halten Sie sie bei der Stange, sodass Sie am Ende mehr verkaufen.

Link zur Referenz: **personalmba.com/option-fatigue/**

Kaufbarrieren

»Verkauf beginnt, wenn der Interessent Nein gesagt hat.«

Vertriebsmaxime

Angenommen, Sie legen einem potenziellen Kunden ein Angebot vor und er reagiert darauf mit einer Variation von: »Ach nein, das ist nichts für mich.« Sollten Sie dann aufgeben und sich dem nächsten Kunden zuwenden?

Es gibt immer einen Grund, wenn ein potenzieller Kunde Ihr Angebot ablehnt. Dass er überhaupt mit Ihnen redet, spricht dafür, dass er an Ihrem Angebot zumindest *ein bisschen* Interesse hat – ansonsten wäre das Gespräch schon zu Ende. Wenn Sie jetzt die richtigen Fragen stellen, besteht noch Hoffnung auf einen Abschluss.

Verkauf – ganz gleich was – ist der Prozess, ***Kaufbarrieren*** zu erkennen und auszuräumen: Risiken, Unbekannte und Bedenken, die Ihre potenziellen Kunden davon abhalten, Ihr Angebot anzunehmen. Ihre Hauptaufgabe im Vertrieb besteht darin, herauszufinden und auszumerzen, was dem Abschluss des ***Geschäfts*** entgegensteht. Haben Sie die Einwände Ihres Interessenten und alle Hindernisse, die er wahrnimmt, erst aus der Welt geschafft, bringen Sie das Geschäft unter Dach und Fach.

Es gibt fünf Standardeinwände, die in allen Verkaufsgesprächen auftauchen:

1. *Das ist zu teuer.* ***Verlustaversion*** sorgt dafür, dass es sich wie ein Verlust anfühlt, wenn man Geld ausgibt. Kauft der potenzielle Kunde, muss er auf andere Dinge verzichten, und deshalb zögert er. (Manche Menschen empfinden diesen Verlust auch erst *nach* der Kaufentscheidung – ein Zustand, der auch als »Kaufreue« bezeichnet wird.)
2. *Das funktioniert nicht.* Denkt der potenzielle Kunde, das Angebot wird (oder kann) den zugesagten Nutzen nicht liefern, dann kauft er nicht.
3. *Das funktioniert für mich nicht.* Der Interessent glaubt vielleicht, dass das angebotene Produkt anderen Menschen Nutzen bieten kann, ihm aber nicht – weil er besondere Bedürfnisse hat.
4. *Ich kann noch warten.* Der potenzielle Kunde nimmt womöglich an, dass sein Problem nicht sofort gelöst werden muss, obwohl Sie das ganz anders sehen.
5. *Das ist mir zu kompliziert.* Erfordert das Angebot irgendeine Anstrengung seitens des potenziellen Kunden, geht er womöglich davon aus, dass er diesen Beitrag nicht problemlos leisten kann.

Um diese Einwände zu entkräften, ist es sinnvoll, sie schon in die Struktur Ihres Angebots einfließen zu lassen. Da diese Bedenken ausgesprochen häufig sind, gilt: Alles, was Sie tun können, um sie auszuräumen, noch bevor der potenzielle Kunde das Angebot prüft, erleichtert den Verkaufsprozess enorm.

Einwand 1 (»Das ist zu teuer«) räumen Sie am besten durch ***Framing*** und eine ***wertorientierte Verkaufsstrategie*** aus. Bieten Sie einem Unternehmen eine Software an, die diesem zehn Millionen Dollar im Jahr einsparen kann, und verlangen für eine Lizenz eine Million Dollar im Jahr, ist Ihre Software nicht teuer – der Kunde bekommt sie praktisch ***umsonst***. Wenn klar ist, dass Ihr Angebot deutlich mehr wert ist, als es kostet, ist dieser Einwand nichtig.

Einwand 2 und 3 (»Das funktioniert nicht«/»Das funktioniert für mich nicht«) lassen sich am besten durch einen ***sozialen Beweis*** widerlegen – indem Sie dem Interessenten zeigen, dass andere *ganz ähnliche* Kunden wie er von Ihrem Angebot profitieren. Je stärker Ihre Berichte und Bewertungen der Situation Ihres potenziellen Kunden ähneln, desto besser. Aus diesem Grund sind ***Empfehlungen*** so ein schlagendes Verkaufsargument – Empfehlungen geben Kunden meist solchen Menschen, die sich in einer ähnlichen Lage befinden oder ähnliche Bedürfnisse haben. Die Empfehlung als solche nimmt diesen Einwänden bereits ihre Überzeugungskraft.

Einwand 4 und 5 (»Ich kann noch warten«/»Das ist mir zu kompliziert«) begegnen Sie am besten mit einer ***aufklärungsorientierten Verkaufsstrategie***. Oft ist Ihren potenziellen Kunden noch gar nicht klar, dass sie ein Problem haben – vor allem, wenn ***Absence Blindness*** vorliegt, sinngemäß eine Blindheit für Abwesendes. Ist dem Unternehmen noch gar nicht bewusst, dass es zehn Millionen Dollar verliert, können Sie die Verantwortlichen kaum davon überzeugen, dass Sie ihnen weiterhelfen können. Dieses Hindernis umschiffen Sie am besten, wenn Sie sich im Verkaufsgespräch von Anfang an darauf fokussieren, Ihre Kunden aufzuklären, indem Sie ihnen vermitteln, was Sie über ihr Unternehmen wissen, und dann die Technik der ***Visualisierung*** einsetzen, damit sie sich besser vorstellen können, was sie tun müssten, falls sie sich für Ihr Angebot entscheiden.

Sobald Sie die ***Aufmerksamkeit*** eines Interessenten gefesselt und seine ***Erlaubnis*** eingeholt haben, gibt es zwei mögliche Taktiken, falls diese Einwände nach wie vor bestehen: Sie überzeugen den potenziellen Kunden davon, dass sein Einwand (1) nicht zutrifft oder (2) nicht ausschlaggebend ist. Welche Methode Sie einsetzen, richtet sich nach dem jeweils erhobenen Einwand, ist aber eine Kombination aus Framing, wert- oder aufklärungsorientierter Verkaufsstrategie, sozialem Beweis und Visualisierung – und das klappt gewöhnlich auch.

Will der potenzielle Kunde immer noch nicht kaufen, liegt häufig ein ***Macht***problem vor. Vielleicht hat Ihr Verhandlungspartner nicht das Budget oder die Befugnis, Ihr Angebot anzunehmen. Versuchen Sie deshalb grundsätzlich, mit dem Entscheider zu verhandeln – dann wissen Sie: Lehnt er Ihr Angebot ab, hat es für ihn nicht gepasst, und Sie können sich vielversprechenderen Interessenten zuwenden.

Link zur Referenz: **personalmba.com/objections-barriers-to-purchase/**

Die Risikoumkehr

»Wenn Sie eine Garantie haben möchten, dann kaufen Sie einen Toaster.«

Clint Eastwood, Regisseur, Schauspieler und Oscarpreisträger

Grundsätzlich gilt: Keiner verliert gern. Niemand kommt sich gern dumm vor. Und niemand trifft gern schlechte Entscheidungen oder wirft sein Geld gern zum Fenster hinaus. Menschen gehen ungern Risiken ein.

Vor dem Abschluss eines Geschäfts stellen *Sie* ein solches Risiko dar. Bei jedem ***Geschäft*** geht der Käufer ein gewisses Risiko ein. Was, wenn das Angebot doch nicht hält, was es verspricht? Was, wenn es das vorliegende Bedürfnis nicht erfüllt? Was, wenn es Geldverschwendung ist, Ihnen etwas abzukaufen?

Diese Fragen hat Ihr potenzieller Kunde stets im Hinterkopf, wenn er darüber nachdenkt, mit Ihnen Geschäfte zu machen. Können Sie diese Zweifel nicht ausräumen, dürfte das die Verhandlungen aller Voraussicht nach zum Scheitern bringen.

Die ***Risikoumkehr*** ist eine Strategie, die das mit einem Geschäft verbundene Risiko zum Teil (oder komplett) vom Käufer auf den Verkäufer überträgt. Dann muss nicht mehr der Käufer das Risiko eines schlechten Geschäfts tragen, sondern der Verkäufer erklärt sich im Vorfeld bereit, dafür geradezustehen, falls – aus welchem Grund auch immer – nicht alles so kommt, wie es der Käufer erwartet.

Ein Beispiel dafür stammt aus der Bettenindustrie. Wenn Sie sich in dieser Branche umschauen, werden Ihnen jede Menge geradezu übertriebene Angebote auffallen: 100-Prozent-Geld-zurück-Garantie für zwölf Monate ohne Rückfragen! Ein Kunde könnte ein ganzes Jahr lang in einem Bett schlafen, sich dann überlegen, dass es ihm doch nicht gefällt, und den Händler auffordern, das Bett zurückzunehmen und ihm den vollen Kaufpreis zu erstatten. Ganz schön verrückt, oder?

In Wirklichkeit ist das aber sehr vernünftig: Durch diese Strategie nimmt der Kunde kein Risiko mehr wahr. Damit fällt eine maßgebliche ***Kaufbarriere*** weg. Entschließt sich der Kunde zum Kauf und ist danach nicht zufrieden, muss er sich nicht dumm vorkommen, weil er sein Geld verschwendet hat – und er muss sich nicht über das Unternehmen oder über sich selbst ärgern, weil er eine schlechte Entscheidung getroffen hat. Er muss sich nur auf die Garantie berufen und kann das Bett zurückgeben – ganz einfach. Und prompt stimmt er dem Geschäft zu – warum auch nicht, wenn es doch keine Nachteile hat.

Dieser Ansatz wird manchmal auch umschrieben mit »den Welpen mit nach Hause nehmen«. Wer beim Züchter einen niedlichen jungen Hund sieht, sich aber nicht sicher ist, ob er sich zutraut, so ein Tier zu halten, kann es oft auf Probe mit nach Hause nehmen. »Wenn es Probleme gibt, können Sie ihn jederzeit zurückbringen«, verspricht der Verkäufer.

Natürlich kommt kaum ein Welpe wieder. Doch die Zusage, dass der Kauf problemlos rückgängig gemacht werden kann, ist die Voraussetzung für den Abschluss: Der Verkäufer geht dieses geringe Risiko bereitwillig ein, wenn er das Geschäft damit unter Dach und Fach bringen kann, der neue Eigentümer hat weniger Angst vor der Entscheidung und der kleine Hund ein neues Zuhause. Jeder gewinnt.

Die Entscheidung für eine Risikoumkehrstrategie ist nicht ganz einfach, weil Verkäufer *ebenfalls* nicht gern verlieren. Kein Verkäufer möchte sich ausnutzen oder übervorteilen lassen – und dieses Gefühl entsteht unvermeidlich, wenn das Angebot dem Kunden ganz offensichtlich etwas gebracht hat und er trotzdem auf einer Rückabwicklung besteht.

Der Unterschied ist aber, dass der Käufer nur einem Verkäufer etwas abkauft. Der Verkäufer verkauft aber an viele Käufer. Ihre Kunden erleben dieses Risiko bei jedem Kauf, und für sie ist es eine große Sache. Da Sie aber viele Kunden bedienen, können Sie die Kosten einer Rückgabe auf die Gesamtzahl aller Käufer verteilen.

Sie verlieren unbestritten Geld mit Kunden, die Ihre Großzügigkeit offensichtlich ausnutzen, und das ist unschön. Dem steht aber gegenüber: Indem Sie das Risiko ausschalten, das jeden Käufer drückt, bringen Sie weit mehr Geschäfte zum Abschluss und machen insgesamt deutlich mehr Umsatz und Gewinn.

Wenn Sie Ihren Absatz maximieren möchten, ist es fast immer sinnvoll, eine recht umfangreiche Risikoumkehrgarantie abzugeben und den risikolosen Zeitraum so lang wie möglich auszudehnen. Verfolgen Sie noch keine Risikoumkehrstrategie, sollten Sie das unbedingt tun. Sie werden sehen, wie das Ihren Umsatz erhöht.

Link zur Referenz: **personalmba.com/risk-reversal/**

Reaktivierung

»Der größte Aktivposten jedes Unternehmens sind seine Kunden, denn ohne Kunden gibt es kein Unternehmen.«

Michael LeBoeuf, Betriebswirtschaftsprofessor und Autor von *How to Win Customers and Keep Them for Life*

Verkauf ist der Prozess, potenzielle Kunden davon zu überzeugen, tatsächliche Kunden zu werden. Neukunden zu gewinnen, ist aber häufig kostspielig und zeitintensiv. Was, wenn es eine andere Möglichkeit gäbe, zu ausgesprochen geringen zusätzlichen Kosten den Umsatz zu steigern?

Unter ***Reaktivierung*** ist der Prozess zu verstehen, frühere Kunden dazu zu bringen, wieder bei Ihnen zu kaufen. Wenn Sie schon eine Weile im Geschäft sind, sind Ihnen im Laufe der Zeit sicherlich ein paar Kunden abhandengekommen – Leute, die schon einmal bei Ihnen gekauft haben, aber seit Längerem nicht mehr. Dass diese grundsätzlich an Ihrem Angebot interessiert sind, wissen Sie ja. Und vermutlich liegen Ihnen auch Ihre Kontaktdaten vor. Warum gehen Sie nicht mit einem neuen Angebot auf sie zu, um sie wieder als aktive Kunden zu gewinnen?

Netflix ist ein Unternehmen, das Reaktivierung genial zu nutzen versteht. Wenn Sie ein Netflix-Abo kündigen, erhalten Sie drei bis sechs Monate später eine Postkarte und/oder eine E-Mail mit dem Angebot, das Abo zum Sonderpreis zu erneuern. Reagieren Sie darauf nicht, erhalten Sie alle paar Monate wieder eine Nachricht, bis Sie den Dienst erneut abonnieren oder darum bitten, aus dem Marketingsystem herausgenommen zu werden. Da Netflix ein Unternehmen mit ***Abomodell*** ist, bedeutet jeder reaktivierte Kunde, dass monatlich zusätzliche Einnahmen eingehen, was den ***Customer Lifetime Value*** – den »Kundenlebenszeitwert«, also den Deckungsbeitrag über das gesamte Kundenleben – deutlich steigert.

Reaktivierung ist oft ein schnellerer, einfacherer und effektiverer Ansatz zur Umsatzsteigerung als die Anwerbung neuer Kunden. Ihre Altkunden kennen Sie bereits und ***vertrauen*** Ihnen – und wissen um den Wert Ihres Angebots. Sie Ihrerseits verfügen über alle notwendigen Daten und müssen sich diese nicht erst umständlich beschaffen. Die Kosten für die Akquise (eine Komponente der ***akzeptablen Akquisekosten***) sind gering – Sie müssen diese Kunden lediglich kontaktieren und Ihnen ein attraktives Angebot zukommen lassen.

Noch einfacher sind Kunden zu reaktivieren, wenn Ihnen deren ***Erlaubnis*** für Nachfassaktionen vorliegt. Ihre Liste potenzieller Kunden ist ein wertvoller Aktivposten, doch die Liste früherer Kunden ist ebenso wertvoll. Indem Sie die Zustimmung Ihrer Kunden einholen, sich wieder bei ihnen melden zu dürfen, erhöhen Sie die Wahrscheinlichkeit einer erfolgreichen Reaktivierung, wenn diese – aus welchem Grund auch immer – nichts mehr gekauft haben.

Die meisten Point-of-Sale-(POS-)Systeme führen Buch über die Kundendaten: darüber, wer wann was gekauft hat. Es ist nicht schwer, eine Liste der Kunden zu erstellen, die schon länger nicht mehr aktiv waren, und diese dann über E-Mail, telefonisch oder per Post zu reaktivieren. Reaktivierungskampagnen sind die einfachsten, lohnendsten Marketingaktionen, die Sie starten können.

Machen Sie es sich zur Priorität, alle drei bis sechs Monate Kontakt zu Kunden aufzunehmen, zu denen die Beziehung eingeschlafen ist, und ihnen ein neues Angebot zukommen zu lassen. Vielleicht lassen sie sich ja dazu animieren, wieder bei Ihnen zu kaufen. Das Ergebnis wird Sie überraschen.

Link zur Referenz: **personalmba.com/reactivation/**

4 – DER WERTBEITRAG FÜR DEN KUNDEN

»Ein zufriedener Kunde ist die beste Geschäftsstrategie überhaupt.«

Michael LeBoeuf, Betriebswirtschaftsprofessor und Autor von *How to Win Customers and Keep Them for Life*

Jedes erfolgreiche Unternehmen liefert, was es versprochen hat.

Zu diesem *Wertbeitrag* (Value Delivery) gehört alles Nötige, um sicherzustellen, dass jeder zahlende Kunde auch ein zufriedener Kunde ist: Auftragsbearbeitung, Bestandsverwaltung, Lieferung/Erfüllung, Problemlösung, Kundenbetreuung et cetera. Ohne Wertbeitrag für den Kunden kein Unternehmen.

Die besten Unternehmen der Welt liefern ihren Kunden den zugesicherten Wert – und übertreffen dabei noch deren Erwartungen. Je zufriedener die Kunden eines Unternehmens, desto wahrscheinlicher, dass sie wieder dort einkaufen. Zufriedene Kunden erzählen häufiger weiter, was Sie tun, tragen damit zu Ihrer ***Reputation*** bei und locken noch mehr potenzielle Kunden an.

Erfolgreichen Unternehmen gelingt es, ihre Kunden meist auch dann zufriedenzustellen, wenn sich die Rahmenbedingungen ändern. Scheiternde Unternehmen schaffen es nicht, ihre Kunden zufriedenzustellen, verlieren diese und stehen am Ende vor dem Ruin.

Link zur Referenz: **personalmba.com/value-delivery/**

Der Wertschöpfungsstrom

»Gutes Design lässt alles Unnötige weg.«

Minh D. Tran, Technologe und Designer

Als ich noch bei Procter & Gamble arbeitete, gehörte es zu meinen spannendsten Aufgaben zu ergründen, wie Produkte entwickelt und ausgeliefert wurden. Hier ein kurzer Überblick, wie eine Flasche Dawn-Spülmittel entsteht:

1. Die Fabrik wird mit Rohstoffen beliefert.
2. Die Rohstoffe werden zu Spülmittel zusammengerührt, das in großen Tanks gelagert wird.
3. Mithilfe von Formen werden Plastikflaschen produziert, mit der Flüssigkeit befüllt und mit einem Verschluss versehen.
4. Auf jede Flasche kommt ein Klebeetikett.
5. Alle Flaschen werden inspiziert, in Kartons verpackt und auf einer Palette verstaut.

Das ist ein lehrbuchmäßiges Beispiel für einen Wertschöpfungsprozess, der mit Rohstoffen beginnt und mit einem fertigen, versandbereiten ***Produkt*** endet. Und so geht es damit weiter:

6. Die Paletten werden mit Folie umwickelt, gestapelt und in einem Lager für den Versand bereitgehalten.
7. Gehen Bestellungen von Kunden ein, werden die Paletten in Position gebracht, damit sie auf einen Lkw verladen werden können.
8. Ein Lkw holt sie ab und liefert sie an das nächstgelegene Distributionszentrum des Kunden.
9. Der Kunde verlädt die Paletten auf ein Lieferfahrzeug.
10. Dieses befördert sie zu einer Filiale, die Nachschub braucht.
11. Dort wird die Palette ausgepackt, die Kartons werden geöffnet und die Flaschen ins Regal gestellt, wo sie stehen bleiben, bis sie gekauft werden.

Das sind sehr viele Schritte für eine kleine Flasche Spülmittel. Und es lohnt sich, diese genauer unter die Lupe zu nehmen.

Ein ***Wertschöpfungsstrom*** (auch Wertstrom) umfasst alle Schritte und Prozesse, vom Beginn Ihres Wertschöpfungsprozesses bis hin zur Auslieferung des Endprodukts an Ihre Kunden.

Sie können sich den Wertschöpfungsstrom als Kombination aus Ihren Wertschöpfungs- und Wertbeitragsprozessen vorstellen. Diese zentralen Prozesse dienen zwar ganz unterschiedlichen Zwecken, doch wenn man sie als einen großen Prozess betrachtet, kann das die eigene Fähigkeit verbessern, aus Wertschöpfung auch einen Wertbeitrag zu machen.

Das Toyota Production System (TPS) war das erste im großen Stil eingesetzte Produktionsverfahren, das systematisch regelmäßig den gesamten Wertschöpfungsstrom in den Blick nahm. Die eingehende Analyse des Produktionssystems ebnete den Weg für eine Folge fortlaufender kleiner Optimierungsschritte: Die Fachleute von Toyota nehmen jedes Jahr über eine Million Verbesserungen am TPS vor. Das bringt dem Unternehmen enorme Zugewinne bei Geschwindigkeit, gleichbleibender Qualität und Zuverlässigkeit. Das war Toyotas ***Reputation*** als Unternehmen mit ausgesprochen hoher Produktqualität sehr zuträglich – zumindest so lange, bis das ***Automatisierungsparadoxon*** diesen Ruf schädigte, worauf wir an anderer Stelle noch näher eingehen.

Um Ihren Wertschöpfungsstrom zu durchschauen, stellen Sie ihn am besten grafisch dar. Die Schritte oder Veränderungen nachzuzeichnen, die Ihr Angebot von Anfang bis Ende durchläuft, ist ein erhellender Prozess, der Ihnen in aller Klarheit bewusst machen kann, wie effizient Ihr Wertbeitragsprozess ist. Solche Prozesse enthalten in aller Regel unnötige Schritte oder holprige Übergänge. Es macht Arbeit, Ihren gesamten Wertschöpfungsstrom vollständig aufzuzeichnen, kann Ihnen aber helfen, Ihren Prozess zu rationalisieren und die Leistung des gesamten Systems zu steigern.[44]

Grundsätzlich sollten Sie versuchen, Ihren Wertschöpfungsstrom so kurz und effizient wie möglich zu gestalten. Wie wir an anderer Stelle in diesem Buch im Zusammenhang mit Systemen noch erörtern werden, steigt das Risiko, das etwas schiefläuft, proportional zur Länge Ihres Prozesses. Je kürzer und rationeller Ihr Wertschöpfungsstrom, desto leichter ist er zu handhaben und desto größer ist der Wertbeitrag für Ihre Kunden.

Link zur Referenz: **personalmba.com/value-stream/**

Der Distributionskanal

»Es ganz allein zu schaffen, ist heutzutage praktisch unmöglich – es sei denn, Sie sind Muschelsammler, Fallensteller oder Goldsucher der alten Schule, mit Spitzhacke und Schaufel.«

Benjamin F. Fairless, Ex-Chef von US Steel

Ist ein Geschäft zustande gekommen, müssen Sie Ihrem Kunden liefern, was Sie zugesagt haben. Ein ***Vertriebskanal*** skizziert, wie Ihre Form der Wertschöpfung als Wertbeitrag beim Endverbraucher landet.

Es gibt zwei grundlegende Arten von Vertriebskanälen: solche, die direkt zum Verbraucher führen, und solche, die über einen Vermittler oder Intermediär laufen.

Der Direktvertrieb bedient sich eines einzigen Kanals, der vom Unternehmen zum Endnutzer reicht. Ein klassisches Beispiel dafür sind ***Dienstleistungen:*** Bei einem Friseurbesuch findet die Wertschöpfung direkt am Kunden statt, ohne zwischengeschalteten Vermittler.

Der Direktvertrieb ist einfach und effektiv, hat aber seine Grenzen – Sie haben die vollständige Kontrolle über den gesamten Prozess, können aber nur so viele Kunden bedienen, wie es Ihre Zeit und Kraft erlauben. Übersteigt die Nachfrage nach Ihren Leistungen Ihre Kapazität, riskieren Sie, Kunden zu enttäuschen, was Ihrer ***Reputation*** schadet.

Der Vertrieb über Intermediäre läuft über mehrere Kanäle. Kaufen Sie ein ***Produkt*** in einem Geschäft, so ist dieses im ***Wiederverkauf*** tätig. Der Betreiber stellt (meistens) die Produkte nicht selbst her, sondern kauft sie von einem anderen Unternehmen.

Das Unternehmen, das das Produkt erzeugt, kann dieses an beliebig viele Geschäfte verkaufen – ein Prozess, der als »Distributionssicherung« bezeichnet wird. Je breiter ein Produkt vertrieben wird, desto mehr Umsatz dürfte das Unternehmen erzielen – denn je mehr Geschäfte das Produkt anbieten, desto mehr Absatzgelegenheiten gibt es.

Der Vertrieb über Intermediäre kann den Umsatz steigern. Im Gegenzug müssen Sie aber in gewissem Umfang die Kontrolle über Ihren Wertbeitragsprozess aus der Hand geben. Indem Sie es anderen Unternehmen anvertrauen, Ihr Angebot an Ihre Kunden auszuliefern, können Sie zwar Ihre begrenzte Zeit und Kraft freier nutzen, doch entsteht daraus für Sie ein ***Gegenparteirisiko*** – das Risiko nämlich, dass Ihr Vertragspartner Mist baut und Ihrer Reputation schadet.

Stellen Sie sich vor, Sie produzieren Butterkekse und vertreiben diese über einen heimischen Supermarkt. Dieser kauft Ihnen die Kekse ab, stellt sie ins Regal und verkauft sie etwas teurer an seine Kunden weiter. Statt die Kekse direkt bei Ihnen zu beziehen, gehen die Käufer den Umweg über den Supermarkt: ein klassisches Beispiel für den Vertrieb über einen Intermediär.

Die Vorteile dieser Vorgehensweise sind offensichtlich, doch sie hat auch Nachteile. Angenommen, Ihre Butterkekse nehmen auf dem Transport per Lkw in den Supermarkt Schaden: Sie brechen, zerkrümeln und die Verpackung wird zerdrückt. Die Leute, die im Supermarkt einkaufen, können nicht wissen, wie das passiert ist, doch wenn es häufiger vorkommt, vermuten sie, dass *Sie* ein minderwertiges Produkt liefern – und das schadet Ihrer Reputation.

Es kann durchaus lukrativ sein, den Vertrieb auf diese Weise zu sichern, doch Sie sollten Ihre Intermediäre stets im Blick behalten. Diese Strategie ist kein Selbstläufer – arbeiten Sie mit mehreren Vertriebskanälen, sollten Sie Zeit und Kraft einplanen, um sicherzugehen, dass diese Ihr Unternehmen auch angemessen repräsentieren.

Link zur Referenz: **personalmba.com/distribution-channel/**

Der Erwartungseffekt

»Versprechen Sie nie mehr, als Sie halten können.«

Publilius Syrus, syrischer Aphoristiker des 1. Jahrhunderts vor Christus

Zappos hat das Onlineschuhgeschäft perfektioniert.

Schuhe über das Internet zu vertreiben, ist ein hartes Geschäft – die Kunden können sie nicht anprobieren, und niemand möchte Schuhe behalten, die ihm nicht gefallen und die er nie tragen wird. Zum Ausgleich setzt Zappos bei jeder Bestellung auf klassische ***Risikoumkehr*** – der Händler bietet Gratisversand und bedingungsloses Rückgaberecht an, falls die bestellten ***Produkte*** nicht zusagen. Diese beiden Strategien schließen Fehlkäufe aus, sodass Kunden eher bereit sind, Zappos eine Chance zu geben.

Doch Zappos' solide ***Reputation*** auf diesem Markt beruht nicht allein darauf. Das Geheimnis ist vielmehr ein unerwarteter Vorteil, den das Unternehmen aber nicht an die große Glocke hängt.

Wer bei Zappos bestellt, dem winkt höchstwahrscheinlich eine positive Überraschung: Die Schuhe kommen nämlich oft mehrere Tage früher als angekündigt.

Zappos könnte mit »Gratis-Eilversand« werben, verzichtet aber darauf – denn der Überraschungseffekt bringt dem Unternehmen mehr.

Wie der Kunde Qualität wahrnimmt, richtet sich nach zwei subjektiven Kriterien: Erwartungen und Leistung. Diese Beziehung lässt sich in Form einer Quasigleichung charakterisieren, die ich als den ***Erwartungseffekt*** bezeichne: Qualität = Leistung – Erwartungen.

Ein Kunde muss ausreichend hohe Erwartungen haben, um überhaupt etwas bei Ihnen zu kaufen. Nach dem Kauf muss das Angebot die Kundenerwartungen noch *übertreffen*, damit er wirklich zufrieden ist. Ist die Leistung besser als die Erwartungen, nimmt der Kunde das als hohe Qualität wahr. Bleibt die Leistung aber hinter den Erwartungen zurück, ist die Qualität in seinen Augen gering – ganz gleich wie gut das Angebot, absolut betrachtet, auch war.

Apples iPhone der ersten Generation war ein durchschlagender Erfolg – die Kunden erwarteten viel und erhielten ein Gerät, das noch mehr konnte. Die zweite iPhone-Generation – das 3G – kam nicht so gut an. Die Erwartungen vor der Markteinführung waren so hoch, dass das Unternehmen sie kaum übertreffen konnte, und als der Roll-out-Prozess nicht ganz rundlief, sprachen alle nur noch darüber.

Absolut betrachtet, war das iPhone 3G ein besseres Gerät – es war schneller und bot mehrere neue Funktionen und mehr Speicherplatz zu einem günstigeren Preis. Doch für viele Kunden *fühlte* es sich nicht besser an. Apple war es nicht gelungen, die hohen Erwartungen zu erfüllen. Das beschädigte die ***Reputation*** des Unternehmens. Bei der Einführung der vierten iPhone-Generation wiederholte sich das – Probleme mit der Antenne verdarben vielen Kunden die Freude an dem Gerät, obwohl die neue Version in jeder anderen Hinsicht besser war als die alte.

Erwartungen lassen sich am besten durch einen unerwarteten Bonus übertreffen, den Kunden über den erwarteten Wert hinaus erhalten. Zweck des Wertbeitragsprozesses ist es, dafür zu sorgen, dass Ihre Kunden glücklich und zufrieden sind. Kundenzufriedenheit lässt sich am besten dadurch sicherstellen, dass Sie die Erwartungen Ihrer Kunden auf jeden Fall erfüllen und möglichst noch übertreffen.

Tun Sie alles, um Ihren Kunden unerwartet Freude zu bereiten. Zappos kostenloser Premiumlieferservice ist wertvoller, weil er überraschend kommt – wäre er Teil des Geschäfts, würde er keine solchen Emotionen auslösen.

Gelingt es Ihnen, die Erwartungen Ihrer Kunden spürbar zu übertreffen, werden diese mit ihrem Einkaufserlebnis zufrieden sein.

Link zur Referenz: **personalmba.com/expectation-effect/**

Planbarkeit

»Ich war immer der Ansicht, wenn Produkte oder Dienstleistungen gut ankommen sollen, müssen sie Qualität bieten. Ein gutes Produkt oder ein herausragender Service sind selbst das schlagendste Verkaufsargument.«

Victor Kiam, ehemaliger Eigentümer von Remington Products sowie der New England Patriots

Aaron Shira und ich sind zusammen aufgewachsen und waren gut befreundet. Zusammen mit seinem Bruder Patrick gründete er in Columbus im US-Bundesstaat Ohio einen Malerbetrieb. Shira Sons Painting ist auf Großprojekte spezialisiert – die Shiras haben schon Universitäten, Militärstützpunkte, große Kirchen und luxuriöse Privathäuser gestrichen, die Millionen kosten. Sie haben bei null angefangen und gehören heute bei mehreren großen Bauträgern in der Region Columbus zu den bevorzugten Dienstleistern, wenn es um Maleraufträge geht.

Wie ist es zwei jungen Kerlen gelungen ist, auf einem stark umkämpften Markt Fuß zu fassen, auf dem viele Mitbewerber schon im Geschäft waren, bevor die Shiras das Licht der Welt erblickten? Ganz einfach: Wer Aaron und Pat engagiert, kann *sicher* sein, dass sein Auftrag pünktlich und ordentlich erledigt wird.

Handwerker sind notorisch unzuverlässig: Oft kommen sie später, brauchen länger, arbeiten schlampig und/oder ihr Verhalten lässt zu wünschen übrig. Das Erfolgsgeheimnis von Aaron und Pat ist ***Planbarkeit*** – sie leisten stets gute Arbeit, wickeln Aufträge fristgerecht ab und sind immer freundlich und höflich. Deshalb sind ihre Auftragsbücher voll – vor allem dann eine eindrucksvolle Leistung, wenn die Baubranche kriselt.

Bei größeren Anschaffungen möchten Kunden wissen, was sie erwartet – sie wünschen sich ein planbares Erlebnis. Positive Überraschungen können für einen Kunden eine tolle Erfahrung sein, doch wenn Sie nicht planbar liefern können, was der Kunde erwartet, werden Ihnen noch so viele Bonusofferten nichts nützen. Sosehr sich die Leute über positive Überraschungen freuen, so schlecht kommen negative an.

Es gibt drei Hauptfaktoren, die sich auf die Planbarkeit eines Angebots auswirken: Einheitlichkeit, Beständigkeit und Zuverlässigkeit.

Einheitlichkeit bedeutet, dass die Merkmale eines Produkts oder einer Leistung immer dieselben sind. Coca-Cola gehörte zu den ersten Großunternehmen, die solides Marketing mit einer groß angelegten Einheitlichkeit ihrer Produkte kombinierten. In der Getränkeindustrie ist das gar nicht so einfach: Ein Erfrischungsgetränk zu produzieren, abzufüllen und zu vertreiben, ist ein komplexer Prozess. Ein bisschen zu viel Zucker oder Aroma, etwas mehr Luft oder der Eintrag eines Bakteriums – jede Kleinigkeit kann dafür sorgen, dass das Endprodukt ganz anders ausfällt.

Aber keiner möchte, dass sein Lieblingsgetränk jedes Mal anders schmeckt. Wenn Sie ein Dose Cola öffnen, erwarten Sie dasselbe Produkt, das Sie bereits kennen – und zwar überall auf der Welt. Selbst wenn nur 0,1 Prozent aller Coladosen schal oder weniger süß wären, würden bald keine mehr gekauft werden.

Beständigkeit bedeutet, dass der Kunde stets dasselbe für sein Geld bekommt. Einer der Gründe, aus denen »New Coke« Mitte der 1980er-Jahre so ein Reinfall war, lag darin, dass die Kunden von Coca-Cola einen bestimmten Geschmack erwarteten und das Unternehmen unter demselben Namen ein neues Produkt lieferte. Die Beständigkeit war nicht mehr gegeben, und prompt brach der Absatz ein – und ging ebenso schnell wieder in die Höhe, als die Coca-Cola Company wieder auf die ursprüngliche Formel zurückgriff.

Gegen die Erwartungen treuer Kunden zu verstoßen, führt nicht zum Erfolg – wenn Sie etwas anderes auf den Markt bringen wollen, sollten Sie es als neues Produkt einführen.

Zuverlässigkeit bedeutet, dass sich der Kunde auf den Wertbeitrag verlassen können muss – ohne Fehler oder Verzögerungen. Wenn Sie Nutzer von Microsoft Windows fragen, was diese an ihrem Computer am meisten nervt, dann lautet die Antwort grundsätzlich: »Systemabstürze.« Unzuverlässigkeit ist für einen Nutzer enorm frustrierend – vor allem, wenn er für Planbarkeit einen Aufpreis bezahlt. Wie würden Sie das finden, wenn Sie ein Haus bauen und ein Handwerker nicht pünktlich zur Stelle ist?

Mehr Planbarkeit bringt enorme Vorteile für die ***Reputation*** und den wahrgenommenen Wert. Je besser Ihr Standardangebot planbar ist, desto stärker können Sie die wahrgenommene Qualität der von Ihnen gebotenen ***Produkte*** und ***Dienstleistungen*** steigern.

Link zur Referenz: **personalmba.com/predictability/**

Qualität

»Streben Sie in allem nach Perfektion. Nehmen Sie das Beste, was es gibt, und verbessern Sie es. Gibt es noch nichts wirklich Gutes, erfinden Sie es. Geben Sie sich nicht damit zufrieden, wenn etwas nur beinahe vollkommen oder gerade gut genug ist.«

Henry Royce, Ingenieur und Mitgründer von Rolls-Royce

Woran erkennen Sie etwas »Gutes«? ***Qualität*** im weitesten Sinne ist »Zweckdienlichkeit«: Liefert das Angebot den beabsichtigten Nutzen und eignet es sich für den Einsatz im beabsichtigten ***Umfeld?***

Qualität ist häufig subjektiv – manche Aspekte wie Produktions***toleranzen*** sind messbar. Vage Faktoren wie »Wird der Endnutzer das Produkt auch gern verwenden?« sind schwieriger zu quantifizieren.

1987 stellte der Harvard-Business-School-Professor David A. Garvin ein praktisches System vor, das Manager und Führungskräfte heranziehen können, um Qualität zu definieren, zu messen und zu verbessern.[45] Ich erkläre Garvins acht Faktoren gern anhand von Fragen:

1. *Leistung* – wie gut erfüllt etwas den angestrebten Zweck?
2. *Features* – wie viele nützliche oder wertvolle Leistungsmerkmale bietet es?
3. *Zuverlässigkeit* – wie groß ist die Wahrscheinlichkeit, dass es kaputtgeht, nicht richtig funktioniert oder ausfällt?
4. *Konformität* – wie gut erfüllt es geltende Standards? Kommen Mängel häufiger vor? Gibt es bei Bedarf annehmbaren Ersatz?
5. *Lebensdauer* – wie lange hält es?
6. *Gebrauchstauglichkeit* – wenn etwas nicht funktioniert, lässt es sich dann leicht instand setzen?
7. *Ästhetik* – ist die Nutzererfahrung angenehm, reizvoll oder beruhigend?
8. *Wahrnehmung* – hat es eine gute ***Reputation*** und liefert es bessere Ergebnisse als erwartet, um den ***Erwartungseffekt*** zu meiden?

Das Schöne an dieser Dekonstruktion: Sie kann als ***Checkliste*** dienen, um Ihr Angebot im Zeitverlauf zu optimieren. Nichts ist vollkommen: Sie können immer etwas tun, um die Qualität Ihres Angebots noch zu verbessern.

Link zur Referenz: **personalmba.com/quality/**

Qualitätssignale

»Wer Schuhe trägt, für den ist die ganze Welt mit Leder überzogen.«

Ralph Waldo Emerson, frei nach Shantideva, buddhistischer Gelehrter des 8. Jahrhunderts

Autofans mögen den kernigen Sound, wenn ein PS-starker Motor hochdreht. Die Sache hat nur einen Haken: Fortschritte in der Fertigung haben zu einer besseren Schallisolierung zwischen Motorraum und Fahrgastzelle geführt, sodass der Motor leiser klingt. Das Geräusch ist zwar noch da, doch der Fahrer kann es nicht hören.

Wenn aber keiner hört, dass der Motor aufheult, wenn man aufs Gas drückt, macht er dann überhaupt ein Geräusch?

Viele große Autohersteller (wie BMW, Ford, Porsche und Volkswagen) umgehen dieses Problem erfolgreich: Sie spielen Motorengeräusche – manchmal sogar *künstlich* erzeugte – über das Audiosystem des Fahrzeugs ab, wenn der Fahrer aufs Gas geht und der Motor eine gewisse Anzahl von Umdrehungen pro Minute überschreitet.[46]

Manche Fahrer mögen die künstliche Geräuschkulisse nicht, doch es gibt durchaus überzeugende Argumente für diesen Trick: Das Motorengeräusch ist ein wesentliches ästhetisches Signal für ***Qualität,*** das die Kundenzufriedenheit steigert. Den Menschen gefällt der Sound, auch wenn er künstlich erzeugt wird.

Qualitätssignale sind Elemente eines Angebots, die direkt und ganz konkret die vom Nutzer wahrgenommene Qualität steigern. Ist Leistung schwer zu sehen, zu hören, zu spüren oder anderweitig bemerkbar, bestätigen Qualitätssignale wirkungsvoll, dass das Angebot funktioniert, wie es soll.

Qualitätssignale erhöhen nicht nur die Kundenzufriedenheit. Gibt es »Grund zu der Annahme«, dass das Angebot in der Lage ist, die zugesicherten Ergebnisse zu liefern, ist es leichter und effektiver zu vermarkten und zu vertreiben.

Spüli muss im Abwaschwasser keinen fluffigen weißen Schaum produzieren, um seinen Zweck zu erfüllen, doch solche Bläschen sind ein konkreter Indikator dafür, dass Spüli im Wasser ist. Nicht ohne Grund fügen Seifenhersteller wie Procter & Gamble ihren Seifen »Waschsubstanzen« hinzu: Der zusätzliche Rohstoff erhöht zwar die Kosten und kompliziert die Herstellung, doch die Kunden sind zufriedener, und deshalb lohnt sich die Investition.

Qualitätssignale sind eine Form der ***Demonstration,*** die in das Angebot eingebaut sind: Sie liefern einen eindeutigen Leistungsindikator, der die Wahrscheinlichkeit mindert, dass Nutzer die Vorteile eines Angebots aufgrund von ***Absence Blindness*** oder unerfüllten Erwartungen als zu gering einschätzen.

Link zur Referenz: **personalmba.com/quality-signals/**

Der Durchsatz

»Keine Strategie ist so elegant, dass Sie darüber das Ergebnis aus den Augen verlieren sollten.«

Winston Churchill, britischer Premierminister während des Zweiten Weltkriegs

Der ***Durchsatz*** (Throughput) ist das Tempo, mit dem ein System das angestrebte Ziel erreicht. Durch genaue Kenntnis und Optimierung des Prozesses, den Sie einsetzen, um für Ihre Kunden den zugesicherten Wert zu erzeugen und zu liefern, können Sie Qualität und Kundenzufriedenheit steigern.

Der Durchsatz ist ein Maß für die Effektivität Ihres ***Wertschöpfungsstroms***. Gemessen wird er mit der Formel [Stück/Zeiteinheit]. Je mehr Stück Sie pro Zeiteinheit erzeugen, desto höher Ihr Durchsatz.

Um den Durchsatz zu messen, brauchen Sie ein klares Ziel.

Der *Dollardurchsatz* ist ein Maßstab dafür, wie schnell Ihr gesamtes Unternehmenssystem einen Dollar Gewinn erwirtschaftet. Gehen Sie dabei von einer Standardzeiteinheit wie einer Stunde/einem Tag/einer Woche/einem Monat aus. Wie viele Dollar wirft Ihr Unternehmenssystem durchschnittlich in diesem Zeitraum ab? Je schneller Ihr Unternehmen Gewinn in Form von Dollars – oder einer anderen Währung – produziert, desto besser.

Der *Produktionsdurchsatz* ist ein Maßstab dafür, wie viel Zeit es in Anspruch nimmt, ein zusätzliches Stück für den Verkauf zu erzeugen. Wie lange dauert es vom Rohstoff bis zum fertigen Produkt, das vom Band läuft? Je höher der Produktionsdurchsatz, desto mehr Artikel können Sie verkaufen und desto schneller sind Sie in der Lage, auf neue Nachfrage nach den entsprechenden Produkten zu reagieren.

Der *Zufriedenheitsdurchsatz* ist ein Maßstab dafür, wie lange es dauert, bis ein Kunde glücklich und zufrieden ist. Bei »Schnellrestaurants« wie »Chipotle Mexican Grill« vergehen von dem Zeitpunkt, an dem ein Gast das Lokal betritt, bis zu dem Zeitpunkt, an dem er das bestellte Essen erhält, rund drei Minuten. Je schneller ein Kunde zufriedengestellt wird, desto mehr Kunden können innerhalb einer Stunde bedient werden und desto mehr Kunden können Sie jeden Tag zufriedenstellen. Je länger die Kunden warten müssen, desto weniger können Sie innerhalb einer Stunde abfertigen und desto unbefriedigender deren Erlebnis.[47]

Wollen Sie den Durchsatz erhöhen, sollten Sie ihn am besten zunächst messen. Wie lange dauert es, bis Ihr Unternehmenssystem einen Dollar Gewinn abwirft? Wie lange dauert es, ein weiteres Stück für den Verkauf zu produzieren oder einen neuen Kunden zufriedenzustellen?

Können Sie Ihren Durchsatz nicht beziffern, sollten Sie das unbedingt ändern, denn Sie können ihn nicht steigern, ohne ihn gemessen zu haben.

Link zur Referenz: **personalmba.com/throughput/**

Duplizierung

»Wirklich lösen lassen sich die Probleme dieser Welt nur auf zweierlei Weise: durch Auslöschung oder Duplizierung.«

Susan Sontag, Autorin und politische Aktivistin

Duplizierung ist die Fähigkeit, etwas Wertvolles zu reproduzieren. Ein maßgebliches Beispiel für Duplizierung ist die Fabrikproduktion: Es gibt ein Design, das vielfach kopiert wird. Statt das Rad immer wieder neu zu erfinden, erlaubt uns die Duplizierung, das Rad einmal zu entwerfen und dann so viele Räder zu erzeugen, wie wir möchten.

Je besser Sie Ihr Angebot duplizieren können, desto mehr Wert können Sie bereitstellen. Je mehr Zeit und Aufwand erforderlich sind, um etwas herzustellen, desto weniger Produkte sind in aller Regel verfügbar. Duplizierung ermöglicht es Ihnen, Ihr Angebot zu kopieren und kostengünstig breiter verfügbar zu machen.

Nehmen Sie dieses Buch. Früher mussten Bücher noch von Hand kopiert und gebunden werden. Ein Schreiber musste über Monate (oder gar Jahre)[48] den ganzen Tag arbeiten, um nur ein einziges Buch zu kopieren. Bücher waren entsprechend teuer und schwer erhältlich.

Unglaublich, wie sich die Zeiten geändert haben. Dieses Buch ist nur einmal geschrieben worden, doch durch das Wunder industrieller Druckmaschinen lässt es sich schnell, zuverlässig und billig reproduzieren. Daher können zig Millionen Exemplare erzeugt und weltweit vertrieben werden und sind für ein paar Dollar zu haben. Das ist die Magie der Duplizierung.

Das Internet hat die Duplizierung mancher Wertschöpfungsformen noch erleichtert. Wie Kevin Kelly in seinem Essay »Better Than Free«[49] anmerkte, ist das Internet ein riesiges, billiges Kopiergerät. Wenn ich einen Beitrag für meine Website schreibe, kann diese von meinem Webserver praktisch kostenlos dupliziert und in Millisekunden Lesern am anderen Ende der Welt zur Verfügung gestellt werden.

Die Duplizierung von Informationen – Texten, Musik, Videos – kostet fast nichts. Der Wert dieser Informationen kann jedoch durchaus erheblich sein.

Möchten Sie etwas erzeugen, was Sie ohne direkte Beteiligung verkaufen können, müssen Sie Ihr Angebot unbedingt duplizieren können. Müssen Sie persönlich mit jedem Kunden in Kontakt treten, ist die Zahl der Kunden, die Sie innerhalb eines bestimmten Zeitraums abfertigen können, nach oben begrenzt. Kombinieren Sie Duplizierung mit ***Automatisierung***, können Sie mehr Menschen Wert bieten und dadurch mehr Geschäft machen.

Link zur Referenz: **personalmba.com/duplication/**

Multiplizierung

> **»Alles Wachstum hängt von Aktivität ab. Es gibt keine physische oder intellektuelle Entwicklung ohne Anstrengung und Anstrengung bedeutet Arbeit.«**
>
> Calvin Coolidge, 30. Präsident der Vereinigten Staaten

McDonald's weiß, wie man Big Macs ***dupliziert.*** Starbucks weiß, wie man einen dreifachen Soja Vanilla Latte dupliziert. Und das haben McDonald's und Starbucks gemeinsam: Beide Unternehmen können ganze Filialen duplizieren, weshalb es weltweit jeweils Tausende davon gibt.

Unter ***Multiplizierung*** ist die Duplizierung eines ganzen Prozesses oder Systems zu verstehen. McDonald's hat als ein Restaurant in Kalifornien angefangen, Starbucks als ein Café in Seattle. Weil diese Unternehmen gelernt haben, das gesamte System, das eine McDonald's- oder Starbucks-Filiale darstellt, zu duplizieren, erschlossen sie sich ganz neue Wachstumsmöglichkeiten.

Walmart machte es genauso. Das Unternehmen begann mit einem Laden in Fayetteville im US-Bundesstaat Arkansas und multiplizierte sich dann in erstaunlichem Tempo. Es verbreitete sich rasant im gesamten Mittleren Westen und dann im ganzen Land und sogar weltweit.

Walmarts Erfolg fußt auf der Multiplizierung zweier vernetzter Systeme: Filialen und Distributionszentren. Distributionszentren multiplizieren die Fähigkeit, Lagerbestände von Zulieferern entgegenzunehmen und an die Filialen auszuliefern. Die Filialen replizieren ein bewährtes System des Eingangs, der Präsentation und des Verkaufs dieser Lagerbestände an zahlende Kunden.

Multiplizierung macht den Unterschied zwischen einem Kleinbetrieb und einem Großunternehmen aus. Dabei ist nach oben begrenzt, was ein Unternehmenssystem produzieren kann. Indem nach einem bewährten Modell mehrere identische Unternehmenssysteme geschaffen werden, lässt sich durch Multiplizierung die Fähigkeit eines Unternehmens steigern, einen größeren Wertbeitrag für seine Kunden zu leisten. Das ist der große Vorteil des Franchisesystems: Statt ein Geschäftsmodell neu zu erfinden, lässt sich durch Franchising ein bereits nachweislich funktionierendes System multiplizieren.

Je einfacher es ist, Ihr Unternehmenssystem zu multiplizieren, desto größer Ihr potenzieller Wertbeitrag.

Link zur Referenz: **personalmba.com/multiplication/**

Skalierung

»Ut sementem feceris, ita metes. (Man erntet, was man sät.)«

Marcus Tullius Cicero, römischer Staatsmann und Rhetoriker des 1. Jahrhunderts vor Christus

Dazu fällt mir ein versierter Handwerker ein, der von Hand gequiltete Tagesdecken fertigt. Nehmen wir an, er braucht für eine Decke eine Woche. Dann ist er gut bedient, wenn er jede Woche einen aktiven Kunden hat: Die Herstellung und Auslieferung einer Decke für einen Kunden wäre in diesem Fall kein Problem.

Zwei Kunden auf einmal stellen den Quilter vor Herausforderungen: Kunde 2 muss dann warten, bis Kunde 1 seine Decke bekommen hat. Gehen an einem Tag 1000 Bestellungen ein, ist das ein Riesenproblem – so eine Nachfrage kann unser fleißiger Handwerker keinesfalls erfüllen, ohne dass Kunden sehr lange warten müssen. Das erzeugt unerwünschte ***Knappheit.***

Unter ***Skalierung*** ist die Fähigkeit zu verstehen, einen Prozess mit zunehmendem Volumen zu ***duplizieren*** oder zu ***multiplizieren.*** Skalierbarkeit bestimmt Ihr maximales potenzielles Volumen. Je leichter sich der bereitgestellte Wert duplizieren oder multiplizieren lässt, desto skalierbarer das Unternehmen.

Stellen wir den Quiltbetrieb einem skalierbaren Unternehmen wie Starbucks gegenüber. Angenommen, Starbucks hat die Kapazität, hundert Getränke pro Stunde zu servieren. Werden mehr als hundert Getränke nachgefragt, herrscht Überfüllung. Die Lösung? Sie eröffnen eine zweite Starbucks-Filiale, womöglich gleich gegenüber – wie es in Großstädten wie New York gar nicht so selten vorkommt.

Die Skalierbarkeit wird häufig davon begrenzt, wie viel menschliches Zutun für einen Prozess erforderlich ist. Starbucks kann seine Duplizierungsfähigkeit für Lattes durch ***Automatisierung*** steigern. Starbucks-Beschäftigte sind zwar an der Zubereitung von Getränken beteiligt, doch der Prozess läuft halbautomatisch ab: Eine Maschine bereitet den Espresso, viele der Zutaten sind bereits vorbereitet und so weiter. Insgesamt erfordert es nicht sehr viel menschliche Aufmerksamkeit oder Intervention, um einen guten Kaffee zu machen. Deshalb kann Starbucks auch so viele Getränke pro Stunde servieren.

Verfolgen Sie das Ziel, ein Unternehmen aufzubauen, das nicht Ihre tägliche persönliche Beteiligung erfordert, sollte Skalierbarkeit ein wichtiger Aspekt sein. Am leichtesten duplizierbar sind häufig ***Produkte,*** am leichtesten multiplizierbar ***gemeinsame Ressourcen*** (wie Fitnessstudios und dergleichen).

Menschen sind nicht skalierbar. Ein Einzelner hat jeden Tag nur begrenzte Zeit und Kraft zur Verfügung. Das ist ein ***Engpass,*** der sich mit der zu bewältigenden Arbeitsmenge nicht verändert. Im Gegenteil – wie wir an anderer Stelle im Abschnitt über ***Überbeanspruchung*** noch erläutern, leidet die Effektivität eines Menschen gewöhnlich, wenn zu viel von ihm verlangt wird.

Infolgedessen sind ***Dienstleistungen*** oft schwer zu skalieren, da ihr Wertbeitrag in der Regel stark von der direkten Beteiligung von Menschen abhängt. Generell gilt: Je weniger menschliches Zutun für Wertschöpfung und Wertbeitrag erforderlich ist, desto leichter skalierbar das Unternehmen.

Link zur Referenz: **personalmba.com/scale/**

Kumulierung

»Wenn ich mir überlege, welche gravierenden Folgen kleine Dinge haben können, bin ich versucht zu glauben: Es gibt keine kleinen Dinge.«

Bruce Barton, Werbemanager, dessen bekannteste Schöpfung die Marke Betty Crocker ist

In diesem Augenblick nimmt irgendwo auf der Welt ein Techniker bei Toyota eine winzige Änderung am Toyota Production System vor – einem der effizientesten Produktionssysteme der Welt.

Für sich genommen, mag diese Änderung unbedeutend wirken – eine geringfügige Abwandlung, eine leichte Strukturveränderung, ein bisschen Werkstoff oder Aufwand, der eingespart werden kann. In der Summe hat das aber gewaltige Auswirkungen. Bei Toyota nehmen die Beschäftigten jedes Jahr über eine Million Verbesserungen am TPS vor. Kein Wunder, wenn Toyota mittlerweile der größte und wertvollste Autohersteller der Welt ist.[50]

Mit der Zeit bringt die ***Kumulierung*** unwesentlicher nützlicher oder schädlicher Verhaltensweisen und Inputs enorme Ergebnisse. Dem Buch *Lean Thinking* von James P. Womack und Daniel T. Jones zufolge beruht Toyotas Ansatz auf dem japanischen Konzept *Kaizen,* das die laufende Verbesserung eines Systems durch die Beseitigung von *Muda* (Verschwendung) über ganz viele winzige Veränderungen hervorhebt. Viele kleine Veränderungen bewirken Großes.

Doch Kumulierung hat nicht immer nur positive Effekte. Stellen Sie sich vor, was mit Ihrem Körper passieren würde, wenn Sie sich zehn Jahre lang nur noch von Fast Food, Schokoriegeln und Limonade ernähren würden. Sich hin und wieder einen Schokoriegel zu gönnen, ist kein Problem. Gleich Hunderte davon zu essen, aber schon. Glücklicherweise gilt das auch umkehrt: Kleine Veränderungen Ihrer Ernährung, ein bisschen mehr Bewegung und etwas mehr Schlaf können sich über längere Zeit äußerst positiv auf Ihre Gesundheit auswirken.

Die ***sukzessive Verbesserung*** ist ein Beispiel dafür, was ***Kumulierung*** bewirken kann. Verbessert sich Ihr Angebot mit jedem ***Iterationszyklus,*** dann dauert es gar nicht lange, bis es seinen Wert für Ihre Kunden vervielfacht hat. Kleine Veränderungen an Ihrem Wertbeitragsprozess können Ihnen auf lange Sicht eine Menge Zeit und Mühe sparen. Je mehr kleine Verbesserungen Sie im Zeitverlauf vornehmen, desto besser Ihr Ergebnis.

Link zur Referenz: **personalmba.com/scale/**

Verstärkung

»In der Natur gibt es weder Belohnung noch Strafe – nur Konsequenzen.«

Robert G. Ingersoll, Spitzenpolitiker und Rhetoriker

Dazu drängt sich mir das Bild von einer ganz normalen Getränkedose auf. Als die ersten Getränke in Dosen auf den Markt kamen, waren diese zylindrisch, oben abgeflacht und aus Stahl. Nach und nach wurde Stahl durch Aluminium ersetzt, es wurden Laschen eingeführt, um das Öffnen zu erleichtern, und die Dose wurde »verengt« – sie wurde am oberen Ende leicht verjüngt.

Diese Veränderung der Dosenform hat zwei maßgebliche Effekte. Erstens lässt sich leichter daraus trinken, was den Konsumenten gefällt. Zweitens verringert sich dadurch die Metallmenge, die benötigt wird, um eine solide konstruierte Dose zu produzieren: Die Wanddicke einer normalen Getränkedose liegt heute bei rund 90 Mikrometern (statt etwa zwei Millimetern), was enorme Mengen an Rohstoffen einspart.

Nach Angaben des Can Manufacturers Institute werden in den Vereinigten Staaten jedes Jahr rund 94 Milliarden Getränkedosen hergestellt.[51] Multipliziert man die durch modernes Dosendesign eingesparten Kosten mit Milliarden von Dosen über mehrere Jahrzehnte, dann haben wenige ausgesprochen geringfügige Veränderungen der Getränkeindustrie Hunderte Milliarden Dollar eingespart.

Genau das ist unter ***Verstärkung*** (Amplifikation) zu verstehen: Nimmt man an einem skalierbaren System eine kleine Veränderung vor, hat das gewaltige Folgen. Der Effekt jeder Verbesserung oder Systemoptimierung wird durch die Größe des Systems verstärkt. Je größer das System, desto mehr bringt es.

Entwickelt McDonald's ein neues Sandwichprodukt, ist es bei dessen Vermarktung nicht auf nur eines seiner Lokale beschränkt – das Unternehmen kann es in allen Filialen weltweit anbieten. Erfindet Starbucks ein neues Getränk, steht dieses mit wenig zusätzlichem Aufwand Kunden an allen Starbucks-Standorten zur Verfügung.

Am besten lassen sich Gelegenheiten zur Verstärkung aufspüren, wenn Sie auf alles achten, was ***dupliziert*** oder ***multipliziert*** wird. Fände Starbucks einen Weg, eine Portion Espresso aus einer geringeren Anzahl von Kaffeebohnen zu erzeugen, hätte das enorme Auswirkungen auf die Kaffeemenge, die eingekauft werden muss. Würde man dort eine Möglichkeit finden, den Espresso in zehn statt 20 Sekunden zuzubereiten, würde das die benötigte Zeit, um einen Kunden abzufertigen, verringern. Damit könnten in jeder Filiale mehr Kunden pro Stunde bedient werden.

In skalierbaren Systemen verstärken sich die Ergebnisse kleiner Veränderungen. Schon kleine Modifikationen an skalierbaren Systemen können enorme Folgen haben.

Link zur Referenz: **personalmba.com/amplification/**

Wettbewerbshürden

> »Treten Sie mit Ihren Rivalen nicht in den Wettbewerb – deklassieren Sie sie.«
>
> W. Chan Kim, Autor von *Blue Ocean Strategy*

Wie viel Aufmerksamkeit schenken Sie den Aktivitäten Ihrer Konkurrenten? Je mehr Zeit und Kraft Sie darauf verwenden zu verfolgen, was die Konkurrenz macht, desto weniger Zeit und Kraft können Sie in den Aufbau Ihres Unternehmens stecken.

Denken Sie an ein Unternehmen wie Apple – in der Welt der Technologie gibt es kein zweites, das sich so wenig darum schert, was seine Mitbewerber anbieten. Stattdessen fokussiert man sich dort darauf, etwas Neues, ***Außergewöhnliches*** zu produzieren und nach Möglichkeit zu perfektionieren.

Apples Konkurrenten dagegen scheinen sich in einem endlosen Wettlauf zu befinden, mit Apple Schritt zu halten. Nachdem Apple 2007 das iPhone auf den Markt gebracht hatte, zog BlackBerry schnell mit Storm nach, das viele iPhone-Merkmale replizierte. Doch als Storm auf den Markt kam, hatte das iPhone bereits mehrere ***Iterationszyklen*** durchlaufen, was BlackBerry in eine denkbar ungünstige Position brachte. Apple hat bis dato weltweit Hunderte Millionen von iPhones verkauft und sich dabei zu einem der wertvollsten Unternehmen der Welt entwickelt. BlackBerrys Anteil am globalen Handymarkt ist von einem 2009 erreichten Hoch bei 20 Prozent dagegen auf 0 Prozent zurückgegangen.[52]

Ganz ähnlich gelagert ist folgendes Beispiel: Statt im Netbook-Segment (kleine Rechner mit geringer Leistung und Schwerpunkt auf Tragbarkeit) mit Massenherstellern von Laptops wie Asus, HP und Dell zu konkurrieren, mied Apple diesen Markt jahrelang. Das änderte sich erst mit der Vorstellung des iPad im Jahr 2010 – ein Angebot, mit dem Apple den Markt revolutionierte, statt über die Funktionalität mit den bisher angebotenen Netbooks in Wettbewerb zu treten. In den ersten beiden Verkaufsmonaten setzte das Unternehmen über zwei Millionen iPads ab. Indem sich Apple entschied, innovativ zu werden, statt zu konkurrieren, eroberte das Unternehmen erfolgreich die Führungsstellung auf einem hart umkämpften Markt.

Jede Verbesserung, die Sie an Ihrem ***Wertschöpfungsstrom*** vornehmen, erschwert Ihren potenziellen Konkurrenten den Anschluss und schafft so eine ***Wettbewerbshürde.*** Indem Sie an Ihrer Fähigkeit zu effizienter, effektiver Wertschöpfung und entsprechenden Wertbeiträgen arbeiten, machen Sie Ihren Konkurrenten das Leben dadurch schwerer.

Jeder Nutzen, den Sie bieten, und jeder Kunde, den Sie bedienen, bewirkt, dass es Ihren Mitbewerbern schwerer fällt, Sie zu replizieren. Schauen Sie nicht darauf, was Ihre Konkurrenten tun – fokussieren Sie sich lieber darauf, Ihren eigenen Wertbeitrag für Ihre Kunden zu steigern. Dann erledigt sich das Thema Konkurrenz von selbst.

Link zur Referenz: **personalmba.com/barrier-to-competition/**

Kraftverstärker

»Der Mensch ist ein Tier, das Werkzeuge verwendet. Ohne Werkzeuge kann er nichts. Mit Werkzeugen kann er alles.«

Thomas Carlyle, Essayist und Historiker des 19. Jahrhunderts

Der Mensch ist unter anderem deshalb so einzigartig, weil er Werkzeuge herstellen und einsetzen kann. Werkzeuge sind wichtig, weil sie die Wirkung von Körperkraft, Gedanken oder Aufmerksamkeit verstärken. Je wirkungsvoller ein Werkzeug Ihren Kraftaufwand ***verstärkt*** oder konzentriert, desto effektiver ist es.

Wenn Sie versuchen, mit der bloßen Hand einen Nagel in die Wand zu schlagen, können Sie dabei eine *gewisse* Kraft ausüben, aber nicht so viel, dass der Nagel in einen festen Untergrund getrieben wird. (Ganz abgesehen davon, dass Ihnen die Hand ganz schön wehtun dürfte.)

Nehmen Sie einen Hammer, verstärkt das die von Ihnen ausgeübte Kraft gleich um mehrere Größenordnungen. Außerdem wird diese Kraft auf einen kleinen Bereich konzentriert, sodass Sie einen Nagel problemlos mit einem Schlag einschlagen können. Säge, Schraubenzieher und andere Werkzeuge funktionieren nach demselben Prinzip – sie verstärken und konzentrieren die von Ihnen ausgeübte Kraft, um eine größere Leistung zu erzielen.

Die effektivsten Werkzeuge bewirken die größte Kraftverstärkung. So verstärkt eine Elektrosäge die Kraft deutlich effektiver als eine Handsäge. Ein Kipper kann mehr transportieren als eine Schubkarre. Und eine Rakete kann eine Nutzlast weiter in den Himmel befördern als eine Steinschleuder.

In ***Kraftverstärker*** zu investieren, kann durchaus sinnvoll sein, weil man dann mit demselben Aufwand mehr erledigen kann. Müssen Sie die Grube für das Fundament Ihres neuen Hauses ausheben, dann geht das sicherlich mit einer Schaufel, die Sie für zehn Dollar bei Ihrem Baustoffhändler vor Ort kaufen. Mit einem Löffelbagger lässt sich das aber schneller und einfacher bewerkstelligen. Ist es Ihr Beruf, Häuser zu bauen, dann lohnt es sich auf jeden Fall, einen Bagger zu kaufen oder zu mieten.

Kraftverstärker können teuer werden – je effektiver sie funktionieren, desto kostspieliger sind sie in der Regel. Fabrikproduktion und Vertriebssysteme sind Beispiele für Kraftverstärker im großen Stil – sie ermöglichen es, in kürzester Zeit Wertbeiträge für Tausende (oder Millionen) zahlender Kunden zu leisten. Das mag ein paar Tausend (oder sogar Millionen) Dollar kosten, kann Ihnen aber Kapazitäten verschaffen, die sonst unerreichbar wären.

Generell gilt: Der einzige sinnvolle Einsatz von Schulden oder Fremdkapital bei der Errichtung eines Systems ist, Ihnen Zugang zu Kraftverstärkern zu verschaffen, den Sie sonst nicht hätten. Müssen Sie eine Fabrik einrichten, um Ihrem Geschäft nachzugehen, dann haben Sie die dafür nötigen zehn Millionen Dollar vermutlich nicht auf dem Konto liegen. Einen ***Kredit*** bei einer Bank aufzunehmen oder ***Kapital*** eines externen Investors anzunehmen, ist dann möglicherweise die beste Option für Sie – vorausgesetzt, Sie nutzen diese Mittel, um Kraftverstärker zu kaufen und in Gang zu halten, nicht, um sich selbst ein hohes Gehalt zu genehmigen oder ein repräsentatives Büro anzumieten.

Entscheiden Sie sich stets für die besten Werkzeuge, die Sie bekommen und bezahlen können. Hochwertiges Werkzeug liefert maximalen Output bei minimalem Input. Indem Sie in Kraftverstärker investieren, können Sie mehr Zeit, Energie und Aufmerksamkeit auf den *Aufbau* Ihres Unternehmens richten statt nur auf dessen Betrieb.

Link zur Referenz: **personalmba.com/force-multiplier/**

Systematisierung

»Sie wissen nicht, was Sie tun, wenn Sie es nicht als Prozess beschreiben können.«

W. Edwards Deming, Experte für Produktionsmanagement und Pionier der statistischen Prozesssteuerung

Selbst wenn Sie sich im Zuge Ihrer Arbeit alles erst ausdenken, ist daran trotzdem ein Prozess beteiligt, wenn wir davon ausgehen, dass mehrere Schritte erforderlich sind, um von Punkt A zu Punkt B zu gelangen. Statt zu improvisieren, kann es gleich mehrere maßgebliche Vorteile bieten, Ihren Prozess durch ***Systematisierung*** klarer darzustellen.

Ein System ist ein expliziter, wiederholbarer Prozess – eine Reihe von Schritten, die in irgendeiner Weise formalisiert wurden. Systeme können in Schriftform oder als Diagramm abgefasst werden, sind aber *grundsätzlich* in irgendeiner Form ***externalisiert,*** also nicht nur in Ihrem Kopf.

Die größten Vorteile der Entwicklung eines Systems bestehen darin, dass Sie den Prozess unter die Lupe nehmen und verbessern können. Indem Sie jeden einzelnen Schritt im Prozess explizit darstellen, können Sie erkennen, wie die zentralen Prozesse funktionieren, wie sie aufgebaut sind, wie sie andere Prozesse und Systeme beeinflussen und wie Sie das System mit der Zeit optimieren können.

Google ist ein großartiges Beispiel für die Macht von Systemen. Jedes Mal, wenn Sie die Suchmaschine von Google verwenden, laufen Tausende von Rechnern an, um Ihnen Ergebnisse zu liefern. Googles Suchalgorithmus (ein hochgestochener Programmierbegriff für System) legt fest, wie diese Computer zusammenarbeiten, und Leute von Google verfeinern im Detail, wie das System arbeitet. Jedes Jahr nehmen Google-Techniker Tausende von Verbesserungen am primären Suchmaschinenalgorithmus vor,[53] damit er Ihnen bessere Ergebnisse liefern kann.

Infolgedessen ist der Google-Algorithmus mittlerweile so effizient, dass Ihre Suchergebnisse in rund 0,2 Sekunden vorliegen – ganz ohne menschliches Zutun. Eine erstaunliche Leistung! Hätte Google anfangs nicht die meiste Zeit und Energie in die Definition und Systematisierung des Suchprozesses investiert, gäbe es das Unternehmen heute nicht.

Systeme helfen auch Teams, sich zu koordinieren. Wie wir im achten Kapitel noch erläutern, ist Kommunikation die Voraussetzung dafür, dass Menschen gut zusammenarbeiten. Und je größer Ihr Team, desto mehr Kommunikation ist erforderlich. Systeme und eindeutige Prozesse für bestimmte Ereignisse und Arbeitsaufträge zu entwickeln, kann allen Beteiligten helfen zu erledigen, was nötig ist – und zwar möglichst unaufgeregt und ohne Missverständnisse.

Einen Prozess, den man nicht systematisieren kann, kann man auch nicht automatisieren. Stellen Sie sich vor, wie es wäre, wenn sich Google auf ein Team menschlicher Bibliothekare verlassen müsste, um Suchergebnisse zu generieren. Das wäre ein Albtraum – Sie müssten Tage (oder gar Wochen oder Monate) auf Ihre Ergebnisse warten.

Der Schlüssel für Googles Qualität und Tempo ist ***Automatisierung:*** Indem die Suchmaschinenprogrammierer Betriebsregeln für das System festlegen, können sie dessen Tagesbetrieb automatisieren. Dadurch können sich die Google-Entwickler darauf konzentrieren, das System fortlaufend zu *verbessern,* statt sich darauf zu fokussieren, es zu *betreiben.*

Die meisten Menschen drücken sich im Geschäftsleben deshalb vor der Entwicklung von Systemen, weil sich das nach Mehrarbeit anhört. Wir haben alle viel zu tun. Da bekommt man leicht den Eindruck, nicht die Zeit zu haben, um Systeme einzurichten und zu optimieren, weil man ohnehin schon so belastet ist. Doch nützliche Systeme erleichtern Ihnen die Arbeit – wenn Sie sich überfordert fühlen, gibt es keine bessere Lösung für Sie, als sich die Zeit zur Entwicklung guter Systeme zu nehmen.

Systematisierung und Automatisierung haben ein paar größere Nachteile, auf die ich im zehnten und elften Kapitel noch näher eingehen werde. Vorerst wollen wir es dabei bewenden lassen, dass effektive Systeme das Lebensblut eines Unternehmens sind – Sie erlauben Ihnen, kreativ zu werden und zu vermarkten, zu vertreiben und auszuliefern, was Sie anzubieten haben.

Je besser Ihre Systeme, desto besser Ihr Unternehmen.

Link zur Referenz: **personalmba.com/systemization/**

Triage

»Die Kunst der Weisheit besteht darin zu wissen, worüber man hinwegsehen sollte.«

William James, Arzt und Psychologiepionier des 19. Jahrhunderts

Vor ein paar Jahren suchte ich um 2 Uhr morgens mit unerträglichen Bauchschmerzen die Notaufnahme des Mount Sinai Hospital in New York auf. Ich war kaum angekommen, als mich eine Pflegekraft bemerkte, meine Symptome ausführlich dokumentierte und mich dann in den Wartebereich schickte.

Dort wartete ich drei Stunden, bis der diensthabende Arzt Zeit für mich hatte. Und das war *gut so.*

Unter ***Triage*** ist der Prozess zu verstehen herauszufiltern, was wirklich wichtig ist, und das zuerst zu erledigen. Weniger dringende Anliegen dürfen nach hinten geschoben werden. Die Notaufnahmen von Krankenhäusern sind darauf eingestellt, dass Menschen mit vielen verschiedenen Beschwerden ankommen, die banal, aber auch lebensbedrohlich sein können. Es steht nur begrenzt ärztliches und pflegerisches Personal zur Verfügung, um sich der Patienten anzunehmen, und in den schwersten Fällen kommt es auf Sekunden an. Die erste Aufgabe der Triagekraft ist es zu erkennen, wer sofort Hilfe braucht und wer warten kann.

In meinem Fall waren die mysteriösen Schmerzen am Anfang am schlimmsten, hatten aber schon etwas nachgelassen, als ich im Krankenhaus ankam. Außerdem zeigte ich keinerlei Anzeichen für einen echten Notfall. Als der diensthabende Arzt schließlich für mich Zeit hatte, hatten sich meine Symptome von allein gebessert. Ein paar schnelle Tests bestätigten, dass nichts Akutes oder Bedrohliches vorlag. Während ich wartete, hatten die Ärzte und Pflegekräfte Dutzende von Patienten mit schweren Erkrankungen versorgt, die sofort behandelt werden mussten.

Als Strategie lässt sich Triage aber nicht nur auf die medizinische Versorgung anwenden. Nicht jede Aufgabe auf Ihrer To-do-Liste hat dieselben Effekte: Manche Aufgaben sind wichtiger und werthaltiger als andere. Manche sind zeitkritisch, andere nicht. Triage kann Ihnen helfen, sich auf die ***wichtigsten Aufgaben*** zu fokussieren, ohne dass Sie ein schlechtes Gewissen haben müssen, weil Sie weniger wichtige Dinge aufschieben.

Derselbe Grundsatz gilt für die meisten Unternehmenssysteme. Die allermeisten Unternehmen haben für die Kundenbetreuung eine Art Warteschlange, und manche Anfragen sind dringender und wichtiger als andere. Meldet sich ein langjähriger Großkunde mit Problemen, dann ist es nur vernünftig und klug, diese Probleme vordringlich zu lösen und nicht erst auf die Anfrage eines potenziellen Kunden zu reagieren, der bisher nur ein kostenloses Probekonto hat.

Ihre Triagefähigkeiten stehen und fallen damit, wie gut es Ihnen gelingt, situationsbezogene Informationen zu erfassen. Oft ist es hilfreich, eine Prioritätshierarchie für jeden Kontext festzulegen und im Anschluss individuelle Fragen zu stellen, um sicherzugehen, dass alle einschlägigen Informationen vorliegen, um den Einzelfall richtig einzustufen.

Im Unternehmenskontext wird diese Methode oft als »Lead Scoring« bezeichnet. Kennzahlen festzulegen wie die Stärke des jeweiligen Interessenten, der prognostizierte ***Lifetime Value*** eines Kunden oder die Dringlichkeit und Bedeutung jeder eingehenden Anfrage, hilft Ihnen dabei, den Supportprozess zu ***systematisieren,*** sodass Sie die wichtigsten Fälle vordringlich behandeln können.

Link zur Referenz: **personalmba.com/triage/**

5 — FINANZWESEN

»Er hatte Menschen verächtlich über Geld reden hören: Er fragte sich, ob sie schon jemals versucht hatten, ohne Geld auszukommen.«

W. Somerset Maugham, *Des Menschen Hörigkeit*

Meiner Erfahrung nach interessieren sich die Menschen für die Themen Wertschöpfung, Marketing, Verkauf/Vertrieb und Wertbeitrag für den Kunden – das sind leicht verständliche Konzepte, die man sich gut vorstellen kann.

Sobald jedoch von Finanzwesen oder von Finanz- und Rechnungswesen die Rede ist, kriegen die Leute glasige Augen. Dabei denken alle an »Erbsenzählerei«, mathematische Formeln und Tabellen, auf denen es von Zahlen wimmelt. Doch es geht auch anders – wenn man sich auf das wirklich Wichtige fokussiert, sind auch Finanzen ein eingängiges Thema.

Dabei handelt es sich um die Kunst und Wissenschaft zu beobachten, wie Geld in ein Unternehmen hinein- und wieder hinausfließt, um die anschließenden Entscheidungen darüber, wie es verteilt wird, und um die Feststellung, ob das, was Sie tun, auch die gewünschten Ergebnisse bringt. Unter Rechnungswesen ist der Prozess zu verstehen sicherzustellen, dass die Daten, auf deren Grundlage Sie finanzielle Entscheidungen treffen, so vollständig und zutreffend sind wie möglich. Das ist alles. Sicher, es gibt verstiegene Modelle und hochtrabende Formulierungen, doch letztlich ziehen Sie Zahlen heran, um zu entscheiden, ob Ihr Unternehmen so läuft, wie Sie sich das gedacht haben, und ob es ausreichende Ergebnisse erzielt.

Jedes erfolgreiche Unternehmen muss eine gewisse Menge Geld einbringen, damit es weitergeführt werden kann. Wenn Sie Wert erzeugen, vermarkten, vertreiben und ausliefern, dann fließt jeden Tage Geld zu und ab. Um fortzubestehen, muss jedes Unternehmen ausreichende Umsätze erzielen, damit sich die Zeit und der Aufwand für den Betrieb rechtfertigen lassen.

Jeder muss seine Rechnungen bezahlen und einkaufen gehen. Deshalb müssen die an einem Unternehmen beteiligten Menschen genug Geld verdienen, damit sich die Zeit und Kraft rentieren, die sie investieren. Sonst schmeißen sie irgendwann hin und suchen sich etwas anderes. Jedes Unternehmen muss einen Teil seiner Wertschöpfung für sich behalten und dafür verwenden, Kosten zu begleichen und die Menschen zu bezahlen, die dafür sorgen, dass das Unternehmen läuft.

In den besten Unternehmen entsteht ein positiver Kreislauf: Sie erzeugen viel Wert, halten ihre Aufwendungen dabei aber gering. Damit verdienen sie mehr als genug, um weiterzubestehen, ohne zu viel Wert abzuschöpfen. Infolgedessen können sie sich gleichzeitig selbst die Taschen füllen und ihren Kunden das Leben leichter machen, da es allen Beteiligten besser geht, wenn das Unternehmen fortbesteht.

Die Leute in der Finanzabteilung helfen Ihnen, Ihre Finanzen so im Blick zu behalten, dass es Sinn ergibt.

Link zur Referenz: **personalmba.com/finance/**

Gewinn

> »Wenn Sie einen intelligenten Eindruck machen wollen, dann erzählen Sie den Leuten, dass Gewinn die Differenz zwischen Umsatz und Aufwendungen ist.«
>
> Scott Adams, Cartoonist und Erfinder von *Dilbert*

Auch wenn Ihr Unternehmen im Jahr 100 000 000 US-Dollar Umsatz verbucht, bringt das gar nichts, wenn Sie 100 000 001 US-Dollar ausgeben. Im Geschäftsleben geht es nicht darum, wie viel man einnimmt – sondern darum, was davon hängen bleibt.

Gewinn ist ein ganz einfaches Konzept: Es bedeutet, Sie nehmen mehr Geld ein, als Sie ausgeben. Damit ein Unternehmen weiterlaufen kann, muss der gesamte vereinnahmte Umsatz höher ausfallen als die gesamten Aufwendungen, die für diesen Umsatz bis zu einem bestimmten Zeitpunkt in absehbarer Zukunft anfallen. Andernfalls hält es nicht mehr lange durch – dem Betrieb gehen die Mittel aus und er muss schließen – oder wird zu einem Projekt, das mit den Gewinnen aus anderen Unternehmensteilen subventioniert wird. Kein Unternehmen kann auf Dauer Verlust machen.

Gewinne sind wichtig, weil sie es einem Unternehmen ermöglichen, im Geschäft zu bleiben. Ohne Gewinne kann ein Unternehmen seine Eigentümer nicht vergüten, die womöglich viel Zeit, Geld und Kraft für den Geschäftsbetrieb aufwenden. Stellen die Eigentümer fest, dass sich ihre Investition nicht auszahlt, schließen sie das Unternehmen.

Gewinn bietet auch ein Polster, das es dem Unternehmen ermöglicht, unerwartete Ereignisse zu verkraften. Erzielt ein Unternehmen kaum genug Umsatz, um seine Kosten zu decken, und steigen diese Kosten unverhofft, gerät das Unternehmen in große Schwierigkeiten. Je rentabler es läuft, desto leichter kann es mit ***Unsicherheit*** und ***Veränderung*** umgehen und desto mehr Optionen hat es, auf das Unvorhersehbare zu reagieren.

Gewinn ist ein ausgesprochen wichtiger Aspekt für ein Unternehmen, aber nicht das Maß aller Dinge. Manche Menschen glauben, der Zweck eines Unternehmens sei es, den erzielten Gewinn zu maximieren. Das ist aber nicht der einzige Grund, aus dem Unternehmen aufgebaut werden. Für manche Menschen (wie mich) ist ein Unternehmen eher ein kreatives Unterfangen – eine Möglichkeit herauszufinden, was möglich ist, und gleichzeitig sich selbst und anderen weiterzuhelfen. So gesehen, gilt: Solange Sie *genügend* Gewinn erzielen, wird Ihr Unternehmen auch weiterhin erfolgreich sein.

Die Konzepte, die Sie in diesem Kapitel kennenlernen, werden Ihnen helfen, dafür zu sorgen, dass Ihr Unternehmen genügend Gewinn abwirft, um im Geschäft zu bleiben.

Link zur Referenz: **personalmba.com/profit/**

Die Gewinnmarge

»Ich habe noch nie Geld verloren, indem ich Gewinn machte.«

Bernard Baruch, Finanzier und Philanthrop

Die ***Gewinnmarge*** (häufig auch nur als »Marge« bezeichnet) ist die Differenz zwischen dem erzielten Umsatz und den dafür erforderlichen Aufwendungen in Prozent. Hier die Formel:

$$\frac{\textbf{Umsatz – Kosten}}{\textbf{Umsatz}} \times \textbf{100 = Gewinnmarge in \%}$$

Müssen Sie einen Dollar aufwenden, um zwei Dollar einzunehmen, beträgt Ihre Gewinnmarge 50 Prozent. Können Sie ein ***Produkt*** für 100 Dollar herstellen und für 150 Dollar verkaufen, erzielen Sie damit 50 Dollar ***Gewinn*** und eine Gewinnmarge von 33 Prozent. Können Sie dasselbe Produkt aber für 300 Dollar veräußern, beträgt die Marge 66 Prozent. Je höher der Preis und je niedriger die Kosten, desto höher die Gewinnmarge. Keinesfalls kann Ihre Gewinnmarge aber über 100 Prozent betragen. Das könnte nur passieren, wenn Sie etwas verkaufen können, das Sie nichts gekostet hat.

Die Gewinnmarge ist nicht zu verwechseln mit der »Handelsspanne«, die angibt, wie sich der Preis eines Angebots im Verhältnis zu seinen Gesamtkosten ausnimmt. Hier die Formel dafür:

$$\frac{\textbf{Preis – Kosten}}{\textbf{Kosten}} \times \textbf{100 = Handelsspanne in \%}$$

Schlägt ein Angebot mit Kosten von einem Dollar zu Buche und Sie verkaufen es für zwei Dollar, beträgt die Handelsspanne 100 Prozent, Ihre Gewinnmarge liegt aber nur bei 50 Prozent. Margen können nie über 100 Prozent betragen, Handelsspannen dagegen durchaus bei 200, 500 oder 10 000 Prozent liegen, je nachdem, wie hoch der Preis und die gesamten Einstandskosten des angebotenen Produkts sind. Je höher der Preis und je niedriger die Kosten, desto höher Ihre Handelsspanne.

Die meisten Unternehmen versuchen, die Gewinnmarge aller angebotenen Produkte so hoch wie möglich zu halten, und das ist auch sinnvoll: Je höher die Marge, desto mehr Geld erhält das Unternehmen aus jedem Verkauf. Ungeachtet dessen können auf dem Markt verschiedene Kräfte wirken, die mit der Zeit zu rückläufigen Margen führen: aggressive Preispolitik von Konkurrenten, neue Angebote, die die Nachfrage nach bisherigen drücken, und steigende Inputkosten.

Unternehmen ziehen die Gewinnmarge häufig heran, um Angebote zu vergleichen. Hat ein Unternehmen mehr als ein Produkt auf dem Markt, favorisiert es tendenziell das Angebot mit der höchsten Marge. Muss ein Unternehmen Kosten einsparen, streicht es oft die Produkte mit den niedrigsten Margen aus dem Programm.

Achten Sie bei der Analyse eines Unternehmens stets aufmerksam auf die Gewinnmarge. Je höher diese ausfällt, desto stärker das Unternehmen.

Link zur Referenz: **personalmba.com/profit-margin/**

Wertabschöpfung

»Sie können in diesem Leben alles haben, wenn Sie nur genügend anderen Menschen zu dem verhelfen, was diese haben wollen.«

Zig Ziglar, bekannter Vertriebscoach und Vortragsredner

Jedes Unternehmen muss einen bestimmten Prozentsatz seiner Wertschöpfung in Form von Umsatz als ***Gewinn*** einbehalten. Tut es das nicht, wird es mit der Zeit Probleme bekommen, genügend Mittel aufzubringen, um den Betrieb aufrechtzuerhalten.

Unter ***Wertabschöpfung*** ist der Prozess zu verstehen, einen gewissen Prozentsatz des von jedem ***Geschäft*** generierten Wertes einzubehalten. Sind Sie in der Lage, einem anderen Unternehmen etwas anzubieten, das diesem eine Million Dollar Mehrumsatz beschert, und Sie verlangen dafür 100 000 Dollar, dann schöpfen Sie 10 Prozent der Wertschöpfung aus dieser Transaktion ab.

Wertabschöpfung ist ein heikles Thema. Um erfolgreich zu arbeiten, müssen Sie so viel Wert abschöpfen, dass sich Ihr Zeit- und Energieaufwand lohnt – aber nicht so viel, dass Ihre Kunden keinen Grund mehr haben, mit Ihnen Geschäfte zu machen. Die Menschen kaufen etwas, weil sie glauben, dass sie mehr Wert bekommen, als sie aufwenden.

Je mehr Wert Sie abschöpfen, desto weniger attraktiv ist Ihr Angebot. Schöpfen Sie zu viel Wert ab, können Sie keine Interessenten mehr davon überzeugen, bei Ihnen einzukaufen. So ein Kinofilm ist eine schöne Sache, aber würden Sie 5000 Dollar für zwei Stunden gute Unterhaltung bezahlen?

Hinter dem Konzept der Wertabschöpfung stehen zwei dominierende Philosophien: Maximierung und Minimierung.

Maximierung (der Ansatz, der in den meisten Business Schools gelehrt wird) bedeutet, dass ein Unternehmen versuchen sollte, so viel Wert wie möglich abzuschöpfen – weniger als das gilt als inakzeptabel. Die Entscheidung, Wert »auf dem Tisch liegen« zu lassen, wird als Pflichtvergessenheit betrachtet.

Auf kurze Sicht ist unschwer zu erkennen, was den Reiz der Maximierung ausmacht – mehr Gewinn ist eine gute Sache für die Eigentümer eines Unternehmens. Doch der Maximierungsansatz unterhöhlt in aller Regel die Gründe, aus denen Kunden überhaupt bei einem Unternehmen kaufen.

Würden Sie 999 999 Dollar ausgeben, um eine Million Dollar zu verdienen? Das lässt sich zwar rational begründen (immerhin hätten Sie dann einen Dollar mehr), wäre den meisten Menschen die Mühe aber nicht wert. Kunden kaufen bei Ihnen, weil sie beim Kauf mehr Wert erhalten, als sie drangeben. Je weniger sie erhalten, desto geringer der Antrieb, bei Ihnen zu kaufen.

Der Ansatz der *Minimierung* besagt, dass Unternehmen so wenig Wert wie möglich abschöpfen sollten, solange sich das Unternehmen **erhalten** kann. Dieser Ansatz bringt vielleicht kurzfristig nicht so viel Umsatz wie das Maximierungsprinzip, erhält aber den Wert, den Kunden im Geschäft mit dem Unternehmen wahrnehmen, und das ist eine Voraussetzung für dessen langfristigen Erfolg.

Machen Kunden gute Geschäfte, beehren sie das Unternehmen in aller Regel wieder und erzählen es auch anderen potenziellen Kunden weiter. Versucht ein Unternehmen, seinen Umsatz zu maximieren, indem es den letzten Cent aus seinen Kunden herausquetscht oder versucht, zu viel Wert abzuschöpfen, suchen die Kunden das Weite.

Solange Sie genug einnehmen, um weiterzumachen, müssen Sie nicht um jeden Penny feilschen. Generieren Sie so viel Wert wie irgend möglich und schöpfen Sie dann genug davon ab, damit es sich lohnt weiterzumachen.

Link zur Referenz: **personalmba.com/value-capture/**

Suffizienz – wenn das Geld reicht

»Wenn du weißt, wann du dich zufriedengeben solltest, wirst du keine Schande über dich bringen. Wenn du weißt, wann du aufhören solltest, wirst du keiner Gefahr begegnen. Dann kannst du durchhalten.«

Laotse, chinesischer Philosoph des 6. Jahrhunderts

Ein hochkarätiger Topmanager machte Urlaub – zum ersten Mal seit 15 Jahren. Er stand am Pier eines kleinen Fischerdorfs an der Küste, als ein Fischer anlegte, der Thunfische gefangen hatte. Der Fischer machte sein Boot fest. Der Manager äußerte sich anerkennend über die Größe und Qualität seines Fangs.

»Wie lange haben Sie gebraucht, um so viele Fische zu fangen?«, wollte er wissen.

»Nicht so lange«, erwiderte der Fischer.

»Warum sind Sie dann nicht draußen geblieben, um weiterzufischen?«, fragte der Manager.

»Mehr brauche ich nicht, um meine Familie zu versorgen«, sagte der Fischer.

»Dann haben Sie ja viel Zeit – was fangen Sie denn damit an?«, erkundigte sich der Manager.

Darauf der Fischer: »Ich schlafe aus, gehe fischen, spiele mit meinen Kindern, halte mit meiner Frau Mittagsruhe und abends gehe ich ins Dorf, trinke Wein und spiele mit meinen Freunden Gitarre. Ich habe immer etwas zu tun.«

Der Manager verstand die Welt nicht mehr. »Ich habe einen MBA von Harvard. Ich kann Ihnen helfen. Sie sollten länger draußen bleiben und fischen. Von dem Erlös könnten Sie sich ein größeres Boot kaufen. Mit einem größeren Boot könnten Sie mehr Fisch fangen und verkaufen, um weitere Boote anzuschaffen. Irgendwann hätten Sie dann eine ganze Flotte.

Statt Ihren Fang über einen Zwischenhändler zu verkaufen, könnten Sie ihn den Endabnehmern direkt anbieten und so höhere Margen erzielen. Irgendwann könnten Sie dann eine eigene Fabrik eröffnen und hätten alles unter Kontrolle, vom Produkt über die Verarbeitung bis hin zum Vertrieb. Natürlich müssten Sie dann aus diesem Dorf wegziehen und in der Stadt leben, um Ihr florierendes Unternehmen zu leiten.«

Der Fischer schwieg einen Moment. Dann fragte er: »Wie lange würde das denn dauern?«

»15 oder 20 Jahre. Höchstens 25.«

»Und dann?«

Der Manager lachte. »Dann kommt das Beste: Wenn die Zeit reif ist, können Sie Ihr Unternehmen an die Börse bringen und alle Ihre Aktien verkaufen. Sie könnten Millionen verdienen.«

»Millionen? Und was fange ich damit an?«

Der Manager überlegte kurz. »Dann könnten Sie sich zur Ruhe setzen, ausschlafen, fischen gehen, mit Ihren Kindern spielen, mit Ihrer Frau Mittagsruhe halten und abends ins Dorf gehen, Wein trinken und mit Ihren Freunden Gitarre spielen.«

Der Fischer, der dem Manager die ganze Zeit aufmerksam zugehört hatte, lächelte und sagte: »Ist das nicht genau das, was ich jetzt schon tue?«

Kopfschüttelnd verabschiedete sich der Manager von dem Fischer. Nach dem Urlaub kündigte er.

Ich weiß nicht genau, woher diese Parabel stammt, doch ihre Aussage ist sehr aufschlussreich: Bei einem Unternehmen geht es nicht unbedingt darum, **Gewinne** zu maximieren. Gewinne sind wichtig, doch nur Mittel zum Zweck: um Wertschöpfung zu betreiben, Kosten zu decken, die Menschen zu entlohnen, die das Unternehmen betreiben, und sich selbst und seine Familie zu unterhalten. Sie sind aber kein Selbstzweck. Geld ist nur ein Werkzeug, dessen Nutzen davon abhängt, was Sie damit *vorhaben.*

Ihr Unternehmen muss nicht Millionen oder Milliarden einbringen, um erfolgreich zu sein. Wenn Sie so viel Gewinn verbuchen, dass es reicht, um das Unternehmen am Laufen zu halten, und sich der Einsatz für Sie lohnt, dann sind Sie erfolgreich – ganz gleich wie viel Umsatz Ihr Unternehmen erzielt.

Suffizienz ist der Punkt, ab dem ein Unternehmen so viel Gewinn abwirft, dass es sich in den Augen der Menschen, die es betreiben, auch lohnt, es auf absehbare Zeit weiterzuführen. Paul Graham, seines Zeichens Risikokapitalgeber und Mitgründer von Y Combinator (einer auf Unternehmen im Frühstadium spezialisierten Wagniskapitalgesellschaft), bezeichnet den Suffizienzpunkt als »Ramen-rentabel« – also so rentabel, dass Sie Ihre Miete und Ihre Nebenkosten zahlen und preiswerte Lebensmittel wie Ramen-Nudeln kaufen können. Sie streichen vielleicht keine Millionen ein, doch Ihr Umsatz reicht aus, um Ihr Unternehmen weiter auszubauen, ohne Ihre Existenz zu gefährden.

Wenn Sie Ihre Rechnungen nicht zahlen können, dann findet auch keine Wertschöpfung statt. Erwirtschaften Sie nicht genügend Umsatz, um die Betriebskosten zu decken, ist das ein echtes Problem. Wenn Sie weitermachen wollen, müssen Sie in der Lage sein, Beschäftigte und Eigentümer für die Zeit, die Mühe und die Aufmerksamkeit zu entschädigen, die diese dem Unternehmen widmen. Finden diese Menschen, dass sich ihre Investitionen nicht lohnen, dann steigen sie aus und suchen sich etwas anderes.

Die finanzielle Suffizienz können Sie anhand einer Kennzahl nachverfolgen, dem sogenannten monatlichen Zielumsatz (Target Monthly Revenue, TMR). Da Beschäftigte, Auftragnehmer und Zulieferer gewöhnlich monatlich bezahlt werden, ist recht einfach zu berechnen, wie viel Geld Sie jeden Monat auszahlen müssen. Ihr monatlicher Zielumsatz hilft Ihnen zu bestimmen, ob Sie den Suffizienzpunkt erreicht haben. Solange Sie mehr einnehmen als Ihren TMR, liegt Suffizienz vor. Andernfalls müssen Sie gegensteuern.

Suffizienz ist subjektiv – *Sie* müssen wissen, wie viel Sie brauchen, damit sich Ihr Einsatz auch lohnt. Sind Ihre finanziellen Bedürfnisse eher bescheiden, dann benötigen Sie nicht so viel Umsatz, um im Geschäft zu bleiben. Belaufen sich Ihre Kosten für Personal, Büroraum und teure Anlagen aber auf mehrere Millionen, müssen Sie weit mehr Umsatz erwirtschaften, um Suffizienz zu wahren.

Je schneller Sie den Suffizienzpunkt erreichen, desto besser die Aussichten, dass Ihr Unternehmen fortbesteht und floriert. Je mehr Umsatz Sie erzielen und je weniger Geld Sie ausgeben, desto schneller erreichen Sie den Suffizienzpunkt. Sobald Sie diesen passieren, sind Sie erfolgreich – ganz gleich wie viel (oder wenig) Geld Sie verdienen.

Link zur Referenz: **personalmba.com/sufficiency/**

Bewertung

»Der Wert eines Zehncentstücks liegt nur darin zu wissen, was man damit anfangen kann.«

Ralph Waldo Emerson, Essayist und Dichter des 19. Jahrhunderts

Wir haben schon darüber gesprochen, wie man den Wert eines Angebots taxiert. Doch wie berechnet man den Wert eines Unternehmens?

Die ***Bewertung*** ist die Schätzung des Gesamtwerts eines Unternehmens. Je höher dessen Umsatz, je höher seine ***Gewinnmargen,*** je höher der Kontostand und je vielversprechender seine Zukunft, desto höher seine Bewertung.

Viele Unternehmen richten sich bei finanziellen Entscheidungen danach, welche Option die Bewertung des Unternehmens steigert. Höhere Bewertungen sind aus vielen Gründen vorteilhaft. Ist das Unternehmen nicht an der Börse, kann es leichter Kredit aufnehmen, wenn es hoch bewertet ist. Bei einem börsennotierten Unternehmen führt eine hohe Bewertung zu einem hohen Aktienkurs und eröffnet den Aktionären Gewinnchancen. Gibt es Kaufinteressenten für das Unternehmen, so verspricht eine hohe Bewertung dessen Eigentümern oder Aktionären einen ordentlichen Reibach.

Die Bewertung spielt auch eine wichtige Rolle, wenn Sie Investoren ins Boot holen möchten. Wie viel ***Kapital*** Sie einwerben können und wie hoch der Eigentumsanteil ist, den Sie Ihren Investoren im Gegenzug anbieten müssen, richtet sich nach der Bewertung des Unternehmens zum Zeitpunkt der Investition. Je höher es bewertet ist, desto mehr Geld können Sie für jede Aktie verlangen, die Sie einem Investor verkaufen.[54]

Dabei ist zu beachten, dass der ***wahrgenommene Wert*** bei der Unternehmensbewertung eine ebenso große Rolle spielt wie bei einzelnen Kaufangeboten im Produktbereich. Traut das Publikum einem Unternehmen eine glanzvolle Zukunft zu, dann steigt dessen Bewertung. Geht es davon aus, dass das Unternehmen in Schieflage geraten ist, sinkt die Bewertung. Diese Dynamik erklärt, warum der Aktienkurs mancher Unternehmen wie Amazon über 100 Mal so hoch ist wie der zuletzt ausgewiesene Gewinn je Aktie, während kriselnde Unternehmen mitunter unter dem Veräußerungswert ihrer Aktiva gehandelt werden.

Die Bewertung ist ein wichtiger Aspekt, wenn Sie Aktien des Unternehmens an Investoren verkaufen oder dieses als Übernahmekandidaten aufstellen möchten. Sind Sie Eigentümer Ihres Unternehmens und haben nicht die Absicht, es zu verkaufen, sind Überlegungen zur Bewertung nicht so wichtig. Der Spitzenmanager einer Aktiengesellschaft, der ein Unternehmen aufbaut, das er möglicherweise irgendwann verkaufen möchte, oder der selbst Kapital in ein Unternehmen investiert, denkt möglicherweise ständig an dessen Bewertung.

Link zur Referenz: **personalmba.com/valuation/**

Die Kapitalflussrechnung

»Zu wenig Geld ist die Wurzel allen Übels.«

Mark Twain, amerikanischer Schriftsteller

Wer wissen will, wie gut ein Unternehmen dasteht, der sollte einen Blick in die Finanzberichte des Unternehmens werfen, um dessen Leistung nachzuvollziehen. Wo sollten Sie dabei ansetzen?

Als Ausgangspunkt empfehle ich die ***Kapitalflussrechnung.*** Auf die übrigen grundlegenden Unternehmensrechnungen gehen wir in Kürze noch näher ein, doch die Kapitalflussrechnung ist für den Einstieg ideal.

Die Kapitalflussrechnung stellt im Grunde nichts anderes dar als eine Untersuchung des Bankkontos des Unternehmens über einen bestimmten Zeitraum. Stellen Sie sich das so vor, als würden Sie über Ihr Girokonto Buch führen: Es gehen Zahlungsströme ein und es fließen Zahlungsströme ab. Im Idealfall kommt mehr Geld herein, als hinausgeht, und der Saldo gerät nie ins Minus.

Jede Kapitalflussrechnung bezieht sich auf einen bestimmten Zeitraum: einen Tag, eine Woche, einen Monat, ein Jahr – je nachdem, für welchen Zweck der Bericht benötigt wird. Kürzere Zeiträume wie Tage und Wochen eignen sich besonders gut, um sicherzugehen, dass dem Unternehmen das Geld nicht ausgeht. Längere Zeiträume wie Monate und Jahre eignen sich eher für die längerfristige Beurteilung der Unternehmensleistung.

Kapitalflüsse betreffen in aller Regel hauptsächlich drei Bereiche: *das operative Geschäft* (Verkäufe eigener Produkte und Einkäufe von Betriebsmitteln), *Investitionen* (Vereinnahmung von Dividenden und Zahlung von Kapitalaufwendungen) und *Finanzierung* (Aufnahme und Rückzahlung von Krediten). In der Kapitalflussrechnung werden diese Quellen gewöhnlich separat dargestellt, damit leicht erkennbar ist, woher die Kapitalflüsse stammen.

Das Schöne an Zahlungsströmen ist: Sie lügen nicht. Wenn nicht gerade dreister Betrug vorliegt, befindet sich entweder Geld auf dem Konto – oder eben nicht. Gibt das Unternehmen viel Geld aus – mehr, als eingeht –, dann verringert sich der Barbestand des Unternehmens mit der Zeit. Da ist wenig Spielraum für »kreative Auslegungen«.

Viele Investoren ziehen zur Bewertung von Unternehmen eine Kennzahl heran, die als »freier Cashflow« bezeichnet wird. Diese Kennzahl stammt aus der Kapitalflussrechnung: Dabei handelt es sich um den Barbetrag, den ein Unternehmen aus dem operativen Geschäft einnimmt, abzüglich des Barbetrags, den es für Dinge ausgibt, die nötig sind, um das Unternehmen in Betrieb zu halten. Je höher der freie Cashflow eines Unternehmens, desto besser: Das bedeutet, es muss nicht mehr große Mengen an ***Kapital*** investieren, damit der Rubel weiter rollt.

In jedem Unternehmen steht Cashflow für ***Möglichkeiten:*** Es kann neue Angebote entwickeln, in Marketing und Vertrieb investieren, Personal einstellen, Ausrüstung kaufen, andere Unternehmen übernehmen und so weiter. Generell gilt: Je mehr Cash Ihr Unternehmen zur Verfügung hat, desto mehr Möglichkeiten stehen ihm offen und desto ***widerstandsfähiger*** ist es.

Link zur Referenz: **personalmba.com/cash-flow-statement/**

Die Gewinn-und-Verlust-Rechnung

»Als ich jung war, dachte ich, Geld sei das Wichtigste im Leben. Inzwischen bin ich alt und weiß, dass es so ist.«

Oscar Wilde, bekannter Satiriker

Cash mag wichtig sein, ist aber nicht alles. Liquide Mittel sind noch kein ***Gewinn,*** und uns geht es ja darum, Gewinn zu erzielen. Ein Unternehmen kann durchaus eine ganze Zeit lang auf einem gemütlichen, dicken Cash-Polster sitzen und trotzdem bei jedem Geschäft Geld verlieren.

Denken Sie nur an einen Einzelhändler, der seine Produkte beim Hersteller auf Kredit kauft: Er erhält zwar Lieferungen, muss den Hersteller aber erst 90 Tage später bezahlen. Drei Monate lang läuft das Geschäft, und der Einzelhändler hat immer mehr Geld auf dem Konto. Für das ungeübte Auge sieht alles gut aus.

Nach 90 Tagen ist aber die Rechnung des Lieferanten fällig. Und wenn man die Kosten für die Produkte und die Betriebsaufwendungen des Einzelhändlers zusammenrechnet, kommt die Wahrheit ans Licht: Das Unternehmen hat Geld verloren, worüber der beachtliche Barbestand drei Monate lang hinweggetäuscht hat. Unternimmt der Einzelhändler nichts, geht ihm früher oder später das Geld aus und er muss dichtmachen. Ohne Gewinn kann kein Unternehmen lange überleben.

Der Einzelhändler ist dem Irrtum erlegen, nur auf die Zahlungsströme zu achten, ohne ihre Grenzen zu erkennen. Für viele Unternehmen ist die Einnahmenüberschussrechnung ideal, denn sie ist einfach und leicht verständlich. Solange Sie mehr einnehmen, als Sie ausgeben, und Ihnen das Geld nicht ausgeht, haben Sie kein Problem. Ich habe jahrelang ein Unternehmen mit Einnahmenüberschussrechnung geführt. Ich bekomme mein Geld, bevor ich Produkte ausliefere und Dienstleistungen erbringe, und ich muss keine Lagerbestände verwalten. Mein Unternehmen ist nicht so kompliziert, deshalb kann auch mein Finanz- und Rechnungswesen einfach bleiben.

Für andere Unternehmen reicht es nicht, nur auf die ***Kapitalflussrechnung*** zu schauen. Hält ein Unternehmen Bestände vor oder räumt Kunden Kredit ein, kann eine einfache Cashflow-Analyse irreführend sein. Um festzustellen, ob Ihre Transaktionen auch rentabel sind, müssen Sie nachvollziehen können, welche davon mit welchen Kosten verbunden sind. Indem Sie jeder Transaktion den dabei entstehenden Aufwand zurechnen, können Sie unmittelbar erkennen, ob Sie Gewinn machen, und sich so vor bösen Überraschungen schützen.

Zunächst muss das Unternehmen verändern, wie es Aufwendungen verbucht. Statt Einnahmen anzusetzen, wenn die Zahlungsströme eingehen, und Kosten, wenn das Geld abfließt, muss das Unternehmen Einnahmen und Ausgaben periodengerecht verbuchen.

Dabei werden Einnahmen ausgewiesen, wenn eine Transaktion erfolgt (das heißt, wenn ein Produkt gekauft oder eine Dienstleistung erbracht wird et cetera), und die damit verbundenen Aufwendungen fallen in derselben Periode an.

Buchhalter bezeichnen das als Grundsatz der Periodenabgrenzung. Zu den Hauptaufgaben eines Buchhalters gehört es, die Buchführung über Einnahmen und Ausgaben zuzuordnen. Das klingt leichter, als es ist: Es erfordert einiges Urteilsvermögen, und häufig gibt es dabei Grauzonen. (Sollten Sie sich jemals gefragt haben, was ein Buchhalter den ganzen Tag macht, haben Sie jetzt die Antwort.)

Das Ergebnis dieser Bemühungen ist eine ***Gewinn-und-Verlust-Rechnung***, die auch als »Ergebnisrechnung«, »Erfolgsrechnung« oder »Ertragsbilanz« bezeichnet wird. Ganz gleich unter welchem Namen, die Gewinn-und-Verlust-Rechnung enthält eine Einschätzung des Unternehmensgewinns für einen bestimmten Zeitraum, nachdem den Einnahmen die entsprechenden Aufwendungen gegenübergestellt wurden.

Generell hat eine Gewinn-und-Verlust-Rechnung ungefähr folgendes Format:

Umsatz – Kosten verkaufter Waren – Aufwendungen – Steuern = Nettogewinn

So eine Gewinn-und-Verlust-Rechnung ist ausgesprochen nützlich: Nicht ohne Grund machen sich Unternehmen die Mühe, sie aufzustellen. Durch die Gegenüberstellung von Aufwendungen und Erträgen lässt die Gewinn-und-Verlust-Rechnung leichter erkennen, ob ein Unternehmen auch rentabel arbeitet. Das kommt Entscheidungen entgegen, die dafür sorgen, dass das Unternehmen in den nächsten Wochen und Monaten mehr auf dem Konto hat.

Abgesehen davon, ist allerdings unbedingt zu berücksichtigen, dass Gewinn-und-Verlust-Rechnungen von Natur aus viele Schätzungen und Annahmen beinhalten. Das geht nicht anders: Hohe Ausgaben, etwa durch Käufe von Anlagen, können mit gewaltigen Barauslagen verbunden sein. Die Gewinn-und-Verlust-Rechnung ordnet der jeweiligen Umsatzperiode jedoch nur einen geringen Teil des Aufwands zu – eine Praxis, die auch als ***Abschreibung*** bezeichnet wird. Dadurch lässt sich der Aufwand den entsprechenden Erträgen gegenüberstellen: Würde man für diesen Zeitraum nur auf das fette Minus in der Kapitalflussrechnung schauen, ergäbe sich kein realistisches Bild.

Der Grundsatz der Periodenabgrenzung hat zwar viele Vorteile, eröffnet aber auch viele Möglichkeiten für potenzielle Verzerrungen in der Gewinn-und-Verlust-Rechnung. Indem die Buchhalter und Finanzexperten verändern, wann Einnahmen verbucht werden und wie Aufwendungen diesen Einnahmen gegenübergestellt werden, können sie den »Gewinn« ordentlich in die Höhe treiben oder absacken lassen – nur durch die Veränderung weniger Annahmen oder Formeln.

Jeder Ursache für potenzielle Verzerrungen in der Gewinn-und-Verlust-Rechnung nachzugehen, sprengt den Rahmen dieses Buches. Falls Sie sich für dieses Thema interessieren, empfehle ich Ihnen dringend *Financial Intelligence for Entrepreneurs* von Karen Berman und Joe Knight mit Co-Autor John Case.

Vermuten Sie, dass Ihr Unternehmen periodengerechte Rechnungslegung benötigt, um eine wahrheitsgetreue Gewinn-und-Verlust-Rechnung zu erstellen, sollten Sie das nicht selbst erledigen. Sprechen Sie so bald wie möglich mit einem Buchführungsexperten oder Finanzanalysten. Je genauer und zuverlässiger Ihre Gewinn-und-Verlust-Rechnung, desto besser können Sie Ihr Unternehmen führen: Das Geld dafür ist gut angelegt.

Link zur Referenz: **personalmba.com/income-statement/**

Die Bilanz

»Wenn Sie sich für den Wert des Geldes interessieren, dann gehen Sie los und versuchen Sie, sich welches zu leihen.«

Benjamin Franklin, amerikanischer Spitzenpolitiker, Wissenschaftler und Universalgelehrter des 18. Jahrhunderts

Eine ***Bilanz*** ist eine Momentaufnahme der Vermögenswerte und Verbindlichkeiten eines Unternehmens zu einem bestimmten Zeitpunkt. Sie können sie auch als Schätzung des Unternehmensvermögens zum Bilanzstichtag betrachten.

Eine Bilanz wird grundsätzlich zu einem bestimmten Stichtag aufgestellt und folgendermaßen berechnet:

Aktiva – Passiva = Eigenkapital

Aktiva sind die Vermögenswerte des Unternehmens: Produkte, Anlagen, Lagerbestände und so weiter. *Passiva* sind seine offenen Verbindlichkeiten: Kredite, Finanzierungen und so weiter. Was übrig bleibt, wenn alle Verbindlichkeiten des Unternehmens beglichen sind, ist das *Eigenkapital*, also das »Vermögen« des Unternehmens.

Bei kleineren Unternehmen ist die Bilanz eine recht einfache Angelegenheit: Sie zählen Ihre Barbestände, rechnen den geschätzten Marktwert aller Ihrer Vermögenswerte hinzu und ziehen davon sämtliche Schulden und laufenden Verbindlichkeiten ab. Et voilà: Fertig ist eine einfache Bilanz.

Bei größeren Unternehmen sieht die Bilanz etwas komplizierter aus und hat mehr Posten, die Sie im Auge behalten müssen. Zu den Aktiva zählen gewöhnlich Kassenbestände, Forderungen aus Lieferungen und Leistungen (also Kredite an Kunden), Lagerbestände, Sachanlagen, Gebäude und Grundstücke. Zu den Passiva gehören normalerweise lang- und kurzfristige Schulden, Verbindlichkeiten aus Lieferungen und Leistungen (Kredite, die Ihnen andere Unternehmen gewährt haben) und sonstige Verpflichtungen. Das Eigenkapital umfasst den Wert der Aktien eines Unternehmens, das Kapital von Investoren sowie einbehaltene Gewinne (solche, die noch nicht an die Aktionäre des Unternehmens ausgeschüttet wurden).

Ausgeglichen ist die Bilanz durch die zweite Berechnungsform, die aus einer Umstellung der ersten Gleichung hervorgeht:

Aktiva = Passiva + Eigenkapital

Diese Berechnung wirkt auf den ersten Blick eigenartig: Warum in aller Welt sollte jemand Verbindlichkeiten und Eigenkapital zusammenrechnen?

Aus folgendem Grund: Nimmt ein Unternehmen Kredit auf, so erhält es den geliehenen Geldbetrag. Dieser geht in die ***Kapitalflussrechnung*** ein, und der Mittelzufluss erweckt den Anschein, als hätte das Unternehmen einen sehr guten Monat verbucht – wenn man darüber hinwegsieht, dass es sich um Fremdmittel handelt. Bei Licht betrachtet, hat sich die Finanzlage der Gesellschaft nicht verändert: Das Unternehmen hat nun mehr Vermögenswerte (in Form liquider Mittel), aber auch eine neue Verbindlichkeit (also mehr Schulden). Das »Vermögen« des Unternehmens bleibt unverändert.

Die zweite Formel ist deshalb nützlich, weil diese Beziehung daraus hervorgeht. Angenommen, Sie gründen ein Unternehmen und leihen sich 10 000 Dollar. Vor der Kreditaufnahme sieht Ihre Bilanz folgendermaßen aus:

0 Dollar = 0 Dollar + 0 Dollar
(Sie haben keine Aktiva, keine Passiva und kein Eigenkapital)

Nach der Kreditaufnahme stellt sich das so dar:

10 000 Dollar = 10 000 Dollar + 0 Dollar
(Sie haben Aktiva in Höhe von 10 000 Dollar,
Passiva in Höhe von 10 000 Dollar und kein Eigenkapital)

Auf beiden Seiten der Bilanz steht dasselbe. Die Bilanz ist grundsätzlich ausgeglichen. Ist das nicht der Fall, haben Sie einen Fehler gemacht.

Da es sich bei einer Bilanz um eine Momentaufnahme handelt, betrachtet man gewöhnlich gleich mehrere Bilanzen nebeneinander. So könnte ein Unternehmen beispielsweise die Bilanzen für den letzten Tag des Geschäftsjahres für die letzten zwei oder drei Jahre vorlegen. Ein Vergleich der Bilanzen macht deutlicher, wie sich die Vermögenswerte, die Verbindlichkeiten und das Eigenkapital im Zeitverlauf verändert haben.

Bilanzen sind wertvoll, weil sie viele wesentliche Fragen zur finanziellen Gesundheit eines Unternehmens beantworten. Durch die Analyse der Bilanz eines Unternehmens können Sie bestimmen, ob das Unternehmen zahlungsfähig ist (also ob seine Vermögenswerte größer sind als seine Verbindlichkeiten), ob es Probleme hat, seine Rechnungen zu zahlen, oder wie sich der Wert des Unternehmens im Zeitverlauf entwickelt hat.

Wie ***Gewinn-und-Verlust-Rechnungen*** stecken auch Bilanzen voller Annahmen und Schätzungen, die bewirken können, dass die Zahlen nicht objektiv ausfallen. Wie viel ist ein Markenname wert? Oder die ***Reputation?*** Welcher Prozentsatz der Forderungen eines Unternehmens aus Lieferungen und Leistungen wird auch beglichen? Wie viel ist der aktuelle Lagerbestand des Unternehmens wert? Und überlesen Sie keinesfalls die Fußnoten: Wenn Sie die Annahmen unter die Lupe nehmen, die hinter den Bilanzposten stehen, verschaffen Sie sich ein klareres Bild von der Stärke des Unternehmens.

Link zur Referenz: **personalmba.com/balance-sheet/**

Finanzkennzahlen

»In der wirklichen Welt sind die Tests allesamt transparent und Ihr Erfolg hängt unweigerlich davon ab, was Sie vom freien Markt lernen.«

Jonathan Rosenberg, ehemaliger Senior Vice President für Produkte bei Google

Haben Sie die grundlegenden Finanzberichte Ihres Unternehmens zusammengestellt, können Sie diese auf ganz unterschiedliche Weisen analysieren. Eine der effektivsten Strategien ist es, eine **Finanzkennzahl** zu berechnen, die zwei wesentliche Elemente Ihres Unternehmens einander gegenüberstellt.

Der große Vorteil von Finanzkennzahlen besteht darin, dass sie es ermöglichen, Unternehmen zu vergleichen. Statt über den Finanzrohdaten zu brüten, können Sie eine Finanzkennzahl anschauen und auf den ersten Blick entscheiden, ob bestimmte Teile des Unternehmens gesund sind oder nicht. Verfolgen Sie, wie sich diese ***Kennzahlen*** über längere Zeiträume entwickeln, können Sie daraus ersehen, wie sich das Unternehmen verändert. Stellen Sie solche Kennzahlen den Durchschnittswerten einer Branche gegenüber, können Sie leichter erkennen, ob sich das Unternehmen branchenkonform entwickelt oder ob etwas im Argen liegt.

Rentabilitätskennzahlen sagen etwas über die Fähigkeit eines Unternehmens aus, ***Gewinne*** zu erzielen. Je höher der Umsatz und je niedriger die Kosten, desto höher die Rentabilitätskennzahlen. Über die ***Gewinnmarge*** haben wir bereits gesprochen. Sie ist eine ganz einfache Rentabilitätskennzahl. Die Gesamtkapitalrendite wird berechnet, indem der Nettogewinn durch das Gesamtvermögen geteilt wird. Sie verrät, wie viel Prozent eines jeden in das Unternehmen investierten Dollars als Gewinn abfallen.

Fremdkapitalkennzahlen zeigen, wie Ihr Unternehmen Fremdmittel einsetzt. Der »Verschuldungsgrad«, der berechnet wird, indem Sie die Gesamtverbindlichkeiten durch das Eigenkapital teilen, gibt Aufschluss darüber, wie viele Dollar sich ein Unternehmen für jeden Dollar Eigenkapital geliehen hat. Fällt diese Kennzahl hoch aus, signalisiert das eine hohe ***Verschuldung***, was ein schlechtes Zeichen sein könnte. Andere Kennzahlen wie die »Zinsdeckung« berechnen, wie hoch der Anteil am Gewinn des Unternehmens ist, der für Sollzinsen verwendet werden muss.

Liquiditätskennzahlen geben Auskunft über die Fähigkeit eines Unternehmens, seine Rechnungen zu begleichen. Ein Liquiditätsengpass ist ein schwerwiegendes Problem. Deshalb lässt sich anhand der Liquidität zweiten (einzugsbedingte Liquidität; kurzfristige Vermögenswerte abzüglich Vorräte, geteilt durch kurzfristige Verbindlichkeiten) und dritten Grades (Liquiditätskoeffizient, umsatzbedingte Liquidität; kurzfristige Vermögenswerte, geteilt durch kurzfristige Verbindlichkeiten) leichter bestimmen, ob ein Unternehmen schon kurz vor dem Konkurs steht oder ob es auf flüssigen Mitteln sitzt, statt Geld in Wachstum oder Sanierung zu investieren.

Effizienzkennzahlen geben Aufschluss darüber, wie gut ein Unternehmen seine Aktiva und Passiva managt. Am häufigsten finden Sie bei der Bestandsverwaltung Anwendung: Hält ein Unternehmen zu geringe Lagerbestände vor, ist das schlecht. Zu hohe Bestände sind aber auch nicht gut. Berechnungen dazu, wie viele Tage ein Artikel durchschnittlich vorgehalten wird, wie lange es dauert, den vorhandenen Lagerbestand abzuverkaufen und wie hoch die durchschnittliche Außenstandsdauer von Kundenforderungen ausfällt – ein Maßstab dafür, wie lange es dauert, bis das Geld für verkaufte Produkte vereinnahmt ist –, liefern nützliche Informationen, wenn Veränderungen an der Produktion vorgenommen, vorhandene Lagerbestände verwaltet und künftige Investitionen geplant werden sollen.

Es gibt Tausende von Finanzkennzahlen. Sie alle anzusprechen, würde den Rahmen dieses Buches sprengen. Finanzanalysten bedienen sich in der Regel je nach Branche einer kleinen Auswahl maßgeblicher Kennzahlen: So ist es beispielsweise für einen Herrenfriseur wenig sinnvoll, den Lagerumschlag zu berechnen – es sei denn, er verkauft in seinem Salon auch Haarpflegeprodukte. Für jedes Unternehmen gibt es ein paar wesentliche Kennzahlen, die berücksichtigt werden sollten. Es lohnt sich, genau zu recherchieren, welche Kennzahlen für Ihre Branche relevant sind.

Auf weitere Kennzahlen gehen wir im zehnten Kapital noch ein. Diese Methode ist in vielen Bereichen hilfreich, nicht nur im Finanzwesen. Für den Moment genügt es aber, wenn Sie sich merken, dass Finanzkennzahlen ein nützliches Hilfsmittel sind, um zeitsparend Gewinn, Verschuldung, Liquidität und Effizienz auf den Prüfstand zu stellen.

Link zur Referenz: **personalmba.com/financial-ratios/**

Kosten-Nutzen-Analyse

»Ich muss in diesem Fall zunächst die klaren physischen Fakten prüfen, feststellen, was möglich ist, und in Erfahrung bringen, was klug und richtig erscheint. Das Thema ist heikel und es herrscht darüber auch unter klugen Köpfen keine Einigkeit.«

Abraham Lincoln, 16. Präsident der Vereinigten Staaten

Der Sinn der Finanzanalyse besteht nicht etwa darin, eindrucksvolle Tabellen zu erstellen, sondern vielmehr darin, bessere Entscheidungen zu treffen. Führen Ihre Datenanalysen nicht zu Verbesserungen, sind sie reine Zeitverschwendung. Im Finanzwesen geht es im Grunde darum, potenzielle Maßnahmen zu prüfen, die verfügbaren Daten heranzuziehen und dann zu beschließen, ob etwas getan werden muss – und wenn ja, was.

Die ***Kosten-Nutzen-Analyse*** beschreibt den Prozess, potenzielle Veränderungen an Ihrem Unternehmen zu untersuchen, um festzustellen, ob die Vorteile die entstehenden Kosten aufwiegen. Statt auf eine Veränderung spontan zu reagieren, sollten Sie diese lieber distanziert betrachten, um die faktisch mit der Maßnahme verbundenen Kosten zu evaluieren und sich zu überlegen, ob Sie wirklich der Meinung sind, dass Sie Ihre begrenzten Zeit-, Kraft- und sonstigen Ressourcen auch optimal verwenden.

Bei der Durchführung einer Kosten-Nutzen-Analyse kommt es darauf an, Kosten und Vorteile zu berücksichtigen, die nicht ausschließlich finanzieller Natur sind. Auch Kosten, die nicht wirtschaftlicher Natur sind, etwa in Bezug auf den Spaßfaktor, können wesentlichen Einfluss darauf nehmen, ob sich ein Projekt lohnt oder nicht. Ein gutes Beispiel dafür ist die berühmte Google-Kantine: Das Unternehmen verköstigt seine Beschäftigten rund um die Uhr gratis wie im Schlaraffenland. Diese Strategie erscheint zunächst äußerst kostspielig –

wenn man ihren Nutzen außer Acht lässt: Indem das Unternehmen Frühstück, Mittagessen, Abendessen und Zwischenmahlzeiten anbietet, ermuntert es seine Leute dazu, so viel Zeit wie möglich am Arbeitsplatz zu verbringen. Den Kosten stehen gesteigerte Produktivität und mehr Zusammenhalt im Team gegenüber – ebenfalls wichtige Faktoren.

Ähnliche Vorteile kann es bringen, chronischen Frust und kleine Ineffizienzen zu beseitigen. Ich habe unlängst ein paar Hundert Dollar investiert, um die Festplatte meines Computers mit einem Solid-State-Laufwerk (SSD) aufzurüsten, das sechsmal so schnell ist. Meine Anwendungen und Programme starten jetzt in weniger als einer Sekunde – ich muss nicht mehr fünf oder zehn Sekunden warten. Das klingt nicht nach viel, doch kleine Verbesserungen ***potenzieren*** sich mit der Zeit. Ich arbeite die meiste Zeit am Computer, und da macht das viel aus. Ich bin zufriedener und schaffe mehr: Die Investition hat sich daher gelohnt.

Vor einer Entscheidung sollten Sie stets die gesamten Kosten und den kompletten Nutzen bewerten. Damit stellen Sie sicher, dass Sie Ihr Geld möglichst effektiv ausgeben.

Link zur Referenz: **personalmba.com/cost-benefit-analysis/**

Die vier Methoden zur Umsatzsteigerung

»Geld ist im Überfluss vorhanden für jeden, der die einfachen Gesetze beherrscht, die regeln, wie man dazu kommt.«

George S. Clason, *Der reichste Mann von Babylon*

Unglaublich, aber wahr: Es gibt nur vier Möglichkeiten, den Umsatz Ihres Unternehmens zu steigern:

1. Sie bedienen mehr Kunden.
2. Sie steigern das Durchschnittsvolumen jeder ***Transaktion,*** indem Sie mehr verkaufen.
3. Sie steigern die Transaktionsfrequenz pro Kunde.
4. Sie erhöhen Ihre Preise.

Stellen Sie sich vor, Sie betreiben ein Restaurant und möchten damit mehr Umsatz erzielen. Dazu wenden Sie vorstehende Strategien folgendermaßen an:

Mehr Kunden zu bedienen bedeutet, Sie müssen versuchen, mehr Menschen in Ihr Lokal zu bekommen. Das ist eine ziemlich klare Sache: Mehr Gäste im Restaurant bedeuten mehr Rechnungen, was (davon ausgehend, dass die durchschnittliche Transaktion gleich bleibt) mehr Geld bringt.

Um das Durchschnittsvolumen der einzelnen Transaktionen zu steigern, müssen Sie jeden Kunden dazu animieren, mehr zu konsumieren. Das geschieht häufig durch einen Prozess namens »Upselling«. Bestellt ein Gast ein Gericht, bieten Sie ihm dazu noch eine Vorspeise, ein Getränk und ein Dessert an. Je mehr er bestellt, desto mehr muss er bezahlen – und desto höher Ihr Umsatz.

Die Transaktionsfrequenz pro Kunde steigern Sie, indem Sie Ihre Gäste dazu bringen, häufiger bei Ihnen einzukehren. Kommt der durchschnittliche Gast einmal im Monat, dann erhöht sich Ihr Umsatz, wenn Sie ihn dazu veranlassen können, Ihr Lokal künftig jede Woche aufzusuchen. Je häufiger ein Kunde kommt, desto mehr Umsatz erwirtschaftet Ihr Restaurant – immer unter der Voraussetzung, dass sich das Durchschnittsvolumen der einzelnen Transaktionen nicht verändert.

Erhöhen Sie die Preise, erzielen Sie mit jeder Bestellung eines Kunden mehr Umsatz. Vorausgesetzt, Ihr Volumen, die durchschnittliche Transaktion und die Frequenz verändern sich nicht, bedeuten höhere Preise, dass Sie mit demselben Aufwand mehr Umsatz erzielen.

Denken Sie an dieser Stelle daran, was wir über ***Qualifizierung*** gelernt haben: Nicht jeder Kunde ist auch ein guter Kunde. Manche Kunden kosten Sie viel Zeit, Kraft und Ressourcen und bringen Sie Ihrem angestrebten Ergebnis nicht näher. Wenden Sie viel Energie auf, um Kunden zu bedienen, die sich nur selten blicken lassen, im Durchschnitt wenig umsetzen, Sie nicht weiterempfehlen und sich auch noch über Ihre Preise beschweren, ist es nicht ratsam, weitere solche Kunden anzuwerben.

Konzentrieren Sie sich stets darauf, Ihre idealen Kunden gut zu bedienen. Diese kaufen schnell, oft, geben am meisten aus, empfehlen Sie weiter und sind bereit, für den Mehrwert, den Sie ihnen bieten, einen Aufpreis zu zahlen.

Je mehr solcher Idealkunden Sie anwerben können, desto besser fürs Geschäft.

Link zur Referenz: **personalmba.com/4-methods-to increase-revenue/**

Preismacht

»Wie stark ein Unternehmen ist, lässt sich über längere Zeit hinweg daran ablesen, wie schwer es ihm fällt, seine Preise zu erhöhen.«

Warren Buffett, Chairman und CEO von Berkshire Hathaway und einer der reichsten Männer der Welt

Stellen Sie sich vor, Sie würden Ihre derzeitigen Preise verdoppeln. Kostet Sie das weniger als die Hälfte Ihrer Kunden, dürfte es vermutlich eine gute Idee sein.

Unter ***Preismacht*** ist Ihre Fähigkeit zu verstehen, im Zeitverlauf die Preise zu erhöhen, die Sie berechnen. Je weniger Wert Sie abschöpfen, desto größer Ihre Preismacht. Es kostet Zeit, Kraft und Ressourcen, Kunden zu bedienen – je mehr Sie an jedem Kunden verdienen, desto besser steht Ihr Unternehmen da. Ihre Preise anzuheben, kann Ihnen helfen, Ihr Ergebnis zu maximieren und dabei Ihren Einsatz und Ihre Investitionen zu minimieren.

Preismacht ist eng mit einem Konzept verwandt, das die Ökonomen als »Preiselastizität« bezeichnen. Reagieren Ihre Kunden sehr empfindlich auf die von Ihnen verlangten Preise, dann werden Sie viele Kunden verlieren, wenn Sie die Preise auch nur geringfügig anheben. Das heißt, die Nachfrage ist »elastisch«. Gute Beispiele dafür sind etablierte Märkte für Massenprodukte wie Zahnpasta: Solange Sie nicht in der Lage sind, etwas Neues, Einzigartiges zu entwickeln, auf das die Verbraucher dringend gewartet haben, sind Preiserhöhungen ein sicherer Weg, dafür zu sorgen, dass keiner mehr Ihr Produkt kauft, sondern alle zur Konkurrenz abwandern.

Sind Ihre Kunden gar nicht preissensibel, könnten Sie Ihre Preise auch vervierfachen und würden trotzdem weiter dieselben Mengen absetzen. Nehmen Sie beispielsweise Luxusgüter, die Kunden kaufen, weil es teure ***Statussignale*** sind, deren Exklusivität auf ihren hohen Kosten beruht. Steigen die Preise für Designerhandtaschen, Premiumbekleidung oder edle Uhren, dürften diese eher noch *begehrter* werden.

Ökonomen verwenden ihre Zeit gerne darauf, die Preiselastizität grafisch darzustellen und zu berechnen. Dabei ist das gar nicht notwendig – solange dafür nicht bereits genaue ***Normwerte*** vorliegen, wissen Sie erst, wie es um Ihre Preismacht bestellt ist, wenn Sie Ihre Preise verändern und beobachten, was dann passiert. Sofern Sie aber kein etablierter Akteur auf einem großen, aktiven Markt sind (und in diesem Fall auf Normwerte zurückgreifen können), hat es glücklicherweise nur sehr selten bleibende Effekte, wenn Sie Ihre Preise verändern – es sei denn, Ihre Preise werden breit veröffentlicht und kritisch geprüft. Was für Sie funktioniert, können Sie durch Experimente herausfinden.

Preismacht ist so wichtig, weil Sie nachteilige Auswirkungen von Inflation und Kostensteigerungen wettmachen können, indem Sie Ihre Preise heraufsetzen. Historisch gesehen, verlieren von Regierungen ausgegebene Währungen in aller Regel mit der Zeit an Wert. Es liegen viele effektive Anreize für Staatsvertreter vor, mehr von der jeweiligen Währung in Umlauf zu bringen, was die ***Kaufkraft*** der Währung aber verringert.

Infolgedessen werden mehr Einheiten der betreffenden Währung benötigt, um dieselben Produkte und Dienstleistungen zu kaufen, die Sie brauchen, um im Geschäft zu bleiben. Das wiederum erhöht den Finanzbedarf Ihres Unternehmens, um ***Suffizienz*** zu erreichen. Ohne entsprechende Preismacht ist Ihr Unternehmen möglicherweise nicht in der Lage, angesichts höherer Aufwendungen seine Suffizienz zu erhalten.

Je höher die Preise, die Sie verlangen können, desto leichter ist es, Gewinnsuffizienz zu wahren. Haben Sie die Wahl, sollten Sie sich für einen Markt entscheiden, auf dem Sie Preismacht besitzen – dann wird es langfristig wesentlich einfacher, die Suffizienz aufrechtzuerhalten.

Link zur Referenz: **personalmba.com/pricing-power/**

Customer Lifetime Value

»Ein Kunde ist nicht einfach dafür da, mit ihm ein Geschäft abzuschließen. Ein Kunde ist dafür da, einen neuen Kunden zu gewinnen.«

Bill Glazer, Werbefachmann

Stellen Sie sich vor, Sie betreiben einen Limonadenstand an der Straße in einem beliebten Touristenort. Dort kostet ein Becher Limonade einen Dollar. Möglicherweise haben Sie viele Abnehmer, doch bei diesen handelt es sich durchweg um Laufkundschaft – vermutlich werden Sie sie nie wiedersehen.

Vergleichen Sie dieses Szenario mit dem Versicherungsgeschäft: Angenommen, der durchschnittliche Versicherungskunde zahlt für eine Risikolebensversicherung 200 Dollar Beitrag im Monat – also 2400 Dollar pro Kunde und Jahr. Bleibt der typische Kunde über die gesamte Laufzeit von 30 Jahren bei ein und derselben Versicherungsagentur, entfallen auf jeden Kunden über die gesamte

Lebensdauer der Geschäftsbeziehung zu der Gesellschaft 72 000 Dollar an Prämienzahlungen. Ein gewaltiger Unterschied.

Der ***Customer Lifetime Value*** ist der Gesamtwert des Geschäfts, den ein Kunde Ihrem Unternehmen bringt, solange Ihre Geschäftsbeziehung dauert. Je mehr ein Kunde bei Ihnen kauft und je länger er Ihnen treu bleibt, desto wertvoller ist dieser Kunde für Ihr Unternehmen.

Einer der Gründe, warum sich ***Abomodelle*** so rentieren: Sie maximieren den Customer Lifetime Value. Statt mit einem Kunden ein Geschäft abzuschließen, fokussieren sich Unternehmen mit Abomodellen darauf, so lange wie möglich Wertbeiträge zu leisten – und Einnahmen zu erwirtschaften. Je länger ein Kunde sein Abo weiterführt und je mehr er dafür bezahlt, desto höher sein Lifetime Value.

Je höher Ihr durchschnittlicher Customer Lifetime Value, desto besser ist Ihr Unternehmen aufgestellt. Wenn Sie wissen, wie viel Ihre Kunden im Durchschnitt bei Ihnen kaufen und über welchen Zeitraum, können Sie jedem Neukunden einen konkreten Wert zuordnen. Auf dieser Grundlage können Sie strategisch kluge Entscheidungen treffen. Verliert Ihr Limonadenstand einen Kunden, ist das nicht weiter schlimm. Für die Versicherungsgesellschaft sieht die Rechnung ganz anders aus.

Alles in allem ist es weit besser, auf Märkten tätig zu sein, auf denen Kunden einen hohen Lifetime Value aufweisen. Je höher der Lifetime Value Ihrer Kunden, desto mehr können Sie tun, um diese zufriedenzustellen, und desto stärker können Sie sich darauf fokussieren, Ihre Kunden gut zu betreuen. Pflegen Sie langfristige Beziehungen zu rentablen Kunden und Sie haben gewonnen.

Link zur Referenz: **personalmba.com/lifetime-value/**

Akzeptable Akquisekosten

»Jedes Unternehmen kann sich mit einer negativen Gewinnmarge höhere Absatzzahlen erkaufen. Genauso gut könnten Sie sich aber an die Ecke stellen und den Leuten 20-Dollar-Scheine in die Hand drücken, bis Sie pleite sind.«

Morris Rosenthal, Verleger

Kommen wir noch einmal auf den Limonadenstand zurück: Wie viel Geld könnten Sie ausgeben, um einen einzigen zahlenden Kunden für Ihren Stand zu gewinnen? Nicht viel – schließlich nehmen Sie ja nur einen Dollar pro Becher ein. Sie können es sich daher nicht leisten, größere Summen auszugeben, um einzelne Kunden anzuwerben.

Die Versicherungsgesellschaft dagegen muss sich überlegen: Beträgt der ***Lifetime Value*** eines Kunden 72 000 Dollar, wie viel kann sie dann springen lassen, um einen Neukunden zu gewinnen? Auf jeden Fall deutlich mehr.

Es kostet Zeit und Ressourcen, Aufmerksamkeit auf sich zu ziehen und potenzielle Kunden für sich zu interessieren. Kennen Sie den Lifetime Value eines Interessenten, können Sie sich ausrechnen, wie viel Zeit und Mittel Sie höchstens aufwenden sollten, um diesen als Kunden zu akquirieren.

Die ***akzeptablen Akquisekosten (AAK)*** stellen die Marketingkomponente des Lifetime Value dar. Je höher dieser im Durchschnitt ausfällt, desto mehr können Sie ausgeben, um neue Kunden anzuwerben und dafür zu sorgen, dass Ihr Angebot auf neuen Wegen bekannt wird.

Hat ein Kunde einen hohen Lifetime Value, können Sie mit dem ersten Geschäft ruhig Geld in den Sand setzen. Guthy-Renker vertreibt ein Produkt zur äußerlichen Anwendung und Behandlung von Akne: Proactiv. Dafür wirbt das Unternehmen mit langen Infomercials im Fernsehen und das ist teuer. Es werden eigens Prominente als Werbeträger angeheuert und Millionen für die Produktion und Ausstrahlung ausgegeben. Auf den ersten Blick erscheint das wenig sinnvoll: Erstkäufern wird das Produkt für einen »sehr, sehr niedrigen« Preis von 20 Dollar angeboten. Verliert das Unternehmen mit dieser Strategie nicht eine Menge Geld?

Die Antwort lautet: ***Abomodell.*** Kauft ein Kunde Proactiv, dann ersteht er nicht etwa eine Einzelflasche Gesichtslotion, sondern eine Flasche pro Monat gegen regelmäßige Zahlungen. Der Lifetime Value eines neuen Proactiv-Kunden ist so hoch, dass es keine Rolle spielt, ob Guthy-Renker mit der ersten Flasche in die Miesen kommt – das Unternehmen verdient sehr gut, selbst wenn es mit ein paar wenigen Kunden Geld verliert, die aus dem Abo aussteigen.

Das erste Geschäft wird manchmal auch als »Lockvogelangebot« bezeichnet – eine attraktive Offerte, die eine Beziehung zu einem Neukunden begründen soll. So animieren Banken und Finanzdienstleister interessante potenzielle Kunden häufig zur Eröffnung eines Kontos, indem sie ihnen Gebührenverzichte, Geschenke oder manchmal sogar Geldbeträge im Wert von mehreren Hundert Dollar anbieten.

Das kostet sie womöglich die Jahreseinnahmen aus dem Abogeschäft, doch am Ende verdient das Unternehmen doch gut, wenn es den **Lifetime Value** der einzelnen Kunden zugrunde legt. Bringt jeder neue Kunde ein paar zigtausend Dollar künftiger Einnahmen, dann ist es durchaus sinnvoll, ein paar Hundert Dollar auszugeben, um ihn zu gewinnen.

Um die akzeptablen Akquisekosten auf Ihrem Markt zu kalkulieren, müssen Sie Ihre angestrebte ***Gewinnmarge*** kennen. Setzen Sie den durchschnittlichen Lifetime Value Ihrer Kunden an, ziehen Sie davon Ihre Kosten für den ***Wertschöpfungsstrom*** ab – die ***variablen Kosten,*** die anfallen, um dem Kunden über die gesamte Dauer der Geschäftsbeziehung den versprochenen Wert zu liefern. Im Anschluss bringen Sie noch die ***Gemeinkosten*** in Abzug, geteilt durch Ihren gesamten Kundenstamm – diese entsprechen den ***Fixkosten,*** die Sie aufbringen müssen, um so lange im Geschäft zu bleiben: also Ihrem Nettoergebnis vor Marketingaufwendungen. Multiplizieren Sie den Lifetime Value mit Ihrer angepeilten Gewinnmarge und ziehen Sie das Resultat vom Nettoergebnis vor Marketingaufwendungen ab. Schon haben Sie Ihre maximal akzeptablen Akquisekosten.

Hier ein Beispiel: Liegt der durchschnittliche Lifetime Value Ihrer Kunden über fünf Jahre bei 2000 Dollar und die Kosten für Wertschöpfung und Wertbeitrag betragen 500 Dollar, bleiben Ihnen 1500 Dollar Umsatz pro bedientem Kunden. Nehmen wir an, Ihre Gemeinkosten liegen für denselben Fünfjahreszeitraum bei 500 000 Dollar und Sie haben 500 Kunden, die Fixkosten von 1000 Dollar pro Kunde verursachen. Dann bleiben Ihnen vor Marketingaufwendungen 500 Dollar netto. Zielen Sie auf eine Gewinnmarge von mindestens 15 Prozent ab, können Sie es sich leisten, bis zu 200 Dollar pro Kunde für das Marketing auszugeben (500 Dollar – 0,15 × 2000 Dollar = 200 Dollar). Treffen Ihre Annahmen zu, ist jeder Kunde, den Sie für 200 Dollar oder weniger anwerben können, sein Geld wert. Damit haben Sie klare Budgetvorgaben für Ihre künftigen Marketingkampagnen.

Je höher der Lifetime Value Ihrer Kunden, desto höher sind auch die akzeptablen Akquisekosten. Je mehr ein Neukunde für Ihr Unternehmen wert ist, desto mehr Geld können Sie auch ausgeben, um neue Kunden anzuwerben und zufriedenzustellen.

Link zur Referenz: **personalmba.com/allowable-acquisition-cost/**

Gemeinkosten

»Hüten Sie sich vor kleinen Aufwendungen. Schon ein kleines Leck kann ein großes Schiff zum Kentern bringen.«

Benjamin Franklin, amerikanischer Spitzenpolitiker, Wissenschaftler und Universalgelehrter des 18. Jahrhunderts

Je höher Ihre Miete oder Hypothekenrate, desto mehr Geld brauchen Sie jeden Monat, um Ihre Kosten zu decken. Dasselbe Grundprinzip gilt auch für Unternehmen.

Die ***Gemeinkosten*** geben an, wie viel ein Unternehmen mindestens laufend zur Verfügung haben muss, um den Betrieb weiterzuführen. Dazu gehört alles, was Sie jeden Monat brauchen, um Ihr Unternehmen zu betreiben – ungeachtet dessen, ob Sie Umsatz erzielen: Personalkosten, Miete, Wasser, Strom und Gas, Reparaturen von Anlagen und so weiter.

Je niedriger Ihre Gemeinkosten, desto weniger Umsatz muss das Unternehmen erzielen, um weiterzulaufen, und desto schneller erreichen Sie den Punkt Ihrer finanziellen ***Suffizienz.*** Wer weniger ausgibt, muss auch nicht so viel verdienen, um seine Kosten zu decken.

Die Gemeinkosten sind eine entscheidende Kennzahl, die Sie unbedingt im Auge behalten sollten, wenn Sie Ihr Unternehmen mit einem fixen ***Kapitalbetrag*** aufbauen. Risikokapitalgeber und andere Investoren können »Seed-Kapital« beisteuern – einen festen Geldbetrag, den Sie für die Gründung Ihres Unternehmens verwenden können. Je mehr solches Kapital Sie einwerben und je langsamer Sie es ausgeben, desto mehr Zeit haben Sie, Ihr Unternehmen zum Laufen zu bringen.

Je schneller Sie Ihr Kapital »verbrennen«, desto mehr müssen Sie einwerben und desto schneller müssen Sie Erträge erwirtschaften. Haben Sie Ihr gesamtes Start-up-Kapital verheizt und bekommen nicht mehr davon, dann ist das Spiel für Sie aus. Aus diesem Grund haben Investoren und kluge Unternehmer die »Burn Rate« des Unternehmens stets genau im Blick – je langsamer Ihr Unternehmen Geld ausgibt, desto mehr Zeit bleibt Ihnen, um ein nachhaltiges Geschäftsmodell zu finden.

Je niedriger Ihre Gemeinkosten, desto flexibler sind Sie und desto leichter wird es, Ihren Geschäftsbetrieb aufrechtzuerhalten.

Link zur Referenz: **personalmba.com/overhead/**

Kosten: Fixkosten und variable Kosten

»Achten Sie nur auf die Kosten – dann kommt der Gewinn von ganz allein.«

Andrew Carnegie, Industrieller des 19. Jahrhunderts

In der Wirtschaft gibt es ein altes Sprichwort: Man muss Geld ausgeben, um Geld zu verdienen. Diese Aussage trifft nur bedingt zu, denn nicht alle Ausgaben sind gleich.

Fixkosten fallen ungeachtet dessen an, wie viel Wert Sie generieren. Ihre ***Gemeinkosten*** sind Fixkosten: Ganz gleich, was Sie in einem bestimmten Monat tun, Sie müssen Ihre Angestellten bezahlen und die Miete für Ihr Büro überweisen.

Variable Kosten richten sich nach der Höhe der Wertschöpfung. Stellen Sie beispielsweise Baumwoll-T-Shirts her, dann brauchen Sie umso mehr Stoff, je mehr Stück Sie produzieren. Rohstoffe, verbrauchsabhängige Rechnungen von Versorgungsbetrieben und produktionsabhängige Stundenlöhne für Fabrikarbeiter sind variable Kosten.

Verringerungen bei den Fixkosten ***kumulieren*** sich. Verringerungen bei den variablen Kosten ***erhöhen*** sich durch das Volumen. Können Sie 50 Dollar im Monat an Ihrer Telefonrechnung sparen, dann belaufen sich die Einsparungen auf 600 Dollar im Jahr. Sparen Sie dagegen 0,50 Cent an jedem produzierten T-Shirt, fallen für 1000 T-Shirts 500 Dollar weniger Kosten an.

Je besser Ihr Durchblick bei den Kosten, desto wahrscheinlicher ist es, dass Sie Möglichkeiten finden, so viel Wert wie möglich zu erzeugen, ohne Ihre gesamten Einnahmen wieder auszugeben.

Link zur Referenz: **personalmba.com/costs-fixed-variable/**

Die schleichende Verschlechterung

»Qualität, Qualität, Qualität: Gehen Sie nie davon ab, auch wenn Sie nicht wissen, woher Sie das Geld nehmen sollen, um daran festzuhalten. Machen Sie dabei Kompromisse, werden Sie zur Massenware, und das ist Ihr Todesurteil.«

Gary Hirshberg, Mitgründer von Stonyfield Farm

Sie werden es kaum glauben, aber viele der Schokoladenprodukte in den Süßwarenabteilungen der Supermärkte sind nicht mehr aus »Milchschokolade«, sondern im Grunde Bonbons mit Schokoladengeschmack. Wie bitte?

Um hochwertige Schokolade zu produzieren, müssen Sie hochwertige Kakaobohnen kaufen, die gemahlen werden, um Kakaobutter zu erzeugen. Die Kakaobutter wird im Anschluss mit Zucker, Wasser und Emulgatoren vermengt, die bewirken, dass die in der Kakaobutter enthaltenen Öle an dem wassergesättigten Zucker »halten«. Die flüssige Masse wird anschließend erhitzt, in Formen gegossen und abgekühlt – und fertig ist die Schokolade.

Über die Jahre beschlossen Hersteller aus dem Massenmarkt für Schokoladenprodukte, billigere Zutaten zu verwenden, um die Kosten zu drücken und ihre ***Gewinnmargen*** zu erhöhen. Statt hochwertige Kakaobohnen zu kaufen, griffen sie zu billigeren Bohnen fragwürdiger Herkunft – wer würde das schon merken? Später ersetzten sie die Kakaobutter durch Pflanzenöle – und zwar in solchem Umfang, dass ihnen die Nahrungsmittelbehörden untersagten, ihre Erzeugnisse weiterhin als »Milchschokolade« zu bezeichnen. Sie verwendeten immer mehr Emulgatoren, Konservierungsmittel und andere chemische Zusätze, damit die Zombie-Schokolade nicht auseinanderfiel und im Regal ewig haltbar war.

Klingt richtig appetitlich, nicht wahr?

Geld zu sparen, bringt Sie nicht weiter, wenn darunter die Qualität Ihres Angebots leidet. Bei der Schokolade sah es zunächst nicht so aus, als würden sich diese »Kostensparmaßnahmen« stark auf die Qualität auswirken – der ***Kompromiss*** schien sich zu lohnen. Mit der Zeit litten aber Geschmack und Qualität der Produkte unter den kumulierten Effekten. Das merkten die Menschen – und die Hersteller ebenfalls: Inzwischen kann man »Premium«-Versionen kaufen, die die ursprünglichen hochwertigen Zutaten enthalten.

Die Fachleute aus dem Finanz- und Rechnungswesen stehen deshalb im Ruf der Erbsenzählerei, weil sie sich vornehmlich darauf fokussieren, die Kosten zu senken – die Aufwendungen zu verringern, damit ein Angebot oder das ganze Unternehmen rentabler wird. Kosteneinsparungen können Ihnen helfen, Ihre Gewinnmarge zu steigern, kommen Sie aber oft teuer zu stehen: durch die ***schleichende Verschlechterung*** Ihres Angebots.

Wollen Sie Ihre Rentabilität steigern, dann kommen Sie mit Kostensenkungen allein nicht weit. Wertschöpfung und Wertbeitrag werden *immer* Geld kosten. Ihre Möglichkeiten, die Kosten zu senken, sind daher nach unten begrenzt, wenn sich Ihr Wertangebot dadurch nicht verringern soll. Einschnitte bei Kosten, die überflüssig oder unnötig sind, sind immer eine gute Idee, doch früher oder später drücken sie auf den ***Ertrag.*** Passen Sie daher auf, dass Sie das Kind nicht mit dem Bade ausschütten.

Eine bessere Möglichkeit, Ihr Nettoergebnis zu steigern, sind mehr Wertschöpfung und höhere Wertbeiträge. Weniger als nichts können Sie nicht ausgeben, doch wie viel Wertbeitrag Sie leisten und wie viel Sie dafür einnehmen können, ist nach oben unbegrenzt.

Achten Sie auf Ihre Kosten, aber unterminieren Sie dabei nicht den Grund, aus dem Kunden überhaupt bei Ihnen kaufen.

Link zur Referenz: **personalmba.com/incremental-degradation/**

Die Gewinnschwelle

»Es ist ungewöhnlich, ja sogar anormal, wenn ein Unternehmen in den ersten Jahren seines Bestehens Gewinn erzielt. Kein Produkt und keine Organisation sind von Anfang an so, wie sie sein sollten.«

Harvey S. Firestone, Gründer der Firestone Tire and Rubber Company

Nehmen wir an, Ihr Unternehmen bringt im Monat 100 000 Dollar ein und Sie haben monatliche Betriebsausgaben von 50 000 Dollar. Verdienen Sie dann Geld?

Das hängt davon ab.

Gründen Sie ein neues Unternehmen, dauert es oft einige Zeit, bis Sie mehr Geld einnehmen können, als Sie ausgeben. Sie müssen Systeme entwickeln, Personal einstellen und schulen und Marketingmaßnahmen starten, bevor erste Umsätze erzielt werden. In der Anlaufphase summieren sich diese Aufwendungen.

Angenommen, Ihr hypothetisches Unternehmen benötigt für die Gründungsphase die monatlichen Aufwendungen eines ganzen Jahres – also 600 000 Dollar. Sobald das Unternehmen jeden Monat 50 000 Dollar mehr einnimmt, als es braucht, um die Betriebskosten zu decken, kann es damit anfangen, die Erstinvestition wieder hereinzuholen.

Die ***Gewinnschwelle*** ist erreicht, wenn der von Ihrem Unternehmen bis dato erzielte Gesamtumsatz den im selben Zeitraum angefallenen Aufwendungen entspricht – also an dem Punkt, an dem Ihr Unternehmen Vermögen aufbaut, statt es aufzuzehren. Angenommen, das Unternehmen nimmt weiterhin jeden Monat 100 000 Dollar ein und die Kosten bleiben gleich – dann dauert es zwölf Monate, bis die Erstinvestition wieder hereingeholt ist. Danach verdient das Unternehmen Geld. Davor *sieht es nur so aus*, als würde es rentabel arbeiten.

Ihre Gewinnschwelle verschiebt sich von Monat zu Monat. Die Einnahmen schwanken ebenso wie die Ausgaben. Doch ab dem Zeitpunkt, an dem Ihr Unternehmen seinen Betrieb aufnimmt, laufend darüber Buch zu führen, wie viel Sie ausgeben und wie viel Sie einnehmen, ist die einzige Möglichkeit zu erfahren, ob Sie Geld verdient haben oder nicht.

Je mehr Sie laufend einnehmen und je weniger Sie dabei ausgeben, desto schneller erreichen Sie die Gewinnschwelle, sodass sich Ihr Unternehmen selbst erhalten kann.

Link zur Referenz: **personalmba.com/breakeven/**

Abschreibungen

»Fragen Sie sich bei allem, was Sie tun: Bringt mir das noch mehr Probleme? Ist es für mich ein Segen oder eher eine Belastung?«

Alfred A. Montapert, Autor von *The Supreme Philosophy of Man: The Laws of Life*

Sie haben das Spielzeug des Jahrhunderts erfunden: ein Plüschtier, das wie ein echter Hund aussieht und agiert, aber kein Futter und kein Wasser braucht und nachts nicht rausmuss. Die Kinder reißen sich um Ihren ***Prototyp,*** und die Eltern zücken bereitwillig ihre Kreditkarten, um sicherzugehen, dass sie auch sofort zum Zuge kommen, wenn das Produkt verfügbar ist. So viel ist sicher: Sie werden das Produkt millionenfach verkaufen.

Die Sache hat nur einen Haken: Um die Hundeimitationen zu bezahlbaren Preisen auf den Markt zu bringen, müssen Sie eine große Fabrik bauen, die mindestens 100 Millionen Dollar kostet. Sie haben nicht annähernd so viel auf der Bank – das ist ja auch eine ganze Menge Geld. Wie können sich Unternehmen etwas so Teures wie eine Fabrik leisten und trotzdem Geld verdienen?

Unter ***Abschreibung*** ist der Prozess zu verstehen, die Kosten einer größeren Anschaffung über ihre geschätzte Nutzungsdauer zu verteilen. Im Falle der Hundefabrik wollen wir davon ausgehen, dass diese über ihre Lebensdauer zehn Millionen Stück produzieren kann. Auf Pro-Stück-Basis verringern sich die Kosten der Fabrik auf 10 Dollar. Wenn Sie jedes hergestellte Plüschtier für 100 Dollar verkaufen können, könnte eine ausgesprochen ansehnliche ***Gewinnmarge*** dabei herausspringen.

Abschreibungen können Ihnen helfen zu ermitteln, ob eine größere Anschaffung auch eine gute Idee ist. Solange Sie einigermaßen verlässlich schätzen können, wie viel diese kostet und wie viel Sie produzieren können, hilft Ihnen die Abschreibung herauszufinden, ob es sinnvoll ist, größere ***Kapitalbeträge*** zu investieren.

So könnte sich beispielsweise ein in der Verlagsbranche tätiger Grafiker zum Kauf einer Software namens Adobe InDesign entschließen, die von Profis häufig für gesetzte Bücher verwendet wird. Im Vergleich zu den meisten anderen Softwarepaketen ist InDesign nicht billig: eine Einzelplatzlizenz kostet 700 Dollar. Ist sie das wert?

Die Antwort hängt davon ab, wie viele Bücher der Grafiker mithilfe dieser Software bearbeitet. Erledigt er damit kein einziges Projekt, dann hat er sein Geld verschwendet. Bearbeitet er damit zehn Bücher, die ihm jeweils 1000 Dollar bringen, dann verdient er mit seiner 700 Dollar teuren Anschaffung 10 000 Dollar – gar nicht so schlecht. Über zehn Projekte abgeschrieben, liegen die Kosten der Software bei nur 70 Dollar pro Projekt beziehungsweise 7 Prozent des Umsatzes, den er mit jedem Projekt erzielt. Möglicherweise reißt die Anschaffung zunächst ein Loch ins Kreditkartenkonto des Grafikers, doch sie bietet ihm die Möglichkeit, mehr zu verdienen, als er es ohne sie könnte.

Die Abschreibung hängt von einer zutreffenden Schätzung der Nutzungsdauer ab, bei der es sich um eine Prognose handelt. Sie funktioniert nicht, wenn Sie Ihre Produkte nicht verkaufen können oder wenn sich Ihre Produktionsanlagen schneller abnutzen, als Sie erwartet haben. Mit Prognosen ist das so eine Sache – liegen Sie damit falsch, kann Sie Ihre Anschaffung pro Stück deutlich mehr kosten, als Sie ursprünglich angenommen haben.

Crocs produziert unförmige Gummischuhe. Nachdem diese unerwartet einschlugen, fuhr das Unternehmen seine Produktion hoch, um hohe Stückzahlen zu fertigen: Es eröffnete eine Fabrik in China und begann, Millionen von Paaren herzustellen in der Erwartung, dass auch weiterhin jedes produzierte Paar einen Abnehmer finden würde. Wie sich herausstellen sollte, waren Crocs nur eine Modeerscheinung – der Umsatz brach ein und das Unternehmen saß auf enormen kostspieligen Produktionskapazitäten und gewaltigen Beständen, die es nicht verkaufen konnte. Keine Abschreibung der Welt konnte es vor dem sicheren Weg in den Konkurs bewahren.

Durch Abschreibungen zu ermitteln, ob sich eine große Investition lohnt oder nicht, ist grundsätzlich klug – bedenken Sie dabei aber, dass Sie lediglich eine Prognose stellen und jede Prognose unvermeidbar mit Risiken einhergeht.

Link zur Referenz: **personalmba.com/amortization/**

Kaufkraft

»Die Aufgabe eines Unternehmers besteht darin sicherzustellen, dass dem Unternehmen das Geld nicht ausgeht.«

William A. Sahlman, Professor an der Harvard Business School

Vielleicht haben Sie ja schon einmal folgenden Spruch gehört, der in der Wirtschaft oft zitiert wird: »Cash is king.«

Und das trifft zu. Sie können Aufträge über Millionen in den Büchern haben – ohne Cash auf der Bank bringt Ihnen das überhaupt nichts. Mit Schuldscheinen können Sie keine Rechnungen bezahlen – und wenn Sie Ihr Personal nicht entlohnen und nicht dafür sorgen können, dass das Licht nicht ausgeht, dann können Sie einpacken.

Unter ***Kaufkraft*** ist die Summe aller verfügbaren liquiden Vermögenswerte eines Unternehmens zu verstehen. Dazu gehören Barbestände, Kreditmittel und jede externe Kreditlinie, auf die Sie zugreifen können. Mehr Kaufkraft ist grundsätzlich besser – solange Sie diese klug einsetzen.

Mit Kaufkraft zahlen Sie Ihre ***Gemeinkosten*** und Ihre Lieferanten. Solange Sie diese bezahlen, bleiben Sie im Geschäft. Sobald Ihnen die Kaufkraft ausgeht, ist es vorbei. Game over.

Haben Sie deshalb stets im Blick, wie viel Kaufkraft Ihnen zur Verfügung steht. Wie viel Geld liegt auf der Bank? Wie viel Kredit können Sie in Anspruch nehmen? Je mehr Kaufkraft Sie haben, desto besser stehen Sie da.

Wenn Sie stets den Überblick über Ihre verfügbare Kaufkraft haben, fällt es Ihnen *viel* leichter, ein Unternehmen zu führen. Statt sich Sorgen zu machen, wovon Sie Ihre Rechnungen bezahlen sollen, gibt Ihnen Kaufkraft Luft zum Atmen – in dem sicheren Wissen, dass Ihnen nicht plötzlich das Geld ausgeht. Das setzt eine Menge geistiger und emotionaler Energie frei, die Sie besser verwenden können – indem Sie herausfinden, wie sich Ihr Unternehmen optimieren lässt.

Achten Sie stets darauf, wie viel Kaufkraft Sie noch haben – sie entscheidet darüber, ob ein Unternehmen im Geschäft bleibt oder scheitert.

Link zur Referenz: **personalmba.com/purchasing-power/**

Der Cashflow-Zyklus

»All truth is found in the cash account.«

Charlie Bahr, Managementberater

Geldströme fließen auf vorhersehbaren Wegen durch ein Unternehmen. Wenn Sie wissen, wie Umsatz, Aufwand, Forderungen und Kredit funktionieren, können Sie sicherstellen, dass Sie auch weiterhin genügend ***Kaufkraft*** zur Verfügung haben, um im Geschäft zu bleiben und das Beste aus Ihren Optionen zu machen.

Der ***Cashflow-Zyklus*** beschreibt, wie sich Zahlungsströme durch ein Unternehmen bewegen. Stellen Sie sich das Bankkonto Ihres Unternehmens als Badewanne vor. Soll der Pegel in der Wanne ansteigen, lassen Sie Wasser zu und schließen den Abfluss. Je mehr Wasser zufließt und je weniger Wasser abfließt, desto höher der Wasserstand in der Wanne. Genauso funktioniert das mit Einnahmen und Ausgaben: Ihr Bankkonto entspricht einem ***Geldvorrat,*** der mehr oder weniger wird – je nachdem, wie viel Sie einnehmen und wie viel Sie ausgeben.

Forderungen sind Zahlungsversprechen, die Sie von anderen erhalten haben. Forderungen sind interessant, denn Sie fühlen sich nach Umsatz an – es hat jemand zugesagt, Ihnen Geld zu überweisen, und das ist toll. Die Krux an der Sache: Forderungen übersetzen sich erst dann in bare Münze, wenn das Versprechen auch eingelöst wird. Schuldscheine sind keine Zahlungsmittel – je schneller auf die Zusage auch eine Zahlung folgt, desto besser Ihr Cashflow.

Viele Unternehmen haben schon dichtgemacht, obwohl »Umsätze« in Millionenhöhe in den Büchern standen.

Schulden sind ein Versprechen Ihrerseits, jemand anderem zu einem späteren Zeitpunkt Geld zu zahlen. Schulden zu machen, ist attraktiv, weil Sie dann sofort etwas kaufen können, Ihr Geld aber noch eine Weile auf dem Konto behalten. Je später Sie zahlen, desto mehr Geld steht Ihnen zur Verfügung. Schulden können nützlich sein, doch auch sie haben einen großen Nachteil: Schulden verursachen zusätzliche Kosten in Form von Zinsen. Meist müssen Sie im Zeitverlauf auch einen Teil Ihrer Schulden tilgen. Das wird als »Schuldendienst« bezeichnet, den Sie als weitere Kostenart verbuchen können. Können Sie den Schuldendienst nicht leisten, haben Sie ein Problem.

Indem Sie Ihre Barbestände maximieren, packen Sie dieses Problem direkt an. Das bedeutet, Sie müssen mehr Umsatz erzielen und die Kosten senken. Wenn Sie Ihre ***Gewinnmarge*** steigern, mehr absetzen und weniger von dem Geld ausgeben, das hereinkommt, kommt das Ihrem Cashflow zugute.

Auch ein Zahlungsaufschub oder die Aushandlung besserer Rückzahlungsfristen mit Ihren Gläubigern kann Ihnen aus einem Liquiditätsengpass helfen. Erklärt sich einer Ihrer Zulieferer, Auftragnehmer oder Geschäftspartner bereit, Material oder Kapazitäten bereitzustellen, die Sie erst zu einem späteren Zeitpunkt bezahlen müssen, schont das für den Moment Ihr Bankkonto. Zur ***Gewohnheit*** sollten Sie das aber besser nicht werden lassen, denn wenn Sie nicht genau im Blick haben, wie viel Sie schuldig geblieben sind und wann diese Beträge fällig werden, gerät die Situation schnell außer Kontrolle. Richtig gemacht, kann es jedoch ganz nützlich sein, Gläubiger später zu bezahlen – vor allem, wenn es um Marketingaufwendungen geht. Sich einen Dollar zu leihen, um zehn Dollar zu verdienen, ist ein gutes Geschäft. Noch besser wird dieses, wenn Sie das gleich mehrere Monate lang fertigbringen, bevor die erste Rechnung zur Zahlung ansteht.

Um Ihre Liquiditätsposition zu verbessern, sollten Sie Außenstände möglichst rasch eintreiben und selbst weniger Kredit geben. Je schneller Ihre Ausgangsrechnungen bezahlt werden, desto besser Ihre Cashflow-Situation. Im Idealfall sollten Sie versuchen, Ihr Geld möglichst schnell zu bekommen – noch bevor Sie Rohstoffe einkaufen und einen Wertbeitrag liefern.

In vielen Branchen ist es üblich, Kunden Kredit einzuräumen. Das bedeutet aber nicht, dass Sie das ebenfalls tun müssen. Vergessen Sie nicht: Sie sind Unternehmer, keine Bank (sofern die ***Kreditvergabe*** nicht zu Ihrem Geschäft gehört jedenfalls) – holen Sie daher ausstehende Zahlungen so rasch wie möglich herein.

Bei Bedarf können Sie Ihre Kaufkraft erhöhen, indem Sie mehr Schulden aufnehmen oder Kreditlinien eröffnen. Sie sollten zwar möglichst ohne Schulden oder Kreditlinien auskommen, wenn Sie nicht darauf angewiesen sind, doch je mehr Kredit Ihnen zur Verfügung steht, desto größer ist Ihre Kaufkraft. Sehen Sie solche Fazilitäten als Absicherung, die nur im Notfall in Anspruch genommen wird.

Je größer Ihre Kaufkraft, desto ***widerstandsfähiger*** Ihr Unternehmen. Und desto besser kommen Sie auch mit unerwarteten Ereignissen zurecht.

Link zur Referenz: **personalmba.com/cash-flow-cycle/**

Aufgabentrennung

> »Die Herausforderung für den Kapitalismus besteht darin, dass es dieselben Dinge sind, die Vertrauen fördern und die Voraussetzungen für Betrug schaffen.«
>
> James Surowiecki, amerikanischer Wirtschaftsjournalist

Je größer und komplexer ein Unternehmen, desto leichter wird es für Beschäftigte, Auftragnehmer und Zulieferer, Mittel zu veruntreuen, Ware zu entwenden oder das Unternehmen auf andere Weise zu betrügen.

Leute im Rechnungswesen und Finanzprofis verlassen sich auf ein System der sogenannten ***Aufgabentrennung***, um alle möglichen fragwürdigen Aktivitäten zu verhindern. Das System, das Betrug und Diebstahl verhindern soll, begrenzt die Fähigkeiten eines Einzelnen, die folgenden Geschäftsprozesse komplett eigenständig abzuwickeln:

1. *Autorisierung:* Überprüfung, Genehmigung oder Beaufsichtigung einer ***Transaktion.***
2. *Treuhänderische Verwahrung:* Entgegennahme, Zugriff auf oder Kontrolle über Vermögenswerte im Zusammenhang mit dieser Transaktion.
3. *Buchführung:* Erstellung und Speicherung von Buchhaltungsbelegen im Zusammenhang mit jeder Transaktion.
4. *Abstimmung:* Überprüfung, ob zwei Datensätze – wie die internen Aufzeichnungen eines Unternehmens über eine Transaktion und die externen Bankauszüge – in Bezug auf Zeitpunkt und Betrag deckungsgleich sind.

Der zentrale Grundsatz, der hinter der Aufgabentrennung steht, ist die Überprüfung durch mehrere Parteien: Keine Einzelperson in der Organisation ist in der Lage, all vier dieser Prozesse in Bezug auf ein und dieselbe Transaktion zum Abschluss zu bringen. In den meisten Fällen kann eine bestimmte Person vielleicht ein oder zwei dieser Funktionen allein übernehmen, die Übrigen muss ein anderer ausführen und/oder bestätigen.

Das klassische Beispiel für eine Mehrparteienverifizierung ist im Firmenkundengeschäft von Banken übliche Praxis: Jeder Scheck, jede Überweisung beziehungsweise jedes andere Zahlungsinstrument über einem bestimmten Grenzwert muss von zwei autorisierten Unternehmensvertretern unterzeichnet werden. Wenn es keine zwei Unterschriften trägt, ist es ungültig und es wird eine Untersuchung eingeleitet.

Diese einfache Regelung schiebt allen möglichen Finanzbetrügereien einen Riegel vor. Was hindert einen CEO daran, seine Bezüge ohne Zustimmung der Unternehmenseigner oder des Verwaltungsrats mal eben zu verdoppeln? Ganz einfach: Die Erhöhung muss vom Leiter der Lohnbuchhaltung autorisiert werden und in der Lohnbuchhaltung werden Aufzeichnungen geführt, anhand derer das Fehlverhalten des CEO aufgedeckt und nachgewiesen werden kann.

Was hindert den Leiter der Lohnbuchhaltung – der direkten Zugriff auf das Lohnbuchhaltungssystem hat –, sein eigenes Gehalt zu verdoppeln? Die ***Kapitalflussrechnung*** und ***interne Kontrollmechanismen*** durch Führungskräfte des Unternehmens, die unerwartet hohen Personalaufwendungen auf die Spur kommen, die der Leiter der Lohnbuchhaltung nicht verbergen kann.

Was hindert den CEO und den Leiter der Lohnbuchhaltung daran, sich zusammenzutun und ihre *beiden* Gehälter ohne Genehmigung zu erhöhen? Bankauszüge und Transaktionsaufzeichnungen, die dem Finanzchef (CFO) oder anderen Führungskräften signalisieren können, dass da etwas Verdächtiges vor sich geht. Jeder Teil des Systems wird von mehr als einer Person beaufsichtigt, weshalb Fehlverhalten schwieriger zu begehen und leichter zu erkennen ist.

Die Aufgabentrennung ist auch nützlich im Umgang mit physischen Vermögenswerten und Bargeld. Wenn mehr als eine Person dafür zuständig ist, Waren zu bestellen, entgegenzunehmen und Aufträge und Lieferungen zu dokumentieren, wird es schwieriger, Geld oder Vermögenswerte unrechtmäßig abzuzweigen, denn das wäre nur möglich, wenn mehrere Personen kooperieren. Betrug im Zusammenhang mit Bestellungen und Lagerbeständen fliegt schneller auf, wenn es da noch jemanden gibt, der auf den Eingang einer Bestellung wartet, die ausbleibt, oder dessen Aufgabe es ist, Aufzeichnungen über Bestände zu prüfen, um sicherzugehen, dass auch alles stimmt.

Zu betrügerischen Aktivitäten kommt es meistens, wenn jemand in einer einflussreichen, verantwortungsvollen Position Möglichkeiten sieht zu betrügen und davon ausgeht, dass der Betrug mit größter Wahrscheinlichkeit unentdeckt bleibt.[55] Die Aufgabentrennung ist eine einfache, direkte Methode, Betrug zu verringern, indem er bereits an der Wurzel verhindert wird: Dadurch gibt es weniger Möglichkeiten für Fehlverhalten und die Wahrscheinlichkeit steigt, dass solches Verhalten auffällt. Außerdem müssen dadurch mehrere Personen zusammenarbeiten, um das Unternehmen zu betrügen.

Link zur Referenz: **personalmba.com/segregation-of-duties/**

Die Einschränkung von Befugnissen

»Die Folgen der Torheit können oft übler sein als die Folgen böswilliger Absichten.«

George Savile, First Marquess of Halifax

Es gibt noch eine einfache, effektive Methode, potenziellem Fehlverhalten vorzubeugen. Die ***Einschränkung von Befugnissen*** ist ein einfaches Prinzip: Am besten begrenzt man die Möglichkeiten Einzelner, außerhalb ihres eigenen Zuständigkeitsbereichs Entscheidungen zu treffen.

Ist der Zugriff auf einen Vermögenswert oder eine bestimmte Befugnis nicht vorgeschrieben oder erforderlich, sollte er grundsätzlich nicht gewährt werden. Ist er in Sonderfällen nötig, sollte er vorübergehend gewährt werden und so, dass die ***Aufgabentrennung*** erhalten bleibt – indem der entsprechende Vorgang von mehr als einer Person genehmigt werden muss. Je weniger Personen eine Zahlung vom Bankkonto eines Unternehmens veranlassen dürfen, desto geringer die Wahrscheinlichkeit unrechtmäßiger Zahlungen und desto leichter ist es, Fehlverhalten, Betrug oder Verstöße gegen Sicherheitsvorkehrungen festzustellen.

Dieses Prinzip ist auch in anderen Bereichen hilfreich, nicht nur bei der Finanzkontrolle. Stellen Sie sich vor, eine Softwareschmiede würde allen Beschäftigten und Auftragnehmern vollständigen, uneingeschränkten und unüberwachten Zugriff auf ihre Softwaresysteme geben. Das könnte durchaus Vorteile haben: Jeder im Unternehmen könnte jederzeit einen beliebigen Aspekt des Systems reparieren oder optimieren. Dieser Ansatz birgt aber auch ein ernst zu nehmendes Risiko: Jeder im Unternehmen hätte damit nämlich die Möglichkeit, jederzeit jeden beliebigen Teil des Systems zum Absturz zu bringen.

Im schlimmsten Fall könnte ein vergrätzter Mitarbeiter oder Auftragnehmer das ganze System lahmlegen, auf sensible Informationen zugreifen, kritische Daten verändern oder Sicherungskopien und ***Ausfallsicherungen*** so löschen, dass eine Wiederherstellung unmöglich ist. Dasselbe könnte einem wohlmeinenden Beschäftigten oder Auftragnehmer versehentlich passieren. Käme es dazu, würde das enorme Schäden verursachen bis hin zum potenziellen Konkurs und der Schließung des Unternehmens.

Bei der Gewährung von Befugnissen ist abzuwägen zwischen Risiken und Kosten, die mit ***Reibung*** und ***kognitiver Umstellung*** verbunden sind. Dabei gibt es einen Mittelweg zwischen zu großzügigen und zu kleinlichen Zugriffsmöglichkeiten. Befugnisse sollten sich auf der Grundlage von ***Vertrauen, verdienter Anerkennung*** und aktueller Zuständigkeit verändern.

Link zur Referenz: **personalmba.com/limited-authorization/**

Opportunitätskosten

> »Als Unternehmer muss man sich mehr als in jedem anderen Beruf fortlaufend mit der Zukunft auseinandersetzen. Man muss ständig mitrechnen und instinktiv Voraussicht üben.«
>
> Henry R. Luce, Verleger und Gründer von Time Inc.

Nehmen wir an, Sie kündigen ein Arbeitsverhältnis, in dem Sie 50 000 Dollar im Jahr verdienen, und gründen ein Unternehmen. Mit der Gründung sind bestimmte Kosten verbunden, doch dieser Schritt kostet Sie auch die 50 000 Dollar, die Sie verdient hätten, wenn Sie Ihren Job behalten hätten.

Unter ***Opportunitätskosten*** ist der Wert zu verstehen, auf den Sie verzichten, weil Sie eine bestimmte ***Entscheidung*** treffen. Wir können nicht alles gleichzeitig tun – wir können nicht zur selben Zeit an mehreren Orten sein oder denselben Dollar für zwei verschiedene Dinge ausgeben.

Wenn Sie Zeit, Kraft oder Ressourcen investieren, dann entscheiden Sie sich damit, diese Zeit, Kraft oder Ressourcen nicht anderweitig zu verwenden. Der Wert, der durch Ihre ***nächstbeste Alternative*** entstanden wäre, stellt die Opportunitätskosten dieser Entscheidung dar.

Opportunitätskosten sind maßgeblich, weil es immer andere Möglichkeiten gibt. Arbeiten Sie in einer Firma, die Ihnen 30 000 Dollar im Jahr zahlt, und Sie haben die Möglichkeit, in ein Unternehmen zu wechseln, das Ihnen für dieselbe Arbeit 200 000 Dollar im Jahr bietet, warum sollten Sie dann bei Ihrem bisherigen Arbeitgeber bleiben? Wenn Sie Ihren Beschäftigten oder Auftragnehmern weniger bezahlen, als sie woanders für dieselbe Arbeit bekämen – warum sollten diese dann noch für Sie arbeiten? Wenn Ihre Kunden woanders für 20 Dollar bekommen, wofür Sie 200 Dollar verlangen, warum sollten sie dann bei Ihnen kaufen?

Opportunitätskosten sind deshalb so bedeutsam, weil sie verborgen sind. Wie wir an anderer Stelle noch erläutern, nämlich im Abschnitt über ***Absence Blindness,*** fällt es den Menschen schwer, auf etwas zu achten, was *gar nicht da* ist. Sich zu überlegen, worauf Sie verzichten, wenn Sie eine bestimmte Entscheidung treffen, hilft Ihnen, vor dieser Entscheidung alle Ihre Optionen zu prüfen.

Denken Sie aber zu viel über Opportunitätskosten nach, kann Sie das in den Wahnsinn treiben. Für jemanden (wie mich), der von Natur aus zur Maximallösung tendiert, ist die Versuchung groß, jede Entscheidung bis ins Letzte zu analysieren, um sicherzugehen, dass die gewählte Option wirklich die allerbeste ist, die zur Verfügung steht. Und das kann nicht nur den ***Ertrag dezimieren.*** Sie dürfen sich angesichts all der Möglichkeiten, die Ihnen offenstehen, nicht verzetteln. Ziehen Sie nur diejenigen Alternativen in Betracht, die Ihnen zum Zeitpunkt Ihrer Entscheidung als die besten erscheinen.

Achten Sie dabei auf die mit Ihren Entscheidungen verbundenen Opportunitätskosten, werden Sie Ihre verfügbaren Mittel deutlich besser verwenden.

Link zur Referenz: **personalmba.com/opportunity-cost/**

Der Zeitwert des Geldes

»Es heißt immer, die Zeit verändert alles, aber in Wirklichkeit müssen Sie die Dinge verändern.«

Andy Warhol, Künstler

Hätten Sie lieber heute eine Million Dollar – oder in fünf Jahren?

Die Antwort ist klar: Wozu abwarten? Wenn Sie das Geld gleich bekommen, können Sie es sofort ausgeben oder investieren. Eine Million Dollar, die Sie mit 5 Prozent Zinsen anlegen, wird in fünf Jahren durch den Zinseszinseffekt

1 276 281,56 Dollar wert sein. Warum sollten Sie ohne Not auf die zusätzlichen 270 000 Dollar verzichten?

Ein Dollar ist heute mehr wert als morgen. Wie *viel* mehr, hängt ganz davon ab, was Sie mit diesem Dollar anfangen. Je lukrativer die Optionen, die Ihnen zur Investition Ihres Dollars offenstehen, desto wertvoller ist dieser.

Den ***Zeitwert des Geldes*** zu berechnen, ist eine Methode, angesichts von ***Opportunitätskosten Entscheidungen*** zu treffen. Angenommen, Sie haben verschiedene Möglichkeiten, Geld zu investieren – mit unterschiedlicher Rendite. Dann kann Ihnen der Zeitwert des Geldes helfen zu ermitteln, für welche der Optionen Sie sich entscheiden und wie viel Sie in Anbetracht der Alternativen aufwenden sollten.

Kommen wir noch einmal auf das Beispiel mit der Million zurück. Angenommen, jemand bietet Ihnen eine Anlagemöglichkeit an, die Ihnen in einem Jahr risikolos eine Million Dollar bringt. Welchen Betrag sollten Sie dafür heute höchstens zu zahlen bereit sein?

Angenommen, Ihre ***nächstbeste Alternative*** ist eine andere risikolose Anlage, die 5 Prozent Zinsen abwirft. Dann sollten Sie allerhöchstens 952 380 Dollar dafür lockermachen. Warum? Würden Sie den Betrag nehmen und in Ihre nächstbeste Alternative investieren, hätten Sie eine Million: 1 000 000 Dollar, geteilt durch 1,05 (den Zins-/Abzinsungssatz von 5 Prozent), ergibt 952 380 Dollar. Bekommen Sie die erste Anlage für weniger Geld, ist das für Sie ein Gewinn.

Der Zeitwert des Geldes ist ein sehr altes Konzept – es wurde erstmals im frühen 16. Jahrhundert von dem spanischen Theologen Martín de Azpilcueta erklärt. Die zentrale Erkenntnis, dass ein Dollar heute mehr wert ist als morgen, lässt sich in der Verlängerung auf viele gängige Finanzsituationen anwenden.

So kann Ihnen der Zeitwert des Geldes beispielsweise helfen herauszufinden, wie viel Sie höchstens für ein Unternehmen zahlen sollten, das 200 000 Dollar Gewinn im Jahr erwirtschaftet. Ausgehend von einem Zinssatz von 5 Prozent, keinem Wachstum und einer absehbaren Zukunft von zehn Jahren, würde der »Barwert« der Reihe künftiger Zahlungsströme 1 544 347 Dollar betragen. Zahlen Sie weniger, ist das für Sie ein lohnendes Geschäft – solange Ihre Annahmen zutreffen. (Hinweis: Hierbei handelt es sich um die »Discounted-Cashflow-Methode«, die wir aus dem Abschnitt über die ***vier Preissetzungsmethoden*** kennen.)

Der Zeitwert des Geldes ist ein vielseitiges Konzept. Dessen ausführliche Erklärung sprengt den Rahmen dieses Buches. Wer sich für eine gründlichere Erläuterung interessiert, dem empfehle ich das Buch *The McGraw-Hill 36-Hour Course in Finance for Nonfinancial Managers* von Robert A. Cooke.

Link zur Referenz: **personalmba.com/time-value-of-money/**

Der Zinseszinseffekt

»Wenn Sie sich jeden Tag um 1 Prozent verbessern, sind Sie in nur 70 Tagen doppelt so gut.«

Alan Weiss, Berater

Hier eine todsichere Methode, Millionär zu werden: Sparen Sie 40 Jahre lang zehn Dollar am Tag und legen Sie sie so an, dass sie 8 Prozent Zinsen bringen; zehn Dollar am Tag zur Seite zu legen, ist nicht schwer – 300 Dollar im Monat können Sie abzweigen, indem Sie auf unnötige Ausgaben verzichten. Und 8 Prozent Ertrag können Sie erzielen, wenn Sie das Geld auf dem Aktienmarkt investieren: Der S&P 500 Index warf in den letzten 50 Jahren im Schnitt jährlich 8 Prozent ab.

Das ist aber noch nicht alles: Sie müssen über die 40 Jahre lediglich 146 110 Dollar einzahlen. Wie daraus trotzdem mehr als eine Million wird?

Durch den ***Zinseszinseffekt*** – die ***Mehrung*** der Erträge im Zeitverlauf. Sobald es Ihnen gelingt, Erträge wieder anzulegen, wächst Ihre Anlage exponentiell – es entsteht eine positive ***Rückkopplungsschleife.***

Ein einfaches Beispiel für den Zinseszinseffekt ist ein Sparkonto. Nehmen wir an, es wird mit 5 Prozent verzinst. Nach einem Jahr ist ein Dollar, den Sie eingezahlt haben, 1,05 Dollar wert. Im zweiten Jahr beginnen Sie nicht mit einem Dollar, sondern mit 1,05 Dollar. Im dritten Jahr sind es 1,10 Dollar. Im vierten 1,15 Dollar. Vierzehn Jahre nach Ihrer ursprünglichen Einlage haben Sie 2 Dollar.

Das klingt noch nicht sonderlich eindrucksvoll – erst wenn Sie berücksichtigen, dass diese Beziehung ***skalierbar*** ist. Wenn Sie mit einer Million Dollar anfangen, haben Sie nach 14 Jahren zwei Millionen. Gar nicht so übel, oder?

Der Zinseszinseffekt ist so bedeutsam, weil er Möglichkeiten bietet, in kurzer Zeit erhebliche Zuwächse zu erzielen. Wenn Sie die Erträge reinvestieren, die Ihr Unternehmen abwirft, und Ihr Unternehmen rasch wächst, können Sie Ihre ursprüngliche Investition gleich mehrfach vervielfachen. Der Zinseszinseffekt ist das Geheimnis, das erklärt, wie aus kleinen Unternehmen, die ihren Gewinn reinvestieren, in wenigen Jahren große Unternehmen werden.

Die Mehrung der Erträge bringt im Zeitverlauf gewaltige Ergebnisse. Der Trick ist, geduldig abzuwarten, bis sich das auszahlt.

Link zur Referenz: **personalmba.com/compounding/**

Die Hebelwirkung

»Uns wird vorgeworfen, dass wir nicht wissen, was das Wort *Hebelwirkung* bedeutet ... Das wissen wir sehr wohl. Wir finden es nur viel angenehmer, ein paar Millionen Dollar auf der Bank zu haben statt viel Hebelwirkung.«

Kenneth H. Olsen, Mitgründer der Digital Equipment Corporation

»Das Geld anderer Leute« einzusetzen, hört sich ganz nach einer großartigen Methode an, ein Vermögen aufzubauen. Man leiht sich Geld, mehrt es, zahlt den Kreditgeber aus und behält den Rest. Klingt doch toll.

Geld zu verdienen, indem man es sich von anderen leiht, kann clever sein – vorausgesetzt, Sie kennen die Risiken.

Unter ***Hebelung*** (auch englisch als Leverage oder schlicht als Einsatz von Fremdkapital zur Renditesteigerung bezeichnet) ist die Praxis zu verstehen, Geld aufzunehmen, um potenzielle Erträge zu mehren. Hier ein Beispiel: Angenommen, Sie haben 20 000 Dollar, die Sie gern in Immobilien investieren würden. Dann könnten Sie das Geld als Eigenkapital für eine Wohnung im Wert von 100 000 Dollar verwenden und sich die restlichen 80 000 Dollar leihen. In diesem Fall wäre allerdings Ihre gesamte Barschaft in einer Anlage festgelegt.

Statt die 20 000 Dollar als Eigenkapital für nur eine Immobilie zu verwenden, könnten Sie den Betrag auch hernehmen und in vier Objekte investieren, die für jeweils 100 000 Dollar zu haben sind – als Eigenkapitalbeitrag in Höhe von jeweils 5 000 Dollar. Diese Strategie erfordert eine Kreditaufnahme von vier Mal 95 000 Dollar – also insgesamt 380 000 Dollar.

Nun setzt die magische Wirkung ein. Nehmen wir an, alle Immobilien verdoppeln sich im Wert und Sie veräußern sie. Im ersten Szenario würden Sie mit einer Investition von 20 000 Dollar 100 000 Dollar hereinholen – das Fünffache Ihres Eigenkapitaleinsatzes. Im zweiten Szenario würden Sie mit derselben Eigenkapitalsumme von 20 000 Dollar das Zwanzigfache erzielen. Offenbar ist diese Hebelwirkung also eine feine Sache, oder?

Aber halt – was passiert, wenn jede der Immobilien an Wert verliert und Sie alle verkaufen, um so viel Geld wie möglich zurückzubekommen? Angenommen, der Wert der Objekte sackt um 50 Prozent ab. Dann verlieren Sie im ersten Szenario 50 000 Dollar. Im zweiten Szenario vergrößert die Hebelwirkung Ihre Verluste auf 200 000 Dollar – viermal so viel.

Die Hebelwirkung ist eine Art finanzieller ***Verstärkungseffekt*** – sie erhöht das Potenzial für Gewinne, aber auch für Verluste. Zahlt sich Ihre Investition aus, so gilt das umso mehr, wenn Sie sie gehebelt haben. Geht es abwärts, verlieren Sie durch die Hebelwirkung mehr Geld als ohne sie.

Ein Faktor, der maßgeblich zur Rezession von 2008/09 beitrug, war die enorme Hebelwirkung, die Investmentbanken eingesetzt hatten. Damals war es für solche Banken durchaus üblich, ihre Investments um den Faktor 30 oder 40 zu hebeln.

Wenn der Wert einer bestimmten Aktie um nur einen Prozentpunkt stieg oder fiel, gingen die Gewinne beziehungsweise die Verluste in die Millionen (oder gar Milliarden). Brach der Markt ein, vergrößerten sich die Verluste der Bank im Verhältnis zur eingesetzten Hebelwirkung – mehr als genug, um die Existenz des gesamten Unternehmens zu gefährden.

Der Einsatz von Fremdkapital zur Hebelung ist ein Spiel mit dem Feuer – in den richtigen Händen kann er ein nützliches Werkzeug sein. Sie können sich aber auch schnell die Finger verbrennen. Setzen Sie Fremdkapital grundsätzlich nur dann ein, wenn Sie sich vollständig über die Folgen im Klaren und bereit sind, diese in Kauf zu nehmen. Ansonsten steht nicht nur Ihr Unternehmen im Risiko, sondern auch Ihr Privatvermögen.

Link zur Referenz: **personalmba.com/leverage/**

Die Finanzierungshierarchie

»Geld kostet oft zu viel.«

Ralph Waldo Emerson, Essayist und Dichter des 19. Jahrhunderts

Stellen Sie sich vor, Sie hätten ein Gerät erfunden, das die Schwerkraft neutralisiert und feste Objekte ohne größeren Kraftaufwand schweben lassen kann. Ihre Erfindung wird die Fracht- und Produktionsbranche revolutionieren und viele neue Produkte ermöglichen. Dass Sie damit auf Nachfrage stoßen, versteht sich von selbst – Sie müssen lediglich genügend solcher Geräte herstellen, um diese Nachfrage zu decken.

Dabei gibt es allerdings ein kleines Problem – der Aufbau einer Fertigungsstraße mit den nötigen Anlagen zur Herstellung dieser Geräte schlägt nach Schätzungen mit einer Milliarde Dollar zu Buche, die Sie gerade nicht übrig haben. Ihr Gerät würde ein gewaltiges Problem lösen, doch die nächste Stufe ist für Sie unerreichbar. Was sollen Sie also tun?

Mithilfe externer Finanzierung können Sie Dinge bewerkstelligen, die Ihnen mit Ihrem aktuellen Budget sonst nicht möglich wären. Benötigt Ihr Unternehmen teure Geräte oder viele Arbeitskräfte, damit Wert entstehen kann und Wertbeiträge geleistet werden können, dann brauchen Sie vermutlich eine externe Finanzierung. Nur wenige Menschen haben hohe Summen auf dem Bankkonto liegen, die nur darauf warten, eine Verwendung zu finden – doch es ist ganz einfach, sich an solche Menschen zu wenden.

Finanzierung ist für Unternehmen wie Raketentreibstoff. Muss Ihr Unternehmen einen Gang zulegen und ist bereits auf dem richtigen Kurs, dann kann Ihnen die überlegte Nutzung von Finanzierungsmöglichkeiten helfen, das operative Wachstum zu beschleunigen. Hat das Unternehmen allerdings strukturelle Probleme, wird es explodieren – im negativen Sinn des Wortes.

Um sich Zugang zu Finanzmitteln zu verschaffen, ist es oftmals notwendig, die Kontrolle über das operative Geschäft teilweise aus der Hand zu geben. Geschäftsleute geben Ihnen kein Geld ohne Gegenleistung – sie verlangen stets etwas dafür.

Sie wissen ja, die Bereitstellung von ***Kapital*** ist für viele Unternehmen eine Form der Wertschöpfung. Im Austausch gegen Ressourcen wollen Ihre Kreditgeber oder Investoren einen Gegenwert sehen – in Form von Zinsen, Mieten oder einem Anteil am Gewinn Ihres Unternehmens. Sie sind aber auch daran interessiert, ihr Risiko eines Totalverlusts möglichst zu verringern, falls Ihr Unternehmen untergeht. Um dieses Risiko abzumildern, verlangen sie Kontrolle: die Möglichkeit, Einfluss auf den Geschäftsbetrieb zu nehmen. Je mehr Geld Sie haben wollen, desto mehr Kontrolle verlangen die Geldgeber.

Ich finde die Vorstellung von einer ***Finanzierungshierarchie*** hilfreich: quasi eine Leiter der verfügbaren Optionen. Jeder Unternehmer fängt dabei ganz unten an und klettert auf der Leiter so hoch wie nötig. Je höher Sie kommen, desto mehr Finanzmittel erhalten Sie und desto mehr Kontrolle geben Sie im Gegenzug auf.

Sehen wir uns die Finanzierungshierarchie genauer an – unten angefangen:

Eigenes Geld ist mit Abstand die beste Finanzierungsform. Geld, das Ihnen gehört, können Sie schnell und einfach investieren. Das geht ganz unbürokratisch und muss von niemandem genehmigt werden. Die meisten Unternehmen setzen zunächst so viel eigenes Geld wie möglich ein.

Ein *Privatkredit* ist eine weitere kostengünstige Finanzierungsmethode. Solange Sie nur ein paar Tausend Dollar brauchen, können Sie diese ganz einfach über einen Privatkredit finanzieren. Bei guter Bonität ist dieser schnell genehmigt, und dass Sie den Betrag über einen längeren Zeitraum tilgen können, kommt Ihrem Cashflow entgegen. Sie riskieren aber Ihre persönliche Kreditwürdigkeit (eine Form der ***Reputation***), wenn Sie Ihre Zahlungen nicht leisten können, doch für die meisten Unternehmer ist das ein Risiko, das es sich einzugehen lohnt.

Ich habe mein gesamtes Unternehmen mit eigenem Geld und einem Privatkredit finanziert. Wenn Sie nicht viel Geld brauchen, ist es eine gute Option, einen Privatkredit zu nutzen, um Ihre Start-up-Kosten zu finanzieren – solange Sie dabei Ihr Budget im Auge behalten.

Private Darlehen kommen oft von Freunden oder Verwandten. Wenn Sie mehr Geld brauchen, als Sie selbst haben und aufnehmen können, sind ***Darlehen*** von Freunden und Familienangehörigen eine durchaus übliche Form der Finanzierung. Aber Vorsicht: Das Risiko, dass Sie nicht in der Lage sein könnten, das Geld zurückzuzahlen, ist ausgesprochen real und kann sich verheerend auf wichtige persönliche Beziehungen auswirken. Aus diesem Grund rate ich davon ab, Eltern oder Großeltern zu bitten, ihr Erspartes auf Ihre Idee zu setzen – da gibt es bessere Möglichkeiten.

Unbesicherte Darlehen werden gewöhnlich von Banken und Kreditgenossenschaften vergeben. Sie füllen einen Antrag auf eine bestimmte Summe aus, und die Bank bewertet Ihre Fähigkeit, das Darlehen mit Zinsen über einen bestimmten Zeitraum zurückzuzahlen. Das Darlehen kann entweder in einem Betrag ausgezahlt oder als Kreditlinie jederzeit in Anspruch genommen werden. Bei kleineren Beträgen (von ein paar Tausend Dollar) verzichten die Banken auf Sicherheiten. Daher werden die Zinsen vermutlich etwas höher ausfallen als für Kreditkartenschulden oder ein besichertes Darlehen.

Für *besicherte Darlehen* sind Sicherheiten erforderlich. Beispiele für typische besicherte Darlehen sind Hypotheken und Autokredite. Wenn Sie Zahlungen schuldig bleiben, hat der Kreditgeber von Amts wegen das Recht, das als Sicherheit gestellte Eigentum zu pfänden. Weil der Kreditgeber diese Vermögensgegenstände veräußern kann, um sich sein Geld zurückzuholen, sind die Beträge bei besicherten Darlehen weit höher als bei unbesicherten – sie können auch viele Tausend oder auch Hunderttausende Dollar betragen.

Eine *Anleihe* ist ein Schuldtitel, der an einzelne Kreditgeber ausgegeben wird. Statt bei der Bank um ein Darlehen nachzusuchen, bittet das Unternehmen einzelne Investoren oder andere Unternehmen, ihm Geld zu leihen. Die Käufer der Anleihen stellen dem Unternehmen Geld zur Verfügung, das zu einem vereinbarten Satz verzinst und nach Ablauf einer bestimmten Frist zurückgezahlt wird. Ist diese Frist abgelaufen (wenn die Anleihe »fällig« ist), muss das Unternehmen zusätzlich zu den bereits geleisteten Zahlungen den ursprünglichen Kapitalbetrag zurückgeben. Die rechtlichen und aufsichtsrechtlichen Prozesse rund um den Anleihenmarkt können komplex sein. Deshalb werden Anleihen im Regelfall über eine Investmentbank emittiert.

Bei der *Forderungsfinanzierung* (bekannt auch als »Factoring«) handelt es sich um eine Sonderform des besicherten Kredits, der so nur bei Unternehmen vorkommt. Damit können Sie Kreditfazilitäten in Millionenhöhe bereitstellen – allerdings nicht ohne Kosten: Besichert werden solche Kredite durch den Zugriff auf die Forderungen des Unternehmens. Da die Bank die Forderungen kontrolliert, kann sie dafür sorgen, dass ihr Kredit vorrangig bedient wird – noch vor der Auszahlung von Gehältern an die Beschäftigten und von Verbindlichkeiten gegenüber Lieferanten. Die Summen, die so finanziert werden können, sind hoch, doch man überlässt dem Kreditgeber ganz erhebliche Kontrollbefugnisse.

Kapital von Business Angels stellt den Übergang von Fremd- zu Eigenkapital dar. Ein solcher »Engel« ist ein privater Einzelinvestor – jemand, der Geld übrig hat, das er gern in ein nicht börsennotiertes Unternehmen stecken möchte, gewöhnlich in der Größenordnung von 10 000 bis 1 Million Dollar. Im Gegenzug wird er Eigentümer eines prozentualen Anteils des Unternehmens.

Wird ein solcher Angel-Investor ins Boot geholt, ist das ein bisschen so, als hätte man einen stillen Teilhaber – der Investor liefert Kapital und erhält dafür einen Teil der Eigentumsrechte am Unternehmen. Manche dieser Engel stehen den Unternehmen, in die sie investieren, auch mit Rat zur Seite, haben in geschäftlichen Angelegenheiten aber keine Entscheidungsgewalt.

Wo die Engel aussteigen, beginnt das *Risikokapital.* Wagniskapitalgeber (Venture Capitalists, kurz VC) sind finanzkräftige Investoren (oder Investorengruppen, die ihre Mittel bündeln), die sehr hohe Summen zur Verfügung stellen: zig (oder auch Hunderte) Millionen auf einmal. Die Finanzierung über Risikokapital erfolgt in mehreren »Runden«, die klein anfangen und immer größer werden, wenn mehr Kapital benötigt wird. Spätere Runden können den Eigentumsanteil der bisherigen Aktionäre verwässern, sodass häufig intensiv verhandelt wird. VCs verlangen darüber hinaus auch erhebliche Kontrollbefugnisse für die hohen Kapitalbeträge, was gewöhnlich bedeutet, dass sie im Verwaltungsrat des Unternehmens vertreten sein wollen.

Die Ausgabe von *Aktien* bedeutet, dass Investoren auf dem Markt Teileigentum am Unternehmen erwerben können. Solche Emissionen übernehmen gewöhnlich Investmentbanken, die Unternehmen im Austausch gegen ihre Aktien, die sie an der Börse verkaufen können, sehr hohe Kapitalbeträge verschaffen. Die Investmentbanken verdienen daran, indem sie die Aktien, die sie erworben haben, Einzelanlegern an der Börse mit einem Aufschlag verkaufen. Bei einem

Börsengang (englisch »Initial Public Offering«, kurz IPO) werden erstmals Aktien eines Unternehmens öffentlich zur Zeichnung angeboten.

Ein Anleger, der Aktien kauft, ist Mitinhaber des Unternehmens. Das schließt das Recht ein, über die Wahl von Verwaltungsratsmitgliedern an Managemententscheidungen teilzuhaben. Wer die meisten Aktien eines Unternehmens besitzt, kontrolliert es. Ein Börsengang beinhaltet daher das Risiko einer feindlichen Übernahme, wenn massenhaft Aktien aufgekauft werden, um die Kontrolle über ein Unternehmen zu gewinnen.

Aktienemissionen werden gewöhnlich von Angel-Investoren und Risikokapitalgebern verwendet, um Eigentumsrechte gegen Geld einzutauschen. Ihre Rendite können sich die Investoren auf zweierlei Wegen holen: indem sie die Dividenden kassieren, über die die ***Gewinne*** des Unternehmens ausgeschüttet werden, oder indem sie ihre Aktien an einen anderen Investor verkaufen. Aktienemissionen ermöglichen es Anlegern, ihre Aktien in bare Münze einzutauschen, weshalb Angel-Investoren und VCs erfolgreiche Unternehmen meist dazu drängen, an die Börse zu gehen oder sich von einem anderen Unternehmen aufkaufen zu lassen, damit sie »Kasse machen« können.

Je mehr Kontrolle Sie pro finanziertem Dollar aufgeben müssen, desto unattraktiver die Finanzierungsquelle. Je mehr Menschen Sie konsultieren müssen, um eine Entscheidung zu treffen, desto behäbiger wird Ihr Unternehmen. Investoren erhöhen auch die ***Kommunikationskosten,*** was sich nachteilig auf Ihre Handlungsfähigkeit auswirken kann.

Es kommt durchaus vor, dass Investoren Spitzenmanager auswechseln, wenn ein Unternehmen nicht gut läuft – selbst wenn es sich bei diesen um die Unternehmensgründer handelt. Dagegen sind auch hochkarätige Führungskräfte nicht gefeit: Als Apple in den 1990er-Jahren Leistungsdefizite zeigte, feuerte der Verwaltungsrat Steve Jobs aus dem Unternehmen, das dieser mitgegründet hatte. Wenn ich Ihnen diesbezüglich einen guten Rat geben darf: Bevor Sie größere Kapitalbeträge aufnehmen, sollten Sie sich darüber klar werden, wie viel ***Einfluss*** der Verwaltungsrat des Unternehmens auf dessen operative Tätigkeit ausübt.

Finanzressourcen können nützlich sein. Hüten Sie sich aber davor, die Kontrolle über das operative Geschäft Ihres Unternehmens aus der Hand zu geben. Solange Sie die Mittel nicht unbedingt brauchen, sollten Sie im Zweifel lieber autonom bleiben.

Link zur Referenz: **personalmba.com/hierarchy-of-funding/**

Bootstrapping

»Felix qui nihil debet.« (Glücklich, wer nichts schuldet.)

Römisches Sprichwort

In welchem Umfang Sie sich finanzieren müssen, hängt ganz davon ab, was Sie vorhaben. Wenn Sie ganz hoch hinauswollen – also das ganz große Geld im Sinn haben, indem Sie eine riesige Aktiengesellschaft aufbauen –, dann kommen Sie vermutlich nicht ohne Finanzierungsmöglichkeiten aus. Möchten Sie aber lediglich Ihr Auskommen sichern und Ihr eigener Chef sein, sind Sie besser beraten, wenn Sie auf Finanzierung verzichten und lieber selbst die Zügel in der Hand behalten.

Unter Eigenfinanzierung oder ***Bootstrapping*** (wörtlich: »sich an den eigenen Stiefelriemen hochziehen«) ist die Kunst zu verstehen, ein Unternehmen ohne Fremdfinanzierung aufzubauen und zu betreiben. Sie dürfen nicht davon ausgehen, dass der einzige Weg zur Gründung eines erfolgreichen Unternehmens über die Einwerbung von Risikokapital in Millionenhöhe führt. So ist das nicht. Indem Sie sich darauf beschränken, Ihr eigenes Geld, private Kredite, die Einnahmen des Unternehmens und ein bisschen Fantasie einzusetzen, können Sie sich auch ganz ohne Finanzierung erfolgreich auf eigene Füße stellen. Mein Unternehmen betreibe ich mit einem Girokonto, einem Sparkonto und einer geschäftlichen Kreditkarte und mir taugt das so.

Durch Bootstrapping können Sie Ihr Unternehmen expandieren und dabei die hundertprozentige Kontrolle über das Geschäft behalten. Sie müssen niemanden um Zustimmung bieten, um die Entscheidungen zu treffen, die Sie für richtig halten. Der Nachteil ist, dass Ihr Unternehmen möglicherweise deutlich langsamer wächst. Klug eingesetzte Mittel aus Finanzierungen können die Dinge spürbar beschleunigen.

Einer Finanzierungsmöglichkeit sollten Sie sich nur dann bedienen, wenn Sie Ihre Vorhaben sonst nicht verwirklichen können. ***Kraftverstärker*** sind nützlich, aber kostspielig – Finanzierungsoptionen in Anspruch zu nehmen, um sich Zugang zu erfolgsentscheidenden Kapazitäten zu verschaffen, kann ein kluger Schachzug sein. Ansonsten sollten Sie versuchen, möglichst nur mit den Zahlungsströmen und Einnahmen aus dem operativen Geschäft auszukommen.

Die besten Ergebnisse erzielen Sie, wenn Sie so weit wie irgend möglich beim Bootstrapping bleiben und nur bei Bedarf eine Stufe nach der anderen in der ***Finanzierungshierarchie*** erklimmen. Zu 100 Prozent die Eigentumsrechte und die Kontrolle über ein rentables Unternehmen zu halten, das in der Lage ist, sich selbst zu tragen kann, ist ein großartiges Gefühl.

Link zur Referenz: **personalmba.com/bootstrapping/**

Die Kapitalrendite

»Der Kluge weiß, dass das, was unter dem Strich herauskommt, nicht immer oberste Priorität haben muss.«

William A. Ward, Aphoristiker

Wenn Sie Ihr Geld investieren, erwarten Sie, dass Sie mehr Wert herausbekommen, als Sie eingezahlt haben. Abschätzen zu können, wie viel Sie im Verhältnis zum investierten Betrag zurückerhalten, ist eine ausgesprochen nützliche Fähigkeit.

Die Kapitalrendite ***(Return on Investment, ROI)*** ist die Wertschöpfung aus investierter Zeit oder investierten Mitteln. Die meisten Menschen stellen sich das ROI als Geldbetrag vor: Wenn Sie 1000 Dollar investieren und damit 100 Dollar Gewinn erzielen, beträgt die Rendite auf Ihre Investition 10 Prozent: (1000 Dollar + 100 Dollar)/1000 Dollar = 1,10 beziehungsweise 10 Prozent. Liegt Ihr ROI bei 100 Prozent, dann haben Sie Ihre ursprüngliche Investition verdoppelt.

Die Kapitalrendite kann Ihnen helfen, sich zwischen konkurrierenden Alternativen zu entscheiden. Legen Sie Geld auf einem Sparkonto an, entspricht Ihre Kapitalrendite dem Zinssatz, den Ihnen die Bank für Ihre Spareinlagen zahlt. Warum sollten Sie Ihr Geld auf einem Sparkonto liegen lassen, das mit 1 Prozent verzinst wird, wenn Sie es auch auf ein Konto legen könnten, das Ihnen 2 Prozent Zinsen bringt – bei gleichen Gebühren?

Dieses Renditekonzept ist aber längst nicht nur in Bezug auf Kapital nützlich: Es lässt sich auch auf andere ***Universalwährungen*** übertragen. So ist die Rendite auf die investierte Zeit eine aussagekräftige Methode, um den Nutzen Ihres Aufwands zu analysieren. Wenn Sie für eine Million ein Jahr lang täglich nonstop 24 Stunden lang arbeiten müssten, würden Sie das tun? Ein Blick auf die Rendite im Vergleich zu den Kosten – also dem Zeitaufwand und den gesundheitlichen Folgen – sagt Ihnen, dass sich das nicht lohnt.

Die Rendite jeder Investition hängt damit zusammen, welche Kosten diese Investition verursacht. Je mehr (Geld und Zeit) Sie aufwenden, desto niedriger Ihre Rendite. Selbst eine »todsichere Sache« wie der Kauf eines Eigenheims oder das Studium an einer Hochschule ist nur dann ein gutes Geschäft, wenn Sie nicht zu viel dafür bezahlen. Jede Renditeschätzung ist spekulativ – Sie können nie genau sagen, wie viel Sie bekommen. Renditeberechnungen sind nichts anderes als Vorhersagen für die Zukunft – und es ist grundsätzlich unmöglich, in die Zukunft zu sehen.

Jede Schätzung der künftigen Kapitalrendite ist eine halbwegs begründete Vermutung. Wie hoch Ihr ROI ausfällt, können Sie erst mit Sicherheit sagen, *nachdem* Sie bereits investiert und die Erträge vereinnahmt haben. Nichts auf dieser Welt ist absolut sicher – bevor Sie investieren, müssen Sie stets das Risiko einkalkulieren, dass etwas schiefgeht, ganz gleich wie hoch das potenzielle ROI auch erscheinen mag.

Link zur Referenz: **personalmba.com/return-on-investment/**

Die versunkenen Kosten

»Wenn es nicht gleich klappt, versuchen Sie es noch einmal. Und noch einmal. Doch dann sollten Sie aufgeben. Niemand verlangt von Ihnen, dass Sie sich zum Narren machen.«

W. C. Fields, Comedian

Nachdem mein Großvater aus dem Zweiten Weltkrieg zurückgekommen war, gründete er die Kaufman Construction Company und baute in Akron, Ohio, Ladenstraßen, Eigenheime, Gewerkschaftshäuser und Wohnanlagen. 1965 – da war er 25 Jahre im Geschäft – nahm er sein ehrgeizigstes Projekt in Angriff: einen fünfstöckigen Block mit 26 Wohnungen am Portage Path.

Das »Baranel« wurde auf den Grundstücken zweier älterer Häuser errichtet, die zu diesem Zweck aufgekauft und abgerissen worden waren. Betonstahl und Ziegelsteine waren bestellt und der Aushub lief planmäßig. Das Projekt sollte mit 300 000 Dollar zu Buche schlagen, was heute ungefähr 2,4 Millionen Dollar entspräche.

Die Arbeiten liefen reibungslos, bis die Bagger auf große bislang unbekannte Blaulehmschichten stießen, die die Stabilität des Fundaments gefährdeten. Um das Projekt durchzuführen, hätten viele Kubikmeter Lehm und Erde ausgehoben werden müssen, bis felsiger Untergrund erreicht worden wäre, und das riesige Erdloch hätte mit noch mehr Beton und Stahl gefüllt werden müssen. Die Baukosten wären dann weit höher ausgefallen als ursprünglich erwartet – wie hoch genau, war schwer zu sagen.

Statt aufzugeben, entschied sich mein Opa, das Projekt durchzuziehen – er hatte schon so viel Geld für das Grundstück und den Aushub ausgegeben, dass es sich falsch anfühlte, es »verschwendet« zu haben, ohne für all die Arbeit und die Investition etwas vorweisen zu können. Er fand ein paar Investoren, stellte einen anderen Wohnblock und das eigene Haus als Sicherheit, und das Projekt lief weiter.

Als das Gebäude fertig war, hatte er mehr als dreimal so viel Geld dafür ausgegeben, wie ursprünglich veranschlagt: rund eine Million Dollar, was heute inflationsbereinigt über acht Millionen Dollar wären. Mehr, als der Wohnblock wert war. Bis ans Ende seiner beruflichen Laufbahn hatte mein Opa mit den Ansprüchen verärgerter Investoren und Anwälte zu kämpfen. Eine traurige, doch ausgesprochen lehrreiche Geschichte.

Versunkene Kosten sind Zeit, Kraft und Mittel, die nicht wieder hereingeholt werden können, wenn man sie erst einmal investiert hat. Was Sie auch tun, diese Ressourcen bekommen Sie nicht mehr zurück. Weiter in ein Projekt zu investieren, um verlorene Ressourcen wiederzubeschaffen, ist sinnlos. Es kommt nur darauf an, zusätzliche Investitionen den voraussichtlichen Erträgen gegenüberzustellen.

Dass man die Risiken versunkener Kosten meiden sollte, ist in der Theorie leicht nachzuvollziehen, doch in der Praxis deutlich schwerer durchzuführen. Wenn Sie schon jahrelang Arbeit in eine Karriere investiert haben und plötzlich merken, dass Sie diesen Beruf gar nicht ausüben möchten, oder Millionen von Dollar in ein Projekt gesteckt haben, für das Sie unerwartet noch weitere Millionen benötigen, dann ist es nicht so einfach, sich davon zu verabschieden. Wenn man schon so viel investiert hat, fällt es schwer aufzugeben, solange man dafür »nichts vorzuweisen« hat. Doch in Wirklichkeit können Sie Ihre bisherige Investition nicht retten – sie ist verloren. Sie können nur danach handeln, welche Informationen Ihnen aktuell vorliegen.

Fehler sind unvermeidlich. Sie werden *zwangsläufig* Entscheidungen treffen, die Sie im Rückblick lieber nicht getroffen hätten – jede Wette. Wenn Sie die Zeit zurückdrehen könnten, könnten Sie anders an die Sache herangehen, doch das geht nicht. Es wird aber immer wieder neue Projekte geben, wenn Sie den Einsatz für ein riskantes Projekt *nicht* verdoppeln, um Verluste wiedergutzumachen. Schlechtem Geld gutes hinterherzuwerfen, ist keine erfolgversprechende Strategie.

Wenn Sie im Loch sitzen, sollten Sie aufhören zu graben – der zusätzliche Aufwand lohnt sich nicht. Sie müssen sich Ihr Geld grundsätzlich nicht auf demselben Weg wieder verdienen, auf dem Sie es verloren haben. Zahlt sich eine Investition – oder das damit verbundene Risiko – nicht aus, dann lassen Sie die Finger davon.

Link zur Referenz: **personalmba.com/sunk-cost/**

Interne Kontrollmechanismen

»Wenn etwas nicht immer so weitergehen kann, dann hört es irgendwann auf.«

Herbert Stein, Ökonom

Einer der großen Vorteile des Nachverfolgens Ihrer Finanz- und Betriebsdaten im Zeitverlauf: Sie können in Ihrem Umsatz, Ihren Kosten und Ihrem ***Wertschöpfungsstrom*** Muster erkennen. Mit der Zeit werden Sie diese Muster nützlich finden, um Budgets aufzustellen, betriebliche Abläufe zu beaufsichtigen, Gesetze und Vorschriften einzuhalten und Diebstahl und Betrug zu verhindern.

Interne Kontrollmechanismen stellen eine Gruppe bestimmter ***Standardverfahren*** dar, die ein Unternehmen einsetzt, um zutreffende Daten zu erfassen, für reibungslosen Betrieb zu sorgen und Probleme zu erkennen. Je besser die internen Kontrollmechanismen eines Unternehmens, desto aussagekräftiger seine Finanzberichte und desto besser können Sie sich auf die Qualität seiner betrieblichen Tätigkeit verlassen. Interne Kontrollmechanismen sind vor allem in drei Bereichen nützlich:

Bei der *Budgetierung* handelt es sich um die Schätzung künftiger Kosten und die Maßnahmen, die ergriffen werden, um sicherzustellen, dass diese Schätzungen nicht ohne guten Grund überschritten werden. Budgets sind ausgesprochen wichtig für die Steuerung von ***Gewinnmargen***, ***Cashflow-Zyklen*** und ***Hebelwirkung.*** Überschreitet ein Teil Ihres Unternehmens in einem bestimmten Zeitraum sein Budget, können Sie eingreifen, um die Situation zu korrigieren.

Aufsicht ist in Unternehmen wichtig, die in Bezug auf wichtige Teile ihres Geschäftsprozesses auf Beschäftigte oder externe Firmen angewiesen sind. Durch die Einführung von Kontrollmechanismen für Lieferzeiten, Qualität, Kosten und Systemausfälle lassen sich Evaluierungen durchführen und bei Bedarf betriebliche Veränderungen vornehmen, wenn die Standards zu bröckeln drohen oder Leistungsziele nicht erreicht werden.

Compliance ist notwendig, wenn ein Unternehmen in einer Branche tätig ist, die staatlicher Regulierung unterliegt. Das Unternehmen kann verpflichtet sein, im laufenden Betrieb bestimmte Daten zu erheben und zu melden. Interne Kontrollmechanismen stellen sicher, dass diese Daten vollständig und zutreffend sind, wodurch sich Risiken, größere Verluste und potenzielle juristische Probleme vermeiden lassen.

Die *Verhinderung von Diebstahl und Betrug* ist wichtig, um sich gegen das Risiko finanzieller Verluste durch die Handlungen skrupelloser Akteure abzusichern. Wer über solide interne Kontrollmechanismen verfügt, kann leichter erkennen, wenn etwas faul ist, den Verantwortlichen ermitteln und den Sachverhalt mit minimalem Aufsehen klären.

In all diesen Bereichen ist es nützlich, wenn ein unbeteiligter Dritter Ihre Daten und Kontrollprozesse prüft. Prüfungen sind nötig, um Fehler zu erkennen und zu korrigieren – vor allem in großen Unternehmen mit vielen beweglichen Teilen. Prüfungen tragen dazu bei, die Qualität der Daten eines Unternehmens zu sichern, und können das Vertrauen von Kreditgebern, Investoren, Aktionären und Aufsichtsorganen in die Praktiken des Unternehmens stärken. In jedem Fall sollte der Prüfer kein Interesse an einem bestimmten Ergebnis haben: Diese ***Aufgabentrennung*** hilft sicherzustellen, dass das Ergebnis korrekt ist – vor allem dann, wenn es nicht so ausfällt, wie man es gerne hätte.

Finanzkontrollen helfen Ihnen ferner, Ihr Unternehmen an Mitbewerbern auf Ihrem Markt zu messen. Die Risk Management Association (RMA) erfasst jedes Jahr eine gewaltige Datenmenge von Unternehmen aus allen Branchen. Die Datensätze der RMA erleichtern es festzustellen, wie viel solvente Unternehmen verschiedener Größe über einen bestimmten Zeitraum für Marketing, Vertrieb und Wertbeiträge für den Kunden ausgeben.

Banken und Investoren ziehen RMA-Daten heran, um zu bestimmen, ob ein von ihnen analysiertes Unternehmen der Norm entspricht. Stehen die Kosten des Unternehmens im richtigen Verhältnis zum Umsatz, gehen Außenstehende eher davon aus, dass das Unternehmen ein geringeres Risikoprofil aufweist. Gibt das Unternehmen für Vertrieb und Marketing aber dreimal so viel aus wie üblich, kann das auf Probleme, Ineffizienzen oder fragwürdige Bilanzierungspraktiken hindeuten.

Auch Branchengruppen können eine nützliche Datenquelle darstellen. Auf vielen Märkten gibt es Verbände, die Informationen über erfolgreiche Unternehmen erheben und teilen. Indem Sie die Daten Ihres Unternehmens denen anderer auf Ihrem Markt tätigen Unternehmen gegenüberstellen, können Sie sich ein besseres Bild davon machen, wie Sie dastehen und wo Sie Ihr Unternehmen noch optimieren könnten.

Link zur Referenz: **personalmba.com/internal-controls/**

6 — DIE MENSCHLICHE PSYCHE

»Dieses Spiel ist zu 90 Prozent halbe Psychologie.«

Yogi Berra, Baseballprofi und Wortverdreher

Nun haben wir in Grundzügen besprochen, wie Unternehmen funktionieren. Verlegen wir uns jetzt darauf zu analysieren, wie Menschen ticken.

Unternehmen werden *von* Menschen *für* Menschen aufgebaut. Wie im Zusammenhang mit Wertschöpfung und Wertbeitrag besprochen, gilt: Wenn Menschen keine Bedürfnisse und Wünsche hätten, gäbe es keine Unternehmen. Und umgekehrt: Wäre niemand in der Lage oder bereit, diese Bedürfnisse und Wünsche zu erfüllen, könnten Unternehmen nicht arbeiten.

Daher ist es wichtig zu wissen, wie Menschen Informationen aufnehmen, wie sie Entscheidungen treffen und wie sie beschließen, was sie tun oder lassen, wenn sie ein erfolgreiches Unternehmen hochziehen und aufrechterhalten möchten. Haben Sie erst ein klares Bild davon, wie die menschliche Psyche arbeitet, ist es ganz einfach, bessere Möglichkeiten zu finden, Dinge effizienter und effektiver zu erledigen.

Link zur Referenz: **personalmba.com/human-mind/**

Das Höhlenmenschensyndrom

»Jeder Mensch ist ein Zitat all seiner Vorfahren.«

Ralph Waldo Emerson, Essayist und Dichter des 19. Jahrhunderts

Stellen Sie sich einen Moment lang vor, Sie würden vor hunderttausend Jahren leben. Dann wären all Ihre Sinne im Alarmzustand, wenn Sie an einem Flussufer entlanggehen, und Sie wären ständig auf der Suche nach Nahrung: nach Fischen, die im Wasser schwimmen, nach essbaren Pflanzen oder Tieren, die Sie fangen könnten. Die Sonne steht hoch am Himmel und Sie sind heute schon zehn Kilometer gelaufen – Ihre schwieligen Füße werden Sie noch weitere zehn Kilometer tragen, bevor die Sonne untergeht.

In ein paar Stunden werden Sie Rast machen, um etwas zu trinken und Schatten zu finden: Die Nachmittagssonne brennt, und eine Pause wird Ihnen helfen, Kräfte zu sparen.

Beim Laufen fällt Ihr Blick auf eine kleine Staude in etwa sieben Meter Entfernung. Ihr Herz schlägt schneller – Sie erkennen die Form der Blätter und wissen: Blätter und Wurzeln sind essbar. Sie graben die Erde um die Pflanze herum auf, um die Wurzeln freizulegen. Sie wollen die ganze Pflanze in den einfachen geflochtenen Korb legen, den Sie sich auf den Rücken geschnallt haben.

Plötzlich nehmen Sie aus den Augenwinkeln eine Bewegung wahr. Eineinhalb Meter weiter hat sich eine riesige Kobra aufgerichtet, um zuzubeißen. Sie können ihren unverwechselbaren Nackenschild und ihre spitzen Zähne sehen. Zum Nachdenken bleibt keine Zeit – Sie spüren einen Adrenalinstoß, Ihr Puls rast, Sie springen zur Seite und laufen weg, so schnell Sie können. Die nahrhafte Pflanze lassen Sie zurück.

Sie laufen, bis Sie sicher sein können, dass die Gefahr gebannt ist. Sie brauchen ein paar Minuten, um sich zu erholen. Sie zittern vor Anstrengung und Stress, während der Adrenalinpegel sinkt. Es tut Ihnen leid um das gute Essen, doch es war nicht wert, Ihr Leben dafür zu riskieren.

Sobald Sie sich wieder besser fühlen, setzen Sie Ihre Suche nach Nahrung und Schutz vor der Mittagssonne fort. Abends kehren Sie zu Ihrem Stamm zurück, um mit den anderen zu teilen, was Sie auftreiben konnten.

Sie kennen sich untereinander gut, denn in Ihrer festgefügten Gruppe leben nur rund 40 Personen. Sie haben sich in erster Linie deshalb zusammengeschlossen, um Schutz vor wilden Tieren und anderen Stämmen zu genießen, die Ihren Stamm manchmal überfallen, um Ihnen abzunehmen, was Sie erbeutet haben.

Gemeinsam stellen Sie Speere und Netze her, um Fische zu fangen, verarbeiten Feuersteine zu Messern und Äxten, um zu jagen und sich zu verteidigen, und fertigen Körbe und irdene Töpfe, um Lebensmittel aufzubewahren.

Als Sie ins Lager Ihres Stamms zurückkehren, röstet eine Antilope über dem Feuer. Eine Gruppe von Jägern aus Ihrem Stamm hat sie buchstäblich in den Tod getrieben – mithilfe einer Technik, die auch Persistenz- oder Ausdauerjagd genannt wird. Abends sitzen Sie an dem Feuer, das die Gruppe gemacht hat, um Essen zu kochen und Raubtiere fernzuhalten, sprechen über die Ereignisse des Tages und erzählen Geschichten, bis Sie in den Schlaf fallen. Morgen beginnt dann das Ganze von vorn.

Biologisch ist der Mensch für Bedingungen optimiert, wie sie vor hunderttausend Jahren herrschten – nicht für die Welt, in der wir heute leben. Heute gibt es Essen im Überfluss und keine Raubtiere. Sie müssen nicht mehr ständig in Bewegung sein – stattdessen verbringen Sie vermutlich die meiste Zeit im Sitzen mit Aktivitäten wie Computer- und Büroarbeit. Infolgedessen sind unser Gehirn und unser Körper mit vielen neuen Gefahren konfrontiert wie Übergewicht, Herzkrankheiten, Diabetes, Alzheimer und Krebs.

Ich bezeichne diesen Zustand als ***Höhlenmenschensyndrom:*** Ihr Gehirn und Ihr Körper sind nicht optimal für die moderne Welt gerüstet. Die Herausforderung der Arbeit in der Moderne besteht zum Teil darin, dass unser Gehirn und unser Körper auf physisches und soziales Überleben gepolt sind – nicht auf 16 Stunden Arbeit am Tag. Die Wirtschaft gibt es noch nicht so lange, als dass wir uns biologisch auf die neuen Anforderungen eingestellt hätten, die wir an uns stellen.

Üben Sie also ein bisschen Nachsicht mit sich selbst – wir sind schlicht nicht für die Art Arbeit gemacht, für die wir derzeit zuständig sind. Keiner von uns. Im Grunde versuchen wir alle, neue Software auf urzeitlicher Hardware laufen zu lassen.

Link zur Referenz: **personalmba.com/caveman-syndrome/**

Leistungsanforderungen

»Now no joy but lacks salt / That is not dashed with pain / And weariness and fault.« (Nun fehlt jeder Freude Salz, die nicht mit Schmerz durchsetzt, mit Müdigkeit und Fehl'.)

Robert Frost, »To Earthward«

Koffein und durchgearbeitete Nächte bringen Sie nicht weit. Wenn Sie gute Arbeit leisten wollen, führt kein Weg daran vor, gut auf sich selbst zu achten. Geben Sie Ihrem Körper nicht, was er braucht, um zu funktionieren, dann geht Ihnen die Puste aus, lange bevor Sie Ihre Ziele erreicht haben.

Ihre Psyche ist in allererster Linie ein physisches System. Was wir als geistige Erschöpfung oder emotionale Belastung wahrnehmen, ist ein Signal unseres Körpers, dem etwas fehlt, was er physisch benötigt: Nährstoffe, Bewegung oder Ruhe.

Wenn Sie viel leisten wollen, können Sie nicht mit leerem Magen antreten – der menschliche Körper stellt bestimmte ***Leistungsanforderungen.*** Wie ein Auto nicht mit leerem Tank oder defekten Zündkerzen fahren kann, so kann auch Ihr Körper nicht lange funktionieren, wenn Sie ihm bestimmte notwendige Dinge vorenthalten. Wer viel Arbeit hat, denkt oft, sich um sich selbst zu kümmern, sei sekundär. Das ist es nicht – es sollte sogar Ihr *primäres* Anliegen sein, wenn Sie etwas Wichtiges vorhaben und über die Bühne bringen wollen, ohne einen Burn-out zu erleben.

Ernährung, Bewegung und Ruhe sind die Inputfaktoren, die Ihr Körper in produktive Energie verwandelt. Ist der Input unzulänglich (oder zu gering), verringert sich der Output – quantitativ wie qualitativ. Hier ein paar grundlegende Leitlinien, um Ihnen zu helfen, das Beste aus jedem Tag herauszuholen:

Ernähren Sie sich gesund und trinken Sie genug Wasser. ***Garbage in, Garbage out*** – wo nichts Gescheites hineingeht, kommt auch nichts Gescheites heraus. Achten Sie deshalb darauf, was Sie Ihrem Körper zuführen. Meiden Sie raffinierten Zucker und verarbeitete Lebensmittel, so gut Sie können – oder um mit dem auf kulinarische Themen spezialisierten Autor Michael Pollan zu sprechen: Verzichten Sie auf alles, was Ihre Großeltern nicht als Nahrungsmittel erkannt hätten. Nehmen Sie Koffein nur moderat und ausschließlich morgens zu sich – Kräutertee und aromatisiertes Wasser sind nachmittags ein guter Ersatz für zuckerhaltige Erfrischungsgetränke. Wer immer eine Flasche Wasser zur Hand hat, dehydriert nicht so schnell.

Treiben Sie Sport. Den Regeln aus *Gehirn und Erfolg* von John Medina zufolge hat selbst leichte körperliche Aktivität eine kräftigende Wirkung und verbessert Ihre geistige Leistungsfähigkeit ebenso wie Ihr Konzentrationsvermögen. Spazierengehen oder Joggen, Seilspringen oder eine Einheit Yoga können Ihnen helfen, einen klaren Kopf zu bekommen und den Rest des Tages gestärkt anzugehen. Meine bevorzugte Form des Krafttrainings ist es, eine Kettlebell oder Hantel zu schwingen – kostengünstige, effektive Gewichte als Hilfsmittel, die nicht viel Platz brauchen. Mit der richtigen Technik können Sie in 20 Minuten den ganzen Körper durchtrainieren. (Sie müssen nur ein bisschen aufpassen, dass dabei nichts zu Bruch geht.)[56]

Gönnen Sie sich jede Nacht mindestens sieben bis acht Stunden Schlaf. Schlaf konsolidiert die Ergebnisse der ***Mustererkennung*** und der ***geistigen Simulation*** – also sparen Sie nicht daran. Ich finde es nützlich, mir einen Wecker zu stellen, der mich daran erinnert, *ins Bett zu gehen*, damit ich genug Zeit habe herunterzukommen, bevor ich mich schlafen lege. Planen Sie acht oder neun Stunden Bettzeit ein, dann haben Sie auf jeden Fall genügend Zeit für Tief- und REM-Schlaf.

Gehen Sie in die Sonne – aber übertreiben Sie es nicht. Licht hilft Ihnen, Ihren Tagesrhythmus einzustellen, der sich auf Ihre Schlafmuster auswirkt. Ich nutze regelmäßig ein Lichttherapiegerät,[57] um sicherzugehen, dass ich genügend Licht abbekomme – vor allem in den Wintermonaten. Schon zehn Minuten Sonnenlicht am Morgen sind eine ganz einfache Methode, besser zu schlafen und Ihre Stimmung zu heben.

Ich experimentiere mit neuen Möglichkeiten, meine Energie, meine Produktivität und meine Stimmung zu verbessern – und das empfehle ich auch Ihnen. Eine ***Leitstruktur*** kann solche Änderungen am Lebensstil erleichtern – die Struktur meines Umfelds zu verändern, hat mir schon oft geholfen, ohne größeren Aufwand vieles zu verändern. Trauen Sie sich ruhig, etwas Neues auszuprobieren, um zu sehen, ob es eine Verbesserung bringt – achten Sie dabei aber auf Ihre Sicherheit.

Link zur Referenz: **personalmba.com/performance-requirements/**

Das Zwiebelhirn

»Die hier zum Ausdruck gebrachten Ansichten stellen nicht unbedingt die einstimmige Auffassung aller Teile meines Gehirns dar.«

Malcolm McMahon, Erzbischof von Liverpool

Die meisten von uns identifizieren sich mit ihrer inneren Stimme, die ihre Umwelt kommentiert. Diese Stimme ist manchmal hellauf begeistert, aber oft auch unsicher, besorgt oder ängstlich.

Zum Glück sind »Sie« nicht diese Stimme.

»Sie« sind lediglich ein kleiner Teilbereich Ihres Gehirns. Ihre innere Stimme ist nichts weiter als ein Radiosprecher, der kommentiert, was Ihr Gehirn gerade tut. Sie ist nicht »Sie« – Ihr Bewusstsein ist das, was Ihr Gehirn bemüht, um Probleme zu lösen, die es auf Autopilot nicht bewältigen kann.

Da menschliches Verhalten im Gehirn wurzelt, ist es sehr hilfreich, wenn man weiß, wie das Gehirn aufgebaut ist. Hier eine kurze (und stark vereinfachte) Darstellung der Gehirnfunktion.

Das menschliche Gehirn gleicht einer ***Zwiebel*** – es hat mehrere Schichten, die übereinanderliegen. Im Kern sitzt eine Struktur namens *Rhombencephalon* oder Rautenhirn, die dafür zuständig ist, Sie am Leben zu erhalten. Das Rhombencephalon ist für alle lebensnotwendigen physiologischen Funktionen verantwortlich: Herzschlag, Schlafen, Aufwachen, Reflexe, Muskelbewegungen und biologische Triebe.

Das Rautenhirn ist am Hirnstamm angesiedelt und wird manchmal auch als »Echsenhirn« bezeichnet, weil diese einfache neurologische Struktur in all unseren biologischen Vorläufern vorkommt, auch in Reptilien und Amphibien. Das Rautenhirn ist in erster Linie dafür zuständig, die Signale zu generieren, die über unser Rückenmark und unsere Nerven in alle Körperteile geleitet werden und zu physischen Aktionen führen.

Über Ihrem Rautenhirn liegt das *Mittelhirn,* das für die Verarbeitung sensorischer Daten, für Emotionen, Gedächtnis und ***Mustererkennung*** zuständig ist. Unser Mittelhirn prognostiziert, was als Nächstes passiert, und sendet diese Information ans Rautenhirn, das den Körper auf unmittelbare Aktion vorbereitet. Das Mittelhirn ist sozusagen der Radiosprecher, das Rautenhirn das Radio.

Gleich über dem Mittelhirn liegt eine dünne, gefaltete Gewebeschicht – das *Vorderhirn.* Diese dünne Lage Nervenzellen ist für die kognitiven Kapazitäten zuständig, die uns zu Menschen machen: Selbstbewusstsein, Logik, Denken, ***Hemmungen*** und ***Entscheidungen.***

Entwicklungshistorisch betrachtet, ist das Vorderhirn noch recht neu und dürfte sich entwickelt haben, um uns zu helfen, mit Mehrdeutigkeit umzugehen. Die meiste Zeit über haben unser Mittelhirn und unser Rautenhirn das Sagen – wir funktionieren instinktiv und auf Autopilot. Das ändert sich jedoch, sobald wir mit etwas Unerwartetem oder Unbekanntem konfrontiert sind, was das Mittelhirn dabei stört zu prognostizieren, was als Nächstes passiert. Dann greift das Vorderhirn ein, erfasst Daten und prüft Optionen.

Nach reiflicher Überlegung und Analyse beschließt das Vorderhirn auf der Grundlage der ihm zum jeweiligen Zeitpunkt optimal erscheinenden Alternative, was zu tun ist. Ist eine Entscheidung gefallen, nehmen Mittel- und Rautenhirn den Normalbetrieb wieder auf und führen die Entscheidung aus.

Einem Neurowissenschaftler sträuben sich inzwischen sicher schon die Haare, doch dieses stark vereinfachte Modell des Gehirns ist genau genug, um nützlich zu sein.[58] Mein Freund P. J. Eby erklärt die Beziehungen zwischen den verschiedenen Teilen des menschlichen Geistes mit einer großartigen Analogie: Ihr Gehirn ist ein Pferd, und »Sie« sind der Reiter. Ihr Pferd ist durchaus intelligent – es kann sich selbstständig bewegen, Probleme erkennen und scheut, wenn ihm etwas gefährlich oder furchterregend erscheint. Doch Sie als Reiter müssen die Richtung vorgeben und dem Pferd die nötige Sicherheit vermitteln, damit es sich weiter vorwagt.

Eine der besten Methoden, effektiver zu werden: Sagen Sie sich von Ihrer inneren Stimme los. Der Radiosprecher hat die Aufmerksamkeitsspanne eines Zweijährigen, der einen dreifachen Espresso getrunken hat. Seine Aufgabe ist es, Sie auf Details in Ihrem Umfeld hinzuweisen, auf die Sie in Ihrem eigenen Interesse vielleicht achten sollten – Dinge, die möglicherweise einen Ihrer ***zentralen menschlichen Triebe*** befriedigen oder eine Gefahr darstellen. Das bedeutet aber nicht, dass die Stimme immer recht hat oder dass Sie alles, was sie sagt, für bare Münze nehmen müssen.

Meditation ist eine einfache Übung, die Ihnen helfen kann, sich von Ihrer inneren Stimme zu lösen. Es ist nichts Mystisches oder Magisches dabei – Sie setzen sich einfach hin, atmen ein und aus und beobachten Ihren »Affengeist«, ohne sich mit ihm zu assoziieren. Nach einer Weile wird die innere Stimme leiser und Sie können sich besser auf den von Ihnen gewählten Kurs konzentrieren.

Ein paar Minuten ruhiger Meditation täglich können darüber entscheiden, ob Sie sich ängstlich und überfordert fühlen oder als Meister Ihres Schicksals.

Link zur Referenz: **personalmba.com/onion-brain/**

Wahrnehmungssteuerung

»Wie sich ein Organismus verhält, ist das Ergebnis von Steuerungssystemen, die dazu da sind, Wahrnehmungen anhand von Sollwerten zu steuern. Verhalten ist nichts anderes als Wahrnehmungssteuerung.«

William T. Powers, Systemtheoretiker

In den heiligen Hallen der Unternehmen (und der Business Schools) weltweit ist B. F. Skinner der heimliche König.

Skinner war eine der treibenden intellektuellen Kräfte hinter der »Behaviorismus«-Strömung in der Psychologie – der Vorstellung, dass biologische Systeme auf bestimmte Reize stets auf bestimmte Weise reagieren. Wer die Reize kontrollieren kann, kann das Verhalten steuern. Wird ein Organismus durch Belohnung und Strafe »konditioniert«, lernt er, wie er sich zu verhalten hat.

Im Laufe der Jahrzehnte ist der Behaviorismus in der Psychologie aus der Mode gekommen – Forschungsergebnisse haben nachgewiesen, dass das Verhalten *weit* mehr Einflüssen unterliegt als Zuckerbrot und Peitsche. Doch diese Erkenntnis ist noch nicht in die betriebswirtschaftliche Praxis vorgedrungen. In Unternehmen und in den Hörsälen der Business Schools in aller Welt wird nach wie vor nach dem magischen Anreiz gefahndet, der bewirkt, dass die Menschen tun, was die Unternehmen möchten.

In Wirklichkeit gleicht menschliches Verhalten viel eher einem Thermostat. Dabei handelt es sich um ein recht einfaches System: Es besteht aus einem Sensor, einem Sollwert und einem Schalter. Der Sensor misst die Temperatur der ***Umgebung.*** Liegt diese innerhalb einer bestimmten Bandbreite, bleibt das Thermostat untätig. Sinkt sie unter den Sollwert, wird die Heizung eingeschaltet. Steigt die Temperatur über den Sollwert, wird die Heizung wieder ausgeschaltet.

Diese Beziehung wird als ***Wahrnehmungssteuerung*** bezeichnet – der Thermostat regelt die Raumtemperatur, indem er die wahrgenommene Temperatur mit dem Sollwert abgleicht und nur dann eingreift, wenn diese Wahrnehmung »außer Kontrolle« geraten ist. Sobald die Wahrnehmung wieder unter Kontrolle ist, setzt das System aus, bis der Sollwert erneut verletzt wird.

Lebende Organismen – auch der Mensch – sind ausgesprochen komplexe Systeme zur Wahrnehmungssteuerung: Wir verhalten uns so, dass unsere Wahrnehmung der Welt innerhalb akzeptabler Grenzen bleibt. Wir ziehen keinen Mantel über, weil uns kaltes Wetter dazu *zwingt* – wir tragen ihn, *weil uns kalt ist* und wir das *unangenehm* finden. Blendet uns die Sonne, gehen wir in den Schatten, ziehen die Jalousien herunter oder setzen eine Sonnenbrille auf – unsere Handlungen setzen sich kontrollierend dem entgegen, was wir wahrnehmen, und was wir tun, richtet sich nach dem Umfeld, in dem wir uns gerade befinden.

In dem Buch *Making Sense of Behavior: The Meaning of Control* verwendet William T. Powers folgendes Beispiel, um zu erklären, inwiefern Steuerungssysteme für ein breites Spektrum von Verhaltensweisen verantwortlich sind, die Menschen zeigen: Stellen Sie sich ein Schiff mitten auf dem Ozean vor, das in einen schweren Sturm geraten ist. Das Schiff hebt und senkt sich willkürlich und wird von den Wellen hin- und hergeworfen.

Ein Stein, der auf dem Deck des Schiffes liegt, ist kein Steuerungssystem. Der Stein *will* ja nichts, also hat er auch nichts zu steuern – er rollt schlicht dorthin, wohin ihn die physikalischen Kräfte befördern. Ein Mensch, der sich auf dem Deck des Schiffes befindet, *will* aber gern auf den Füßen bleiben. Deshalb tut er alles Mögliche, um sich aufrecht zu halten: Er versucht, im Gleichgewicht zu bleiben, bewegt sich, hält sich an der Reling fest und so weiter. Stolpert und stürzt der Mensch, bemüht er sich nach Kräften, wieder auf die Beine zu kommen.

Die Umwelt diktiert, was unternommen werden kann, um die Wahrnehmung unter Kontrolle zu bringen. Steuerung ist nicht gleich Planung, sondern vielmehr die Anpassung an Umweltveränderungen, wenn diese eintreten. Auf dem Schiff im Sturm kann der Mensch sich nicht vorher überlegen, was er tun soll, um sich auf den Beinen zu halten – verändert sich seine Umwelt, reagiert er entsprechend, je nachdem, welche Mittel und Optionen ihm jeweils zur Verfügung stehen.

Die Wahrnehmungssteuerung erklärt, warum ein und derselbe Reiz oftmals verschiedene Reaktionen auslöst. Ein gutes Beispiel dafür, warum das Reiz-Reaktions-Modell nicht das ganze Bild ergibt, ist der klassische Anreiz vieler Arbeitgeber: bezahlte Überstunden. Wenn Sie möchten, dass Ihre nach Stunden honorierten Arbeitskräfte mehr arbeiten, dann müssen Sie Überstunden einfach besser bezahlen, stimmt's?

Nicht unbedingt. Arbeitnehmer, deren Einkommen für sie ein Steuerungsfaktor ist (weil sie nicht genug verdienen und mehr Geld brauchen), werden dann vermutlich Überstunden machen. Doch was ist mit Arbeitnehmern, die nach ihrem Empfinden bereits genug Geld verdienen oder andere Prioritäten haben als die Arbeit? Ein paar davon werden genauso viel arbeiten wie bisher, manche sogar *weniger* – weil das Einkommen für sie nur bis zu einem gewissen Punkt ein Steuerungsfaktor ist. Darüber hinaus möchten sie ihre Zeit lieber für andere Dinge nutzen – um sie mit der Familie zu verbringen oder sich nebenbei mit einem anderen Projekt zu beschäftigen beispielsweise. Eine bessere Bezahlung von Überstunden bewirkt, dass sie diesen Punkt schneller erreichen – und künftig entsprechend *weniger* arbeiten.

Dieser Anreiz führt zu drei verschiedenen Ergebnissen, und zwei davon sind einander diametral entgegengesetzt: nämlich mehr Arbeitsstunden und weniger Arbeitsstunden. So viel zum Behaviorismus.

Die Wahrnehmungssteuerung verändert grundlegend das Verständnis, warum die Menschen so handeln, wie sie handeln. Wer weiß, dass Menschen durch ihre Handlungen ihre *Wahrnehmungen kontrollieren und steuern,* kann besser beeinflussen, wie sie handeln.

Link zur Referenz: **personalmba.com/perceptual-control/**

Das Sollniveau

»Wir handeln erst und nur dann, wenn wir eine Diskrepanz feststellen zwischen dem, was wir erleben, und dem, was wir erleben möchten.«

Philip J. Runkel, Professor für Psychologie und Erziehungswissenschaft, University of Oregon

Das Herzstück eines jeden Systems zur ***Wahrnehmungssteuerung*** ist ein ***Sollniveau*** – eine Bandbreite von Wahrnehmungen, die anzeigen, dass das System »unter Kontrolle« ist. Liegt eine Wahrnehmung innerhalb des Sollniveaus des Systems, passiert gar nichts. Durchbricht die Wahrnehmung aber das Sollniveau nach oben oder nach unten, dann greift das System ein, um die Wahrnehmung wieder unter Kontrolle zu bringen.

Es gibt drei Arten solcher Sollniveaus: bestimmte Werte, Spannen und Abweichungen.

Bei einem festgelegten *Wert* handelt es sich um einen Mindest- oder Höchstwert. Ein Beispiel für ein System mit einem solchen Sollwert ist ein Thermostat – fällt die Temperatur unter einen bestimmten Wert, wird die Heizung eingeschaltet. Die Produktion von Melatonin im Körper ist ebenfalls ein System mit einem Sollwert – sobald eine bestimmte Schwelle erreicht ist, schlafen Sie ein.

Finanzkontrollen in Unternehmen funktionieren mit Sollwerten: Solange Ihr Umsatz einen bestimmten Sollwert übersteigt und Ihre Kosten unter einem bestimmten Sollwert bleiben, ist alles gut. Geben Sie plötzlich dreimal so viel aus wie sonst oder Ihr Umsatz sinkt unter den ***Suffizienzpunkt,*** löst das bestimmte Maßnahmen aus – Sie möchten wissen, warum so viel Geld abfließt und wie Sie Ihre Kosten wieder in den Griff bekommen.

Eine *Spanne* ist ein Spektrum akzeptabler Werte. Der Unterschied zwischen einer Spanne und einem Sollwert besteht darin, dass es für die Wahrnehmung, die gesteuert werden soll, eine Ober- *und* eine Untergrenze gibt. Bei einem Sollwert muss die Wahrnehmung über oder unter einem bestimmten Niveau liegen, damit sie unter Kontrolle ist. Bei einer Bandbreite muss sie zwischen *zwei* Sollwerten liegen.

So hat Ihr Körper beispielsweise ein System zur Regulierung des Glukosegehalts in Ihrem Blut, der für die Energiezufuhr verwendet wird. Zu viel oder zu wenig Blutzucker kann lebensbedrohlich sein, deshalb versucht Ihr Körper, durch die Freisetzung von Insulin das Niveau innerhalb einer akzeptablen Bandbreite zu halten – diese sorgt dafür, dass die Körperzellen mehr Insulin aufnehmen (oder abgeben). Solange Ihr Blutzuckerspiegel innerhalb der akzeptablen Bandbreite liegt, passiert nichts. Wird die Spanne aber über- oder unterschritten, greift Ihr Körper ein, um die Situation wieder unter Kontrolle zu bringen.

Eine *Abweichung* setzt einen bei null festgelegten Sollwert voraus. In diesem Fall ist jede Wahrnehmung ungleich null außer Kontrolle. Denken Sie dabei an die Schmerzrezeptoren in Ihrer Haut. Die meiste Zeit über sind sie inaktiv, was bedeutet, dass alles unter Kontrolle ist. Schneiden oder verbrennen Sie sich jedoch, senden die Rezeptoren das Signal, dass etwas nicht stimmt – und Sie reagieren, um Abhilfe zu schaffen. Ein Beispiel aus der Unternehmenswelt sind Reklamationen im Kundenservice. Gehen keine ein, ist alles unter Kontrolle. Quillt Ihr Posteingang aber vor Beschwerden über, wissen Sie, dass Sie etwas dagegen tun müssen.

Möchten Sie ein Verhalten verändern, müssen Sie entweder das Sollniveau des Systems verändern oder die Umgebung, in der das System arbeitet. Denken Sie noch einmal an den Thermostat – wenn Sie die Heizung abstellen wollen, können Sie den Sollwert auf eine niedrigere Temperatur einstellen. Ist Ihnen klar, dass Ihre Ausgaben *deshalb* dreimal so hoch ausfallen werden wie im Vormonat, weil Sie eine groß angelegte Werbekampagne starten, sind Ihre Finanzen nicht mehr außer Kontrolle. Wenn Sie sich ein Tattoo stechen lassen, ist es akzeptabel, wenn die Schmerzrezeptoren in Ihrer Haut reagieren.

Die Wahrnehmungen als solche haben sich dann nicht verändert, doch Sie werden nicht versuchen, die Wahrnehmung unter Kontrolle zu bringen, weil *sie bereits unter Kontrolle ist.* Verändern Sie das Sollniveau, verändert sich das Verhalten des Systems.

Das Sollniveau festzulegen und immer wieder neu zu bestimmen, kann Ihnen helfen, Ihr Verhalten zu ändern. Befürchten Sie, Ihre Ausgaben könnten ausufern, können Sie ein Budget aufstellen, das Sie darüber informiert, wie hoch der monatliche Zielwert sein sollte, damit Sie Ihre finanzielle Suffizienz nicht gefährden. Haben Sie Angst, Sie könnten zu viel oder zu wenig auf die Waage bringen, kann Ihnen ein Arztbesuch helfen, Ihre Erwartungen und Ihre Selbstwahrnehmung anhand medizinischer Daten zu kalibrieren. Arbeiten Sie jeden Tag zwölf Stunden und beschließen Sie, dass alles über acht Stunden inakzeptabel ist, werden sich Ihre Arbeitsgewohnheiten verändern.

Mit dem Sollniveau verändern Sie auch Ihr Verhalten.

Link zur Referenz: **personalmba.com/reference-level/**

Der Energiesparmodus

> »Der Grundsatz menschlichen Handelns ist, dass sich der Mensch mit möglichst wenig Anstrengung seine Wünsche erfüllen möchte.«
>
> Henry George, Autor von *The Science of Political Economy*

In Wirklichkeit ist der Mensch von Natur aus faul. Die entscheidende Erkenntnis besteht darin, dass Faulheit keine Fehlleistung ist, sondern einen Sinn hat.

Stellen Sie sich bloß vor, was passiert wäre, wenn einer Ihrer frühzeitlichen Vorfahren den ganzen Tag ohne triftigen Grund bis zur Erschöpfung herumgerannt wäre. Wäre dann ein Raubtier oder ein Feind aufgetaucht, hätte er keine Kraft mehr gehabt, auf die Gefahr zu reagieren – ganz schlecht. Deshalb haben wir uns im Zuge der Evolution angewöhnt, Energie nur dann aufzuwenden, wenn es sich nicht vermeiden lässt – eine ***Gewohnheit,*** die ich als ***Energiesparmodus*** bezeichne.

In den letzten Jahrzehnten haben Forscher Marathonläufer und Ultramarathonläufer untersucht (Menschen, die 50 oder 100 Meilen am Stück laufen), um mehr darüber zu erfahren, wie deren Körper auf Schmerz reagiert. Dabei haben sie Folgendes festgestellt: Selbst wenn Sie so erschöpft sind, dass Sie sich fühlen, als wären Sie absolut am Ende, sind Sie physiologisch noch *meilenweit vom Tod entfernt.* Die Signale, die Ihr Gehirn an Ihren Körper übermittelt, sind eine List, die als Warnung dient und Sie dazu veranlassen soll, noch eine kleine Kraftreserve vorzuhalten – nur für den Fall, dass Sie sie später noch brauchen.

Wird kein ***Sollniveau*** verletzt, spart der Mensch Energie, indem er möglichst untätig bleibt. Denken Sie an zwei WG-Bewohner, die unterschiedliche Vorstellungen von Reinlichkeit haben. Für den einen ist es ein Problem, wenn sich im Spülbecken das schmutzige Geschirr stapelt – für ihn bedeutet jeder Teller, dass etwas »außer Kontrolle« geraten ist, was ihn dazu veranlasst, Abhilfe zu schaffen. Seine Mitbewohnerin nimmt erst einen Kontrollverlust wahr, wenn keine Tasse mehr sauber ist. Ist das der Fall, wendet sie Energie auf, um abzuspülen. Unterschiedliche Sollniveaus bedeuten unterschiedliche Handlungen.

Wenn Sie der Ansicht sind, mit Ihrem Gewicht, Ihrer gesundheitlichen und Ihrer körperlichen Verfassung sei alles in Ordnung, werden Sie Ihre Ernährung kaum umstellen und auch nicht anfangen, mehr Sport zu treiben. Fühlen Sie sich in Ihrem sozialen Umfeld wohl und ruhen Sie in sich, werden Sie vermutlich nicht an Ihrer sozialen Kompetenz arbeiten oder Ihren Bekanntenkreis vergrößern. Finden Sie, dass Sie genug verdienen, werden Sie sich wahrscheinlich nicht nach besseren Verdienstmöglichkeiten umsehen.

Manche Menschen verharren beruflich jahrzehntelang in einer Sackgasse, obwohl ihnen das durchaus bewusst ist. Der Grund dafür: Sie sparen Energie. Sagt ihnen die Arbeit einigermaßen zu, wirft sie genug ab, um die Rechnungen zu bezahlen, und ist sie nie so stressig oder frustrierend, dass es gegen ihre Erwartungen verstößt, dann unternehmen die Betroffenen wenig, um befördert zu werden, sich einen anderen Job zu suchen oder sich selbstständig zu machen. Die Menschen strengen sich erst an, wenn ihr Sollniveau verletzt wird. Solange ihre Erwartungen erfüllt werden, bleiben sie untätig.

Informationsquellen, die Ihre Sollniveaus verändern, sind wertvolle Handlungsanstöße. Zu den Faktoren, die mich veranlasst haben, Kurse zu geben und Beratungsdienste anzubieten, gehörte die Erkenntnis, dass manche Wirtschaftsautoren und Coaches in der Lage sind, den ganzen Tag dazuzulernen und anderen weiterzuhelfen, und dafür auch noch sehr gut bezahlt werden. Das hat ausgereicht, um das Sollniveau zu verletzen, das für mich seinerzeit im Arbeitsleben galt. Wenn andere dafür bezahlt wurden, das zu tun, was mir so viel Freude bereitete – wieso sollte ich dann den lieben langen Tag einen Beruf ausüben, der mich nur halbwegs erfüllte? Je mehr ich darüber erfuhr, wie andere das zuwege gebracht hatten, desto stärker wurde mein Wunsch, meinen Traum zu verwirklichen.

Bevor Roger Bannister 1954 einen neuen Rekord aufstellte, als er eine Meile in unter vier Minuten lief, hieß es, das überschreite die physischen Grenzen eines Menschen. Nachdem Bannister bewiesen hatte, dass es möglich war, war die psychologische Hürde genommen: Ende 1957 hatten es bereits 16 Läufer geschafft. Geändert hatte sich einzig das Sollniveau: Die Sportler wussten, es war möglich, und sie wollten es erreichen. Und das gelang ihnen auch.

Gute Bücher, Zeitschriften, Blogs, Dokumentationen und sogar Konkurrenten sind wertvoll, wenn sie verändern, was Sie für möglich halten. Stellen Sie fest, dass andere etwas fertigbringen, was Sie für unrealistisch oder unmöglich gehalten haben, dann verändert das auf konstruktive Weise Ihr Sollniveau. Es reicht zu wissen, dass das, was Sie anstreben, auch möglich ist – dann finden Sie schon einen Weg, es zu bewerkstelligen.

Link zur Referenz: **personalmba.com/conservation-of-energy/**

Die Leitstruktur

> »Auf lange Sicht – und oft auch auf kurze – wird Ihre Willenskraft nie die Oberhand über Ihre Umwelt gewinnen.«
>
> James Clear, Autor von *Die 1%-Methode*

Angenommen, Sie streichen raffinierten Zucker von Ihrem Speisezettel. Es gibt mehr als genug Indizien dafür, dass er Ihrer Gesundheit schadet, und Sie sind überzeugt, dass es Ihre Lebensqualität verbessern würde, wenn Sie sich dieses Laster abgewöhnen. Da gibt es nur ein Problem: Zucker schmeckt – und weckt bei Ihnen Gelüste, denen schwer zu widerstehen ist. Wie können Sie es sich leichter machen, Ihre Essgewohnheiten zu verändern?

Eine der effektivsten Strategien ist ganz einfach: Kaufen Sie im Laden keine Produkte, die raffinierten Zucker enthalten, holen Sie sich keine Lebensmittel mehr ins Haus, denen Zucker zugesetzt wurde, und kaufen Sie ein paar gesunde Snacks, die Ihre neuen Kriterien erfüllen. Ist nichts Zuckerhaltiges da, wenn Sie der Heißhunger überfällt, und haben Sie genügend Alternativen für das im Haus, was Sie sonst gegessen hätten, müssen Sie der Versuchung gar nicht widerstehen: Ihre unmittelbare Umwelt ist so strukturiert, dass Sie automatisch in Ihre neuen Verhaltensweisen verfallen. Ein paar Minuten Willenskraft, die Sie dafür aufwenden, Ihre Umwelt zu verändern, können es Ihnen deutlich leichter machen, sich künftig so zu verhalten, wie Sie das gerne möchten.

Leitstruktur bedeutet, dass die Struktur Ihrer Umwelt zu dem Faktor wird, der den stärksten Einfluss auf Ihr Verhalten ausübt. Möchten Sie Ihr Verhalten erfolgreich verändern, *sollten Sie nicht bei der eigentlichen Verhaltensweise anset-*

zen. Verändern Sie lieber die Struktur, die das Verhalten beeinflusst oder mitträgt. Dann verändert es sich von ganz allein. Möchten Sie künftig auf Eiscreme verzichten, sollten Sie keine kaufen.

In Homers *Odyssee* bereiten sich Odysseus und seine Gefährten darauf vor, ihr Schiff an der Insel der Sirenen vorbeizusteuern – Vogelfrauen, die so schön und bezaubernd singen, dass unbedarfte Seeleute den Verstand verlieren und auf Grund laufen. Statt sich auf seine Willenskraft zu verlassen, um der Versuchung der Sirenen zu widerstehen, verändert Odysseus die Struktur seiner Umwelt. Er weist seine Männer an, sich Bienenwachs in die Ohren zu stecken, und lässt sich an den Mast binden. Die Versuchung läuft ins Leere, das Schiff kann sicher passieren.

Verändern Sie die Struktur Ihrer Umwelt, dann verändert sich auch Ihr Verhalten. Sorgen Sie für ein bisschen ***Reibung*** oder eliminieren Sie bestimmte Optionen, und es wird Ihnen gleich viel leichter fallen, sich auf das zu konzentrieren, was Sie erreichen wollen.

Ein großartiges Beispiel für eine Leitstruktur ist die sogenannte Sterile Cockpit Rule, die die Federal Aviation Administration (FAA) 1981 einführte. Im Luftverkehr ereignen sich die meisten Unfälle unterhalb von 10 000 Fuß. Dann können Ablenkungen lebensgefährlich sein. In über 10 000 Fuß Höhe dürfen Piloten über alles sprechen, doch unterhalb dieser Höhe sind nur Gespräche erlaubt, die Informationen im Zusammenhang mit dem aktuellen Flug betreffen. Durch die Beseitigung von Ablenkungen verringert die Sterile Cockpit Rule Fehler und Unfälle.

Verändern Sie die Struktur Ihrer Umgebung, und Sie werden erstaunt feststellen, wie sich daraufhin Ihr Verhalten verändert.

Link zur Referenz: **personalmba.com/guiding-structure/**

Umstrukturierung

»Nicht alle, die vom Weg abkommen, verlaufen sich auch.«

J. R. R. Tolkien, Autor von *Der Herr der Ringe*

Sobald eine Wahrnehmung gegen das ***Sollniveau*** des Systems verstößt, kommt es zu einer Handlung, die die Wahrnehmung wieder unter Kontrolle bringen soll. Diese Reaktion ist manchmal genau definiert – wie bereits angesprochen, weiß unser Körper, was er braucht, um den Blutzuckerspiegel zu regulieren. Sie aber wissen oft nicht, was gerade aus dem Ruder läuft – oder wie Sie es in Ordnung bringen können.

Denken Sie an eine so abstrakte Wahrnehmung wie »Zufriedenheit im Beruf«. Sie haben eine bestimmte Vorstellung davon, »wie zufrieden Sie am Arbeitsplatz sein sollten«, und Ihre Wahrnehmung dieser Zufriedenheit ist ein Durchschnittswert Ihrer tatsächlichen Erlebnisse bei der Arbeit. Angenehme Erfahrungen lassen den Durchschnitt steigen, unangenehme bewirken, dass er absinkt.

Ist Ihre Wahrnehmung von Ihrer Zufriedenheit im Beruf schlechter, als Sie sich das vorstellen (Ihr Sollniveau), dann denken Sie prompt: »Ich bin nicht so zufrieden, wie ich es sein sollte … Da muss sich *etwas* ändern.«

Der Knackpunkt: Vielleicht wissen Sie gar nicht genau, *was*. Wären Sie zufriedener, wenn Sie andere Aufgaben hätten? Einen neuen Chef? Einen anderen Arbeitgeber? Oder wenn Sie Ihr eigener Chef sein könnten? Wer weiß! An diesem Punkt kommt die ***Umstrukturierung*** ins Spiel.

Dabei handelt es sich um eine zufällige Aktion, die eintritt, wenn ein Verstoß gegen ein Sollniveau vorliegt, Sie aber nicht wissen, wie Sie die betreffende Wahrnehmung wieder in den Griff bekommen können. Die »Quarter-Life-« oder Midlife-Krise, die viele Menschen erleben, ist ein Beispiel für eine solche Umstrukturierung. Sie wissen nicht genau, was Sie tun können, um Ihre Angstgefühle loszuwerden, also tun Sie Dinge, die für Sie ganz untypisch sind: Sie kündigen Ihren Job und reisen mit dem Rucksack durch Europa, Sie lassen sich ein Tattoo stechen oder kaufen sich ein Motorrad.

Umstrukturierung fühlt sich an, als hätten Sie die Orientierung verloren, seien depressiv oder verrückt geworden. Das ist ganz normal. Ihr Gehirn spuckt alle möglichen abwegigen Ideen aus, um eine Möglichkeit zu finden, die Dinge wieder ins Lot zu bringen. Wenn ich total gestresst bin, beschleicht mich der Gedanke, dass ich eigentlich gerne Hausmeister wäre – die Arbeit ist nicht so schwer, man muss nicht viel nachdenken und kriegt jeden Monat sein Geld. Das bedeutet aber noch lange nicht, dass das auch eine gute Idee ist. Solche Gedanken sind aber normal – mein Gehirn versucht lediglich, mit zufallsgenerierten Ideen bestimmte Systeme wieder unter Kontrolle zu bekommen.

Umstrukturierung ist die neurologische Grundlage von Lernprozessen. Wie wir im Abschnitt ***Mustererkennung*** noch erörtern werden, ist unser Geist eine Lernmaschine, die bestimmte Verhaltensweisen mit bestimmten Effekten assoziiert. Weiß er noch nicht, was in einer bestimmten Situation zu tun ist, löst er dieses Problem am besten, indem er etwas Neues ausprobiert, um Daten zu sammeln. Das ist der Sinn der Umstrukturierung – der Impuls, neue Dinge in Betracht zu ziehen oder auszuprobieren, um herauszufinden, was funktioniert.

Eine der wichtigsten Erkenntnisse über Umstrukturierung ist: Am besten wehrt man sich nicht dagegen. Obwohl die Versuchung groß sein kann, sich nach Kräften einzureden, es sei schon alles in Ordnung, und dem Impuls, etwas ganz anderes auszuprobieren, zu trotzen oder ihn zu unterdrücken, verlangsamt das Ihren Lernprozess.

Dunkle Nächte der Seele sind nicht ungewöhnlich oder abnormal – sie sind lediglich ein Signal dafür, dass eine Wahrnehmung, die Ihr Leben betrifft, außer Kontrolle geraten ist. Dann ist eine Umstrukturierung erforderlich, um mehr Daten darüber zu sammeln, wie sich das in Ordnung bringen lässt. Sobald Sie gelernt haben, wie die Wahrnehmung wieder unter Kontrolle gebracht werden kann, endet die Umstrukturierung.

Keine Angst, wenn Sie manchmal das Gefühl haben, Sie hätten die Orientierung verloren – Ihr Gehirn versucht lediglich, die Informationen zu sammeln, die es für gute Entscheidungen braucht. Den Impuls zu begrüßen, etwas Neues auszuprobieren, wird Ihnen schneller aus der Umstrukturierung heraushelfen als alles andere.

Link zur Referenz: **personalmba.com/reorganization/**

Konflikt

> **»Unsere großen Probleme können wir niemals mit derselben Denkweise lösen, durch die sie entstanden sind.«**
>
> Albert Einstein, Physiker und Nobelpreisträger

Nehmen wir uns kurz Zeit, um auf einen sehr verbreiteten Charakterfehler einzugehen: die Aufschieberitis (Prokrastination).

Jeder schiebt mal etwas auf die lange Bank. Haben wir zu viel zu tun, dann ist es nur natürlich, wenn man Arbeiten hinauszögert, bis sie unbedingt erledigt werden müssen. Wie kann man sich auch auf etwas konzentrieren, das erst in Zukunft benötigt wird, wenn etwas anderes *jetzt* erledigt werden muss?

Besonders frustrierend ist es, wenn wir wissen, dass wir genug Zeit haben, etwas schon im Voraus zu erledigen, aber uns einfach nicht dazu aufraffen können, es *jetzt gleich* zu tun. Zwingt man sich dazu, ist man leicht ablenkbar und bringt nicht viel zustande. Sucht man stattdessen Erholung, fühlt man sich latent schlecht, weil man nichts tut – und findet keine Ruhe.

So können ganze Tage verstreichen, an denen Sie weder richtig arbeiten noch richtig ausspannen. Am Ende sind Sie trotzdem erschöpft von der Anstrengung, nichts geschafft zu haben. Was ist da los?

Konflikte entstehen, wenn zwei Kontrollsysteme versuchen, dieselbe Wahrnehmung zu verändern. Wenn Sie Zeit schinden, versucht ein Teilbereich Ihres Gehirns, das »Erledigen« zu kontrollieren, ein anderer dagegen das »Ausruhen«. Da es beide Systeme gleichzeitig darauf anlegen, dieselbe Wahrnehmung zu steuern – eine physische Handlung –, geraten sie in Konflikt über die Richtung, in die sich die Wahrnehmung verändern soll.

Das ist vergleichbar mit einer Heizung und einer Klimaanlage, die versuchen, die Temperatur im selben Zimmer zu regeln. Solange sich die jeweiligen ***Sollniveaus*** wechselseitig ausschließen, wird das keinem der beiden Systeme jemals gelingen – sie werden einfach beide weiter angestrengt versuchen, das System in die Richtung zu manövrieren, in die sie es steuern sollen. Selbst wenn ein System die Wahrnehmung vorübergehend unter Kontrolle bekommt, wird es nicht lange dauern, bis das andere System dafür sorgt, dass sie wieder außer Kontrolle gerät.

Die Aufschieberitis ist ein Beispiel für einen inneren Konflikt. Zu Konflikten kommt es aber auch *zwischen* Menschen. Sie treten auf, wenn Menschen auf verschiedene Outputs abzielen, die denselben Input erfordern. Denken Sie dabei an zwei Kinder, die sich um das gleiche Spielzeug streiten. Das ist genauso wie bei den Beispielen von der Aufschieberitis und der Raumtemperatur, nur dass die Kontrollsysteme in diesem Fall die Menschen sind. Solange ein Kind das Spielzeug hat, beschwert sich das andere. Die Folge: Das Spielzeug wandert hin und her, und keines der beiden Kinder ist zufrieden.

Oder denken Sie an leitende Führungskräfte in einem großen Unternehmen, die darüber streiten, wie ein begrenztes Budget verwendet werden sollte. Dann bekommen Sie eine gute Vorstellung davon, wo Konflikte herrühren. Bekommt ein Bereichsleiter eine Million zugesprochen, gehen alle übrigen Ressortchefs leer aus. Das löst natürlich Protest aus – Unternehmenspolitik in Reinkultur.

Dass wir die Handlungen anderer nie wirklich kontrollieren können, ist ein Faktor, der zwischenmenschliche Konflikte so schwierig macht. Wir können andere zwar beeinflussen, überreden, inspirieren oder mit ihnen verhandeln, aber wir können uns bei unseren Handlungen nie nach den Wahrnehmungen anderer richten oder deren Sollniveaus direkt verändern.

Konflikte lassen sich nur lösen, indem Sollniveaus verändert werden – also dadurch, wie die beteiligten Parteien Erfolg definieren. Wer versucht, einen Konflikt beizulegen, indem er auf inakzeptables Verhalten hinweist, erreicht ebenso wenig, wie Willenskraft direkt zu Verhaltensänderungen führt – weil das an der Wurzel des Konflikts vorbeigeht. Jede Konfliktpartei hat ihr eigenes Sollniveau, das in erster Linie durch die Situation beziehungsweise durch die Umwelt beeinflusst wird. Lösen lässt sich ein Konflikt nur, indem das Sollniveau jeder Partei verändert wird. Das lässt sich am besten durch eine Veränderung der Situationsstruktur erreichen.

Im Falle der Aufschieberitis kann der Konflikt dadurch beendet werden, dass man feste Arbeits- und Ruhezeiten einplant – und zwar ausreichende. In *Vorbei mit der Aufschieberei!* empfiehlt Neil Fiore, den Terminplan gezielt umzukehren, sodass Ruhe Vorrang vor der Arbeit bekommt. Weiß Ihr Gehirn, dass Sie genügend Entspannung und Spaß bekommen, ist es leichter, sich auf produktive Arbeit zu fokussieren.

Im Falle des Widerstreits zwischen Heizung und Klimaanlage besteht der Konflikt nur so lange, wie die Thermostate unterschiedlich eingestellt sind. Verändern Sie die Sollniveaus und der Konflikt ist gelöst.

Im Falle der streitenden Kinder (oder Bereichsleiter) können Sie die Situation verändern, indem Sie dafür sorgen, dass alle Streithähne das gleiche Spielzeug oder gar kein Spielzeug bekommen oder ihr Erfolgsmaßstab umgestellt wird von »Einzelkampf« auf »Teamarbeit«.

Verändern Sie die Situation, die die Sollniveaus erzeugt, die die jeweiligen Parteien heranziehen, um den Erfolg zu messen, und schon ist der Konflikt aus der Welt geschafft.

Link zur Referenz: **personalmba.com/conflict/**

Mustererkennung

> »Ihr Gedächtnis ist ein Monster. Sie vergessen – Ihr Gedächtnis nicht. Es legt die Erinnerung einfach ab. Es bewahrt sie für Sie auf oder verbirgt sie vor Ihnen – und ruft sie willkürlich wach. Sie glauben, Sie verfügen über ein Gedächtnis. In Wirklichkeit ist es umgekehrt!«
>
> John Irving, Schriftsteller und preisgekrönter Drehbuchautor

Sie wussten schon, dass ein Ball, wenn man ihn loslässt, zu Boden fällt, als Sie noch keine Ahnung hatten, was Schwerkraft ist. Die ersten Male, als Sie einen Ball fallen ließen, fiel dieser prompt zu Boden. Sie brauchten nicht viele solcher Erlebnisse, um zu lernen, dass ein Gegenstand, den Sie loslassen, nach unten fällt. Schwerkraft ist die Bezeichnung für ein Phänomen, das sich unser Gehirn selbst beigebracht hat.

Einer der interessantesten Aspekte des Gehirns ist die Fähigkeit, Muster zu erlernen und zu erkennen. Denken Sie an Pawlows berühmte Hunde. Ein Glockenton, und sie fangen an zu sabbern – weil Pawlow ihnen ein Muster beigebracht hat: Wenn die Glocke ertönt, gibt es Futter. Die Hunde brauchten gar nicht lang, um dieses Muster zu verinnerlichen. Prompt reagierten sie schon, noch bevor das Futter auch nur in Sicht war.

Unsere Gehirne sind von Natur aus ***Mustererkennungsmaschinen.*** Das Gehirn versucht ständig, in allem, was wir wahrnehmen, Muster zu entdecken und diese neuen Muster dann mit anderen Mustern in Verbindung zu bringen, die im Gedächtnis abgespeichert sind. Dieser Prozess der Mustererkennung läuft unbewusst ab. Indem Ihr Gehirn Ihre Umwelt bewusst wahrnimmt, sammelt es neue Muster und fügt sie dem Gedächtnis hinzu.

Menschen erlernen Muster in erster Linie durch Experimente. Möchte ein Kleinkind von seiner Mutter auf den Arm genommen werden, probiert es rasch verschiedene Ansätze aus und merkt schnell, welcher davon die gewünschte Reaktion erzeugt: »Wenn ich weine, nimmt mich meine Mama auf den Arm.« Sobald das Kind das begriffen hat, greift es auf dieses Muster zurück, wenn es die betreffende Reaktion hervorrufen möchte.

Sie können sich Ihr Gedächtnis als Datenbank vorstellen, die alle Muster enthält, die Sie aus bisherigen Erlebnissen erlernt haben. Muster werden in unserem Langzeitgedächtnis abgelegt und warten dort darauf, abgerufen zu werden, um zu bestimmen, wie wir auf neue oder ungewohnte Situationen reagieren. Das Gedächtnis ist auf Geschwindigkeit ausgelegt, nicht auf Genauigkeit – das Gehirn speichert Informationen kontextbezogen. Deshalb können Sie geeignete Muster bei Bedarf schneller abrufen. Aus diesem Grund gilt: Haben Sie Ihren Schüsselbund verlegt, sollten Sie im Geist durchgehen, wo Sie überall gewesen sind – der Kontext erleichtert es Ihnen, sich zu erinnern.

Mustererkennung gehört zu den Hauptgründen, aus denen erfahrene Menschen in aller Regel bessere Entscheidungen treffen als unerfahrene – weil sie aus Erfahrung mehr Muster kennen. Expertise gewinnen Experten aus der größeren geistigen Datenbank, aus der sie schöpfen können.

Mustererkennung gehört zu den grundlegenden Fähigkeiten des menschlichen Geistes. Je mehr genaue Muster Sie in Ihrem Gedächtnis abgespeichert haben, desto besser können Sie auf alle Wechselfälle des Lebens reagieren.

Link zur Referenz: **personalmba.com/pattern-matching/**

Mentale Simulation

»Ich habe im Marmor einen Engel gesehen und den Stein so lange behauen, bis ich den Engel befreit hatte.«

Michelangelo, Bildhauer und Künstler

Was würden Sie zu dem Vorschlag sagen, in einen aktiven Vulkan hineinzuspringen? Ist das eine gute Idee?

Diese Frage können Sie in Sekundenbruchteilen beantworten, obwohl Sie noch nie selbst in einen Vulkan gesprungen sind oder jemand anderen dabei beobachtet haben. Das ist eine bemerkenswerte Leistung: Wie können Sie die Antwort auf eine Frage kennen, über die Sie zuvor noch nie nachgedacht haben?

Die ***mentale Simulation*** ist die Fähigkeit Ihres Verstandes, sich eine bestimmte Handlung vorzustellen und das wahrscheinliche Ergebnis zu simulieren, bevor Sie die Handlung ausführen. Unser Gehirn versucht, auf der Grundlage dessen, was um uns herum passiert und welche Handlungen wir in Betracht ziehen, die Zukunft zu prognostizieren. Lassen sich die Ergebnisse unseres Handelns vorwegnehmen, ist das ein erheblicher Vorteil: Es verbessert unsere Fähigkeit, neuartige Probleme zu lösen.

Die mentale Simulation stützt sich auf unser Gedächtnis – also auf die Datenbank von Mustern, die wir aus Wahrnehmung und Erfahrung kennen. Wenn Sie sich vorstellen, in einen Vulkan zu springen, kann Ihr Gehirn nicht auf persönliche Erlebnisse zurückgreifen, wohl aber auf einschlägige ***Assoziationen:*** Lava ist heiß, an Heißem kann man sich verbrennen, Verbrennungen sind schmerzhaft und gefährlich, und alles, was schmerzhaft und gefährlich ist, ist schlecht. Diese Assoziationskette wird herangezogen, um blitzschnell das wahrscheinliche Ergebnis zu simulieren, sodass wir spontan schlussfolgern können: *GAR KEINE GUTE IDEE.*

Die mentale Simulation ist effektiv und vielseitig einsetzbar – sie kann verwendet werden, um selbst die willkürlichsten Handlungen gefahrlos zu testen. Mit Blick auf ein beliebiges Ziel oder Szenario greift Ihr Gehirn auf die mentale Simulation zurück, um Punkt A mit Punkt B zu verbinden. Dabei ist Punkt A Ihre aktuelle Situation und Punkt B die Situation, die Sie sich gerade vorstellen. Dem, was Sie simulieren können, werden nur durch Ihre Fantasie Grenzen gesetzt.

Wie würden Sie vorgehen, wenn Sie in die Antarktis reisen wollten? Eine zufällige Frage, doch wenn Sie sich ein paar Sekunden lang das ***Endergebnis*** vorstellen, verknüpft Ihr Gehirn auf der Grundlage bekannter Muster prompt die Punkte. »Ich könnte im Reisebüro anrufen … Es finden laufend Kreuzfahrten in die Antarktis statt … Ich müsste nach Argentinien fliegen … Ich bräuchte eine warme Jacke« und so weiter und so fort. Diese Gedanken laufen automatisch ab, ohne viel Zutun Ihrerseits – dafür ist Ihr Gehirn gemacht.

Die mentale Simulation funktioniert aber nur, wenn Sie einen »Punkt B« liefern, selbst wenn die Handlung oder das Ziel absolut willkürlich sind – Sie können sogar den Weg zu den unrealistischsten und absurdesten Zielen simulieren, die Sie sich vorstellen können. Denken Sie daran, wie Sie ein Navigationssystem im Auto verwenden – das System kann Ihnen den richtigen Weg weisen, aber erst, wenn Sie ein Ziel eingegeben haben. Dieses Ziel kann die Adresse Ihrer besten Freundin sein oder ein zufälliger Ort wie Albuquerque in New Mexico. So oder so, ohne Zieleingabe funktioniert das System nicht. Dieselbe Regel gilt auch für die mentale Simulation – kein Ziel, keine Simulation.

Die mentale Simulation ist dann besonders wirkungsvoll, wenn Sie gelernt haben, sie nach Bedarf einzusetzen. Darauf gehen wir im Zusammenhang mit ***Gedankenexperimenten*** noch näher ein.

Link zur Referenz: **personalmba.com/mental-simulation/**

Interpretation und Neuinterpretation

»Wir sehen die Dinge nicht, wie sie sind. Wir sehen sie, wie wir sind.«

Anaïs Nin, Autorin und Tagebuchschreiberin

Haben Sie schon einmal eine E-Mail erhalten, die Sie so richtig wütend gemacht hat? Und später festgestellt, dass Sie vollkommen missverstanden haben, wie diese Nachricht formuliert oder gemeint war? Dann hat Ihr Verstand einen Schluss gezogen, der nicht wirklich auf einer Wahrnehmung beruhte – um später zu erkennen, dass sich die Nachricht auch noch anders, aber ebenso sinnvoll interpretieren ließ.

Unser Verstand simuliert ständig verschiedene Vorgehensweisen, nur liegen manchmal einfach nicht genügend Informationen vor, um sicherzustellen, dass ein wahrgenommenes Muster auch zutrifft. Sie sind schließlich nicht allwissend. Daher stehen Ihrem Verstand auch nie alle Daten zur Verfügung. Aus diesem Grund füllt er die Lücken, indem er interpretiert, was Ihnen die in Ihrem Gedächtnis abgespeicherten Muster eingeben. Liegen keine anderslautenden Informationen vor, ziehen Sie dann vorschnell Schlüsse, indem Sie sich auf die Interpretation stützen, die in Ihrem Kopf entsteht.

Über die Fähigkeit, Lücken zu füllen, verfügt der Mensch auch auf physiologischer Ebene. In unserem Blickfeld gibt es zwei absolut blinde Flecken – die Punkte nämlich, an denen unsere Sehnerven mit unseren Augen verbunden sind. Diese Flecken können wir buchstäblich nicht sehen, doch unser Gehirn nimmt alle umgebenden Informationen auf und füllt die Lücken. Infolgedessen haben wir scheinbar ein vollständiges Gesichtsfeld, obwohl das eine Illusion ist, die dadurch entsteht, dass unser Gehirn Informationen interpretieren kann.

Das menschliche Gehirn greift auf frühere Muster und Informationen zurück, um zu ***interpretieren,*** wenn keine Daten vorliegen. Das lässt sich mit dem Spam-Ordner in Ihrem E-Mail-Programm vergleichen – dieser setzt eine Sammlung bisheriger Spam-Nachrichten ein, um die Wahrscheinlichkeit einzuschätzen, dass es sich bei einer eingehenden neuen Nachricht ebenfalls um Spam handelt. Die Nachrichten geben sich nicht selbst als Spam zu erkennen, doch der Spam-Filter des Rechners kann sie trotzdem ausfindig machen, indem er sich an Informationen aus früheren E-Mails orientiert.

Genauso geht Ihr Gehirn vor, wenn Ihnen jemand auf den ersten Blick sympathisch ist – es stützt sich dann auf Muster aus früheren Erlebnissen mit anderen Menschen, um schnell ein Urteil zu fällen.

Solche spontanen Interpretationen können auch geändert werden – sozusagen ***neu interpretiert.*** Stellen Sie sich vor, Sie lernen eine attraktive Person kennen, die sich still und reserviert verhält, sobald Sie in der Nähe sind. Oberflächlich betrachtet, kann dieses Verhalten signalisieren, dass jemand schüchtern ist oder etwas gegen Sie hat. Sobald Ihnen aber ein Freund erzählt, dass der betreffende Mensch Interesse an Ihnen hat, interpretieren Sie sein bisheriges Verhalten sofort anders.

Eine Neuinterpretation ist möglich, weil Ihr Gedächtnis nicht in Stein gemeißelt ist. Das menschliche Gedächtnis ist keine Festplatte – jedes Mal, wenn wir eine Erinnerung abrufen, wird diese nicht wieder genauso am selben Ort abgelegt. Wenn wir uns an etwas erinnern, wird diese Erinnerung anschließend an einem anderen Ort gespeichert und auch nicht mehr so wie vorher: Die neue Erinnerung *enthält alle Änderungen, die wir vorgenommen haben.*

Es ist möglich, seine Überzeugungen zu ändern und ***mentale Simulationen*** vorzunehmen, indem wir Vergangenes abrufen und neu interpretieren. Die mentale Simulation und die Interpretation stützen sich auf im Gedächtnis abgespeicherte Muster. Möchten Sie die Ergebnisse der Simulationen Ihres Gehirns verändern, gelingt das am besten, wenn Sie die geistige Datenbank modifizieren, auf deren Informationen diese Simulationen beruhen. Unter Neuinterpretation sind die Änderungen an dieser Datenbank zu verstehen.

In seinem Buch *Re-Create Your Life* lehrt uns Morty Lefkoe ein Verfahren, das eingesetzt werden kann, um vergangene Ereignisse auf einfache, sinnvolle Weise neu zu interpretieren:

1. unerwünschte Muster ausfindig machen;
2. die zugrunde liegende Überzeugung benennen;
3. der Überzeugung in Ihrem Gedächtnis so genau wie möglich auf den Grund gehen;
4. mögliche alternative Interpretationen der Erinnerung beschreiben;
5. sich bewusst machen, dass es sich bei Ihrer ursprünglichen Überzeugung um eine Interpretation handelt, nicht um eine Realität;
6. sich bewusst dafür entscheiden, die ursprüngliche Überzeugung als »falsch« zu verwerfen;
7. sich bewusst dafür entscheiden, Ihre Neuinterpretation als »richtig« zu akzeptieren.

Hier ein Beispiel, wie ich Lefkoes Prozess eingesetzt habe: Meine Karriere als Markenmanager bei P&G könnte man so interpretieren, dass ich auf ganzer Linie gescheitert bin – ich war beruflich auf der Überholspur, habe es aber nicht »geschafft« und war daher ein Loser. Das glaubte ich zumindest eine Zeit lang, doch diese Überzeugung tat mir gar nicht gut. Als ich nach Alternativen suchte, sagte mir mein Verstand, dass meine neuen Projekte sicherlich auch zum »Scheitern« verurteilt seien. Solange sich mein Verstand bei der Simulation der Zukunft auf diese Interpretation stützte, war ich in einem kontraproduktiven Teufelskreis gefangen.

Meine damalige Karriere bei P&G ließ sich aber auch anders interpretieren: Aus meiner Erfahrung habe ich viel darüber gelernt, wie große Konzerne funktionieren, und ich habe mehr darüber erfahren, was ich gut kann, was mir keinen Spaß macht und wie ich meine Zeit verbringen möchte. Die Arbeit bei P&G half mir zu erkennen, dass dieser Weg für mich der falsche war. Also verfolgte ich ihn nicht weiter und experimentierte stattdessen mit anderen Ansätzen, die besser zu meinen Stärken und Wünschen passten, bis ich eine neue berufliche Möglichkeit gefunden hatte, die für mich funktionierte – ein großer Triumph und eine enorme Verbesserung in meinem Leben.

Welche Interpretation stimmt nun? Beide sind valide. Mein Verstand hatte nicht etwa eine Fehlfunktion, als er die erste Interpretation erzeugte. Nur leistete mir diese keine guten Dienste. Die Situation neu zu interpretieren und die zweite Version als »wahr« zu betrachten, brachte mir mehr – andernfalls könnten Sie jetzt vermutlich nicht dieses Buch lesen.

Indem Sie Ihre Vergangenheit neu interpretieren, verbessern Sie Ihre Möglichkeiten, in der Gegenwart Großes zu erreichen.

Link zur Referenz: **personalmba.com/interpretation/**

Motivation

»Ich will aber nicht!!!«

Zweijährige überall auf der Welt

Über Motivation denken Sie vermutlich ständig nach und sagen Dinge wie: »Dazu fühle ich mich motiviert.« Oder: »Irgendwie bin ich nicht so richtig motiviert, das jetzt gleich zu erledigen.« Da wir diesen Begriff so inflationär im Alltag verwenden, lohnt es sich zu klären, wovon wir da überhaupt sprechen.

Unter ***Motivation*** ist eine Gemütslage zu verstehen, die die für Gefühle verantwortlichen Bereiche unseres Gehirns mit den Teilen zusammenschaltet, die fürs Handeln zuständig sind. Kommen wir als Grundmodell noch einmal auf das ***Zwiebelhirn*** zurück. Motivation ist die Verbindung zwischen dem Mittelhirn (das die Welt wahrnimmt) und dem Rautenhirn (das unserem Körper Handlungssignale gibt). Meistenteils funktioniert Motivation automatisch – unser Verstand nimmt den Unterschied zwischen dem Istzustand und dem von uns angestrebten Sollzustand wahr, und der Körper wird tätig, um diesen Unterschied auszumerzen.

Die Erfahrung der Motivation lässt sich auf zwei grundlegende Bestrebungen herunterbrechen: den Wunsch, *näher* an das erwünschte Ziel heranzukommen und unerwünschte Ergebnisse möglichst zu *vermeiden.* Alles, was unsere ***zentralen menschlichen Triebe*** befriedigt, erscheint uns wünschenswert. Deshalb verspüren wir den Impuls, uns darauf zuzubewegen. Was uns gefährlich, schreckenerregend oder bedrohlich vorkommt, ist unerwünscht. Also haben wir den Impuls, uns davon fernzuhalten.

Generell geht »weg« dabei vor »hin«. Der Grund dafür liegt im ***Höhlenmenschensyndrom*** – vor einem Löwen wegzulaufen, ist wichtiger, als Essen zu kochen.

Nehmen wir an, Ihnen bietet sich die spannende Chance, ein neues Unternehmen zu gründen. Die damit verbundene freudige Erregung veranlasst Sie womöglich, diese Chance zu ergreifen. Dafür müssen Sie aber Ihren gut bezahlten Job aufgeben. Das fühlt sich riskant an. Deshalb spüren Sie vielleicht den Drang, die Finger von dieser Chance zu lassen. Das führt zu einem ***Konflikt.*** Solange das Risiko schwerer wiegt als die Begeisterung, werden Sie zögern – selbst wenn die Wahrscheinlichkeit, dass Sie sich ernsthaft in Gefahr bringen, wenn Sie den Sprung wagen, äußerst gering ist. Dieser Sicherheitsmechanismus im Gehirn hat sich aus gutem Grund entwickelt. Allerdings geht es heute bei unseren Entscheidungen nur selten um Leben und Tod.

Motivation ist ein Gefühl – *keine* logische, rationale Aktivität. Nur weil Ihr Vorderhirn *meint,* Sie sollten dazu motiviert sein, etwas Bestimmtes zu erledigen, sind Sie es noch lange nicht. (So einfach ist das leider nicht.) Sehr oft stehen uns ***mentale Simulationen,*** Muster, Konflikte und ***Interpretationen,*** die sich im Mittelhirn verbergen, dabei im Wege, Dinge in Angriff zu nehmen, die wir uns vorgenommen haben. Solange noch »Flucht«-Signale eingehen, wird es Ihnen schwerfallen, sich motiviert zu fühlen, auf Ihr Ziel zuzugehen.

Ebenso können Sie andere Menschen nicht dazu »motivieren«, schneller zu arbeiten, indem Sie sie anschreien – der Kasernenhofton bewirkt höchstens, dass sie Fluchtreflexe entwickeln. Vielleicht hören sie vorübergehend auf Sie, wenn es ihnen gefährlich erscheint, sich zu widersetzen, doch Sie können sicher sein: Bei der ersten Gelegenheit werden sie versuchen, sich der Zusammenarbeit mit Ihnen zu entziehen.

Gelingt es Ihnen, die inneren Konflikte auszuräumen, die Sie dazu treiben, vor potenziellen Gefahren zu fliehen, werden Sie sich bald motiviert fühlen, auf Ihr Ziel zuzusteuern. Warten Sie nur ab.

Link zur Referenz: **personalmba.com/motivation/**

Sich zurückhalten

»Sich zurückzuhalten, ist die Fähigkeit innezuhalten: unsere Reaktion hinauszuzögern, bis wir dafür entsprechend gerüstet sind.«

Michael J. Gelb, Autor von *Das Leonardo-Prinzip*

Ob Sie es glauben oder nicht, unsere täglichen Handlungen erfordern sehr wenig bewusstes Denken.

Die meiste Zeit über laufen unser Körper und Geist auf Autopilot – unser Geist erfasst die Welt um uns herum, gleicht unsere Umwelt und unsere Handlungen mit inneren ***Sollniveaus*** ab und agiert in Einklang mit unseren Wahrnehmungen, Wünschen und Werten. Denken Sie nur ans Autofahren: Mit ein bisschen Übung tut Ihr Körper alles Nötige, um das Fahrzeug auf der Straße zu halten, ohne dass Sie darüber bewusst viel nachdenken müssten.

Ab und an lohnt es sich jedoch, den Autopiloten zu ignorieren und Dinge bewusst anders zu machen. Begegnet Ihnen im Wald ein Bär, sollten Sie auf keinen Fall davonlaufen, selbst wenn das Ihr Instinkt wäre. Rennen Sie los, hält Sie der Bär vermutlich für eine lohnende Beute und setzt Ihnen nach.

Viel effektiver ist es stattdessen, ruhig stehen zu bleiben und möglichst groß, laut und bedrohlich zu erscheinen. So zu tun, als seien Sie eine Bedrohung, verlangt von Ihnen, Ihre instinktive Reaktion zu unterdrücken, kann aber bewirken, dass Sie der Bär tatsächlich als Bedrohung wahrnimmt und von Ihnen ablässt.

Sich selbst zu hemmen, entspringt der Fähigkeit, die natürlichen Neigungen vorübergehend zu unterdrücken. Haben Sie es sich schon einmal gefallen lassen, wenn sich Geschwister (oder Kollegen) unreif, anstößig oder irritierend verhielten, und hatten dann Hemmungen, etwas zu tun, was Sie womöglich später bereuen würden?

Hemmungen dieser Art speisen sich aus der Willenskraft. Wie im Abschnitt über das ***Zwiebelhirn*** angesprochen, ist es die Aufgabe des Vorderhirns, Zweideutigkeiten aufzulösen, Entscheidungen zu treffen – und auch, Sie von etwas abzuhalten. Wenn wir instinktive Reaktionen auf unsere Umwelt unterdrücken, ist Willenskraft am Werk. Mittel- und Rautenhirn sind der Autopilot, das Vorderhirn der Notschalter. So betrachtet, ist der Begriff »freier Wille« etwas irreführend – der »freie Nichtwille« trifft es vermutlich besser.

Link zur Referenz: **personalmba.com/inhibition/**

Statussignale

»Das Volkstheater – was für ein Unfug! Nennt es das Aristokratentheater, und die Menschen werden herbeiströmen.«

Jules Renard, französischer Autor des 19. Jahrhunderts

Jeden Tag und jede Minute widmet sich ein gar nicht unerheblicher Teil Ihres Gehirns der Aufgabe zu verfolgen, wie Sie im Vergleich zum Rest der Welt dastehen. Sie könnten dazu sicher mühelos eine Liste aufstellen wie:

- Wer schaut besser aus als Sie?
- Wer ist stärker als Sie?
- Wer ist reicher als Sie?
- Wer ist einflussreicher als Sie?
- Wer hat mehr zu sagen als Sie?
- Wer ist berühmter als Sie?
- Wer kann etwas Bestimmtes besser als Sie (ganz gleich, ob Sie dafür überhaupt besonders qualifiziert sind)?

Der Mensch ist ein soziales Wesen – wir sind dafür gemacht, in Gruppen zu überleben und zu gedeihen. Gruppenverhalten bringt viele Vorteile, wenn es ums Überleben in einer oftmals feindlichen Umwelt geht. Es führt aber auch zu Wettbewerb innerhalb der Gruppe um knappe Ressourcen.

In der Gruppe besonders erfolgreich sind in aller Regel die Menschen, die nach den offensichtlichen fortpflanzungswichtigen Überlebensdimensionen (wie Schönheit, Reichtum, Kraft, Koalitionsbildung oder Einfluss in der Gruppe) am besten abschneiden *und* innovativ sind, indem sie eine neue Dimension erfinden, in der sie in den Wettbewerb treten können. Deshalb bestehen für Menschen unmittelbare Anreize, Millionen verschiedener Bereiche zu erforschen, zu entwickeln und darin Kompetenzen aufzubauen. Wer auf einem Gebiet »der Beste« ist, ist auf dem besten Weg zu einem höheren ***sozialen Status.***

Unser Status im Verhältnis zu anderen lässt sich oft nicht so ohne Weiteres genau berechnen, deshalb achten wir auf ***Statussignale:*** auf konkrete Indikatoren für nicht greifbare Eigenschaften, die den sozialen Status eines Menschen oder seine Stellung in der Gruppe verbessern. Beispiele für solche Statussignale sind seltene oder teure Besitztümer, Auszeichnungen, Ehrungen, Erfolge in anerkannten Wettbewerben und nachweisliche öffentliche Anerkennung.

Alles menschliche Streben und Handeln ist durchdrungen vom Gedanken an den Status. Haben Sie je davon geträumt, ein Filmstar zu sein? Ein Schauspieler oder Musiker? Ein Sportprofi? Astronaut? CEO? Politiker oder Staatschef? Promi? All diese Zuschreibungen bergen erheblichen sozialen Status und es ist vor allem dieser Status, der für die andernfalls extremen Anforderungen und Opfer entschädigt, die wir auf uns nehmen, um auf diesen Gebieten Fuß zu fassen, anzutreten und uns zu behaupten.

Hätten Sie gern einen Bentley, Lamborghini, Ferrari oder das Model S von Tesla? Einen Privatjet oder eine Jacht? Ihre eigene Insel?

Das ist statusmotivierte Wahrnehmung: Neben ihrem praktischen Nutzen signalisieren all diese Dinge Reichtum.

Würden Sie gern einen Nobelpreis bekommen, in der Zeitschrift *Time* zur »Person of the Year« gekürt werden, einen Oscar gewinnen oder einen prestigeträchtigen Orden erhalten? Solche Auszeichnungen signalisieren Bedeutung, Kompetenz oder Einfluss.

Waren Sie schon einmal neidisch, wenn jemand anderer etwas Eindrucksvolles zustande gebracht, sich etwas Tolles gekauft oder irgendeine Form nicht alltäglicher Aufmerksamkeit erhalten hat? Das hat Ihnen zwar in keiner Weise geschadet oder Sie schlechtergestellt, doch das Glück anderer verändert, wie Sie Ihren Status im Vergleich wahrnehmen, selbst wenn der konkrete Vorteil nur minimal ist.

Solche Denk- und Verhaltensmuster existieren auf allen Ebenen. Unsere kognitiven Ressourcen sind in beträchtlichem Umfang damit beschäftigt zu verfolgen, wo wir derzeit stehen und wie sich unser Status im Vergleich zu anderen ausnimmt. Ebenso lassen sich viele Faktoren, die in unsere Gefühle und unser Verhalten einfließen, auf eine Frage herunterbrechen: »Verbessert das meinen sozialen Status in irgendeiner bedeutenden Weise?«

Von einer Rolex lässt sich die Zeit auch nicht besser ablesen als von einer Timex, aber darum geht es nicht: So eine Uhr ist ein offensichtliches Signal für Wohlstand. Ebenso ist eine olympische Goldmedaille, pro Stunde gerechnet, eine dürftige Entschädigung für die vielen Jahre intensiven Trainings, ohne die ein solcher Erfolg nicht möglich ist. Doch nicht nur das – spielt es, global betrachtet, denn wirklich eine Rolle, wer ein bisschen schneller rennen oder ein Spiel ein bisschen besser spielen konnte als der Zweitbeste? Noch einmal: Darum geht es nicht. Olympisches Gold ist ein anerkanntes Symbol für den Erfolg in einem weltweiten Wettbewerb. Es kommt nicht auf den Materialwert an und auch nicht auf den Wert des Könnens. Es geht nur um den Status, den der Sieger genießt.

Das Streben nach Status ist Teil der menschlichen Natur und kann zum Guten oder zum Schlechten eingesetzt werden. Statusmotiviertes Verhalten zu erkennen – an sich und anderen –, wird Ihnen helfen zu verstehen, warum Menschen sich auf bestimmte, vorhersehbare Weise verhalten. Sie können dadurch häufige Fallstricke vermeiden und Ihre Fähigkeit verbessern, kluge Entscheidungen zu treffen.

Link zur Referenz: **personalmba.com/status-signals/**

Die Statusfehlfunktion

»Menschen verfügen zwar über die nahezu einzigartige Fähigkeit, aus der Erfahrung anderer zu lernen, fallen aber auch dadurch auf, dass sie das offensichtlich nicht gern tun.«

Douglas Adams, Humorist und Autor der *Hitchhiker's-Guide*-Reihe

Der Wettbewerb um Status artet oft ins Extreme aus. Je größer die vermeintliche potenzielle Verbesserung des eigenen Status, desto höher das Risiko eines schwerwiegenden Fehlers oder einer ***Fehlinvestition.***

Diese Tendenz bezeichne ich als ***Statusfehlfunktion:*** Je attraktiver eine Option in Bezug auf den Status wirkt, desto wahrscheinlicher ist, dass sie (angesichts des extrem scharfen Wettbewerbs um diesen Status) erhebliche Nachteile oder Fallstricke birgt und dass Sie diese Nachteile ignorieren oder unterschätzen und sich trotzdem für die betreffende Option entscheiden.

Kommen wir noch einmal auf das Beispiel von der olympischen Medaille zurück. Jeder interessiert sich für die Goldmedaillengewinner, schaut aber geflissentlich darüber hinweg, dass die meisten Olympiahoffnungen Mühe haben, ihren Lebensunterhalt zu bestreiten. Der intensive Trainingsplan lässt sich oft nicht mit der Leitung eines Unternehmens oder einem anderen Vollzeitjob vereinbaren, und Sponsoren gibt es nur begrenzt.[59]

Alle Vergünstigungen – sowohl beim Status als auch bei finanziellen Möglichkeiten wie Sponsorengeldern – gehen an die Sieger. Alle anderen bezahlen ihre Wettkampfvorbereitung mit Geldnot und einer ungewissen Zukunft.

Zufällig kenne ich gleich mehrere Broadway-Darsteller. Die Vorzüge dieser Berufswahl sind offensichtlich: Bekommt man eine Hauptrolle, steht man im wahrsten Wortsinn im Rampenlicht, tritt vor Zigtausenden auf und hat Gelegenheit, sich eine große, begeisterte Fangemeinde aufzubauen. Die Minuspunkte werden von Neulingen gern unterschätzt: Die allermeisten Vorsingtermine enden mit Ablehnungen, jedes Projekt ist spekulativ, entscheidet man sich für eine Chance, entgehen einem womöglich andere, und die Anforderungen dieses Jobs erschweren es einem, sich um die Familie zu kümmern.

Wer eine Rolle bekommt, stellt fest, dass es in erster Linie die Produzenten sind, die das Sagen haben, denn es gibt immer andere, die gern bereit sind nachzurücken. Die ***nächstbeste Alternative*** der Produzenten ist stets besser als Ihre, was Ihre Verhandlungsmacht beschneidet. Selbst im besten Fall und auf dem allerhöchsten Niveau läuft eine Show nur eine bestimmte Zeit: Ganz gleich wie gut Sie sind – in ein paar Monaten sind Sie wieder arbeitslos und auf der Suche nach einem neuen Engagement. Dieses Leben ist zwar glamourös, aber ganz und gar nicht leicht.

Dasselbe gilt für darstellende Künstler aller Couleur: Es gibt immer mehr Bereitwillige, die den Job übernehmen können, als zu besetzende Stellen. Auf diesem Markt gilt alles oder nichts, und es gibt immer nur ein paar Gewinner auf Zeit.

Das soll nicht heißen, dass Sie sich grundsätzlich nicht um Funktionen mit einem hohen Status bemühen sollten. Der Nutzen für die Gewinner kann durchaus erheblich sein. Doch wenn Sie sich der Statusfehlfunktion bewusst sind, können Sie das ***Rätsel*** des Status mental und emotional distanzierter betrachten, Ihre Optionen und potenziellen Chancen mit klarem Kopf bewerten und erkennen, wie die Alltagsrealität aussieht, auf die Sie sich einlassen, bevor Sie sich zu etwas verpflichten.

Die Statusfehlfunktion ist auch eine Methode, Chancen zu erkennen, die andere übersehen. Wie ich schon im Abschnitt über die ***Söldnerregel*** festgestellt habe, genießen Unternehmen in Sparten wie Müllabfuhr, Klempnerarbeiten und Ölförderung keinen hohen Status, können aber ausgesprochen lukrativ sein. Viele Unternehmen und Betriebseigentümer haben schon ein Vermögen gemacht, indem sie auf Märkten mit geringem Status hochwertige Leistungen erbrachten.

Es gibt Millionen Möglichkeiten, in wichtigen Lebensbereichen bessere Ergebnisse zu erzielen, wenn Sie bereit sind, die verlockenden Ablenkungen zu ignorieren und sich darauf zu konzentrieren, was funktioniert.

Link zur Referenz: **personalmba.com/status-malfunction/**

Verlustaversion

»Zweifel sind Verräter, die oft ein Gut entziehn, das wir erreichen könnten – weil den Versuch wir scheuten.«

William Shakespeare, *Maß für Maß*

Vor ein paar Jahren beschloss meine Frau Kelsey, etwas Geld von einem Investmentkonto abzuheben. Doch der Makler überwies ihr versehentlich 10 000 Dollar zu viel auf ihr Girokonto.

Eigentlich keine große Sache – es war eben ein Fehler passiert. Emotional kam es Kelsey aber bei der Rückbuchung so vor, als würde sie den Mehrbetrag »verlieren«, obwohl er ihr ja gar nicht zustand.

Verlustaversion bedeutet, dass der Ärger über einen Verlust ungleich größer ist als die Freude über einen Gewinn. Die Psychologie kann nur sehr wenige Beziehungen quantifizieren. Diese gehört dazu. Ein potenzieller Verlust löst bei Menschen eine doppelt so starke Reaktion aus wie die Aussicht auf einen Gewinn in gleicher Höhe. Stellen Sie fest, dass Ihr Investmentportfolio um 100 Prozent zugelegt hat, ist das ein ziemlich gutes Gefühl. Müssen Sie aber zur Kenntnis nehmen, dass Ihr Portfolio um 100 Prozent geschrumpft ist, fühlt sich das *furchtbar* an.

Verlustaversion erklärt, warum bei der ***Motivation*** Gefahren gewöhnlich eine größere Rolle spielen als Möglichkeiten. Drohte ein Verlust, so erforderte das in der Vorzeit unmittelbare Aufmerksamkeit, denn dieser konnte einen Menschen teuer zu stehen kommen – und manchmal sogar das Leben kosten. Der Tod oder der Verlust eines geliebten Menschen durch ein Raubtier, eine Krankheit, Unterkühlung oder Hunger ist grundsätzlich eine schlimme Erfahrung, weshalb wir darauf gepolt sind, alles in unserer Macht Stehende zu tun, um das zu verhindern. Die potenziellen Verluste, die uns heute drohen, sind selten so schwerwiegend, doch in unseren Köpfen genießen sie nach wie vor automatisch Priorität.

Die Verlustaversion erklärt auch, warum Unsicherheit so riskant erscheint. Je nach der Studie, die Sie heranziehen, geben 80 bis 90 Prozent der befragten Erwachsenen an, sie wären gerne selbstständige Unternehmer. Wenn das so ist, warum gründen dann nicht mehr Menschen eigene Unternehmen? Es ist die Verlustaversion, die sie davon abhält: Die Gefahr, einen soliden (und einigermaßen berechenbaren) Job zu verlieren, wiegt mehr als die Chance, ein neues selbsttragendes Unternehmen auf die Beine zu stellen. Wer ein Unternehmen gründet, muss sich dem Schreckgespenst potenzieller Verluste stellen, und deshalb probieren es so viele Menschen gar nicht erst.

Besonders ausgeprägt ist die Verlustaversion in Zeiten, in denen Rezession oder Depression herrscht. Der Verlust des Arbeitsplatzes, des Eigenheims oder eines größeren Anteils der Ersparnisse fürs Alter ist nicht lebensbedrohlich, fühlt sich aber trotzdem schrecklich an. Aus diesem Grund werden die Menschen vorsichtiger und meiden alle Risiken, die ihre Lage noch verschlimmern könnten. Dabei könnten manche dieser Risiken – wie die Gründung eines eigenen Unternehmens – die maßgebliche Chance bieten, sich langfristig zu verbessern.

Der Verlustaversion kommen Sie am besten durch die ***Neuinterpretation*** bei, die bewirkt, dass Ihnen das Verlustrisiko »nicht so dramatisch« erscheint.

Im Kasino ist das an der Tagesordnung – in gewisser Hinsicht sind die protzigen Bauten am Las Vegas Strip gewaltige Monumente der menschlichen Dummheit. Wie bringen Kasinos die Menschen dazu, sich auf Glücksspiele einzulassen, bei denen *rechnerisch feststeht,* dass sie Geld verlieren?

Der Erfolg der Kasinos beruht auf der Abstraktion von Verlusten. Die Spieler setzen dort kein Geld, das als wertvoll wahrgenommen wird, sondern tauschen es gegen Chips oder Guthaben auf Kundenkarten, die ihnen nicht so wertvoll *vorkommen.*

Dieses »falsche« Geld verliert der Spieler nach und nach. Dafür »belohnt« ihn das Kasino mit Gratisgetränken, T-Shirts, Upgrades für gebuchte Zimmer oder andere Extras, um ein etwaiges verbleibendes Verlustgefühl zu betäuben. Dadurch sind Verluste »nicht mehr so tragisch« und die Spieler spielen – und verlieren – weiter. Jeden Abend aufs Neue.

Die Verlustaversion ist der Grund, aus dem die ***Risikoumkehr*** so wichtig ist, wenn Sie einem potenziellen Kunden ein Angebot unterbreiten. Kein Mensch verliert gern, weil er sich dann dumm und betrogen vorkommt. Infolgedessen tut er alles, um dafür zu sorgen, dass er nicht verlieren kann. Gar nicht erst zu kaufen, ist die beste Methode sicherzustellen, dass man keine dumme Entscheidung trifft. Das ist ein großes Problem für alle, die im Verkauf tätig sind. Gelingt es Ihnen, diese Risikowahrnehmung aus der Gleichung herauszunehmen, indem Sie Ihren Kunden eine Geld-zurück-Garantie oder eine ähnliche Möglichkeit zur Risikoumkehr bieten, halten diese eine Kaufentscheidung für weniger riskant, was die Verkaufszahlen in die Höhe treibt.

Link zur Referenz: **personalmba.com/loss-aversion/**

Die Schockstarre

»Wie wenig doch zu erreichen ist, wenn der Geist aus Furcht verzagt.«

Florence Nightingale, Pionierin der professionellen Krankenpflege

Sie liegen im Bett und schlafen tief. Mitten in der Nacht knallt es laut. Sofort sind Sie hellwach – Ihr Puls rast, Ihre Pupillen weiten sich, um mehr Licht und Details aufzunehmen, und Stresshormone wie Adrenalin und Kortisol überschwemmen Ihren Blutkreislauf. Ihr Gehirn ermittelt die wahrscheinlichste Quelle des Lärms und überlegt sich, wie Sie entkommen und womit Sie sich verteidigen könnten. Im Handumdrehen sind Sie bereit, sich gegen die Gefahr zur Wehr zu setzen – wie sie auch aussehen mag.

Nimmt Ihr Verstand eine potenzielle Gefahr wahr – ob echt oder eingebildet –, bereitet sich Ihr Körper darauf vor zu reagieren. Diese automatische physiologische Reaktion soll Ihnen helfen, die Bedrohung durch eine von drei Maßnahmen auszuräumen: Kämpfen, Fliehen oder Erstarren. Solange Sie sich im »Selbstschutzmodus« befinden, ist es Ihnen kaum möglich, etwas anderes zu tun, als sich auf die Bedrohung zu fixieren. Solange Sie das Haus nicht abgesucht haben, machen Sie kein Auge zu – Ihr Körper beendet den Schutzmodus erst, wenn Sie sicher sind, dass Ihnen keine Gefahr droht.

Die unterbewusste Wahl zwischen Kämpfen, Fliehen oder Erstarren richtet sich nach der automatischen ***mentalen Simulation*** der Situation durch Ihr Gehirn. Prognostiziert es, dass Sie einen Kampf gewinnen können, dann kämpfen Sie. Prognostiziert es, dass Sie »gewinnen« können, indem Sie weglaufen, fliehen Sie. Prognostiziert Ihr Gehirn aber, dass Sie nicht entkommen können, erstarren Sie in der Hoffnung, dass die Gefahr an Ihnen vorübergeht. Wenn das passiert, fällt Ihr Gehirn in die ***Schockstarre*** – den Selbstschutzmodus. Dann können Sie sich nur noch auf die Bedrohung fixieren.

Diese Schockstarre ist eine konstruktive Reaktion, die Ihnen helfen soll, sich zu verteidigen. Doch wie viele Urinstinkte funktioniert sie in unserer modernen Welt oft nicht richtig. Die Gefahren, denen Sie heutzutage gegenüberstehen, sind längst nicht so akut, aber oft chronisch.

In der alten Zeit, als es sich bei einer Bedrohung um ein wildes Tier oder einen wütenden Stammeshäuptling handelte, war das Erstarren konstruktiv, denn es fokussierte unsere Energie darauf, am Leben und/oder Teil des Stammes zu bleiben. Selbst wenn die Gedanken, die uns heute täglich durch den Kopf gehen, nur noch wenig mit dem zu tun haben, was unsere Vorväter beschäftigte, laufen sie nach wie vor auf der gleichen Hardware – dem Gehirn – und halten in einer sehr neuen Umwelt Ausschau nach uralten Gefahren. Deshalb essen wir zu viel und bewegen uns zu wenig. Und deshalb sind die instinktiven Verhaltensweisen, zu kämpfen, zu erstarren oder wegzulaufen, im Umgang mit einem verärgerten Chef oder angesichts einer überfälligen Hypothekenrate nicht besonders hilfreich.

Die regelmäßigen Turbulenzen an der Börse führen sehr anschaulich vor, wie so eine Schockstarre in der Praxis aussieht. Der Börsensturz Ende 2008 löste jede Menge Panik und Händeringen aus, selbst unter den Menschen, die nicht Gefahr liefen, ihr Dach über dem Kopf oder ihren Arbeitsplatz zu verlieren. Allein die *Möglichkeit*, dass etwas Schlimmes passieren könnte, bringt Unternehmen gerade dann ins Stocken, wenn mehr Produktivität benötigt wird, damit sie in Form bleiben. Statt sich darauf zu konzentrieren, gute Leistungen zu erbringen, widmen sich die Beschäftigten die meiste Zeit über ganz der Sorge um die Zukunft und dem Gerede, wer wohl als Nächstes über die Klinge springen muss. Das verringert insgesamt die Wertschöpfung und erhöht die Wahrscheinlichkeit, dass es dem Unternehmen in Zukunft schlechter geht.

Aus so einer Schockstarre kann ein Teufelskreis entstehen. Sollten Sie je in die unglückliche Lage geraten, dass Sie Leute entlassen müssen, dann ist es am besten, das schnell und auf einen Schlag zu erledigen und der verbleibenden Belegschaft zu versichern, dass keine weiteren Stellenstreichungen anstehen. Gerüchte über Personalabbau sorgen dafür, dass sich Beschäftigte fragen, »wer wohl der Nächste ist« – ein sicherer Weg in die Schockstarre.

Wenn Sie so eine Schockstarre erleben, *dann sollten Sie auf keinen Fall versuchen, das Gefahrensignal zu unterdrücken.* Viele Studien belegen, dass eine Wahrnehmung durch aktive Unterdrückung nicht verschwindet – die Signale werden stattdessen nur stärker. Überlegen Sie mal, was ein Kleinkind tut, wenn es Ihre Aufmerksamkeit sucht, doch von Ihnen ignoriert wird. Es macht so viel Radau, bis es sicher sein kann, dass Sie es zur Kenntnis nehmen. Dasselbe tut Ihr Gehirn – Unterdrückung verstärkt lediglich die Signale. Ihrem Gehirn den mentalen Hinweis zu senden, dass »die Nachricht angekommen ist und gefahrlos fortgefahren« werden kann, ist eine einfache, effektive Methode, um zu verhindern, dass Sie sich ganz auf das Problem fixieren, damit Sie sich stattdessen eine geeignete Reaktion überlegen können.

Um eine Schockstarre zu überwinden, müssen Sie sich klarmachen, dass keine Gefahr mehr besteht. Das können Sie auf zweierlei Art: Sie können sich einreden, (1) dass nie eine Gefahr bestanden hat oder (2) dass die Gefahr vorüber ist. Sich bewusst zu machen, dass nie eine Gefahr bestanden hat, ist im übertragenen Sinne dasselbe, wie mitten in der Nacht Ihr Haus abzusuchen. Verläuft die Suche ergebnislos, beweist das: Es besteht keine Gefahr. Sie können den Selbstschutzmodus also bedenkenlos verlassen. Dasselbe erreichen Sie, wenn Sie sich glauben machen können, dass die Gefahr vorüber ist – dann kann Ihnen nichts mehr passieren, und Sie können getrost zur Tagesordnung übergehen.

Manchmal lässt sich eine Schockstarre nicht so leicht überwinden – vor allem dann nicht, wenn sie über längere Zeit bestand. Weil der Schutzmodus eine physiologische Reaktion ist, ist es häufig am besten, sich auf physiologischem Wege zu beruhigen. Sport, Schlaf und Meditation können Ihnen helfen herunterzufahren, indem sie über den Stoffwechsel den Stresshormonen entgegenwirken, die in Ihrem Körper freigesetzt wurden. Wenn Ihnen alles zu viel wird, kann es für Ihre Psyche Wunder wirken, eine Joggingrunde einzulegen oder ein paar Gewichte zu stemmen.

Sie müssen Gefahrensignale erkennen und dann tun, was Sie können, um sich davon zu überzeugen, dass keine Gefahr mehr besteht. So können Sie die Schockstarre durchbrechen.

Link zur Referenz: **personalmba.com/threat-lockdown/**

Die Grenzen kognitiver Fähigkeiten

> »Der Tod eines Menschen ist eine Tragödie, der Tod von Millionen nur eine Zahl.«
>
> Kurt Tucholsky, Satiriker

Wenn Sie schon einmal während der Touristensaison mitten über den New Yorker Times Square gelaufen sind, haben Sie sicher gemerkt: Für die meisten Menschen, die auf Sie zukommen, *sind Sie keine Person.* Sie sind ein Objekt – ein Hindernis auf dem Weg zu ihrem Ziel, das ungestraft überrannt werden kann.

Ganz gleich wie intelligent ein Mensch ist, die Menge an Informationen, die sein Verstand verarbeiten, speichern und in eine Reaktion umsetzen kann, ist nach oben begrenzt. Oberhalb dieser Grenze werden Informationen vielleicht noch abstrakt zur Kenntnis genommen, aber nicht mehr als dringend und wichtig im Zusammenhang mit eigenen Erlebnissen oder Belangen behandelt. Die »Dunbar-Zahl« ist eine theoretische Grenze unserer kognitiven Kapazitäten. Sie gibt an, wie viele stabile soziale Beziehungen ein Einzelner auf einmal aufrechterhalten kann. Dem britischen Anthropologen Robin Dunbar zufolge verfügen Menschen über die kognitiven Kapazitäten, rund 150 enge persönliche Verbindungen im Blick zu behalten. Über diesen begrenzten Kreis hinaus behandeln wir Menschen nicht mehr als Individuen, sondern eher als Objekte. Menschengruppen, die diese Grenze überschreiten, dürften früher oder später in Teilgruppen zerfallen.

Wenn Sie sich schon einmal gefragt haben, warum Sie nicht zu allen Klassenkameraden aus Ihrer Grundschulzeit Briefkontakte pflegen, liefert die Dunbar-Zahl dafür eine plausible Hypothese: Sie sind viel zu sehr damit beschäftigt, die Bindungen zu den Menschen aus Ihrem unmittelbaren sozialen Umfeld aufrechtzuerhalten.

Die genaue Zahl der Verbindungen, bei der die ***Grenzen unserer kognitiven Fähigkeiten*** erreicht sind, ist umstritten. (So liegt der Bernard-Killworth-Median – ein Konkurrenzwert – bei 231.) Dass ein solches Limit existiert, ist aber ziemlich sicher. Kommt es irgendwo auf der Welt zu einer Katastrophe, die Millionen von Menschen betrifft, bedrückt uns das vielleicht, aber wir fühlen auf keinen Fall *millionenfach*, was in uns vorgehen würde, wenn ein enger Freund oder Verwandter betroffen wäre. Je entfernter die Beziehung, desto geringer wirkt sich eine Hiobsbotschaft auf uns persönlich aus.

Die Touristen auf dem Times Square meinen es nicht böse – sie sind lediglich überfordert. Jeden Tag laufen mehr als 380 000 Menschen über diesen Platz,[60] und so viele Informationen auf einmal kann unser Verstand nicht verkraften. Auf einer abstrakten Ebene merken diese Leute schon, dass Sie ein Mensch sind, doch um sie herum herrscht so viel Trubel, dass es ihnen schwerfällt, sie auch so zu behandeln. Der Verstand kann nicht mehr alles fassen und vereinfacht die Realität, um das auszugleichen.

Dasselbe passiert auch Spitzenmanagern großer Konzerne. Vom Verstand her wissen sie, dass sie für Hunderttausende von Beschäftigten und Millionen von Aktionären verantwortlich sind, doch ganz gleich, wie klug sie sind, ihr Gehirn kann die Größenordnung dieser Realität nicht verarbeiten. Deshalb kommt es vor, dass sie viele Menschen verletzen, ohne es zu merken. Kann durchaus sein, dass es dem CEO eines großen Unternehmens nicht besonders nahegeht, wenn Tausende von Arbeitnehmern entlassen werden – ganz oben ist es einfach, sich »Personalressourcen« als Zahlen auf einer Tabelle vorzustellen, nicht als Menschen.

Wenn Sie erleben, wie ein Topmanager eine unbegreifliche Entscheidung trifft – etwa über die Verklappung von Giftmüll in einem Fluss, dessen Wasser Millionen von Menschen trinken, oder den Abbau von Arbeitsplätzen, während gleichzeitig Boni in Millionenhöhe ausgezahlt werden –, dann ist dieser vermutlich *nicht* durch und durch verkommen. So erschreckend das klingt, wahrscheinlich hat er *einfach nicht richtig nachgedacht.* Weil seine umfangreichen Managementaufgaben zu komplex sind, um sie zu bewältigen, entscheidet sein Verstand abstrakt statt instinktiv.

Ein Problem persönlich zu nehmen, ist eine Möglichkeit, diese universelle Einschränkung auszuhebeln. Da wir für unser Gehirn kein Upgrade ordern können, ist es nicht möglich, unsere Kapazitäten zur Informationsverarbeitung zu vergrößern. Um diese Einschränkung zu umgehen, kann es nützlich sein, Entscheidungen und Probleme zu personalisieren, indem wir uns vorstellen, sie würden Menschen betreffen, die uns nahestehen.

Der gedankenlose Topmanager hätte die Dinge wohl ganz anders gesehen, wenn es seine *Mutter* gewesen wäre, die das verunreinigte Wasser hätte trinken müssen, oder wenn eines seiner *Kinder* seine Stelle verloren hätte. Statt das Problem zu abstrahieren, kann man die Auswirkungen der eigenen Entscheidungen leichter instinktiv bewerten, wenn man sie persönlich nimmt – und dann auch leichter bessere Entscheidungen treffen.

In *Green to Gold* beschreiben Daniel C. Esty und Andrew S. Winston mehrere Möglichkeiten, wie sich die Ergebnisse weitreichender Entscheidungen internalisieren lassen. Effektive Methoden, um die Ergebnisse Ihrer Entscheidungen zu personalisieren, sind die »Zeitungsregel« und die »Enkelregel«. Bei der »Zeitungsregel« simulieren Sie Folgendes: Nehmen Sie an, Ihre Entscheidung würde morgen auf der Titelseite der *New York Times* veröffentlicht, und Ihre Eltern und/oder Ihre bessere Hälfte würden darüber lesen. Was würden sie davon halten? Machen Sie sich auf diese Weise die Tragweite Ihrer Entscheidungen persönlich bewusst, können Sie viel genauer bewerten, wie sich kurzfristige Entscheidungen auswirken.

Die »Enkelregel« ist eine Methode, um Entscheidungen mit langfristigen Folgen zu bewerten. Stellen Sie sich vor, Ihre Enkel würden Ihnen in 30 oder 40 Jahren sagen, was sie vom Ergebnis Ihrer Entscheidung halten. Werden sie wohl Ihre Weisheit rühmen oder Ihre Dummheit beklagen?

Personalisieren Sie die Ergebnisse Ihrer Entscheidungen und Handlungen und schon ist die Wahrscheinlichkeit geringer, den Grenzen Ihrer kognitiven Fähigkeiten zum Opfer zu fallen.

Link zur Referenz: **personalmba.com/cognitive-scope-limitation/**

Assoziationen

»Im Allgemeinen ist uns am wenigsten bewusst, was unser Geist am besten kann.«

Marvin Minsky, Kognitionswissenschaftler und Forscher auf dem Gebiet der künstlichen Intelligenz

Wen interessiert, welche Golfschläger Tiger Woods verwendet? Oder welche Schuhe Michael Jordan trägt? Oder welche Handtasche Taylor Swift?

Sie. Sie wissen doch: Ihr Gehirn nimmt ständig Informationen auf und nutzt diese, um Muster zu erkennen, die verraten, wie die Welt funktioniert. Vom Verstand her sind solche Dinge unbedeutend – Ihnen ist vermutlich klar, dass sich Ihr katastrophaler Slice nicht wie durch Zauberhand korrigiert, wenn Sie dieselben Schläger nehmen wie Tiger Woods. Doch wenn Sie Schläger kaufen gehen, werden Sie sich unwillkürlich zu den Modellen hingezogen fühlen, die Ihnen ein gutes Gefühl geben – und aller Wahrscheinlichkeit nach ist das bei den Schlägern von Tiger der Fall.

Das menschliche Gehirn speichert Informationen kontextbezogen – mit Stichwörtern wie ***Umfeld*** und Korrelation. Weil das Gehirn eine ***Mustererkennungsmaschine*** ist, versucht es, Assoziationen zu finden. Infolgedessen ***assoziiert*** es – selbst wenn es gar keinen logischen Zusammenhang gibt.

Seit Jahrzehnten bringt die Coca-Cola Company Coca-Cola mit einer bestimmten Emotion in Zusammenhang: mit Glücksgefühlen. Schon eine kurze Suche nach Cola-Werbung im Internet belegt: Entlassungen oder Beerdigungen kommen dort nicht vor. Vielmehr reihen sich Bilder von Glücksmomenten aneinander: Adrien Brody auf einer Spritztour in seinem Auto, launenhafte Geschöpfe, die in Jubel ausbrechen, wenn eine Flasche Cola aus dem Automaten kommt, und Charlie Brown, wie er auf der Thanksgiving-Parade von Macy's einen Wettlauf um einen entfleuchten Colaflaschenballon gewinnt. Selbst das Weihnachtsfest ist nicht tabu: Das Unternehmen erfand das moderne Bild von Santa Claus, der zufällig eine Flasche Cola in der Hand hält.

Es ist möglich, durch assoziative Stichwörter das Verhalten zu beeinflussen – auch durch Assoziationen, die jeder logischen Grundlage entbehren. Die Coca-Cola-Werbung ist nicht darauf ausgelegt, die Konsumenten des Erfrischungsgetränks davon zu überzeugen, dass Coca-Cola funktionelle Vorteile hat (»*Jetzt mit 37 Prozent mehr Zucker!*«). Doch sie erreicht, dass die Menschen ein gutes Gefühl haben, wenn sie an Coca-Cola denken. Steht ein Kunde im Supermarkt am Regal und muss entscheiden, welches Getränk im Einkaufswagen landet, dann können solche Gefühle seine Wahl erheblich beeinflussen.

Denken Sie nur an Werbespots für Bier, in denen für gewöhnlich attraktive Frauen und selbstbewusste Männer vorkommen. Ihr Verstand sagt Ihnen zwar, dass Sie ganz sicher nicht attraktiver oder selbstbewusster werden, wenn Sie ein bestimmtes Bier trinken, doch Korrelation hat eine starke Wirkung – Ihr Gehirn stellt diese Assoziation trotzdem her. Auf diese Weise beeinflusst Bierwerbung das Verhalten – auch wenn niemand die vermittelten Bilder ernst nimmt.

Bei Ihren potenziellen Kunden positive Assoziationen zu wecken, kann beeinflussen, wie diese über Ihr Angebot denken. Empfehlungen von Prominenten wirken, weil sie auf starke Assoziationen setzen, die die Leute im Zusammenhang mit diesen Personen unwillkürlich haben. Und diese färben auf das empfohlene Produkt oder die beworbene Dienstleistung ab. Jeder weiß: James Bond ist eine erfundene Figur. Doch wenn Daniel Craig im Smoking für eine Uhr wirbt, überträgt sich die Assoziation »weltmännischer internationaler Spion« prompt auf den Chronometer.

Sorgen Sie für die richtigen Assoziationen und Ihr Angebot wird für potenzielle Kunden noch interessanter.

Link zur Referenz: **personalmba.com/association/**

Absence Blindness

»Nur weil wir etwas ignorieren, hört es nicht auf zu existieren.«

Aldous Huxley, Essayist und Autor von *Schöne neue Welt*

Menschen haben die kuriose Eigenschaft, dass ihnen nicht weiter auffällt, wenn etwas nicht da ist.

Als ich noch in der Home-Care-Abteilung von P&G arbeitete, bestand eines meiner ersten Projekte darin, die Wirtschaftlichkeit eines ***Produkts*** zu testen, das *Verschmutzung verhinderte.* Man musste zwar trotzdem noch putzen, doch es dauerte länger, bis alles wieder schmutzig wurde. Die Neuerung sparte dem Nutzer also erhebliche Zeit und Mühe.

Doch als das Produkt in der Testphase war, stellte sich heraus, dass die Idee nichts taugte. Das Produkt funktionierte zwar, doch die Nutzer merkten das nicht – sie konnten sich nicht vorstellen, dass das Produkt etwas bewirkte, da sie nichts wahrnahmen. Nach Abschluss der Testphase wurde das Projekt gekippt.

Absence Blindness ist eine kognitive Verzerrung, die verhindert, dass wir erkennen, was wir nicht sehen können. Unsere Wahrnehmung ist evolutionär darauf getrimmt, Objekte zu erkennen, die in unserer Umwelt vorhanden sind. Zu merken, dass etwas fehlt – oder zu erkennen, was fehlt –, fällt uns weitaus schwerer.

Beispiele für dieses Phänomen gibt es zuhauf. Hier ein sehr häufiges: Gutes ***Management*** ist total langweilig – und bringt oft wenig Anerkennung. Ein effektiver Manager zeichnet sich dadurch aus, dass er voraussichtliche Probleme frühzeitig erkennt und löst – noch *bevor* sie sich als solche bemerkbar machen.

Manche der besten Manager der Welt treten mit einer zurückhaltenden Kompetenz auf: Ohne viel Tamtam wird alles pünktlich erledigt, ohne den Kostenrahmen zu überschreiten.

Das Problem: Keiner sieht, wie viele Katastrophen der herausragende Manager *verhindert.* Nicht ganz so kompetente Manager erhalten oft mehr Anerkennung, weil jeder sehen kann: Das sind »Macher«, die »Himmel und Hölle in Bewegung setzen«, um Probleme zu lösen – auch wenn sie diese womöglich durch ihre Inkompetenz selbst verursacht haben.

Vergessen Sie nie, Manager zu honorieren, die ihren Job ohne viel Brimborium unaufgeregt erledigen. Es mag nicht so aussehen, als wäre ihre Aufgabe besonders schwer – doch wenn sie nicht mehr da sind, werden Sie sie schmerzlich vermissen.

Absence Blindness sorgt dafür, dass weise Voraussicht stark unterschätzt wird. Im Falle des Produkts, an dem ich damals gearbeitet habe, konnten sich die Leute kaum vorstellen, dass eine Wirkung da war, die sie nicht sehen konnten. Wenn Sie versuchen, etwas zu verkaufen, was nicht da ist oder verhindert wird, führen Sie einen nahezu aussichtslosen Kampf, so toll Ihr Produkt auch sein mag. Beschreiben Sie den Nutzen Ihres Produkts daher stets positiv, direkt, konkret und eindeutig, indem Sie sich auf die Dinge fokussieren, die der Nutzer erleben kann.

Absence Blindness sorgt auch dafür, dass sich Menschen unwohl fühlen, wenn sie »nichts unternehmen«, sobald etwas Schlimmes eintritt – *auch wenn das manchmal das Klügste wäre.* Sehr oft ist es das Beste, gar nichts zu tun – doch das zu akzeptieren, fällt den meisten Menschen schwer.

Die wirtschaftlichen »Boom and Bust«-Zyklen, die die meisten Märkte durchlaufen, sind zum Teil auch auf Absence Blindness zurückzuführen. Wie Ludwig von Mises in *Menschliches Handeln* schreibt, entstehen sogenannte Blasen, wenn die Regierung versucht, die Wirtschaft anzukurbeln, indem sie die Zinsen senkt, damit Kreditmittel leichter verfügbar sind. Indem der Zugang zu ***Kapital*** erleichtert wird, regt diese Politik die Investoren zur Spekulation an. Sie zahlen dann abnorm hohe Preise für Vermögenswerte, die sie sonst meiden würden – wie Tulpenzwiebeln,[61] Internetunternehmen, die keine Umsätze erzielen,[62] und riskante hypothekenunterlegte Wertpapiere[63]. Früher oder später »platzt« die Blase dann, wenn die Investoren merken, dass ihre Spekulationsobjekte weniger wert sind, als sie dafür bezahlt haben. Dann stürzt der Preis des überbewerteten Vermögenswerts unvermittelt ins Bodenlose.

Aufgrund der ***Verlustaversion*** geraten die Menschen außer Fassung und schreien nach Sofortlösungen für den einbrechenden Markt. Die »Lösung« besteht meist darin, die Zinsen weiter zu senken, um das Wirtschaftswachstum wieder in Gang zu bringen – eine sich selbst verstärkende ***Rückkopplungsschleife,*** die das Problem nur verschärft, indem sie die Voraussetzungen dafür schafft, dass sich in der Zukunft eine noch größere Blase bildet.

Um das Problem wirklich zu lösen, wäre es das Beste, damit aufzuhören, die Zinsen zu manipulieren, denn das hat die Misere ja ursprünglich ausgelöst. Absence Blindness sorgt dafür, dass es uns psychisch belastet, untätig zu bleiben – wir können doch »nicht einfach dasitzen und zuschauen, wie die Welt vor die Hunde geht!« Deshalb ist es den Menschen gewöhnlich lieber, wenn die Regierung etwas unternimmt – selbst wenn diese Maßnahmen die Problematik auf lange Sicht nur *verschlimmern.*

Mit Erfahrung lässt sich Absence Blindness besser vermeiden. Erfahrung ist vor allem deshalb so wertvoll, weil einem Experten eine größere geistige Datenbank mit ähnlichen Mustern zur Verfügung steht. Dadurch hat er bessere Chancen, eine Absenz zu bemerken. Erfahrenen Menschen fallen Verstöße gegen erwartete Muster auf. Sie bekommen eher das »komische Gefühl«, dass da etwas »faul ist« – oft genug eine Warnung, ein Problem ausfindig zu machen, bevor es eskalieren kann.

In *Natürliche Entscheidungsprozesse* erzählt der Forscher Gary Klein die Geschichte von einer Feuerwehrmannschaft, die ein Feuer löschen will, das im Erdgeschoss eines Hauses ausgebrochen ist. Sie spritzen Wasser auf den Brandherd, doch das Feuer reagiert nicht wie erwartet – es lässt nicht nach. Der Hauptmann merkt das und weist alle an, das Haus zu verlassen – irgendetwas kommt ihm komisch vor. Wenige Minuten später stürzt das Haus ein – das Feuer war im Keller ausgebrochen und hatte das Fundament zerstört. Wären die Feuerwehrleute im Haus geblieben, hätte keiner überlebt. Das ist der große Vorteil und Nutzen von Erfahrung.

Ich habe nur eine einzige zuverlässige Methode gefunden, mit der Sie der Absence Blindness ein Schnippchen schlagen können: ***Checklisten.*** Indem Sie sich im Vorfeld überlegen, wie etwas aussehen sollte, und diese ***Vorstellung*** in konkrete Aufhänger übersetzen, auf die Sie sich im Entscheidungsprozess beziehen können, helfen Ihnen Checklisten, bewusst darauf zu achten, was im Eifer des Gefechts nicht vorhanden ist. (Wie man Checklisten erstellt, wird im elften Kapitel noch eingehend behandelt.)

Link zur Referenz: **personalmba.com/absence-blindness/**

Kontrast

»Die Welt ist voll des Offensichtlichen, was ganz zufällig keinem auffällt.«

Sir Arthur Conan Doyle, Autor der Sherlock-Holmes-Bücher

Wenn Sie in ein Kaufhaus gehen, um sich einen Anzug fürs Büro zu kaufen, fallen Ihnen vermutlich ein paar sehr teure Modelle auf. Diese kauft kaum jemand – und das ist auch gar nicht beabsichtigt. Neben einem Anzug für 3000 Dollar wirkt ein Anzug für 400 Dollar nämlich recht preisgünstig – selbst wenn dieser woanders für 200 Dollar zu haben ist.

Dasselbe Prinzip gilt für die Reihenfolge, in der Produkte vom Verkäufer präsentiert werden. Haben Sie sich einen Anzug ausgesucht, wird man Sie auf Hemden, Schuhe und Accessoires hinweisen. Was sind schon 100 Dollar für ein Paar Schuhe, wenn der Anzug 400 Dollar kosten soll? Oder 80 Dollar für einen Gürtel? 60 Dollar für ein Hemd? 50 Dollar für eine Krawatte? 40 Dollar für ein Paar Manschettenknöpfe? Im Vergleich zu dem Anzug wirken die Accessoires direkt billig. Warum also nicht?

Das hat mein Klient Jordan Smart dazu zu sagen:

> Letztes Jahr bin ich am Black Friday einkaufen gegangen. Ich wollte mir etwas Eleganteres zulegen ... Eigentlich hatte ich vor, mir ein paar Hemden und zwei Blazer zu kaufen. Zunächst dachte ich auch an passende Krawatten, beschloss aber dann, dass ich noch ein oder zwei im Schrank hatte, die ihren Zweck auch erfüllen würden.
>
> Ich ging in zwei Läden. Im ersten hatte ich mir mehrere Hemden ausgesucht, als mich der Verkäufer fragte, ob ich passende Krawatten dazu bräuchte. Ich verneinte höflich und gratulierte mir innerlich zu meiner Standhaftigkeit.
>
> Im zweiten Geschäft probierte ich verschiedene Blazer an und traf meine Wahl. Wieder fragte mich der Verkäufer, ob ich zu den Sakkos noch Krawatten bräuchte. Ich weiß noch genau, dass ich den Preis der Jacken vor Augen hatte und dachte: »So viel Geld – da kommt es darauf auch nicht mehr an.« Prompt erstand ich noch mehrere Krawatten.
>
> Ich dachte mir nichts dabei – erst, als ich vom Konzept der Kontrastierung erfuhr. Als ich später einen Blick auf die Rechnung warf, merkte ich: Ich hatte für die Krawatten mehr Geld ausgegeben als für die Blazer.

Unsere Wahrnehmung wird von den Informationen beeinflusst, die wir aus unserer Umgebung beziehen. Sind 10 000 Dollar viel Geld? Das kommt darauf an. Wenn Sie zehn Dollar auf dem Konto haben, sind 10 000 Dollar eine gewaltige Summe. Haben Sie 100 Millionen Dollar auf dem Konto, sind 10 000 ein Rundungsfehler.

Unsere Fähigkeiten zur Wahrnehmung sind darauf optimiert, ***Kontraste*** zu bemerken. Wir gleichen unsere Wahrnehmungen nicht damit ab, was *nicht* da ist – die Ursache für ***Absence Blindness***. Alles, was wir bemerken, und jede Entscheidung, die wir treffen, beruht auf Informationen, die wir aus unserem unmittelbaren Umfeld beziehen. Aus diesem Grund funktioniert Camouflage – sie reduziert den Kontrast zwischen einem Objekt und seiner Umgebung, sodass es weniger auffällt.

Kontraste werden oft herangezogen, um Kaufentscheidungen zu beeinflussen. In der Geschäftswelt werden sie häufig als Tarnung für die Preise eingesetzt. Die Hemden, für die ich 60 Dollar das Stück gezahlt habe, gibt es in einem anderen Geschäft womöglich für 40 Dollar, doch *in dem Laden, in dem ich vergleiche, liegt das billigere Hemd nicht aus.* Wohl aber der Anzug für 400 Dollar, neben dem sich das 60-Dollar-Hemd wie ein Schnäppchen ausnimmt.

Verglichen mit den 2000 Dollar für einen neuen Rechner, ist die Garantieverlängerung für 300 Dollar ein Klacks – wenngleich sich der Kaufpreis dadurch insgesamt um 15 Prozent erhöht. Verglichen mit den 30 000 Dollar für ein Auto, fühlen sich die 1000 Dollar für Ledersitze direkt günstig an. Und wenn Sie gerade 400 000 Dollar für ein Haus ausgegeben haben, sind die 20 000 Dollar für eine neue Küche kaum noch der Rede wert.

Framing ist eine Möglichkeit, die Wahrnehmung von Kontrasten zu steuern. Bei der Vermarktung meiner Betriebswirtschaftskurse verwende ich beispielsweise häufig den Hinweis: »149 000 Dollar billiger als ein Elitestudium.« Vergleicht man meinen Kurs mit dem Preis für ein Buch, wirkt er teuer. Doch gegenüber den Kosten für einen MBA-Studiengang ist er mehr als erschwinglich.

Kontrastieren Sie Ihr Angebot – und schon steigen die Chancen, dass es bei Ihren potenziellen Kunden besser ankommt.

Link zur Referenz: **personalmba.com/contrast/**

Verknappung

»Wie viel einem etwas bedeutet, merkt man erst, wenn man sich vorstellt, man könnte es verlieren.«

G. K. Chesterton, Essayist

Weil sie ***Energie sparen,*** neigen die Menschen von Natur aus dazu, Dinge aufzuschieben, solange es keinen zwingenden Grund gibt, sie sofort zu erledigen. Für Unternehmen ist Aufschieberitis aber ein großes Problem, denn aus »später« wird leicht »nie«, wenn sie bei ihren Kunden in Vergessenheit geraten. Wie können Sie Ihre Kunden dazu bringen, sofort zu handeln?

Knappheit animiert die Menschen, sich schnell zu entscheiden. Knappheit gehört zu den Faktoren, die stärker sind als unsere Tendenz zum Energiesparen – interessiert man sich für ein knappes Gut, kann man es sich nicht leisten abzuwarten, weil man riskiert, nichts mehr abzubekommen. Aufgrund unserer ***Verlustaversion*** fühlt sich diese Aussicht so schlecht an, dass wir *prompt* handeln.

Infolgedessen lassen sich die Menschen sehr effektiv dazu animieren, aktiv zu werden, wenn Sie Ihr Angebot um ein Knappheitselement ergänzen. Knappheit macht den Leuten begreiflich, dass sie auf etwas Wertvolles verzichten müssen, wenn sie zu lange warten. Das erhöht die Wahrscheinlichkeit, dass sie sich zügig entscheiden, wenn ihnen das Angebot zusagt.

Je knapper das wertvolle Gut, desto mehr sagt es ihnen zu. 1996 war die Puppe »Tickle Me Elmo« das angesagte Spielzeug im Weihnachtsgeschäft. Elmo war ohnehin eine beliebte Fernsehfigur, doch dass sie in begrenzten Stückzahlen angeboten wurde, versetzte die Eltern regelrecht in einen Kaufrausch. Eigentlich vernünftige Menschen fielen förmlich über die Einzelhändler her, wenn die Puppe wieder auf Lager war, und waren bereit, Hunderte (ja sogar Tausende) Dollar für ein Spielzeug zu zahlen, das im Einzelhandel 28,99 Dollar kostete.

Hier ein paar Vorschläge, wie Sie ein Knappheitselement in Ihr Angebot einbauen können:

1. *Begrenzte Stückzahl* – lassen Sie potenzielle Kunden wissen, dass Sie nur eine begrenzte Stückzahl Ihres Produkts anbieten.
2. *Preiserhöhungen* – teilen Sie Ihren potenziellen Kunden mit, dass der aktuelle Sonderpreis nicht mehr lange gilt.
3. *Befristung* – informieren Sie Ihre potenziellen Kunden, dass das Angebot nur für einen bestimmten Zeitraum gilt.

Erscheint die Knappheit künstlich herbeigeführt, kann das nach hinten losgehen. Die Anzahl verkaufter E-Books, herunterladbarer Software oder elektronischer Musikdateien künstlich zu begrenzen, ist beispielsweise wenig sinnvoll, denn jeder weiß, dass sich elektronische Dateien nahezu kostenlos ***vervielfältigen*** lassen. Die Verknappung fühlt sich daher nach Manipulation an, was die Menschen eher davon abschreckt, bei Ihnen zu kaufen. Fristen, nach deren Ablauf die Preise steigen, bringen dagegen gewöhnlich viel – den Preis zu erhöhen, wenn eine bestimmte Anzahl von Bestellungen eingegangen oder ein gewisser Zeitraum verstrichen ist, ist eine vernünftige Strategie, die Kunden eher nachvollziehen können und nicht als manipulativ empfinden.

Verknappen Sie Ihr Angebot. Das bringt die Menschen dazu, lieber gleich zuzugreifen statt »später«.

Link zur Referenz: **personalmba.com/scarcity/**

Neuartigkeit

»Wie kommt es, dass noch ein Gehirn dranhängt, wenn ich nach ein Paar Händen verlange?«

Henry Ford, Gründer der Ford Motor Company
und Pionier der Fließbandfertigung

Auf dem Höhepunkt des Zweiten Weltkriegs stellte Norman Mackworth Fachkräften, die die Radargeräte bedienten, eine Sonderaufgabe: Sie sollten zwei Stunden lang auf eine Uhr starren.

Mackworth war Psychologe und Spezialist für Vigilanz – also die Fähigkeit, sich über längere Zeiträume mit hoher ***Aufmerksamkeit*** auf ein und dasselbe zu konzentrieren. Radarbediener boten sich dafür förmlich als Probanden an – schließlich war es ihr Beruf, in einem dunklen Raum stundenlang Leuchtpunkte auf Radarschirmen zu beobachten.

Die meiste Zeit über tat sich auf dem Radarschirm nicht viel. Fiel etwas aus der Reihe, konnte das allerdings einen Notfall signalisieren: feindliche Bomber im Anflug. Die Radarbediener mussten daher so aufmerksam sein, dass ihnen jede Anomalie sofort ins Auge stach. Das war aber keine einfache Aufgabe – Monotonie führte oft zu Fehlern, die Menschenleben kosteten.

Um dieses schwierige Umfeld zu simulieren, schuf Mackworth die »Mackworth-Uhr« – ein Gerät, das testen sollte, wie aufmerksam Menschen über längere Zeiträume waren. Die »Uhr« hatte einen zweiten Zeiger, der im Grunde so funktionierte wie bei jeder anderen Uhr, aber nach dem Zufallsprinzip immer mal wieder eine Sekunde übersprang. Die Testpersonen sollten jedes Mal einen Knopf drücken, wenn ihnen ein solcher Sprung auffiel.

Mackworth fand Folgendes heraus: Wenn eine Testperson zehn Minuten lang auf die Uhr gestarrt hatte, verringerte sich die Qualität ihrer Wachsamkeit – und zwar *drastisch.* Selbst die motiviertesten Radarbediener (die für gute Leistungen ansehnliche Prämien bekamen) konnten sich maximal 30 Minuten am Stück voll konzentrieren. Dann ließ ihre Wachsamkeit nach.

Neuartigkeit – in Form neuer sensorischer Daten – ist entscheidend, um über längere Zeit Aufmerksamkeit zu erregen und aufrechtzuerhalten. Sie ist ein Grund dafür, dass sich die Menschen stundenlang auf Spiele oder auf das Surfen im Internet fokussieren können. Jedes neue virale Video, jeder neue Blog-Beitrag, jede Aktualisierung auf den sozialen Medien und jede neue Nachrichtenmeldung gibt ihrer Konzentrationsfähigkeit neue Impulse.

In *Gehirn und Erfolg* verrät John Medina, wie es ihm gelingt, seine Studierenden im Hörsaal über eine Stunde lang bei der Stange zu halten: Er teilt seinen Unterricht in Module ein, von denen keines länger als zehn Minuten dauert. Jedes Modul beginnt mit einem ***Aufhänger*** – einer spannenden Geschichte oder Anekdote, gefolgt von einer kurzen Erklärung des Kernthemas. Dieses Format sorgt dafür, dass sein Publikum Informationen besser behält und nicht abdriftet. (Vor allem aus diesem Grund ist dieses Buch in kurze Abschnitte unterteilt, die sich in weniger als zehn Minuten lesen lassen.)

Selbst das interessanteste Thema wird irgendwann langweilig. Die menschliche Aufmerksamkeit lässt sich nur durch Neuartiges aufrechterhalten. Bieten Sie Ihrem Publikum daher immer wieder etwas Neues an. Dann ist Ihnen seine Aufmerksamkeit sicher.

Link zur Referenz: **personalmba.com/novelty/**

7 — AN SICH SELBST ARBEITEN

»Handeln ist leicht, Denken schwer; nach dem Gedanken handeln unbequem.«

Johann Wolfgang von Goethe, Dichter, Dramatiker und Universalgelehrter

Ihr Körper und Ihr Geist sind die Werkzeuge, um Aufgaben zu erledigen. Wenn Sie lernen, wie Sie effizient und effektiv mit sich selbst arbeiten können, erreichen Sie Ihre Ziele leichter und haben mehr Spaß dabei.

Im heutigen Unternehmensumfeld lässt man sich schnell stressen vor allem davon, was noch zu erledigen ist. Zu lernen, effizient und effektiv zu arbeiten, kann den Unterschied bedeuten zwischen einem erfüllenden Berufsleben und einem Burn-out.

In diesem Kapitel sprechen wir darüber, wie Sie entscheiden sollten, was zu tun ist, wie Sie sich Ziele setzen und erreichen, wie Sie Ihr Tagespensum verfolgen, Widerstände überwinden und produktiver arbeiten, ohne sich zu überfordern.

Link zur Referenz: **personalmba.com/working-with-yourself/**

Akrasie

»Manche der größten Schlachten werden in den stillen Kammern deiner Seele geschlagen.«

Ezra Taft Benson, ehemaliger US-Landwirtschaftsminister

In einem seiner erfolgreichsten Bühnenprogramme beschreibt Stand-up-Comedian Jerry Seinfeld seine Schlafprobleme:

> Ich bekomme nie genug Schlaf. Ich bleibe abends lange auf, weil ich Nachtmensch bin. … »Und wenn du dann nach fünf Stunden Schlaf aufstehen musst?« Oh, das ist das Problem des Morgenmenschen … nicht meines, ich bin der Nachtmensch. Und der Nachtmensch wischt dem Morgenmenschen grundsätzlich eins aus. Da kann der Morgenmensch nichts machen.

Dieser Gag bringt Lacher, weil er vielen bekannt vorkommt. Wir alle kennen diese Situation, dass wir genau wissen oder spüren, was am besten für uns wäre – und es trotzdem nicht tun. Der Fachbegriff dafür lautet ***Akrasie.***

Akrasie und Prokrastination sind verwandt, aber nicht dasselbe. Haben Sie beschlossen, etwas zu erledigen, schieben es aber immer wieder hinaus und raffen sich nie dazu auf, dann ist das Aufschieberitis. Das Gleiche gilt, wenn auf Ihrer To-do-Liste steht »E-Mails beantworten« und Sie stattdessen stundenlang im Internet surfen.

Akrasie ist ein Problem, das tiefer sitzt: Darunter ist das allgemeine Gefühl zu verstehen, dass Sie etwas tun »sollten«, ohne sich zwangsläufig dafür zu entscheiden. Dieses vage Gefühl des »Sollens« führt nicht zu einer Entscheidung oder zu einer Handlung, selbst wenn diese zu Ihrem Besten wäre. Die meisten Menschen erleben Akrasie, wenn sie sich ein Laster abgewöhnen wollen (»Ich sollte aufhören zu rauchen«), etwas Neues in Angriff nehmen möchten (»Ich sollte an diese gemeinnützige Organisation spenden«) oder sich mit einem missliebigen Thema auseinandersetzen müssen (»Ich sollte eigentlich meine Lebensversicherung überprüfen und mit einem Anwalt sprechen, um ein Testament aufzusetzen«). Das Gefühl, etwas zu »sollen«, ist zwar hartnäckig, führt aber nicht zu einer Handlung, sondern löst lediglich enormen Frust aus.

Akrasie ist ein sehr altes Problem, über dessen Ursachen sich schon Sokrates, Platon und Aristoteles ausließen. Der Begriff kommt vom griechischen ἀκρασία. Das bedeutet so viel wie »Willensschwäche«. Sokrates und Platon vertraten die Ansicht, Akrasie sei ein sittliches Gebrechen, Aristoteles behauptete, sie entstamme einer irrigen Auffassung davon, was ein Mensch tun »sollte«. Doch obwohl sich die Philosophen jahrhundertelang den Kopf darüber zerbrachen, haben sie kein Gegenmittel gefunden.

Akrasie gehört zu den verbreitetsten und hartnäckigsten Hindernissen für die Erledigung von Aufgaben. Damit Sie Ihre Zeit künftig darauf verwenden können voranzukommen, statt sich mit Ihrer eigenen Willenskraft herumzuschlagen, empfiehlt es sich, eine Strategie zu entwickeln, um Akrasie zu erkennen und zu bekämpfen, wenn sie auftritt.

Meiner Erfahrung nach setzt sich Akrasie im Allgemeinen aus vier Teilen zusammen: einer Aufgabe, einem Wunsch, einem »Soll«-Gefühl und einem Widerstandsgefühl. Liegen diese Rahmenbedingungen vor, kann es viele potenzielle Ursachen für Ihren inneren Widerstand geben:

- Sie wissen nicht genau, was Sie eigentlich wollen.
- Sie meinen, die anstehende Aufgabe bringe Sie einem Ergebnis näher, das Ihnen nicht zusagt.
- Sie sehen nicht, wie Sie von Ihrem aktuellen Standpunkt aus ans Ziel Ihrer Wünsche gelangen könnten.
- Sie idealisieren das angestrebte ***Endergebnis*** so, dass Sie die Erfolgswahrscheinlichkeit unwillkürlich gering einschätzen, was zu ***Verlustaversion*** *führt.*
- Das »Soll«-Gefühl wurde von jemand anderem vermittelt und ist gar nicht auf Ihrem Mist gewachsen, was ***Überzeugungsresistenz*** auslöst.
- Eine konkurrierende Handlung verspricht im aktuellen Umfeld unmittelbare Belohnung, während sich die fragliche Aufgabe erst viel später auszahlen dürfte. (Die Psychologen bezeichnen das als »hyperbolische Diskontierung«.)
- Die Vorzüge der Handlung sind abstrakt und liegen fern, während andere mögliche Handlungen konkreten, unmittelbaren Nutzen versprechen. (Die Psychologen nennen das »Construal Level Theory« oder Nah-fern-Denken.)

Akratische Situationen können viele Formen annehmen: einen Keks zu essen, statt »gesünder zu leben« und sich an den Diätplan zu halten. Im Internet zu surfen, statt Sport zu treiben. In einer toxischen Beziehung zu verharren, statt sich zu trennen. Von einer neuen Geschäftsidee zu träumen, statt sie auszuprobieren. Akrasie erleben Sie immer dann, wenn Sie das Gefühl haben, Sie »sollten« etwas Bestimmtes tun, diesem aber nicht nachgeben.

Akrasie ist ein schwer greifbares Problem, für das es keine einfache universelle Lösung gibt. Abgesehen davon, sind aber viele Strategien und Methoden durchaus brauchbar, um akratische Situationen zu verhindern und zu bereinigen. Um diese geht es im vorliegenden Kapitel.

Link zur Referenz: **personalmba.com/akrasia/**

Monoideismus

»Just do it.«

Markenslogan von Nike

Was wollen wir erreichen, wenn wir versuchen, »produktiv« zu sein?

Im Idealfall möchten Sie Ihre ganze Energie und ***Aufmerksamkeit*** jeweils auf eine ganz bestimmte Angelegenheit richten.

Monoideismus ist der Zustand, in dem Sie sich mit ganzer Kraft auf eine Sache konzentrieren, ohne Konflikte. Monoideismus wird oft als »Flow«-Zustand bezeichnet, ein Begriff, den der Psychologe Mihály Csíkszentmihályi prägte. Dabei handelt es sich um den Zustand, in dem die menschliche Aufmerksamkeit am produktivsten ist: wenn Ihre Aufmerksamkeit und Ihr ganzes Streben klar und fokussiert über einen längeren Zeitraum auf ein einziges Thema gerichtet sind.

Mein Freund P. J. Eby war früher Programmierer und ist darauf spezialisiert, Menschen zu helfen, ihren Verstand produktiver zu gebrauchen. Er definiert Monoideismus folgendermaßen:

> Wenn einer sagt: »Just do it«, dann meint er damit, dass du das und nichts anderes machen solltest. Man könnte das vielleicht besser so formulieren: »Tu es, ohne nachzudenken – selbst darüber, was du da tust. Eigentlich sollst du es gar nicht bewusst tun, sondern quasi neben dir stehen und dabei zusehen, wie du es tust, ohne es gezielt zu versuchen.«
>
> Eigentlich ist »Monoideismus« schlicht der Zustand, in dem du genau eine Sache im Kopf hast – ohne Konflikte. Es ist weniger eine Methode als solche, sondern ein Zustand, in dem ein Gedanke instinktiv zur Handlung führt. … Wie nützlich eine bestimmte [Produktivitäts-]Technik für einen bestimmten Menschen ist, hängt stark davon ab, ob sie dessen persönliche Stolpersteine auf dem Weg zum Monoideismus ausräumt.

Wer es mit Nikes »Just do it« hält, befindet sich im »Flow« – im Zustand des Monoideismus. Da gibt es keine Ablenkungen, keine Störungen, keine Selbstbeurteilung, keine Zweifel. Sie sind dann mental ganz und gar im Handlungsmodus und können enorm viel schaffen.

Doch wie versetzen Sie sich in diesen Zustand?

Zunächst müssen Sie sämtliche potenziellen Ablenkungen und Störfaktoren beseitigen. Je nachdem, wie viel kognitive Aktivität erforderlich ist, um die anstehende Aufgabe zu erledigen, dauert es 10 bis 30 Minuten, bis Sie sich voll und ganz in Ihre Tätigkeit vertieft haben. Anrufe, Kollegen, die »nur kurz etwas von Ihnen wissen möchten«, oder andere unerwartete Ereignisse, die Ihre Aufmerksamkeit beanspruchen, reißen Sie aus diesem Zustand des Monoideismus. Daher müssen Sie unbedingt dafür sorgen, dass Sie nicht abgelenkt werden. Ich greife oft zu Ohrstöpseln oder lasse Instrumentalmusik laufen, um Hintergrundgeräusche auszublenden. Und ich schalte das Telefon aus, wenn ich nicht gestört werden möchte.

Wenn ich offline gehe, während ich schreibe, fällt es mir leichter, meinen Zustand des Monoideismus aufrechtzuerhalten.[64] Ansonsten ist die Gefahr zu groß, dass ich anfange, im Internet zu surfen, wenn es kompliziert wird. Solche und ähnliche Methoden, um ***Leitstrukturen*** einzuführen, sind gut geeignet, um zu verhindern, dass Ihre Aufmerksamkeit abdriftet.

Zweitens müssen Sie innere ***Konflikte*** ausräumen. Manchmal fällt der Einstieg schwer, weil Sie einen Konflikt zwischen zwei Systemen zur ***Wahrnehmungssteuerung*** erleben. Wenn Sie solche Konflikte beilegen, bevor Sie sich an die Arbeit machen, können Sie den Zustand des Monoideismus viel schneller erreichen. Spüren Sie Widerstand loszulegen, kann es durchaus sinnvoll sein, sich die Zeit und Kraft zu nehmen, diesem Konflikt auf den Grund zu gehen, *bevor* Sie weitermachen.

Bei der Arbeit an diesem Buch habe ich gleich mehrere frustrierende Phasen des inneren Widerstands erlebt. Statt diesen zu ignorieren oder zu überwinden, habe ich ihn durch ***mentale Simulation*** und ***Neuinterpretation*** genauer ergründet und kam so einem versteckten Konflikt auf die Spur: Ich war mit meiner Arbeit unzufrieden – und es wäre Verschwendung gewesen, noch mehr Zeit und Kraft in etwas zu investieren, was nicht funktionierte. Dass ich mir die Zeit nahm, das Buch umzustrukturieren, beseitigte diesen Konflikt und sorgte gleichzeitig dafür, dass das Buch besser wurde und die Ursache für innere Widerstände wegfiel.

Drittens sollten Sie den Konzentrationsprozess anschieben durch einen sogenannten »Dash«, wörtlich ein Kurzstreckenlauf. Da es 10 bis 30 Minuten dauern kann, bis Sie voll konzentriert sind, können Sie diesen Prozess effektiv beschleunigen, indem Sie 10 bis 30 Minuten für eine schnelle Phase fokussierter Arbeit reservieren. Sind Sie nach diesem Dash noch nicht produktiv, dürfen Sie aufhören und etwas anderes tun. Das kommt aber nur selten vor: Haben Sie erst einmal losgelegt, ist es leichter dabeizubleiben.

Eine von mir häufig verwendete Methode ist die sogenannte Pomodoro-Technik,[65] die von ihrem Erfinder Francesco Cirillo nach den lustigen kleinen Küchentimern benannt wurde, die aussehen wie eine Tomate (auf Italienisch *pomodoro*). Und so geht's: Stellen Sie den Timer auf 25 Minuten ein. Ihre Aufgabe ist es, sich die ganze Zeit über auf einen Arbeitsauftrag zu konzentrieren. Haben Sie einen Hänger, bleiben Sie einfach bei der Sache, bis der Timer klingelt. Ist die 25-minütige Arbeitsphase vorbei, können Sie fünf Minuten Pause machen, sodass die Übung insgesamt eine halbe Stunde in Anspruch nimmt – und so viel Zeit kann jeder zwischendurch erübrigen.

An der Pomodoro-Technik gefällt mir, dass sie zwei Fliegen mit einer Klappe schlägt: Sie erleichtert Ihnen den Einstieg und gibt Ihnen einen Freibrief, Ablenkungen zu ignorieren. Selbst wenn Sie nicht so spannend finden, was Sie gerade erledigen müssen, lässt sich anfänglicher Widerstand, es überhaupt in Angriff zu nehmen, viel leichter überwinden, wenn Sie sich sagen: »Sind ja nur 25 Minuten.« Die Pomodoro-Technik ist auch eine gute Ausrede, um Ablenkungen an sich abprallen zu lassen: Klingelt das Telefon, können Sie sich auf diese Weise selbst quasi die Erlaubnis erteilen, darüber hinwegzuhören, indem Sie sich vor Augen halten, dass »sich eine Tomate nicht teilen« lässt. So können Sie Ihren monoideistischen Zustand aufrechterhalten.

Räumen Sie Ablenkungen und Konflikte aus, bevor Sie Ihren Dash beginnen, werden Sie schon wenige Minuten nach Beginn der Arbeitsphase in einen monoideistischen Zustand gelangen.

Meditation ist eine Form des monoideistischen »Widerstandstrainings«. Einfache meditative Übungen wie die, sich auf den eigenen Atem zu konzentrieren und die Konzentration wieder auf den eigenen Atem zu fokussieren, wenn Sie abdriften, sind eine Möglichkeit, sich die Kompetenzen anzueignen, die Sie brauchen, um auch dann konzentriert zu bleiben, wenn Ablenkungen vorhanden sind. Schon zehn Minuten einfache Meditation täglich können Ihre Konzentrationsfähigkeit verbessern.

Link zur Referenz: **personalmba.com/monoidealism/**

Cognitive Switching Penalty

»Beherrsche deinen Geist – oder er wird dich beherrschen.«

Horaz, römischer Dichter des 1. Jahrhunderts vor Christus

Jedes Projekt und jede Aufgabe, die Sie in Angriff nehmen möchten, verlangt eine gewisse ***Aufmerksamkeit,*** Kraft und Konzentration. Die Frage ist: Wie können Sie alle anstehenden Aufgaben effizient und effektiv erledigen?

Viele setzen auf Multitasking: Sie versuchen, mehrere Dinge gleichzeitig zu erledigen, weil Sie davon ausgehen, dass das effizienter ist. Doch Monoideismus und Multitasking stehen in einem unvereinbaren Widerspruch zueinander. Multitasking ist für Ihr Gehirn aus neurologischen Gründen unmöglich. Versuchen Sie, mehr als eine Aufgabe gleichzeitig zu erledigen, findet die Verarbeitung nicht gleichzeitig statt – in Wirklichkeit springt Ihre Aufmerksamkeit schnell hin und her. Während Sie sich auf Aufgabe A konzentrieren, ignorieren Sie Aufgabe B so lange, bis die Aufmerksamkeit zurückspringt.

Deshalb ist produktives Multitasking ein Mythos. Mehreren aktuellen neurologischen Studien[66] zufolge gilt: Je mehr Aufgaben Ihre Aufmerksamkeit zu einem bestimmten Zeitpunkt beanspruchen, desto stärker leidet Ihre Leistung bei allen. Deshalb ist es auch keine gute Idee, am Steuer mit dem Handy zu telefonieren – indem Sie versuchen, sich auf zwei Dinge gleichzeitig zu konzentrieren, verringern Sie Ihre Reaktionszeit genauso stark wie jemand, der unter Alkoholeinfluss fährt.[67]

Jedes Mal, wenn Ihre Aufmerksamkeit von einem Thema auf ein anderes umspringt, fällt für Sie eine sogenannte ***Cognitive Switching Penalty*** an – eine Strafe für das »Umschalten«. Um zu funktionieren, muss Ihr Gehirn den Kontext dessen, was Sie gerade tun, in Ihren Arbeitsspeicher »laden«. Konzentrieren Sie sich ständig auf etwas anderes, zwingen Sie Ihr Gehirn, Zeit und Kraft dafür aufzuwenden, solchen Kontext immer wieder zu löschen, zu laden und neu zu laden. Aus diesem Grund kann es vorkommen, dass jemand, der den ganzen Tag mit Multitasking beschäftigt ist, nichts erledigt und abends trotzdem fix und fertig ist. Er hat seine ganze Kraft für das Hin- und Herspringen zwischen verschiedenen Kontexten verbraucht, statt wirklich weiterzukommen.

Die Cognitive Switching Penalty gehört zu den ***Reibungskosten.*** Je weniger man hin- und herwechselt, desto geringer die Kosten. Aus diesem Grund ist Monoideismus auch so effizient – indem Sie Ihre Aufmerksamkeit immer nur auf ein Thema richten, ermöglichen Sie es Ihrem Gehirn, den Kontext nur *einmal* in Ihren Arbeitsspeicher zu laden. Das bedeutet, Sie können Ihre ganze Kraft darauf verwenden, die anstehende Aufgabe zu erledigen.

Um unproduktiven Kontextwechsel zu vermeiden, bietet sich eine Bündelungsstrategie an. Ablenkungen auszuschalten, kann dazu beitragen, unnötige Unterbrechungen zu verhindern, doch es ist absolut möglich, auch dann Energie auf dieses Problem zu verschwenden, wenn Sie den ganzen Tag frei haben. Der beste Ansatz, um unnötiges kognitives Switching zu vermeiden, ist der, ähnliche Aufgaben in Gruppen zusammenzufassen.

Mir fällt es beispielsweise schwer, zwischen Kundengesprächen effektiv an kreativen Aufgaben zu arbeiten (wie dem Verfassen oder Produzieren von Schulungsvideos). Statt zu versuchen, gleichzeitig beide Aufgaben zu jonglieren, bündele ich. Gewöhnlich widme ich mich vormittags mehrere Stunden lang ununterbrochen dem Schreiben und lege meine Kundengespräche und Termine auf den Nachmittag. Infolgedessen kann ich beide Aufgaben voll konzentriert angehen.

Eine ähnliche Strategie setze ich ein, wenn es um häusliche Pflichten, um die Aktualisierung von Finanzunterlagen oder um Besorgungen geht: Ich blocke für jede dieser Aufgaben einen bestimmten ununterbrochenen Zeitraum. Infolgedessen gelingt es mir, alles in kürzester Zeit zu erledigen.

Der Risikokapitalgeber, Programmierer und Essayist Paul Graham bezeichnet diese Bündelungsstrategie als »Zeitplan des Machers vs. Zeitplan des Managers«[68]. Wer schöpferisch tätig werden will, kann nichts Schlimmeres tun, als zu versuchen, kreative Aufgaben zwischen Verwaltungsarbeiten zu erledigen. Das Kontext-Switching macht Produktivität unmöglich. Der »Zeitplan des Machers« setzt sich aus großen Zeitblöcken am Stück zusammen. Der »Zeitplan des Managers« ist in viele kleine Abschnitte für Meetings unterteilt. Beide erfüllen einen bestimmten Zweck – versuchen Sie daher nicht, sie zu kombinieren, wenn Sie etwas Sinnvolles erreichen möchten.

Als einfache Faustregel plane ich meinen Tag nach der 3-10-20-Methode: An einem Tag habe ich die Kapazität, drei größere und zehn kleinere Aufgaben zu erledigen. Unter einer größeren Aufgabe ist eine Tätigkeit zu verstehen, die mehr als 20 Minuten absolute Konzentration erfordert. Alle anderen Aufgaben sind kleinere. Wird eine größere Aufgabe unterbrochen, zählt die Wiederaufnahme als neue Aufgabe.

Die größeren Aufgaben eines Tages könnten zum Beispiel sein: ein Angebot erstellen, einen Kunden beraten und ein Buch rezensieren. Zwischen diesen größeren Aufgaben könnte ich einen kurzen Anruf erledigen, eingegangene E-Mails abarbeiten und beantworten, ein paar Artikel lesen, das Geschirr spülen und mein Büro putzen.

Solange ich große Zeitblöcke für meine größeren Aufgaben reserviere, kann ich das alles an einem Tag schaffen. Werde ich aber mitten in einer größeren Aufgabe unterbrochen, kann ich diese am betreffenden Tag nicht beenden oder muss eine andere größere Aufgabe verschieben. Wem von vornherein klar ist, dass es Grenzen dafür gibt, was man an einem einzigen Tag erledigen kann, der kann besser für Ausgewogenheit zwischen ***Belastungs- und Erholungsphasen*** sorgen.

Gelingt es Ihnen, unproduktives Umschalten zwischen verschiedenen Kontexten zu eliminieren, schaffen Sie mehr – mit weniger Aufwand.

Link zur Referenz: **personalmba.com/cognitive-switching-penalty/**

Die vier Methoden, Aufgaben zu erledigen

> »Ich bin zwar nur einer, aber ich bin einer. Ich kann nicht alles tun, aber manches. Und weil ich nicht alles tun kann, weigere ich mich nicht, Dinge zu tun, die ich tun kann. Was ich tun kann, sollte ich auch tun. Und was ich tun sollte, das tue ich von Gottes Gnaden.«
>
> Edward Everett Hale, unitarischer Geistlicher und Schriftsteller des 19. Jahrhunderts

Es gibt nur vier Möglichkeiten, Aufgaben zu »erledigen«: sie zum Abschluss zu bringen, sie zu streichen, sie zu delegieren oder sie aufzuschieben.

Die Option, an die die meisten Menschen dabei denken, ist die abschließende Ausführung. Wenn Sie eine To-do-Liste führen, dann gehen Sie vermutlich davon aus, dass Sie dafür verantwortlich sind, alle dort aufgeführten Aufgaben auszuführen. Das stimmt aber so nicht – Aufgaben selbst zum Abschluss zu bringen, ist nur dann die beste Lösung, wenn es sich um etwas Wichtiges handelt, was Sie besonders gut können. Alles andere lässt sich auch anders erledigen.

Eine Aufgabe ersatzlos zu *streichen* – also zu eliminieren –, ist dann effektiv, wenn es sich um unwichtige oder unnötige Erledigungen handelt. Steht etwas Unwichtiges auf Ihrer Liste, können Sie das bedenkenlos streichen. Lohnt die Mühe nicht oder lohnt es sich nicht, die Aufgabe gut oder schnell zu erledigen, dann dürfen Sie sich ihrer getrost entledigen.

Eine Aufgabe zu *delegieren* – sie also auf jemand anderen zu übertragen –, ist dann effektiv, wenn die- oder derjenige sie zu 80 Prozent so gut erledigen kann wie Sie selbst. Doch um delegieren zu können, brauchen Sie jemanden, *an den*

Sie delegieren können. Angestellte, Auftragnehmer oder Outsourcing-Fachleute können Ihnen helfen, mehr zu schaffen, indem sie Ihnen Aufgaben abnehmen.

Haben Sie niemanden, an den Sie Routineaufgaben abgeben können, kann es sinnvoll sein, sich ein Dienstleistungsunternehmen zu suchen, das virtuelle Assistenz anbietet. Für nicht einmal 100 Dollar im Monat können Sie sich auf diese Weise ein professionelles Team an die Seite holen, das Ihnen hilft, Dinge zu erledigen. Haben Sie wenig Erfahrung mit dem Delegieren, lohnt es sich, das auszuprobieren.

Aufgaben *aufzuschieben* – also auf einen späteren Termin zu vertagen –, ist dann effektiv, wenn es sich dabei nicht um erfolgsentscheidende oder zeitkritische Angelegenheiten handelt. Sie brauchen kein schlechtes Gewissen zu haben, wenn Sie manche Dinge hinausschieben. Wenn Sie versuchen, zu viele Dinge gleichzeitig zu erledigen, verzetteln Sie sich mit größter Wahrscheinlichkeit. Unwichtige Aufgaben zur späteren Erledigung vorzusehen, ist eine gute Methode, Ihre Aufmerksamkeit und Kraft auf die wichtigen Dinge zu konzentrieren.

In *Wie ich die Dinge geregelt kriege* empfiehlt David Allen, eine Liste mit den Dingen anzulegen, die Sie »vielleicht/irgendwann« erledigen möchten, die aber im Moment nicht so wichtig sind. Der Kreativitätsforscher Scott Belsky empfiehlt in *Making Ideas Happen* einen ganz ähnlichen Ansatz: Führen Sie eine Liste mit »zurückgestellten« Aufgaben, die Sie schon noch erledigen wollen, aber nicht unbedingt jetzt gleich. Diese Sparflammenliste alle paar Wochen einmal durchzugehen, genügt, um die Aufgaben herauszufiltern, die Sie jeweils zum aktiven Projekt befördern möchten.

Nutzen Sie alle vier Optionen, wenn Sie Ihre To-do-Liste abarbeiten, und Sie schaffen mehr, als Sie je für möglich gehalten hätten.

Link zur Referenz: **personalmba.com/4-methods-of-completion/**

Besonders wichtige Aufgaben

> **»Sie müssen an die großen Dinge denken, wenn Sie die kleinen Dinge erledigen, damit all die kleinen Dinge in die richtige Richtung laufen.«**
>
> Alvin Toffler, Technologieforscher und Futurist

Nicht alle Aufgaben sind gleich – manche sind wichtiger als andere.

Sie haben jeden Tag nur ein bestimmtes Kontingent an Zeit und Kraft zur Verfügung, um Dinge zu erledigen. Von allem, was gerade auf Ihrer To-do-Liste steht, ist manches wichtig, anderes unwichtig. Möchten Sie Ihre begrenzte Zeit und Kraft möglichst effektiv nutzen, lohnt es sich, sich zunächst auf die Erledigung der Aufgaben zu fokussieren, die die größte Wirkung haben. Erst dann sollten Sie Ihre Zeit und Kraft anderen Dingen widmen.

Eine ***besonders wichtige Aufgabe*** (Most Import Task, kurz MIT) ist eine, die über den Erfolg Ihres Projekts entscheidet und am meisten zu dem Ergebnis beiträgt, das Sie erreichen möchten. Nicht alles, was Sie sich vorgenommen haben, ist gleich wichtig oder gleichwertig. Deshalb sollten Sie auch nicht alles gleich angehen. Wenn Sie sich ein paar Minuten Zeit nehmen, um ein paar besonders wichtige Aufgaben herauszupicken, wird es Ihnen leichter fallen, sich zunächst darauf zu konzentrieren.

Setzen Sie jeden Morgen zwei oder drei MITs auf Ihre Liste und fokussieren Sie sich dann darauf, diese so schnell wie möglich zu erledigen. Führen Sie diese Liste getrennt von Ihrer allgemeinen To-do-Liste oder Ihrem Task-Tracking-System. Ich verwende dafür Karteikarten oder den »Emergent Task Planner«[69] von David Seah – ein PDF, das Sie sich kostenlos herunterladen können und das Ihnen hilft, Ihren Tag durchzuplanen.

Wenn Sie Ihre MIT-Liste erstellen, ist es ratsam, sich mit folgender Frage selbst auf den Zahn zu fühlen: »Welche zwei oder drei Dinge muss ich heute unbedingt erledigen? Was könnte mich wirklich weiterbringen, wenn ich es noch heute erledige?« Nur solche Aufgaben sollten auf Ihrer MIT-Liste stehen. Versuchen Sie dann, diese gleich morgens abzuarbeiten.

In der Kombination mit ***Parkinsons Gesetz*** von der Festsetzung einer künstlichen Frist ist diese Methode ausgesprochen effektiv. Wenn Sie sich fest vornehmen, alle Ihre MITs bis 10 Uhr vom Tisch zu bekommen, werden Sie sich wundern, wie schnell Sie die besonders wichtigen Aufgaben des Tages abhaken können.

Eine Liste mit zwei oder drei MITs hilft Ihnen, einen ***monoideistischen*** Zustand beizubehalten, indem sie Ihnen gestattet, sich nur dann unterbrechen zu lassen, wenn es wirklich brennt. Arbeiten Sie an Ihren MITs und es kommt ein Anruf, fällt es Ihnen dann leichter, diesen komplett zu ignorieren oder dem Anrufer zu sagen: »Ich bin unter Druck – ich rufe dich später zurück.« Per definitionem ist alles, was keine MIT ist, weniger wichtig. Deshalb lassen sich Unterbrechungen leichter abwehren.

Schaffen Sie es, Ihre MITs gleich morgens zu erledigen, können Sie sich den Rest des Tages allem anderen widmen, was anfällt.

Link zur Referenz: **personalmba.com/most-important-tasks/**

Ziele

»Sich ein vages Ziel zu setzen, ist, als würden Sie im Restaurant sagen: ›Ich habe Hunger. Ich möchte etwas essen.‹ Sie werden hungrig bleiben, solange Sie nichts bestellen.«

Steve Pavlina, Autor von *Das universelle Prinzip der Selbstentfaltung*

Es ist in der Wirtschaftsliteratur schon viel darüber geschrieben worden, wie wichtig es ist, sich ***Ziele*** zu setzen. Konkrete Ziele bewirken zweierlei: Sie helfen Ihnen, sich bildlich vorzustellen, was Sie erreichen möchten, und Sie wecken Begeisterung für das Ergebnis. Ein Ziel ist eine Aussage, die *genau* angibt, was Sie erreichen möchten. Damit kann sich Ihr Gehirn problemlos der ***mentalen Simulation*** bedienen, um das Ergebnis zu ***visualisieren.*** Wenn das ***Endergebnis,*** das Sie erreichen wollen, vage oder schwammig ist, erschweren Sie es Ihrem automatischen Planungssystem im Gehirn, Ihnen dabei zu helfen, es zu realisieren. Konkrete Ziele spielen auch eine wesentliche Rolle für die ***Motivation*** – je klarer Sie Ihr Ziel definieren, desto leichter sind Sie dafür zu begeistern, die nötigen Maßnahmen zu ergreifen.

Verschwommene Ziele wie »Ich möchte gern einen Berg besteigen« bringen wenig, weil Ihr Gehirn damit nicht arbeiten kann. Welchen Berg? Wo? Wann? Warum? Beantworten Sie diese Fragen nicht, passiert vermutlich ... gar nichts.

Konkrete Ziele bestehen den »Everest-Test«. Ein brauchbares Ziel sieht so aus: »Ich möchte noch vor meinem 40. Geburtstag den Gipfel des Mount Everest besteigen und ein Panoramafoto machen, das ich dann gerahmt als Trophäe an die Wand hängen kann.« So ein Ziel ist für Ihr Gehirn leicht zu simulieren – der Mount Everest befindet sich in Nepal. Also müssen Sie eine Reise buchen. Außerdem müssen Sie an Ihren Fähigkeiten als Bergsteiger arbeiten, sich einen Führer besorgen, Ausrüstung kaufen, eine geeignete Kamera beschaffen und anderes mehr. Haben Sie sich bewusst ***entschieden,*** dieses Ziel zu erreichen, sucht Ihr Gehirn prompt nach Wegen, es zu verwirklichen.

Ziele sind dann am effektivsten, wenn sie positiv, unmittelbar, konkret und spezifisch formuliert sind (Positive, Immediate, Concrete, Specific oder kurz PICS):

- *Positiv* bezieht sich auf die Motivation – auf ein Ziel sollten Sie grundsätzlich *zustreben.* Ziele wie »Ich möchte nicht mehr dick sein« führen prompt zur ***Schockstarre*** – damit betonen Sie das Negative, statt etwas ***neu zu interpretieren,*** um sich darauf zu programmieren, sich auf Verbesserungen zu freuen. Um optimale Ergebnisse zu erzielen, sollten Sie zunächst alle ***Konflikte*** aus der Welt schaffen und sich dann dem zuwenden, was Sie erreichen möchten.

- *Unmittelbar* bezieht sich auf den zeitlichen Rahmen: Sie sollten Ziele ins Visier nehmen, bei denen Sie entschlossen sind, Ihnen noch heute näher zu kommen – nicht »später« oder »irgendwann«. Wenn Sie sich nicht darauf festlegen lassen wollen, jetzt gleich auf ein bestimmtes Ziel zuzuarbeiten, erfassen Sie es in Ihrer Rubrik »vielleicht/irgendwann« und konzentrieren Sie sich auf etwas anderes.
- *Konkret* bedeutet, dass Sie das Ergebnis in der realen Welt wahrnehmen können. Ziele sind Leistungen – Sie sollten schon wissen, wann Sie geschafft haben, was Sie vorhatten. Sich Ziele zu setzen wie »Ich möchte gern glücklich sein«, bringt nichts, weil das nichts Konkretes ist – woher sollen Sie wissen, dass Sie Ihr Ziel erreicht haben? Haben Sie den Gipfel des Mount Everest erklommen, dann haben Sie in der wirklichen Welt etwas geleistet. *Das* ist konkret.
- *Spezifisch* bedeutet, Sie können definieren, was Sie wann unternehmen und wohin Sie gehen, um Ihr Ziel zu erreichen. Den Mount Everest bis zu einem bestimmten Termin in der näheren Zukunft besteigen zu wollen, ist spezifisch. Das bedeutet, es fällt Ihnen leicht zu planen, wie Sie vorgehen wollen, um das zu erreichen.

Am effektivsten ist es, wenn Ihre Ziele Ihrem Einfluss unterliegen. Ziele wie »Ich möchte zehn Kilo abnehmen« sind niederschmetternd, weil Sie keinen Einfluss darauf haben – Gewichtsverlust ist ein Ergebnis, keine Leistung. Zeigt die Waage an einem bestimmten Tag ein paar Pfund mehr an, fühlt man sich schnell geschlagen, selbst wenn man gar nichts dafür kann. Um möglichst optimale Ergebnisse zu erzielen, sollten Sie sich Maßnahmen zum Ziel setzen, die in Ihrem Einflussbereich liegen, zum Beispiel, jeden Tag mindestens 30 Minuten lang Sport zu treiben und zu steuern, wie viel Kalorien Sie zu sich nehmen.

Um Ihre Ziele zu verfolgen, genügt ein einfaches Notizbuch oder Referenzsystem. Ich erfasse alle meine Ziele in einer banalen Textdatei, die ich dann ausdrucke und in mein To-do-Notizbuch lege. Immer wenn ich darüber nachdenke, was ich zu tun habe, habe ich die Liste meiner Ziele zur Hand, um jederzeit darauf zugreifen zu können. So kann ich leichter bestimmen, welche Aufgaben besonders wichtig sind.

Es spricht nichts dagegen, Ziele zu verändern. Manchmal bilden wir uns ein, etwas Bestimmtes erreichen zu wollen, und merken irgendwann, dass es uns gar nicht mehr so wichtig ist. Das ist nicht schlimm – man bezeichnet es als Lernprozess. Stellen Sie fest, dass Sie auf ein Ziel zuarbeiten, das Ihnen gar nichts mehr bedeutet, sollten Sie sich lieber auf etwas anderes konzentrieren.

Link zur Referenz: **personalmba.com/goals/**

Daseinszustände

»Vielleicht bin ich nicht dort angekommen, wo ich eigentlich hinwollte, aber ich glaube, ich bin letztlich dort, wo ich immer sein wollte.«

Douglas Adams, Humorist und Autor der *Hitchhiker's-Guide*-Reihe

Ein häufiger Fehler, den ich bei anderen beobachte, wenn sie sich ***Ziele*** setzen: Sie gehen davon aus, dass alles eine Leistung ist.

Denken Sie nur an Aussagen wie »Ich möchte gern glücklich sein«, »Ich möchte mich für etwas begeistern« oder »Ich möchte gern erfolgreich sein«. Woher sollen Sie wissen, wann Sie geschafft haben, was Sie erreichen wollten? Können Sie denn überhaupt immer glücklich, begeistert oder erfolgreich sein, wenn doch jeder Tag anders verläuft?

Ein ***Daseinszustand*** beschreibt, was Sie gerade erleben. Emotionale Erfahrungen sind keine Leistungen, weil sie im Zeitverlauf schwanken. Sie können jetzt gerade glücklich sein und in einer Stunde schon total verzweifelt. »Glücklich sein« ist keine Leistung – es beschreibt Ihre aktuelle Verfassung.

Daseinszustände sind *Entscheidungskriterien,* keine Ziele. Es spricht nichts dagegen, wenn Sie gern »glücklich« oder »erfolgreich« sein möchten. Betrachten Sie diese Wünsche aber als Ziele, ist Frust programmiert. Statt derartige Zustände als Leistungen anzusehen, sollten Sie sie lieber als Entscheidungskriterien heranziehen – um besser beurteilen zu können, ob Ihr Vorgehen auch zum angestrebten Ergebnis führt.

Daseinszustände helfen Ihnen, folgende Frage zu beantworten: »Bringt das, was ich gerade versuche, wirklich etwas?« Möchten Sie beispielsweise gern glücklich sein, dann stellen Sie vielleicht fest, dass das Zusammensein mit engen Freunden und Verwandten das gewünschte Gefühl auslöst. Also ist es offensichtlich wichtig, sich für solche Begegnungen Zeit zu nehmen. Wären Sie gern gelassener, sind aus beruflichen Gründen aber ständig gestresst, steht fest, dass Sie etwas ändern müssen – was Sie gerade tun, funktioniert ganz offensichtlich nicht.

Noch zielführender ist es, komplexe Daseinszustände auf kleinere Elemente herunterzubrechen. Statt komplexe Zustände wie »Erfolg« oder »Glück« als Entscheidungskriterien heranzuziehen, sollten Sie lieber herausfinden, was diese für Sie persönlich bedeuten. Zum Beispiel verstehe ich unter »erfolgreich sein« »eine Arbeit, die mir Spaß macht, mit Menschen, die ich mag«, »frei entscheiden zu können, woran ich arbeiten möchte«, und »so viel Geld zu verdienen, dass ich ohne finanzielle Sorgen leben kann«. Zusammengenommen liefern diese Daseinszustände eine deutlich brauchbarere Definition für Erfolg – wenn ich die Welt so erlebe, dann bin ich »erfolgreich«.

Dasselbe gilt für »Glück«. »Glücklichsein« ist nicht ein einheitlicher Daseinszustand, sondern eine Kombination aus »Lebensfreude«, »Zeit, die ich mit netten Menschen verbringe«, »Gelassenheit« und »Freiheit«. Erlebe ich den Augenblick so, wie es diesen Zuständen entspricht, dann bin ich »glücklich«. Das »Glück« in seine Bestandteile zu zerlegen, hilft mir sicherzugehen, dass ich alles tue, um häufiger rundum glücklich zu sein.

Finden Sie heraus, welchen Daseinszustand Sie gern erleben möchten. Dann stehen Ihnen effektive Entscheidungskriterien zur Verfügung, die Sie heranziehen können, um die Ergebnisse Ihrer Handlungen ganz neu und sinnvoll zu bewerten.

Link zur Referenz: **personalmba.com/states-of-being/**

Gewohnheiten

»Wir sind, was wir immer wieder tun. Exzellenz ist daher kein Akt, sondern eine Gewohnheit.«

Will Durant, Historiker, frei nach dem antiken griechischen Philosophen Aristoteles

Und Aktivitäten, die Sie täglich ausführen möchten, wie Sport? Sind das ***Ziele*** oder ***Daseinszustände?*** Vorsicht, Fangfrage – denn sie zählen zu keiner der beiden Kategorien.

Es sind nämlich ***Gewohnheiten*** – also regelmäßige Handlungen, die uns guttun. Körperliche Bewegung, Zähneputzen, die Einnahme von Vitaminpräparaten, sich nach einer bestimmten Ernährungsweise zu richten oder mit Freunden und Familie Kontakt zu halten, das alles sind Beispiele für Gewohnheiten, die dafür sorgen, dass wir glücklich und gesund bleiben. Aufgrund des ***Kumulierungseffekts*** summieren sich kleine Gewohnheiten mit der Zeit zu großen Ergebnissen.

Gewohnheiten nehmen meist eine von vier üblichen Formen an: Es handelt sich dabei um Dinge, die Sie gern *in Angriff nehmen* möchten, sich gern *abgewöhnen* möchten und gern *häufiger* oder *seltener* tun würden. So möchten Sie beispielsweise vielleicht künftig gern mehr Sport treiben, weniger fernsehen, mehr Wasser trinken oder weniger Geld ausgeben.

Damit Gewohnheiten entstehen, braucht es gewöhnlich eine gewisse Willenskraft. Am besten setzen Sie daher die Methoden ein, über die wir im Abschnitt über eine ***Leitstruktur*** gesprochen haben, damit es Ihnen leichter fällt, sich die Gewohnheiten anzueignen, die Sie sich gern zulegen möchten. Möchten Sie morgens gleich als Erstes in Fitnessstudio gehen, sollten Sie am Vorabend Ihre Sporttasche packen und sich Trainingskleidung zurechtlegen, dann klappt das schon viel besser – weil Sie die richtigen Rahmenbedingungen geschaffen haben, um Ihr Vorhaben ohne großen Aufwand in Angriff nehmen können.

Sich etwas anzugewöhnen, fällt leichter, wenn Sie auf *Trigger* achten, die signalisieren, wann Sie aktiv werden sollten. Möchten Sie beispielsweise regelmäßig Vitamine einnehmen, denken Sie eher daran, wenn Sie eine andere Gewohnheit als Trigger nutzen. Statt die Tabletten mitten am Tag einzunehmen und sich dabei auf Ihr Gedächtnis zu verlassen, können Sie sie auch morgens oder abends beim Zähneputzen schlucken – das prägt sich leichter ein.

Die besten Ergebnisse erzielen Sie, wenn Sie sich jeweils nur immer auf *eine* Gewohnheit fokussieren. Versuchen Sie, sich zu viele Dinge gleichzeitig anzugewöhnen, schleift sich vermutlich nichts richtig ein. Konzentrieren Sie sich daher auf eine Gewohnheit, bis Ihnen diese in Fleisch und Blut übergegangen ist, und nehmen Sie sich dann die nächste vor.

Link zur Referenz: **personalmba.com/habits/**

Priming

»Manch einen Gegenstand sehen wir nicht, obwohl wir ihn visuell erfassen könnten, weil wir ihn intellektuell nicht erfassen können – also nicht darauf achten. Im weitesten Sinne sehen wir daher nur das, worauf wir achten.«

Henry David Thoreau, amerikanischer Schriftsteller und Philosoph

Haben Sie sich schon einmal für ein bestimmtes Fahrzeug interessiert – um plötzlich festzustellen, dass Ihnen genau dieses Modell *auf Schritt und Tritt* begegnet? Mir ist das schon passiert – es kommt einem so vor, als hätte jemand unvermittelt Hunderte solcher Fahrzeuge auf der Autobahn verteilt.

Das stimmt natürlich nicht – das Universum spielt Ihnen da einen Streich. Die Autos waren immer da – sie sind Ihnen nur bisher nicht aufgefallen. Als Sie sich noch nicht für dieses spezielle Modell interessierten, blendete Ihr Gehirn sie einfach aus.

Sobald Ihr Interesse erwacht war, filterte Ihr Gehirn die betreffende Information nicht mehr aus, und Sie bemerkten es jedes Mal, wenn wieder ein solches Auto an Ihnen vorbeifuhr. In gewissem Sinne haben Sie Ihr Gehirn quasi darauf programmiert, bestimmte Dinge in Ihrem Umfeld zu registrieren. Die einzige Voraussetzung dafür, dass der Filter wegfiel, war Ihr plötzliches Interesse.

Priming ist eine Methode, Ihr Gehirn darauf zu programmieren, Sie darauf aufmerksam zu machen, wenn eine bestimmte Information in Ihrem Umfeld auftaucht. Eine der faszinierendsten Eigenheiten der ***Mustererkennungsfunktion*** unseres Gehirns ist, dass wir die Umgebung ständig nach nützlichen Informationen absuchen. Geben Sie Ihrem Gehirn vor, was Sie gern finden möchten, dann alarmiert es Sie bei jeder entsprechenden Sinneswahrnehmung.

Priming ist eine Möglichkeit, die Mustererkennungskapazitäten Ihres Gehirns zu beeinflussen. Indem Sie bewusst festlegen, wofür Sie sich interessieren und was Sie suchen, programmieren Sie Ihren Geist darauf, Ihnen zu signalisieren, wenn er das Gesuchte registriert. Manche Menschen bezeichnen das als »Intuition«, und unter Priming ist die produktive Nutzung Ihrer Intuition zu verstehen.

So setze ich Priming ein: In ihrem Buch *10 Days to Faster Reading* empfiehlt Abby Marks-Beale eine Methode, die ich als »Zweckbestimmung« bezeichne: Man soll sich vor dem Lesen ein paar Minuten Zeit nehmen, um sich zu überlegen, 1) warum man das lesen möchte und (2) welche Informationen man daraus beziehen möchte. Sich ein paar Notizen zu machen, bevor Sie ein Buch zur Hand nehmen, macht deutlich, was Sie sich davon erhoffen.

Haben Sie festgelegt, welchen Zweck Sie verfolgen, greifen Sie sich das Buch und blättern es einmal schnell durch. Dabei achten Sie vor allem auf das Inhaltsverzeichnis, die Kapitelüberschriften und das Register – Quellen verdichteter Informationen über den Inhalt des Buches und dessen Aufbau. Sich Begriffe und Konzepte zu notieren, die wichtig erscheinen, sorgt dafür, dass Ihr Gehirn sie schneller erkennt, wenn sie später auftauchen.

Das dauert nur wenige Minuten, doch der Effekt auf Ihre Lesegeschwindigkeit ist enorm. Sobald Sie Ihr Gehirn darauf programmiert haben, wichtige Konzepte zu erkennen, können Sie das ganze Buch zügig durcharbeiten. Beim Lesen filtert Ihr Gehirn unwichtigen Stoff heraus und fokussiert sich auf die Inhalte, die Sie sich aneignen möchten.

Dadurch ist es möglich, jedem Sachbuch in weniger als 20 Minuten den größten Teil seines brauchbaren Inhalts zu entnehmen. In einer Bibliothek oder im Buchladen kann ich mit dieser Methode in weniger als einer Stunde mehrere Bücher lesen. Ohne diese Methode hätte ich die Lektüreliste für den *Personal MBA,* wie sie heute aussieht, nie im Leben erstellen können – und schon gar nicht dieses Buch schreiben.

Priming ist eine der Möglichkeiten, wie Menschen, wenn sie auf ein bestimmtes ***Ziel*** zuarbeiten, »Glück haben« können. Sich Ziele zu setzen, ist unter anderem deshalb so nützlich, weil Sie dadurch auf einfache Weise Ihr Gehirn auf Dinge programmieren, die Ihnen helfen, Ihre Träume zu verwirklichen. Wer den Mount Everest besteigen möchte, dem fällt vermutlich auf einer Buchungswebsite eher auf, wenn Tickets nach Nepal mit 70 Prozent Preisnachlass zu haben sind. Hätten Sie diese Information gelesen, bevor Sie sich dieses Ziel gesetzt haben, hätte Ihr Gehirn sie vermutlich herausgefiltert – es hätte Sie ja nicht interessiert.

Nehmen Sie sich ein bisschen Zeit, um Ihr Gehirn darauf zu trimmen zu bemerken, was Ihnen wichtig ist – Sie werden sehen, wie gut das funktioniert.

Link zur Referenz: **personalmba.com/priming/**

Entscheidungen

»Den lieben langen Tag lang muss ich ständig entscheiden, was ich im nächsten Augenblick tun werde. Diese Entscheidung kann mir niemand abnehmen oder an meiner Stelle treffen.«

José Ortega y Gasset, Philosoph und Essayist

Unter einer ***Entscheidung*** ist zu verstehen, wenn man sich auf eine bestimmte Vorgehensweise festlegt. Das englische *decide* kommt aus dem Lateinischen. Es geht zurück auf *decidere,* und das bedeutet nichts anderes als »abschneiden«. Wer eine Entscheidung trifft, schneidet sich jeden möglichen anderen Weg ab, den er wählen könnte. Ihm bleibt dann nur, so vorzugehen, wie beschlossen. Jeder Entscheidungsprozess geht mit dem Ausschluss anderer realistischer Optionen einher.

So gut Ihr System für persönliche Produktivität auch ist – Entscheidungen kann es Ihnen nicht abnehmen. Ganz gleich, wie raffiniert Ihr Task-Tracking-System sein mag, es kann Ihnen nie sagen, was in einem bestimmten Moment die beste Lösung ist. Ein System zu entwickeln, das für Sie Entscheidungen trifft, ist ein frommer Wunsch – Systeme können Ihnen lediglich Informationen liefern, die Sie heranziehen können, um bessere Entscheidungen zu treffen. Doch die Entscheidung an sich bleibt stets Ihnen überlassen.

Bei keiner Entscheidung, gleich wie folgenschwer, liegen jemals alle Informationen vor. Da wir nicht in die Zukunft schauen können, schreiben wir Unentschlossenheit gern der Tatsache zu, dass wir nicht gut genug informiert sind. Prompt geht es in Ihrem Gehirn rund – Ihr Vorderhirn hat die Aufgabe, Unklarheiten zu beseitigen und Entscheidungen zu treffen. Deshalb schickt Ihr Mittelhirn fortlaufend Signale an Ihr Vorderhirn, bis dieses seinen Job erledigt. Ist eine Entscheidung getroffen – welche auch immer –, kehrt wieder Ruhe ein.

Sie müssen aber nicht alle Informationen vorliegen haben, um eine Entscheidung zu treffen – die Welt ist zu kompliziert, um zutreffende Prognosen zu stellen. Der pensionierte General Colin Powell vertritt bekanntlich die Ansicht, dass man die Hälfte der verfügbaren Informationen sammeln und dann eine Entscheidung treffen sollte, selbst wenn die Informationen nicht vollständig sind. »Warten Sie nicht ab, bis Ihnen genügend Fakten vorliegen, damit Sie hundertprozentig sicher sein können, denn dann ist es meistens zu spät. … Handeln Sie [sobald Sie 40 bis 70 Prozent der verfügbaren Informationen haben] nach Ihrem Bauchgefühl.«[70]

Wenn das eine erfolgreiche Strategie für Entscheidungen ist, bei denen es um Leben und Tod geht, dann funktioniert es bei Alltagsentscheidungen bestimmt genauso gut. Beschaffen Sie sich gerade so viele Informationen, wie es braucht, um eine fundierte Entscheidung treffen zu können. Treffen Sie diese und legen Sie los.

Auch keine Entscheidung ist eine Entscheidung. Die Welt bleibt nicht stehen, wenn Sie sich weigern, eine Entscheidung zu treffen – sie dreht sich weiter und vielleicht sind Sie dann gezwungen zu handeln. Sich vor der Verantwortung zu drücken, eine Entscheidung zu treffen, bedeutet nicht, dass man keine Entscheidung trifft – man lässt lediglich zu, zum Opfer der Umstände zu werden.

Um bestmögliche Ergebnisse zu erzielen, sollten Sie bewusste, überlegte Entscheidungen treffen. Meiner Erfahrung nach fällt es vielen Menschen schwer zu beschließen, was zu tun ist, weil sie ungern Entscheidungen treffen. Die ***Verlustaversion*** treibt sie dazu, sich möglichst alle Optionen offenzuhalten – »nur für den Fall«. Ohne Entscheidung kann ihr Gehirn aber nicht die ***mentale Simulation*** nutzen, um herauszufinden, wie sie am besten ihr Ziel erreichen. Deshalb macht es unproduktive Trockenübungen.

Wer beschließt »Ich entscheide mich jetzt für X«, hat es leichter. Ist erst einmal eine Entscheidung getroffen, schaltet das Gehirn zur Planung die mentale Simulation zu, und die Dinge kommen wieder in Bewegung.

Haben Sie Probleme, Entscheidungen zu treffen, empfiehlt Ihnen Steve Pavlina, Autor von *Das universelle Prinzip der Selbstentfaltung*, sich folgende entscheidende Frage zu stellen: »Welche Erfahrung aus den verfügbaren Optionen möchte ich gern machen?« Quälen Sie sich mit einer bestimmten Entscheidung herum, dann vermutlich, weil es Ihrem Gehirn schwerfällt zu ermitteln, was das Beste ist. Das ist ein unangenehmes Gefühl, bedeutet aber, dass es *im Grunde gleichgültig ist, wofür Sie sich entscheiden.* Trifft das zu, können Sie sich die Erfahrung aussuchen, die Sie am interessantesten finden.

Als Kelsey ein spannendes Jobangebot aus New York bekam, waren wir wochenlang hin- und hergerissen. Sollten wir in Cincinnati bleiben oder in die große Stadt ziehen? Ein Umzug war für uns mit vielen Unwägbarkeiten verbunden: Wo sollten wir leben? Konnten wir uns das leisten? Was würde aus meinem Job? Das alles reichte, um uns einen besonders schweren Fall von ***Schockstarre*** zu bescheren.

Am Ende merkten wir: Die Fakten sprachen weder klar für das eine noch für das andere. Es kam also gar nicht darauf an, wofür wir uns entschieden. In New York zu leben, war aber eine Erfahrung, die wir beide gern machen wollten. Also beschlossen wir umzuziehen. Und prompt sahen wir klar und fühlten uns erleichtert. Statt uns weiter den Kopf zu zerbrechen, konnten wir, als die Entscheidung getroffen war, wieder vorwärtsgehen, obwohl wir mit ***Unsicherheit*** konfrontiert waren.

Link zur Referenz: **personalmba.com/decision/**

Die fünf Warum-Fragen

> »Stellen Sie die nächste Frage und die darauffolgende und die darauffolgende.«
>
> Theodore Sturgeon, Autor von *Baby ist drei*

Oft ist uns nicht klar, *warum* wir bestimmte Wünsche haben. Ursachenforschung ist eine geeignete Methode, um herauszufinden, welche Motive hinter unseren Wünschen stecken.

Die ***fünf Warum-Fragen*** sind eine Technik, die Ihnen hilft zu erkennen, was Sie wirklich wollen. Statt Ihre Wünsche für bare Münze zu nehmen, können Sie mithilfe der Ursachenforschung Ihren tieferen Sehnsüchten auf die Spur kommen.

Die fünf Warum-Fragen sind ganz einfach anzuwenden: Sobald Sie sich ein ***Ziel*** gesetzt oder etwas vorgenommen haben, sollten Sie sich fragen, *warum.* Möchten Sie beispielsweise gern Millionär werden, lautet die Frage, warum Sie Millionen besitzen möchten.

Versuchen Sie dabei nicht, eine Antwort zu erzwingen – stellen Sie sich die Frage ergebnisoffen und warten Sie ab, bis Ihr Gehirn von sich aus eine Antwort ausspuckt. Liefert es eine Antwort, fragen Sie erneut, warum. Fragen Sie so lange weiter, bis Sie ein »weil ich es möchte« als Antwort erhalten, denn das bedeutet, dass Sie Ihrem ursprünglichen Ziel tatsächlich auf den Grund gegangen sind.

Hier ein Beispiel für die Anwendung der fünf Warum-Fragen auf das klassische Ziel »Ich möchte Millionär werden«.

1. *Warum möchte ich Millionen besitzen?* Weil ich dann nie mehr Geldsorgen hätte.
2. *Warum möchte ich keine Geldsorgen mehr haben?* Um angstfrei zu leben.
3. *Warum möchte ich angstfrei leben?* Damit ich mich sicher fühle.
4. *Warum möchte ich mich sicher fühlen?* Damit ich mich frei fühlen kann.
5. *Warum möchte ich mich frei fühlen?* Weil ich mich frei fühlen möchte.

Ihnen geht es also in Wirklichkeit gar nicht ums Geld, sondern um das Gefühl, frei zu sein. Ist es möglich, sich auch ohne die Millionen frei zu fühlen? Ja – das Gefühl der Freiheit lässt sich auf vielerlei Arten herbeiführen, die gar nichts mit Geld zu tun haben. Ihren eigentlichen Wunsch anders anzugehen, kann viel effektiver sein, als Ihr ursprüngliches Ziel zu verfolgen.

Stellen Sie fest, was wirklich hinter Ihren Zielen steckt, und Sie werden neue Wege finden, Ihre Wünsche zu verwirklichen.

Link zur Referenz: **personalmba.com/five-fold-why/**

Die fünf Wie-Fragen

»Geh, so weit du sehen kannst. Von dort aus kannst du noch weiter sehen.«

Thomas Carlyle, Essayist und Historiker des 19. Jahrhunderts

Nach den fünf Warum-Fragen wissen Sie vermutlich: In Wirklichkeit wünschen Sie sich etwas ganz anderes, als Sie eigentlich gedacht haben. Sind Sie auf diese Weise Ihren wahren ***Zielen*** auf die Spur gekommen, können Sie herausfinden, wie sich diese erreichen lassen.

Die ***fünf Wie-Fragen*** sind eine Methode, Ihre tieferen Sehnsüchte mit physischen Handlungen zu verknüpfen. Kommen wir dazu noch einmal auf vorstehendes Beispiel zurück: In Ihrem tiefsten Inneren möchten Sie sich gern frei fühlen. Wie können Sie das erreichen?

1. Ihre Schulden abzahlen.
2. Ihre Arbeitszeit verringern, sich eine neue Stelle suchen oder sich selbstständig machen.
3. In eine andere Stadt ziehen oder auswandern.
4. Eine persönliche Beziehung beenden, die Sie einengt.

Halten Sie eine der Antworten auf Ihre Wie-Fragen für eine gute Idee, fragen Sie noch einmal, wie. Angenommen, es würde Ihnen starke Freiheitsgefühle vermitteln, Ihren Job zu kündigen und ein eigenes Unternehmen zu gründen. Wie würden Sie vorgehen, um das zu erreichen? Je detaillierter Sie sich das ausmalen, umso konkreter wird eine zunächst vage Idee.

Fragen Sie so lange weiter »wie«, bis Ihr Plan so konkret ist, dass Sie wissen, wie der ***nächste Schritt*** aussieht (der gleich im Anschluss noch näher erläutert wird). Aus den fünf Wie-Fragen soll sich eine komplette Handlungskette ergeben, die von Ihrer großen Idee bis hin zu den Maßnahmen reicht, die Sie *jetzt gleich* ergreifen können.

Richtig ausgeführt, vermittelt Ihnen jede dieser Handlungen schon bei der Durchführung das angestrebte Gefühl. Würden Sie sich freier fühlen, wenn Sie keine Schulden mehr hätten, dann fühlen Sie sich mit *jeder Tilgungszahlung* ein bisschen freier und es fällt Ihnen leichter, Ihre Verbindlichkeiten konsequent weiter abzuzahlen.

Verbinden Sie Ihre großen Ziele mit kleinen Schritten, die Sie sofort unternehmen können, und Sie werden sie erreichen.

Link zur Referenz: **personalmba.com/five-fold-how/**

Der nächste Schritt

»Widmen wir uns fortlaufend und unverzüglich dem wenigen, was wir tun können, werden wir schon bald überrascht feststellen, dass es nur noch wenig gibt, was wir nicht tun können.«

Samuel Butler, Schriftsteller des 19. Jahrhunderts

Was wir erreichen möchten, lässt sich oft nicht auf einen Schlag bewerkstelligen. Projekte sind ***Ziele,*** die sich nicht in einem Schritt realisieren lassen, und je umfangreicher das Projekt, desto schwieriger ist es, alle nötigen Schritte im Voraus zu planen.

Die Besteigung des Mount Everest ist so ein Projekt – und ein äußerst komplexes, mit viel ***Unsicherheit*** behaftetes obendrein. Wie arbeitet man an einem so gigantischen Projekt, das man kaum bewältigen kann?

Ganz einfach: Konzentrieren Sie sich nur auf den nächsten Schritt, der Sie Ihrem Ziel näher bringt.

Der ***nächste Schritt*** ist die nächste konkrete Handlung, die Sie sofort in Angriff nehmen können, um das Projekt voranzubringen. Sie müssen gar nicht wissen, was alles erledigt werden muss, damit ein Projekt Fortschritte macht – Sie müssen nur den allernächsten Schritt kennen, den Sie unternehmen können, um weiterzukommen.

David Allen, Autor von *Wie ich die Dinge geregelt kriege*, prägte diesen Begriff, um eine der zentralen Stufen seiner grundlegenden Vorgehensweise zu beschreiben:

1. Schreiben Sie auf, welches Projekt oder welche Situation Ihnen gerade die meisten Gedanken macht.
2. Beschreiben Sie dann in einem Satz, welches Ergebnis Sie für dieses Problem oder die Situation anstreben. Was muss passieren, damit Sie es als »erledigt« abhaken können?
3. Notieren Sie anschließend, welcher physische Handlungsschritt als Nächstes erforderlich ist, um voranzukommen.
4. Übernehmen Sie diese Antworten in ein vertrauenswürdiges System.

Laut Allen helfen Ihnen diese Fragen dabei zu klären, was genau unter »erledigt« und »erledigen« zu verstehen ist. Legen Sie fest, was mit »erledigt« gemeint ist, können Sie Ihre Aufmerksamkeit und Energie auf die Dinge ausrichten, die erledigt werden müssen, um das »erledigt« herbeizuführen.

Dieses Buch zu schreiben, war ein gewaltiges Vorhaben – ich brauchte Jahre für die Recherchen und etwas über ein Jahr, um den Text zu formulieren. »Das Buch schreiben« ist daher kein Schritt, sondern ein Projekt. Ich hätte das Manuskript auf keinen Fall in einem Rutsch fertigkriegen können, doch es *war* durchaus möglich, einen kleinen Abschnitt in weniger als einer Stunde zu verfassen. Als ich das Buch in klar definierte Abschnitte unterteilt hatte, fiel es mir deutlich leichter voranzukommen, da die einzelnen Aufgaben nicht mehr so erdrückend wirkten.

Um sich nicht zu überfordern, sollten Sie Projekte und Aufgaben separat verfolgen. Ich mache das folgendermaßen: Ich habe stets ein Notizbuch bei mir, dem eine Karteikarte beigelegt ist.[71] Auf der Karte steht eine kurze Liste meiner aktiven Projekte. Das Notizbuch enthält meine To-do-Liste: die nächsten Schritte, die meine Projekte voranbringen. An diesen arbeite ich mit einem System namens Autofocus, das Mark Forster entwickelt hat.[72] Dieses System trägt dazu bei, dass ich mithilfe meiner Intuition herausfinden kann, was ich *jetzt gleich* tun kann, um Fortschritte zu erzielen. Solange meine Projekte an meine Ziele geknüpft und auf meine bevorzugten ***Daseinszustände*** ausgerichtet sind, ist ihre Umsetzung nur eine Frage der Zeit.

Fokussieren Sie sich darauf, den nächsten Schritt zu vollziehen, dann bringen Sie auch Ihr gesamtes Projekt zum Abschluss.

Link zur Referenz: **personalmba.com/next-action/**

Externalisierung

»Wörter sind eine Linse, um unseren Verstand zu fokussieren.«

Ayn Rand, Philosophin und Autorin von *Atlas wirft die Welt ab* und *Der ewige Quell*

Eine besondere Eigenheit unseres Verstandes ist, dass er Informationen, die von *außen* kommen, besser verarbeiten kann als die Gedanken, die *in* unserem Kopf herumspuken.

Haben Sie schon einmal mit einem Personal Trainer oder einem Coach zusammengearbeitet, wissen Sie sicherlich, was ich meine. Wer für sich allein trainiert, hört sehr schnell auf die innere Stimme, die ihm sagt: »Das tut weh – hör lieber auf«, selbst wenn es mehr brächte, noch ein bisschen weiterzumachen.

Arbeiten Sie dagegen mit jemand anderem zusammen, verstummt die innere Stimme, denn da ist ja ein Mensch in Ihrer Nähe, der Sie dazu animiert, sich noch ein bisschen mehr zu fordern. Entsprechend effektiver ist die Trainingseinheit.

Da wir auf Reize aus unserer Umwelt besser reagieren als auf unsere eigenen Gedanken, gibt es eine einfache Methode, mit der wir unsere Produktivität steigern können: Wir können unsere Gedanken so »veräußerlichen«, dass unser Verstand mehr damit anfangen kann.

Diese ***Externalisierung*** bedient sich auf äußerst intelligente Weise unserer Wahrnehmungsfähigkeiten. Indem sie internen Denkprozessen eine externe Form verleiht, versetzt uns die Externalisierung in die Lage, unserem Geist Informationen über einen anderen Kanal wiederzuzuführen, was uns Zugang zu zusätzlichen kognitiven Ressourcen verschafft, die wir einsetzen können, um dieselben Informationen anders zu verarbeiten.

Es gibt zwei Hauptmöglichkeiten, unsere Gedanken zu externalisieren: Wir können sie aufschreiben oder aussprechen. Durch Aufschreiben (oder Aufzeichnen, wenn Ihnen das lieber ist) lassen sich Ideen, Pläne und Aufgaben am besten erfassen. In schriftlicher Form können Sie Informationen nicht nur so speichern, dass Sie sie später wieder nachlesen können, sondern Sie ermöglichen es Ihrem Verstand auch, sie aus einem anderen Blickwinkel zu betrachten. Aufgaben und Probleme, die unüberwindlich erscheinen, wenn sie noch in unserem Frontallappen herumgeistern, sind oft lösbar, sobald wir sie zu Papier gebracht haben.

Verschriftlichte Gedanken können Sie auch leichter anderen mitteilen und archivieren, um sie später wieder zu rekapitulieren oder zu überarbeiten. Wie sagt man noch? »Auch die blasseste Tinte ist klarer als die liebste Erinnerung.« Notizhefte und Tagebücher sind ihr Gewicht in Gold wert, wenn sie regelmäßig verwendet werden.

Aber auch Sprechen – mit sich selbst und mit anderen – ist eine effektive Methode, um Informationen zu externalisieren. Die sprachliche Externalisierung erklärt, warum die meisten von uns schon erlebt haben, wie sich ein Problem im Gespräch mit einer Freundin oder einem Kollegen lösen ließ. Haben Sie ausgeredet, verstehen Sie das Problem vermutlich besser – selbst wenn Ihr Gegenüber kein Wort dazu gesagt hat.

Bei der sprachlichen Externalisierung kommt es darauf an, Zuhörer zu finden, die bereit sind, Sie anzuhören, ohne Sie zu unterbrechen, bis Sie ein Problem vollständig geschildert haben. Es kann aber auch schon hilfreich sein, mit sich selbst oder mit einem leblosen Objekt zu sprechen: Erklären Sie Ihr Problem einer Gummiente, einem Teddybären, einer Actionfigur oder einem anderen anthropomorphen Objekt auf Ihrem Schreibtisch, kann das funktionieren, wenn es Ihnen gelingt, die anfängliche Verlegenheit zu überwinden. In den meisten Fällen lässt sich das Problem mithilfe der Gummiente leichter lösen.

Ganz gleich, wie Sie Ihre Gedanken externalisieren möchten, auf keinen Fall sollten Sie sie in Ihrem Kopf einschließen. Experimentieren Sie ruhig mit verschiedenen Methoden, um herauszufinden, welche Ihnen am meisten bringt. Um den ganzen Tag über einen klaren Kopf zu behalten, sollten Sie gezielt etwas Zeit der Externalisierung widmen. Dafür eignet sich der frühe Morgen oder spätere Nachmittag am besten. Wie Sie es auch anfangen, je mehr Sie externalisieren, desto klarer werden Ihre Gedanken – und desto schneller kommen Sie auf dem Weg zu Ihren Zielen voran.

Link zur Referenz: **personalmba.com/externalization/**

Selbstbefragung

»Woher soll ich wissen, was ich denke, bevor ich höre, was ich sage?«

E.M. Forster, Romanautor und Sozialaktivist

Die ***Externalisierung*** eignet sich hervorragend als Werkzeug, um die eigenen Pläne, Ziele und Handlungen zu analysieren. Die Ereignisse des Tages in Tagebuchform aufzuzeichnen, ist nützlich, weil man sie später nachlesen kann. Ein

Tagebuch oder einen vertrauten Menschen als Helfer bei der Lösung von Problemen einzusetzen, ist noch nützlicher.

Selbstbefragung ist die Praxis, sich selbst Fragen zu stellen und diese zu beantworten. Stellen Sie sich die richtigen Fragen (oder arbeiten Sie mit jemandem, der Ihnen die richtigen Fragen stellt), können Sie im Handumdrehen maßgebliche Erkenntnisse gewinnen oder neue Ideen hervorbringen.

Die ***fünf Wie-*** und die ***fünf Warum-Fragen*** sind konkrete Beispiele für Selbstbefragung. Indem Sie sich Fragen stellen, loten Sie Optionen aus, die Sie bisher nicht auf der Rechnung hatten, und ***programmieren*** Ihr Gehirn darauf, ähnliche Informationen aufzunehmen.

In *Self-Directed Behavior* erklären David L. Watson und Roland G. Tharp eine ausgesprochen effektive Selbstbefragungstechnik, die Sie einsetzen können, um herauszufinden, warum Sie sich manchmal so verhalten, dass es für Sie unvorteilhaft ist. Die ABC-Methode (Antecedent, Behavior, Consequences – Vorgeschichte, Verhalten, Folgen) ist ein Katalog von Fragen, die Sie sich stellen sollten, wenn Sie an sich ein Verhalten feststellen, das Sie gern ändern würden.

Indem Sie die Antworten auf die folgenden Fragen in einem Tagebuch festhalten, aufzeichnen, wann bestimmte Verhaltensweisen auftreten, und die Häufigkeit oder Dauer dieses Verhaltens notieren, können Sie in Ihrem Verhalten oder Ihren Denkprozessen Muster erkennen. Und sobald Sie das Muster kennen, lässt sich das Verhalten leichter ändern.

Vorgeschichte

- Wann ist es passiert?
- Wer war dabei?
- Was haben Sie gemacht?
- Wo waren Sie?
- Was haben Sie sich selbst gesagt?
- Was haben Sie gedacht?
- Was haben Sie gefühlt?

Verhalten

- Was haben Sie sich selbst gesagt?
- Was haben Sie gedacht?
- Was haben Sie gefühlt?
- Welche Schritte haben Sie unternommen?

Folgen

- Was war das Ergebnis?
- War es angenehm oder unangenehm?

Wenn Sie gar nicht wissen, wo Sie anfangen sollen, ist es oft schwierig zu beurteilen, welche Fragen auf jeden Fall wichtig sind. Die Lösung ist ganz einfach. Fragen Sie sich selbst: »Was sind die besten Fragen, die ich mir über diese Situation stellen könnte?« Diese Metafrage ist auf jede Situation anwendbar und hilft Ihnen, eine Arbeitsliste mit einschlägigen Themen zu erstellen, die zu untersuchen sind. Haben Sie eine Arbeitsliste mit Fragen zusammengestellt, können Sie sich im Anschluss noch ähnliche Fragen stellen, um leichter Antworten zu finden – Fragen wie »Wen kann ich fragen?«, »Was könnte ich lesen?« und »Was könnte ich versuchen?«.

Gute Fragen helfen Ihnen, auch gute Antworten zu finden. Machen Sie es sich zur ***Gewohnheit,*** sich selbst die richtigen Fragen zu stellen. Sie werden sich wundern, wie leicht es Ihnen plötzlich fällt, mit allen Herausforderungen fertigzuwerden, mit denen Sie konfrontiert sind.

Link zur Referenz: **personalmba.com/self-elicitation/**

Das Gedankenexperiment

»Wer eine Frage klar stellen kann, hat sie schon zu zwei Dritteln beantwortet.«

John Ruskin, Kunstkritiker und Sozialtheoretiker des 19. Jahrhunderts

Wie im Abschnitt über ***mentale Simulation*** angesprochen, versucht unser Gehirn, die Zukunft zu prognostizieren. Nun wollen wir lernen, wie sich bewusst potenzielle Vorgehensweisen simulieren lassen.

Kontrafaktische (»Was wäre, wenn …?«) Fragen ermöglichen es Ihnen, sich die Simulationskapazitäten Ihres Gehirns zu erschließen. Sie können sich solche ***Gedankenexperimente*** als angewandte Fantasie vorstellen – Sie stellen Ihrem Gehirn eine »Was wäre, wenn«-Frage, lehnen sich dann zurück und lassen es tun, was es am besten kann.

Auf der Grundlage der im Gedächtnis gespeicherten Muster, ***Assoziationen*** und ***Interpretationen*** wirft Ihr Gehirn das Ergebnis aus, das es für das wahrscheinlichste hält. Sie müssen sich lediglich möglichst unvoreingenommen eine Frage stellen, Ihren Gedanken freien Lauf lassen und auf die Antwort warten.

Gedankenexperimente gehören zu unseren effektivsten (und viel zu selten eingesetzten) Fähigkeiten. Statt abzuwarten, bis Ihr Gehirn eine potenzielle Vorgehensweise simuliert hat, können Sie es mit einem richtig aufgebauten Gedankenexperiment »zwingen«, Simulationen nach Ihren Vorstellungen durchlaufen zu lassen.

Der große Nutzen von Gedankenexperimenten besteht in ihrer Flexibilität: Sie können sich *vorstellen, was Sie wollen*, auch wenn das Experiment in der Realität zu kostspielig oder zu riskant wäre. Der Gegenstand Ihrer Simulation ist frei wählbar. Begrenzt wird Ihre Simulationsfähigkeit lediglich durch Ihre Vorstellungskraft. Sie möchten simulieren, was passieren würde, wenn Sie plötzlich kündigen und nach Tahiti auswandern? Bitte. Nichts kann Sie daran hindern. Sie könnten sogar simulieren, was passieren würde, wenn Sie in 10 000 Jahren lebten und sich auf dem Jupiter niederließen.

Gedankenexperimente können Ihnen helfen, verkappte Chancen zu entdecken, die Sie nicht als solche wahrnehmen. Als ich noch bei P&G arbeitete, träumte ich oft davon, selbstständig zu sein und in Vollzeit am *Personal MBA* zu arbeiten, ging aber immer davon aus, dass ich das erst »in ein oder zwei Jahren« könnte. Ein Jahr darauf waren es immer noch »ein oder zwei Jahre«. Die Selbstständigkeit war eine Tagträumerei, die ich aber für unrealistisch hielt, ohne näher über die Möglichkeiten nachzudenken.

Das änderte sich, nachdem ich begonnen hatte, solche Gedankenexperimente systematischer einzusetzen. Auf einer Geschäftsreise schrieb ich im September 2008 folgende Frage in mein Notizbuch: »Was müsste eintreten, damit ich meinen Job Anfang November an den Nagel hängen kann?« Ich dachte zwar, die Frage sei unrealistisch, fand sie aber interessant, weil sie so ambitioniert war. Deshalb ***verkniff*** ich mir ein Urteil und simulierte sie trotzdem.

Bei einem Gedankenexperiment gehen Sie davon aus, dass das simulierte Ereignis oder Endergebnis *bereits vorliegt*. Setzen Sie Ihrem Gehirn einen künstlichen Zielort vor, dann füllt es unwillkürlich die Lücke zwischen Punkt A und Punkt B. Als ich simulierte, aus meinem Job auszusteigen, ging ich fest davon aus, dass *es auf jeden Fall so kommen würde*. Dann eruierte ich, wie das vor sich gehen sollte.

Im Zuge der Simulation stellten sich weitere Fragen. Wie viel würde der *Personal MBA* einbringen? Wie viele Kunden bräuchte ich? An welchen Projekten würde ich sonst noch arbeiten und wie viel Geld müsste ich verdienen, um finanziell ***ausreichend versorgt*** zu sein? Ich beantwortete all diese Fragen, so gut ich konnte.

Als ich das Gedankenexperiment beendet hatte, kam ich zu dem Schluss, dass ich P&G *noch am selben Tag* den Rücken kehren konnte, nicht erst »in ein oder zwei Jahren«. Als ich am darauffolgenden Montag zur Arbeit kam, reichte ich meine Kündigung ein. Meinen letzten Arbeitstag als Angestellter absolvierte ich vier Tage vor meinem 28. Geburtstag.

Meiner Erfahrung nach ist Zeit, die wir damit verbringen, Kontrafaktisches und Handlungsoptionen zu prüfen, grundsätzlich nie verschwendet. Statt davon auszugehen, dass Ihre Wünsche unrealistisch oder unmöglich sind, ermöglichen es Ihnen Gedankenexperimente herauszufinden, was nötig wäre, um sie zu realisieren. Nach so einer Simulation wissen Sie auf jeden Fall besser, welche Voraussetzungen gegeben sein müssen, um etwas Bestimmtes zu tun, oder was eintreten müsste, damit etwas möglich wird.

Link zur Referenz: **personalmba.com/thought-experiment/**

Parkinsons Gesetz

»Es heißt ›Work Breakdown Structure‹, weil die verbleibende Arbeit zunehmen wird, bis Sie selbst einen Breakdown haben, einen Zusammenbruch, wenn Sie der Arbeit keine Struktur aufzwingen.«

David Akin, Professor für Luft- und Raumfahrttechnik,
University of Maryland

Im Jahr 1955 schrieb Cyril Northcote Parkinson im *Economist* einen humorvollen Artikel über seine Erfahrungen als britischer Beamter. Darin formulierte er das nach ihm benannte Gesetz: »Die Arbeit vermehrt sich so lange, bis sie die für ihre Erledigung verfügbare Zeit vollständig beansprucht.«

Muss etwas in einem Jahr erledigt sein, dann dauert es ein Jahr, bis es erledigt ist. Muss etwas nächste Woche erledigt sein, dauert es bis nächste Woche. Muss etwas morgen erledigt sein, dann dauert es bis morgen. Wir verplanen unsere Zeit danach, wie viel davon uns zur Verfügung steht, und wenn ein Termin näher rückt, dann treffen wir Entscheidungen und schließen ***Kompromisse,*** damit sich die anstehende Aufgabe fristgerecht erledigen lässt.

Parkinsons Gesetz sollte aber nicht als Freibrief dafür verstanden werden, sich unrealistische Fristen zu setzen. Jedes Projekt braucht seine Zeit. Man kann in einem Tag keinen Wolkenkratzer bauen und in einer Woche keine Fabrik. Je komplexer das Projekt, desto mehr Zeit nimmt es in Anspruch – bis zu einem gewissen Grad jedenfalls.

Am besten ziehen Sie ***Parkinsons Gesetz*** als ***Gedankenexperiment***-Frage heran. Wie würde das aussehen, wenn Sie das Projekt in einem ausgesprochen aggressiven Zeitrahmen beenden würden? Wenn Sie an einem Tag einen Wolkenkratzer bauen müssten, wie würden Sie das anstellen? Beantworten Sie diese Frage so, wie Sie eine kontrafaktische Frage beantworten würden, und Sie werden Methoden oder Ansätze entdecken, die Sie einsetzen können, um schneller fertig zu werden.

IKEA-Gründer Ingvar Kamprad hat einmal gesagt: »Teilen Sie Ihren Tag im Zehn-Minuten-Takt ein und versuchen Sie, möglichst wenige dieser Zehn-Minuten-Blöcke zu verschwenden – Sie werden sich wundern, wie viel Sie schaffen können.« Richten Sie sich bei kleineren Aufgaben nach dem, was ich als die Ingvar-Regel bezeichne: Gehen Sie davon aus, dass keine Aufgabe mehr als zehn Minuten in Anspruch nimmt, und legen Sie los. Dazu gehören auch Meetings und Telefongespräche: Aus unerfindlichen Gründen wird für Meetings standardmäßig eine Stunde angesetzt, ganz gleich, ob so viel Zeit gebraucht wird. Dabei können Sie oft genauso viel, wenn nicht mehr erledigen, wenn Sie für ein Meeting grundsätzlich nur zehn Minuten einplanen. Die Ingvar-Regel ist ein Gedankenexperiment – was würden Sie tun, wenn Sie nur zehn Minuten Zeit hätten, um etwas Sinnvolles zu bewerkstelligen? Überlegen Sie sich, was Sie in dieser kurzen Zeit erreichen können – und tun Sie es.

Link zur Referenz: **personalmba.com/parkinsons-law/**

Das Weltuntergangsszenario

»Was aus der Ferne riesig aussieht, erscheint aus der Nähe längst nicht so groß.«

Bob Dylan, Songwriter, Musiker und Nobelpreisträger

Befinden Sie sich in einer ***Schockstarre,*** ist es schwer, irgendetwas zuwege zu bringen – Sie sind vollkommen auf die Bedrohung fixiert und haben Bilder im Kopf wie aus einem schlechten Horrorfilm.

Angenommen, Sie denken darüber nach, ein Unternehmen zu gründen, geraten aber jedes Mal in Schockstarre bei dem Gedanken, sich auf eigene Füße zu stellen. Sie stellen sich vor, wie Sie Ihren Job kündigen. Wie Sie eine Menge Geld in den Aufbau einer Firma investieren, die nicht läuft. Wie Sie pleitegehen und Ihr Dach über dem Kopf verlieren. Sie sehen vor sich, wie Sie nie wieder einen Job finden, von allen abgelehnt werden und den Rest Ihres Lebens unter einer Brücke zubringen.

Wie bringen Sie Ihr Gehirn dazu, Mechanismen abzuschalten, die zu Ihrem Schutz gedacht sind, wenn es dabei überreagiert?

Ein ***Weltuntergangsszenario*** ist ein ***Gedankenexperiment,*** bei dem Sie davon ausgehen, dass alles schiefgeht, was nur schiefgehen kann. Was, wenn Sie das Projekt nicht fristgerecht zum Abschluss bringen? Was, wenn Ihr Plan nicht aufgeht? Was, wenn Sie alles verlieren? Was, wenn alle über Sie lachen?

Weltuntergangsszenarien sind aus gutem Grund so pessimistisch – sie verhelfen Ihnen zu der Erkenntnis, dass Sie aller Wahrscheinlichkeit nach ungeschoren davonkommen. Das ***Höhlenmenschensyndrom*** sorgt dafür, dass unser urzeitliches Gehirn übertrieben dramatisiert und deshalb davon ausgeht, dass jede potenzielle Gefahr lebensbedrohlich ist. Wir stressen uns so, weil unser Gehirn den Verlust von Mitteln oder Status oder eine Zurückweisung so ***interpretiert,*** als ginge es dabei um Leben oder Tod. Das mag vor langer Zeit so gewesen sein. Heute ist das anders. Inzwischen können Sie Geld verlieren, ein Projekt in den Sand setzen oder täglich hundertfach zurückgewiesen werden – und überleben es.

Denken Sie kritisch über Ihre schlimmsten Befürchtungen nach, werden Sie feststellen, dass nichts davon so schlimm wäre, wie Sie sich das ausmalen. So ein Weltuntergangsszenario zu entwerfen, ist damit vergleichbar, dass man einem Kind, das sich vor Ungeheuern unter seinem Bett fürchtet, eine Taschenlampe gibt – sobald Licht auf die Quelle seiner Ängste fällt, merkt es: Da ist ja gar nichts, wovor es sich fürchten müsste.

Indem Sie Ihre größten Ängste ***externalisieren*** und benennen, enthüllen Sie, was sie wirklich sind: nämlich irrationale Überreaktionen. In den meisten Fällen werden Sie feststellen: Das, wovor Sie sich gefürchtet haben, ist gar nicht so wichtig. Selbst wenn etwas schiefläuft, wird es nicht so schlimm kommen, wie Sie befürchten. Sobald Ihnen klar wird, dass keine Lebensgefahr besteht, können Sie befreit viel mehr tun, als Sie sich zuvor zugetraut hätten.

Haben Sie sich Ihr Weltuntergangsszenario vorgestellt, können Sie Vorkehrungen treffen, um dem schlimmstmöglichen Fall seine Schrecken zu nehmen. Sind Sie dabei, ein Unternehmen zu gründen, können Sie zunächst die tatsächlich bestehenden Risiken benennen und Pläne schmieden, wie sich diese verringern lassen. Statt zum Opfer Ihrer Ängste zu werden, können Sie diese konstruktiv einsetzen.

Indem Sie sich Ihr persönliches Weltuntergangsszenario ausmalen, sorgen Sie dafür, dass Ihr Gehirn mit seinem Hang zur Hysterie künftig *für* Sie arbeitet statt gegen Sie.

Link zur Referenz: **personalmba.com/doomsday-scenario/**

Die Tendenz zur Selbstüberschätzung

»Ich liege seit 1961 nicht mehr falsch. Damals dachte ich, ich hätte einen Fehler gemacht.«

Bob Hudson, Politiker (zugeschrieben)

Alle paar Monate schämen sich Fernsehzuschauer aller Länder fremd, wenn überspannte Teilnehmer der Show *American Idol* der ganzen Welt vorführen, wie schlecht sie singen.

Das Faszinierendste an diesem Spektakel ist aber nicht die unglaubliche Zurschaustellung mangelnder Musikalität, sondern die Tatsache, dass viele der Menschen, die dort vorsingen, *sich wirklich für begnadete Künstler halten.* Es ist ein so krasser Widerspruch – wie kann jemand etwas so Offensichtliches nur so absolut unrealistisch beurteilen?

Unter der ***Tendenz zur Selbstüberschätzung*** ist die natürliche Neigung zu verstehen, die eigenen Fähigkeiten zu überschätzen – vor allem, wenn man wenig Erfahrung in der Sache hat. Unsere Fähigkeiten optimistisch zu beurteilen, hat seine Vorteile – es erhöht die Wahrscheinlichkeit, dass wir etwas Neues ausprobieren. Deshalb gelingt Neulingen auch immer wieder mal ein großer Wurf – weil sie sich heranwagen, noch bevor sie erkennen, wie riskant oder schwierig ihr Unterfangen ist.

Steve Wozniak, der gemeinsam mit Steve Jobs Apple Computer gründete, baute den ersten PC der Welt. Er selbst sagte dazu Folgendes: »Ich hatte so etwas zuvor noch nie gemacht. Ich hatte nie einen Rechner gebaut, nie ein Unternehmen gegründet. Ich hatte von Tuten und Blasen keine Ahnung. Aber das hatte ich vor, also machte ich es auch.« Woz wusste nicht, was er tat, dachte aber, er sei dazu in der Lage. Und prompt schaffte er es.

Unser angeborenes Selbstvertrauen hat aber auch Nachteile: Es kann zur Selbsttäuschung führen und uns dadurch Schaden zufügen.

Die Tendenz zur Selbstüberschätzung ist noch ausgeprägter, wenn man nicht viel von einem Thema versteht. Je inkompetenter ein Mensch ist, desto *weniger erkennt er das.* Je mehr ein Mensch weiß, desto besser kann er seine Fähigkeiten einschätzen und desto wahrscheinlicher zweifelt er sie an, bis er so viel Erfahrung hat, dass er weiß, er beherrscht seinen Stoff.

Laut David Dunning und Justin Kruger von der Cornell University trifft Charles Darwins berühmter Ausspruch zu, dass Ignoranz häufiger zu Selbstvertrauen führe als Wissen. Sie erklären den sogenannten Dunning-Kruger-Effekt folgendermaßen:

1. Unfähige Menschen überschätzen ihre Kompetenzen in der Regel.
2. Unfähige Menschen sind nicht in der Lage, echte Kompetenzen bei anderen zu erkennen.
3. Unfähige Menschen sind nicht in der Lage, das Ausmaß ihrer Unzulänglichkeit zu erkennen.
4. Können sie geschult werden, sodass sich ihr Kompetenzniveau erhöht, sind sie in der Lage, zu erkennen und einzuräumen, wie inkompetent sie vorher waren.

»Unbewusst inkompetente« Menschen wissen nicht, dass sie inkompetent sind – sie verstehen so wenig vom Fach, dass sie nicht in der Lage sind zu begreifen, wie wenig sie wissen. Aus diesem Grund ist auch jeder Friseur und jeder Taxifahrer Fachmann für Wirtschaft und internationale Politik.

Sobald Sie etwas mehr von einem neuen Thema verstehen, werden Sie »bewusst inkompetent« – dann *wissen Sie, dass Sie nicht wissen,* was Sie tun. Infolgedessen trauen sich die meisten Menschen weniger zu, wenn sie erst etwas mehr über ein Fachgebiet wissen – größeres Wissen bewirkt, dass sie die Grenzen ihrer Kenntnisse und Fähigkeiten besser beurteilen können.

Um »bewusste Kompetenz« zu entwickeln – also den Zustand, dass man weiß, was man tut –, braucht es Erfahrung, Wissen und Praxis. Ein bewusst kompetenter Mensch hat wieder mehr Selbstvertrauen: Er kennt die Grenzen seines Wissens und kann seine Fähigkeiten objektiv einschätzen.

Eine gewisse Bescheidenheit ist ein wertvoller korrigierender Faktor. Selbstüberschätzung bringt manchmal Herausragendes hervor, doch darauf zu setzen, ist hochriskant – ohne Anleitung ist es weitaus wahrscheinlicher, dass es für Sie böse endet. Eine gesunde Bescheidenheit kann Sie davor bewahren, erst anzunehmen, Sie wüssten alles, um dann schmerzlich feststellen zu müssen, dass dem nicht so ist.

Die Neigung zur Selbstüberschätzung ist universell (hüten Sie sich daher vor Ihrem instinktiven Impuls zu glauben, *Sie* seien dagegen gefeit). Deshalb ist es so wichtig, vertrauenswürdige Berater zu haben, die keine Angst haben, es Ihnen zu sagen, wenn Sie einen Fehler machen. Am schnellsten geraten Sie durch die Tendenz zur Selbstüberschätzung bei der Terminplanung in Schwierigkeiten. Selbstüberschätzung ist eine Hauptursache für ***Planungsfehlschlüsse.*** Als ich mich dazu bereiterklärte, dieses Buch zu schreiben, dachte ich, es würde rund sechs Monate dauern. Ich hatte zuvor noch nie ein Buch geschrieben, deshalb hatte ich keine Ahnung. Mehrere meiner erfahreneren Freunde und Berater meinten, es würde wohl eher ein Jahr in Anspruch nehmen, und ich bin heilfroh, dass ich auf sie gehört habe – denn sie hatten recht.

Wir alle neigen dazu, unsere Fähigkeiten zu überschätzen. Ein Team von Jasagern um sich zu scharen, ist verhängnisvoll, denn Menschen, die Ihnen immer zustimmen, korrigieren diese Neigung nicht. Menschen, die mit jeder Ihrer Entscheidungen einverstanden sind, werden Sie nicht von großen Fehlern abhalten.

Pflegen Sie daher Beziehungen zu Menschen, die sich trauen, Ihnen zu sagen, wenn Ihre Annahmen zweifelhaft sind oder wenn Sie den falschen Weg einschlagen. Solche Freunde sind wirklich wertvoll.

Link zur Referenz: **personalmba.com/excessive-self-regard-tendency/**

Der Bestätigungsfehler

»Nicht, was Sie nicht wissen, bringt Sie in die Bredouille, sondern das, was Sie sicher zu wissen glauben, obwohl es nicht stimmt.«

Mark Twain, amerikanischer Schriftsteller

Eine der besten Methoden, um herauszufinden, ob Sie richtigliegen, ist die Suche nach *anderslautenden* Informationen.

Unter dem Begriff ***Bestätigungsfehler*** ist die allgemeine Neigung der Menschen zu verstehen, vor allem auf solche Informationen zu ***achten,*** die ihre Schlussfolgerungen bestätigen, und Informationen zu ignorieren, die dagegensprechen. Niemand hört gern, dass er falschliegt. Deshalb filtern wir in aller Regel die Informationen, denen wir Beachtung schenken.

Je überzeugter wir von einer Meinung sind, desto vehementer ignorieren wir Informationsquellen, die den betreffenden Standpunkt infrage stellen. Aus diesem Grund gibt es nur wenige konservativ eingestellte Menschen, die liberale Nachrichtenmedien lesen, und umgekehrt – sie wissen ja schon, dass sie anderer Meinung sind. Wozu also? Dadurch verhärten die Positionen auf beiden Seiten, da keine Seite Informationen zulässt, die ihre Überzeugungen in Zweifel ziehen könnten.

Es ist nicht so einfach, Indizien zur Kenntnis zu nehmen, die die eigene Einstellung widerlegen – dann müsste man ja gezielt nachforschen, wieso man falschliegen könnte –, und gewöhnlich lassen wir uns nur ungern eines Besseren belehren. Die Suche nach Fakten, die Ihre Meinung entkräften, wird Ihnen entweder vor Augen führen, dass Sie sich geirrt haben, oder bekräftigen, warum Ihre Haltung korrekt ist – solange Sie sich lange genug eines Urteils enthalten, um aus dieser Erfahrung lernen zu können.

Ein drastisches Beispiel für diese Gefahr sind die »Flat Earthers«: Es gibt eine größere Gruppe von Menschen, die aus verschiedenen Gründen glauben, die Erde sei nicht rund, sondern flach. In dem Dokumentarfilm *Unter dem Tellerrand* von 2018 zeigen die Macher des Films zwei überzeugte Anhänger der Theorie von der Erde als Scheibe bei einem Experiment, das diese Theorie beweisen sollte.

Erwartungsgemäß ergab es, dass die Erde doch rund ist. Wie die Flat Earthers darauf reagiert haben?

> Tja, das ist irgendwie problematisch. ... Natürlich waren wir nicht bereit, [das Ergebnis] zu akzeptieren. Daher suchen wir jetzt nach Wegen, es zu widerlegen ...[73]

Die Suche nach Indizien, die die eigene Meinung entkräften, ist unbequem, aber unabdingbar, wenn Sie besser verstehen möchten, wie die Welt funktioniert. Informationen Beachtung zu schenken, die im Widerspruch zu Ihren bisherigen Annahmen oder Überzeugungen stehen, kann sich auszahlen und Sie vor schlimmen Fehlern bewahren. Können auch noch so viele Fakten Ihre Meinung nicht ändern, sind Ihre Überzeugungen realitätsfern.

Link zur Referenz: **personalmba.com/confirmation-bias/**

Der Rückschaufehler

»Lege den Tag am Abend zu den Akten. Du hast dein Bestes getan. Sicherlich werden sich Fehler und Widersinnigkeiten eingeschlichen haben. Vergiss sie möglichst schnell. Morgen ist ein neuer Tag. Beginne ihn positiv und heiter und so guten Mutes, dass dich dein Unfug von gestern nicht herunterziehen kann.«

Ralph Waldo Emerson, Essayist und Dichter des 19. Jahrhunderts

Wie fühlen Sie sich, wenn Ihnen klar wird, dass Sie einen Fehler gemacht haben?

Der ***Rückschaufehler*** ist die natürliche Neigung, sich vorzuwerfen, man »hätte es besser wissen müssen«. Flattert Ihnen die Kündigung ins Haus, hätten Sie »das voraussehen müssen«. Bricht der Kurs einer bestimmten Aktie über Nacht um 80 Prozent ein, hätten Sie »sie abstoßen müssen«. Bringen Sie ein ***Produkt*** auf den Markt, das keiner kauft, dann hätten Sie »wissen müssen, dass es nicht einschlagen wird«. Alles Quatsch. Hätten Sie vorher gewusst, was Sie heute wissen, hätten Sie anders gehandelt.

Jede Entscheidung, die Sie in Ihrem Leben treffen, beruht auf unvollständigen Informationen – wir müssen ***interpretieren,*** um die Lücken auszufüllen. Sie sind aber nicht allwissend. Deshalb stehen Ihnen stets mehr Informationen zur Verfügung, wenn Sie die Ergebnisse Ihrer Handlungen bewerten, als zu dem Zeitpunkt, an dem Sie sich dafür entschieden haben.

Aus diesem Grund kommt man sich schnell dumm vor, wenn nicht alles so läuft wie erwartet. Tatsächlich sind solche Gefühle irrational: Ihre Entscheidungen stützten sich auf die bestmöglichen Informationen, die Ihnen seinerzeit zur Verfügung standen – und Sie können sie jetzt nicht mehr ändern.

Belasten Sie sich nicht mit Gedanken wie »das hätte ich kommen sehen müssen« oder »das hätte ich anders machen sollen«. Die Vergangenheit zu verändern, liegt nicht in Ihrer Hand. Es ist daher sinnlos, Kraft auf Selbstzweifel zu verschwenden und darüber nachzugrübeln, wie alles anders hätte kommen können. Destruktiv wird der Rückschaufehler, wenn Sie sich selbst (oder andere) dafür verurteilen, dass Sie nicht wussten, was Sie nicht wissen konnten.

Wie heißt es so schön? »Hinterher ist man klüger.« Interpretieren Sie Ihre Fehler unter konstruktiven Aspekten neu und konzentrieren Sie sich darauf, was Sie jetzt tun können, um Positives zu bewirken.

Link zur Referenz: **personalmba.com/hindsight-bias/**

Überbeanspruchung

»Unkontrolliert wird die Arbeit so lange auf einen tüchtigen Menschen einströmen, bis er untergeht.«

Charles Boyle, ehemaliger Verbindungsmann des US-Kongresses zur US-Luft- und Raumfahrbehörde (NASA)

Etwas zu tun zu haben, ist besser, als sich zu langweilen, doch zu viel Arbeit ist auch nicht gut.

Die ***Überbeanspruchung*** ist ein Konzept, das verdeutlicht, was passiert, wenn man zu viel zu tun hat. Ab einem bestimmten Punkt gilt: Je mehr Aufgaben ein Mensch erledigen muss, desto stärker geht seine Leistung bei all diesen Aufgaben zurück.

Stellen Sie sich vor, Sie müssten mit Kegeln jonglieren. Wer das gut kann, ist in der Lage, drei oder vier davon problemlos in der Luft zu halten. Doch je mehr Kegel es werden, desto größer wird die Wahrscheinlichkeit, dass ein Fehler passiert und alle auf dem Boden landen.

Wer produktiv arbeiten möchte, *muss Grenzen setzen.* An Hunderten von Aufgaben aus zig Projekten gleichzeitig zu arbeiten, ist nicht nachhaltig: Sie laufen Gefahr, Misserfolge und unterdurchschnittliche Ergebnisse zu produzieren und am Ende einen Burn-out zu erleiden. Denken Sie an ***Parkinsons Gesetz:*** Solange Sie die verfügbare Zeit nicht begrenzen, wird sich die Arbeit weiter mehren. Ziehen Sie nirgendwo eine rote Linie, wird die Arbeit all Ihre Energie auffressen, bis Sie total ausgebrannt sind.

Grenzen haben grundsätzlich Folgen – wenn Sie nicht bereit sind, die Folgen in Kauf zu nehmen, haben Sie noch keine Grenze gezogen. Erwartet Ihr Vorgesetzter, dass Sie sieben Tage die Woche 20 Stunden am Tag arbeiten, kann es Sie Ihren Job kosten, wenn Sie Nein sagen, indem Sie Ihre Arbeitszeit begrenzen. Ein solches Arbeitspensum ist unrealistisch. Solange Sie aber nicht bereit sind, Ihren Job zu riskieren, haben Sie nicht wirklich eine Grenze gesetzt.

Um mit dem Unerwarteten zurande zu kommen, brauchen Sie unverplante Zeit. Nur dann können Sie auf neuen Input reagieren. Die Standardeinstellung vieler moderner Unternehmen geht dahin, dass »Ruhezeiten« ineffizient und verschwendet sind. Arbeitnehmer sollten am besten ständig arbeiten. Diese Philosophie ignoriert, dass auch unerwartete Ereignisse bewältigt werden müssen, und diese können jederzeit eintreten. Kein Tag hat aber mehr als 24 Stunden, und wenn Ihre Zeit bis zur letzten Minute verplant ist, wird es notgedrungen schwierig, mit neuen, unerwarteten Entwicklungen umzugehen, die Zeit und Kraft beanspruchen.

Sie können Ihre Kapazität nicht laufend zu 110 Prozent ausschöpfen. Versuchen Sie stattdessen, mithilfe der ***vier Abschlussmethoden*** geringwertige Arbeiten, die zur Überbeanspruchung beitragen, zu streichen, zu vertagen oder zu delegieren. Indem Sie Kapazitätsreserven vorhalten, können Sie die ***besonders wichtigen Aufgaben*** sofort erledigen.

Link zur Referenz: **personalmba.com/performance load/**

Energiezyklen

»Wir alle haben Zeiten, in denen wir effektiver denken, und andere, in denen wir am besten gar nicht denken sollten.«

Daniel Cohen, Kinderbuchautor

Das Problem beim »Zeitmanagement«: Es ist nicht die Zeit, die gemanagt werden muss. Sie vergeht, ganz gleich, was Sie mit ihr anfangen.

Zeitmanagementsysteme setzen stillschweigend voraus, Zeiteinheiten seien austauschbar – jede Stunde sei wie die andere. Das geht weit an der Realität vorbei: Wir Menschen mögen alle gleich erschaffen sein. Stunden sind es definitiv nicht.

Im Laufe des Tages steigt und fällt Ihr Energiepegel in Zyklen. Ihr Körper hat einen Biorhythmus, den ich mit dem Begriff »Energiezyklen« umschreibe. Der zirkadiane 24-Stunden-Rhythmus ist den meisten Menschen vertraut. Er bewirkt, dass Sie morgens aufwachen und abends müde werden. Weniger bekannt ist der ultradiane 90-Minuten-Rhythmus, der von Jim Loehr und Tony Schwartz in *Die Disziplin des Erfolgs* beschrieben wird.

Der ultradiane Rhythmus beeinflusst die Hormonausschüttung im Körper. Steigt Ihr Energiepegel, können Sie sich gut konzentrieren und schaffen viel. Fällt er, brauchen Körper und Geist Ruhe und Erholung. Diese Energieschwankungen im Tagesverlauf sind absolut normal, doch wir tun oft so, als seien die Abwärtszyklen ein Problem, das gelöst werden müsse.

Eine beliebte Methode ist heutzutage, diesen Zyklus zu »hacken«, um mehr zu schaffen und sich weniger Ruhe zu gönnen. In einem stark wettbewerbsorientierten Arbeitsumfeld ist es durchaus üblich, möglichst acht bis zwölf Stunden ohne Pause durchzuarbeiten. Die meisten versuchen dann, ihr Gehirn durch hohe Dosen Zucker und Koffein aufzuputschen, damit es durchhält. Manche Menschen greifen sogar missbräuchlich zu verschreibungspflichtigen Medikamenten oder Drogen, um noch etwas länger oder schneller zu arbeiten.

Wie alle biologischen Organismen braucht auch der Mensch Ruhe und Erholung, wenn er Spitzenleistungen bringen soll. Eine Pause ist kein Zeichen für Faulheit oder Schwäche, sondern trägt einem grundlegenden menschlichen Bedürfnis Rechnung. Wenn Sie Ihren natürlichen Energiezyklus beachten, tragen Sie dazu bei, dass Sie längerfristig Bestleistungen bringen können.

Hier vier einfache Möglichkeiten, *mit* Ihrem Körper zu arbeiten statt *gegen* ihn:

1. *Machen Sie sich mit Ihren Mustern vertraut.* Verfolgen Sie mithilfe eines Notizbuchs oder Kalenders, wie hoch Ihr Energiepegel zu unterschiedlichen Tageszeiten ist und was Sie essen und trinken. Nach ein paar Tagen können Sie in Ihren Energieschwankungen Muster erkennen, die Sie heranziehen können, um künftig Ihren Arbeitstag zu planen.[74]
2. *Maximieren Sie Ihre Spitzenzeiten.* In der Aufwärtsphase eines Zyklus können Sie viel erledigen. Planen Sie Ihren Tag also möglichst so, dass Sie diese Energie nutzen können. Sehen Sie für kreative Tätigkeiten drei- bis vierstündige Zeitblöcke in einem Aufwärtszyklus vor. Müssen Sie beruflich an vielen Meetings teilnehmen, sollten Sie die wichtigsten in einen Aufwärtszyklus legen.
3. *Machen Sie Pausen.* In einem Abwärtszyklus ist es besser, sich auszuruhen, als zu versuchen durchzupowern. Ruhe und Erholung sind keine Option – wenn Sie sich nicht ausruhen, wird Sie Ihr Körper später dazu zwingen, Pausen einzulegen, indem er einen ungewöhnlich langen Abwärtszyklus startet oder krank wird. Gehen Sie in einem Abwärtszyklus spazieren, meditieren Sie oder machen Sie ein 20-minütiges Nickerchen. Entspannen Sie sich im Abwärtszyklus, können Sie Ihren Energiespeicher wieder auffüllen und im nächsten Aufwärtszyklus zu Höchstform auflaufen.
4. *Gönnen Sie sich ausreichend Schlaf.* Schlafmangel verlängert den Abwärtszyklus, was Ihre Leistungsfähigkeit beeinträchtigt. Damit Sie jede Nacht genug Schlaf bekommen, sollten Sie den Wecker so stellen, dass er eine Stunde vor Ihrer idealen Schlafenszeit klingelt. Dann sollten Sie Computer und/oder Fernseher ausschalten und Ihr abendliches Ritual anlaufen lassen: sich eine Tasse Tee ohne Koffein machen und noch etwas in einem

> schönen Buch schmökern. Sobald Sie merken, dass Sie das Gelesene nur noch halb aufnehmen, wissen Sie: Es ist Zeit zum Schlafen.

Wenn Sie tagsüber auf Ihre Energiezyklen achten, können Sie die verfügbare Zeit optimal nutzen. Holen Sie möglichst viel aus Ihren Aufwärtszyklen heraus und ruhen Sie in Ihren Abwärtszyklen. Sie werden sich wundern, wie viel Sie an einem Tag schaffen können.

Link zur Referenz: **personalmba.com/energy-cycles/**

Belastung und Erholung

> »Nur wer riskiert, zu weit zu gehen, kann feststellen, wie weit er kommt.«
>
> T. S. Eliot, Dichter und Dramatiker

In meinem letzten Collegesemester – etwa um die Zeit, als ich den *Personal MBA* erfand – trieb ich mich fast bis zum Zusammenbruch.

Ich hatte 22 Credit-Kursstunden in drei Fächern belegt: Wirtschaftsinformatik, Immobilienwesen und Philosophie. In jedem Kurs gab es neben der Abschlussprüfung auch noch ein Abschlussprojekt. Zwei der Kurse, die ich belegt hatte, waren auf Masterniveau, und für jeden musste ich ein mindestens 20-seitiges Paper zu einem komplexen Thema schreiben, wenn ich bestehen wollte. Ich hatte viel zu viel zu tun, um es in der vorgegebenen Zeit zu schaffen.

In den letzten zwei Wochen des Quartals war ich ein Wrack: unausgeschlafen, erschöpft und ausgebrannt. Ich bekam zwar alles fristgerecht fertig, doch mein Arbeitspensum forderte seinen Tribut. Nach dem Abschluss brauchte ich mehrere Wochen des Nichtstuns, um mich wiederherzustellen.

Das war zwar keine angenehme Erfahrung, aber ich bin froh, dass ich heute weiß, wie weit ich gehen kann. Aus folgendem Grund: Mir ist jetzt bewusst, wie viel ich schaffen kann und was mir zu viel wird. Ich weiß mehr darüber, wie mein Körper und meine Psyche auf Stress reagieren, und kann die Warnsignale für eine Überforderung besser erkennen, bevor es zu spät ist.

Daraus habe ich gelernt, meine Kapazität nur zu rund 90 Prozent auszuschöpfen. Damit schaffe ich genug, ohne einen Burn-out zu riskieren. Die ganze

Zeit über schreibe ich, übe meine Beratungstätigkeit aus und arbeite nebenher noch an mehreren interessanten Projekten. Weil ich auf ***Belastung und Erholung*** achte, ist gewährleistet, dass ich mir nicht zu viel aufbürde. Da ich inzwischen weiß, wann der Punkt erreicht ist, an dem ich zusammenbreche, kann ich viel leichter entscheiden, wann ich mich noch weiter antreiben und wann ich nachgeben muss.

Wie viel man schaffen kann, weiß man eben erst, wenn man bewusst bis an die eigenen Grenzen gegangen ist. Solange Sie dabei auf Sicherheit achten und Ihre Experimente auf Aktivitäten beschränken, die Sie weder umbringen noch bleibende Schäden hinterlassen, können Sie viel über Ihre Arbeitsweise erfahren, indem Sie Ihre Grenzen austesten. Was Sie daraus lernen, wird Ihnen helfen, künftig bessere Entscheidungen darüber zu treffen, welche Projekte Sie übernehmen und was eindeutig zu viel wird.

Abgesehen davon, ist unser Körper keine Maschine und nicht dafür gemacht, ständig in Volllast zu arbeiten. Man tappt nur allzu leicht in die Falle, die eigene Leistung an dem Idealbild zu messen, das man von sich hat – als demjenigen, der Rom in einem Tag erbaut und zum Spaß nebenbei noch schnell die Chinesische Mauer. Ist das Ihre Vorstellung von persönlicher Effektivität, werden Sie sie nie erreichen.

Sie sind keine Maschine – das Ideal menschlicher Produktivität ist nicht, wie ein Roboter zu arbeiten. Menschen brauchen Ruhe, Entspannung, Schlaf und Unterhaltung, um effektiv und effizient zu funktionieren. Ein Defizit bei einem dieser Faktoren kann Ihre Leistungsfähigkeit erheblich beeinträchtigen – und Ihre Lebensfreude gleich mit.

Doch wie entspannt und erholt man sich? Ganz einfach: Tun Sie etwas ganz anderes, das nichts mit Ihrer täglichen Arbeit und Verantwortung zu tun hat. Je weniger sich Hobby und Beruf überschneiden, desto besser.

Im Zweiten Weltkrieg stand Winston Churchill unter unerträglichem Stress. Als britischer Premierminister war er von 1940 bis zum Kriegsende 1945 für die Verteidigung Großbritanniens zuständig. Das Schicksal des Landes und die Freiheit seiner Bürger hingen fünf lange Jahre von seiner Stärke und Standhaftigkeit ab.

Wie schaffte es Churchill, unter dieser schweren Last nicht zusammenzubrechen? In *Zum Zeitvertreib* erklärt Churchill, wie ihm die Malerei geholfen habe, Abstand von den Anforderungen zu gewinnen, die Krieg und Politik an ihn stellten:

> Es mangelt nicht an guten Ratschlägen, wie diejenigen, die über längere Zeit außerordentlich hohe Verantwortung tragen und umfangreiche Pflichten erfüllen müssen, Sorgen und psychische Überlastung vermeiden können. Manche empfehlen Bewegung, andere Ruhe. Manche schlagen Reisen vor und andere, sich zurückzuziehen. Einige preisen die Einsamkeit, wieder andere fröhliche Geselligkeit. Zweifellos mag jeder dieser Vorschläge, je nach Veranlagung des Einzelnen, hilfreich sein. Aber das ihnen allen Gemeinsame ist stets die Abwechslung.
>
> Abwechslung ist der Schlüssel schlechthin. Durch ständigen Gebrauch und Ermüdung kann der Mensch einen bestimmten Teil seines Geistes genauso abnutzen, wie er die Ellbogen seiner Jacke verschleißen kann. Zwischen lebendigen Hirnzellen und leblosen Gegenständen gibt es jedoch einen Unterschied: Die abgescheuerten Ellbogen einer Jacke kann man nicht flicken, indem man an den Ärmeln oder Schultern reibt, während die erschöpften Teile des Geistes sich nicht nur durch Ruhe erholen und kräftigen lassen, sondern auch dadurch, dass man andere Teile zum Einsatz bringt. Es reicht nicht, nur die Lichter auszuschalten, die auf das hauptsächliche und gewöhnliche Interessengebiet gerichtet sind; ein neues Interessengebiet muss beleuchtet werden.
>
> Es hat keinen Sinn, den ermüdeten »mentalen Muskeln« – wenn man einen derartigen Ausdruck prägen darf – mit Worten zuzureden wie »Ich gönne euch eine Ruhepause«, »Ich mache einen ausgiebigen Spaziergang« oder »Ich lege mich hin und denke an nichts«. Der Verstand arbeitet trotzdem weiter. Wenn er zuvor abgewogen und beurteilt hat, wird er weiter abwägen und beurteilen. Wenn er sich mit Sorgen beschäftigte, wird er das weiter tun. Erst wenn neue Zellen aktiviert werden, wenn neue Sterne am Horizont aufleuchten, kann er Erleichterung, Erholung und Erfrischung finden.[75]

Wenn sich Churchill mitten in einem Weltkrieg Zeit zum Malen nehmen konnte, können sicherlich auch Sie in Ihrem vollen Kalender etwas Zeit erübrigen, um sich bei einer Tätigkeit, die Ihnen Spaß macht, auszuruhen und zu regenerieren. Wenn Sie ganz ohne schlechtes Gewissen Zeit für Ruhe und Erholung vorsehen, macht Ihnen das Leben mehr Spaß und es wird produktiver.

Link zur Referenz: **personalmba.com/stress-recovery/**

Ausprobieren

»Entdeckungen macht oft nicht, wer sich nach Anweisungen richtet, sondern wer vom Weg abweicht und ausprobiert, was noch nie jemand vor ihm versucht hat.«

Frank Tyger, Karikaturist und Kolumnist

Ich kann am besten arbeiten, wenn ich mindestens acht Stunden geschlafen habe. Nach dem Aufstehen helfe ich dabei, die Kinder fertig zu machen, frühstücke, nehme ein paar Nahrungsergänzungsmittel ein, die mein Körper braucht, damit er richtig funktioniert, genieße eine Tasse Pfefferminz- oder Zimttee und verschaffe mir Bewegung durch einen Morgenspaziergang oder 20 Minuten Training mit Kettlebells. Bin ich dann wach und bereit, schalte ich meinen Rechner ein, die Internetverbindung aus und arbeite zunächst an meiner ***wichtigsten Aufgabe.*** Habe ich einmal losgelegt, kann ich mich bis zu sechs Stunden am Stück gut konzentrieren, wenn nichts dazwischenkommt. Arbeite ich dann noch weiter, wirkt sich das auf die Qualität meiner Arbeit aus.

Ich habe *viele* verschiedene Ansätze und Variablen ***ausprobiert.*** Für mich funktioniert es so am besten, weshalb ich es mir zur ***Gewohnheit*** gemacht habe. Ob ich bei dieser Methode bleibe? Das bezweifle ich, denn über die Jahre hat sich der Ablauf meiner Vormittage schon mehrfach verändert. Bestimmt werde ich in Zukunft andere Methoden entdecken, die noch besser funktionieren. Ich höre nie auf zu experimentieren.

Ausprobieren bedeutet, etwas ganz Neues zu versuchen – es ist eine Möglichkeit, die wissenschaftliche Herangehensweise und den ***Iterationszyklus*** auf das eigene Leben anzuwenden. Die glücklichsten und produktivsten Menschen, die ich kenne, haben alle Folgendes gemeinsam: Sie probieren Neues aus, um festzustellen, was funktioniert. Wer nie etwas Neues ausprobiert, kann auch nichts Positives entdecken, was sein Leben verbessert.

Das muss gar nicht kompliziert sein. Fokussieren Sie sich einfach auf einen Lebensbereich und versuchen Sie dann, Ihre Ziele auf neuen Wegen zu erreichen. Sie können willkürlich verschiedene Ansätze ausprobieren oder nachlesen, was andere weitergebracht hat, und deren Methoden für sich austesten. ***Externalisieren*** Sie Ihre Feststellungen in einem Notizbuch. Dann behalten Sie im Blick, was Sie schon alles ausprobiert haben, was geklappt hat und was nicht.

Hier eine einfache Gliederung, die Ihnen hilft, Ihre Experimente zu planen und zu verfolgen:

- *Beobachtungen* – Was von dem, was Sie in Ihrem Privat- oder Berufsleben beobachten, würden Sie gern verbessern?
- *Bekanntes* – Was von dem, was Sie aus früheren Experimenten gelernt haben, könnte mit Ihren Beobachtungen in Zusammenhang stehen?
- *Hypothesen* – Welche Situationen oder Faktoren könnten Ihren Beobachtungen nach zu Ihren Feststellungen führen oder beitragen?
- *Tests* –Was werden Sie ausprobieren oder verändern, um Ihre Situation zu verbessern? Welche Hypothesen stellt dieses Experiment auf den Prüfstand?
- *Ergebnisse* – Was ist jeweils nach dem Test passiert? Stützt oder entkräftet das Ihre Hypothese?

Hier noch ein paar Fragen, die Ihnen helfen sollen, Dinge zu finden, die es sich auszuprobieren lohnt:

- Wie viel Schlaf brauchen Sie, um sich ausgeruht und fit zu fühlen?
- Nach dem Konsum welcher Nahrungsmittel fühlen Sie sich energiegeladen? Oder krank oder lethargisch?
- Wann arbeiten Sie am produktivsten? Können Sie an sich Produktivitätsmuster feststellen?
- Wann und wobei kommen Ihnen die besten Ideen?
- Was stresst oder belastet Sie am meisten? Wann machen Sie sich Sorgen und warum?

Haben Sie in einem dieser Bereiche ein Muster festgestellt, ist das der richtige Ansatzpunkt zum Experimentieren. Verändern Sie Ihre Herangehensweise an einen dieser Lebensbereiche und externalisieren Sie die Ergebnisse. Ergibt sich daraus etwas Nützliches, machen Sie weiter – andernfalls hören Sie auf und probieren etwas anderes aus.

Sich auszuprobieren, ist die beste Methode, um sicherzustellen, dass Ihr Leben mit der Zeit immer besser wird. Indem Sie Neues ausprobieren, erfahren Sie, was für Sie funktioniert und was nicht. Mit der Zeit entdecken Sie Muster – Dinge, die Ihnen das Leben angenehmer machen, und solche, die es verkomplizieren. Die Ergebnisse Ihrer Experimente kumulieren sich, bis sie das angestrebte Endergebnis bringen.

Probieren geht über Studieren.

Link zur Referenz: **personalmba.com/testing/**

Die Verklärung

»Wie viel Kummer könnten wir uns und anderen ersparen, wenn wir wüssten, wie sich Gefühlserlebnisse von Generation zu Generation weitergeben ließen – so wie wir es bei Geld oder Wissen tun.«

Alain de Botton, Philosoph und Essayist

Wenn Ihnen die Vorstellung gefällt, etwas Bestimmtes zu sein oder zu tun, heißt das noch lange nicht, dass es *Ihnen auch in Wirklichkeit Spaß macht.*

Viele könnten sich gut vorstellen, CEO eines *Fortune*-500-Unternehmens zu sein. Doch mit den vielen Arbeitsstunden, der Verantwortung und dem Druck, die mit dem Chefposten einhergehen, können die wenigsten umgehen.

Topmanager zu sein, klingt ebenfalls verlockend. Weniger reizvoll sind aber womöglich die Anforderungen, die in der Chefetage gestellt werden, die Überraschungen, die Ihr Team für Sie in petto hat, und die Notwendigkeit, sich in politischen Intrigen zu behaupten.

Einen MBA- oder Juraabschluss von einer Eliteuni hätten sicherlich viele gern. Weniger angenehm ist jedoch der Gedanke an die sechsstelligen Schulden und die damit verbundene Notwendigkeit, über 60 Stunden pro Woche in einem stressigen Job zu arbeiten, damit sich der Aufwand auch »gelohnt hat«.

Die Vorstellung, sein eigener Chef zu sein, gefällt vielen. Dass man sein Einkommen dann zu 100 Prozent selbst erwirtschaften muss und allein dafür verantwortlich ist, wenn man es vermasselt, eher nicht.

Wagniskapital in Millionenhöhe einzuwerben, ist ein schöner Gedanke. Dass man damit die Kontrolle über das Projekt aus der Hand gibt, in das man sein Leben investiert, weniger.

Viele meinen, sie wären gern Schriftsteller. Ob sie die Einsamkeit, die Selbstzweifel und die vielen Stunden »am Schreibtisch mit den Fingern auf der Tastatur«, die diese Tätigkeit voraussetzt, auch so toll finden, ist allerdings fraglich.

Prominent zu sein, halten ebenfalls viele Menschen für erstrebenswert. Doch ob sie auch mit den ständigen kritischen Blicken, den Eingriffen in die Privatsphäre und der Angst leben wollen würden, nicht mehr interessant zu sein?

Verklärung ist eine starke Kraft – fast alles erscheint reizvoller als in Wirklichkeit, wenn es ein bisschen verklärt wird. Es gibt jedoch eine einfache Methode, die rosarote Brille abzunehmen: ein direktes Gespräch mit jemandem, der schon erlebt hat, was Sie gern erreichen wollen.

Stellen Sie dieser Person die folgenden Fragen: »Ich habe große Hochachtung vor dem, was Sie erreicht haben, aber ich vermute, es hat Vor- und Nachteile. Würden Sie mir verraten, welche? Finden Sie aus heutiger Sicht, dass sich die Mühe gelohnt hat?«

So ein Gespräch dauert nur ein paar Minuten, doch Sie würden sich wundern, was Sie daraus lernen können – über die positiven und die negativen Seiten.

Kein Beruf, kein Projekt, keine Stellung ist ohne Schattenseiten – jeder Weg, den Sie einschlagen, erfordert Kompromisse. Im Voraus zu wissen, welche Abstriche Sie machen müssen, ist ein großer Vorteil für Sie: Dann können Sie Ihre Optionen *im Vorfeld* realistisch ausloten und sich rechtzeitig überlegen, ob eine Entscheidung wirklich die richtige für Sie ist. Und das ist absolut unbezahlbar.

Link zur Referenz: **personalmba.com/mystique/**

Die hedonistische Tretmühle

»Möchtest du einen Menschen glücklich machen, dann mehre nicht seinen Reichtum, sondern mindere seine Sehnsüchte.«

Epikur, griechischer Philosoph des 4. Jahrhunderts vor Christus

Angenommen, Sie glauben, ein schickes neues Auto würde Sie glücklich machen. Für kurze Zeit tut es das vielleicht. Ein paar Tage lang bereitet es Ihnen vermutlich großes Vergnügen, damit zu fahren. Doch mit der Zeit lässt das nach. Dieses Phänomen bezeichnen die Psychologen als »hedonistische Anpassung«. Schon bald fügt sich Ihr neues Auto in Ihr gewohntes Umfeld ein, und Sie fixieren sich auf Ihrer Suche nach Glück auf etwas anderes.

Dieser Zyklus wird als ***hedonistische Tretmühle*** bezeichnet: Wir streben nach schönen Dingen, weil wir glauben, dass sie uns glücklich machen. Erreichen oder erwerben wir das Angestrebte, gewöhnen wir uns schnell daran, und der Erfolg verschafft uns kein besonderes Vergnügen mehr. Also schauen wir uns nach etwas anderem um, und der Zyklus beginnt von vorn.

Die hedonistische Tretmühle erklärt, warum Menschen, die bereits reich, ranghoch und berühmt sind, noch mehr erreichen wollen. Da wir nicht sehr lange mit dem zufrieden sind, was wir haben, ist es nur eine Frage der Zeit, bis wir uns auf etwas anderes fixieren, das wir gern erreichen oder besitzen möchten.

Die hedonistische Tretmühle ist ein großes Problem, wenn man das Gefühl, etwas geschafft oder erreicht zu haben, gern über längere Zeit genießen möchte. Es kann durchaus sein, dass Sie hart arbeiten, investieren, Opfer bringen und sich auf Ihrem Fachgebiet bis an die Spitze hocharbeiten, um dann festzustellen, dass Sie immer noch frustriert und unglücklich sind. Sie wären überrascht, wie viele »erfolgreiche« Menschen mit ihrem Leben unzufrieden sind, obwohl sie so viel erreicht haben.

Die hedonistische Tretmühle zu durchbrechen, ist nicht so einfach: Sie ist eine Begleiterscheinung des ***Höhlenmenschensyndroms.*** Es gibt aber ein paar Dinge im Leben, auf die wir uns ausrichten können, die in der Regel nachhaltig glücklich machen. Auf der Grundlage der verfügbaren Forschungsergebnisse sind es folgende fünf Prioritäten, die so zu Ihrer langfristigen Zufriedenheit beitragen, dass die hedonistische Anpassung minimiert wird.

1. *»Genug« Geld verdienen.* Geld macht glücklich – aber nur bis zu einem gewissen Grad. Einer 2010 von Daniel Kahneman und Angus Deaton durchgeführten Studie zufolge korreliert Geld bis zu einem Jahreshaushaltseinkommen von rund 75 000 Dollar pro Jahr positiv mit dem berichteten Glücksniveau. (Das entspricht einem Einkommen im obersten Drittel aller US-Haushalte für die Jahre 2008/09, in denen die Studie durchgeführt wurde.) Ein solches Einkommensniveau zu erreichen, erfordert Mühe, ist aber möglich: Das mittlere US-Haushaltseinkommen lag in den Studienjahren bei 71 500 Dollar.
2. Haben Sie genug Geld, um alles Lebensnotwendige und ein bisschen Luxus zu finanzieren, erreichen Sie den Punkt, ab dem der zusätzliche Nutzen geringer wird. Jeder dann noch verdiente Dollar bringt nicht mehr denselben Nutzenzuwachs. Über den Punkt des abnehmenden Zusatznutzens hinaus macht mehr Geld nicht glücklicher – vielleicht macht es sogar unglücklicher, weil es zusätzlichen Stress und Sorgen verursacht.[76]
3. Es ist gut zu wissen, wann der Punkt erreicht ist, ab dem für Sie persönlich in finanziellen Dingen der zusätzliche Nutzen abnimmt. Indem Sie Ihren Konsum über einen gewissen Punkt einschränken und langfristig Ersparnisse aufbauen, können Sie die Vorteile sicherer ***solider*** finanzieller Rahmenbedingungen genießen, ohne jede wache Minute für Vergnügungen zu arbeiten, die Ihnen schon nach ein paar Wochen selbstverständlich erscheinen.
4. Generell gilt: Erlebnisse machen glücklicher als materielle Güter. Jenseits des Punktes, an dem Ihre Bedürfnisse erfüllt sind, haben Sie emotional

mehr von Ihrem Geld, wenn Sie es dafür ausgeben, mit netten Leuten zu verreisen, als wenn Sie sich Luxusartikel dafür kaufen.

5. *Fokussieren Sie sich darauf, gesund und bei Kräften zu bleiben.* Die Gesundheit trägt enorm zum Glücksgefühl bei. Sie fühlen sich eher glücklich, wenn es Ihnen gut geht – und umgekehrt: Fühlen Sie sich krank, haben Sie in aller Regel weniger Spaß und Freude am Leben und sind unzufriedener.
6. Auszuprobieren, wie Sie Ihr tägliches Wohlbefinden und Ihre Energie steigern können, kann Ihnen deutlich mehr Lebensqualität verschaffen. Sie wissen ja: Damit der menschliche Körper leistungsfähig bleibt, müssen bestimmte Voraussetzungen erfüllt sein. Nahrung, Bewegung und Ruhe sind keine Optionen. Wenn Sie es sich zur Priorität machen, Ihrem Körper zu geben, was er zum Wohlbefinden braucht, wird sich das in den kommenden Jahren auszahlen.
7. *Zeit mit Menschen verbringen, die Sie mögen.* Einer der besten Einzelprädiktoren für Glücksgefühle ist, wie viel Zeit Sie im Kreise netter Menschen verbringen: mit Angehörigen, Freunden und Gleichgesinnten. In welchem Kontext oder Umfeld, ist dabei nicht so wichtig. Es kommt auf die Menschen an, mit denen Sie zusammen sind.
8. Jeder Mensch hat unterschiedliche Bedürfnisse nach sozialen Kontakten, um glücklich zu sein. Extrovertierte Menschen schöpfen Kraft aus Geselligkeit und müssen sich regelmäßig mit anderen Menschen treffen. Introvertierte Menschen (wie ich) können auch mal tage- oder wochenlang mit wenig sozialen Kontakten auskommen und schöpfen ihre Kraft aus dem Alleinsein. Dennoch profitieren auch introvertierte Menschen davon, Zeit mit anderen zu verbringen, die sie mögen. Regelmäßige Zusammenkünfte mit Freunden korrelieren stark mit einem wesentlichen nachhaltigen Anstieg des Lebensglücks. Sie nutzen Ihre Zeit daher sehr effektiv, wenn Sie ausgiebig mit Freunden essen oder verreisen.
9. Laut Projektleiter George Vaillant laufen die Ergebnisse der Harvard Study of Adult Development (der längsten Längsschnittstudie über psychische Gesundheit) auf Folgendes hinaus: »Das Einzige, worauf es im Leben wirklich ankommt, sind Ihre Beziehungen zu anderen Menschen.«[77]
10. *Chronische Ärgernisse beseitigen.* Vieles im Leben kann Ihnen auf die Nerven gehen. Wege zu finden, chronische Stressfaktoren oder Ärgernisse zu verringern oder ganz auszuräumen, kann Sie deutlich zufriedener machen.
11. Stresst es Sie, im Berufsverkehr zu pendeln, könnte es eine gute Lösung sein, näher an Ihren Arbeitsplatz zu ziehen. Gefällt Ihnen Ihre derzeitige

Stelle nicht, sollten Sie sich nach einer anderen umschauen. Regt es Sie auf, mit einem bestimmten Kunden zu arbeiten, trennen Sie sich von diesem. Vergessen Sie jedes Mal, das Ladekabel für Ihren Laptop einzupacken, wenn Sie verreisen müssen? Dann kaufen Sie sich ein zweites, das Sie in der Reisetasche liegen lassen. Durch einfache Methoden, sich unnötigen Stress und Ärger zu ersparen, müssen Sie weniger Zeit für negative Gefühle aufwenden – und haben mehr Zeit für positive.

12. *Suchen Sie sich neue Herausforderungen.* Die meisten Menschen glauben, wer nicht mehr arbeiten muss, gehe glücklicher durchs Leben. Oft stimmt das nicht. Häufig vermittelt die Arbeit den Menschen das Gefühl, etwas Sinnvolles zu tun, und macht ihnen Freude. Nach dem Ausscheiden aus dem Arbeitsleben fühlen sich manche leer und verloren, weil der Beruf nicht länger Priorität hat. Wird dieses Verlustgefühl nicht aufgearbeitet, kann es sich zu einer Depression auswachsen.
13. Die Lösung ist eine spannendende neue Herausforderung. Das kann alles Mögliche sein: neue Kompetenzen zu erwerben, ein großes Projekt durchzuziehen oder eine besondere Leistung zu erbringen. Ob Sie eine neue Sprache lernen, ein Instrument spielen, etwas von Grund auf selbst bauen oder einen Marathon laufen – nach neuen Erfolgen zu streben, ist die beste Methode, über längere Zeit glücklich zu sein und sich weiterzuentwickeln.
14. Wenn Sie aus der hedonistischen Tretmühle aussteigen möchten, bringt es enorm viel, sich auf Erlebnisse zu fokussieren statt auf materielle Güter. Um mit den zeitlosen Worten des Historikers und Klerikers Charles Kingsley aus dem 19. Jahrhundert zu sprechen: »Wir verhalten uns so, als wären Komfort und Luxus die wichtigsten Voraussetzungen im Leben. Dabei brauchen wir nur etwas, wofür wir uns begeistern, um glücklich zu sein.«

Link zur Referenz: **personalmba.com/hedonic-treadmill/**

Der Vergleichsfehlschluss

»Vergleichen Sie nie Ihr Inneres mit dem Äußeren anderer.«

Hugh Macleod, Karikaturist und Autor von *Ignore Everybody*

In der Wirtschaft und im Leben sind wir schnell dabei, unsere eigene Situation mit der anderer zu vergleichen. Statusdenken sorgt dafür, dass wir Kraft darauf verschwenden, unseren Status dem Status anderer aus unserer Vergleichsgruppe gegenüberzustellen. Und das Ergebnis ist meistens unvorteilhaft.

Wir fixieren uns darauf, was andere erreichen, statt darauf, was wir als Nächstes tun sollten, um unseren ***Zielen*** näher zu kommen. Bringen Menschen, die wir kennen, Erstaunliches zuwege, versinken wir oft in Selbstmitleid, statt uns über ihre Leistungen zu freuen – als würden uns die Erfolge anderer in irgendeiner Form abwerten. Das tun sie aber nicht.

Der ***Vergleichsfehlschluss*** ist ein ganz einfaches Konzept: Andere sind anders als Sie – und Sie sind anders als andere. Sie verfügen über einzigartige Kompetenzen, Ziele und Prioritäten. Am Ende ist es unklug, sich mit anderen zu vergleichen, und bringt Ihnen wenig.

Hier ein Beispiel: Einer meiner Freunde ist erfolgreicher Unternehmer und verdient bestimmt zehnmal so viel wie ich im Jahr. Er bekommt viel öffentliche Anerkennung für seine Leistungen. Seine Produkte verkaufen sich gut und er genießt seinen Erfolg. Er ist um vieles zu beneiden.

Die Kehrseite der Medaille: Mein Freund arbeitet zwölf Stunden am Tag, manchmal auch mehr. Er hat keine Familie. Er hat ein großes Team, das ständig seine Aufmerksamkeit beansprucht, und seine geschäftlichen ***Gemeinkosten*** sind mehr als zehnmal so hoch wie meine. Er erstickt in einer Flut von E-Mails, Anrufen und Meetings. Und er steht fast die ganze Zeit über enorm unter Stress.

Welche Vorteile so ein Leben hat, wie es mein Freund führt, ist offensichtlich. Die ***Nachteile*** übersieht man leicht. Deshalb sollte man sich Folgendes bewusst machen: Er ist auf bestimmten Gebieten so erfolgreich, weil er hart arbeitet, und er ist bereit, den Preis für seinen Erfolg zu zahlen.

Ich würde nicht mit ihm tauschen wollen, selbst wenn ich könnte: Ich wäre kreuzunglücklich. Sein Leben deckt sich nicht mit meinen Prioritäten oder wie ich gern leben und arbeiten möchte. Die Vorzüge, die er genießt, gefallen mir zwar, aber ich bin nicht bereit, den Preis zu zahlen, den er dafür aufbringt. Im Gedanken an den Vergleichsfehlschluss kann ich ihm neidlos das Beste wünschen und darauf fokussiert bleiben, die Ziele zu erreichen, die mir persönlich am wichtigsten sind. Ich kann mich ehrlich über seinen Erfolg freuen und vergeude keine Kraft für sinnlosen Neid.

Dieser Trick funktioniert in jeder Situation, die möglicherweise Neid- oder Minderwertigkeitsgefühle weckt. Wenn Sie in Versuchung geraten, sich mit Bekannten, Kollegen, Klassenkameraden oder Prominenten zu vergleichen, sollten Sie dabei stets bedenken, dass Sie andere Ziele, Präferenzen und Prioritäten haben. Sie leben ein anderes Leben und Sie haben einen anderen Preis für das gezahlt, was Sie erreicht haben. Jeder Versuch, Vergleiche anzustellen, ist von vornherein nichtig. Sie können daher ganz gelassen bleiben.

Der einzige Erfolgsmaßstab, auf den es ankommt, ist folgender: Verbringen Sie Ihre Zeit mit Dingen, die Ihnen Spaß machen, mit Menschen, die Sie gern mögen, und so, dass Sie finanziell über die Runden kommen? Wenn ja, kann Ihnen egal sein, was andere tun. Wenn nicht, sollten Sie sich darauf konzentrieren, in Ihrem ***Einflussbereich*** Änderungen vorzunehmen, damit Sie sich in die gewünschte Richtung bewegen können. Denken Sie immer an den Vergleichsfehlschluss und arbeiten Sie auf das hin, was *Sie* für sich erreichen möchten.

Link zur Referenz: **personalmba.com/comparison-fallacy/**

Der Einflussbereich

> »Gib mir die Gelassenheit, die Dinge hinzunehmen, die ich nicht ändern kann, den Mut, die Dinge zu ändern, die ich ändern kann, und die Weisheit, zwischen beidem zu unterscheiden.«
>
> Das Gelassenheitsgebet

Ganz gleich, wie dringend Sie eine bestimmte Stelle haben möchten – ist das Vorstellungsgespräch vorbei, haben Sie keinen Einfluss mehr darauf, ob Sie sie bekommen. Sie haben getan, was Sie konnten.

Ganz gleich, wie aufmerksam Sie das Börsengeschehen verfolgen, Sie können den Aktienkurs eines bestimmten Unternehmens nicht durch Ihren Willen nach oben treiben.

Ganz gleich, wie gern Sie einen wichtigen Mitarbeiter behalten oder eine zwischenmenschliche Beziehung kitten möchten, wenn der andere gehen will, können Sie ihn nicht aufhalten.

Wer seinen eigenen ***Einflussbereich*** kennt, der weiß, was er steuern (oder zumindest wesentlich beeinflussen) kann und was nicht. Der Versuch, Dinge zu kontrollieren, die sich dem eigenen Einfluss entziehen, ist das Rezept für Dauerfrust.

So gern wir das möchten, wir können nicht auf alles Einfluss nehmen, was uns passiert. Ein Paradebeispiel dafür sind Naturkatastrophen: Wird Ihr Haus von einem Tornado oder einem Erdbeben zerstört, können Sie nichts dagegen tun. So beklemmend die Vorstellung ist: In der Umwelt gibt es vieles, was sich unserem Einfluss entzieht. Diesen grundlegenden Aspekt des Lebens können wir nicht verändern, auch wenn wir es noch so sehr wollen.

Sich auf die eigenen Anstrengungen zu fokussieren, hilft Ihnen, darüber nicht den Verstand zu verlieren. Setzen Sie sich Ergebnisse zum Ziel, die Sie nicht beeinflussen können, ist Frustration programmiert. Diäten machen die Menschen deshalb so verrückt, weil sie damit versuchen, ein Ergebnis zu steuern – nämlich das Gewicht –, das sie nicht direkt beeinflussen können. Fokussieren Sie sich dagegen auf Ihr Bemühen – darauf, sich gesund zu ernähren, Sport zu treiben und zu tun, was Sie können, um die damit verbundenen gesundheitlichen Beeinträchtigungen in den Griff zu bekommen –, erledigt sich das Gewichtsthema von selbst.

Sich den Kopf über Dinge zu zerbrechen, die Sie nicht beeinflussen oder steuern können, verschwendet Zeit und Energie. Einer meiner klügsten Schachzüge war, dass ich nicht mehr auf die Nachrichten achte – 99,9 Prozent der Informationen aus einer Zeitung oder einer Nachrichtensendung im Fernsehen liegen außerhalb Ihres Einflussbereichs. Statt sich fruchtlos darum zu sorgen, »was aus der Welt geworden ist«, kann ich, indem ich die Nachrichten ignoriere, mehr Zeit darauf verwenden, möglichst viel dafür zu tun, dass sich alles zum Besseren wendet.

Je besser Sie auseinanderhalten können, welche Aspekte Sie beeinflussen können und welche nicht, desto glücklicher und produktiver werden Sie. Fokussieren Sie Ihre Energie möglichst auf solche Dinge, die Sie beeinflussen können, und kümmern Sie sich nicht um alles andere. Konzentrieren Sie sich ganz darauf, sich das Leben aufzubauen, das Sie gerne führen möchten. Dann ist es nur eine Frage der Zeit, bis Ihnen das gelingt.

Link zur Referenz: **personalmba.com/locus-of-control/**

Fixierung

»Wenn Sie die wichtigen Entscheidungen im Leben treffen, erklingen keine Fanfaren. Das Schicksal kündigt sich stumm an.«

Agnes de Mille,
Tänzerin und Choreografin

Stellen Sie sich vor, Sie besteigen den Mount Everest und sind dabei, dieses ***Ziel*** in die Tat umzusetzen. Am Vorabend des Aufstiegs zum Gipfel bricht ohne Vorwarnung ein gewaltiger Sturm los. Sie können die Hand vor Augen nicht mehr sehen, die Temperatur fällt rapide und die Bedingungen sind so schlecht, dass Sie Gefahr laufen, abzustürzen oder zu erfrieren, wenn Sie den Aufstieg fortsetzen.

Sind Sie gescheitert?

Werden Ihre Pläne oder Ziele durch Umstände vereitelt, die nicht in Ihrem ***Einflussbereich*** liegen, ist die Gefahr groß, dass Sie das persönlich nehmen. Beharren Sie darauf, noch *heute* den Gipfel zu erklimmen, nimmt das für Sie vermutlich ein schlimmes Ende. Weit besser wäre es, Ihre Pläne zu ändern und den Aufstieg an einem anderen Tag zu versuchen.

Je stärker Sie sich auf eine bestimmte Idee oder einen Plan ***fixieren,*** desto unflexibler werden Sie – und desto geringer sind Ihre Chancen, eine bessere Lösung zu finden. Es ist gut, engagiert auf ein Ziel zuzuarbeiten – doch nur bis zu einem gewissen Punkt. Klammern Sie sich zu sehr an die Vorstellung, die Sie im Kopf haben, fällt es Ihnen schwer, sich auf die unvermeidlichen Wechselfälle des Lebens einzustellen.

Diese zu akzeptieren, setzt voraus, dass Sie das Konzept von den ***versunkenen Kosten*** auf sich selbst anwenden. Stellen Sie sich vor, Sie verlieren Millionen an der Börse – eine Katastrophe. Sie können auf die gierigen Banker, die korrupten Politiker oder die Ungerechtigkeit des Lebens schimpfen, so viel Sie wollen – Ihr Geld bekommen Sie dadurch nicht zurück. Zeit darauf zu verschwenden, deprimiert zu sein, weil Sie es nicht »besser wussten« oder nicht allwissend waren, macht Ihre Lage auch nicht besser.

Die Lösung für solche Probleme: Sie müssen akzeptieren, dass Ihre Idee oder Ihr Plan nicht mehr durchführbar oder zielführend ist. Je weniger Sie sich auf Ihre Pläne, Ihre Ziele, Ihren Status oder Ihre Position versteifen, desto leichter fällt es Ihnen, angemessen auf unvermeidliche Veränderungen oder unvorhergesehene Umstände zu reagieren.

Verlieren Sie unerwartet Ihren Job, hängen aber weiter an Ihrem bisherigen Posten, ist das keine Hilfe, sondern ein Hindernis. Widmen Sie Ihre Energie lieber der Frage, was jetzt zu tun ist, um künftig mehr zu verdienen.

Je besser Sie sich fokussieren und je mehr Sie akzeptieren, was geschehen ist, und sich lieber Angelegenheiten widmen, die Verbesserungen bewirken, desto glücklicher werden Sie sein.

Link zur Referenz: **personalmba.com/attachment**

»Forschung und Entwicklung« für einen selbst

»Vermögen, das im Kopf angelegt wird, ist vor fremdem Zugriff geschützt. Eine Investition in Wissen wirft stets die höchsten Renditen ab.«

Benjamin Franklin, amerikanischer Spitzenpolitiker, Wissenschaftler und Universalgelehrter des 18. Jahrhunderts

Jedes erfolgreiche Unternehmen widmet einen gewissen Teil seiner Ressourcen der Innovation. Wirtschaftslenker in aller Welt setzen auf Research and Development (R&D) bzw. Forschung und Entwicklung (F&E), um herauszufinden, woran ihre Unternehmen als Nächstes arbeiten sollten. Große Unternehmen geben jedes Jahr Millionen (manchmal sogar Milliarden) für spekulative Forschung aus und experimentieren mit neuen Methoden und Prozessen, um ihre Kapazitäten zu steigern.

Es wird geforscht und entwickelt, weil es sich lohnt – Unternehmen, bei denen Forschung und Entwicklung Priorität genießen, entdecken häufig neue Produkte, die sie ihren Kunden anbieten können, oder lassen sich Verbesserungen ihrer Prozesse einfallen, die wesentlich zum Nettoergebnis beitragen. Was dort klappt, kann auch Sie weiterbringen.

Was, wenn Sie jeden Monat ein paar hundert Dollar für ***persönliche Forschung und Entwicklung*** beiseitelegen würden? Mit den Methoden aus *Ich zeige Dir, wie Du reich wirst* von Ramit Sethi ist es gar nicht schwer, jeden Monat einen gewissen Betrag Ihres Einkommens abzuzweigen und auf ein Konto zu legen, das für Ihre persönliche Forschung und Entwicklung bestimmt ist. Dieses Geld können Sie dann mit gutem Gewissen dafür verwenden, Bücher zu kaufen, Kurse zu belegen, Geräte anzuschaffen oder Tagungen zu besuchen: eben alles zu tun, was Ihre Kompetenzen und Kapazitäten steigert.

Experten für private Finanzen mögen mir an dieser Stelle widersprechen, doch ich halte ein ordentliches F&E-Budget für wichtiger als die Maximierung Ihrer Ersparnisse. Ich bin sehr dafür, für Notfälle ausreichende Reserven vorzuhalten und für die Zukunft genügend Geld anzusparen, doch Ersparnisse bringen Sie nicht wirklich weiter.

Bauen Sie Ihre persönlichen Kompetenzen und Kapazitäten aus, kann das Ihr Leben bereichern und Türen für zusätzliche Einnahmequellen öffnen. Neue Kompetenzen bieten neue Chancen und neue Chancen übersetzen sich häufig in ein höheres Einkommen. Ihre Sparmöglichkeiten sind begrenzt. Ihre Verdienstmöglichkeiten nicht.

Hier ein einfaches ***Gedankenexperiment,*** das Ihnen helfen wird, Ihr persönliches F&E-Budget festzulegen: Was müsste sich ändern, damit Sie künftig mindestens 5 Prozent Ihres Monatseinkommens in persönliche Entwicklung und Experimente stecken könnten – unter der Voraussetzung, dass dieses Einkommen stabil bleibt?

Jeder Spartipp, den Sie in einem guten Ratgeber oder Blog für Ihre persönliche Finanzplanung finden, lässt sich nutzen, um Ihr privates Konto für Forschung und Entwicklung zu bestücken. Ein bisschen Kreativität und Budgetierung – mehr braucht es nicht. Und schon sind Sie auf einem guten Weg, Ihr eigenes, selbst geleitetes Labor für persönliche Forschung und Entwicklung zu finanzieren.

Link zur Referenz: **personalmba.com/personal-research-and-development**

Einschränkende Überzeugungen

»Intelligente Unzufriedenheit ist die Triebfeder der Zivilisation.«

Eugene V. Debs, Gewerkschaftsaktivist

Im Grunde genommen gibt es zwei Möglichkeiten, die Welt zu betrachten – zwei Anschauungen, die beeinflussen, wie Sie auf neue Erfahrungen reagieren.

Die erste Grundhaltung geht davon aus, dass Ihre Kompetenzen und Fähigkeiten unveränderlich sind. Versuchen Sie etwas und schaffen es nicht, dann deshalb, weil Sie »dafür nicht begabt« sind und es auch niemals sein werden. Ihnen wurden Kompetenzen und Fähigkeiten in die Wiege gelegt, die immer gleich bleiben.

Mit dieser Mentalität geben Sie vermutlich schnell auf, wenn Sie auf Herausforderungen oder Probleme stoßen – denn offensichtlich mangelt es Ihnen an der nötigen Begabung. Weshalb sollten Sie sich also ins Zeug legen?

Die zweite Einstellung ist, dass Ihre Kompetenzen und Fähigkeiten formbar sind. Scheitern Sie im ersten Anlauf, dann, weil Sie noch nicht lange genug daran arbeiten. Versuchen Sie es weiter, werden Sie sich verbessern. Ihre Kompetenzen und Fähigkeiten sind wie Muskeln – sie werden stärker, wenn man sie beansprucht. Begegnet Ihnen eine Herausforderung oder Schwierigkeit, dann lassen Sie sich davon vermutlich nicht aufhalten – Sie sind vielleicht jetzt noch nicht gut, aber Sie werden ständig besser.

Diese beiden Geisteshaltungen beeinflussen, wie Sie die Welt erleben. In *Selbstbild. Wie unser Denken Erfolge oder Niederlagen bewirkt* bezeichnet Dr. Carol S. Dweck diese Einstellungen als »statisches« beziehungsweise »dynamisches« Selbstbild. Mit einem »statischen« Selbstbild betrachten Sie Herausforderungen als Kommentare zu Ihrem Wert als Mensch. Sie wurden gewogen und für zu leicht befunden, sodass Sie Angst haben, etwas Neues auszuprobieren. Mit einem »dynamischen« Selbstbild nehmen Sie Herausforderungen als Hürden wahr, die sich überwinden lassen, indem Sie härter arbeiten. Das statische Selbstbild ist ein Beispiel für eine ***einschränkende Überzeugung:*** Eine Ihrer Ansicht nach bestehende Wahrheit über die Welt hält Sie davon ab, ein ***Ziel*** zu erreichen, das Ihnen wichtig ist. Das statische Weltbild mag nicht zutreffen, kann Sie aber zurückhalten, wenn Sie sich entscheiden, daran zu glauben.

Manche einschränkenden Überzeugungen sind das Ergebnis fehlerhafter ***Mustererkennung.*** Hier ein gängiges Beispiel: Halten Sie wohlhabende Menschen für oberflächlich, unmoralisch oder korrupt, wird es Ihnen schwerfallen, reich zu werden. Verdienen Sie mehr als jetzt, werden Sie ja selbst zu »so einem Menschen«, und dieser Gedanke wird Ihnen im Zusammenhang mit Geld stets unbehaglich sein.

Erkennen und lösen Sie diesen ***Konflikt*** nicht, dann werden Ihnen Gelddinge immer unangenehm bleiben. Das ist keine Fehlfunktion Ihres Verstands: Ein Teil Ihres Gehirns ahnt die Zukunft voraus und versucht, Sie vor Unerwünschtem zu schützen. Es geht diese Aufgabe allerdings kontraproduktiv an. Wenn Sie vorankommen wollen, müssen Sie die Überzeugungen, die Sie bremsen, aufspüren und ausmerzen.

Jeder Mensch hat zu bestimmten Themen einschränkende Überzeugungen. Jedes Mal, wenn Sie sagen, »ich kann nicht«, »ich muss« oder »dafür bin ich unbegabt«, haben Sie es mit einer einschränkenden Überzeugung zu tun. Um diese zu durchbrechen, reicht es meist schon, sie kurz zu hinterfragen. »Ist das wirklich so?« und »Woher weiß ich das?« sind ausgesprochen effektive und vielseitige Fragen, die Sie sich selbst stellen können.

Es kann auch an einschränkenden Überzeugungen liegen, wenn Sie den Gedanken an bestimmte Vorhaben bedrückend finden – etwa sich um eine neue Stelle zu bewerben oder einem Interessenten etwas zu verkaufen. Vorstellungen von Zurückweisung und Missbilligung schießen Ihnen durch den Kopf und Ihr erster Impuls ist die Schlussfolgerung, dass »das nicht klappt«, noch bevor Sie es auch nur einmal probiert oder sich echtes Feedback eingeholt haben.

Hier eine hilfreiche Faustregel für solche Situationen: Gewöhnen Sie sich grundsätzlich an, das Neinsagen der Gegenpartei zu überlassen. Sie glauben vielleicht, Sie holen sich eine Abfuhr, wenn Sie eine Bitte äußern oder einen Vorschlag machen. Dennoch sollten Sie abwarten, was der andere dazu sagt, bevor Sie die Ablehnung als gegeben voraussetzen. Sie werden überrascht sein, wie oft Sie sich durchsetzen können – selbst wenn Sie sich ursprünglich nur geringe Chancen eingeräumt hatten.

Wie Sie bewusst auf Herausforderungen reagieren, bestimmt über Ihren Erfolg. Sie müssen sich unbedingt bewusst machen, dass Sie keine »grundlegenden Mängel« haben – es gibt nichts, was Sie nicht lernen oder tun könnten. Es mag Sie Zeit und Mühe kosten, aber wenn Sie sich anstrengen, werden Sie immer besser.

Ihren Verstand als Muskel zu betrachten, ist die beste Methode, ihn zu stärken.

Link zur Referenz: **personalmba.com/limiting-belief**

Die Fehlinvestition

»Unsere Fehler sind sicher keine so furchtbar ernste Angelegenheit. In einer Welt, in der wir diese trotz aller Umsicht so unweigerlich begehen, erscheint eine gewisse Leichtherzigkeit im Umgang damit gesünder als diese übertriebene Ängstlichkeit.«

William James, Arzt und Psychologiepionier des 19. Jahrhunderts

Oft treffen wir Entscheidungen, die nicht die erwarteten Folgen haben: Wir kaufen unnötige Dinge, stellen die falschen Leute ein, erleiden Verluste aus Kapitalanlagen und verschwenden Energie.

Solche Fehler bezeichnet man als ***Fehlinvestitionen,*** also als »schlechte« oder »mangelhafte« Investition. Das kann alles Mögliche heißen, geht aber fast immer mit dem Gefühl einher, dass »das total dämlich war … und überflüssig wie ein Kropf«.

Fehlinvestitionen sind eine häufige Erscheinung. Sie können nicht in die Zukunft schauen, und ***Unsicherheit*** birgt eine ganz erhebliche Gefahr, einen Fehler zu machen, wenn man sich für einen Kauf entscheidet – oder dafür, Zeit und Energie zu investieren.

Viele Menschen fühlen sich prompt schlecht, wenn ihnen eine Fehlinvestition unterläuft. Es macht schließlich keinen Spaß, Fehler zu begehen. Wer sich aber zu sehr davon herunterziehen lässt, erliegt einer Form des ***Rückschaufehlers.*** Hätten Sie damals gewusst, was Sie heute wissen, hätten Sie sich sicherlich anders entschieden.

Manchmal wirken Fehlinvestitionen eindeutig wie Fehler. Ihnen war die Investition vielversprechend, klug oder weitsichtig vorgekommen, doch wie sich herausstellen sollte, war sie es nicht. Sie erleben das gewöhnlich, wenn Sie:

- Dinge kaufen, die Sie nie verwenden;
- ein Produkt erwerben, das nicht oder nicht richtig funktioniert;
- Ihre Präferenzen, Bedürfnisse oder Prioritäten so verändern, dass bisherige Investitionen damit obsolet werden.

Solche Fehler ergeben sich oft, weil vor einer Kaufentscheidung nicht genügend Informationen vorliegen. Verhindern können Sie diese häufig, indem Sie:

- vor der Investitionen mehr Informationen einholen;
- Bedürfnisse und Prioritäten vor der Investition sorgfältiger prüfen;
- nur investieren, um ein eindeutiges, bestehendes, wiederkehrendes, unmittelbares oder wesentliches Bedürfnis oder Problem zu decken beziehungsweise zu lösen.

Andere Formen der Fehlinvestition erinnern an Ineffizienz – an die Verschwendung von Ressourcen. Sie liegen gewöhnlich vor, wenn:

- Sie ***Versicherungsbeiträge*** zahlen und nie etwas passiert;
- Sie Back-up- und Sicherungssysteme aufbauen und pflegen, die Sie nie in Anspruch nehmen.

Wohlgemerkt kommt diese Art der Fehlinvestition sehr häufig im Umgang mit ***Unsicherheit*** und Risiken vor. Es ist gewöhnlich klug, Versicherungsbeiträge zu zahlen, wenn Sie nicht willens oder in der Lage sind, bestimmte häufige oder hohe Risiken selbst zu verringern.

Müssen Sie am Ende doch Leistungen beanspruchen, waren Ihre Prämien in Wirklichkeit gar nicht »verschwendet« – insofern nämlich, als Sie sie gezahlt haben, um ein ausgesprochen reales Risiko zu mindern. Hätten Sie in die Zukunft schauen können, hätten Sie sich das Geld natürlich sparen können. Doch das konnten Sie nicht. Zu zahlen, um maßgebliche Risiken zu mindern, ist so lange eine gute Entscheidung, solange Sie für die Versicherung nicht zu tief in die Tasche greifen.

Probieren Sie etwas Neues oder etwas anderes aus, dann werden Ihnen sicherlich Fehler unterlaufen. Es steht von vornherein fest, dass Sie Zeit, Kraft oder Mühe in etwas investieren werden, das nicht das erhoffte Ergebnis bringt:

- wenn Sie sich für eine bestimmte Methode entscheiden, um festzustellen, dass sie nicht funktioniert;
- wenn Sie eine bestimmte Herangehensweise wählen und, wenn Sie fast fertig sind, merken, dass es anders besser gegangen wäre;
- wenn Sie etwas Wichtiges kaputt machen und es wieder reparieren müssen.

In diesen Fällen sind Fehlinvestitionen eine Art Lehrgeld: quasi der Preis, den Sie dafür bezahlen, mehr über ein Thema oder ein Interessenfeld zu erfahren. Solange das Lehrgeld nicht zu hoch ausfällt, können Sie aus Fehlern, wenn Sie nicht überhandnehmen, viel darüber lernen, was geht und was Sie künftig lieber lassen sollten.

Oft ist es gar nicht dumm, Fehlinvestitionen in gewisser Höhe unter ***Exploration*** zu verbuchen. Sie werden von vornherein nie alle Informationen kennen und nie die »optimale« oder »perfekte« Strategie haben. Wenn Sie abwarten, bis Sie hundertprozentig sicher sein können, dass Sie schon im Vorfeld den bestmöglichen Ansatz gefunden haben, kommen Sie nie zum Zug.

Hier eine aufschlussreiche Frage, die dazu beitragen kann, sich dieser Tendenz zu entziehen: »Wie schnell kann ich anfangen, Fehler zu machen?« Je schneller Sie einsteigen und probieren, das zu tun, was Sie gern können würden, desto schneller lernen Sie – mit allen Fehlern.

Im Zweifel sollten Sie sich lieber für unvollkommene Experimente entscheiden.

Link zur Referenz: **personalmba.com/malinvestment/**

Die Notwendigkeit der Wahl

»O wüsste jemand doch / Das Ende dieses Tagwerks, eh es kommt! / Allein es gnüget: enden wird der Tag, / Dann wissen wir sein Ende.«

William Shakespeare, *Julius Cäsar*

Wir leben in einer Welt der Kompromisse: Ständig buhlen verschiedene Anforderungen um Ihre Zeit, Ihre Aufmerksamkeit und Ihre Energie. Sie können lernen, Ihre begrenzten Ressourcen klüger einzusetzen, doch letztlich sind Sie selbst dafür verantwortlich zu entscheiden, was Sie tun und was Sie bleiben lassen.

Es gibt keine Zauberformel und auch kein perfektes System, um mühelos und ohne Stress, Härten und Kosten alles zu erreichen, was Sie sich jemals vorgenommen haben.

Haben Sie sich einmal damit abgefunden, dass Ihre Zeit, Ihre Kraft, Ihre Aufmerksamkeit und Ihre finanziellen Ressourcen begrenzt sind, dass Sie weder allwissend noch allmächtig sind und stets für Ihr eigenes Denken und Handeln verantwortlich, dann sind Sie in einer guten Ausgangsposition, um auf dem Weg zu den ***Zielen,*** die Ihnen wichtig und teuer sind, beständig voranzukommen.

Die meisten Fragen zu Zeitmanagement und Produktivität laufen darauf hinaus: »Wie kann ich mit begrenzten Kräften zu viel Arbeit in zu wenig Zeit erledigen?«

Die ***Notwendigkeit der Wahl*** ist eine effektive Art und Weise, an diese grundlegende Herausforderung heranzugehen: Am besten schließt man seine persönlichen Kompromisse bewusst und überlegt.

Sie haben *immer* zu viel zu tun. Es werden *immer* Aufgaben unerledigt bleiben. Wenn Erfolg für Sie bedeutet, »alles zu schaffen«, dann steht Ihnen ein stressiges, unbefriedigendes Arbeitsleben bevor. Schlimmer noch: Ist diese Vorgabe die Voraussetzung dafür, sich Ruhe und Erholung zu gönnen, dann bauen Sie sich mit dieser Einstellung Ihr eigenes Gefängnis.

Sie müssen immer wieder aufs Neue entscheiden, was erledigt wird und was liegen bleibt. Das ist eine Grundwahrheit, an der nicht zu deuteln ist. Die Realität zwingt Ihnen schon allein dadurch Entscheidungen auf, dass Sie in einem endlichen Universum leben. Treffen Sie keine fundierten, klaren ***Entscheidungen*** dazu, was Sie tun und was Sie lassen wollen, werden wesentliche Teilbereiche Ihres Lebens vom Glück und von den äußeren Umständen bestimmt.

Die beste Strategie ist daher, *sich zu entscheiden* und bewusst Kompromisse einzugehen zwischen Zielen, die Sie aus fundierten Überlegungen heraus erreichen möchten. Wählen Sie, was Ihnen am wichtigsten ist, und vergessen Sie alles, was dieses Kriterium nicht erfüllt.

Link zur Referenz: **personalmba.com/necessity of choice/**

Der Ankunftsfehlschluss

»Jeder möchte auf dem Gipfel leben. Dabei liegen alles Glück und Wachstum auf dem Weg dorthin.«

Andy Rooney, Journalist

Aus Gesprächen mit Firmeninhabern, Führungskräften und Unternehmern habe ich ein häufiges Muster erkannt: Niemand findet, das eigene Unternehmen oder die eigene Karriere sei erfolgreich oder erfüllend. Es gibt immer noch einen Meilenstein, den man erreichen könnte, ein neues (und höheres) Umsatzziel, das geknackt werden könnte, oder eine höhere Bewertung des Unternehmens, die der Beweis für »echten Erfolg« wäre.

Ich kenne viele, die mit beiden Beinen im Geschäftsleben stehen und sich ehrgeizige ***Ziele*** gesetzt haben – und diese auch erreicht haben. Ein bleibendes Erfolgsgefühl haben sie jedoch nicht. Stattdessen stellen sie fest, dass sie immer noch unzufrieden sind. Die Ziellinie schiebt sich lediglich bis zu einem neuen, noch schwieriger zu erreichenden Ziel hinaus. »Wenn ich *das* geschafft habe, dann werde ich mich endlich erfolgreich und glücklich fühlen«, meinen sie.

Der ***Ankunftsfehlschluss*** bietet eine Möglichkeit, dieses Muster zu erkennen und der mit dem Verfolgen von Zielen einhergehenden Unzufriedenheit ein Schnippchen zu schlagen. Haben Sie sich damit abgefunden, dass Ihr Unternehmen, Ihre Karriere und Ihr Leben nie dauerhaft im Idealzustand sein werden und dass die Suche nach Sinn und Verbesserungen nie aufhört, können Sie besser würdigen, was Sie bisher erreicht haben, und sich über das Erreichen von Zielen und Meilensteinen freuen, wenn es Ihnen gelingt.

Stellen Sie sich Ihre aktuellen Ziele als Wegpunkte vor, nicht als Endziel: Sie sind nützliche Hinweise zur Orientierung und zur Ausrichtung Ihrer Aufmerksamkeit, Ihrer Energie und Ihres Engagements. Haben Sie Ihr Ziel erreicht, wird es immer noch etwas geben, auf das Sie hinarbeiten oder das Sie verbessern können – und das ist gut so. Ganz gleich, was Sie tun, es wird immer genügend interessante, produktive oder wertvolle Möglichkeiten geben, Ihre Zeit zu investieren.

Wer so denkt, kann leichter entspannen, sich erholen und sein Leben genießen, während er auf seine Ziele zuarbeitet. Sie werden das Nirwana nicht erreichen, indem Sie sich bis zur Erschöpfung verausgaben oder größere ***Kompromisse*** eingehen, die Ihre Gesundheit oder Ihre persönlichen Interessen oder Beziehungen beeinträchtigen. Ehrgeiz und Antrieb können Sie weiterbringen. Sie können aber auch zu selbstzerstörerischem Verhalten führen, wenn Sie sie nicht achtsam einsetzen.

»Erfolg« ist kein dauerhafter ***Daseinszustand***. Es ist daher sinnlos, auf alles andere zu verzichten im vergeblichen Versuch, dem Erfolg nachzujagen. Überlegen Sie sich lieber genau, was Sie wollen, und arbeiten Sie daran, es zu verwirklichen. Haben Sie es erreicht, feiern Sie Ihren Triumph, setzen sich ein neues Ziel und machen weiter.

Link zur Referenz: **personalmba.com/arrival-fallacy/**

8 — DIE ARBEIT IM TEAM

»Hätte ich nur noch meine Fabriken, aber keine Leute mehr, würde bald Gras in den Hallen sprießen. Hätte ich nur noch meine Leute, aber keine Fabriken mehr, hätten wir in Kürze eine neue, bessere Fabrik.«

Andrew Carnegie, Industrieller des 19. Jahrhunderts

Die Zusammenarbeit mit anderen ist aus dem Berufs- und Privatleben nicht wegzudenken. Man entkommt ihr nicht, selbst wenn man das gern möchte. Kunden, Mitarbeiter, Auftragnehmer und Partner sind alles Menschen mit eigenen Motiven und Wünschen. Möchten Sie es in dieser Welt zu etwas bringen, zahlt es sich aus zu wissen, wie man Dinge effektiv mit und durch andere erledigt.

Im vorliegenden Kapitel befassen wir uns damit, wie man gut mit anderen zusammenarbeitet. Sie erfahren, wie man effizient und effektiv kommuniziert, sich den Respekt und das Vertrauen anderer verdient, die Grenzen und Fallstricke von Interaktionen in der Gruppe erkennt und ein Team so führt oder leitet, dass bedeutende Ziele erreicht werden können.

Link zur Referenz: **personalmba.com/working-with-others/**

Macht

»Mit Gewalt lässt sich alles erobern, doch ihre Triumphe sind von kurzer Dauer. … Mit Widrigkeiten kommen fast alle Menschen gut zurecht. Möchten Sie jedoch den Charakter eines Menschen auf den Prüfstand stellen, dann geben Sie ihm Macht.«

Abraham Lincoln, 16. Präsident der Vereinigten Staaten

Alle menschlichen Beziehungen beruhen auf ***Macht*** – auf der Fähigkeit, Einfluss auf die Handlungen anderer zu nehmen. Wir können Menschen nie in dem im Abschnitt über ***Wahrnehmungssteuerung*** angesprochenen Sinn kontrollieren – schließlich haben wir keinen direkten Zugriff auf die inneren Abläufe, die Menschen dazu bringen, bestimmte Dinge zu tun. Wir können lediglich so agieren, dass es die Menschen dazu animiert, sich so zu verhalten, wie wir es gern hätten.

Die Ausübung von Macht kann zwei Grundformen annehmen: Einflussnahme oder Zwang. Einflussnahme ist die Fähigkeit, andere zu veranlassen, sich nach Ihren Vorstellungen zu richten. Zwang ist die Fähigkeit, andere zu zwingen, Ihren Befehlen zu gehorchen.

Einen Mitarbeiter dazu zu bringen, aus Loyalität oder Berufsehre »noch einen Gang hochzuschalten«, ist Einflussnahme. Dem Mitarbeiter mit Entlassung zu drohen, wenn er nicht übers Wochenende arbeitet, ist Zwang. Der Mitarbeiter mag in beiden Fällen gleich reagieren, doch er wird sich dabei ganz anders *fühlen.*

Insgesamt ist Einflussnahme wesentlich effektiver als Zwang. Die allermeisten Menschen lassen sich nicht gern gegen ihren Willen oder ihr besseres Wissen zu etwas zwingen. Auf Zwang zu setzen, um Aufgaben zu erledigen, ist daher eine schlechte Strategie. Wer seine Leute herumkommandiert, erreicht damit nur, dass sie ihm das übel nehmen und sich bei Gelegenheit dafür revanchieren oder kündigen, sobald sich etwas anderes ergibt. Einflussnahme dagegen ist nachhaltig. Wer seine Leute dazu ermuntert, dieselben Ziele zu verfolgen wie er selbst, kann die angestrebten Ergebnisse erreichen, ohne unnötig für böses Blut zu sorgen.

Ob es uns gefällt oder nicht, wir alle sind auf Macht angewiesen, wenn wir weiterkommen wollen. Macht ist ein neutrales Instrument – sie kann zum Guten oder zum Schlechten eingesetzt werden. Macht steht für Ihre Fähigkeit, Dinge mithilfe anderer zu erledigen – und je mehr Macht Sie haben, desto mehr Dinge können Sie erledigen. Es spricht absolut nichts dagegen, die eigene Macht nach Möglichkeit auszubauen, sofern Sie dabei nicht die Rechte anderer beschneiden. Je mehr Macht Sie haben, desto mehr können Sie erreichen, doch mit großer Macht ist auch große Verantwortung verbunden.

Das allgegenwärtige Wesen der Macht ist der Grund, aus dem Interaktionen zwischen größeren Gruppen von Menschen politisch werden. Wenn Sie keinen Plan haben, werden Ihre Handlungen fremdbestimmt. Indem Sie sich weigern, sich anzustrengen, um sich in die Richtung zu bewegen, die Sie für die beste halten, treten Sie Macht an diejenigen ab, die solche Pläne haben. Wer nicht zur Kenntnis nehmen möchte, dass Macht wichtig ist, der dürfte bald feststellen, dass sein eigener Einfluss schnell schwindet. Nur wer mitspielt, kann gewinnen.

Ausbauen können Sie Ihre Macht am besten, indem Sie Dinge tun, die Ihren Einfluss und Ihre ***Reputation*** stärken. Je mehr Menschen wissen, was Sie können, und den Ruf respektieren, den Sie sich erworben haben, desto größer Ihre Macht.

Link zur Referenz: **personalmba.com/power/**

Der komparative Kostenvorteil

»Sei eine erstklassige Ausgabe deiner selbst, kein zweitklassiger Abklatsch eines anderen.«

Judy Garland, Schauspielerin und Sängerin

Ein ganz wesentlicher Gedanke zur Arbeit im Team ist die Frage, warum wir überhaupt mit anderen zusammenarbeiten. Wenn man sie ohnehin nicht kontrollieren und nicht immer dazu bringen kann zu tun, was man von ihnen verlangt, wozu dann der Aufwand?

Die Antwort liefert der ***komparative Kostenvorteil,*** ein Konzept, das aus der trockenen Wissenschaft der Ökonomie stammt. Es wird dem 1817 von David Ricardo verfassten Text *Über die Grundsätze der politischen Ökonomie und der Besteuerung* zugeschrieben. Ricardos Theorie vom komparativen Kostenvorteil lieferte eine Antwort auf eine außenhandelspolitische Frage: Ist es für die Volkswirtschaft eines Landes besser, autark zu sein und alles selbst zu produzieren oder sich auf die Herstellung bestimmter Güter zu spezialisieren und mit anderen Handel zu treiben?

Am Beispiel Portugals und Englands rechnete Ricardo aus: Obwohl beide Länder Tuch und Wein erzeugen konnten, konnte England Tuch mit geringerem Aufwand produzieren, Portugal dagegen Wein. Statt Zeit und Geld auf den Versuch zu verschwenden, etwas selbst zu machen, was man nicht gut konnte, würden Portugal und England beide besser daran tun, sich zu spezialisieren und die Waren dann auszutauschen.

Der komparative Kostenvorteil besagt: Es ist besser, aus den eigenen Stärken Kapital zu schlagen, als an den eigenen Schwächen zu arbeiten. In *Erfolgreiche Führung gegen alle Regeln* von Marcus Buckingham und Curt Coffman und *Entwickle deine Stärken* von Tom Rath veröffentlichen die Autoren die Ergebnisse einer umfassenden Gallup-Studie zur menschlichen Produktivität. Wie sich herausstellt, gilt der komparative Kostenvorteil für Einzelne genauso wie für Länder: Unternehmen stehen besser da, wenn sich ihre Beschäftigten auf das fokussieren, was sie am besten können, und alles andere anderen Spezialisten überlassen, mit denen sie zusammenarbeiten. »Stärkenbasiertes Management« ist nur ein anderes Wort für den komparativen Kostenvorteil.

Dieser erklärt, warum es oft sinnvoll ist, Aufgaben auf Auftragnehmer oder Beschäftigte zu übertragen, statt alles selbst zu erledigen. Wenn Sie ein Haus bauen möchten, ist es vermutlich effizienter, einen Bauunternehmer und Fachhandwerker zu beauftragen, die die jeweils erforderlichen Arbeiten täglich ausführen. Sie könnten auch versuchen, alles selbst zu machen, doch wenn Sie nichts davon verstehen, dürfte das länger dauern und das Ergebnis würde vermutlich schlechter ausfallen.

Der komparative Kostenvorteil erklärt auch, warum vielfältig zusammengesetzte Teams besser abschneiden als homogene. Haben verschiedene Teammitglieder jeweils unterschiedliche Kompetenzen und Hintergründe, ist das ein maßgeblicher Aktivposten: Es erhöht die Wahrscheinlichkeit, dass immer eines der Teammitglieder weiß, was unter den gegebenen Umständen zu tun ist. Verfügen alle Teammitglieder über dieselben Kompetenzen und denselben Hintergrund, ist die Wahrscheinlichkeit viel höher, dass das Team in eine Sackgasse gerät oder vermeidbare Fehler begeht.

Eigenständigkeit bewirkt, dass Sie im Zeitverlauf flexibler und klüger werden, doch zu viel Eigenständigkeit ist ein Fehler. Ich trete vehement dafür ein, sich selbst weiterzubilden und sich Dinge anzueignen, doch im Extremfall schadet diese Philosophie mehr, als sie nützt. Die Zusammenarbeit mit anderen kann Ihnen helfen, schneller mehr zu schaffen, und verbessert die Qualität des Endergebnisses. Selbst Thoreau verließ ab und an den Walden Pond, um in der Stadt einkaufen zu gehen.

Der große Vorteil der Autodidakten: Sie wissen, was Kompetenz ist, wenn sie mit anderen zusammenarbeiten. Vielleicht finden Sie online einen Programmierer, der auf der anderen Seite der Erde sitzt, doch wenn Sie selbst nie eine Zeile programmiert haben, können Sie kaum beurteilen, wie gut er arbeitet. Haben Sie ein paar Programmierkenntnisse, können Sie leichter erkennen, was ein Programmierer taugt, sodass es Ihnen leichter fällt, sich kompetente Kollegen und Partner zu suchen.

Um mit den unvergänglichen Worten von John Donne zu sprechen: »Niemand ist eine Insel.« Verlegen Sie sich ganz darauf, was Sie gut können. Erledigen Sie alle übrigen Aufgaben mithilfe anderer.

Link zur Referenz: **personalmba.com/comparative-advantage/**

Der Kommunikationsaufwand

»Müsste ich mit einem Wort sagen, warum die Menschheit noch nie ihr volles Potenzial entfaltet hat und auch nie entfalten wird, dann wäre das: ›Meetings‹.«

Dave Barry, Comedian und Zeitungskolumnist

Nicht ohne Grund sind besonders leistungsfähige Operationsteams, Militäreinheiten und Sportmannschaften in aller Regel klein und fokussiert: Geht zu viel Zeit für Kommunikation und Koordination drauf, leidet die Effektivität des Teams.

Unter ***Kommunikationsaufwand*** ist die Zeit zu verstehen, die Sie damit verbringen, mit Ihren Teammitgliedern zu kommunizieren, statt produktiv zu arbeiten. Damit immer alle auf dem aktuellen Stand sind, muss kommuniziert werden. Je größer die Zahl Ihrer Teammitglieder, desto mehr müssen Sie kommunizieren, um deren Tätigkeit zu koordinieren.

Vergrößert sich Ihr Team, steigt der Kommunikationsaufwand geometrisch, bis sich der Gesamtanteil der Zeit, die ein jedes Mitglied für die Kommunikation mit der Gruppe aufwenden muss, 100 Prozent nähert. Oberhalb einer bestimmten Schwelle verringert jedes weitere Teammitglied die Kapazität der ganzen Gruppe, neben der Kommunikation noch andere Aufgaben zu erledigen.

Große Unternehmen sind so schwerfällig, weil sie unter hohem Kommunikationsaufwand leiden. Untersteht Ihnen eine Gruppe von mehr als fünf bis acht Personen, besteht Ihre Aufgabe zu mindestens 80 Prozent darin, mit den Menschen zu kommunizieren, mit denen Sie zusammenarbeiten. Ziele, Pläne und Ideen sind erst dann etwas wert, wenn alle Beteiligten so gut darüber Bescheid wissen, dass sie aktiv werden können.

Ich habe dieses Phänomen täglich erlebt, als ich noch bei P&G arbeitete. Zu meinen wichtigsten Projekten zählte die Entwicklung einer unternehmensweiten Strategie zur Messung bestimmter Marketingtaktiken. Weil es sich dabei um ein globales Projekt handelte, erforderte meine Empfehlung die Beiträge und/ oder die Zustimmung von Dutzenden von Personen aus allen Unternehmensteilen, bevor etwas umgesetzt werden konnte.

Alle Beteiligten hatten eigene Vorstellungen, diskutierten endlos über verschiedene Herangehensweisen und wollten gern einen Teil des Erfolgs für sich verbuchen, ohne viel Arbeit oder Geld zu investieren. Ich arbeitete drei Monate lang Vollzeit an einem brauchbaren Vorschlag. Die ganze Zeit über *wurde eigentlich nichts erreicht.* 99 Prozent meiner Zeit ging hauptsächlich dafür drauf, mit den anderen Mitgliedern der Gruppe zu kommunizieren. Das ist Kommunikationsaufwand.

In dem Buch *Beyond Bureaucracy*[78] stellt Derek Sheane »8 Symptome des bürokratischen Zusammenbruchs« vor, die Teams aufweisen, wenn sie unter dem Kommunikationsaufwand leiden:

1. *Die unsichtbare Entscheidung.* Niemand weiß, wie oder wo Entscheidungen getroffen werden, und der Entscheidungsprozess ist intransparent.
2. *Unerledigte Angelegenheiten.* Es werden zu viele Aufgaben in Angriff genommen, doch nur wenige zu Ende gebracht.
3. *Koordinationsparalyse.* Es kann nichts unternommen werden, ohne jede Menge vernetzter Einheiten zu überprüfen.
4. *Nichts Neues.* Es gibt keine revolutionären Ideen oder Erfindungen und es findet kein laterales Denken statt – es liegt allgemein mangelnde Initiative vor.
5. *Pseudoprobleme.* Geringfügige Probleme werden unverhältnismäßig aufgeblasen.
6. *Bedrängte Zentrale.* Die Zentrale kämpft gegen örtliche/regionale Einheiten um Einheitlichkeit und Kontrolle.
7. *Negative Fristen.* Die Fristen für bestimmte Leistungen werden wichtiger als die Qualität der erledigten Arbeiten.
8. *Input-Lastigkeit.* Einzelne reagieren auf Input – also auf alles, was sie in ihrem Postkorb finden –, statt selbst die Initiative zu ergreifen.

Treffen diese Punkte auch nur teilweise auf Ihre täglichen Arbeitserfahrungen zu, dann leidet Ihr Team vermutlich unter Kommunikationsaufwand.

Die Lösung dieses Problems ist einfach, aber nicht leicht: Verkleinern Sie Ihr Team, so gut es geht. Natürlich fallen dann Leute heraus, doch gerade darum geht es ja – sie zu berücksichtigen, verursacht mehr Aufwand, als es gut macht. Überflüssige Teilnehmer aus dem Team herauszunehmen, spart allen Beteiligten Zeit und führt zu besseren Ergebnissen.

Studien über effektive Teamarbeit empfehlen gewöhnlich, mit drei- bis achtköpfigen Gruppen zu arbeiten. In *Wien wartet auf dich* sprechen sich die Projektmanager Tom DeMarco und Timothy Lister dafür aus, Teams stets elitär und chirurgisch aufzustellen. Kleine Gruppen sind in aller Regel effektiver als große, weil sich der Kommunikationsaufwand reduziert. Jedes Mitglied erhöht zwar die Netzwerkkapazität des Teams, erfordert aber Kommunikation, damit es effektiv arbeiten kann. Steigt die Größe der Gruppe auf über acht Personen, gilt: Jedes weitere Teammitglied erfordert mehr Investitionen in die Kommunikation, als es zur produktiven Kapazität beiträgt.

Soll Ihr Team Bestleistungen bringen, muss es so klein und autonom wie möglich sein.

Link zur Referenz: **personalmba.com/communication-overhead/**

Die eigene Bedeutung

»Der tiefgreifendste Grundsatz des menschlichen Wesens ist die Sehnsucht nach Anerkennung.«

William James, Arzt und Psychologiepionier des 19. Jahrhunderts

Jeder Mensch hat das Grundbedürfnis, sich wichtig zu fühlen. Ob im Umgang mit Kunden, Beschäftigten, Bekannten oder Freunden – je mehr Sie deren ***Bedeutung*** hervorheben, deren Wichtigkeit, desto höher schätzen diese die Beziehung zu Ihnen.

Sorgen Sie dafür, dass sich jemand klein oder unbedeutend fühlt, und Sie haben einen Feind fürs Leben. Wie würden Sie sich fühlen, wenn Ihr Gesprächspartner nebenbei aufs Handy schaut oder das Gespräch mit Ihnen unterbricht, um einen Anruf anzunehmen?

Je mehr Interesse Sie an anderen zeigen, desto wichtiger kommen sich diese vor. Das gilt natürlich nicht, wenn ein schmieriger Gebrauchtwagenverkäufer fragt, wie es Ihnen geht, denn dann wissen Sie ganz genau: Es interessiert ihn in Wirklichkeit nicht. Er will Ihnen nur etwas verkaufen. Die Menschen möchten sich aber auch dann wichtig fühlen, wenn sie nicht bei Ihnen kaufen – und an dieser Stelle versagen vorgefertigte Verkaufsstrategien.

Zum Glück ist es nicht so schwer, anderen das Gefühl zu vermitteln, sie seien wichtig. Sie müssen sich lediglich präsent und neugierig zeigen. Das hat viel mit ungeteilter Aufmerksamkeit zu tun: Sie müssen nur konzentriert zuhören, Interesse bekunden und Fragen stellen. Ganz und gar im Fokus der Aufmerksamkeit anderer zu stehen, kommt heutzutage so selten vor, dass es fast unmittelbar erstaunliche Effekte zeigt.

Es bringt dabei schon enorm viel, wenn Sie nur echtes Interesse an anderen beweisen. Je wichtiger sich andere in Ihrer Gegenwart fühlen, desto sympathischer finden sie Sie und desto lieber sind sie in Ihrer Nähe.

Link zur Referenz: **personalmba.com/importance/**

Sicherheit

»Denken Sie an Menschen, die in aller Regel anderer Meinung sind als Sie. Fällt Ihnen auf, wie selbstbewusst sie wirken, obwohl sie total falschliegen? Dasselbe denken sie von Ihnen.«

Scott Adams, Karikaturist und Erfinder von *Dilbert*

»So etwas Dummes habe ich ja noch nie gehört! Ganz im Ernst – hast du darüber überhaupt nachgedacht, bevor du den Mund aufgemacht hast?«

Haben Sie so einen Kommentar schon mal auf einem Meeting gehört? Ich schon.

Solche Interaktionen finden laufend statt. In *Was Sie hierher gebracht hat, wird Sie nicht weiterbringen* erklärt der altgediente Topmanagementcoach Marshall Goldsmith, dass hochkarätige Führungskräfte ihre Kollegen und Untergebenen häufig unterminieren oder abwerten, um sich selbst klüger oder ***wichtiger*** zu fühlen. Damit unterbinden sie jedoch jede effektive Kommunikation.

Effektive Kommunikation ist nur möglich, wenn sich beide Parteien sicher fühlen. Sobald sich jemand in einem Gespräch unbedeutend oder bedroht vorkommt, »mauert« er und schließt die Kommunikationskanäle. Die bedrohte Partei setzt die Interaktion möglicherweise noch fort, doch geistig und emotional zieht sie sich aus dem Gespräch zurück.

Das lässt sich nur verhindern, indem Sie dafür sorgen, dass sich die Menschen, mit denen Sie kommunizieren, sicher fühlen und sich trauen, offen und ehrlich mit Ihnen zu sprechen. Menschen haben nicht nur das Grundbedürfnis nach Anerkennung, sondern auch das Bedürfnis, sich sicher zu fühlen, wenn sie ihre Gedanken äußern und Dinge ansprechen, die ihnen wichtig sind. Sobald sie spüren, dass sie wegen einer eigenen Idee oder Meinung abgeurteilt, bewertet oder von oben herab behandelt werden, machen sie dicht.

In *Heikle Gespräche*[79] – einem Buch darüber, wie man mit Kollegen und engen Angehörigen und Freunden über wichtige Dinge spricht und ihnen dabei ein Gefühl der ***Sicherheit*** vermittelt – empfiehlt das Autorenteam Kerry Patterson, Joseph Grenny, Ron McMillan und Al Switzler, das folgende Modell einzusetzen, um zu kommunizieren, ohne Aggressionen auszulösen oder andere in die Defensive zu treiben.

1. *Nennen Sie die Fakten.* Geben Sie Ihre Fakten preis. Fakten sind weniger kontrovers, überzeugender und weniger irritierend als Schlussfolgerungen. Setzen Sie daher bei den Fakten an.
2. *Teilen Sie Ihre Interpretationen mit.* Erklären Sie, wie sich die Situation von Ihrem Standpunkt aus darstellt. Vermeiden Sie dabei unbedingt, andere zu beleidigen oder zu verurteilen, denn das beeinträchtigt deren Sicherheitsempfinden.
3. *Bitten Sie das Gegenüber um seine Geschichte.* Erkundigen Sie sich nach der Sichtweise der anderen. Fragen Sie nach, wie sie die Situation wahrnehmen, was ihre Absichten waren und was sie erreichen möchten.
4. *Formulieren Sie vorsichtig.* Halten Sie sich möglichst zurück mit Schlussfolgerungen, Urteilen und Ultimaten.
5. *Ermutigen Sie zum Widerspruch.* Animieren Sie andere zu experimentieren. Machen Sie Vorschläge, bitten Sie um Beiträge und sprechen Sie so lange über das Thema, bis Sie eine produktive, für alle Seiten befriedigende Herangehensweise gefunden haben.

Manche Menschen reagieren besonders sensibel. Sich der eigenen Äußerungen und Handlungen bewusster zu werden und sich auch zu überlegen, wie diese von Menschen mit anderen Einstellungen ausgelegt werden könnten, ist die halbe Miete. Möchten Sie mit anderen so kommunizieren, dass beide Seiten von dem Gespräch profitieren und vorankommen, dann müssen sich beide Parteien sicher fühlen. Das erreichen Sie am besten, indem Sie sich eines Urteils enthalten und sich darauf fokussieren, den anderen das Gefühl zu geben, sie seien wichtig. Wie das geht, erfahren Sie aus Büchern wie *Heikle Gespräche* oder *Wie man Freunde gewinnt* von Dale Carnegie oder *Emotionale Intelligenz* von Daniel Goleman.

Link zur Referenz: **personalmba.com/safety/**

Der goldene Dreier

> »Kritisieren, verurteilen und sich beschweren kann jeder Idiot – und die meisten Idioten tun es auch.«
>
> Dale Carnegie, Autor von *Wie man Freunde gewinnt*

Menschen haben nun einmal das Grundbedürfnis, sich ***wichtig*** und ***sicher*** zu fühlen. Wie können Sie ihnen dieses Gefühl vermitteln?

Mit ***»Der goldene Dreier«*** fasse ich *Wie man Freunde gewinnt* in drei Worten zusammen. Wenn Sie erreichen möchten, dass sich andere in Ihrer Gegenwart wichtig und sicher fühlen, sollten Sie stets daran denken, anderen Menschen mit Wertschätzung, Höflichkeit und Respekt zu begegnen.

Wertschätzung bedeutet, dass Sie sich bedanken, wenn andere etwas für Sie getan haben, selbst wenn das Ergebnis zu wünschen übrig lässt. Stellen Sie sich vor, Sie arbeiten am Design eines Produkts und Ihr Chefdesigner zeigt Ihnen ein paar Modelle, die Ihrer Ansicht nach nicht funktionieren werden. Platzen Sie dann heraus mit »Das trifft es überhaupt nicht – da können Sie gleich noch mal von vorne anfangen!«, tun Sie alles, um Ihren Kollegen herabzuwürdigen und zu verunsichern. Bringen Sie stattdessen Ihre Wertschätzung zum Ausdruck: »Vielen Dank. Sie haben sich da eindeutig viel Mühe gemacht und das weiß ich zu schätzen. Ich bin mir aber nicht sicher, ob das wirklich schon die optimale Lösung ist. Ich habe da ein paar Ideen, vielleicht helfen die weiter …« Damit sagen Sie im Grunde dasselbe aus, aber der Ton macht die Musik.

Höflichkeit ist selbsterklärend. Ich habe dafür einmal folgende Definition gehört: »anderen kleine Unannehmlichkeiten abnehmen«. Sehr brauchbar, wie ich finde. Halten Sie jemandem die Türe auf, ersparen Sie ihm eine kleine Unannehmlichkeit, beeinflussen unter Umständen aber ganz wesentlich, wie Sie wahrgenommen werden. Durch solche kleinen Gesten fällt Ihnen kein Zacken aus der Krone.

Respekt bedeutet, dass man den Status des anderen würdigt. Ganz gleich, in welchem Verhältnis Sie zu der Person stehen, mit der Sie kommunizieren – sie als Mensch zu respektieren, ist eine Grundvoraussetzung dafür, dass sie sich wichtig oder sicher fühlen kann, ungeachtet ihres sozialen Status.

Den goldenen Dreier sollten Sie auf jede Interaktion mit anderen anwenden – nicht nur mit Menschen, für die Sie sich besonders interessieren. Wenn Sie schon einmal mit jemandem im Restaurant gegessen haben, der zu Ihnen sehr zuvorkommend, aber zur Bedienung unfreundlich war, dann wissen Sie, was ich meine. Wer andere schlecht behandelt, signalisiert klar, dass er nicht vertrauenswürdig ist.

Wenn Sie anderen grundsätzlich mit Wertschätzung, Höflichkeit und Respekt begegnen, fühlen sich diese in Ihrer Gegenwart wichtig und sicher.

Link zur Referenz: **personalmba.com/golden-trifecta/**

Die Begründung

»Die Zivilisation macht Fortschritte, indem sie die Zahl der Handlungen erhöht, die wir ausführen können, ohne darüber nachzudenken.«

Alfred North Whitehead, Mathematiker und Philosoph

Hier eine faszinierende Eigenheit, wenn es darum geht, andere um etwas zu bitten: Sie werden Ihrer Bitte mit weit größerer Wahrscheinlichkeit nachkommen, wenn Sie Ihnen einen guten Grund dafür nennen. In *Influence. Wie man [andere] überzeugt* beschreibt Dr. Robert Cialdini ein Experiment, das diesen Grundsatz in Aktion demonstriert.

In den 1970er-Jahren führte die Psychologin Ellen Langer an der Harvard University eine berühmte Reihe von Experimenten durch, um die Frage zu klären, was Menschen dazu bringt, auf eine Bitte einzugehen. Im Mittelpunkt der Experimente stand ein viel genutztes Kopiergerät auf dem Universitätsgelände.

Langers Studierende baten Menschen, die Schlange standen, um den Kopierer zu nutzen, sie vorzulassen. Dabei gingen sie unterschiedlich vor. Eine direkte Bitte hatte in 60 Prozent der Fälle Erfolg. Langer stellte jedoch fest: Gab man zusätzlich einen *Grund* für die Bitte an, erhöhte sich die Erfolgsquote auf *95*

Prozent. Diese Methode funktionierte auch dann, wenn der angegebene Grund nichtssagend war. »Weil ich Kopien machen muss« brachte genauso viel wie »weil ich gleich in der Vorlesung sein muss« oder »weil ich es eilig habe«. Der Bittsteller musste sein Anliegen nur irgendwie begründen und schon waren die Menschen bereit, ihn vorzulassen.

Die Menschen achten von Haus aus auf verhaltensbedingte Gründe. Sie gehen eher auf eine Bitte ein, wenn man sie ***begründen*** kann. Womit, spielt keine Rolle.

Link zur Referenz: **personalmba.com/reason-why/**

Kommandoabsicht

> »Sag den Leuten nie, wie sie vorgehen sollen. Sag ihnen, was zu tun ist, und ihr Einfallsreichtum wird dich überraschen.«
>
> General George S. Patton, Kommandeur der US Third Army im Zweiten Weltkrieg

In der Regel lassen sich die Menschen nicht gern sagen, was sie tun sollen. »Mikromanagement« ist der Lebensfluch jedes Arbeitnehmers – eine kompetente Fachkraft fühlt sich selten so herabgewürdigt wie von jemandem, der ihr die Arbeit bis ins letzte Detail vorschreibt und ihr ständig kritisch über die Schulter schaut.

Mikromanagement nervt nicht nur, es ist auch ineffizient. Menschen, denen bis ins Kleinste vorgeschrieben wird, was sie zu tun haben, fühlen sich nicht nur abgewertet, sondern arbeiten weniger effektiv. Keine Anweisungen, und seien sie noch so detailliert, können alle Eventualitäten abdecken. Bei der geringsten Veränderung schlägt Mikromanagement prompt fehl.

Gar nicht daran zu denken, wie überfordert ein CEO sein muss, der stur am Mikromanagement festhält. Sie wissen ja – Menschen sind nicht ***skalierbar.*** Je mehr Menschen für ein Unternehmen arbeiten, desto mehr Anweisungen muss dessen CEO geben, damit alles läuft. Haben Sie zehn Mitarbeitende, ist Mikromanagement stressig. Mit Hunderttausenden von Mitarbeitenden wird es zum Albtraum.

»Kommandoabsicht«, was der Chef will und warum, ist eine deutlich bessere Methode, Aufgaben zu delegieren. Wenn Sie jemandem eine Aufgabe übertragen, sollten Sie ihm erklären, *warum* sie erledigt werden muss. Je besser der Akteur versteht, welcher Sinn hinter Ihren Maßnahmen steckt, desto besser und angemessener kann er reagieren, wenn sich die Lage verändert.

Diese Vorgehensweise kommt aus dem militärischen Bereich. Erklärt ein General einem Feldkommandeur ganz genau, wie er einen bestimmten Hügel einnehmen soll, und die Lage verändert sich, muss der Kommandeur sich beim General neue Befehle holen, und das ist schwerfällig und ineffizient. Erklärt der General seinem Kommandeur stattdessen die Strategie und macht ihm klar, *warum* gerade dieser Hügel unbedingt erobert werden muss und wie das der übergreifenden Strategie dient, kann dieser seine Kenntnisse des ***Ziels*** und neue Informationen nutzen, um zwar anders, aber doch so vorzugehen, wie es der ursprünglichen Absicht entspricht.

Die Kommandoabsichttaktik mindert die ***Kommunikationskosten.*** Indem ein Chef die Absicht kommuniziert, die hinter einem bestimmten Plan steckt, sorgt er dafür, dass laufende Kommunikation für den Erfolg des gesamten Teams keine so große Bedeutung mehr hat. Wenn jeder weiß, worum es geht, kann jeder so handeln, wie es der eigentlichen Absicht entspricht, ohne fortlaufend Aufmerksamkeit zu erfordern.

Kommunizieren Sie die Absichten, die Ihren Plänen zugrunde liegen, ermöglichen Sie es Ihren Leuten, flexibel auf Veränderungen zu reagieren.

Link zur Referenz: **personalmba.com/commanders-intent/**

Verdiente Anerkennung

»Man kann Reputation nicht darauf aufbauen, was man erst noch tun wird.«

Henry Ford, Gründer der Ford Motor Company
und Pionier der Fließbandfertigung

Vertrauen zwischen Menschen aufzubauen, erfordert Zeit und Mühe. Andere werden Ihnen in den meisten Fällen erst dann größere ***Macht,*** Verantwortung oder Kontrolle übertragen, wenn Sie bewiesen haben, dass man sich auf Sie verlassen kann und dass Sie liefern.

Verdiente Anerkennung ist ein subjektiver Eindruck davon, wie viel Vertrauen Sie bei einem anderen im Zeitverlauf aufgebaut haben. Haben Sie Kompetenz, Verlässlichkeit, gutes Urteilsvermögen, Geschick oder die Fähigkeit bewiesen, positive Ergebnisse zu erzielen, dann steigt in der Regel Ihre verdiente Anerkennung. Demonstrieren Sie aber das Gegenteil, verringert sich Ihre verdiente Anerkennung bei dem Betreffenden.

Im Gespräch mit Shane Parrish erklärt Tobi Lütke, Mitgründer und CEO von Shopify, anhand einer Metapher, was er darunter versteht: Er spricht von der »Vertrauensbatterie«, die je nach Qualität und Quantität der Interaktionen im Zeitverlauf aufgeladen oder verbraucht wird.[80] Diese Metapher erleichtert es, direkter und weniger emotional über verdiente Anerkennung zu sprechen:

> Bei der Arbeit im Team kommt es oft auf die Art und Weise an, wie Sie in der Zusammenarbeit kommunizieren und einander Feedback geben. Es ist so viel leichter zu sagen: »Wissen Sie, ich arbeite wirklich gern mit Ihnen zusammen und Ihre Arbeit sagt mir zu, aber Sie erscheinen nicht zu den Teammeetings. Ich wollte Ihnen nur sagen, dass sich diese beiden Faktoren neutralisieren. Deshalb erreicht Ihre Vertrauensbatterie beim übrigen Team auch keine höheren Werte, obwohl Sie so gute Arbeit leisten.« So ein Gespräch bringt viel mehr als der Vorwurf: »Sagen Sie mal, interessieren Sie sich eigentlich gar nicht für uns?« […]
>
> Ich hätte gern, dass Shopify ein Unternehmen ist, [in dem] Menschen sehr viel persönliche Autonomie genießen. Das ist aber nicht mit jedem möglich, denn Vertrauen will verdient sein. Mit so einem Konzept können Sie Ihren Leuten sagen: »Hey, wenn Sie es schaffen, Ihre Vertrauensbatterie bei den meisten Menschen um Sie herum auf 80 bis 90 Prozent aufzuladen, übertragen wir Ihnen einen eigenen Verantwortungsbereich und vertrauen darauf, dass Sie dieser Verantwortung gerecht werden.« So läuft das schon. Wir bringen lediglich eine eingängige Metapher ins Spiel, die den Leuten Folgendes vermittelt: »Also das habe ich davon, wenn es mir gelingt, das Vertrauen des übrigen Teams zu gewinnen.«

Es ist möglich, sich Anerkennung systematisch zu verdienen. In *The Snowball System* empfiehlt der altgediente Vertriebsprofi Mo Brunnell, eine Liste Ihrer wichtigsten beruflichen Kontakte sowie eine Liste der Menschen zu erstellen, zu denen Sie gern Beziehungen aufnehmen oder Ihre bestehende Beziehung stärken würden. Diese Liste Ihrer VIPs ist in zweierlei Hinsicht von Nutzen: Es ist eine praktische ***Checkliste,*** die Sie heranziehen können, um sicherzustellen, dass Sie Ihre Kontakte pflegen, aber auch ein ***Anbahnungswerkzeug,*** mit dessen Hilfe Sie leichter erkennen können, wenn Sie auf etwas stoßen, das einer Ihrer Kontakte nützlich oder interessant finden könnte. Auf diese Weise werden Sie mehr Chancen für positive Interaktionen wahrnehmen, häufiger interagieren und Beziehungen schneller intensivieren, als es Ihnen gelingen würde, wenn Sie künftige Interaktionen dem Zufall überließen.

Je mehr Anerkennung Sie sich in Ihrem Leben bei anderen verdienen, desto tragfähiger werden Ihre Beziehungen und desto mehr Chancen werden sich dadurch für Sie ergeben.

Link zur Referenz: **personalmba.com/earned-regard/**

Der Zuschauereffekt

»Rechenschaftspflicht ist, wenn jemand die Verantwortung übernimmt. Sind zwei Menschen für dieselbe Entscheidung rechenschaftspflichtig, ist es in Wirklichkeit keiner.«

Glyn Holton, Risikomanagementberater im Investmentgeschäft

Als Heranwachsender war ich bei den Pfadfindern aktiv. Zu deren Standardprogramm gehören Erste Hilfe, Wiederbelebungsmaßnahmen und Notfallmanagement – Grundlagen, die Sie darauf vorbereiten, mit den Notfällen umzugehen, die Ihnen mit größter Wahrscheinlichkeit begegnen.

Neben bestimmten Techniken erinnere ich mich an zwei nützliche Grundsätze aus dieser Ausbildung: (1) Steh auf und stell dich der Verantwortung, bis ein erfahrener Profi übernehmen kann, und (2) richte Anweisungen oder Bitten stets *jeweils an eine bestimmte Person.*

Erleidet jemand in einem gut besuchten Geschäft allem Anschein nach einen Herzinfarkt und Sie schreien: »Kann bitte jemand einen Krankenwagen rufen«, ist die Wahrscheinlichkeit groß, dass sich keiner angesprochen fühlt. Je mehr Menschen herumstehen, desto wahrscheinlicher nimmt jeder an, dass sich schon ein anderer darum kümmern wird. Viel effektiver ist es, sich eine bestimmte Person herauszupicken, Blickkontakt herzustellen, auf sie zu zeigen und zu sagen: »SIE DA – RUFEN SIE BITTE EINEN KRANKENWAGEN!« Dann klappt das auch.

Der ***Zuschauereffekt*** ist eine inverse Beziehung zwischen der Anzahl der Menschen, die etwas unternehmen *könnten*, und der Anzahl derjenigen, die *wirklich etwas unternehmen.* Je mehr Menschen anwesend sind, desto weniger fühlt sich jeder Einzelne dafür verantwortlich, die Initiative zu ergreifen.

Der Mord an Kitty Genovese 1964 und die tödlichen Schüsse auf Petru Barladeanu 2009 sind dramatische und bekannte Beispiele für den Zuschauereffekt. In beiden Fällen wurden die Opfer vor vielen Zuschauern angegriffen, die allesamt zögerten, Hilfe zu leisten. Wie viele Menschen Zeugen des Mordes an Genovese waren, ist umstritten, doch im Fall Barladeanu steht es fest – der Mord wurde von einer Videokamera aufgezeichnet. Während Barladeanu in einem U-Bahnhof auf dem Boden an einer Schusswunde verblutete, gingen zahlreiche Menschen, die sehen konnten, was passiert war, tatenlos vorbei.

Der Zuschauereffekt erklärt, warum ein Auftrag, der einem Ausschuss übertragen wird, nie erledigt wird. Haben Sie schon jemals in einer Gruppe gearbeitet, in der keiner dem anderen etwas zu sagen hatte? Dann wissen Sie bestimmt, was ich meine. Solange sich keiner meldet und persönlich die Verantwortung dafür übernimmt, das etwas vorangeht, und andere für den Fortschritt in die Pflicht nimmt, kann so ein Ausschuss jahrelang beraten, ohne dass etwas passiert. Jedes Ausschussmitglied geht davon aus, dass sich ein anderer darum kümmert.

Der Zuschauereffekt lässt sich im Projektmanagement am einfachsten dadurch eliminieren, dass Einzelnen eindeutig die Verantwortung für bestimmte Aufgaben übertragen wird und Fristen gesetzt werden. Solange nicht jeder in Ihrem Team weiß, wofür er zuständig ist und wann was erledigt sein muss, ist sehr unwahrscheinlich, dass es vorangeht.

Beim Delegieren von Verantwortung sollten Sie *Arbeitsaufträge immer einer bestimmten Person erteilen und mit einem festen Termin versehen.* Erst dann werden sich die Betreffenden dafür verantwortlich fühlen, dass Dinge erledigt werden.

Link zur Referenz: **personalmba.com/bystander-apathy/**

Der Planungsfehlschluss

»Hofstadters Gesetz: Es dauert immer länger, als Sie denken – selbst wenn Sie Hofstadters Gesetz berücksichtigen.«

Douglas Hofstadter, Kognitionswissenschaftler und mit dem Pulitzerpreis ausgezeichneter Autor

In aller Regel können Menschen furchtbar schlecht planen. So hart das klingt: Jeder Plan, selbst wenn er vom intelligentesten, versiertesten CEO oder Projektmanager aller Zeiten aufgestellt wurde, ist ungenau – auch dann, wenn die Betreffenden zuvor schon ähnliche Projekte abgewickelt haben.

Wie Jason Fried und David Heinemeier Hansson in ihrem Buch *Rework* scherzhaft feststellen: »Planung ist ein Ratespiel.« Wir sind so schlechte Planer, weil wir nicht allwissend sind – unvorhergesehene Ereignisse oder Umstände können auch den ausgefeiltesten Plan gefährden. Wenn wir Pläne aufstellen, raten und ***interpretieren*** wir, um die Lücken zu füllen, ganz gleich, wie sehr wir uns auch bemühen, diese peinliche Wahrheit in hochtrabende Sprache und eindrucksvolle Grafiken zu kleiden.

Der ***Planungsfehlschluss*** besteht darin, dass Menschen grundsätzlich dazu neigen, die Zeit zu unterschätzen, die benötigt wird, um etwas zum Abschluss zu bringen. Je komplexer das Projekt, desto mehr ***wechselseitige Abhängigkeiten*** enthält es. Und je mehr wechselseitige Abhängigkeiten vorliegen, desto größer die Wahrscheinlichkeit, dass irgendwann irgendetwas nicht nach Plan läuft.

Bei der Planung stellen wir uns ein Szenario vor, in dem alles reibungslos abläuft. Daher unterschätzen wir die Wahrscheinlichkeit von Ereignissen, die sich auf den Plan auswirken könnten, und ebenso, wie sehr solche Eventualitäten das Projekt beeinträchtigen können. Kaum ein Projektplan enthält einen Punkt, der so oder ähnlich lautet: »Der Projektmanager erkrankt an Pfeifferschem Drüsenfieber und fällt einen Monat lang aus.«

Die meisten Pläne unterschätzen stark, wie viel ***Luft*** einkalkuliert werden muss, damit die Planung stimmt. Sind Sie für den Abschluss eines komplexen Projekts zuständig, ist es durchaus angemessen, ein paar Monate Spielraum einzuplanen – für unerwartete Verzögerungen, Urlaub, Krankheiten und andere unvorhergesehene Ereignisse, die dafür sorgen könnten, dass alles länger dauert als erwartet.

Das Problem dabei: Größerer Spielraum wird fast nie als akzeptabel oder angemessen angesehen. Legen Sie einem CEO, einem Kunden oder Partner einen Plan vor, der drei Monate Spielraum vorsieht, ist die übliche Reaktion darauf: »Das ist inakzeptabel – das muss schneller gehen.« Die Luft wird herausgepresst, und die Folge ist, dass fast jeder Projektplan aller Wahrscheinlichkeit nach nicht aufgeht.

Dass die Pläne so unrealistisch sind, macht Planung aber nicht sinnlos. Pläne sind nicht deshalb nützlich, weil Sie Ihnen helfen, zutreffendere Prognosen anzustellen – sie sind nützlich, weil Ihnen der Akt der Planung hilft, die Anforderungen, Abhängigkeiten und Risiken gründlicher zu durchdenken als bisher. Um mit den zeitlosen Worten von Dwight D. Eisenhower zu sprechen: »Keine Schlacht wurde je planmäßig gewonnen. Aber auch noch keine planlos.

… Pläne sind nutzlos, aber die Planung ist unverzichtbar.« Der Wert der Planung liegt in der ***mentalen Simulation:*** dem Denkprozess, der erforderlich ist, um den Plan zu erstellen.

Arbeiten Sie daher ruhig mit Plänen, machen Sie sich aber nicht davon abhängig – solange Sie zügig und sorgfältig vorgehen, wird das Projekt so schnell abgeschlossen, wie das realistisch möglich ist.

Link zur Referenz: **personalmba.com/planning-fallacy/**

Die forcierende Funktion

»Der Plan, den Sie aufstellen, mag absolut fiktiv erscheinen, bis Ihnen Ihr Kunde abspringt, weil Sie ihn nicht einhalten.«

David Akin, Professor für Luft- und Raumfahrttechnik an der University of Maryland

Im Regelfall gehen die Menschen gar nicht gern Kompromisse ein, wenn es in der Situation nicht unbedingt erforderlich ist. ***Optionen*** sind dennoch wertvoll, und es ist sinnvoll, sich Flexibilität und Einflussmöglichkeiten zu sichern, sofern kein guter Grund dagegenspricht.

Eine ***forcierende Funktion*** oder auch steuernde Funktion ist ein Prozess oder eine ***festgelegte Maßnahme*** oder Beschränkung, die innerhalb einer bestimmten Frist eine Handlung, eine ***Entscheidung*** oder einen Kompromiss erfordert. Fristen, Projektmeilensteine, Versuchsphasen und Quartals- oder Jahresberichte sind häufige Beispiele für forcierende Funktionen: Ihr Zweck besteht darin, Fortschritt voranzutreiben oder zu erzwingen, der ohne externe Limitierungsfaktoren sonst nicht eintreten würde.

Sie sorgen für Dringlichkeit, haben aber ihre Grenzen: Entwicklungs-, Entdeckungs- oder Produktionsprozesse, die eine bestimmte Zeit in Anspruch nehmen, lassen sich nicht beschleunigen, indem man ein künstliches Enddatum festlegt, selbst wenn man mehr Ressourcen auf das Projekt verwendet. Frederick P. Brooks Jr., Autor von *Vom Mythos des Mann-Monats*, verwendete eine denkwürdige Metapher, um diese inhärente Grenze zu erklären: Eine Frau kann in neun Monaten ein Baby auf die Welt bringen … doch neun Frauen schaffen das in einem Monat nicht. In solchen Situationen die Dringlichkeit zu erhöhen, bringt keine besseren Ergebnisse, sondern erzeugt nur überflüssigen Stress.

Forcierende Funktionen setzt man am besten ein, um Forschung zeitlich zu begrenzen und unter ***unsicheren*** Bedingungen Entscheidungen zu treffen. Ist nicht ganz sicher, wie es weitergehen soll, schiebt man schwierige Entscheidungen gern auf mit der Ausrede, es müssten noch weitere Informationen eingeholt werden. Durch eine künstliche Begrenzung der Projektphase, die für die Beschaffung von Informationen vorgesehen ist, kommen Sie leichter voran und erzielen Ergebnisse – vor allem, wenn diese innerhalb einer vorgegebenen Frist vorliegen müssen.

Link zur Referenz: **personalmba.com/forcing-function/**

Empfehlungen

»Wer es in der Welt zu etwas bringen will, muss andere glauben machen, es sei zu ihrem Vorteil, ihm weiterzuhelfen.«

Jean de la Bruyère, Philosoph und Satiriker des 17. Jahrhunderts

Ihr Auto hat eine Panne. Zu wem würden Sie es lieber bringen – zu einem Automechaniker, der ein Bekannter eines guten Freundes ist, oder zu irgendeiner Werkstatt, die Sie in den Gelben Seiten gefunden haben?

Wenn wir die Wahl haben, interagieren wir stets lieber mit Menschen, die wir kennen und mögen. ***Empfehlungen*** erleichtern die Entscheidung, einen Auftrag an einen Unbekannten zu vergeben.

Empfehlungen sind so effektiv, weil sie sozusagen übertragen, dass man jemanden kennt und mag. Vermutlich gehen Sie deshalb lieber zu einem Mechaniker, den Ihnen ein Freund empfohlen hat, weil Sie Ihren Freund kennen und mögen und Ihr Freund den Mechaniker kennt und mag. Der andere Mechaniker aus dem Telefonbuch kann noch so qualifiziert sein – dass man jemanden kennt und mag, fällt schwerer ins Gewicht. Die Empfehlung überträgt diesen Effekt des Kennens/Mögens auf den Empfohlenen – im Vergleich zu einer riskanten unbekannten Größe stellt er die sichere, vernünftige Wahl dar.

Kaltakquise funktioniert deshalb nicht so gut, weil der Besucher oder Anrufer unbekannt ist. Sie wissen ja – unbekannte Menschen und Situationen wertet unser Verstand als potenzielle Gefahren, und das aktiviert unsere angeborenen Verteidigungsmechanismen. Deshalb dürfte es Ihnen schwerfallen, jemanden, der Sie nicht bereits kennt oder mag, von Ihren Vorschlägen zu überzeugen.

Selbst die abstrusesten Gemeinsamkeiten können einen Kaltkontakt spürbar aufwärmen. Erwähnt jemand, dass er aus derselben Gegend kommt wie Sie oder dass er die gleiche Schule besucht hat oder denselben Menschen kennt, wird er Ihnen gleich sympathischer – ganz gleich wie dürftig die hergestellte Verbindung ist.

Im letzten Jahr, als Kelsey noch in Manhattan Brautkleider verkaufte, erwirtschaftete sie 70 Prozent ihres Umsatzes über Empfehlungen. Wer 10 000 Dollar oder mehr für ein Designerkleid ausgeben möchte, geht gern zu jemandem, den er kennt und mag – und Kelsey kam bei ihren Kundinnen *wirklich* gut an. Die meisten potenziellen Kundinnen kannten und mochten Kelsey bereits, noch bevor sie das Geschäft betraten – und deshalb konnte sie deutlich mehr verkaufen.

Je mehr Menschen Sie kennen, mögen und Ihnen vertrauen, desto besser für Sie. Empfehlungen sind der beste Weg, Ihr persönliches Kontaktnetzwerk auszubauen.

Link zur Referenz: **personalmba.com/referrals/**

Gruppendynamik

> **»Als Schlachtruf ist ›Sterbt, ihr widerlicher Abschaum!‹ deutlich mitreißender als ›Sterbt, ihr Menschen, die ihr genauso sein könntet wie ich, aber in einem anderen Umfeld aufgewachsen seid!‹«**
>
> Eliezer Yudkowsky, Forscher auf dem Gebiet der künstlichen Intelligenz

Im Jahr 1954 wurden 22 Zwölfjährige für ein spezielles Ferienlager im Robbers Cave State Park in Oklahoma ausgewählt. Das Besondere daran: Bei der Freizeit handelte es sich um ein psychologisches Experiment unter der Leitung der Doktoren Muzafer und Carolyn Wood Sherif.

Die Jungen wurden danach ausgewählt, dass sie der übrigen Gruppe so ähnlich wie möglich waren. Die Psychologen stellten sicher, dass alle Jungen einen ähnlichen IQ, einen ähnlichen familiären Hintergrund und ähnliche Kindheitserfahrungen hatten. Bevor das Experiment begann, wurden die 22 Jungen in zwei Gruppen unterteilt, die jeweils am entgegengesetzten Ende des Parks untergebracht wurden. Ganz bewusst wurde keine der beiden Gruppen über die Existenz der anderen informiert.

Ursprünglich war der Plan gewesen, jeder Gruppe etwas Zeit zu geben, um zusammenzuwachsen, ihr dann mitzuteilen, dass es die andere Gruppe gab, und abzuwarten, was passierte. Die Betreuer der Freizeit waren Psychologen und Studierende im Masterstudium. Sie sollten die Entwicklungen aus nächster Nähe persönlich verfolgen.

Es trug sich Folgendes zu: Die Gruppen entdeckten einander zufällig früher als geplant, und es entwickelte sich unverzüglich eine Feindschaft. Sobald die Jungen bemerkt hatten, dass es in »ihrem Camp« noch eine andere Gruppe gab, rotteten sie sich zusammen und gingen prophylaktisch in Verteidigungsstellung.

Menschen bilden tendenziell bestimmte Gruppen. Diesen Prozess bezeichnet man als ***Gruppendynamik.*** Eine der Jugendgruppen bezeichnete sich bald als »die Adler«, die andere titulierte sich als »die Klapperschlangen«. Es bildete sich eine Gruppenidentität heraus, anhand derer die Mitglieder »Insider« und »Outsider« sofort identifizieren konnten. Die Adler traten als die heldenhaften »Guten« auf, die Klapperschlangen sahen sich als die Außenseiter und Rebellen.

Überraschend schnell führten kleinere Provokationen wie das Einholen oder Stehlen der Flagge der anderen Gruppe ins Chaos: Lagerplätze wurden überfallen und es gab Raufereien in der Kantine. Sportliche oder andere Wettbewerbe waren eine Katastrophe. Weil sie um die Sicherheit der Teilnehmer fürchteten, versuchten die Forscher, Wege zu finden, um den Konflikt zu lösen.

Sie stellten den beiden Gruppen Aufgaben und führten Ziele ein, die Zusammenarbeit erforderten: Sie mussten das Problem lösen, dass das Wasser knapp wurde, gemeinsam einen Film auswählen, der vorgeführt werden sollte, und ein liegen gebliebenes Fahrzeug ins Lager schieben. Als sich die Teilnehmer nach und nach als Mitglieder einer größeren Gruppe empfanden, flauten die Konflikte ab.

Der Mensch neigt von Natur aus zur Gruppenbildung – wir lassen uns grundsätzlich von den Menschen beeinflussen, die uns umgeben. Uns als Teil einer Gruppe zu fühlen und uns von anderen Gruppen zu unterscheiden, ist ein Instinkt, der viele der fortgesetzten Kriege und Konflikte erklärt, über die täglich in den Nachrichten berichtet wird.

Oder denken Sie an Sportfans. Spieler, Trainer, ja sogar Stadien und Trikots ändern sich so oft, dass man gar nicht mehr nachvollziehen kann, wem oder was die Fans da zujubeln – das Leben eines eingefleischten Fans der New York Yankees wird unverändert weitergehen, egal, ob sein Team gewinnt oder verliert. Das mag alles stimmen, doch für den Fan fühlt es sich nicht so an – gewinnen die Yanks, empfindet auch er sich als Sieger.

Rivalität im Sport hat ganz ähnliche Gründe. Ich wuchs im nördlichen Teil des US-Bundesstaats Ohio auf, wo die Rivalität zwischen Ohio State und der University of Michigan gelebt und gepflegt wird. Wo ich herkomme, betrachten Ohio-State-Fans Michigan in bestimmten Abschnitten des Jahres als die Inkarnation des *Bösen.* Aus der Distanz betrachtet, ist das natürlich alles Unsinn. Es sind Collegestudenten, die hinter einem kleinen, länglichen, braunen Ball her sind, während sich Hunderttausende Zuschauer heiser schreien. Doch im Eifer des Gefechts geht die Feindschaft den beiden Gruppen über alles.

Gruppen bilden sich zu wichtigen Themen, Standpunkten oder Ereignissen. Sie sollten diese Dynamik unbedingt durchschauen, denn sonst holt sie Sie vermutlich ein.

Link zur Referenz: **personalmba.com/clanning/**

Konvergenz und Divergenz

»Das Individuum musste immer darum kämpfen, nicht von der Horde überwältigt zu werden. Wer es versucht, wird sehr oft einsam sein und manchmal voller Furcht. Doch kein Preis ist zu hoch für das Privileg, sich selbst zu gehören.«

Friedrich Nietzsche, Philosoph und Autor
von *Der Wille zur Macht* und *Also sprach Zarathustra*

Mit der Zeit gleicht man sich immer mehr den Menschen an, mit denen man Umgang pflegt, und hebt sich von solchen in anderen Gruppen ab.

Unter ***Konvergenz*** ist die Tendenz der Mitglieder einer Gruppe zu verstehen, einander immer ähnlicher zu werden. In der Wirtschaft wird das manchmal als »Unternehmenskultur« bezeichnet – in dem Sinne, dass Menschen, die dort arbeiten, in der Regel dieselben Merkmale, Verhaltensweisen und Weltanschauungen haben.

Konvergenz bedeutet auch, dass Gruppen dazu neigen, sich selbst zu überwachen. Die ***Normen*** der Gruppe wirken ähnlich wie die Schwerkraft – verstößt jemand dagegen, machen die Übrigen ihren Einfluss auf den Rebellen geltend, um ihn zur Ordnung zu rufen. Im Englischen sagt man: »Der höchste Grashalm wird zuerst geschnitten.«

Wer schon einmal in einem Unternehmen mit einer Workaholic-Kultur gearbeitet hat, weiß, wie stark die Konvergenz sein kann. Ist es die Regel, dass Arbeitnehmer um 6 Uhr morgens am Schreibtisch sitzen und bis 22.30 Uhr durcharbeiten, kann es schwierig werden, früher nach Hause zu gehen, denn eine Verletzung dieser Normen ist ein soziales Signal dafür, dass man nicht zur

Gruppe gehört. Einer meiner Klienten, der bei einem großen medizinischen Forschungsinstitut beschäftigt ist, gerät immer wieder in Konflikt mit Kollegen. Der Grund: Er »leistet seinen Beitrag nicht«, weil er schon um 17 Uhr nach Hause geht statt um 19.30 Uhr – obwohl er gute Leistungen bringt und sein Pensum schafft. Statt es als »intelligentes Arbeiten« zu betrachten, zu einer vernünftigen Uhrzeit Feierabend zu machen, gilt es als eine Form von Verrat – traurig, aber gar nicht so selten.

Divergenz ist die Tendenz von Gruppen, sich mit der Zeit immer stärker von anderen Gruppen zu unterscheiden. Da sich Gruppenverhalten häufig entwickelt, um Mitglieder einer Gruppe von denen anderer Gruppen abzuheben, verändern sich die Normen in den meisten Gruppen dahingehend, dass sie möglichst nicht mit einer anderen Gruppe oder mit Nachahmern verwechselt werden können.

Die Divergenz erklärt, warum die New Yorker Schickeria so häufig wechselnden Moden unterliegt. In bestimmten gesellschaftlichen Kreisen signalisiert man über die Kleidung seine Finanzkraft oder seinen Status. Taucht die neueste Mode auch bei der Kaufhauskette Target auf, sodass jeder den Look imitieren kann, ändert sie sich prompt. Diese ständige Divergenz sorgt dafür, dass das Signal für die Zugehörigkeit zu einer Gruppe als solches erkennbar bleibt.

Der inzwischen verstorbene Autor von *The Art of Exceptional Living,* Jim Rohn, formulierte das so: »Sie sind der Durchschnitt der fünf Menschen, mit denen Sie am meisten Zeit verbringen.« Die Werte und Verhaltensweisen der Menschen, mit denen Sie täglich interagieren, üben laufend Druck auf Sie aus, sie zu übernehmen.

Konvergenz kann nützlich sein, wenn Sie bewusst Zeit mit Menschen verbringen, denen Sie längerfristig ähnlicher werden möchten. Möchten Sie gern nicht mehr so schüchtern sein und mehr aus sich herausgehen, wird es Ihr Verhalten unwillkürlich beeinflussen, wenn Sie sich in Gesellschaft geselliger Menschen aufhalten. Sie mutieren zwar nicht über Nacht zum Partylöwen, doch nach und nach eignen Sie sich die Verhaltensweisen und Normen der Menschen an, mit denen Sie sich umgeben.

Sich aus Gruppen zu lösen, die Ihnen nicht guttun, ist ein schmerzlicher, aber notwendiger Schritt, um sich weiterzuentwickeln. Menschen, die gern aufhören möchten zu rauchen oder zu trinken, finden das oft deshalb so schwierig, weil es in ihrem sozialen Umfeld üblich ist, zu rauchen und zu trinken. Die Zigarettenpause um 15 Uhr oder die Happy Hour um 18 Uhr sind wichtige gesellschaftliche Ereignisse – rechnen Ihre Freunde mit Ihnen, ist es noch schwerer, der Versuchung zu widerstehen. Wenn sich wirklich etwas verändern soll, ist es oft nötig, einer Gruppe den Rücken zu kehren und sich eine andere zu suchen, in der Sie mehr Zuspruch für Ihre Vorhaben erhalten. Deshalb ist es auch so effektiv, sich einer Selbsthilfegruppe wie den Anonymen Alkoholikern anzuschließen, wenn man ein bestimmtes Verhalten verändern möchte.

Wer um den starken Einfluss von Konvergenz und Divergenz weiß, kann ihn zu seinem Vorteil nutzen. Trägt Ihr soziales Umfeld Ihre Ziele nicht mit, sollten Sie sich ein anderes suchen.

Link zur Referenz: **personalmba.com/convergence-divergence/**

Der Herdentrieb

> **»Wenn 50 Millionen Menschen etwas Dummes sagen, bleibt es trotzdem eine Dummheit.«**
>
> Anatole France, mit dem Nobelpreis ausgezeichneter Schriftsteller und Dichter

Haben Sie schon einmal an einer roten Ampel gestanden und auf Grün gewartet, um die Straße zu überqueren, und plötzlich ist der Mensch neben Ihnen losgelaufen? Vermutlich haben Sie sich dann unwillkürlich ebenfalls in Gang gesetzt – sofern Sie diese Reaktion nicht bewusst durch Willenskraft unterdrückt haben.

Meist sehen wir in den Handlungen anderer, die in der gleichen Situation sind wie wir, einen klaren Hinweis darauf, dass ein bestimmtes Verhalten akzeptabel ist. In einer zweideutigen Situation lernen wir, indem wir beobachten, was andere tun. Wer nicht weiß, wie er sich in Rom verhalten soll, ist gut beraten, es (sprichwörtlich) den Römern gleichzutun.

Der ***Herdentrieb*** kann aber ein Eigenleben entwickeln. Modeerscheinungen kommen oft dann auf, wenn jemand etwas tut, was andere als soziales Signal wahrnehmen, die dann genauso handeln und eine Art sozialer ***Rückkopplungsschleife*** entstehen lassen. Neue Moden, virale Videos und Spekulationsblasen an der Börse nehmen durch den Herdentrieb Fahrt auf – wenn so viele Menschen etwas mögen oder tun, kommt man leicht zu dem Schluss, dass man es ihnen besser nachtun sollte.

Sogenannte Testimonials sind eine effektive Verwendungsmöglichkeit für den Herdentrieb, die von Unternehmen eingesetzt wird, um mehr Abschlüsse zu erzielen. Nicht ohne Grund stellen Amazon und andere Onlineeinzelhändler Bewertungen von Nutzern ein: Geschichten über Menschen, die mit einem Kauf zufrieden waren, signalisieren eindeutig, dass man einen Artikel bedenkenlos kaufen kann. Entsprechend mehr Leute greifen zu.

Die besten Testimonials müssen dabei gar nicht auf Superlative zurückgreifen: Begriffe wie »absolut erstaunlich«, »optimal«, »lebensverändernd« und »revolutionär« sind so abgedroschen, dass die Leser damit rechnen und ihre Erwartungen herunterschrauben. Die effektivsten Testimonials orientieren sich in der Regel an folgendem Format: »Ich habe mich für dieses Angebot interessiert, war aber skeptisch. Letztlich habe ich mich dennoch zum Kauf entschlossen und bin mit dem Ergebnis sehr zufrieden.«

Dass dieses Format effektiver ist, als wenn Ihr Angebot von etlichen Käufern über den grünen Klee gelobt wird, kommt daher, dass es eher der Gefühlslage Ihrer potenziellen Kunden entspricht: interessiert, doch unsicher. Testimonials, aus denen herauszulesen ist, dass der oder die Betreffende seine Kaufentscheidung nicht bereut hat, signalisieren Ihren potenziellen Kunden, dass sie unbesorgt zuschlagen können.

Durch geschickte Nutzung des Herdentriebs können Sie Ihre Umsätze in die Höhe treiben.

Link zur Referenz: **personalmba.com/social-proof/**

Autorität

»Begegne allen Menschen mit Respekt, aber krieche vor niemandem.«

Tecumseh, Stammeshäuptling der Shawnee im 18. Jahrhundert

In den 1970er-Jahren engagierte die beliebte Massenmarkt-Kaffeemarke Sanka den Schauspieler Robert Young, um die gesundheitlichen Vorzüge von entkoffeiniertem Kaffee anzupreisen. Young war öffentlich besser bekannt als Dr. Marcus Welby, Hauptfigur der populären Fernsehserie *Marcus Welby, M.D.*

Young war zwar keinesfalls Experte für die medizinische Wirkung von Koffein, doch die Menschen nahmen ihn dennoch als Autorität wahr – und kauften Sanka. Diese Methode funktionierte so gut, dass Sanka seine Produkte jahrzehntelang von »Dr. Welby« bewerben ließ.

Der Mensch neigt von Natur aus dazu, sich nach ***Autoritätspersonen*** zu richten. Das beginnt schon in der Kindheit. Würden wir unseren Eltern nicht meistens gehorchen, würden wir das kaum lange überleben. Wenn wir größer werden, sind wir so sozialisiert, dass wir andere Autoritätspersonen respektieren und auf sie hören: Lehrer, Polizisten, Amtsträger und Kirchenvertreter. Fordert uns daher eine Autoritätsperson zu etwas Bestimmtem auf, dann tun wir das mit großer Wahrscheinlichkeit auch – selbst wenn die Aufforderung ungehörig oder sinnlos ist.

Die Menschen hören sogar dann auf Autoritätspersonen, wenn sie von sich aus nie so handeln würden. In einem ebenso berühmten wie verstörenden sozialpsychologischen Experiment wies Stanley Milgram nach, dass die meisten Menschen Autoritätspersonen in überraschend hohem Maße gehorchen – selbst wenn ihnen deren Aufforderungen moralisch falsch erscheinen.

In einer Versuchsreihe, die 1961 gestartet wurde, schickte Milgram seine Probanden mit einem »Wissenschaftler« im weißen Laborkittel und einer weiteren Person, bei denen es sich um Schauspieler handelte, in einen Raum. Der Versuchsperson wurde gesagt, die Studie untersuche den Effekt von Strafe auf den Lernprozess, und einer der Teilnehmer werde »nach dem Zufallsprinzip« als »Lernender« ausgewählt – der Schauspieler nämlich. Der »Lernende« wurde ins Nebenzimmer gebracht. Dort schnallte man ihn auf einem Stuhl fest und brachte Elektroden an.

Die Aufgabe der Testperson als »Lehrer« war nun, dem Lernenden Fragen vorzulesen und ihm einen Elektroschock zu versetzen, wenn er sie falsch beantwortete. Der Schauspieler erhielt keine echten Schocks, schrie und weinte aber und bettelte darum, nicht länger an der Studie teilnehmen zu müssen. Alle paar Minuten wies der »Wissenschaftler« den Lehrer an, die elektrische Spannung zu erhöhen. Die Studie sollte zeigen, wie lange die Testperson dem Wissenschaftler gehorchen würde, bevor sie sich weigerte weiterzumachen.

Das Ergebnis war einigermaßen erschütternd: 80 Prozent der Teilnehmenden gingen über den Punkt hinaus, an dem der Lernende darum bat aufzuhören, und 65 Prozent erhöhten die Spannung auf die höchstmöglichen 450 Volt, die als tödlich ausgewiesen waren. Dabei zeigten die Testpersonen durchaus Widerwillen gegen ihre Aufgabe. Wurden sie *angewiesen* weiterzumachen, widersetzten sie sich – ein Beispiel für die ***Überzeugungsresistenz*** –, doch wenn die Autoritätsperson erklärte, die Studie sei für das »Allgemeinwohl« wichtig – also für den wissenschaftlichen Fortschritt –, dann gaben sie nach.[81]

Ist eine Autoritätsperson anwesend, tun Menschen Dinge, die sie ansonsten verwerflich finden oder überhaupt nicht in Betracht ziehen würden. Das ist der Grund für viele Skandale, in die berühmte und einflussreiche Persönlichkeiten verwickelt waren.

Sind Sie in einer Position der Autorität, dann verändert das, wie andere mit Ihnen interagieren. Äußern Sie eine Meinung, werden Ihre Untergebenen diese viel eher als Wahrheit oder als Anweisung ***interpretieren.*** Daher filtern die Menschen die Informationen, die sie Ihnen mitteilen, danach, was Sie ihrer Ansicht nach hören möchten – und das kann etwas ganz anderes sein als das, was Sie eigentlich hören *sollten.* Dieses Filterverhalten führt dazu, dass Autoritätspersonen am Ende oft »in einer Blase« leben – Autorität und der ***Bestätigungsfehler*** schirmen sie im Zusammenspiel gegen Informationen ab, die ihren Ansichten widersprechen. Infolgedessen fällt es Autoritätspersonen schwer, die ***Tendenz zur Selbstüberschätzung*** auszugleichen.

Wer auf einem bestimmten Gebiet eine ausgeprägte ***Reputation*** erwirbt, genießt dadurch die Vorzüge der Autorität. Diese ist nicht in jeder Hinsicht tückisch – respektieren andere Ihr Wissen und Ihre Erfahrung, steigt die Wahrscheinlichkeit, dass sie sich nach Ihren Vorschlägen richten. Daher kann es durchaus vorteilhaft sein, bestimmte Kompetenzen und eine starke Reputation aufzubauen – Sie können dadurch mehr Einfluss ausüben. Bemühen Sie sich, sich als Autorität für Ihr Produkt zu etablieren, dann dürfte dieses mehr Abnehmer finden.

Link zur Referenz: **personalmba.com/authority/**

Verpflichtung und konsequentes Handeln

»Eine törichte Konsequenz ist der Kobold der Kleingeister.«

Ralph Waldo Emerson, Essayist und Dichter des 19. Jahrhunderts

Vor ein paar Monaten bekam Kelsey einen Anruf von unserer Alma Mater, die um eine Spende bat – allerdings nicht direkt. Stattdessen fragten sie Kelsey, ob sie denn »bereit wäre, die Universität künftig mit einer Spende zu unterstützen«. Kelsey dachte sich nichts dabei, bejahte – und vergaß den Anruf prompt.

Kurz bevor wir von New York nach Colorado umzogen, war eine offiziell wirkende »Rechnung« über 150 Dollar von der Universität in der Post. Darin hieß es: »Sie können uns die zugesagten 150 Dollar im beigelegten Rückumschlag per Scheck zusenden.«

Wir waren knapp bei Kasse, denn wir mussten die Umzugsfirma bezahlen und Autos und Möbel kaufen – doch Kelsey schickte den Scheck trotzdem. Sie hatte es ja schließlich versprochen – oder?

Niemand steht gern als »eidbrüchig« da. ***Pflichtgefühl*** wurde in der Geschichte immer wieder eingesetzt, um Bindung zu einer Gruppe herzustellen. Bricht jemand ein Versprechen oder hält eine Zusage nicht ein, so hat das häufig negative Auswirkungen auf seinen ***sozialen Status*** oder seine ***Reputation.*** Deshalb tun die meisten Menschen, was sie können, um zu demonstrieren, dass sie sich ***verlässlich*** an frühere Aussagen und Verpflichtungen halten.

Schon ganz schwache Gefühle der Verpflichtung erhöhen die Wahrscheinlichkeit, dass sich die Betreffenden daraufhin entsprechend verhalten. Eine meiner Lieblingsgeschichten zu diesem Thema stammt von Michael Masterson, dem Autor von *Ready, Fire, Aim.*[82] Auf einer Indienreise suchte Masterson einen Teppichhändler auf. Er betrat den Laden mit einer gewissen Skepsis und hatte nicht die Absicht, etwas zu kaufen – er wollte nur sehen, wie es dort zuging.

Der Teppichhändler war ein hervorragender Verkäufer, der hauptsächlich mit zwei Strategien arbeitete. Um Masterson seine Skepsis zu nehmen, erzählte er von früheren Abschlüssen ***(Narrative),*** die Masterson dazu bringen sollten, ihn zu mögen und ihm zu ***vertrauen,*** bevor das eigentliche Verkaufsgespräch begann. Dann setzte er auf das Gefühl der Verpflichtung: Streifte Masterson einen Teppich auch nur mit einem Blick, ließ der Ladenbesitzer das gute Stück sofort aus dem Stapel holen, damit Masterson ihn näher in Augenschein nehmen konnte. Die Teppiche waren schwer, und das Personal bemühte sich ganz offensichtlich sehr um ihn. Indem er dem Händler den kleinen Finger gab – in Form des Interesses an einem bestimmten Teppich –, löste Masterson rege Geschäftigkeit aus.

Je mehr Zeit verging, desto weniger konnte sich Masterson vorstellen, das Geschäft ohne einen Teppich zu verlassen – denn schließlich hatte er ja Interesse bekundet und das Verkaufspersonal hatte sich so um ihn bemüht. Das Mindeste, was er tun konnte, war daher, das Zuvorkommen zu ***erwidern*** – wie konnte er jetzt noch ablehnen?

Am Ende gab er 8200 Dollar für einen Teppich aus und verließ das Geschäft als zufriedener Kunde.

Wer erfolgreich bei anderen das Gefühl einer Verpflichtung weckt, erhöht die Wahrscheinlichkeit, dass diese später entsprechend handeln. Dem Verkaufspersonal wird häufig beigebracht, alles zu tun, um den Kunden so schnell wie möglich ein Ja zu entlocken. Wer einen »Fuß in die Tür« bekommt, steigert seine Chancen, dass der potenzielle Kunde auch den nächsten Schritt tut.

Aus diesem Grund eröffnen viele Aktivisten das Gespräch oft mit Fragen wie »Möchten Sie, dass Kinder sicher leben können?« oder »Sorgen Sie sich um die Umwelt?«, wenn sie Telemarketing betreiben oder Unterschriften für eine Petition sammeln. Den meisten Menschen *sind* diese Dinge ein Anliegen, deshalb antworten sie automatisch und prompt. Haben Sie aber erst einmal geäußert, dass Ihnen ein Thema wichtig ist, wäre es ja ziemlich dreist von Ihnen, die anschließende Bitte abzuschlagen – und stünde im Widerspruch zu Ihrer vorangegangenen Aussage.

Wecken Sie ein bisschen das Gefühl einer Verpflichtung und Sie haben viel bessere Aussichten, dass Ihre Bitte positiv beschieden wird.

Link zur Referenz: **personalmba.com/commitment-consistency/**

Die anreizbedingte Verzerrung

»Bewundere die Orakel.«

123. Delphisches Gebot, 4. Jahrhundert vor Christus

Wenn Sie mit einem Immobilien- oder Hypothekenmakler zu tun haben, ist deren Anliegen in erster Linie, Sie davon zu überzeugen, sich ein Eigenheim zuzulegen. Die wenigsten würden Ihnen sagen, Ihren Interessen sei am besten damit gedient, sich ein Objekt zu mieten,[83] selbst wenn es so wäre.

Die ***anreizbedingte Verzerrung*** erklärt, warum Menschen, die ein ganz bestimmtes Interesse verfolgen, Sie in aller Regel in ihrem Sinne beeinflussen. Wir haben das Konzept von der anreizbedingten Verzerrung schon kurz berührt, als wir über ***Puffer*** gesprochen haben. Bekommt ein Vertreter eine Provision, kann er eigentlich kein Interesse daran haben, Ihnen von einem Kauf abzuraten. Wie heißt es so schön: »Fragen Sie nie den Friseur, ob Sie einen Haarschnitt brauchen.«

Anreize beeinflussen, wie Menschen handeln – und zwar danach, was sie davon haben. Infolgedessen wirkt sich die Struktur der gesetzten Anreize wesentlich auf das Verhalten aus. Unter der Annahme, dass Menschen danach streben, dass alles beim Alten bleibt, verändern die Anreize aller Wahrscheinlichkeit nach auch das Verhalten.

In *The Knack* beschreiben Norm Brodsky und Bo Burlingham, wie ihr Verkaufspersonal honoriert wird. Die meisten Unternehmen vergüten Mitarbeitende im Verkauf auf Provisionsbasis: je mehr Abschlüsse, desto mehr Geld. Im Rahmen dieser Anreizstruktur sind die Beschäftigten übermäßig darauf fokussiert, Geschäfte zum Abschluss zu bringen – selbst wenn sie unrentabel sind oder nicht im langfristigen Interesse des Unternehmens liegen. Brodsky und Burlingham zahlen ihrer Verkaufsmannschaft dagegen Gehälter und großzügige

Prämien, die sich nach dem langfristigen Erfolg richten. Dadurch halten sie sie dazu an, *rentable* Abschlüsse zu machen, nicht Abschlüsse um jeden Preis.

Manchmal haben Anreize unerwünschte ***Sekundäreffekte.*** Aktienoptionen wurden gemäß der Theorie erfunden, dass Führungskräfte, die ein Interesse am Aktienkurs des Unternehmens haben, so handeln würden, dass die Aktie im Zeitverlauf eine Wertsteigerung erfährt – was im ureigenen Interesse der Aktionäre lag. Das trifft jedoch nur bedingt zu: Das eigentliche Interesse der betreffenden Führungskräfte war es, den Aktienkurs in die Höhe zu treiben, *bevor sie verkaufen wollten.* Haben sie ihre Optionen erst verkauft, ist ihnen der Aktienkurs nicht mehr so wichtig, was dazu führt, dass ihnen kurzfristiger Gewinn vor langfristige Stabilität geht.

Anreize sind ein heikles Thema, den sie interagieren mit unseren Systemen zur ***Wahrnehmungssteuerung.*** So kann es kuriose Folgen haben, wenn Beschäftigte für an sich gute Leistungen einen Bonus oder eine Gehaltserhöhung erhalten, weil sie dann aufhören, das zu tun, was ihnen diese Belohnung eingebracht hat.

Das wird begreiflich, wenn Sie sich klarmachen, dass sie ja auch zuvor schon belohnt worden waren – sie verhielten sich so, weil sie es *wollten.* Die Belohnung kam von innen. Eine Bezahlung bewirkt, dass ihr Verhalten Teil ihres Jobs wird, was ihren inneren Antrieb verringert, es um seiner selbst willen an den Tag zu legen. Im Konfliktfall schlägt die Wahrnehmungssteuerung den Anreiz allemal.

Richtig eingesetzt, können Anreize durchaus nützlich sein. Aber Vorsicht! Decken sich die Anreize der Menschen, mit denen Sie zusammenarbeiten, nicht mit Ihren Interessen, steuern Sie auf Probleme zu.

Link zur Referenz: **personalmba.com/incentive-caused-bias/**

Modalitätsverzerrung

»Wir fühlen uns wohl bei Menschen, die unsere Ansichten teilen, und wachsen an denen, die es nicht tun.«

Frank A. Clark, Geistlicher und Zeitungskolumnist

Vor ein paar Jahren war ich mit einem Kollegen auf Geschäftsreise. Dieser wunderte sich, dass ich keinen Rollkoffer dabeihatte, sondern eine Umhängetasche. Wir hatten nur eine Übernachtung geplant, also brauchte ich nicht viel – Kleidung zum Wechseln, meinen Computer und ein Buch. Ich hatte alles, was ich brauchte, und die Tasche war nicht schwer. Meine Lösung funktionierte daher einwandfrei.

Mein Kollege fand sie absurd, was er mir die nächsten zehn Minuten lang in aller Ausführlichkeit mitteilte: »Aber ein Rollkoffer ist viel besser! Das wäre bequemer für dich und du müsstest nicht so viel Gewicht mit dir herumschleppen. Du sollest *grundsätzlich* mit einem Rollkoffer reisen …«

Eine ***Modalitätsverzerrung*** ist die automatische Annahme, die *eigene* Idee oder Herangehensweise sei optimal. Die meisten Menschen gehen gern davon aus, dass sie alles im Griff haben – dass sie wissen, wovon sie sprechen und was zu tun ist, und dass ihre Methoden die besten sind. Dabei irren sie sich oft. Es gibt immer mehr als eine Möglichkeit, wie eine Aufgabe erledigt werden kann, und gute Ideen finden sich überall.

Solange keine Beweise für das Gegenteil vorliegen, werden Entscheidungen nach der Meinung der höchstbezahlten Person (»Highest Paid Person's Opinion«, kurz »HiPPO«) getroffen – ein Begriff, den Avinash Kaushik in *Web Analytics: An Hour a Day* geprägt hat, um zu erklären, warum es so wichtig ist, geschäftliche Vorschläge und Entscheidungen mit Daten zu unterfüttern. Ohne Daten sind Sie gezwungen, es so zu machen, wie es dem Chef gefällt: Die Modalitätsverzerrung stellt sicher, dass der Chef grundsätzlich glaubt, seine Methode sei die beste, wenn Sie ihm nicht das Gegenteil beweisen können. Im Widerstreit der Meinungen behält HiPPO grundsätzlich die Oberhand.

Wenn Sie selbst Entscheidungen treffen, können Sie Modalitätsverzerrungen am besten vermeiden, indem Sie Zurückhaltung üben und Ihr Urteil aufschieben. Sich mit kognitiven Verzerrungen auszukennen, ist unter anderem deshalb so wertvoll, weil Sie dann wissen, dass auch Sie nicht dagegen gefeit sind. Dennoch gilt: Das Wissen um ihre Existenz mindert nicht ihren Einfluss. Modalitätsverzerrungen entstehen automatisch – wir müssen gezielt unsere Willenskraft einsetzen, um das zu verhindern.

Für eine Führungskraft oder einen Vorgesetzten zahlt es sich aus, sich so lange eines Urteils zu enthalten, bis man die Einschätzungen und Vorschläge der Menschen berücksichtigen kann, mit denen man zusammenarbeitet. Ansonsten entgehen Ihnen vermutlich wichtige Informationen. Bleiben Sie bewusst aufgeschlossen und verbessern Sie dadurch Ihre Fähigkeit, kluge ***Entscheidungen*** zu treffen.

Link zur Referenz: **personalmba.com/modal-bias/**

Der Attributionsfehler

»Die wenigsten drücken *nicht* mit dem Finger auf die Waage, wenn sie die Fehler anderer abwägen.«

Byron J. Langenfeld, Flieger im Ersten Weltkrieg

Angenommen, Sie beauftragen einen Bauunternehmer mit dem Bau eines Hauses und setzen ihm eine bestimmte Frist für die Fertigstellung. Die Frist verstreicht, doch das Projekt ist nicht abgeschlossen. Es vergehen noch drei Monate, bevor das Haus fertig ist.

Sie müssten schon sehr verständnisvoll sein, um dann nicht unwillkürlich zu denken, der Bauunternehmer sei unprofessionell, faul oder unerfahren. Prompt raten Sie all Ihren Freunden, die vorhaben, ein Haus zu bauen, davon ab, diesen Unternehmer zu beauftragen – weil er mehr verspricht, als er halten kann.

Betrachten Sie die Situation nun aus der Sicht des Bauunternehmers. Er hatte ursprünglich vorgehabt, das Bauholz von einem bestimmten vertrauenswürdigen Lieferanten zu beziehen, doch diesem blieb ein Lkw liegen, was die Auslieferung verzögerte. Kurzfristig musste ein anderer Zulieferer gefunden werden, doch das war nicht so einfach, denn das Angebot an Baumaterial war knapp. Der Bauunternehmer setzte Himmel und Hölle in Bewegung, damit es klappte – ohne seine Bemühungen hätten sich die Arbeiten um sechs Monate verzögert statt um drei.

Der ***Attributionsfehler*** besagt: Wenn andere Mist bauen, schieben wir das auf ihren Charakter. Bauen *wir selbst* Mist, schreiben wir das den Umständen zu. Ihre Annahme, ein Charakterfehler sei schuld daran, dass der Bauunternehmer den Termin nicht eingehalten habe, wäre ein Fehlurteil gewesen, denn unter den gegebenen Umständen tat er mehr, als man erwarten konnte. Doch weil Ihnen die Umstände nicht bekannt waren, zweifelten Sie an seinem Charakter.

Attributionsfehler zu vermeiden, trägt zu einem guten Arbeitsklima bei. Arbeiten Sie mit jemandem zusammen, der mit seinen Leistungen schon mehrfach Ihre Erwartungen enttäuscht oder nicht geliefert hat, liegt ein legitimes Problem vor, das gelöst werden muss. Ansonsten bringt es mehr, im Zweifel »für den Angeklagten« zu entscheiden, sofern sich kein bestimmtes Verhaltensmuster herauskristallisiert. Wissen Sie, warum jemand etwas Bestimmtes tut, können Sie dessen Verhalten gewöhnlich in einem anderen Licht betrachten.

Läuft etwas nicht erwartungsgemäß, sollten Sie versuchen, so viel wie möglich über die vorliegenden Umstände in Erfahrung zu bringen. In den meisten Fällen werden Sie feststellen, dass es an den Umständen lag, nicht an einem grundlegenden Charakterfehler.

Link zur Referenz: **personalmba.com/attribution-error/**

Der Gedankenlesefehlschluss

> **»Das größte Problem mit der Kommunikation ist die Illusion, dass sie stattgefunden hat.«**
>
> George Bernard Shaw, Dramatiker und politischer Aktivist

Viele Menschen gehen davon aus, dass effektive Mitarbeiter, Auftragnehmer und Geschäftspartner in der Lage sein sollten, ihnen ihre Gedanken, Wünsche und Präferenzen von den Augen abzulesen. Diese Fehlauffassung ist für zahllose vermeidbare Missverständnisse, Verwirrungen, Frusterlebnisse und Auseinandersetzungen verantwortlich.

Der ***Gedankenlesefehlschluss*** ist eine Begleiterscheinung des ***Einflussbereichs*** und der ***Kommandoabsicht:*** Andere haben keinen Zugang zu Ihren Gedanken, daher müssen Sie Ihre Ziele, Prioritäten und Präferenzen kommunizieren.

Je mehr Verantwortung Sie tragen und je größer der Kreis der Menschen, mit denen Sie zusammenarbeiten, desto wichtiger ist es, Ihre Gedanken und Anliegen klar und stimmig zu äußern. Führungspositionen erfordern enorm viel Kommunikation – vor allem, da sich die Umstände immer wieder ändern. Müssen Sie unbedingt sicherstellen, dass alle im Team oder im Unternehmen über Ihre aktuelle Strategie und Ihre Prioritäten Bescheid wissen, führt kein Weg an laufender Kommunikation vorbei.

Dieser Grundsatz ist auch eine nützliche Faustregel für das tägliche Leben: Er kann die Qualität Ihrer Beziehungen zu Ihren Lieben, Ihren Freunden und Bekannten verbessern. Indem Sie voll und ganz die Verantwortung dafür übernehmen, Ihre Gedanken und Gefühle zu äußern, und nicht erwarten, dass andere von sich aus genau verstehen, was Sie brauchen und wollen, erleichtern Sie es diesen, mit Ihnen produktiv und nutzbringend zu interagieren.

Link zur Referenz: **personalmba.com/mindreading-fallacy/**

Grenzen setzen

»Manchmal kommt es mir so vor, als sei das Schwierigste an der Selbstständigkeit nicht, die nötige Disziplin für die Arbeit aufzubringen, sondern die nötige Disziplin aufzubringen, *nicht* zu arbeiten.«

Garrett Dimon, Gründer von Sifter.com und Adaptable.org

Grenzen zu setzen, ist die Praxis, festzulegen und andere wissen zu lassen, was in einem bestimmten Kontext als akzeptables Verhalten gilt und was nicht, und dann Maßnahmen zu ergreifen, wenn andere diese Grenzen verletzen.

Eine Grenze gibt es nur, wenn Sie in der Lage sind, diese zu ziehen, und bereit sind, sie auch durchzusetzen. Erwartungen hinsichtlich der Arbeitszeit sind ein typischer Grund für Spannungen: Unternehmen setzen häufig voraus, dass ihre Beschäftigten zu einer bestimmten Zeit am Arbeitsplatz sind und bis zu einer bestimmten Zeit bleiben. Kommt ein Mitarbeiter später oder geht früher, ist das ein Problem.

Grenzen zu setzen, hat zwei Seiten: Viele Arbeitgeber erwarten eine Mindestzahl an Arbeitsstunden, ermuntern ihre Beschäftigten aber dazu, noch weitere Stunden unbezahlt zu arbeiten. Sind Sie bereit, wochentags von 9 bis 17 Uhr zu arbeiten, doch Ihr Arbeitgeber erwartet, dass Sie ihm an sechs oder sieben Tagen in der Woche von 7 bis 22 Uhr zur Verfügung stehen, liegt ein grundlegender ***Konflikt*** vor. Dann müssen Sie Ihre Grenze durchsetzen oder es gibt keine.

Wenn Sie Ihr eigener Chef sind, ist es wichtig, Ihre Arbeitszeit künstlich zu begrenzen, sonst bekommen Sie schnell die Kehrseite von ***Parkinsons Gesetz*** zu spüren, weil Sie im Privatleben große Kompromisse eingehen müssen, um Ihr Unternehmen voranzubringen. Ebenso gilt: Beantworten Sie Ihrem Chef eine E-Mail, die dieser um 2 Uhr morgens sendet, sofort, dann geben Sie ihm damit das klare Signal, dass Sie in Bezug auf Ihre Zeit und Aufmerksamkeit außerhalb des Büros keine Grenzen gesetzt haben und dass Sie ihm rund um die Uhr zur Verfügung stehen.

Moralische Standards, Verhaltenskodizes und andere formelle Verhaltensrichtlinien sind Beispiele für das Setzen von Grenzen auf organisationsbezogener oder kultureller Ebene. Wenn Sie von vornherein festlegen, welches Verhalten oder Vorgehen akzeptabel ist, können Sie Grenzen bei Bedarf leichter durchsetzen. Das erleichtert auch den Umgang mit heiklen Situationen – etwa wenn es um sensible zwischenmenschliche Themen wie Mobbing oder die Bekämpfung eines Hackers geht, der tausend Mal pro Sekunde Zugriff auf Ihre Website nimmt.

Grenzen setzen ist auch nützlich, um akzeptable Verhaltensweisen zu bestimmen, die keine Aufsicht erfordern. Eine der besten Strategien, an die ich mich aus meiner Zeit als Angestellter erinnere, wurde als »erwachsene Vereinbarung« bezeichnet. In deren Rahmen musste im Grunde keiner um Erlaubnis bitten oder freinehmen, um alltäglichen Belangen nachzugehen – etwa für einen Arztbesuch oder einen Zahnarzttermin, um zur Wahl zu gehen, ein krankes Kind von der Schule abzuholen et cetera. Das Unternehmen ging stillschweigend davon aus, dass seine Beschäftigten verantwortungsbewusste Erwachsene waren: Sonst hätte es sie nicht eingestellt. Solange jeder seine Arbeit tat und diese Freiheit nicht missbrauchte, war in solchen Dingen keine strenge Aufsicht nötig. Niemand musste spekulieren, ob etwas »in Ordnung« war oder nicht: Diese Richtlinie war ein offizieller, konkreter Indikator für ***Vertrauen*** und hatte den positiven Nebeneffekt, dass den Vorgesetzten jede Menge unnötiger Arbeit erspart blieb.

Grenzen sind wichtig. Wenn Sie nicht selbst festlegen, was für Sie akzeptabel ist und was nicht, riskieren Sie unnötige Konflikte und unbefriedigende Lösungen. Äußern Sie klar, was Sie erwarten und welche Situationen unannehmbar sind, und seien Sie bereit, für Ihre Werte und Prioritäten einzutreten.

Link zur Referenz: **personalmba.com/boundary-setting/**

Das Prinzip der wohlwollenden Interpretation

»Zuhören ist deswegen so schwer, weil Nichtzuhören sich nicht wie Nichtzuhören anfühlt, sondern so, als ob der andere Unrecht hätte.«

Andrew Badr, Programmierer

Bei der Zusammenarbeit mit anderen kommt es unausweichlich zu Meinungsverschiedenheiten. Das ist weiter kein Problem, sofern Sie gelernt haben, so zu widersprechen, dass es für alle Beteiligten produktiv ist.

Das ***Prinzip der wohlwollenden Interpretation*** ist eine Möglichkeit, der Tendenz entgegenzuwirken, auf unproduktive Weise zu widersprechen: Statt einen Streit vom Zaun zu brechen, sollten Sie lieber davon ausgehen, dass Ihr Gesprächspartner seine Gründe dafür hatte, bestimmte Standpunkte zu vertreten. Deshalb ist es eine gute Idee, diese zunächst genauer zu beleuchten, statt anderen von vornherein bösen Willen, Unwissenheit, Inkompetenz oder andere negative Eigenschaften zu unterstellen.

Das heißt wohlgemerkt nicht, dass Sie den Standpunkt des anderen teilen müssen: Sie können ihn in Ruhe analysieren und *dann* zu dem Schluss kommen, dass er nicht fundiert oder unrichtig ist oder dass die vorgeschlagene Lösung für Sie unbrauchbar ist. Ist das der Fall, können Sie es allen Beteiligten ungemein erleichtern, aus der Interaktion zu lernen und so zu kommunizieren, dass sich andere weiterhin ***sicher*** fühlen und nicht ***dichtmachen,*** wenn Sie deren Standpunkt verstehen und ausformulieren können.

Der bekannte Philosoph und Kognitionswissenschaftler Daniel C. Dennett bereitete diesen Gedanken eloquent auf in seinem Buch *Intuition Pumps and Other Tools for Thinking*, das auf der Arbeit des Mathematikers, Psychologen und Systemtheoretikers Anatol Rapoport fußt. Bevor Sie die Arbeit anderer kritisieren:

1. sollten Sie versuchen, den Standpunkt Ihres Gegenübers so klar, lebhaft und zutreffend nachzuzeichnen, dass der andere sagt: »Vielen Dank, ich wünschte, mir wäre diese Formulierung eingefallen.«
2. sollten Sie alle übereinstimmenden Punkte auflisten, vor allem, wenn es sich dabei nicht um pauschale oder verbreitete Übereinstimmungen handelt.
3. sollten Sie ausdrücklich erwähnen, was Sie alles von Ihrem Gegenüber gelernt haben.
4. Erst dann dürfen Sie sich ablehnend oder kritisch äußern.

So viel Verständnis erfordert Zeit und Kraft – beides begrenzte Ressourcen. In einer idealen Welt wären wir in der Lage, stets detailliert zu hinterfragen, was der andere mit seinen Aussagen meint und was ihn dazu motiviert. Das ist aber in den meisten Fällen praktisch unmöglich. Doch selbst wenn Sie nicht die Kapazität für längere Gespräche oder gründliche Nachforschungen haben, ist das Prinzip der wohlwollenden Interpretation eine nützliche Faustregel, die eine produktive Kommunikation erleichtert.

Link zur Referenz: **personalmba.com/principle-of-charity/**

Orientierung an Optionen

»Die wichtige Aufgabe, die Welt voranzubringen, wartet nicht darauf, vom idealen Menschen erledigt zu werden.«

George Eliot, Schriftsteller des 19. Jahrhunderts

Wenn etwas schiefgeht, kommt es darauf an, *wie* Sie mit der Krise umgehen. Fehler und Probleme gibt es immer wieder. Haben Sie sich schon im Vorfeld überlegt, wie Sie darauf reagieren wollen, trägt das viel dazu bei, die Folgen unerwarteter Ereignisse zu minimieren.

Sich auf das Problem zu fixieren, ist das Unproduktivste, was Sie tun können, wenn etwas danebengeht. Bis Sie sich des Problems bewusst werden, liegt es schon nicht mehr in Ihrem ***Einflussbereich,*** es zu verhindern. Das Problem ist bereits aufgetreten – die Frage ist nur noch, wie Sie darauf reagieren.

Stellen Sie sich vor, Ihr Vorgesetzter ist CEO eines Unternehmens, das Mikrowellengeräte herstellt, und Ihnen wurde gerade gemeldet, dass ein paar Ihrer Geräte explodiert und in der Folge mehrere Häuser abgebrannt sind. Das ist ein echtes Problem. Wie wird Ihr Chef wohl reagieren, wenn Sie zu ihm sagen: »Chef, wir haben ein Problem. Was sollen wir tun?«

Wenn Ihr Chef kein besonders geduldiger Mensch ist, wird er darauf vermutlich so oder ähnlich antworten: »Ich weiß, dass wir ein Problem haben, verdammt noch mal – ich möchte von Ihnen hören, welche Optionen wir jetzt haben!« Wer sich in solchen Situationen darauf fixiert, die Hände zu ringen, wird seinen Job nicht mehr lange behalten.

Statt über ein Problem zu grübeln, sollten Sie sich an den ***Optionen orientieren.*** Ein Problem zu wälzen, löst es nicht. Was können Sie tun, um es aus der Welt zu schaffen? Indem Sie Ihre Energie darauf fokussieren, potenzielle Reaktionen auszuwerten, dürften Sie auf einem besseren Weg zur Lösung sein.

Hier ein alternativer Ansatz, der bei Ihrem hypothetischen CEO besser ankommen dürfte:

> Bei uns sind mehrere Berichte über Mikrowellen eingegangen, die Brände ausgelöst haben. Wir haben jetzt folgende Optionen – wir können unsere Techniker eine umfassende Analyse durchführen lassen, bevor wir eine Erklärung herausgeben, und weitere Probleme riskieren oder wir starten sofort eine Rückrufaktion. Aufgrund der derzeit verfügbaren Informationen scheint ein Fehler an unseren Geräten vorzuliegen, der ein maßgeb-

liches Sicherheitsrisiko für unsere Kunden darstellt. Auf der Grundlage dieser Optionen empfehle ich den sofortigen Rückruf, der uns nach meiner Schätzung vier Millionen Dollar kosten wird.

Sich auf Ihre möglichen Handlungsoptionen zu fokussieren, ist weitaus konstruktiver – Sie legen mehrere Vorgehensweisen und eine Kosten-Nutzen-Analyse vor und empfehlen dann eine Lösung auf der Grundlage der vorliegenden Informationen. Der CEO (oder Kunde) kann Ihre Empfehlung und die von Ihnen genannten Optionen im Anschluss prüfen, weitere Fragen stellen und dann die bestmögliche ***Entscheidung*** treffen. Gelingt Ihnen das oft und gut, bauen Sie sich die ***Reputation*** auf, auch in der Krise einen kühlen Kopf zu behalten.

Konzentrieren Sie sich nicht auf die Probleme, sondern auf die Lösungsmöglichkeiten – dann werden Sie mit jeder Situation fertig, die Ihnen das Leben vorsetzt.

Link zur Referenz: **personalmba.com/option-orientation/**

Management

»Management bedeutet, Dinge richtig zu machen. Führung bedeutet, die richtigen Dinge zu tun.«

Peter Drucker, Vater der modernen Managementtheorie

»Wissenschaftliche Betriebsführung« sowie der Bedarf an hochgebildeten, qualifizierten Managern ist an Business Schools ein großes Thema. In Wirklichkeit kann man nicht im Hörsaal lernen, wie man ein kompetenter Manager wird – abgesehen von ein paar einfachen Grundsätzen erwirbt man diese Fähigkeit am besten durch Erfahrung.

Management ist gar nicht so schwer, aber eben auch nicht so einfach. In Wirklichkeit handelt es sich dabei um den Akt der Koordination einer Gruppe Menschen, um ein bestimmtes ***Ziel*** zu erreichen und dabei steten ***Veränderungen*** und ***Unsicherheit*** Rechnung zu tragen. Es ist vergleichbar damit, ein Schiff durch einen Sturm zu steuern: Sie können nur am Steuerrad drehen und das ist eigentlich nicht schwer. Doch um es richtig gut zu machen, braucht man Erfahrung und Können.

Auf der Grundlage des bisher Gelernten hier sechs einfache Grundsätze für effektives Management in der wirklichen Welt:

1. Stellen Sie das kleinstmögliche Team zusammen, das die anstehenden Aufgaben schnell und optimal erledigen kann. Der ***komparative Kostenvorteil*** bedeutet, dass manche bestimmte Aufgaben besser ausführen können als andere. Es zahlt sich daher aus, Zeit und Ressourcen zu investieren, um die beste Mannschaft für eine bestimmte Aufgabe zu rekrutieren. Halten Sie Ihr Team aber unbedingt möglichst klein – aufgrund der ***Kommunikationskosten*** mindert jedes über drei bis acht Leute hinausgehende Teammitglied die Leistung. Kleine, elitäre Teams sind die besten.
2. Kommunizieren Sie das angestrebte ***Endergebnis,*** die Zuständigkeiten aller Beteiligten sowie den aktuellen Stand. Jeder im Team muss die ***Kommandointention*** des Projektes kennen, den ***Grund,*** aus dem es so wichtig ist, sowie die spezifischen Teile des Projekts, für deren Erledigung er verantwortlich ist – sonst drohen Ihnen Gefahren durch den ***Zuschauereffekt.***
3. Behandeln Sie Ihre Leute mit Respekt. Der ***goldene Dreier*** – Wertschätzung, Höflichkeit und Respekt – ist der beste Weg, jedem einzelnen Teammitglied das Gefühl zu geben, dass es ***wichtig*** ist, und auch die beste Möglichkeit, sich selbst Respekt als Führungskraft und Vorgesetzter zu verschaffen. Je mehr Ihr Team unter förderlichen Bedingungen zusammenarbeitet, desto eher entsteht ***Gruppendynamik*** und desto fester der Zusammenhalt.
4. Schaffen Sie ein ***Umfeld,*** in dem jeder so produktiv wie möglich sein kann, und dann lassen Sie Ihre Leute arbeiten. Das optimale Arbeitsumfeld nutzt alle Vorteile einer ***Leitstruktur*** – es werden die besten Geräte und Werkzeuge bereitgestellt und es ist gewährleistet, dass das Umfeld der Arbeit des Teams zugutekommt. Um zu verhindern, dass Energie durch die ***Cognitive Switching Penalty*** verloren geht, sollten Sie Ihr Team so gut wie möglich vor Ablenkungen abschirmen. Dazu gehören auch überflüssiger Papierkram und unnötige Meetings.
5. Hüten Sie sich vor unrealistischen Erwartungen an Sicherheit und Prognosen. Erstellen Sie einen aggressiven Plan, um das Projekt zum Abschluss zu bringen, rechnen Sie dabei aber von vornherein damit, dass Ungewissheit und der ***Planungsfehlschluss*** dazu führen können, dass Ihr ursprünglicher Plan in mehrerlei und wesentlicher Hinsicht unvollständig oder unzutreffend ist. Aktualisieren Sie Ihren Plan fortlaufend und lassen Sie dabei alle neu gewonnenen Informationen einfließen. Wenden Sie immer wieder ***Parkinsons Gesetz*** an, um den Weg zu finden, der

angesichts der notwendigen ***Kompromisse,*** die die Arbeit erfordert, der kürzestmögliche ist, um die Arbeiten zum Abschluss zu bringen.

6. Nehmen Sie ***Messungen*** vor, um festzustellen, ob Ihre Strategie aufgeht – wenn nicht, versuchen Sie es mit einem anderen Ansatz. Einer der primären Fehlschlüsse zu effektivem Management ist, dass es sich dadurch erübrigt dazuzulernen. Dieser Einstellung liegt die Annahme zugrunde, dass Ihr ursprünglicher Plan absolut vollkommen ist und akribisch befolgt wird. Dabei gilt genau das Gegenteil: Effektives Management *plant* mit Lernprozessen, die fortlaufend Anpassungen erfordern. Messen Sie Ihren Erfolg anhand einer kleinen Zahl von ***Leistungskennzahlen.*** Wenn offensichtlich nicht klappt, was Sie tun, sollten Sie mit einem anderen Ansatz experimentieren.

Beherzigen Sie diese Grundsätze konsequent, und Ihr Team kann produktiv arbeiten. Befolgen Sie sie nur halbherzig, haben Sie Glück, wenn überhaupt irgendetwas Nützliches zustande kommt.

Bei diesem Stil der Managementpraxis handelt es sich *nicht* um den Befehls- und Kontrollstil, an den die meisten Menschen denken, wenn sie das Wort Management hören. Im Fernsehen und im überwiegenden Teil der Managementliteratur sind Manager Führungskräfte mit hohem Status, die ihre Zeit in erster Linie damit zubringen, anderen zu erklären, was sie tun sollen, und wichtige Entscheidungen treffen. In der Praxis sind diese Verhaltensweisen aber ein deutliches Signal für schlechtes Management.

Die besten Manager verhalten sich eben nicht wie hohe Tiere im Unternehmen, sondern eher wie versierte Assistenten, die ihre Hauptaufgabe darin sehen, dafür zu sorgen, dass diejenigen Leute, die ***im wirtschaftlichen Sinne wertvolle Kompetenzen haben,*** sich darauf fokussieren, die ***fünf Bausteine eines jeden Unternehmens*** zu optimieren: also Dinge tun, die das Unternehmensergebnis steigern. Wichtige Entscheidungen werden von den Personen getroffen, die auf dem entsprechenden Fachgebiet am kompetentesten und am erfahrensten sind.

In einem Essay aus dem Jahr 2012 erklärt der Softwareunternehmer Joel Spolsky, warum Manager nicht länger Befehle geben, sondern ihre Leute lieber ihren Job machen lassen sollten:

> Das »Managementteam« ist nicht das »Entscheidungsteam«. Es hat eine unterstützende Funktion … Man baut kein [Unternehmen] auf mit einem Superhirn an der Spitze und etlichen weniger genialen Befehlsempfängern auf niedrigeren Hierarchiestufen. Man versucht vielmehr,

> alle Superhirne auf ihrem Spezialgebiet anzuwerben und ihnen dann minimale administrative Unterstützung zu leisten, damit sie ungestört ihrer Arbeit nachgehen können.[84]

Manager müssen über eine einzigartige Kompetenz verfügen, die Disziplin, Geduld, klare Kommunikation und Engagement dafür erfordert, alle ohne unnötige Ablenkungen zusammenarbeiten zu lassen. Wer ein gutes Team zusammenstellt und so viel ***Reibung*** wie möglich herausnimmt, ist auf dem besten Weg, sein angestrebtes Ergebnis zu erreichen.

Link zur Referenz: **personalmba.com/management/**

Leistungsorientierte Personalbeschaffung

> »Wenn alles gesagt und getan ist, wurde viel mehr gesagt als getan.«
>
> Lou Holtz, Proficoach im American Football und Sportreporter

Wie baut man ein Team auf? Wie gehen Sie vor, wenn Sie neue Leute einstellen sollen, weil Ihr Unternehmen wächst? Wie werben Sie die besten Leute an, die Sie finden können, und binden diese an Ihr Unternehmen?

Personalbeschaffung ist eine schwierige Aufgabe. Es gibt keine narrensichere Methode, herausragende Mitarbeiter und Auftragnehmer zu finden, anzuwerben und zu binden. Fehler beim Recruiting sind fast immer kostspielig. Die falschen Leute einzustellen, kann Sie kostbare Zeit und viel Geld kosten – und stellt die begrenzte Energie und Geduld Ihres Teams auf die Probe.

Gute Angestellte und freie Mitarbeiter sind nicht unbedingt diejenigen mit dem eindrucksvollsten Lebenslauf oder diejenigen, die sich auf dem Bildschirm oder im Vorstellungsgespräch am besten verkaufen: Die besten Neuzugänge sind Menschen, die ihre Arbeit machen und mit den anderen Mitgliedern Ihres Teams gut auskommen. Im Idealfall suchen Sie nach Personen, die wertvolle Arbeitsbeiträge leisten, die sich über die gebotene Chance freuen und mit denen Sie jeden Tag wieder gern zusammenarbeiten.

Hier die goldene Regel für die Mitarbeitersuche: *Der beste Indikator für künftiges Verhalten ist die bisherige Leistung.* Wenn Sie Leute einstellen möchten, die Ihnen in den kommenden Monaten und Jahren gute Dienste leisten, müssen Sie Menschen finden, die in der Vergangenheit gute Leistungen gebracht haben.

Das bedeutet, Sie müssen sich genauer ansehen, was Bewerber bisher geleistet haben, und jedem ernst zu nehmenden Kandidaten eine kürzere Probezeit einräumen, bevor Sie sich zu einem längerfristigen Arbeits- oder Vertragsverhältnis verpflichten.

Der erste Schritt bei der ***leistungsorientierten Personalbeschaffung*** ist, möglichst breit zu kommunizieren, dass Sie Leute brauchen. Bei den meisten Unternehmen gehört zu einer Stellenausschreibung eine genaue Beschreibung der Aufgaben, die entweder in den Medien veröffentlicht oder von einem Headhunter herangezogen wird, um private Netzwerke zu durchforsten. So oder so sollten Sie die Stellenbeschreibung nicht wie eine Werbeanzeige formulieren, sondern vermitteln, was die Bewerber im Tagesgeschäft für Sie tun sollen, und das möglichst ungeschönt und so detailliert, wie Sie es verantworten können. Sie suchen Leute, die die Aufgabe gern übernehmen würden, und für Bewerber ist oft schwer zu beurteilen, ob sie die Richtigen für den Job sind, wenn Sie nicht angeben, was alles dazugehört.

Als Nächstes sollten Sie die Bewerbungen zur ersten Sichtung einem grundlegenden Härtetest unterziehen. Ist die Arbeitsmarktlage schlecht, geht auf jede Stellenanzeige eine Flut von Bewerbungen ein, doch viele davon kommen von ungeeigneten Kandidaten. Sie müssen Wege finden, die aussichtsreichsten Bewerber zu ermitteln, ohne zu viel Zeit für jeden Einzelfall aufzuwenden. Das Filtern nach Abschlüssen oder Noten ist eine übliche, aber wenig effektive Vorgehensweise, denn diese verraten Ihnen nichts über das derzeitige Kompetenzniveau der Betreffenden. Stellen Sie im Bewerbungsverfahren daher ein paar einfache Fragen, für deren Beantwortung gewisse Fachkenntnisse erforderlich sind. Dann können Sie leicht erkennen, welche Kandidaten besonders vielversprechend sind.

Haben Sie ein paar interessante Bewerber ermittelt, bitten Sie sie um Beispiele für zwei oder drei ihrer besten bisherigen Projekte. Diese müssen gar nichts mit der ausgeschriebenen Stelle zu tun haben, sollten aber Leistungen betreffen, auf die der Bewerber stolz ist und die seiner Ansicht nach seine Fähigkeiten hervorheben. Dahinter steht der Gedanke, Stichproben für bisherige Leistungen des Bewerbers zu prüfen, um dadurch besser beurteilen zu können, wie es im Vergleich zu anderen um seinen Erfahrungsstand und seine Arbeitsmoral bestellt ist. Behauptet ein Kandidat beispielsweise, er verfüge über »fünf Jahre Erfahrung« in der Produktentwicklung, kann aber nichts vorweisen, was er entwickelt hat, ist das ein Warnsignal.

Die Überprüfung von Referenzen ist in dieser Phase ebenfalls sinnvoll verwendete Zeit. Neben Beispielen für Projekte sollten Sie um Namen und Kontaktdaten von Personen bitten, mit denen der Bewerber im Zuge dieser Projekte zusammengearbeitet hat. Kontaktieren Sie die Referenzpersonen, sollten Sie einfache Fragen stellen wie: Würden Sie noch einmal mit dem Bewerber zusammenarbeiten? Antworten diese zögerlich oder ausweichend, heißt das Nein. Können Sie eine als Referenz angegebene Person nicht erreichen, hinterlassen Sie ihr eine Nachricht und bitten Sie sie, sich bei Ihnen zu melden, wenn der Bewerber besonders gut ist. In diesem Fall erhalten Sie sicherlich einen Rückruf. Falls nicht, wissen Sie Bescheid.

Abschließend sollten Sie den Kandidaten ein schnell zu erledigendes Projekt oder ein Szenario vorgeben, um sich einen persönlichen Eindruck davon zu verschaffen, wie sie denken, vorgehen und kommunizieren. Kleine Projekte eignen sich am besten für versierte technische Mitarbeiter, Szenarien für Kandidaten, die sich um Funktionen in der Produktentwicklung, im Marketing, im Vertrieb, in der Geschäftsentwicklung, in der Finanzabteilung oder im Management bewerben. Aus der Aufgabe sollte ein konkretes Ergebnis hervorgehen: ein Bericht, eine Verkaufsstrategie, ein Aktivposten oder ein Prozess.

Geben Sie dem Bewerber dabei kein künstliches Umfeld vor. Er sollte nach seiner Wahl mit allen Tools oder Ressourcen arbeiten können, die er gern einsetzt. Er sollte Sie jederzeit erreichen können, wenn Fragen auftauchen. Hat er das Projekt abgeschlossen, sollten Sie ihn zu einem persönlichen Treffen einbestellen, damit er sein Ergebnis präsentieren kann. Diese Präsentation ersetzt das Vorstellungsgespräch.

Das Projekt oder Szenario erfüllt den Zweck zu bewerten, wie der Kandidat in einer realistischen Umgebung wirklich arbeitet. Worauf fokussiert er sich als Erstes? Was fällt ihm auf, was übersieht er? Wie erklärt er seine Entscheidungen und Empfehlungen? Wie reagiert er, wenn Sie nachfragen oder einer Schlussfolgerung widersprechen?

Solche Arbeitsaufträge sollten kurz gehalten sein und nur wenige Arbeitsstunden erfordern. Respektieren Sie Ihre Bewerber: Ihr Einstellungsprozess sollte nicht als Ausrede herhalten, sich kostenlos Leistungen zu erschleichen. Möchten Sie einen Bewerber lieber anhand eines längerfristigen Projekts beurteilen, können Sie ihm jederzeit einen Teilzeitvertrag als Berater anbieten und ihn dann in Vollzeit übernehmen, wenn Ihnen seine Arbeit zusagt.

Generell ist dieser allgemeine Einstellungsprozess eine einfache, effektive Möglichkeit, vielversprechende Beschäftigte und Auftragnehmer ausfindig zu machen und zu beurteilen. Wohlgemerkt stützt sich dieser Prozess nicht auf Lebensläufe oder klassische Vorstellungsgespräche, aus denen sich lediglich herauslesen lässt, wie gut der Bewerber einen Lebenslauf schreiben oder sich im Vorstellungsgespräch selbst darstellen kann. Die besseren Leute finden Sie, wenn Sie sich für bisherige Leistungen interessieren und die Arbeit eines Bewerbers aus erster Hand bewerten.

Link zur Referenz: **personalmba.com/performance-based-hiring/**

9 — SYSTEME BEGREIFEN

»Es ist nicht gut, etwas zu loben, was man nicht versteht, aber noch schlechter ist, es zu kritisieren.«

Leonardo da Vinci, Erfinder, Künstler und Universalgelehrter

Unternehmen sind komplexe Systeme, die innerhalb noch komplexerer Systeme existieren – wie Märkte, Branchen und die Gesellschaft. Ein komplexes System ist ein sich selbst erhaltendes Konstrukt aus miteinander verbundenen Teilen, die ein einheitliches Ganzes bilden.

Im vorliegenden Kapitel erfahren Sie mehr über die gängigen Elemente aller Systeme, darüber, wie ***Umweltfaktoren*** die Funktion von Systemen beeinflussen, und über die allgegenwärtige Natur von ***Unsicherheit*** und ***Veränderungen.***

Link zur Referenz: **personalmba.com/performance-based-hiring/**

Das Gall'sche Gesetz

»Ein funktionierendes komplexes System entwickelt sich stets aus einem funktionierenden einfachen System. Der Umkehrschluss erscheint ebenfalls zutreffend: Ein ganz neu konzipiertes komplexes System funktioniert nie und kann auch nicht funktionstüchtig gemacht werden. Man muss neu anfangen und bei einem einfachen System ansetzen.«

John Gall, Systemtheoretiker

Hier ein Projekt fürs Wochenende: Bauen Sie ein Auto. Ohne vorgefertigte Teile oder Pläne. Nur aus einem Block Metall, mit ein paar einfachen Werkzeugen, Ihrem Know-how und Ihrer Fantasie. Was würde aus diesem Projekt wohl werden?

Selbst wenn Sie sich ein ganzes Jahr Zeit ließen, wäre das Ergebnis aller Wahrscheinlichkeit nach verheerend. Würde Ihr Auto überhaupt fahren (was ausgesprochen unwahrscheinlich ist), wäre es weit weniger effizient und zuverlässig als das schlechteste Modell eines kommerziellen Herstellers.

Nun stellen Sie sich vor, Sie müssten einen modernen Computer bauen, ein Heilmittel gegen Krebs finden oder einen Menschen klonen, und das ganz auf sich allein gestellt – ohne sich auf Dinge zu stützen, die andere bereits entdeckt haben. Dabei dürften Sie einen kostspieligen, demoralisierenden Fehlschlag nach dem anderen erleiden. Und sollten es Ihnen dennoch gelingen, dauert es vermutlich Jahrzehnte.

Warum ist es so schwer, ein komplexes System von Grund auf aufzubauen? John Gall, einer der ersten maßgeblichen Theoretiker auf diesem Fachgebiet, lieferte die Antwort.

Hier das ***Gall'sche Gesetz:*** Alle funktionierenden komplexen Systeme haben sich aus funktionierenden einfacheren Systemen entwickelt. Komplexe Systeme stecken voller Variablen und ***wechselseitiger Abhängigkeiten,*** die genau richtig organisiert sein müssen, damit sie funktionieren. Ganz neu entwickelte komplexe Systeme werden in der Realität nie funktionieren, weil sie im Zuge ihrer Entwicklung nie umweltbedingten Selektionsfaktoren ausgesetzt waren.

Unsicherheit stellt sicher, dass Sie nie in der Lage sein werden, all diese wechselseitigen Abhängigkeiten und Variablen im Vorfeld zu bestimmen. Deshalb wird ein neu entwickeltes komplexes System zwangsläufig immer wieder alle möglichen unerwarteten Ausfälle erleiden.

Das Gall'sche Gesetz ist der Schnittpunkt zwischen umweltbedingten ***Selektionstests*** und Systemdesign. Wer ein funktionierendes System entwickeln möchte, baut am besten ein einfaches System, das zunächst die laufenden ***umweltbedingten*** Selektionstests besteht, und optimiert es dann über einen längeren Zeitraum. Mit der Zeit erhält er so ein funktionierendes komplexes System.

Das Gall'sche Gesetz ist der Grund, aus dem ***Prototyping*** und ***Iteration*** als ***Wertschöpfungsmethode*** so gut funktionieren. Statt ein komplexes System von Grund auf neu aufzubauen, ist es viel einfacher, einen Prototyp zu entwickeln – nämlich ein möglichst einfaches Modell, das Ihnen hilft zu prüfen, ob Ihr System entscheidende Selektionstests besteht.

Bauen Sie diesen Prototyp zu einer ***ersten funktionsfähigen Produktversion*** aus, können Sie daran Ihre ***erfolgskritischen Annahmen*** überprüfen und es ergibt sich das einfachste mögliche System, das bei den Endabnehmern Erfolg verspricht. Der Iterationszyklus und die ***sukzessive Verbesserung*** bringen im Zeitverlauf komplexe Systeme hervor, die funktionieren – auch unter veränderten Umweltbedingungen.

Möchten Sie unbedingt ein funktionierendes System von Grund auf neu aufbauen, sollten Sie wissen, dass Sie auf eigene Gefahr gegen das Gall'sche Gesetz verstoßen.

Link zur Referenz: **personalmba.com/galls-law/**

Flows

»Einen Prozess kann man nicht verstehen, indem man ihn unterbricht. Das Verständnis muss im Fluss mit dem Prozess entstehen, in diesen einmünden und mitfließen.«

Frank Herbert, Science-Fiction-Autor

Jedes System, ganz gleich, was es tut, zeichnet sich durch ***Flows*** (»Flüsse«) auf – Bewegungen von Ressourcen in das System hinein oder aus ihm heraus. Denken Sie an eine Fertigungsstraße in einem Autowerk: Rohstoffe wie Stahl, Kunststoff, Silikon, Gummi und Glas fließen hinein, fertige Autos hinaus.

Die *Zuflüsse* sind Ressourcen, die sich in ein System hineinbewegen wie Wasser in ein Becken, Geld auf ein Bankkonto, Rohstoffe auf ein Fließband oder neue Mitarbeiter in ein Unternehmen.

Die *Abflüsse* sind Ressourcen, die aus dem System hinausfließen: Wasser in den Abfluss, Geld von einem Bankkonto, fertige Produkte von einem Fließband und Mitarbeiter aus einem Unternehmen, weil sie in den Ruhestand gehen, gekündigt wurden oder wechseln möchten.

Verfolgen Sie diese Flows, sind Sie auf einem guten Weg, die Funktionsweise des Systems zu begreifen.

Link zur Referenz: **personalmba.com/flow/**

Bestände

> »Waren in einem Lager sind nutzlos, bis jemand sie herausnimmt und ihrem Verwendungszweck zuführt. Das gilt auch für alles, was Menschen in ihrem Gehirn speichern.«
>
> Thomas J. Watson, Ex-President von IBM

Folgen Sie den ***Flows*** in einem System und Sie finden heraus, wo Ressourcen zusammenfließen.

Für unsere Zwecke ist ein ***Bestand*** so ein Auffangbecken beziehungsweise ein Vorratsbehälter für Ressourcen. Ein Bankkonto ist ein gutes Beispiel dafür: Es ist ein Auffangbecken für Geld, bis dieses Verwendung findet. Lagerbestände, Kundenschlangen und Wartelisten sind ebenfalls Beispiele für solche Bestände.

Um einen Bestand zu vergrößern, muss der Zufluss erhöht und/oder der Abfluss gedrosselt werden. Möchten Sie den Saldo Ihres Bankkontos steigern, muss mehr Geld hereinkommen und weniger Geld abfließen. Gehen Ihnen als Autobauer die Motoren aus, müssen Sie entweder das Fertigungstempo drosseln und/oder den Ausstoß verringern. Haben Sie zu viele Waren auf Lager, müssen Sie die Produktion verringern oder den Absatz erhöhen. Werden die Wartelisten zu lang, müssen Sie den ***Durchsatz*** steigern oder die Zahl der Menschen begrenzen, die sich anstellen dürfen.

Kommen Sie den Beständen eines Systems auf die Spur, dann wissen Sie, wo gebündelte Ressourcen auf ihren Einsatz warten.

Link zur Referenz: **personalmba.com/stock/**

Spielräume

»Ein Mensch mit überschüssigen Ressourcen kann die Umstände beeinflussen, ein Mensch ohne Überschüsse wird von den Umständen beeinflusst und hat oft keine Gelegenheit, Urteilsvermögen auszuüben.«

Harvey S. Firestone, Gründer der Firestone Tire and Rubber Company

Da es sich bei ***Beständen*** um gebündelte Ressourcen handelt, lohnt es sich, in Erfahrung zu bringen, *wie viele* Ressourcen Ihnen für die Arbeit zur Verfügung stehen. Unter ***Spielraum*** ist die Menge an Ressourcen zu verstehen, die in einem Bestand liegen. Je mehr Ressourcen im Bestand sind, desto mehr Luft ist im System.

Damit ein System effizient arbeitet, sollten die Bestände genau die richtige Größe haben – sie dürfen nicht zu groß sein, aber auch nicht zu klein. Denken Sie an das System Ihrer hypothetischen Autofabrik: Es ist eine Kombination aus vielen kleineren Systemen, von denen jedes so konzipiert ist, dass es Bestände an Teilen anlegt.

Gibt es keinen Bestand an Motoren, die auf den Einbau warten, wenn ein Fahrzeug die entsprechende Station der Fertigungsstraße erreicht, ist das ein Problem – das Fahrzeug muss dann warten, bis ein Motor zu Verfügung steht, und bringt die Fertigung ins Stocken. Um dieses Problem zu vermeiden, sollten Sie möglichst sicherstellen, dass der Bestand hoch genug ist, um das erforderliche Abflussniveau aufrechtzuerhalten, damit das System weiterlaufen kann. Zuflüsse füllen den Bestand wieder auf, wenn er sich erschöpft.

Große Bestände weisen am meisten Luft auf, doch so viel Flexibilität gibt es nicht umsonst. Stehen bei Ihnen 500 Motoren herum, die eingebaut werden sollen, so binden diese Lagerbestände eine Menge Kapital, und das verringert Ihren Cashflow. Sie müssen auch für den Platz zahlen, um die ganzen Motoren so zu lagern, dass sie nicht abhandenkommen oder beschädigt werden, was Ihre Kosten erhöht und Ihre ***Gewinnmarge*** schrumpfen lässt.

Kleine Bestände sind effizienter, bieten aber weniger Spielraum. Halten Sie nur zwei oder drei Motoren vor, ist zwar nicht viel Kapital in Lagerbeständen gebunden, doch die Wahrscheinlichkeit, dass Ihnen die Motoren ausgehen, wenn die Fertigungsstraße Tempo aufnimmt oder wenn es ein Problem mit dem System zur Motorenherstellung gibt, ist weit größer.

Spielräume richtig zu steuern, ist eine diffizile Angelegenheit: Zu viel Luft im System verschwendet Zeit und Geld. Zu wenig bewirkt, dass Ihrem System die notwendigen Ressourcen für den Weiterbetrieb auszugehen drohen.

Link zur Referenz: **personalmba.com/slack/**

Engpässe

»Sobald Sie Problem Nummer eins gelöst haben, rückt Nummer zwei nach.«

Gerald Weinberg, Informatiker und Systemtheoretiker

Die Leistung eines Systems wird grundsätzlich durch die Verfügbarkeit entscheidender Inputfaktoren begrenzt. Lösen Sie den ***Engpass*** auf, dann verbessert sich prompt die Leistung des Systems.

In *Das Ziel. Ein Roman über Prozessoptimierung* erklärt Eliyahu Goldratt, was er als die »Engpasstheorie« bezeichnet: Jedes steuerbare System wird stets durch mindestens einen Engpass gebremst, wenn es sein ***Ziel*** höherschrauben soll. Können Sie den Engpass feststellen und beseitigen, erhöhen Sie dadurch den ***Durchsatz*** des Systems.

Indem Sie den ***Bestand*** vor einem Engpass vorhalten oder erhöhen, kann das Problem bekämpft werden. Gehen Ihnen häufiger die Motoren aus, lässt sich der Engpass am besten dadurch beheben, dass Sie die ***Spielräume*** im Motorenbestand erhöhen. Indem Sie sicherstellen, dass der Engpass nie »aushungert«, können Sie die Leistung des gesamten Systems steigern.

Um einen Engpass zu ermitteln und zu beseitigen, schlägt Goldratt die »fünf Fokussierungsschritte« vor – eine Methode, mit der Sie den Durchsatz jedes Systems optimieren können:

1. *Identifizierung* – Sie analysieren das System, um den reglementierenden Faktor zu ermitteln. Steht die Fertigungsstraße in Ihrem Autowerk, weil keine Motoren mehr da sind, sind die Motoren Ihr Engpass.
2. *Nutzung* – Sie stellen sicher, dass die Ressourcen, die mit dem Engpass in Zusammenhang stehen, nicht verschwendet werden. Stellen dieselben Arbeiter, die für den Motorenbau zuständig sind, auch Windschutzscheiben her oder unterbrechen die Arbeit an den Motoren während der Mit-

tagspause, würde die optimale Nutzung des Engpasses bedeuten, dass die Motorenbauer 100 Prozent ihrer verfügbaren Zeit und Kraft auf die Herstellung der Motoren verwenden und in Schichten arbeiten, damit ihre Pausen die Produktion nicht lahmlegen.

3. *Unterordnung* – Sie gestalten das gesamte System so um, dass es dem Engpass untergeordnet wird. Nehmen wir an, Sie haben getan, was Sie können, um das meiste aus dem Motorenproduktionssystem herauszuholen, hinken aber immer noch hinterher. Unterordnung würde bedeuten, dass die Fabrik so umfunktioniert wird, dass alles, was für den Motorenbau benötigt wird, stets zur Hand ist und nichts erst vom anderen Ende der Fabrik herbeigeschafft werden muss. Möglicherweise müssen dafür andere Teile des Systems verlegt werden oder auf Ressourcen verzichten, doch das ist nicht so schlimm, da sie keinen Engpass darstellen.
4. *Entlastung* – Sie steigern dauerhaft die Kapazität des Engpasses. Im Falle der Fabrik wäre unter Entlastung zu verstehen, dass eine weitere Maschine zur Motorenherstellung angeschafft wird und mehr Arbeiter eingestellt werden, um sie zu bedienen. Entlastung ist ausgesprochen effektiv, aber nicht billig – und Sie wollen ja nicht Millionen für zusätzliche Anlagen ausgeben, wenn es nicht unbedingt nötig ist. Aus diesem Grund gehen Nutzung und Unterordnung vor: Oftmals lässt sich ein Engpass auf diese Weise rasch beheben, ohne dass Sie mehr Geld in die Hand nehmen müssen.
5. *Neubewertung* – Haben Sie eine Veränderung vorgenommen, müssen Sie das System neu bewerten, um zu prüfen, wo sich der Engpass befindet. Die Trägheit ist Ihr Feind. Gehen Sie nicht davon aus, dass es immer die Motoren sind, die den Engpass darstellen: Haben Sie erst ein paar ***Veränderungen*** vorgenommen, könnten plötzlich Windschutzscheiben zum limitierenden Faktor werden. In diesem Fall ist es nicht sinnvoll, sich weiter auf die Steigerung der Motorenproduktion zu konzentrieren – das System kann dann nur besser werden, wenn der Optimierungsfokus künftig auf den Windschutzscheiben liegt.

Diese Fünf-Schritte-Methode erinnert stark an die ***Iterationsgeschwindigkeit*** – je schneller Sie diesen Prozess durchlaufen und je mehr Zyklen Sie zum Abschluss bringen, desto besser der Durchsatz Ihres Systems.

Link zur Referenz: **personalmba.com/constraint/**

Die Rückkopplungsschleife

»Systeme zur Steuerung der Informationsrückkopplung sind für alle Unterfangen des Lebens und der Menschen von grundlegender Bedeutung ... Alles, was wir als Einzelne, als Branche oder als Gesellschaft tun, geschieht im Kontext eines Informationsrückkopplungssystems.«

Jay W. Forrester, Systemtheoretiker und Professor am MIT

Ursache und Wirkung sind einigermaßen leicht zu berücksichtigen, doch was, wenn die Wirkungen selbst zu Ursachen werden?

Rückkopplungsschleifen entstehen, sobald der Output eines Systems zum Input für den nächsten Zyklus wird. Aus Rückkopplung lernen Systeme – kann das System sein ***Umfeld*** wahrnehmen, hilft ihm dieses Feedback dabei zu erkennen, ob es unter Kontrolle ist und die erforderlichen ***Selektionstests*** erfüllt.

Ausgleichsschleifen dämpfen den Output eines jeden Systemzyklus, führen zu einem Gleichgewicht im System und erzeugen Widerstand gegen Veränderungen. Stellen Sie sich vor, Sie lassen einen Tennisball aus Schulterhöhe fallen: Er wird mehrmals wieder hochspringen, doch jedes Mal weniger hoch als zuvor. ***Reibung*** und Luftwiderstand bremsen jeden Zyklus, bis die Energie im System ein Gleichgewicht erreicht und der Ball auf dem Boden liegen bleibt.

Ausgleichsschleifen stabilisieren das System, dämpfen die Schwankungen und halten es in einem bestimmten Zustand. Kommen wir noch einmal auf das Beispiel vom Thermostat zurück: Ist die Raumtemperatur höher als das ***Sollniveau,*** schaltet sich die Klimaautomatik ein, um den Raum zu kühlen. Liegt die Temperatur unter dem Sollniveau, wird geheizt. Infolgedessen sorgt das System in der Regel für eine gleichmäßige Temperatur – wie es seine Aufgabe ist.

Verstärkungsschleifen verstärken den Output des Systems mit jedem Zyklus. Verstärkungsschleifen führen tendenziell im Zeitverlauf zu galoppierendem Wachstum oder galoppierendem Verfall. Denken Sie an einen Preiskrieg zwischen zwei Unternehmen, die beide um den niedrigsten Preis wetteifern. Unternehmen A senkt seine Preise, Unternehmen B zieht nach und reduziert seine Preise noch stärker. Solange das Sollniveau für beide Unternehmen weiterhin darin besteht, dass »unser Preis niedriger sein muss als der der Konkurrenz«, werden die Preise weiter fallen, bis beide Unternehmen ihre ***Gewinnmargen*** für das betreffende Angebot aufgezehrt haben.

Der ***Zinseszinseffekt*** ist ein Beispiel für eine positive Verstärkungsschleife. Mit jedem Zinszahlungszyklus mehrt sich das Kapital für den nächsten Zyklus, sodass die Zinszahlungen anwachsen und sich der Zyklus fortsetzt. Mit der Zeit kann sich der Zinseszinseffekt stark aufsummieren – was der Sinn dieses Systems ist.

In den meisten Fällen wird die Größe des jeweiligen ***Bestands*** von mehreren Schleifen beeinflusst, die alle in unterschiedliche Richtungen wirken. Für Ihren Kontostand gilt beispielsweise: Ihr Einkommen, Ihre Miete/Hypothekenrate, Ihre Ausgaben für Lebensmittel und andere Kosten unterliegen Rückkopplungsschleifen. Sie bewerten, ob ein bestimmter Zyklus zu stark oder zu gering ausfällt, was eine Ausgleichsschleife darstellt. Sind Zu- oder Abflüsse zu hoch oder zu niedrig, werden Sie aktiv, was sich auf den nächsten Zyklus auswirkt.

Schauen Sie sich ruhig um – Rückkopplungsschleifen gibt es *überall.* Sobald sie Ihnen auffallen, werden Sie sich der ständig veränderlichen Komplexität der Systeme, in denen wir leben, erst voll und ganz bewusst.

Link zur Referenz: **personalmba.com/feedback-loops/**

Autokatalyse

»Das System, das sich am schnellsten weiterentwickelt, bewegt sich zwangsläufig im oder, genauer gesagt, am Rande des Chaos – es herrscht zwar eine gewisse Ordnung, doch die Teile sind so lose miteinander verbunden, dass sie leicht verändert werden können.«

E. O. Wilson, Biologe und Naturforscher

Die ***Autokatalyse*** ist ein Konzept aus der Chemie: eine Reaktion, deren Endprodukt die für eine identische Reaktion erforderlichen Rohstoffe produziert.

Ein Autokatalysesystem erzeugt die nötigen Inputfaktoren für den nächsten Zyklus als Nebenprodukt des vorangegangenen Zyklus und ***verstärkt*** den Zyklus auf diese Weise. Die Autokatalyse ist eine an den ***Zinseszinseffekt*** erinnernde positive, sich selbst verstärkende ***Rückkopplungsschleife*** – das System wächst so lange weiter, bis es sich so verändert, dass weniger Output entsteht.

Die Fernsehwerbung von den 1950er- bis in die 1990er-Jahre ist ein hervorragendes Beispiel für Autokatalyse. Unternehmen konnten 1 Dollar für Werbung ausgeben und durch höhere Nachfrage und Verbreitung 2 Dollar mehr Ertrag erzielen. Wurden diese 2 Dollar wieder in Werbung investiert, wurden erst 4 Dollar daraus, dann 8 Dollar und dann 16 Dollar und so weiter. Unternehmen, die Konsumgüter für den Massenmarkt produzierten wie Procter & Gamble, General Electric, Kraft und Nestlé, nutzten diesen Zyklus, um sich zu den Großkonzernen von heute zu entwickeln.

Heute bringt ein in Fernsehwerbung investierter Dollar mit viel Glück 1,20 Dollar ein – es gibt mehr Kanäle, die Werbung ist teurer, und die Zuschauer verfügen über technische Mittel, unerwünschte Unterbrechungen herauszufiltern. Unter gewissen Umständen funktioniert die Schleife noch, doch längst nicht mehr so gut wie früher.

Die Autokatalyse muss aber nicht notgedrungen mit Geld zu tun haben: »Netzwerkeffekte« und »virale Schleifen« sind ebenfalls Beispiele für Autokatalyse. Jeder, der sich bei einem Social-Media-Netzwerk anmeldet, lädt weitere Nutzer dazu ein. Jeder, der im Internet ein lustiges Video anschaut, leitet es an mehrere Freunde weiter. Auch das ist Autokatalyse.

Gibt es in Ihrem Unternehmen ein Autokatalyseelement, wird es schneller wachsen, als Sie erwarten.

Link zur Referenz: **personalmba.com/autocatalyse/**

Das Umfeld

»Realität ist, was nicht weggeht, wenn Sie nicht mehr daran glauben.«

Philip K. Dick, Science-Fiction-Autor

Kein System ist absolut eigenständig. Jedes System wird von allen übrigen Systemen in seiner Umgebung beeinflusst.

Ein ***Umfeld*** ist die Struktur, in der das System arbeitet. Das Umfeld übt in erster Linie Einflüsse oder Wirkungen auf die ***Flows*** oder Prozesse des Systems aus und verändert dessen Output.

Denken Sie nur daran, wie Ihr Körper darauf reagiert, wenn es zu heiß oder zu kalt ist. Eine zu hohe oder zu niedrige Temperatur kann tödlich sein: Ihr Körper muss auf die Veränderung in seiner Umwelt reagieren, um weiter zu funktionieren, indem er schwitzt, um überschüssige Wärme abzubauen, oder Schutz sucht, um Wärme zu erhalten.

Verändert sich das Umfeld, muss sich das System entsprechend verändern, um weiter zu funktionieren. Den meisten führenden Theorien zufolge sind die Dinosaurier ausgestorben, weil sich die Umwelt verändert hat – entweder aufgrund einer Eiszeit oder durch einen Meteoriteneinschlag, der so viel Staub aufwirbelte, dass die Sonne verdeckt wurde. Kältere Temperaturen und weniger Sonnenlicht sorgten für drastische Nahrungsknappheit, was zum Massensterben führte.

Die vorliegenden Umweltbedingungen wirken sich darauf aus, wie das System im jeweiligen Umfeld funktioniert. 2005 schossen die Ölpreise in die Höhe. Viele Unternehmen, die auf Öl angewiesen waren, um Kunststoffe zu produzieren oder Güter zu befördern, bekamen Probleme. Weil die variablen Kosten stiegen, arbeiteten viele Unternehmen nicht mehr so gewinnbringend wie zuvor. Nicht wenige konnten den Kostenanstieg nicht verkraften und mussten schließen.

Wenn Sie nicht so enden möchten wie die Dinosaurier, sollten Sie stets berücksichtigen, wie sich die Umweltbedingungen auf Ihr System auswirken.

Link zur Referenz: **personalmba.com/environment/**

Selektionstest

»Jede Reaktion auf das Universum, und sei sie noch so wirkmächtig, wird im Wandel der Zeiten ihren Zweck nicht mehr erfüllen. Wer sich ganz und gar von einem Beherrschungsmittel abhängig macht, wird irgendwann feststellen, dass er der Zukunft nicht mehr gewachsen ist.«

Frank Herbert, Science-Fiction-Autor

Selbsterhaltende Systeme (wie Unternehmen oder Organismen) können sich nur so lange selbst erhalten, wie sie auf ***Umweltbedingungen*** treffen, die ihre Existenzvoraussetzungen erfüllen.

Ein ***Selektionstest*** ist ein umweltbedingter ***Engpass,*** der darüber bestimmt, welche Systeme sich selbst erhalten und welche untergehen. Für Säugetiere wie Menschen gibt es gleich mehrere solcher Selektionstests: Sie müssen genügend Luft atmen, genug essen, genug Wasser trinken und genug Wärme speichern. Auch für Unternehmen existieren solche Selektionstests: Sie müssen Kunden genügend Wert bieten, genügend Umsatz erzielen, um die eigenen Kosten zu decken, und genügend ***Gewinn*** erwirtschaften, um finanziell ***suffizient*** zu sein.

Viele Menschen denken bei Selektionstests an das »Überleben des Stärkeren«, doch eine bessere Beschreibung wäre »der Tod der Schwachen«. Besteht ein sich selbst erhaltendes System einen Selektionstest nicht, hört es auf zu existieren. Bekommen Sie nicht genug Luft, sterben Sie. Kann Ihr Unternehmen nicht genug Umsatz erzielen, um Suffizienz aufrechtzuerhalten, geht es unter.

Verändert sich die Umwelt, verändern sich auch die Selektionstests. Besonders interessant zu beobachten ist das auf dem Technologiemarkt, wo sich die Umwelt im Hinblick darauf verändert, »was möglich ist«. Unternehmen, die es nicht schaffen, sich größere technologische Veränderungen zunutze zu machen, stellen fest, dass sie bald nicht mehr in der Lage sind, den neuen Anforderungen gerecht zu werden, die Kunden an ihre Produkte stellen.

Umweltveränderungen und Selektionstests sind der beste Freund eines Unternehmers – sie ermöglichen es kleinen Unternehmen, große, etablierte Konkurrenten aus dem Feld zu schlagen. Wenn Sie die Selektionstests eines Markts erkennen können, können Sie im Wettbewerb auf diesem Markt erfolgreicher sein.

Selektionstests sind gnadenlos: Wenn Sie sie bestehen, haben Sie Erfolg. Schaffen Sie es nicht, sich an veränderte Bedingungen anzupassen, sind Sie weg vom Fenster.

Link zur Referenz: **personalmba.com/selection-test/**

Entropie

> **»Wer sich Verbesserungen deshalb nicht stellt, weil es Veränderungen sind, der muss sich Veränderungen stellen, die keine Verbesserungen sind.«**
>
> Charlie Munger, milliardenschwerer Geschäftspartner von Warren Buffett, ehemaliger CEO von Wesco Financial und Vice-Chairman von Berkshire Hathaway

Sich selbst überlassen, geraten komplexe Systeme in Unordnung.

Unter ***Entropie*** ist die komplexen Systemen innewohnende Tendenz zu verstehen, im Laufe der Zeit zu verfallen. Systeme, die über lange Zeiträume in Betrieb sind, müssen gewartet und optimiert werden.

Für dieses Phänomen gibt es eine ganz einfache Erklärung: Die Umwelt, in der das System arbeitet, verändert sich mit der Zeit. Solche Veränderungen wirken sich sowohl auf die Arbeit des Systems selbst aus als auch auf die ***Selektionstests,*** die das System bestehen muss, um weiter zu funktionieren. Verändert sich das System nicht so, dass es weiterarbeiten kann, verfällt es nach und nach und hört irgendwann auf, zu funktionieren oder zu existieren.

Entropie gibt es überall. Ohne genügend Nahrung, Bewegung und Sauerstoff leidet unsere Gesundheit. Straßen brauchen alle paar Jahre einen neuen Belag oder bekommen Risse, Wellen und Schlaglöcher. Software muss aktualisiert und korrigiert werden, damit sie weiterlaufen kann, wenn Rechner aktualisiert werden und sich vernetzte Systeme verändern. Häuser müssen neu gestrichen, gepflegt und saniert werden, damit sie in gutem Zustand bleiben.

Aufgrund der Entropie sind Wartung und Pflege notwendige, werthaltige Tätigkeiten. In den meisten Organisationen genießen Entwicklungstätigkeiten einen hohen ***sozialen Status,*** während die Wartung und Pflege bestehender Systeme als Tätigkeiten von geringerem Status betrachtet werden. Das ist ein böser Fehler: Die Organisation ist nur so stark wie ihre bestehenden Systeme, die ihre Funktionsfähigkeit erhalten. Der Aufrechterhaltung und Verbesserung dieser Systeme Aufmerksamkeit und Ressourcen zu widmen, ist nicht nur wichtig, sondern absolut entscheidend für den langfristigen Betrieb und den Werterhalt im Zeitverlauf.

Link zur Referenz: **personalmba.com/entropy/**

Unsicherheit

»Wer von der Kristallkugel lebt, lernt bald, Scherben zu essen.«

Edgar R. Fiedler, Ökonom

Wie hoch sind die Zinsen in zehn Jahren? Was wird Öl Ihrer Ansicht nach nächstes Jahr kosten? Und wie sieht es mit dieser oder jener Aktie aus – ist sie billig oder überbewertet? Ist es besser, jetzt Rohstoffe auf Lager zu nehmen, oder sollten Sie lieber noch ein paar Monate warten? Mit solchen Fragen müssen sich Unternehmer täglich herumschlagen.

Hier die Antwort: *Das weiß niemand.* Unsere Welt ist ein unsicherer Ort, und das ist Fluch und Segen zugleich. Es ist alles möglich, im Guten wie im Schlechten – wir können schlicht nicht sagen, was uns bevorsteht.

Zwischen Risiko und ***Unsicherheit*** besteht jedoch ein großer Unterschied. Um es mit den unvergesslichen Worten des ehemaligen US-Verteidigungsministers Donald Rumsfeld zu sagen:

> Es gibt bekannte Bekannte. Das sind Dinge, von denen wir wissen, dass wir sie wissen. Es gibt bekannte Unbekannte. Will heißen, es gibt Dinge, von denen wir wissen, dass wir sie nicht wissen. Doch es gibt auch unbekannte Unbekannte. Das sind Dinge, von denen wir nicht wissen, dass wir sie nicht wissen.

Risiken sind bekannte Unbekannte. Wollen Sie Freunde vom Flughafen abholen, ist die Wahrscheinlichkeit, dass sich ihr Flug um mehrere Stunden verspäten könnte, ein Risiko – Sie wissen von vornherein, dass sich die Ankunftszeit verändern kann. Also können Sie diese Eventualität einplanen.

Unsicherheiten sind unbekannte Unbekannte. Vielleicht sind Sie zu spät am Flughafen, um Ihre Freunde in Empfang zu nehmen, weil eine Stunde bevor Sie losfahren wollen, ein Meteorit auf Ihr Auto fällt. Wer könnte so etwas vorhersagen?

Wenn Sie mit Unsicherheit konfrontiert sind, können Sie die Zukunft nicht anhand bisheriger Ereignisse vorhersagen. Es können plötzlich unerwartete oder zufällige Ereignisse eintreten, die sich maßgeblich auf Ihre Ziele und Pläne auswirken.

In *Der Schwarze Schwan* beschreibt der ehemalige Hedgefondsmanager Nassim Nicholas Taleb die Gefahren der Unsicherheit: Ganz gleich wie stabil oder vorhersehbar eine Situation erscheint, unvorhersehbare »schwarze Schwäne« können jederzeit alles verändern.

Der Terminus »schwarzer Schwan« war im London des 16. Jahrhunderts ein gängiger Begriff für etwas, was unmöglich war oder nicht existierte – schließlich wusste jeder, dass alle Schwäne weiß waren. Problematisch ist dieser Begriff aus einem Grund, den der Philosoph David Hume aus dem 18. Jahrhundert als »Induktionsproblem« bezeichnet: Bis man mit eigenen Augen gesehen hat, dass jeder existierende Schwan wirklich weiß ist, kann man eigentlich nicht davon ausgehen, dass die Aussage »alle Schwäne sind weiß« auch zutrifft. Es bedarf nur eines einzigen schwarzen Schwans, um die Hypothese zu entkräften – und dazu kam es 1697, als der niederländische Kapitän Willem de Vlamingh in Australien schwarze Schwäne dokumentierte.

Bis zu dem Moment, in dem sie eintreten, liegt die Wahrscheinlichkeit von »Schwarzer Schwan«-Ereignissen nahe null. Nach einem solchen Ereignis ist die Wahrscheinlichkeit seines Eintretens fraglich: Das Ereignis hat die Umwelt verändert, in der das System arbeitet, wodurch sich ohne jede Vorwarnung die ***Selektionstests*** verändern können – und zwar drastisch. Sie können nicht im Voraus wissen, ob ein (oder welcher) schwarzer Schwan auf der Bildfläche erscheint:

Sie können nur flexibel sein, gut vorbereitet und so ***resilient,*** dass Sie entsprechend reagieren können, wenn das passiert.

Selbst akribische Analysen anhand jeder Menge historischer Daten können Sie nicht vor Unsicherheit bewahren. Das größte Manko der in den meisten MBA-Studiengängen gelehrten Finanzmodelle ist die Unsicherheit: Ihre Berechnungen zum Kapitalwert (NPV) oder Capital Asset Pricing Model (CAPM) sind nur so gut wie die Qualität Ihrer Prognosen. Schon viele Unternehmen wurden von Finanzprognosen ruiniert, die sich als falsch entpuppten. Wie wahrscheinlich ist es, dass Ihre Finanzhochrechnungen für die nächsten zehn Jahre alle Eventualitäten hundertprozentig korrekt prognostizieren? Und wer sagt, dass morgen alles auch nur annähernd so sein wird wie heute?

Viele Menschen leben davon, eine Sicherheit zu verkaufen, die in Wirklichkeit *nicht existiert.* Vorhersagen, Prognosen und andere Formen professioneller Hellseherei sind so beliebt, weil sie die Illusion vermitteln, man könne erfahren und steuern, was die Zukunft bringt. Doch alle derartigen Ansätze sind ihr Geld nicht wert – gäbe es eine absolut sichere Methode, Benzinpreise, Zinssätze oder Aktienkurse vorherzusagen, wären die Menschen, die dieses magische Wissen besäßen, Multimilliardäre und müssten Ihnen nichts mehr verkaufen.

Wer die allgegenwärtige Unsicherheit akzeptiert, übt sich darin, die Welt realistisch zu betrachten – nicht so, wie er sie gerne hätte. Wir alle hätten gern das Gefühl zu wissen, was die Zukunft bringt – vor allem angesichts unserer Neigung zu ***Verlustaversion*** und ***Schockstarre.*** Unsicherheit verursacht uns Unbehagen, weil es sich bedrohlich anfühlt, nicht zu wissen, was auf uns zukommt. Statt sich darauf zu fixieren, unsichtbare Gefahren zu prognostizieren, die niemand kennen kann, sollten Sie Ihre Energie lieber darauf fokussieren, besser mit dem Unerwarteten umzugehen.

Setzen Sie nicht auf zutreffende Vorhersagen – alles kann sich jederzeit verändern. Tun Sie nicht so, als könnten Sie in die Zukunft schauen. Viel nützlicher ist es, flexibel zu planen, um der Unsicherheit durch ***Szenarioplanung*** zu begegnen.

Link zur Referenz: **personalmba.com/uncertainty/**

Veränderungen

»Nicht die stärkste Spezies überlebt und auch nicht die intelligenteste – sondern diejenige, die am besten auf Veränderungen reagiert.«

Charles Darwin, Naturforscher und Pionier der Evolutionstheorie

Alle Systeme unterliegen ***Veränderungen*** – es gibt kein statisches System.

Komplexe Systeme befinden sich in stetem Fluss. Es ist vollkommen ***unsicher***, *wie* sich ein System im Zeitverlauf verändert, doch *dass* es sich verändert, steht fest. Pläne, die keine Veränderungen einkalkulieren, sind nur von begrenztem Wert.

Der Wandel ist eine Tatsache des Lebens. Psychologisch fällt es uns sehr schwer zu verinnerlichen, dass manches zufällig passiert: Viele Ereignisse in der Welt lassen sich nicht erklären oder begreifen. Aufgrund unserer angeborenen Fähigkeiten zur ***Mustererkennung*** sehen wir in aller Regel auch dort Muster, wo es keine gibt, und schreiben zufällige positive Veränderungen gern unserer Kompetenz zu, negative dagegen unserem persönlichen Pech. Infolgedessen machen wir uns zu *Narren des Zufalls* – so der Titel des ersten Buches von Nassim Nicholas Taleb.

Sie werden Ihr Unternehmen nie so weit bringen, dass alles perfekt läuft und sich nichts mehr verändert. Viele Unternehmer und Manager teilen die ungeprüfte Überzeugung, dass ihr Unternehmen, wenn sie es erst auf den »Weg zu den Besten« bringen, »immer erfolgreich« bleiben und die Konkurrenz noch jahrzehntelang in den Schatten stellen wird. Das ist ein schöner Traum, doch an sich selbst diese Maßstäbe anzulegen, ist unrealistisch – denn es setzt voraus, dass sich die Welt nicht verändern darf.

Die einzige Möglichkeit, mit Veränderungen umzugehen, ist, flexibler zu werden, um mit vielen verschiedenen veränderten Umständen zurande zu kommen. Je flexibler Sie sind, desto ***resilienter*** reagieren Sie auf Veränderungen.

Link zur Referenz: **personalmba.com/change/**

Wechselseitige Abhängigkeiten

»Sobald wir versuchen, irgendetwas herauszupicken, stellen wir fest, dass im Universum alles mit allem zusammenhängt.«

John Muir, Naturforscher

Nichts auf der Welt existiert losgelöst von allem anderen.

Komplexe Systeme sind fast immer auf andere Systeme angewiesen, um zu funktionieren. Ihr Kühlschrank braucht Strom, wenn er seinen Zweck erfüllen soll. Fällt das für Sie zuständige Kraftwerk aus, läuft er nicht. Das bezeichnet man als ***wechselseitige Abhängigkeit.***

Systeme mit ausgeprägter wechselseitiger Abhängigkeit werden mitunter auch als »eng gekoppelte« Systeme bezeichnet. Je stärker die Prozesse in einem System aneinandergekoppelt sind, desto wahrscheinlicher ist es, dass sich Ausfälle oder Verzögerungen auf andere Teile des Systems auswirken.

Eng gekoppelte Systeme sind oft zeitkritisch, streng geordnet und bieten wenig ***Spielraum.*** Oft gibt es nur einen Weg zu einem erfolgreichen Ergebnis und ein Versagen eines beliebigen Systemteils kann auf das übrige System durchschlagen.

Wenn Sie schon einmal eine Rube-Goldberg-Maschine gesehen oder als Kind das Brettspiel *Mausefalle* gespielt haben, wissen Sie, was ein eng gekoppeltes System ist. Das Gleiche gilt übrigens für Domino: Fällt ein Dominostein, gerät das gesamte System ins Wanken.

Wenn Sie schon einmal den Begriff »kritischer Pfad« aus dem Projektmanagement gehört haben, wissen Sie um die Bedeutung wechselseitiger Abhängigkeiten. Der kritische Pfad umfasst nur die Aufgaben, die erledigt sein müssen, damit das Projekt fristgerecht abgeschlossen werden kann. Eine Veränderung auf dem kritischen Pfad betrifft diesen stets insgesamt. Jede Verzögerung bei einer Aufgabe auf dem kritischen Pfad hat zur Folge, dass sich das gesamte Projekt verzögert.

»Lose gekoppelte« Systeme weisen einen geringeren Grad an wechselseitiger Abhängigkeit auf. Lose gekoppelte Systeme sind lockerer: Sie sind nicht zeitkritisch. Womöglich können Sie »Parallelverarbeitung« einsetzen, um gleich mehrere Schritte gleichzeitig abzuschließen. Es gibt viel Spielraum, und Sie können Ihr Ziel mit vielen verschiedenen Strategien erreichen.

Stellen Sie sich ein Orchester mit einem Dirigenten und vielen Instrumentalisten vor. Spielt die erste Geige einen falschen Ton, so beeinträchtigt das zwar die Qualität der Darbietung, doch der Fehler schlägt nicht unbedingt auf das gesamte Orchester durch. Sie können die wechselseitigen Abhängigkeiten eines Systems verringern, indem sie Abhängigkeiten eliminieren. Eine »Abhängigkeit« ist ein Input, der erforderlich ist, bevor der Prozess in die nächste Phase gehen kann. Je mehr Abhängigkeiten es in einem System gibt, desto größer die Wahrscheinlichkeit einer Verzögerung oder eines Systemausfalls.

Indem Sie Abhängigkeiten beseitigen, sorgen Sie für eine lockerere Koppelung des Systems. Erinnern Sie sich noch an das Beispiel von der Fertigungsstraße in der Autofabrik? Wenn der Motor eingebaut werden muss, bevor die Windschutzscheibe montiert wird, legt ein Problem mit den Motoren das gesamte System lahm. Wenn die Teile in beliebiger Reihenfolge eingebaut werden können, gibt es mehrere Möglichkeiten, ein Fahrzeug fertig zu bauen.

Beseitigen Sie unnötige Abhängigkeiten und Sie verringern das Risiko, dass ein Ausfall auf das gesamte System durchschlägt.

Link zur Referenz: **personalmba.com/interdependence/**

Das Kontrahentenrisiko

> »Wer erreicht, dass alles, was zum Glück führt, von ihm selbst abhängt, nicht von anderen, hat den allerbesten Plan für ein glückliches Leben gefunden.«
>
> Platon, griechischer Philosoph des 4. Jahrhunderts vor Christus

Hängt es von anderen Menschen ab, ob Ihr System funktioniert, stellt das ein maßgebliches Risiko für seinen Betrieb dar.

Das ***Kontrahentenrisiko*** (auch Ausfallrisiko) beschreibt die Möglichkeit, dass andere nicht liefern, was sie zugesichert haben. Brennt Ihr Haus ab, können Sie nur dann einen Anspruch gegen Ihre Versicherung geltend machen, wenn die Gesellschaft, bei der Sie versichert sind, noch im Geschäft ist. Andernfalls haben Sie ein Problem.

Ist Ihr Produktionssystem darauf angewiesen, dass ein externer Anbieter bestimmte Teile liefert, und dieser kommt seinen Verpflichtungen nicht nach, stehen bei Ihnen die Fließbänder still.

Lagern Sie Arbeiten an einen Auftragnehmer aus und dieser bringt nicht die versprochenen Leistungen, verzögert sich Ihr Projekt.

Zu hohe Kontrahentenrisiken vergrößern das Risiko eines verheerenden Systemausfalls. Beim Börsencrash von 2008 standen die größten Investmentbanken der Welt vor der Insolvenz, weil sie für den Fall, dass etwas schieflief, allesamt aufeinander angewiesen waren.

Investmentbanken und Finanzunternehmen wie Goldman Sachs, JPMorgan Chase und Lehman Brothers waren dazu übergegangen, von anderen großen Unternehmen »Credit Default Swaps« zu kaufen, eine Art finanzielle ***Versicherung.*** Ging ein stark ***gehebeltes*** Geschäft daneben, würden solche Versicherungen die Investmentbanken vor Millionenverlusten schützen – dachten sie. Also nahmen sie immer mehr Fremdkapital auf und gingen damit höhere Risiken ein.

Als der Immobilienmarkt in die Knie ging und die Banken mit den hypothekenunterlegten Wertpapieren in ihrem Bestand Geld verloren, versuchten sie, ihre Credit Default Swaps einzulösen. Doch die anderen Banken, von denen sie die Swaps erworben hatten, hatten ebenfalls empfindliche Verluste aus dem Geschäft mit hypothekenunterlegten Wertpapieren zu beklagen und konnten ihren Verpflichtungen nicht nachkommen. Für jede große Investmentbank wurden die anderen Banken im System zum Ausfallrisiko. Weil sie alle voneinander abhängig waren, galt: Brach eine Bank zusammen, gerieten auch die anderen in freien Fall.

Das Kontrahentenrisiko oder Ausfallrisiko wird noch ***verstärkt*** durch den ***Planungsfehlschluss.*** Ihre Partner können die Zukunft auch nicht besser vorhersagen als Sie, und jeder neigt zu Optimismus, wenn es um Pläne und Fristen geht. Machen Sie ruhig Pläne und Zusagen, kalkulieren Sie dabei aber grundsätzlich ein, dass das Projekt nicht planmäßig laufen könnte.

Ist Ihr System auf die Leistung eines anderen angewiesen, auf den Sie keinen Einfluss haben, bereiten Sie sich möglichst gut darauf vor, dass dieser seine Leistungen nicht erwartungsgemäß erbringt.

Link zur Referenz: **personalmba.com/counterparty-risk/**

Effekte zweiter Ordnung

»Wir haben zwar die Freiheit, über unser Handeln zu entscheiden, nicht aber über die Folgen.«

Stephen Covey, Autor von *Die 7 Wege zur Effektivität*

Vor ein paar Jahren hatten Kelsey und ich Gelegenheit, das Königreich Bahrain zu besuchen – einen kleinen Inselstaat wenige Kilometer vor der Ostküste Saudi-Arabiens. Bahrain, das inzwischen für seine Kompetenz im internationalen Bankgeschäft, seine Perlentaucher und die internationale Formel-1-Rennstrecke bekannt ist, war noch vor gar nicht langer Zeit für sein einzigartiges Ökosystem berühmt.

Noch vor wenigen Jahrzehnten war das Inselinnere von üppigem Grün bewachsen – eine Inseloase, auf der sich ursprünglich der Garten Eden befunden haben soll. Inzwischen ist das Innere der Insel eine öde Wüstenei. Pflanzen gedeihen nur noch, wo künstlich bewässert wird. Was ist passiert?

Unter Bahrain liegt ein System unterirdischer Quellen, die sowohl für die Flora der Insel als auch dafür verantwortlich waren, dass die Austern dort Perlen von herausragender Qualität hervorbrachten. Als sich mit Manama die einzige Großstadt des Landes entwickelte, wurden auf dem Stadtgebiet die Flächen knapp. Deshalb griffen die Immobilienentwickler auf einen Prozess zurück, der auch als »Landgewinnung« bezeichnet wird. Dazu wurde im Inselinneren Erde ausgehoben und an die Küste transportiert, um dem Meer dort Land abzuringen.

Mit dieser Methode entstand zwar tatsächlich neues Land, das die Insel allerdings weit teurer zu stehen kam als erwartet – die Quellen versiegten, wodurch das Land verödete.

Jede Handlung hat Folgen und diese Folgen haben ihrerseits Konsequenzen, die man auch als *Effekte zweiter Ordnung* bezeichnet. Stellen Sie sich eine Reihe von Dominosteinen vor – wird einer davon angestoßen, setzt dies eine Kettenreaktion in Gang. Einmal ausgelöst, ist die Kaskade von Ursachen und Wirkungen nur schwer (oder gar nicht) aufzuhalten oder umzukehren.

Ein weiteres Beispiel für unerwünschte Folgen ist die Mietenkontrolle in der Stadt New York nach dem Zweiten Weltkrieg. Eigentlich sollte sie zurückgekehrten Veteranen bezahlbaren Wohnraum verschaffen. Zu diesem Zweck begrenzte die Politik die Mieten (und die Möglichkeiten der Vermieter, diese zu erhöhen) in bestimmten Stadtvierteln. Erschwingliche Wohnungen für Veteranen sind doch eine hehre Idee, oder?

Womit die Städteplaner aber nicht gerechnet hatten: Die Kosten für den Unterhalt von Immobilien in New York stiegen immer weiter, doch die Vermieter konnten die Mieten nicht erhöhen, um diesen Kostenanstieg auszugleichen. Laut Gesetz konnte die Mietenkontrolle nur aufgehoben werden, wenn der ursprüngliche Mieter auszog oder wenn das Gebäude für abbruchreif erklärt wurde. Also weigerten sich die Vermieter, Gebäude instand zu halten – für sie war das Geldverschwendung. Sie standen finanziell besser da, wenn sie ihre Wohnanlagen mit den verbleibenden Mietern darin verfallen ließen.

Diese Politik bewirkte, dass sich der Zustand der Gebäude im Zeitverlauf drastisch verschlechterte und schließlich auch das Angebot zurückging, weil

Häuser für abbruchreif erklärt wurden – sodass Wohnraum letztlich noch teurer wurde. Eine Politik, die eigentlich darauf abgezielt hatte, dass Wohnen bezahlbar blieb, dezimierte das Wohnraumangebot und erreichte genau das Gegenteil: Wohnen wurde *noch* teurer.

Veränderungen an einem Aspekt eines komplexen Systems lösen *grundsätzlich* Effekte zweiter Ordnung aus, die der hinter der Veränderung stehenden Absicht diametral entgegengesetzt sein können. Elemente in einem komplexen System können in millionenfacher unterschiedlicher Hinsicht miteinander in Beziehung oder in Zusammenhang stehen und der Faktor ***Unsicherheit*** garantiert, dass Sie eher nicht wissen, wie. Jede Handlung hat Folgen, und diese Folgen haben *immer* ebenfalls Folgen – selbst wenn Sie nicht wissen, welche, oder diese Folgen eigentlich nicht haben wollen.

Nehmen Sie Veränderungen an einem komplexen System daher nur mit größter Vorsicht vor – vielleicht erreichen Sie damit nämlich genau das Gegenteil von dem, was Sie erwarten.

Link zur Referenz: **personalmba.com/second-order-effects/**

Externalitäten

»Unser Planet ist ein einsamer Punkt im gewaltigen allumfassenden kosmischen Dunkel. In unserer Verborgenheit in all dieser Weite existiert kein Hinweis, dass von irgendwoher Hilfe kommen wird, um uns vor uns selbst zu retten ... Für mich unterstreicht das unsere Pflicht, freundlicher miteinander umzugehen und den hellblauen Punkt zu erhalten und zu würdigen – als einzige Heimat, die wir kennen.«

Carl Sagan, Physiker und Autor von *Pale Blue Dot: Eine Vision von der menschlichen Zukunft im All*

Zwischen 1868 und 1969 hat der Cuyahoga – ein großer Zufluss des Eriesees, der durch die Stadt Cleveland im US-Bundestaat Ohio fließt – mindestens 13 Mal Feuer gefangen. Der größte dieser Brände, der sich 1952 ereignete, verursachte Sachschäden in Höhe von einer Million Dollar – was heute über zehn Millionen Dollar entspräche.

Die Ursache war kein Geheimnis: Die Verschmutzung durch Petrochemie, Kanalisation und Nebenprodukte der Fertigungsindustrie war so massiv, dass es in dem Fluss über eine Länge von 65 Kilometern – von Cleveland bis Akron – keine Fische oder sonstigen Wasserlebewesen gab. Der Fluss bot eine kostengünstige, bequeme Möglichkeit, Abfälle loszuwerden. Deshalb wählten viele Fabriken den Weg des geringsten Widerstands und bauten Leitungen, die Industrieabwässer in den Fluss leiteten, um Geld zu sparen. Die Folge: Der Fluss starb (und fing Feuer).

Der Fachbegriff für solche Ereignisse ist ***Externalitäten:*** Nebenwirkungen eines Primärprozesses, die nicht nur die primären Nutznießer oder Entscheider betreffen, sondern auch andere Parteien. Der Primärprozess war in diesem Fall die Güterproduktion in und um Cleveland, die primären Nutznießer die Eigner und Beschäftigten der Fabriken. Die Verschmutzung des Cuyahoga und deren Effekte auf andere Menschen und Lebewesen waren Externalitäten. Die für die Verschmutzung verantwortlichen Unternehmen schoben die Kosten für die Entsorgung der Abfallprodukte ihrer Betriebe auf die Allgemeinheit.

Heute ist der Cuyahoga in viel besserer Verfassung. Um die Situation zu verbessern, waren aber erhebliche Eingriffe erforderlich: Gesetze, Richtlinien und Vorschriften, die verhinderten, dass Abwässer ungeklärt in den Fluss geleitet wurden, und ein solches Verhalten mit Strafen belegten, Prozesse und Geldbußen, mit denen Verstöße geahndet werden sollten, und Mittel zur Säuberung und Sanierung. Sobald man die Externalitäten erkannt und durchschaut hatte, war es möglich, die gesellschaftlichen Kräfte zu koordinieren, um das Problem zu lösen und zu verhindern, dass so etwas noch einmal passierte.

Umweltverschmutzung ist nicht die einzige mögliche negative Externalität. Hier ein gängiges Beispiel: Viele Unternehmen erfassen im Rahmen ihrer Marketing-, Vertriebs- und Kundenbetreuungstätigkeit personenbezogene Daten. Diese Daten können zur ***Qualifizierung, Segmentierung*** und für Kampagnen eingesetzt werden, weshalb Unternehmen sehr daran interessiert sind, so viele Daten wie möglich zu erheben. Dabei ist allerdings eine wesentliche Externalität zu berücksichtigen: Verschaffen sich Unbefugte (wie Hacker) Zugriff auf solche personenbezogenen Daten, können diese zu allen möglichen strafbaren Zwecken eingesetzt werden, die den potenziellen und bestehenden Kunden des betreffenden Unternehmens vielfach finanzielle und juristische Probleme bescheren.

Die Sicherung dieser Daten ist von großer Bedeutung, steigert aber nicht den Ertrag der Unternehmen – daher besteht wenig direkter Anreiz, sich darüber Gedanken zu machen. Kommt es zu einer Datenschutzverletzung, zahlen die potenziellen und bestehenden Kunden der Unternehmen den Preis dafür. Aus diesem Grund sind personenbezogene Daten Fluch und Segen zugleich: Unternehmen, die solche Daten erfassen, sind dafür verantwortlich, sie zu sichern und zu gewährleisten, dass ihre Systeme gegen unbefugte Zugriffe geschützt sind.

Viele negative Externalitäten lassen sich vermeiden oder verringern, indem mit potenziellen ***Effekten zweiter Ordnung*** gerechnet und alles getan wird, um unbeabsichtigte Folgen zu verhindern. Generell gilt: Erwarten oder erkennen Sie negative Nebenwirkungen, die aufgrund Ihrer Handlung eintreten (oder eintreten können), ist es Ihre Aufgabe, diese Effekte so weit wie möglich zu verhindern oder abzuschwächen.

Es gibt auch positive Externalitäten. Nehmen Sie Kommunikationstechnologie wie das Internet oder das Telefonnetz: Mit jedem zusätzlichen Nutzer des Systems wird das Netz insgesamt wertvoller, woraus sich ein »Netzwerkeffekt« ergibt, der allen Nutzern des Systems zugutekommt. Gesellschaftspolitische Ziele wie verbreitete Alphabetisierung und Praktiken zum Schutz der öffentlichen Gesundheit (wie Händewaschen und Impfen) haben ähnliche Vorteile: Von niedrigeren Kommunikationsbarrieren und verringerter Infektionsgefahr profitieren alle.

Externalitäten lassen sich manchmal schwer vorhersagen. Trotzdem sollte man das versuchen. Die Vor- und Nachteile Ihrer Handlungen sind durchaus real, und es liegt im ureigenen Interesse eines jeden Einzelnen, unerwartete Chancen möglichst umfassend zu nutzen und unnötige Probleme nach Kräften zu vermeiden.

Link zur Referenz: **personalmba.com/externality/**

Systemunfälle

»Das Problem ist nicht das Problem an sich. Das Problem ist, dass wir etwas anderes erwarten und meinen, Probleme zu haben, sei ein Problem.«

Theodore Rubin, Psychiater und Kolumnist

Das Spaceshuttle – ein Fluggerät, das die Schwerkraft der Erde mit menschlichen Passagieren an Bord überwinden kann – ist das Sinnbild eines komplexen Systems.

Ein hochtechnisiertes Flugzeug, das an drei Raketen gekoppelt ist, die Millionen Kubikfuß explosives Wasserstoffgas enthalten, ist aber auch das Sinnbild eines Systems mit starken wechselseitigen Abhängigkeiten. *Jeder* Fehler kann durch das übrige System kaskadieren und bei jedem Start des Shuttles können Millionen Dinge schiefgehen.

1986 kam es beim Spaceshuttle *Challenger* zur Katastrophe – ein Dichtungsring in einer der Raketen fror ein und wurde dadurch spröde. Als er während des Startvorgangs stark erhitzt wurde, gab er nach. Die *Challenger* explodierte 73 Sekunden nach dem Abheben. Niemand an Bord überlebte das Unglück.

Ein System zu entwickeln, in dem nie etwas schiefgeht, ist ein verlockender Gedanke. Im wirklichen Leben beweisen Systeme stets das Gegenteil – so viel ist sicher.

Die Theorie der ***Systemunfälle*** oder »normalen Unfälle« ist eine gehobenere Formulierung für die gängige englische Redensart »shit happens«. In einem stark gekoppelten System stauen sich kleine Risiken auf, bis Fehler und Unfälle unvermeidlich werden. Je größer und komplexer das System, desto größer auch die Wahrscheinlichkeit, dass irgendwann *irgendetwas* total schiefläuft.

Überreaktionen auf normale Unfälle sind kontraproduktiv. Geht etwas daneben, neigen wir instinktiv dazu überzureagieren, alles abzubrechen und noch mehr Kontrollmechanismen vorzusehen, damit sich ein Unglück nicht wiederholen kann. Doch diese Reaktion macht nichts besser, im Gegenteil: Ein Abbruch und die Ergänzung um weitere Systeme bewirken lediglich, dass das System *noch stärker gekoppelt* wird, was das Risiko künftiger Unfälle erhöht.

Die Reaktion der NASA auf die *Challenger*-Tragödie ist sehr aufschlussreich: Statt abzubrechen oder mehr Systeme hinzuzufügen, die das Problem noch verschärfen könnten, erkannten die Ingenieure der NASA das eigentliche Problem und fokussierten sich darauf, es anderweitig zu lösen, um das Risiko eines Wiederauftretens zu minimieren, ohne weitere Systeme hinzuzufügen, die potenziell versagen könnten.

Systemunfälle lassen sich am besten dadurch vermeiden, dass auftretende Ausfälle oder »Beinaheunfälle« genau analysiert werden. Anstelle der Entsprechung zur ***Schockstarre*** bei Systemen, die auf lange Sicht noch größere Probleme verursachen kann, kann ein Blick auf Beinahezwischenfälle entscheidende Erkenntnisse über verborgene wechselseitige Abhängigkeiten liefern. Durch die Analyse des Problems ist es möglich, Pläne für Eventualitäten zu entwickeln, falls es in der Zukunft wieder zu einem ähnlichen Vorfall kommt.

2003 erlebte das Spaceshuttle *Columbia* eine ganz anders geartete Katastrophe: Die Kohlefaserhitzeschilde, die das Shuttle beim Wiedereintritt in die Erdatmosphäre schützen sollten, versagten, und das Shuttle brach auseinander. Wieder fokussierte sich die NASA darauf, wie sich das Problem künftig verhindern ließ, ohne das System noch enger durchzukoppeln. Als das Spaceshuttle *Discovery* ein paar Jahre später beim Start Schäden an seinen Hitzeschilden verzeichnete, waren die NASA-Techniker darauf vorbereitet. Die Crew landete wohlbehalten.

Systemunfälle sind ein überzeugender Grund, dafür zu sorgen, dass die Systeme, auf die Sie angewiesen sind, so locker wie möglich gekoppelt sind. Über Systeme lässt sich viel Positives sagen, doch darauf zu setzen, dass sie nie fehlschlagen, ist äußerst realitätsfern. Locker gekoppelte Systeme sind möglicherweise nicht ganz so effizient, haben aber länger Bestand und versagen nicht so katastrophal.

Je komplexer ein System und je länger es läuft, desto wahrscheinlicher wird es, dass es zu einem größeren Fehlschlag kommt. Die Frage ist nicht, *ob* – die Frage ist, *wann*. Stellen Sie sich daher auf Systemausfälle ein und rüsten Sie sich dafür, schnell darauf zu reagieren.

Link zur Referenz: **personalmba.com/normal-accidents/**

10 – SYSTEME RICHTIG ANALYSIEREN

»Was man nicht versteht, kann man auch nicht verändern.«

Eric Evans, Technologe

Bevor Sie ein System verbessern können, müssen Sie wissen, wie gut es derzeit funktioniert. Das ist heikel – Sie können schließlich nicht die Welt so lange anhalten, bis Sie alles richtig ausgemessen haben.

Systeme müssen im Betrieb analysiert werden. Ein laufendes System zu analysieren, ist schwierig, aber definitiv möglich – wenn Sie wissen, worauf Sie zu achten haben.

Im vorliegenden Kapitel erfahren Sie, wie sich Systeme in kleinere Teile zerlegen lassen, die Sie verstehen können, wobei Sie dann alles Wichtige messen und feststellen können, wie die Teile des Systems miteinander interagieren und voneinander abhängen.

Link zur Referenz: **personalmba.com/analyzing-systems/**

Dekonstruktion

»Aus etwas Vollkommenem kann man nichts Neues schaffen. Jeder Prozess beinhaltet, dass dafür etwas anderes zerstört wird.«

Joseph Campbell, Mythologe und Autor von *Der Heros in tausend Gestalten*

Komplexe Systeme bestehen, wie schon angesprochen, aus vielen voneinander abhängigen ***Flows, Beständen,*** Prozessen und Teilen. Im Ganzen kann so ein System zu komplex sein, um es zu verstehen – liegen mehr als sieben oder acht Variablen oder Abhängigkeiten vor, stoßen wir an die ***Grenzen unserer kognitiven Fähigkeiten*** und es setzt Verwirrung ein.

Doch wie kann man komplexe Systeme unter diesen Umständen überhaupt analysieren?

Die ***Dekonstruktion*** ist der Prozess des Aufdröselns komplexer Systeme in ihre kleinstmöglichen Teilsysteme, um zu begreifen, wie sie funktionieren. Statt zu versuchen, das ganze System auf einmal nachzuvollziehen, zerlegen Sie es in seine Bestandteile und versuchen dann, die Teilsysteme und deren Interaktionen zu durchschauen.

Die Dekonstruktion ist der Reverse-Engineering-Aspekt des ***Gall'schen Gesetzes.*** Erinnern Sie sich? Funktionierende komplexe Systeme entwickeln sich grundsätzlich aus funktionierenden einfacheren Systemen. Können Sie einfachere Teilsysteme ermitteln und sich darauf fokussieren zu verstehen, wie diese funktionieren und ineinandergreifen, dann verstehen Sie letztlich, wie das ganze System funktioniert.

Haben Sie keine Ahnung davon, wie ein Auto funktioniert, verwirrt es Sie nur, wenn Sie die Motorhaube öffnen und nachsehen, was sich darunter befindet – da gibt es so viele Teile, dass Sie gar nicht wissen, wo Sie ansetzen sollen. Das System zu verstehen, ist aber nicht unmöglich: Wesentliche Teilsysteme zu erkennen wie Motor, Getriebe und Kühler, könnte Ihnen wertvolle Erkenntnisse darüber vermitteln, wie das ganze System funktioniert.

Haben Sie wichtige Teilsysteme erkannt, können Sie leichter verstehen, wie diese arbeiten, wenn Sie sie getrennt voneinander betrachten. Statt sich darauf zu fokussieren, wie das ganze Auto funktioniert, können Sie Ihren Fokus eine Zeit lang nur auf den Motor einengen. Wo fängt dieses Teilsystem an? Welche Flows sind daran beteiligt? Welche Prozesse finden innerhalb des Systems statt? Gibt es ***Rückkopplungsschleifen?*** Was passiert, wenn Zuflüsse *ausbleiben?* Wo endet das System? Welche Abflüsse gibt es?

Bei der getrennten Betrachtung zur Dekonstruktion eines Systems dürfen Sie aber die ***wechselseitigen Abhängigkeiten*** nicht aus dem Blick verlieren, denn jedes Teilsystem ist Bestandteil eines größeren Systems. Nicht minder wichtig ist, die Trigger und Endpunkte zu ermitteln – also die Teile des Systems, die mit anderen Teilsystemen interagieren. Trigger verraten Ihnen, wodurch ein Teilsystem in Gang gesetzt wird, Endpunkte, wodurch es abgeschaltet wird.

Außerdem sollten Sie unbedingt wissen, welche Voraussetzungen in einem System vorliegen müssen – die Wenn-dann-Beziehungen, die sich auf den Systembetrieb auswirken. So muss dem Motor beispielsweise ein Kraftstoff-Luft-Gemisch zugeführt werden, damit er laufen kann. Findet dieser Zufluss statt, wird er durch einen Funken von der Zündkerze gezündet und liefert Energie, die einen Kolben in Bewegung setzt, der das übrige System antreibt. Fehlt dieser Zufluss oder versagt die Zündung, entsteht keine Energie. Dann setzt das System aus. Sowohl der Zustrom an Kraftstoffgemisch als auch der Funke von der Zündkerze sind daher Betriebsvoraussetzungen des Systems.

Anhand von Grafiken und Flussdiagrammen ist leichter nachvollziehbar, wie die einzelnen Zuflüsse, Prozesse, Auslöser, Voraussetzungen, Endpunkte und Abflüsse zusammenwirken. Komplexe Systeme nur mit Worten zu erklären, kann einschränkend wirken – um bestmögliche Ergebnisse zu erzielen, sollten Sie Diagramme der beteiligten Flows, Bestände, Voraussetzungen und Prozesse erstellen. Richtig konstruierte Flussdiagramme können Ihnen die Flows eines Systems im Betrieb vor Augen führen, und das ist eine große Hilfe, wenn Sie ein System in Gang halten sollen, das auszusetzen droht.[85]

Um ein System zu analysieren, sollten Sie komplexe Systeme in Teilsysteme zerlegen, die leichter zu durchschauen sind, und sich dann von Grund auf Einblick in das System verschaffen.

Link zur Referenz: **personalmba.com/deconstruction/**

Messung

»Wir vertrauen auf Gott ... alle anderen hantieren mit Daten.«

W. Edwards Deming, Experte für Produktionsmanagement und Pionier der statistischen Prozesssteuerung

Wenn Sie wissen, aus welchen Teilen sich das System zusammensetzt und wie diese miteinander interagieren, lohnt es sich, eine weitere Frage zu stellen: *Wie gut* funktioniert das System? Durch die Erhebung von Informationen im Zusammenhang mit den Kernfunktionen des Systems ist viel leichter zu erkennen, wie gut das System an sich eigentlich arbeitet.

Messwerte ermöglichen es ferner, Systeme untereinander zu vergleichen. So können beispielsweise mehrere verschiedene Arten von Mikroprozessoren verwendet werden, um einen Computer zu bauen. Welche sollten Sie einsetzen? Indem Sie die verschiedenen Merkmale der einzelnen Prozessoren messen – Zykluszeit, Energieverbrauch, Wärmeentwicklung et cetera –, können Sie den optimalen Prozessor für Ihren Rechner auswählen, was dessen Leistung steigert.

Messwerte ermöglichen es uns, bei der Analyse eines Systems ***Absence Blindness*** zu vermeiden. Sie wissen ja: Es fällt uns schwer, Dinge wahrzunehmen, die nicht da sind. Messen wir die verschiedenen Teile eines Systems in Aktion, so hilft uns das, potenzielle Probleme zu erkennen, noch bevor sie auftreten.

Ein Beispiel dafür ist Diabetes – eine Erkrankung, die auf einen Fehler in der ***Rückkopplungsschleife*** zurückgeht, die den Blutzuckerspiegel im Körper steuert. Zu viel oder zu wenig Blutzucker ist lebensbedrohlich. Produziert der Körper daher zu viel oder zu wenig Insulin, um den Blutzuckerspiegel stabil zu halten, ist das ein schwerwiegendes Problem.

Obwohl der Insulinspiegel für einen Diabetiker so wichtig ist, kann man einem Menschen nicht ansehen, wie hoch seine Insulin- oder Blutzuckerwerte sind. Ohne genaue Messwerte liegt gewöhnlich Absence Blindness vor, bis sich der Zustand des Patienten so verschlechtert, dass es auffällt – weil er das Bewusstsein verliert oder in einen Schockzustand gerät.

Um das zu vermeiden, messen Diabetiker ihren Blutzucker- und Insulinspiegel regelmäßig mehrmals am Tag.

Etwas zu messen, ist der erste Schritt, um es zu verbessern. Peter Drucker formulierte das für die Ewigkeit: »Was gemessen wird, wird auch gemanagt.« Sehr richtig. Wenn Sie nicht wissen, wie viel Geld Ihr Unternehmen einnimmt oder ausgibt, ist schwer zu sagen, ob eine Veränderung, die Sie daran vornehmen, auch eine Verbesserung bewirkt.

Ohne Daten sind Sie blind. Wenn Sie etwas verbessern möchten, müssen Sie es zunächst messen.

Link zur Referenz: **personalmba.com/measurement/**

Leistungskennzahlen

»Besser, man hat eine ungefähre Antwort auf die richtige Frage als die genaue Antwort auf die falsche.«

John Tukey, Statistiker

Das große Problem mit ***Messwerten*** ist, dass man so viele verschiedene Dinge messen kann. Wer zu viel misst, leidet unter der ***Einschränkung seiner kognitiven Fähigkeiten*** und ertrinkt in einer Flut sinnloser Daten.

Manche Messwerte sind wichtiger als andere: ***Leistungskennzahlen (Key Performance Indicators, KPIs)*** sind Messwerte zu den erfolgskritischen Teilen eines Systems. Messungen, die nicht dazu beitragen, Ihr System zu verbessern, sind mehr als nutzlos: Sie sind eine Verschwendung Ihrer begrenzten ***Aufmerksamkeit*** und Energie. Wenn Sie das System verbessern möchten, das Sie analysieren, dann müssen Sie dabei nicht auf jedes Detail achten – es kommt nur auf wenige wichtige Messwerte an.

Die Gefahr ist groß, sich auf die Dinge zu fixieren, die leicht messbar sind, statt auf die wirklich wichtigen. Nehmen Sie zum Beispiel den Umsatz eines Unternehmens – der erscheint doch recht wichtig, oder? Das ist auch so, allerdings nur bis zu einem gewissen Punkt: Der Umsatz ist nur insofern bedeutsam, als er eine Schlüsselkomponente des Gewinns darstellt. Erzielen Sie einen Umsatz von 1 000 000 Dollar, ist das vollkommen unerheblich, wenn das für Sie mit Kosten in Höhe von 2 000 000 Dollar verbunden war. Wie der Serienunternehmer und Moderator der erfolgreichen britischen Fernsehserie *Dragons' Den,* Theo Paphitis, es formuliert: »Profit is sanity. Turnover is vanity.« Für sich genommen, ist der Umsatz daher keine maßgebliche Leistungskennzahl.

Das Gleiche gilt auch für andere Messwerte im Prozess. Für den Leiter eines Programmiererteams ist es beispielsweise verführerisch, dessen Leistung in »Codezeilen« zu messen – ein erkennbarer, leicht zu erfassender Maßstab. Er hat jedoch einen Haken: Mehr Code ist nicht unbedingt besser. Ein fähiger Programmierer kann ein Programm verbessern, indem er es neu schreibt und dabei *weniger* Zeilen Code produziert. Sind Sie auf Quantität fixiert, werten Sie es als Rückschritt, wenn 10 000 Zeilen Code herausfallen, obwohl das in Wirklichkeit eine enorme Verbesserung darstellt.

Noch heikler wird es, wenn Sie Ihre Programmierer zeilenabhängig *vergüten*. Dann sorgt eine ***anreizbedingte Verzerrung*** dafür, dass Ihr Programm zur Softwareversion von *Krieg und Frieden* ausartet.

Leistungskennzahlen für Unternehmen beziehen sich häufig entweder auf die ***fünf Bausteine eines Unternehmens*** oder auf den ***Durchsatz.*** Hier ein paar Fragen, die ich heranziehe, um die wichtigsten Leistungskennzahlen eines Unternehmens zu ermitteln:

- *Wertschöpfung:* Wie schnell bringt das System Wert hervor? Wie hoch sind aktuell die Zuflüsse?
- *Marketing:* Wie viele Menschen werden auf Ihr Angebot aufmerksam? Wie viele potenzielle Kunden erteilen Ihnen ausdrücklich die Erlaubnis, ihnen weitere Informationen zu geben?
- *Verkauf und Vertrieb:* Wie viele Interessenten werden zu zahlenden Kunden? Wie hoch ist der durchschnittliche ***Customer Lifetime Value?***
- *Wertbeitrag für den Kunden:* Wie schnell können Sie jeden Kunden bedienen? Wie hoch ist aktuell Ihre Retouren- oder Reklamationsquote?
- *Finanzen:* Wie hoch ist Ihre ***Gewinnmarge?*** Über wie viel ***Kaufkraft*** verfügen Sie? Sind Sie finanziell ***suffizient?***

Alle Messwerte, die sich auf diese Fragen beziehen, sind vermutlich KPIs. Was nichts mit einem zentralen Geschäftsprozess zu tun hat, eher nicht.

Versuchen Sie, sich auf nur drei bis fünf KPIs pro System zu beschränken. Beim Erfassen von Messwerten ist die Versuchung groß, sich ein »Dashboard« zusammenzustellen, das jede Information enthält, die irgendwann nützlich sein könnte. Widerstehen Sie dieser Versuchung: Überladen Sie sich mit Daten, sinkt die Wahrscheinlichkeit, dass Sie aussagekräftige, maßgebliche ***Veränderungen*** wahrnehmen. Bei Bedarf können Sie jederzeit noch tieferen Einblick in die Daten nehmen, die Ihnen zur Verfügung stehen.

Ermitteln Sie die KPIs Ihres Systems, dann können Sie es steuern, ohne in Daten unterzugehen.

Link zur Referenz: **personalmba.com/key-performance-indicator/**

Garbage In, Garbage Out

»Wenn wir am Anfang auf alles genau achten, wird das Ergebnis zum Selbstläufer.«

Alexander Clark, US-Botschafter und Bürgerrechtsaktivist des 19. Jahrhunderts

Analysen Sie minderwertige Daten, ist das Analyseergebnis im besten Fall wertlos – im schlimmsten irreführend oder gar schädlich.

Die Qualität der verwendeten Eingabedaten wirkt sich grundsätzlich auf die Qualität des Ergebnisses aus. Aus minderwertigem Baumaterial kann nichts Schönes, Dauerhaftes entstehen. Essen Sie viel Junkfood, bewegen sich wenig und schauen zu viel Nachrichten und Reality-TV, fühlen Sie sich bald träge statt energiegeladen. Sind die Menschen, die an einem Projekt arbeiten, unqualifiziert oder desinteressiert, dann leidet das Endergebnis.

Garbage In, Garbage Out ist ein ganz einfacher Grundsatz: Wird ein System mit nutzlosen Eingaben gefüttert, kommt etwas Nutzloses heraus. Wie gut Sie ein System verstehen, hängt davon ab, wie gut Sie beobachten können, was darin vor sich geht. Die Qualität und die Quantität der Daten, die Sie über das System erfassen, bilden eine Obergrenze dafür, wie gut Sie verstehen können, was in dem System abläuft, wenn es in Betrieb ist.

Streben Sie ein hochwertiges Endergebnis an, sollten Sie von Anfang an auf Qualität achten. Bewusst darauf zu achten, worauf Sie aufbauen, kann Ihnen helfen, dafür zu sorgen, dass das Endergebnis des Prozesses Ihren Erwartungen entspricht.Wenn Sie bessere Ergebnisse erzielen möchten, müssen Sie besseres Ausgangsmaterial verwenden.

Link zur Referenz: **personalmba.com/garbage-in-garbage-out/**

Fehlertoleranz

»Der Weg zur Weisheit? So einfach wie auch genial: Irre, irre immer wieder, doch weniger von Mal zu Mal.«

Piet Hein, Mathematiker und Dichter

Viele unerfahrene Unternehmer erwarten Perfektion: Jeder Fehler, jede Varianz, und sei sie noch so klein, erregt ihre Besorgnis.

Nehmen Sie beispielsweise die Website eines Unternehmens. Die meisten Unternehmer sind außer sich, wenn ihre Website ausfällt – ein Ereignis, das unweigerlich besorgte Anrufe beim Systemadministrator oder bei der zuständigen Stelle auslöst. Oft heißt es dann: »Sorgen Sie gefälligst dafür, dass das nicht mehr passieren kann.«

Das ist allerdings unrealistisch. Hundertprozentige Zuverlässigkeit gibt es nicht. ***Systemunfälle*** gehören zum Leben, deshalb zahlt es sich aus, sie einzukalkulieren. Je mehr Verlässlichkeit Sie brauchen, desto mehr kostet Sie Ihr System.

Unter ***Toleranz*** ist die akzeptable Quote an »normalen« Fehlern in einem System zu verstehen. Innerhalb einer bestimmten Bandbreite der Messwerte funktioniert das System planmäßig. Solange die Fehler einen bestimmten Schwellenwert nicht übersteigen, sind keine dringenden Interventionen erforderlich.

Toleranzen werden oft als zu streng oder zu locker bezeichnet. Eine strenge Toleranz ist eine, die wenig Spielraum für Fehler oder Schwankungen gibt, und findet meist Anwendung, wenn die betreffende Komponente oder das Teilsystem entscheidend ist für die Leistung des ganzen Systems. Eine lockere Toleranz lässt deutlich mehr Spielraum für Fehler oder Schwankungen zu und ist üblich, wenn kleine Fehler keine größeren Auswirkungen haben.

Die Zuverlässigkeit eines Systems wird häufig in Prozent angegeben. Ist ein System in einem bestimmten Bereich zu 95 Prozent zuverlässig, dann liefert es in 19 von 20 Fällen ein Ergebnis innerhalb der vorgegebenen Toleranzen. Je höher die Zuverlässigkeit, desto höher der Prozentsatz.

Spricht jemand von den »Five Nines« der Zuverlässigkeit, so bedeutet das, dass das System in 99,999 Prozent der Fälle das angestrebte Ergebnis liefert. Eine solche Zuverlässigkeit ist beeindruckend und oft nur mit größerem finanziellem Aufwand zu erreichen. Unternehmen legen diesen Zuverlässigkeitsmaßstab als Toleranz an und schreiben dann einen Vertrag, das sogenannte Service Level Agreement (SLA), das zusichert, die Kunden zu entschädigen, wenn eine bestimmte Fehlerschwelle überschritten wird.

Strenge Toleranzen sind ausgesprochen nützlich und ein Positivindikator für Qualität: Fehler oder Schwankungen sind grundsätzlich unerwünscht. Bemühen Sie sich daher für die erfolgskritischen Teile Ihres Systems im Zeitverlauf um strengere Toleranzen.

Link zur Referenz: **personalmba.com/tolerance/**

Varianz

»Bedenke, wie rasch alles vergeht und vorüber ist – jetzt und in Zukunft. Das Leben fließt an uns vorbei wie ein Strom: das ›Was‹ ist ein ständiger Fluss, das ›Warum‹ hat tausend Variationen. Nichts bleibt, wie es ist – nicht einmal das, was wir direkt vor uns haben.«

Marcus Aurelius, Philosoph und römischer Kaiser des 2. Jahrhunderts nach Christus

Messwerte, die zufälligen Schwankungen unterworfen sind, sind oft schwer zu analysieren. Ein gutes Beispiel dafür sind die Absatzzahlen: Verkaufen Sie am Montag 3017 Stück, am Dienstag 2967 und am Mittwoch 3142, wie schätzen Sie dann Ihren »normalen« Tagesabsatz? Noch schwieriger: Wenn Ihr Absatz täglich nach dem Zufallsprinzip steigt oder fällt, woran können Sie dann festmachen, ob eine neue Marketing- oder Verkaufsstrategie funktioniert?

Unter ***Varianz*** ist die Schwankungsbreite eines Maßstabs oder Datensatzes zu verstehen. Kenngrößen für den ***Normwert*** wie Durchschnitte oder Mediane sind ein logischer Ausgangspunkt, doch sie erfassen nicht, wie groß die Schwankungen sein können, die Sie vermutlich verzeichnen werden. Doch wenn Sie kein Maß für die normalen Schwankungen festlegen können, fehlt Ihnen die Grundlage für gute Entscheidungen.

In *Understanding Variation: The Key to Managing Chaos* beschreibt Dr. Donald J. Wheeler einen als »statistische Prozesssteuerung« bezeichneten Ansatz, der Varianzanalysen ermöglicht. Ausgehend von einem Durchschnitt oder Median, lässt sich die im betreffenden Datensatz vorliegende Fluktuationsbreite quantifizieren. Daraus ergibt sich ein typischer Wert, eine Obergrenze für den Normbereich und eine Untergrenze für den Normbereich: eine Bandbreite zu erwartender Normalwerte.

Haben Sie erst eine Ober- und eine Untergrenze gezogen, sind Sie wesentlich besser gerüstet, um Entscheidungen zu treffen. Datenpunkte, die die Ober- oder Untergrenze durchbrechen, sind statistisch signifikant, da es sich dabei um eine Reihe konsekutiver Datenpunkte handelt, die sich nahe an der Grenze bewegen. Kommen wir noch einmal auf unser Beispiel vom Tagesabsatz zurück: Liegt die Obergrenze für Ihren Normbereich bei 3500 Stück pro Tag, lohnt es sich, einen Tag genauer unter die Lupe zu nehmen, an dem 4000 Stück abgesetzt wurden, um festzustellen, was zu diesem Ergebnis geführt hat. Ebenso gilt: Werden an fünf Tagen in Folge jeweils über 3500 Stück verkauft, spricht alles dafür, weiter in Ihr neues Marketingprogramm zu investieren: Es zeigt offensichtlich Wirkung.

Messgrößen für die Varianz sind nützlich, um Chancen oder Probleme zu ermitteln, wenn Sie keinen direkten Zugriff auf alle Input- und Outputdaten haben oder diese nicht einsehbar sind. Ein gutes Beispiel dafür sind Fehlerquoten: Verkaufen Sie ein ***Produkt,*** können Sie unmöglich jedes einzelne Exemplar testen, und durch ***Stichproben*** werden möglicherweise nicht alle Probleme erfasst, die im Einsatz auftreten können. Verfolgen Sie die Varianz von Kundenanfragen beim Support, bei Retourenanfragen und bei der Inanspruchnahme von Garantieleistungen, können Sie sofort eingreifen, wenn Sie feststellen, dass die Werte von der normalen Schwankungsbreite abweichen.

Link zur Referenz: **personalmba.com/variance/**

Ehrlichkeit in der Analyse

»Was durch die Wahrheit zerstört werden kann, sollte nicht fortbestehen.«

P. C. Hodgell, Professor und Schriftsteller

Auf meiner letzten Stelle bei Procter & Gamble war ich für die Entwicklung einer ***Messstrategie*** für das Onlinemarketing zuständig. Ich sollte einen Weg finden, um zu messen, wie effektiv die Werbung von P&G im Internet war. P&G gab jedes Jahr Millionen für Bannerwerbung, Suchmaschinenwerbung und Platzierungen in Onlinevideos aus. Meine Aufgabe war es herauszufinden, ob sich der Aufwand lohnte.

Bei der Erarbeitung unserer Empfehlungen stellte mein Team einen irritierenden Aspekt fest: Zur Erfassung der Zahl einmaliger Besucher verwendeten wir auf den meisten unserer Websites das falsche System. Statt die menschlichen Besucher zu zählen, wertete das System auch Aufrufe durch automatisierte Suchmaschinen-Software-Bots als »Besucher«, obwohl es sich dabei gar nicht um Menschen handelte. Computerprogramme haben kein Interesse an Waschmitteln und Shampoo (und werden solche Artikel auch niemals kaufen). Das System zählte sie dennoch als potenzielle Kunden. Es ist durchaus üblich, dass Spider-Programme von Suchmaschinen eine Website mehrmals täglich aufrufen, um nach neuen Informationen zu suchen. Deshalb setzte das System die Zahl der Menschen, die die jeweilige Website besuchten, deutlich zu hoch an.

Es war ein typischer Fall von ***Garbage In, Garbage Out.*** Die Brauchbarkeit unserer Messdaten wurde dadurch beeinträchtigt.

Mein Team empfahl, das Trackingsystem so zu modifizieren, dass es die Daten zu Besuchern korrekt erfasste. Die Geschäftsbereiche lehnten das ausnahmslos ab. Sie wussten, dass ihre Daten nichts taugten, doch offenbar störte sie das nicht. Ziemlich eigenartig, oder?

Der Grund dafür: Durch die Installation eines neuen Trackingsystems würde sich die Anzahl der Einmalbesucher auf einer Website – die von den meisten Teams als ***Leistungskennzahl*** betrachtet wurde – gleich um eine ganze Größenordnung verringern. Obwohl das neue System genauer arbeitete, würde seine Einführung ein schlechtes Licht auf das Team werfen. Statt das Problem zu beheben, entschieden sich alle Betroffenen dafür, sich weiter in die eigene Tasche zu lügen. Dadurch gefährdeten sie ernsthaft ihre Fähigkeit, die tatsächliche Leistung ihrer Website zu verbessern.

Ehrlichkeit in der Analyse bedeutet, verfügbare Daten emotions- und vorurteilslos zu messen und zu analysieren. Da wir Menschen soziale Wesen sind, ist uns in aller Regel sehr wichtig, wie uns andere wahrnehmen. Wir haben daher von Haus aus einen Anreiz, alles besser darzustellen, als es wirklich ist. Möchten Sie aber echte Verbesserungen bewirken, kann diese Tendenz verhindern, dass Sie korrekte Daten erfassen und nutzbringende Analysen durchführen.

Ehrlichkeit in der Analyse können Sie am besten dadurch erreichen, dass Sie Ihre Messwerte von jemandem prüfen lassen, der selbst nicht an Ihrem System beteiligt ist. Man erliegt sonst allzu leicht ***anreizbedingten Verzerrungen*** oder ***Bestätigungsfehlern,*** wenn der eigene ***gesellschaftliche Status*** auf dem Spiel steht. Solche Probleme lassen sich gut vermeiden, indem Sie Ihre eigenen Messergebnisse und Analyseverfahren von einem erfahrenen, aber unbeteiligten Dritten prüfen lassen. Sie hören dann vielleicht nicht, was Sie gern hören wollen, doch zumindest werden Sie umfassend auf potenzielle Probleme hingewiesen.

Betrachten Sie Ihre Daten nicht durch die rosarote Brille: Versuchen Sie stets, möglichst ehrlich mit sich selbst zu sein, wenn es darum geht, welche Optimierungsmöglichkeiten Ihre Daten aufzeigen.

Link zur Referenz: **personalmba.com/analytical-honesty/**

Kontext

»Wenn Sie etwas nicht verstehen, dann, weil Ihnen der Kontext fehlt.«

Richard Rabkin, Psychiater

Sie haben diesen Monat 200 000 Dollar Umsatz erwirtschaftet. Ist das gut oder schlecht?

Das kommt darauf an. Waren es im letzten Monat 100 000 Dollar, dann ist es gut. Lagen Ihre Aufwendungen in diesem Monat bei 400 000 Dollar, ist es schlecht.

Unter ***Kontext*** ist die Verwendung verwandter ***Messwerte*** zu verstehen, um zusätzliche Informationen über die Daten zu gewinnen, die Sie analysieren. Bei dem vorstehenden Beispiel ist Ihr Monatsumsatz ohne weitere Angaben nicht sehr aussagekräftig. Der Umsatz im Vormonat und die Aufwendungen, die in diesem Monat anfielen, liefern den notwendigen Kontext, um sich ein klareres Bild von der Lage zu machen.

Zusammengefasste Messwerte liefern selten brauchbare Informationen. Um konkrete Verbesserungen vorzunehmen, sind sie nutzlos, weil der Kontext fehlt. Die Information, dass diesen Monat zwei Millionen Menschen Ihre Website aufgerufen haben, ist nicht sehr aussagekräftig. Ohne Kontext können Sie weder bestimmen, was sich ***verändert*** hat, noch, ob Ihre Maßnahmen effektiv waren. Das begrenzt Ihre Fähigkeiten, das System zu optimieren.

Hüten Sie sich vor der Versuchung, sich beim Verfolgen Ihrer Ergebnisse auf eine einzige »magische Zahl« zu fokussieren. Nur auf einen Wert zu setzen, klingt zwar nach einer praktischen Vereinfachung, ist aber alles andere als das. Fehlender Kontext macht Sie blind für maßgebliche Veränderungen der Daten. Ihrem »Gesamtqualitätswert« oder dem Umstand, dass der Umsatz um ein paar Punkte zu- oder abgenommen hat, können Sie nicht entnehmen, warum das passiert ist, ob es bedeutsam ist oder ob es an zufälligen Schwankungen oder an einer maßgeblichen Veränderung des Systems oder seines ***Umfelds*** liegt.

Als Faustregel sollten Sie nie einen Messwert isoliert betrachten – sondern stets im Kontext anderer Messergebnisse.

Link zur Referenz: **personalmba.com/context/**

Stichproben

»Wenn Sie nicht an die Stichprobentheorie glauben, können Sie ja das nächste Mal, wenn Ihnen der Arzt etwas Blut abnehmen möchte, darauf bestehen, dass er gleich alles abnimmt.«

Gian Fulgoni, Mitgründer und Chairman von Comscore Inc.

Was, wenn Ihr System zu groß oder zu komplex ist, um Daten über jeden einzelnen Prozess zu erheben?

Manchmal ist es nicht durchführbar, die ***Flows*** eines gesamten Systems zu messen. Haben Sie es mit einem skalierbaren System zu tun, ist es oft unmöglich, jedes Stück zu testen und jeden Fehler zu finden. Wie können Sie potenziellen Probleme auf die Spur kommen, wenn Ihr System Millionen Stück auswirft oder Millionen von Transaktionen durchführt?

Das ***Stichprobenverfahren*** ist der Prozess, nach dem Zufallsprinzip einen kleinen Prozentsatz des Gesamtoutputs herzunehmen und stellvertretend für das gesamte System zu untersuchen. Ist Ihnen beim Arzt schon einmal Blut abgenommen worden, dann wissen Sie, was unter diesem Verfahren zu verstehen ist. Der Arzt oder die medizinische Fachkraft nimmt Ihnen eine kleine Menge Blut ab, die dann zur Analyse ins Labor geschickt wird. Ergibt der Test Anomalien in der Stichprobe, ist davon auszugehen, dass dasselbe Problem Ihr gesamtes Blut betrifft.

Stichprobenverfahren können dazu beitragen, Fehler im System zu finden, ohne dessen gesamten Output zu testen – was ein zeitraubendes und kostspieliges Unterfangen sein könnte. Als Handyhersteller müssen Sie nicht jedes Telefon testen, das vom Band läuft. Wenn Sie nur jedes zwanzigste Gerät prüfen, kommen Sie Fehlern immer noch schnell genug auf die Spur, um das System zu bereinigen, wenn etwas schiefläuft. Den Prozentsatz an Stichproben können Sie ja nach der für Sie annehmbaren Fehlerquote höher oder niedriger ansetzen.

Auch zufällige stichprobenartige Prüfungen sind eine Form des Stichprobenverfahrens. So setzen viele Einzelhändler »Testkäufer« ein, um den Kundenservice oder die Kompetenz ihres Verkaufspersonals auf die Probe zu stellen. Die Testkäufer haben den Auftrag, Interesse an bestimmten Produkten zu bekunden, bestimmte Fragen zu stellen, Artikel zurückzugeben oder sich irritierend zu verhalten. Da das Personal nicht weiß, welche Kunden echt sind und welche nicht, kann das Management seine Beschäftigten auf diese Weise effektiv testen, ohne ihnen täglich und ständig kritisch über die Schulter zu schauen.

Stichprobenverfahren sind aber dann anfällig für Vorurteile, wenn die Stichproben nicht zufällig oder einheitlich erhoben werden. So ergibt beispielsweise eine Umfrage zum durchschnittlichen Haushaltseinkommen in den Vereinigten Staaten deutlich nach oben verzerrte Werte, wenn Immobilieneigentümer in Manhattan befragt werden statt Hausbesitzer in West Virginia. Die besten Ergebnisse erzielen Sie mit einer möglichst großen zufälligen Stichprobe.

Müssen Sie Qualitätstests durchführen, ist das Stichprobenverfahren für Sie eine gute Möglichkeit, brauchbare Daten zu gewinnen, ohne dass übermäßige Kosten anfallen – immer vorausgesetzt, Sie achten auf potenzielle Vorurteile, die die Daten verzerren können.

Link zur Referenz: **personalmba.com/sampling/**

Die Fehlerspanne

»Jeder verallgemeinert Einzelbeispiele. Ich auf jeden Fall.«

Steven Brust, Science-Fiction-Autor

Angenommen, Sie kaufen sich von einem Zauberkünstler eine Trickmünze und möchten sichergehen, dass diese, wie behauptet, beim Münzenwerfen meistens Kopf anzeigt.

Wie können Sie sicherstellen, dass Sie keinen Blindgänger gekauft haben? Natürlich, indem Sie die Münze werfen.

Neben wir an, bei den ersten fünf Würfen ergeben sich zweimal Kopf und dreimal Zahl. Sollten Sie dann Ihr Geld zurückverlangen?

Vermutlich sollten Sie prüfen, ob Ihr Ergebnis auch stimmt, bevor Sie den guten Namen des Zauberkünstlers gefährden. Die ***Fehlerspanne*** ist ein Schätzwert dafür, wie sehr Sie sich auf die Schlussfolgerungen aus einem bestimmten Satz beobachteter ***Stichproben*** verlassen können.

Da Sie die Münze nur fünf Mal geworfen haben, können Sie nicht sicher sagen, ob Sie betrogen wurden: Ihre Stichprobenzahl ist zu klein. Mit jedem Münzwurf wird Ihre Stichprobe größer.

Werfen Sie die Münze tausend Mal, und es kommt zu zwei Dritteln Zahl heraus, steht fest, dass sie gezinkt ist – wenn auch nicht so, wie Sie es erwartet hatten. Da eine neutrale Münze zur Hälfte Zahl anzeigen sollte, lässt die große

Stichprobe vermuten, dass Ihnen der Zauberkünstler versehentlich eine auf Zahl gepolte Münze verkauft hat.

Jede weitere Stichprobe vergrößert nicht nur Ihre verfügbaren Daten, sondern auch die Wahrscheinlichkeit, dass Ihr Satz beobachteter Stichproben repräsentativ ist für die gesamte Population, die Sie analysieren. Je mehr Stichproben Sie nehmen, desto geringer wird Ihre Fehlerspanne und desto mehr Vertrauen dürfen Sie in die Schlussfolgerungen haben, die Sie aus der Untersuchung der gesamten Stichproben ziehen. Unvermeidlichen Verzerrungen in den Stichproben können Sie Rechnung tragen, indem Sie Ihre Fehlerspanne heraufsetzen.

Die Berechnungen, die der Schätzung einer Fehlerspanne zugrunde liegen, würden den Rahmen dieses Buches sprengen. Haben Sie den Bogen aber einmal raus, ist das gar nicht so schwer – vor allem nicht, wenn Sie eine Tabelle oder Datenbank für Ihre Analyse verwenden. Müssen Sie eine Fehlerspanne oder ähnliche, verwandte Schätzwerte berechnen wie »Konfidenzintervalle« oder »Glaubwürdigkeitsintervalle«, empfehle ich Ihnen einen Blick in *Principles of Statistics* von M. G. Bulmer, um sich gründlicher vorzubereiten.

Hüten Sie sich generell vor Fehlschlüssen aufgrund zu kleiner und/oder nicht repräsentativer Stichproben. Wird Ihnen ein Durchschnittswert oder eine Wahrscheinlichkeit präsentiert, die auf Daten beruhen, die Ihnen nicht vertraut sind, ist es grundsätzlich ratsam, die Stichprobengröße und die Art der Stichprobenerhebung zu prüfen. Stichprobensätze, die zu klein oder verzerrt sind, können die Endanalyse erheblich beeinflussen.

Wenn es um die Verlässlichkeit einer Analyse geht, sind mehr Daten stets besser – verschaffen Sie sich daher so viele Stichproben wie möglich.

Link zur Referenz: **personalmba.com/margin-of-error/**

Verhältniszahlen

»Wer sich weigert zu rechnen, ist dazu verdammt, Unsinn zu erzählen.«

John McCarthy, Informatiker und Kognitionswissenschaftler

Eine ***Verhältniszahl*** ist eine Methode, zwei ***Messwerte*** einander gegenüberzustellen. Indem sie Ihr Ergebnis durch Ihre Eingabedaten teilen, können Sie alle möglichen nützlichen Zusammenhänge zwischen den verschiedenen Teilen Ihres Systems herstellen.

Nehmen wir beispielsweise an, dass 10 von 30 Kunden, die Ihren Laden betreten, auch etwas kaufen. Ihre »Verkaufsquote« läge demnach bei 10 durch 30, also bei ⅓.

Nehmen wir an, Sie bringen Ihrem Verkaufspersonal Methoden bei, die dazu führen, dass von 30 Menschen, die in Ihren Laden kommen, 15 zu zahlenden Kunden werden. Ihre neue Verkaufsquote läge dann bei 15 durch 30, ist gleich ½.

Prozentsätze sind Quotienten mit dem Nenner 100. Ihre erste Verkaufsquote betrüge, in Prozent umgerechnet, 33 Prozent, die zweite 50 Prozent.

Hier ein paar nützliche Quotienten, die Sie im Blick haben sollten:

- *Werberendite:* für jeden für Werbung ausgegebenen Dollar
- *Gewinn je Beschäftigtem*: Wie viel Gewinn wirft Ihre Unternehmen bezogen auf jede(n) Beschäftigte(n) ab?
- *Kaufquote*: Wie viele Interessenten kaufen am Ende tatsächlich?
- *Retouren-/Reklamationsquote*: Wie viele Kunden senden Produkte zurück oder reklamieren, bezogen auf jeden getätigten Verkauf?

Finanzkennzahlen sind bei der Analyse von Unternehmensabschlüssen eine große Hilfe. Kennzahlen wie die ***Investitionsrendite,*** die Vermögensrendite, die Kapitalrendite, der Lagerumschlag und die Außenstandsdauer der Forderungen sind ausgesprochen aufschlussreich, um festzustellen, wie gesund ein Unternehmen ist. Eine umfassende Einführung in gängige Finanzkennzahlen finden Sie in *Financial Intelligence for Entrepreneurs* von Karen Berman und Joe Knight mit Co-Autor John Case.

Die längerfristige Beobachtung von Kennzahlen kann Hinweise darauf liefern, in welche Richtung sich ein System verändert. Steigt Ihre Kaufquote oder Ihre Investitionsrendite kontinuierlich an, ist das ein gutes Zeichen. Geht sie mit der Zeit zurück, lohnt es sich vermutlich herauszufinden, warum das so ist.

Seien Sie kreativ: Analysieren Sie Ihr Unternehmen und entwickeln Sie dann selbst Kennzahlen, die die wichtigsten Teile Ihres Systems hervorheben.

Link zur Referenz: **personalmba.com/ratio/**

Normwerte

»Nicht, was Sie nicht wissen, schadet Ihnen, sondern was Sie zu wissen glauben, obwohl es nicht so ist.«

Will Rogers, amerikanischer Cowboy und Comedian

Das durchschnittliche Nettohaushaltsvermögen eines Menschen, der das *Wall Street Journal* liest, beträgt rund 1,5 Millionen Dollar.[86] Offenbar sind die Leser des *Wall Street Journal* also recht gut situiert.

Das stimmt zwar, trifft aber nicht in dem Maße zu, wie Sie womöglich annehmen. Bill Gates und Warren Buffett lesen das *Wall Street Journal* und deren Vermögen geht in die Milliarden – damit liegen sie noch weit höher als die obersten 0,1 Prozent aller Berufstätigen. Hochvermögende Führungskräfte wie Gates und Buffett verzerren den Durchschnitt, sodass er wesentlich höher liegt, als es sonst der Fall wäre. Ziehen Sie den Durchschnitt heran, weil Sie wissen wollen, wie hoch das Vermögen des typischen *Wall-Street-Journal*-Lesers ist, dann begehen Sie einen Fehler.

Viele Analysearten stützen sich auf die Feststellung von ***Normwerten:*** Sie ermitteln einen normalen, typischen Wert für eine beliebige wichtige Messgröße. Es gibt vier übliche Methoden zur Berechnung solcher Normwerte: der Durchschnitt, der Median, der Modalwert und der Mid-Range-Wert.

Ein *Mittelwert* (oder Durchschnitt) wird berechnet, indem die Mengen aller Datenpunkte addiert und dann durch die Gesamtzahl der verfügbaren Datenpunkte dividiert werden. Durchschnitte sind einfach zu berechnen, aber anfällig für das Gates-und-Buffett-Syndrom: Es gibt Ausreißer, die den Durchschnitt so stark nach oben oder unten verzerren, dass er nicht mehr repräsentativ ist. (Schließen Sie diese Ausreißer aus der Berechnung aus, ist der Durchschnitt gleich deutlich zutreffender.)

Ein *Median* wird berechnet, indem die Werte ihrer Höhe nach geordnet werden und dann festgestellt wird, wie hoch der Datenpunkt in der Mitte der Bandbreite ist. Mediane sind eine spezifische Form der Analyse, die man auch als Perzentil bezeichnet: Der Median ist der Wert, der dem 50. Perzentil entspricht. Per definitionem liegen 50 Prozent der Werte im Datensatz unterhalb des Medians. Die Berechnung des Medians und seine Gegenüberstellung mit dem Durchschnitt kann Ihnen verraten, ob der Durchschnitt durch ein paar Schwergewichte verzerrt wird.

Unter einem *Modalwert* ist der Wert zu verstehen, der in einem Datensatz am häufigsten vorkommt. Modalwerte sind nützlich, um Datenclustern auf die

Spur zu kommen – ein Datensatz kann mehrere Modalwerte aufweisen, die auf potenziell interessante ***wechselseitige Abhängigkeiten*** in dem System hinweisen, das die Daten erzeugt hat.

Ein *Mid-Range-Wert* ist der Wert, der auf halber Strecke zwischen dem höchsten und dem niedrigsten Datenpunkt eines Satzes von Werten liegt. Um diesen zu berechnen, müssen Sie den Höchstwert und den Tiefstwert addieren und das Ergebnis durch zwei teilen. Mid-Range-Werte eigenen sich am besten für schnelle Schätzungen – sie sind rasch ermittelt. Man muss dafür nur zwei Datenpunkte kennen. Sie können allerdings durch Ausreißer verzerrt werden, die abnorm hoch oder niedrig sind – etwa durch den Kontostand eines Bill Gates.

Durchschnitte, Mediane, Modalwerte und Mid-Range-Werte sind nützliche Analysewerkzeuge, die auf typische Ergebnisse hinweisen – vorausgesetzt, Sie sind so klug, das richtige Werkzeug für die jeweilige Aufgabe zu wählen.

Link zur Referenz: **personalmba.com/typicality/**

Korrelationen und Kausalzusammenhänge

»Eine Korrelation ist kein Kausalzusammenhang, aber auf jeden Fall ein Hinweis.«

Edward Tufte, Statistiker und Experte für Informationsdesign

Stellen Sie sich einen Billardtisch vor: Wenn Sie die präzise Position jeder Kugel auf dem Tisch kennen und genau über die Kräfte Bescheid wissen, die auf die Spielkugel wirken (Impuls, Kraftstoß, Stoßstelle, Reibung des Tisches und Luftwiderstand), können Sie berechnen, wie sich die Kugel bewegt und dabei andere Kugeln in Bewegung setzt. Billardprofis sind in der Lage, solche Beziehungen im Kopf so gut zu simulieren, dass sie mühelos den ganzen Tisch abräumen können.

Dabei handelt es sich um einen ***Kausalzusammenhang:*** eine vollständige Kette von Ursache und Wirkung. Da solche Kausalketten berechnet werden können, können Sie sagen, dass der Anstoß der Spielkugel die *Ursache* dafür ist, dass eine Kugel eingelocht wurde. Stoßen Sie in derselben Situation noch einmal genauso, erhalten Sie jedes Mal dasselbe Ergebnis.

Hier noch ein ***Gedankenexperiment,*** diesmal mit hypothetischen Daten: Menschen, die einen Herzinfarkt erleiden, verzehren im Durchschnitt jedes Jahr

57 Bacon-Double-Cheeseburger. Lösen Bacon-Double-Cheeseburger also Herzattacken aus? Nicht unbedingt. Duschen sich Herzinfarktpatienten 365 Mal im Jahr und blinzeln 5,6 Millionen Mal im Jahr, dann lässt sich daraus schließlich auch nicht folgern, dass Duschen und Blinzeln Herzinfarkte verursachen.

Eine ***Korrelation*** ist kein Kausalzusammenhang. Selbst wenn Sie eine Beziehung zwischen zwei Messgrößen feststellen, beweist das noch lange nicht, dass das eine das andere *auslöst.*

Angenommen, Sie besitzen eine Pizzeria und lassen im Lokalfernsehen einen 30-sekündigen Werbespot ausstrahlen. Kurz danach stellen Sie ein Umsatzplus von 30 Prozent fest. Ist der Werbespot die Ursache?

Nicht notgedrungen. Der Umsatz könnte aus verschiedenen Gründen zugenommen haben. Vielleicht fand am selben Tag ja eine Tagung statt, sodass mehr Besucher in der Stadt waren, die schnell etwas essen wollten. Vielleicht haben auch die Ferien angefangen und wurden von vielen Familien mit einem gemeinsamen Pizzaessen begrüßt. Vielleicht haben Sie auch gleichzeitig ein Sonderangebot wie zwei Pizzen zum Preis von einer gemacht, was mehr Gäste in Ihr Lokal lockte. Wenn so viele Dinge zusammentreffen, ist es nicht so leicht, eine gesicherte Aussage zu machen.

Vielleicht sorgte der Werbespot ja sogar für einen *Umsatzeinbruch*, weil er gar nicht gut ankam – doch ein anderer Faktor löste einen solchen Umsatzanstieg aus, dass Sie unter dem Strich trotzdem ein Plus verbuchten.

Kausalzusammenhänge sind grundsätzlich schwieriger nachzuweisen als Korrelationen. Bei der Analyse komplexer Systeme mit zahlreichen Variablen und ***wechselseitigen Abhängigkeiten*** ist es oft schwer, einen echten Kausalzusammenhang festzustellen. Je mehr Veränderungen im Zeitverlauf in einem System stattfinden, desto größer die Wahrscheinlichkeit, dass sich mehr als eine davon auf das Ergebnis ausgewirkt hat, das Sie analysieren möchten.

Eine Bereinigung um die bekannten Variablen kann dazu beitragen, die potenziellen Ursachen für eine Veränderung in Ihrem System zu isolieren. Wissen Sie beispielsweise, dass Familien am letzten Schultag ausgehen und feiern oder dass eine Jahrestagung ansteht, können Sie Ihr Ergebnis um solche saisonalen Faktoren bereinigen, indem Sie historische Daten heranziehen.

Je besser Sie die Veränderung, die Sie am System vorgenommen haben, von anderen Faktoren trennen können, desto sicherer können Sie sein, dass die von Ihnen vorgenommene Veränderung auch wirklich die Ursache für das vorliegende Ergebnis ist.

Link zur Referenz: **personalmba.com/correlation-causation/**

Normen

»Wer sich nicht an die Vergangenheit erinnern kann, ist dazu verdammt, sie zu wiederholen.«

George Santayana, Philosoph und Aphoristiker

Wer wissen möchte, wie effektiv eine gegenwärtige Maßnahme ist, kann aus der Vergangenheit viel lernen.

Normen sind Maßstäbe, die historische Daten als Werkzeug heranziehen, um ***Kontext*** für aktuelle ***Messwerte*** zu liefern. So können Sie beispielsweise durch die Analyse Ihrer bisherigen Umsatzdaten Trends feststellen, die mit dem Tag in Zusammenhang stehen, an dem das Geschäft zustande kam. Das wird als ***Saisonalität*** bezeichnet. Saisonalität ist ein gutes Beispiel dafür, warum Normen oft so nützlich sind. Verkaufen Sie beispielsweise gewerblich Weihnachtsschmuck, dann ist ein Vergleich der Umsätze vom vierten Quartal (dem letzten Quartal des Jahres, das von Oktober bis einschließlich Dezember dauert) mit dem Umsatz im dritten Quartal (von Juli bis einschließlich September) wenig zielführend, da kein Mensch im August Weihnachtsschmuck kauft. Um zu sehen, ob Sie besser abgeschnitten haben, sollten Sie Ihren Umsatz vom vierten Quartal dieses Jahres lieber mit demselben Vorjahresquartal vergleichen.

Verändert sich das Messverfahren, haben Normen, die auf früheren Messwerten beruhen, keine Geltung mehr. Bei P&G hatten wir eine Methode, um die Effektivität bestimmter Arten von Werbung zu bewerten. Anhand der Daten aus mehreren Jahren konnten wir neue Werbeaktionen mit erfolgreichen früheren vergleichen. Konnte eine neue Kampagne im Testlauf die Norm nicht schlagen, kam sie nicht zum Einsatz.

Hätte das Unternehmen unvermittelt beschlossen, eine andere Testmethode einzusetzen, hätten die Normen keine Geltung mehr gehabt – analog zu dem sprichwörtlichen Vergleich zwischen Äpfeln und Birnen. Wenn Sie die Messmethoden verändern, entkräften Sie damit alle darauf beruhenden Normen. Wollen Sie dennoch Normen einsetzen, müssen Sie sich einen neuen Fundus an historischen Informationen aufbauen.

Die Wertentwicklung der Vergangenheit ist keine Garantie für die Zukunft. Nicht vergessen: Wir haben es mit komplexen Systemen zu tun – da verändert sich mit der Zeit immer etwas. Nur weil etwas früher gut lief, heißt das nicht, dass es bis in alle Ewigkeit funktioniert. Um die besten Ergebnisse zu erzielen, sollten Sie Ihre Normen regelmäßig überprüfen, um sicherzugehen, dass sie noch Bestand haben.

Link zur Referenz: **personalmba.com/norms/**

Ersatzgrößen

»Wie viele Beine hat ein Hund, wenn man den Schwanz als Bein bezeichnet? Vier. Nur weil man ihn so nennt, ist der Schwanz noch lange kein Bein.«

Abraham Lincoln, 16. Präsident der Vereinigten Staaten

Was tun Sie, wenn es nicht möglich ist, einen bestimmten Wert direkt zu messen?

Eine ***Ersatzgröße*** – eine sogenannte Proxy-Variable, kurz Proxy – misst stellvertretend einen anderen Wert. So werden in einem demokratischen Politiksystem Stimmen als Ersatzgrößen für den »Volkswillen« herangezogen. Es kann unmöglich jeder Bürger im Land sein Gehirn durchleuchten lassen, damit ein genaues Bild seiner Präferenzen ermittelt werden kann. Wählerstimmen werden daher als ***nächstbeste Alternative*** verwendet.

Ersatzgrößen werden bei wissenschaftlichen Messungen ständig herangezogen. Haben Sie sich schon einmal gefragt, woher Wissenschaftler wissen, wie heiß die Sonne ist? Oder wie alt ein bestimmter Felsbrocken? Sie messen Ersatzgrößen wie die Wellenlänge der elektromagnetischen Strahlung oder den Zerfall bekannter radioaktiver Isotope und wenden dann nachgewiesene Beziehungen und Formeln an, um die Antwort zu ermitteln.

Brauchbare Ersatzgrößen sind eng mit dem Primärgegenstand verwandt – je enger, desto besser. Nehmen Sie beispielsweise die Websiteanalyse – vielleicht möchten Sie gern wissen, wie lange sich Besucher den verschiedenen Teilen der Website widmen. Doch wieder gilt: Sie können schlecht jedem Besucher Ihrer Website in den Kopf schauen. Zu verfolgen, wie sich der Mauszeiger bewegt, kann jedoch eine nützliche Ersatzgröße für die Aufmerksamkeit des Besuchers abgeben. Eine Studie von Forschern an der Carnegie Mellon University hat Folgendes ergeben:

> In 84 Prozent der Fälle, in denen sich der Mauszeiger in einem bestimmten Bereich bewegte, ruhte auch der Blick (des Nutzers) auf diesem Be-

> reich. Ferner wurden 88 Prozent der Bereiche, die nicht vom Auge betrachtet wurden, auch nicht vom Mauszeiger berührt.[87]

Weil Maus- und Augenbewegungen (also die Aufmerksamkeit des Betrachters) eng ***korrelieren,*** sind Mausbewegungen eine geeignete Ersatzgröße für die Aufmerksamkeit von Websitebesuchern. Je stärker die Korrelation, desto besser die Proxy-Variable.

Um optimale Ergebnisse zu erzielen, sollten Sie sicherstellen, dass die Ersatzgröße mit dem fraglichen Thema zusammenhängt. Proxys können tückisch oder irreführend sein, wenn sie nur scheinbar das eine messen, in Wirklichkeit aber etwas ganz anderes. Denken Sie an das Beispiel von dem Programmierer, dessen Produktivität an der ***Leistungskennzahl*** gemessen werden sollte, wie viele Codezeilen er produzierte. Wie bereits angesprochen, sind »Codezeilen« eine Ersatzgröße für die Effektivität von Programmierern, doch manchmal ist mehr Code eben auch ein Signal für weniger Produktivität, weshalb die ***Messgröße*** für das bewusste Ziel ungeeignet ist.

Umsichtig eingesetzt, können Ihnen Ersatzgrößen helfen zu messen, was nicht messbar ist – achten Sie aber unbedingt darauf, dass Ihre Ersatzgröße auch mit der bewussten Variablen korreliert.

Link zur Referenz: **personalmba.com/proxy/**

Segmentierung

> »Die Regel vom Analytiker-Nirwana: Melden Sie nie eine Messgröße (und sei sie von Gott selbst auserkoren), ohne sie zu segmentieren ... Keine KPI ist für sich genommen so aussagekräftig – auch nicht in einem Trend oder entgegen einer Prognose –, dass sie durch Segmentierung nicht noch an Aussagekraft gewinnen könnte.«
>
> Avinash Kaushik, Experte für Datenanalyse und Unternehmer

Oft enthalten zusammengefasste Datensätze verborgene Juwelen. Es kommt darauf an, diese zu finden. Die ***Segmentierung*** ist eine Methode, mit der Datensätze in klar definierte Teilgruppen aufgeteilt werden, um ihnen mehr ***Kontext*** zu geben. Die Daten in vorher definierte Gruppen zu splitten, kann bislang unbekannte Beziehungen aufdecken. So ist durchaus interessant, dass die Aufträge im laufenden Monat um 87 Prozent zugenommen haben. Zu wissen, dass 90 Prozent dieser Neuaufträge von Frauen aus Seattle kamen, ist aber noch besser. Wenn Sie feststellen können, was diese Frauen veranlasst hat, eine Bestellung aufzugeben, können Sie diese Informationen verwenden, um Ihren Erfolg noch besser auszuschlachten.

Es gibt vier gängige Methoden, um Kundendaten zu segmentieren: bisherige Wertentwicklung, Demografie und Psychografie.

Anhand der *bisherigen Wertentwicklung* werden Kunden danach segmentiert, wie sie sich bekanntermaßen bisher verhalten haben. So können Sie Daten zum Umsatz pro Kunde beispielsweise anhand früherer Umsatzdaten segmentieren, indem Sie die Umsätze von Neukunden den Umsätzen von Bestandskunden gegenüberstellen. Berechnungen des ***Lifetime Value*** sind ebenfalls eine Form der Segmentierung anhand der bisherigen Wertentwicklung.

Unter *demografischen* Aspekten lassen sich Kunden anhand externer persönlicher Merkmale segmentieren. Personenbezogene Daten wie Alter, Geschlecht, Einkommen, Nationalität und Standort können Ihnen helfen herauszufinden, welche Kunden ***wahrscheinliche Käufer*** sind. Die Erkenntnis, dass Ihre besten Kunden Männer zwischen 23 und 32 sind, die in Ballungszentren leben und über 2000 Dollar im Monat an verfügbarem Einkommen haben, ist recht nützlich – dann können Sie Ihre Marketingkampagnen nämlich darauf ausrichten, mehr Interessenten mit diesen Merkmalen anzusprechen.

Nach *psychografischen* Gesichtspunkten werden Kunden durch interne psychologische Merkmale segmentiert. Psychografische Faktoren werden in aller Regel durch Umfragen, Bewertungen oder Fokusgruppen ermittelt und sind Weltanschauungen oder Einstellungen, die das Selbstbild von Menschen und auch ihre Sicht auf die ganze Welt beeinflussen.

Psychografische Informationen können ausgesprochen nützlich sein, um Ihre Wertschöpfungs-, Marketing- und Verkaufsstrategien zu entwickeln oder anzupassen. Verkaufen Sie beispielsweise Sicherheitssysteme für Eigenheime, dürften Ihre potenziellen Käufer vermutlich Aussagen Glauben schenken wie »die Welt ist ein gefährlicher Ort« und sich selbst zu Hause in gewisser Hinsicht gefährdet fühlen. Vielleicht wäre es keine schlechte Idee, mit Anzeigen für Ihre Produkte in Survival- oder Selbstverteidigungszeitschriften und auf entsprechenden Websites zu werben, deren Kunden ähnliche Überzeugungen teilen.

Segmentieren Sie Ihre Daten, und Sie werden viele nützliche verborgene Verbindungen erkennen, die interessant sein könnten.

Link zur Referenz: **personalmba.com/segmentation/**

Humanisierung

»Der Mensch ist der Mittelpunkt des Universums. Nicht irgendein Ding.«

Stowe Boyd, Sozialtechniker

Wer quantitativ denkt, findet es tröstlich, Daten zu analysieren. Doch um Daten richtig zu verwenden, müssen Sie über reine Zahlenspiele hinausgehen und erkennen, was diese Ihnen zu sagen haben.

Analysieren wir Daten aus einem System, vergessen wir darüber allzu leicht, dass sich diese oft auf das Verhalten echter Menschen beziehen. Denken Sie an eine Kundenserviceabteilung, die telefonisch Kundenreklamationen entgegennimmt. Eine Verringerung der Wartezeit von zehn auf acht Minuten hört sich großartig an – das ist immerhin eine Verbesserung um 20 Prozent!

Lassen Sie aber besser noch keine Korken knallen: Aus datenorientierter Perspektive übersehen Sie nämlich, dass ein unzufriedener Kunde nach wie vor acht Minuten in der Warteschleife hängt, was ihm immer noch wie eine Ewigkeit *vorkommt.* Mit jeder Minute, die er warten muss, ärgert er sich mehr, was sich darauf auswirkt, wie er das betreffende Unternehmen wahrnimmt. Die Beschleunigung um 20 Prozent verblasst gegenüber dem ***Reputationsschaden,*** der Ihrem Unternehmen jedes Mal entsteht, wenn ein Kunde seinen Freunden und Bekannten erzählt, wie schlecht er sich behandelt fühlte.

Unter ***Humanisierung*** ist der Prozess zu verstehen, Daten einzusetzen, um eine Geschichte (ein ***Narrativ***) über die Erfahrungen oder das Verhalten eines echten Menschen zu erzählen. Quantifizierbare Messwerte sind insgesamt nützlich. Oft ist es aber notwendig, den Messwert wieder in echtes Verhalten zu übersetzen, um einen Vorgang zu verstehen.

Viele Unternehmen humanisieren, indem sie verschiedene Personae entwickeln: fiktive Profile von Menschen, die aus Daten erstellt wurden. Als ich noch für P&G Putzmittel entwickelte, erfuhren wir aus der Marktforschungsabteilung, dass es zwei breit angelegte ***Segmente*** gab: Menschen, die Wert auf regelmäßige gründliche Reinigung legen (nach dem Motto »Ich bin erst zufrieden, wenn ich auf den Knien gelegen und den Boden mit Bleiche geschrubbt habe«), und Menschen, die gern schnell und mit wenig Aufwand putzen möchten (»Ich habe nicht viel Zeit zum Putzen – mir reicht es, wenn alles einigermaßen ordentlich aussieht«).

Diese Informationen nutzten wir und kombinierten diese Merkmale mit anderen Daten wie Haushaltseinkommen, Familienstatistik und Hobbys, um ein Profil einer fiktiven Person zu erstellen. Als das Profil fertig war, konnten wir die vorhandenen Daten im Entscheidungsprozess besser nutzen. Statt uns auf Statistiken zu stützen, um eine Idee zu bewerten, konnten wir uns auf unsere Intuition verlassen, indem wir uns fragten, ob »Wendy« wohl einverstanden wäre.

Präsentieren Sie nicht nur Daten – erzählen Sie eine Geschichte, die den Menschen vermittelt, was vor sich geht, und Sie werden feststellen, dass Ihre Analysearbeit noch mehr Früchte trägt.

Link zur Referenz: **personalmba.com/humanization/**

11 – SYSTEME OPTIMIEREN

»Theoretisch besteht kein Unterschied zwischen Theorie und Praxis. Praktisch schon.«

Benjamin Brewster, Bischof der Episkopalkirche

Die Entwicklung und Optimierung von Systemen bildet das Herzstück erfolgreicher Unternehmenspraxis. Systeme zu durchschauen und zu analysieren, hat nur den einen Sinn: sie zu verbessern. Das ist oft nicht so einfach, denn verändert man ein System, hat das häufig unbeabsichtigte Folgen.

Im vorliegenden Kapitel lüften wir die Geheimnisse der ***Optimierung.*** Sie erfahren, wie Sie unnötige ***Reibung*** aus erfolgskritischen Prozessen herausnehmen und Systeme aufbauen können, die in der Lage sind, mit ***Unsicherheit*** und ***Veränderungen*** umzugehen.

Link zur Referenz: **personalmba.com/improving-systems/**

Interventionsverzerrung

»Für jedes komplexe Problem gibt es eine Lösung, die offensichtlich, einfach und falsch ist.«

H. L. Mencken, Essayist

Bevor Sie an einem System eine Veränderung vornehmen, sollten Sie unbedingt wissen, dass Menschen eher zum Handeln neigen als zur Untätigkeit. Wie schon angesprochen, verleitet uns die ***Absence Blindness*** dazu, alles, was wir sehen können, höher zu bewerten als das, was wir nicht sehen. Diese Veranlagung wirkt sich darauf aus, wie wir mit Systemen umgehen: Eine kognitive Verzerrung namens ***Interventionsverzerrung*** (Intervention Bias) bewirkt, dass wir aller Wahrscheinlichkeit nach unnötige Veränderungen vornehmen, um uns das Gefühl zu verschaffen, dass wir die Lage im Griff haben.

Viele Unternehmensrichtlinien fußen auf Interventionsverzerrung. Passiert etwas Unerwünschtes, ist die Versuchung groß, die Lage zu bereinigen, indem wir noch eine zusätzliche Ebene mit Einschränkungen, Berichterstattung und Prüfung einziehen. Das führt aber nicht zu einer Verbesserung von ***Durchsatz*** oder Effizienz: Es erhöht lediglich die ***Kommunikationskosten*** und sorgt für Verschwendung und unproduktive Bürokratie.

Interventionsverzerrungen korrigieren Sie am besten, indem Sie das unter die Lupe nehmen, was Wissenschaftler als »Nullhypothese« bezeichnen: nämlich prüfen, was passieren würde, wenn Sie gar nichts unternehmen oder davon ausgehen, dass es sich um einen Unfall oder Fehler handelt.

Stellen Sie sich ein Unternehmen vor, das seinen Beschäftigten gestattet, sich auf Kosten des Unternehmens jedes Buch zu kaufen, das sie haben wollen oder brauchen, ohne Wenn und Aber. Bücher sind preiswerte Quellen hochwertiger Informationen. Sie Beschäftigten leicht verfügbar zu machen, ist daher sinnvoll.

Das geht so lange gut, bis ein Mitarbeiter das Privileg ausnutzt und sich Hunderte von Romanen zu seinem persönlichen Vergnügen bestellt. Was nun?

Viele Unternehmen würden darauf reagieren, indem sie das Privileg abschaffen und vorschreiben, künftig jeden Buchkauf von einem Vorgesetzten genehmigen zu lassen. Diese Maßnahme würde die Situation aber nicht bereinigen, weil es sich nur um ein vereinzeltes Problem handelt. Stattdessen würde sie Beschäftigte enttäuschen oder verärgern, die das Privileg verantwortungsvoll nutzten, die Zeit aller Beteiligten verschwenden, weil mehr Papierkram und Bürokratie entstehen, und die Produktivität der Beschäftigten verringern, weil sie dann länger brauchen, um Informationen aufzutreiben, mit deren Hilfe sie Verbesserungen im Unternehmen bewirken.

Die richtige Reaktion wäre in diesem Fall, *gar nichts* zu unternehmen. Ein Mitarbeiter hat eine verantwortungslose Entscheidung getroffen. Die Situation lässt sich daher mit einem Einzelgespräch klären, ohne größere Veränderungen an der Richtlinie vorzunehmen. Der Schaden ist begrenzt und es ist wenig sinnvoll, die gesamte Belegschaft abzustrafen, weil ein Einzelner schlechtes Urteilsvermögen bewiesen hat. So etwas läuft unter ***Systemunfall.*** Eine Überreaktion ist daher kontraproduktiv.

Die Nullhypothese zu prüfen, bevor Sie eingreifen, hilft Ihnen, die Interventionsverzerrung zu vermeiden, und sorgt dafür, dass Sie optimale Entscheidungen treffen.

Link zur Referenz: **personalmba.com/intervention-bias/**

Optimierung

»Vorzeitige Optimierung ist die Wurzel allen Übels.«

Donald Knuth, namhafter Informatiker

Unter ***Optimierung*** ist der Prozess zu verstehen, den Output eines Systems zu maximieren oder einen spezifischen, für den Betrieb des Systems erforderlichen Input zu minimieren. Optimierung dreht sich um die Systeme und Prozesse, die hinter Ihren ***Leistungskennzahlen*** stehen, welche die erfolgskritischen Elemente des ganzen Systems messen. Verbessern Sie Ihre KPIs, und Ihr System wird mehr leisten.

Die *Maximierung* fokussiert sich auf den ***Durchsatz*** des Systems. Möchten Sie mehr Geld verdienen, mehr Einheiten für den Verkauf produzieren oder mehr Kunden bedienen, dann müssen Sie den Durchsatz optimieren. ***Veränderungen*** am System vorzunehmen, die den Durchsatz erhöhen, bedeutet, dass Ihr System in bestimmter, messbarer Hinsicht mehr leistet.

Die *Minimierung* fokussiert sich auf Inputs in den Prozess, die für den Systembetrieb benötigt werden. Versuchen Sie, Ihre ***Gewinnmarge*** zu steigern, sind die Kosten ein maßgeblicher Input. Minimieren Sie Ihre Kosten, dann vergrößern sich Ihre Margen.

Per definitionem gilt: Versuchen Sie, mehr als einen Faktor zu maximieren oder zu minimieren, optimieren Sie nicht, sondern schließen ***Kompromisse.***

Viele sprechen von Optimierung und meinen damit, »alles besser zu machen«, doch diese Definition bringt Sie keinen Schritt weiter.

In der Praxis funktioniert es nämlich nicht, viele Variablen gleichzeitig zu optimieren – Sie müssen sich schon eine Zeit lang auf nur eine Variable konzentrieren können. Nur dann können Sie verstehen, wie sich die von Ihnen vorgenommenen Veränderungen auf das gesamte System auswirken. Sie versuchen, in Ihren Veränderungen ***Kausalzusammenhänge*** zu erkennen (und keine ***Korrelationen***), und verborgene ***wechselseitige Abhängigkeiten*** können es erschweren zu begreifen, welche Veränderungen welche Ergebnisse hervorrufen.

Sie wissen ja: Man kann die Leistung eines Systems nicht in Bezug auf viele verschiedene Variablen auf einmal optimieren. Suchen Sie sich die allerwichtigste heraus und konzentrieren Sie sich darauf.

Link zur Referenz: **personalmba.com/optimization/**

Refactoring

> »Eleganz ist zwangsläufig unnatürlich und nur mit großem Aufwand zu erreichen. Wenn Sie eine bestimmte Aufgabe bloß ausführen, dann wirkt das eher nicht elegant. Achten Sie aber bewusst darauf, wie Sie sie eleganter ausführen könnten, und tun Sie das wieder und wieder, dann könnte es nach einer unbekannten Zahl von Wiederholungen ausgesprochen elegant aussehen.«
>
> Erik Naggum, Programmierer

Nicht alle Veränderungen an einem System sollen sich gezielt auf dessen Durchsatz auswirken. Manchmal kann es effektiver sein, einen Prozess komplett umzugestalten, ohne dass sich das auf das ***Endergebnis*** auswirkt.

Refactoring ist der Prozess, ein System so zu modifizieren, dass die Effizienz zunimmt, ohne dass sich der Output verändert. Der Begriff Refactoring stammt aus der Programmierbranche – Programmierer bringen viele Stunden damit zu, ein Programm neu zu schreiben, das, wenn alles gut läuft, am Ende *dasselbe* Resultat bringt. Wozu das Ganze?

Der große Vorteil des Refactoring ist keine Steigerung des Outputs – dadurch wird lediglich das System selbst schneller oder effizienter. Indem Sie die Prozesse umbauen, die das System verwendet, um das angestrebte Ergebnis herbeizuführen, können Sie bewirken, dass das Programm schneller läuft oder für seinen Betrieb weniger Ressourcen erfordert.

Refactoring setzt an bei der ***Dekonstruktion*** eines Prozesses oder Systems, gefolgt von der Suche nach Mustern. Welche erfolgskritischen Prozesse müssen richtig ausgeführt werden, um das angestrebte Ziel zu erreichen? Müssen diese Prozesse in einer bestimmten Reihenfolge abgeschlossen werden? Welche ***Engpässe*** liegen aktuell vor? Was erscheint besonders wichtig? Sammeln Sie so viele Informationen wie nur möglich darüber, wie das System funktioniert, und denken Sie dann eine Weile darüber nach.

Meist fallen Ihnen früher oder später bestimmte Aspekte auf, die keinen Sinn ergeben – Dinge, die Sie auf eine bestimmte Art und Weise erledigen, weil das seinerzeit opportun schien, obwohl es inzwischen bessere Möglichkeiten gibt, an die Aufgabe heranzugehen.

Erkennen Sie erste Muster, können Sie das System so umbauen, dass ähnliche Prozesse und Inputs in Gruppen zusammengefasst werden. Denken Sie dabei an den Umbau einer Fertigungsstraße: Wenn Sie Ihre Arbeit unterbrechen und quer durch die ganze Fabrik laufen müssen, um ein benötigtes Teil zu holen, ist es womöglich eine gute Idee, die Abläufe so umzustrukturieren, dass das fragliche Teil stets griffbereit ist. Das System wird im Anschluss immer noch dasselbe tun, aber Sie werden es von einer der geringfügigen Ineffizienzen befreit haben, die in der Summe spürbare Produktivitätseinbußen bewirken.

Möchten Sie Ihr ***Ziel*** schneller und effizienter erreichen, ist Refactoring genau das richtige Werkzeug für Sie.

Link zur Referenz: **personalmba.com/refactoring/**

Die »Critical Few«

> **»In aller Regel lassen sich Ursachen, Inputfaktoren oder Bestrebungen einer von zwei Kategorien zuordnen: (1) die allermeisten, die wenig bewirken, und (2) die wenigen, die maßgebliche, entscheidende Effekte haben.«**
>
> Richard Koch, Unternehmensberater und Autor von *The 80/20 Principle*

Vilfredo Pareto war Ökonom und Soziologe des 19. Jahrhunderts und interessierte sich sehr für das Thema Grundbesitz und soziale Wohlstandsverteilung. Nachdem er jede Menge Daten erfasst und analysiert hatte, stieß Pareto auf ein eigenartiges Muster: In Italien befanden sich über 80 Prozent des Grund und Bodens in der Hand von weniger als 20 Prozent der Bevölkerung. Die italienische Wirtschaft war nicht gleichmäßig verteilt und auch nicht gemäß der Glockenkurve, von der viele ausgingen: Der Wohlstand konzentrierte sich stark auf eine vergleichsweise kleine Personengruppe.

Als Pareto andere Lebensbereiche unter die Lupe nahm, stellte er dort dasselbe Muster fest: In Paretos Garten produzierten beispielsweise 20 Prozent der Erbsenschoten 80 Prozent der Erbsen. Was hatte das zu bedeuten?

In einem komplexen System bringt stets eine Minderheit der Inputfaktoren die Mehrheit des Outputs hervor. Dieses Muster hartnäckiger Nonlinearität wird heute als Pareto-Prinzip bezeichnet – oder auch als die 80-20-Regel. Ich spreche lieber von den ***Critical Few.***

Ist Ihnen dieses verbreitete Muster erst einmal vertraut, wird es Ihnen in vielen Lebensbereichen wiederbegegnen:

- In vielen Unternehmen entfallen über 80 Prozent des Jahresumsatzes auf weniger als 20 Prozent der Kunden.
- Weniger als 20 Prozent der Beschäftigten eines Unternehmens erledigen zu 80 Prozent oder mehr die wertintensivsten Aufgaben.
- Sie tragen über 80 Prozent der Zeit weniger als 20 Prozent der Sachen in Ihrem Kleiderschrank.
- Sie kommunizieren zu über 80 Prozent mit weniger als 20 Prozent Ihrer Kontakte.

Die Nonlinearität der Critical Few ist oft wirklich extrem. So besitzen weniger als 3 Prozent der Weltbevölkerung über 97 Prozent des globalen Vermögens. Im Zeitverlauf konzentriert sich auch politische Macht (sowohl in Ländern als auch in Unternehmen) tendenziell in den Händen einiger weniger, was dazu führt, dass ein sehr kleiner Personenkreis Entscheidungen trifft, die sich auf das Leben von Hunderten Millionen Menschen auswirken. Weniger als 1 Prozent aller jemals produzierten Filme werden Blockbuster – und nicht einmal 0,1 Prozent aller je geschriebenen Bücher Bestseller.

Um möglichst gute Ergebnisse zu erzielen, sollten Sie sich auf die erfolgskritischen Inputfaktoren fokussieren, die den größten Teil des von Ihnen angestrebten Ergebnisses herbeiführen. In *Die 4-Stunden-Woche* erklärt Timothy Ferriss, wie er mithilfe der Critical Few seine besten Kunden ermittelte. Von seinen 120 Kunden waren gerade mal 5 für 95 Prozent seines Umsatzes verantwortlich. Indem er sich auf diese umsatzstarken Großkunden fokussierte und seine übrigen Kunden auf »Autopilot« schaltete, verdoppelte er seine monatlichen Einnahmen und arbeitete statt 80 nur mehr 15 Stunden in der Woche.

Derselbe Ansatz ist auch nützlich, um *unerwünschte* Ergebnisse auszumerzen. Bei der Analyse seines Unternehmens merkte Ferriss, dass ihm zwei bestimmte Kunden am meisten Frust und Stress bereiteten. Indem er sich von diesen kräftezehrenden Kunden trennte, obwohl er mit ihnen durchaus nennenswerte Umsätze erzielt hatte, konnte er Zeit und Energie freisetzen. Dadurch war er in der Lage, drei andere umsatzstarke Kunden anzuwerben, die sein Ergebnis aufbesserten, ohne ihn ständig zu nerven.

Nicht erfolgskritische Inputfaktoren stellen erhebliche ***Opportunitätskosten*** dar. Verbringen Sie beispielsweise einen Großteil Ihrer Zeit in unproduktiven Sitzungen, verschwenden Sie Zeit, in der Sie sonst wichtige Aufgaben erledigen könnten. Dasselbe gilt für nicht erfolgskritische Ausgaben: Geld, das Sie anderweitig viel effektiver verwenden könnten.

Spüren Sie die Inputfaktoren auf, die für die von Ihnen angestrebten Outputs verantwortlich sind, und fokussieren Sie Ihre Zeit und Energie darauf. Streichen Sie alles andere.

Link zur Referenz: **personalmba.com/critical-few/**

Der abnehmende Zusatznutzen

»Die letzten 10 Prozent der Leistung sind für ein Drittel der Kosten verantwortlich und für zwei Drittel der Probleme.«

Norman R. Augustine, Luft- und Raumfahrtmanager und ehemaliger Unterstaatssekretär der U. S. Army

Wenn Sie zehn Dollar auf der Bank haben und in der Tasche Ihrer frisch gewaschenen Hose einen Fünfdollarschein finden, ist das ein Grund zum Feiern. Haben Sie zehn Millionen Dollar auf dem Konto, sind fünf Dollar nicht der Rede wert.

Ebenso gilt: Ein Keks schmeckt toll. Zwei Kekse noch besser. Essen Sie aber hundert Kekse, wird Ihnen das schlecht bekommen. Zu viel des Guten ist ungesund. (Dasselbe gilt übrigens auch für den Biergenuss und für die Einnahme von Vitaminen.)

Alles Gute unterliegt dem Gesetz des ***abnehmenden Zusatznutzens*** – ab einem gewissen Punkt kann mehr sogar schädlich sein. Als ich noch in der Marketingabteilung von P&G arbeitete, verwendeten wir viel Zeit und Energie darauf, die Ergebnisse unserer Werbeaktionen zu analysieren. War ein Werbespot die ersten Wochen im Fernsehen gelaufen, konnte man leicht erkennen, ob er die erwartete Wirkung zeigte. Brachte er höhere Umsätze, steckten wir mehr Geld hinein – doch das funktionierte immer nur für eine gewisse Zeit.

Ganz gleich, wie gut so ein Spot beim Publikum ankam, irgendwann »lief er sich tot«, und dann brachte ein weiterer Dollar, den das Unternehmen für die Ausstrahlung der Werbesendung ausgab, keinen Dollar Umsatz mehr ein. Das war der Punkt, ab dem der Zusatznutzen abnahm. Gaben wir dann noch mehr Geld aus, um denselben Spot zu zeigen, würde das Unternehmen dadurch Geld verlieren. Daher war es ratsamer, die Mittel in andere Formen der Produktwerbung zu investieren.

Es ist grundsätzlich besser, ein bisschen Zeit und Energie aufzuwenden, um den großen Wurf zu landen, als nichts zu tun. In *Ich zeige Dir, wie Du reich wirst* empfiehlt Ramit Sethi, das anzuwenden, was er als die »85-Prozent-Lösung« bezeichnet. Zu viele Menschen versuchen so eifrig, die perfekte Entscheidung zu treffen, dass sie am Ende total überfordert sind und gar nichts tun. Konzentrieren Sie sich auf die paar Dinge, die den größten Teil des angestrebten Ergebnisses bringen, und machen Sie dann Feierabend.

Glauben Sie nicht, Sie müssten bei aller ***Optimierung*** Perfektion im Auge haben. Optimierung und ***Refactoring*** unterliegen ebenfalls dem Prinzip der ***Critical Few*** – will heißen, ein paar vereinzelte Änderungen können enorm viel bewirken. Haben Sie die »tief hängenden Trauben« gepflückt, kosten weiteren Optimierungsversuche manchmal mehr, als sie bringen. Da wäre dann ein guter Zeitpunkt, um sie einzustellen. Für den Unbedarften ist Perfektionismus eine böse Falle.

Optimierung und Refactoring sollten Sie nur so lange betreiben, bis Sie merken, dass der Zusatznutzen verpufft. Dann sollten Sie sich besser auf etwas anderes konzentrieren.

Link zur Referenz: **personalmba.com/diminishing-returns/**

Progressive Belastung

»Schritt für Schritt kommt man weit.«

Spanisches Sprichwort

Es ist keine gute Idee, gleich einen Marathon zu laufen, wenn Sie zum ersten Mal Laufschuhe anziehen. Oder auf Anhieb 200 Kilo stemmen zu wollen, wenn Sie zum ersten Mal im Fitnessstudio sind. Die effektivste (und gefahrloseste) Strategie beginnt mit einer kleinen Herausforderung, die Sie noch problemlos bewältigen können. Machen Sie auf diesem Niveau weiter, bis es Ihnen leichtfällt, und schrauben Sie die Anforderungen dann schrittweise hoch, wenn sich Ihr Körper darauf eingestellt hat.

Der Fachbegriff für diese Strategie ist ***progressive Belastung:*** Sie erhöhen die Gesamtkapazität eines Systems, indem Sie die an das System gestellten Anforderungen nach und nach hochfahren. Dadurch veranlassen Sie das System zu ***Veränderungen,*** um sich mit der Zeit an die neuen Anforderungen anzupassen.

Progressive Belastung ist ein universeller Ansatz, der nicht nur im Fitnessbereich funktioniert, sondern auch auf ganz anderen Gebieten. Um Probleme zu lösen, stellen Unternehmen oft neue Leute ein – vor allem in Bereichen wie Verkauf und Kundenbetreuung. Neue Kräfte müssen aber geschult und eingearbeitet werden, um ihre maximale Effektivität zu entfalten, und das braucht Zeit. Voreilige Einstellungen verursachen manchmal neue Probleme, statt die alten durch zusätzliche Kapazität zu lösen.

Mit mangelhaft geschultem Verkaufspersonal steigt das Risiko, dass Zusagen gemacht werden, die das Unternehmen nicht einhalten kann, und im Kundenservice sind unzulänglich ausgebildete Kräfte nicht gut gerüstet, um verärgerte Kunden zu beschwichtigen, die Unternehmenspolitik zu kommunizieren und dann Ausnahmen von dieser Politik zuzulassen, wenn es die Situation erfordert. Effektive Ausbildung erfordert Unterweisung, Kommunikation und Beaufsichtigung durch Vorgesetzte oder erfahrene Kollegen, was zusätzliche Anforderungen an die vorhandene Belegschaft stellt. Solche Investitionen zahlen sich oft mittel- bis langfristig aus, doch das geht auf Kosten kurzfristiger Belastungen. Wird der Stress zu groß, suchen sich bisherige Mitarbeiter manchmal andere Optionen, und der Verlust von Schlüsselpersonen kann dazu führen, dass maßgebliche Expertise und Kapazität wegfallen.

Die Kapazität lässt sich am effektivsten steigern, wenn das kontinuierlich über einen längeren Zeitraum in kleinen Schritten geschieht, ohne dass zusätzliche Anforderungen gestellt werden, die die aktuelle Leistungsfähigkeit des Systems überfordern. Statt gleich mehrere neue Mitglieder für ein Team einzustellen, ist der bessere Ansatz oft, dieses mehrmals im Jahr jeweils nur um eine zusätzliche Kraft zu verstärken.

Viele kleine fortlaufende Optimierungen ergeben insgesamt große Verbesserungen. Fangen Sie im Zweifel klein an und bauen Sie Ihre Kapazität über einen längeren Zeitraum aus.

Link zur Referenz: **personalmba.com/progressive-load/**

Reibung

»Die Welt ist groß, und ich verschwende mein Leben nicht auf Reibung, wenn diese in Dynamik verwandelt werden kann.«

Frances E. Willard, Lehrerin und Suffragette, die an der Spitze der Kampagne für den 18. und 19. Zusatzartikel zur US-Verfassung stand

Stellen Sie sich vor, vor Ihnen auf dem Boden liegt ein Hockeypuck. Sie haben einen Hockeyschläger in der Hand und sollen den Puck von seiner derzeitigen Position ins 1,5 Kilometer entfernte Tor expedieren.

Nehmen Sie zunächst an, der Puck liegt im hohen Gras, das sich im Wind wiegt. Mit jedem Schlag können Sie ihn nur um ein, zwei Meter weiterbefördern, da die Halme dem Puck seine Energie rauben. In diesem Tempo müssten Sie den Puck tausendmal treffen, bis er im Tor landet, und das dürfte bald über Ihre Kräfte gehen. Außerdem bräuchten Sie viele frustrierende Stunden, um bis zum Tor vorzudringen.

Nehmen wir stattdessen an, Sie mähen das Gras erst, bis es ganz kurz ist. Schlagen Sie dann den Puck, springt er gleich sechs oder mehr Meter weit – eine enorme Verbesserung. Die Grashalme behindern ihn nicht mehr so sehr, sodass er mit jedem Schlag eine größere Entfernung zurücklegen kann. Es ist immer noch ein ordentliches Stück Arbeit, den Puck ins Tor zu bringen, doch Sie könnten das deutlich schneller und mit weniger Aufwand schaffen.

Nehmen wir zum Schluss an, Sie überschwemmen die Wiese mit Wasser und lassen dieses einfrieren, bis eine glatte Eisfläche entsteht. Dann fliegt der Puck mit jedem Schlag viele Meter weit, weil das Eis dem Puck keine Energie entzieht – er rutscht über die Oberfläche. In diesem Szenario müssten Sie den Puck nur wenige Male treffen, um ihn ins Tor zu befördern, und würden dabei noch nicht einmal ermüden.

Unter ***Reibung*** ist eine Kraft oder ein Prozess zu verstehen, der einem System mit der Zeit Energie entzieht. Gibt es Reibung, müssen Sie einem System laufend Energie zuführen, damit es sich auf Dauer in derselben Geschwindigkeit bewegt. Kommt keine neue Energie hinzu, bremst die Reibung das System bis zum Stillstand. Beseitigen Sie die Reibung, nimmt die Effizienz des Systems zu.

In jedem Geschäftsprozess gibt es eine gewisse Reibung. Nun kommt es darauf an festzustellen, in welchen Bereichen jeweils Reibung vorliegt, und dann mit geringfügigen Verbesserungen zu experimentieren, die das Maß an Reibung im System verringern. Gelingt es Ihnen, im System nach und nach ein bisschen Reibung abzubauen, summiert sich das zu erheblichen Qualitäts- und Effizienzsteigerungen.

Schon leichte Verringerungen der Reibung in Marketing-, Verkaufs- und Wertbeitragsprozessen können deutliche Steigerungen des ***Gewinns*** bewirken. So geben sich beispielsweise Einzelhändler wie Amazon größte Mühe, es dem Kunden möglichst einfach zu machen, eine Bestellung aufzugeben. Amazon ermöglicht Kunden nicht nur, mit einem Klick zu kaufen (wobei die Kosten der hinterlegten Kreditkarte des Kunden belastet und die Ware an seine aktenkundige Adresse versendet wird), sondern empfiehlt ihnen auch ähnliche Artikel, um ihnen den Onlinekauf möglichst leicht zu machen.

Amazon Prime, ein Service, der mit der Hochstufung jeder Bestellung des betreffenden Kunden auf Auslieferung innerhalb von zwei Tagen einhergeht, ist ein lehrbuchmäßiges Beispiel für die Vorteile verringerter Reibung. Gegen eine geringe Jahresgebühr erhalten Prime-Kunden ihre Käufe in maximal zwei Tagen per Post und sparen sich die Zeit, in den Laden zu gehen.

Meldet sich ein Kunde für Amazon Prime an, verdoppelt sich sein jährliches Auftragsvolumen. 46 Prozent der Prime-Mitglieder kaufen mindestens einmal pro Woche bei Amazon, 31 Prozent der Prime-Kunden schauen sich täglich auf der Website des Einzelhändlers um … und das alles ist der Verringerung von Reibung im Kaufprozess zu verdanken.[88]

Der bewusste Einsatz von Reibung kann Menschen manchmal zu bestimmten Verhaltensweisen oder Entscheidungen animieren. Ein bisschen mehr Reibung im Retourenprozess – wenn der Kunde beispielsweise eine Quittung vorlegen oder einen Grund angeben muss – kann bewirken, dass weniger Kunden Produkte zurückgeben. Sehr viel Reibung darf das allerdings nicht sein, denn das kann Ihrer ***Reputation*** schaden – wenn Kunden sehr um eine Erstattung kämpfen müssen, reagieren sie verärgert. Doch ein bisschen Reibung an der richtigen Stelle kann dazu beitragen, dass Artikel nicht mehr so leichtfertig zurückgegeben werden.

Gelingt es Ihnen, die Reibung in Ihrem Geschäftssystem dort zu verringern, wo das zweckmäßig ist, können Sie mit weniger Aufwand bessere Ergebnisse erzielen.

Link zur Referenz: **personalmba.com/friction/**

Automatisierung

»Die oberste Regel für jede in einem Unternehmen eingesetzte Technologie lautet: Wird ein effizienter Betrieb automatisiert, steigert das die Effizienz enorm. Wird ein ineffizienter Betrieb automatisiert, nimmt die Ineffizienz im selben Umfang zu.«

Bill Gates, Mitgründer und Chairman von Microsoft

Wenn Sie genügend ***Reibung*** abbauen, müssen womöglich gar keine Menschen mehr in einen Prozess eingreifen.

Automatisierung beschreibt Systeme oder Prozesse, die ohne menschliches Zutun auskommen. An Fließbändern in Fabriken, in Versorgungsnetzen und Computerprogrammen wird Automatisierung eingesetzt, um die menschliche Beteiligung an der Erfüllung einer Aufgabe möglichst zu minimieren. Je weniger menschliche Leistung erforderlich ist, um ein System zu betreiben, desto effizienter die Automatisierung.

Am besten lassen sich klar definierte wiederkehrende Aufgaben automatisieren. Müsste ich beispielsweise jeden Brief und jede E-Mail beantworten, wenn mich jemand um meine Liste mit Wirtschaftsbuchempfehlungen bittet, wäre ich längst verrückt geworden. Zum Glück kann ich die Liste einfach auf meiner Website einstellen – und jeder, der sie haben möchte, kann sie herunterladen, ohne dass ich einen Finger rühren muss. Meine Lektüreliste ist schon von Hunderttausenden aus aller Welt abgerufen worden. Die Automatisierung macht es möglich.

Finden Sie einen Weg, Ihr System zu automatisieren, und Sie erschließen sich ***Skalierungsmöglichkeiten*** durch ***Duplizierung*** und ***Multiplizierung.*** Dadurch können Sie mehr zahlenden Kunden Wertschöpfung und Wertbeiträge bieten.

Link zur Referenz: **personalmba.com/automation/**

Das Automatisierungsparadoxon

»Eine Maschine ist in der Lage, fünfzig gewöhnlichen Menschen die Arbeit abzunehmen. Doch einem außergewöhnlichen Menschen kann keine Maschine die Arbeit abnehmen.«

Elbert Hubbard, Autor von *Eine Nachricht für Garcia*

Automatisierung ist toll, hat aber ein paar wesentliche Nachteile, die Sie kennen sollten.

Stellen Sie sich eine vollautomatische Fertigungsstraße vor, die Computerprozessoren herstellt, welche für 200 Dollar pro Stück verkauft werden. Menschen müssen in der Fabrik nur noch auf einen Knopf drücken, und schon wirft das Produktionssystem pro Minute 2400 fertige Produkte aus. Klingt doch fantastisch, oder?

Schon, allerdings mit einem *sehr* bedeutsamen Vorbehalt. Stellen Sie sich vor, der Bohrer, der Löcher in die Siliziumwafer bohrt, ist falsch justiert und fängt an, mikroskopische Löcher mitten durch den Prozessorkern zu bohren. In jeder Betriebssekunde des Systems werden dadurch 40 Chips ruiniert.

Nehmen Sie an, jeder Prozessor verursacht 20 Dollar Materialkosten – das bedeutet, die Fabrik verliert 800 Dollar pro Sekunde, solange der Fehler nicht gefunden ist. Jede Minute, die das System weiterläuft, kostet das Unternehmen 48 000 Dollar. Und das sind nur die direkten Kosten. Wenn Sie berücksichtigen, dass jeder Prozessor für 200 Dollar verkauft werden könnte, beläuft sich der Verlust für das Unternehmen schon auf 528 000 Dollar: 48 000 Dollar direkte Kosten und 480 000 Dollar an ***Opportunitätskosten.***

Sie finden, das klingt weit hergeholt? Dann bedenken Sie Folgendes: Ende 2009 erkannte Toyota ein schwerwiegendes Problem mit dem Gaspedal bei mehreren beliebten Fahrzeugmodellen, die schon viele Jahre zu den Verkaufsschlagern zählten. Dieser Fehler ***multiplizierte*** sich über alle hergestellten Fahrzeuge, und die Rückrufkosten beliefen sich auf *über fünf Milliarden Dollar.*

Vor der Rückrufaktion galt Toyota als bester Autohersteller der Welt. Das ist das Unternehmen in vieler Hinsicht nach wie vor, doch die ***Reputation*** und die Finanzsituation erlitten einen schweren Schlag. Selbst die Besten können zu Fall kommen, wenn zugelassen wird, dass sich kostspielige Fehler multiplizieren.

Hier das ***Automatisierungsparadoxon:*** Je effizienter das automatisierte System, desto entscheidender der Beitrag seiner menschlichen Betreiber. Passiert ein Fehler, müssen diese in der Lage sein, ihn zu finden und die Situation zu bereinigen oder das System herunterzufahren – ansonsten wird es den Fehler weiter multiplizieren.

Dr. Lisanne Bainbridge, Psychologin am University College London, gehörte zu den Ersten, die sich gründlich mit den Auswirkungen effizienter und zuverlässiger Systeme auseinandersetzte.[89] Sie war die Erste, die das »Paradoxon« automatisierter Systeme feststellte und formulierte: Effiziente automatisierte Systeme verringern zwar den Bedarf an menschlicher Intervention, doch bewirken, dass die menschlichen Eingriffe ungleich erfolgskritischer werden.

Durch effiziente Automatisierung wird der Mensch *wichtiger*.

Link zur Referenz: **personalmba.com/paradox-of-automation/**

Die Ironie der Automatisierung

> »Es wird immer unerwartete Umstände geben, für deren Bewältigung die Automatisierung nicht konzipiert war, oder andere unvorhersehbare Faktoren. Mit zunehmender Zuverlässigkeit eines Systems wird es immer schwieriger, den Fehler zu finden und zu beheben.«
>
> Dr. Raja Parasuraman, Professor für Psychologie an der George Mason University

Effiziente ***automatisierte Systeme*** erfordern qualifizierte menschliche Interventionen, um zu verhindern, dass sich Fehler ***verstärken.*** Am besten sollte also jederzeit kompetentes Bedienpersonal zur Hand sein. Oder nicht?

Das ist leichter gesagt als getan: Unternehmen bezahlen hoch qualifizierte Fachkräfte nicht dafür, dass sie den ganzen Tag herumsitzen und Däumchen drehen, und genau das würden sie tun, solange das System allem Anschein nach zuverlässig arbeitet. Selbst wenn Unternehmen dazu bereit wären, wäre das für die betreffenden Mitarbeiter unendlich langweilig.

Hier die ***Ironie der Automatisierung:*** Je zuverlässiger das System, desto weniger haben seine menschlichen Betreiber zu tun. Und desto weniger ***Aufmerksamkeit*** schenken sie folglich dem System, wenn es läuft. Erinnern Sie sich aus dem Abschnitt über ***Neuartigkeit*** noch an die Mackworth-Uhr und die Wachsamkeitsstudien, die im Zweiten Weltkrieg an britischen Radarspezialisten durchgeführt wurden? Tut sich nichts, wird Menschen langweilig – und je zuverlässiger das System, desto *weniger tut sich.*

Zuverlässige Systeme lähmen die Sinne ihrer Betreiber, weshalb diese oft nicht merken, wenn etwas schiefläuft – und den Moment verpassen, in dem ihre Aufmerksamkeit gefragt wäre. Infolgedessen gilt: Je zuverlässiger das System, desto geringer die Wahrscheinlichkeit, dass menschliche Betreiber merken, wenn etwas im Argen liegt – vor allem, wenn es sich nur um einen kleinen Fehler handelt.

Bleiben solche kleinen Fehler lange genug unbemerkt, werden sie schnell zur »neuen Normalität«. So kam es, dass Toyota, wie geschildert, letztlich fünf Milliarden Dollar für eine Rückrufaktion aufwenden musste. (Und erliegen Sie jetzt bloß nicht dem Attributionsfehler in der Annahme, die Techniker bei Toyota wären dumm oder nachlässig gewesen – wenn Sie sich auf automatisierte Systeme stützen, könnte Ihnen jederzeit dasselbe passieren.)

Die beste Methode, um größere automatisierungsbedingte Fehler zu vermeiden, besteht in kompromisslosen fortlaufenden ***Stichproben*** und ***Tests.*** Sie wissen ja: Es kann und wird zu ***Systemunfällen*** kommen. Gehen Sie davon aus, dass Fehler gemacht werden, und planen Sie reihenweise Tests ein, um den erfolgskritischsten Fehlern auf die Spur zu kommen, erreichen Sie damit möglicherweise, dass die Betreiber Ihres Systems bei der Sache bleiben, und erhöhen die Wahrscheinlichkeit, dass folgenschwere Fehler früh erkannt werden.

Sorgen Sie dafür, dass die Betreiber Ihres automatisierten Systems konzentriert bleiben. Dann merken sie vermutlich eher, wenn Fehler auftreten.

Link zur Referenz: **personalmba.com/irony-of-automation/**

Standardverfahren

»Der Maßstab für Erfolg ist nicht, ob Sie vor einem schwierigen Problem stehen, das Sie bewältigen müssen, sondern, ob es noch dasselbe Problem ist, das Sie vor einem Jahr hatten.«

John Foster Dulles, ehemaliger US-Außenminister

Was tun Sie, wenn sich ein Kunde beschwert oder sein Geld zurückverlangt? Was passiert, wenn Ihnen der Toner für den Laserdrucker ausgeht? Wer übernimmt, wenn der Chef außer Haus ist und ein Notfall eintritt?

Ein ***Standardverfahren*** (englisch: Standard Operating Procedure oder kurz SOP) ist ein festgelegter Prozess, der zur Erfüllung einer Aufgabe oder zur Lösung eines häufigen Problems herangezogen wird. Unternehmenssysteme beinhalten oft wiederkehrende Aufgaben und verfügen über Standardprozesse, damit sie das Rad nicht jedes Mal neu erfinden müssen und mehr Zeit für produktive Tätigkeiten haben.

Klar definierte Standardverfahren sind nützlich, weil sie ***Reibung*** verringern. Statt wertvolle Zeit und Energie zu verschwenden, um ein Problem zu lösen, das bereits viele Male gelöst wurde, gewährleistet ein Standardverfahren, dass Sie weniger Zeit verschwenden und mehr Zeit für Wertschöpfung haben.

Standardverfahren sind auch eine effektive Methode, neue Mitarbeiter oder Partner rasch auf den aktuellen Stand zu bringen. Eine zentrale Quelle für SOPs kann es Neuzugängen oder neuen Partnern erleichtern, ohne formelle Schulungen zu verinnerlichen, wie Sie arbeiten. Am besten speichern Sie Ihre SOPs in einer zentralen elektronischen Datenbank – damit ist gewährleistet, dass alle jederzeit auf die neuesten verfügbaren Verfahren Zugriff haben.

Lassen Sie nicht zu, dass Ihre Standardverfahren zu bürokratischen Monstern ausarten. Nicht vergessen: Der Sinn eines SOP ist es, die Zeit und den Aufwand zu minimieren, die nötig sind, um eine Aufgabe zu erledigen oder ein Problem zu lösen. Erfordert das SOP Einsatz, ohne Wert dafür zu liefern, stellt es einen Reibungsfaktor dar.

Um optimale Ergebnisse zu erzielen, sollten Sie Ihre SOPs regelmäßig überprüfen – im Idealfall alle zwei bis drei Monate. Stellen Sie fest, dass sie überholt sind, Verschwendung oder unnötige Arbeit verursachen, ändern Sie sie. Weder Ihnen noch Ihren Kunden ist mit unnötiger Bürokratie gedient.

Legen Sie Standardverfahren für wichtige wiederkehrende Aufgaben fest, und Sie werden sehen: Ihre Produktivität schießt in die Höhe.

Link zur Referenz: **personalmba.com/standard-operating-procedures/**

Checklisten

»Ganz gleich wie fachkundig Sie sind, eine gut konzipierte Checkliste kann das Ergebnis verbessern.«

Steven Levitt, Co-Autor von *Freakonomics*

Sie möchten sicher sein, dass eine wichtige Aufgabe jedes Mal richtig ausgeführt wird? Erstellen Sie eine Checkliste.

Bei einer ***Checkliste*** handelt es sich um ein ***externalisiertes*** festgelegtes Standardverfahren zur Erledigung einer bestimmten Aufgabe. Die Erstellung von Checklisten ist aus zwei Gründen enorm wertvoll: Erstens helfen Ihnen Checklisten, ein System für einen noch nicht formalisierten Prozess zu definieren – sobald die Checkliste steht, ist leichter zu erkennen, wie sich das System optimieren oder ***automatisieren*** lässt. Zweitens kann der Einsatz von Checklisten im üblichen Arbeitsablauf dazu beitragen sicherzustellen, dass Sie keinen wichtigen Schritt vergessen, der im Eifer des Gefechts schnell übersehen werden kann.

Nicht ohne Grund gibt es für Piloten ausführliche Checklisten für Start und Landung: Ein einzelner Schritt ist schnell übersprungen, kann aber schwerwiegende Folgen für alle an Bord haben. Selbst Piloten mit jahrzehntelanger Flugerfahrung arbeiten immer mit Checklisten, um ganz sicherzugehen, dass auch alles ordnungsgemäß und in der richtigen Reihenfolge erledigt wird. Deshalb stürzen Flugzeuge selten ab – es ist sicherer, mit einem Verkehrsflugzeug zu fliegen, als Auto zu fahren.

Selbst einfache Prozesse können von der ***Systematisierung*** und vom Einsatz von Checklisten profitieren. 2001 führte Dr. Peter Pronovost eine Studie über die Effekte der Verwendung von Checklisten durch, die in *Checklist-Strategie* von Dr. Atul Gawande ausführlich beschrieben wird – und ebenso in einem Artikel, den Gawande im *New Yorker* veröffentlichte.[90] Die Studie fand an einem Krankenhaus in Detroit statt, das die höchste Rate von Zehn-Tages-Katheterinfektionen (einer kostspieligen, lebensbedrohlichen Erkrankung) im ganzen Land verzeichnete. Pronovost wollte feststellen, ob sich die Infektionsrate durch die Verwendung von Checklisten verringern ließ.

Hier die vollständige Intervention: Wenn ein Arzt einen Gefäßkatheter legte, sollte er sich an die folgende Checkliste halten:

Schritt 1: Hände mit Seife waschen.
Schritt 2: Die Haut des Patienten mit dem Antiseptikum Chlorhexidin reinigen.
Schritt 3: Den ganzen Patienten mit sterilen Tüchern abdecken.
Schritt 4: Sterile Haube, Maske, Handschuhe und Kittel anlegen.
Schritt 5: Sobald der Katheter gelegt ist, die Stelle mit sterilem Verband abdecken.

Diese Schritte sind gar nicht kompliziert. Tatsächlich weigerten sich viele Ärzte, an der Studie teilzunehmen, weil sie unverschämt fanden, dass man ihnen für einen so einfachen Vorgang eine Checkliste aufzwang, obwohl sie doch hoch qualifizierte Spezialisten waren. Schlimmer noch: Die leitende Pflegekraft war sogar befugt, dem Arzt Einhalt zu gebieten, wenn dieser sich nicht an die Checkliste hielt – ein unüblicher Rollentausch, der viele Ärzte in Rage versetzte.

Dessen ungeachtet brachte diese Studie über zwei Jahre ganz erstaunliche Ergebnisse: Die Häufigkeit von Zehn-Tages-Katheterinfektionen ging von 11 auf 0 Prozent zurück. Das sparte dem Krankenhaus über zwei Millionen Dollar damit verbundener Kosten. Wie sich herausstellen sollte, fallen einfache, vernünftige Maßnahmen in einem hektischen, stressigen ***Umfeld*** schnell unter den Tisch.

Der Einsatz von Checklisten kann Ihre Fähigkeit, qualitativ hochwertige Arbeit abzuliefern, deutlich verbessern – und Ihre Fähigkeit, Aufgaben zu delegieren, ebenfalls. Wenn Sie sich die Zeit nehmen, Ihre Vorgehensweise zu dokumentieren und nachzuverfolgen, verringern Sie die Wahrscheinlichkeit grober Schnitzer und Nachlässigkeiten und verhindern die ***Reibung,*** die dadurch entsteht, dass man sich immer wieder aufs Neue überlegen muss, wie ein und dieselbe Aufgabe zu erledigen ist. Hinzu kommt: Steht Ihre Checkliste, können Sie diese als Grundlage für eine komplette oder teilweise Automatisierung des Systems heranziehen, sodass Sie Ihre Zeit künftig wichtigeren Dingen widmen können.

Um optimale Ergebnisse zu erzielen, sollten Sie klare Checklisten für die ***fünf Bausteine eines jeden Unternehmens*** erstellen und dafür sorgen, dass diese ausnahmslos zur Anwendung kommen.

Link zur Referenz: **personalmba.com/checklisting/**

Prozesskosten

»Glauben Sie bloß nicht, es sei ein großer Fortschritt, etwas Überflüssiges dreimal so schnell zu erledigen.«

Peter Drucker, Vater der modernen Managementtheorie

Es kann zu viel des Guten geben.

Prozesse sind nicht umsonst zu haben: Jedes Verfahren beziehungsweise jede ***Checkliste*** in einem System verursacht Kosten in Form von Zeit, Energie und ***Aufmerksamkeit.*** Unter ***Prozesskosten*** ist zu verstehen, welcher Teil der Kapazität eines Systems auf interne Prozesse verwendet wird statt auf andere wertschöpfende Tätigkeiten.

Unternehmenssysteme weisen oft Prozesskosten in erheblicher Höhe auf: obligatorische Statussitzungen, Berichte, Regeln und Papierkram. Diese Praktiken werden aus triftigen Gründen eingeführt: Es ist ebenso wichtig und wertvoll, Informationen zu kommunizieren, wie den Fortschritt auf dem Weg zu gemeinsamen ***Zielen*** zu verfolgen und vermeidbare Fehler durch die Befolgung von ***Standardverfahren*** auszumerzen. Probleme entstehen dann, wenn sich all diese eigenständigen Praktiken so aufsummieren, dass das Gros der Kapazität und Leistungsfähigkeit einer Organisation darauf entfällt.

Prozesse haben einen Punkt, ab dem der ***Zusatznutzen abnimmt.*** Es ist daher sinnvoll, Prozesse, die nicht mehr benötigt werden, zu ermitteln und zu eliminieren. Prozesse sollten nicht durch ein Top-down-Mandat bestimmt oder nur deshalb beibehalten werden, weil es sie gibt. Am besten sorgen Sie dafür, dass Ihre Prozesse flexibel bleiben, und rechnen damit, dass sie sich im Laufe der Zeit verändern oder überflüssig werden. Bringt ein Prozess keinen Nutzen mehr, ist es wertvoll und legitim, ihn einzustellen.

Prozesse werden am besten von den Menschen entwickelt und gepflegt, die ganz nah dran sind: Geben Sie diesen die nötige Flexibilität und Kontrolle, um Prozesse zu aktualisieren oder zu streichen, wenn sie ihren ursprünglichen Zweck nicht mehr erfüllen.

Link zur Referenz: **personalmba.com/process-overhead**

Unterlassung

»Nichts ist so nutzlos, wie etwas effizient zu tun, was man besser lassen sollte.«

Peter Drucker, Vater der modernen Managementtheorie

Wenn Sie ein System wirklich verbessern möchten, ist weniger manchmal mehr.

Unter ***Unterlassung*** ist vorliegend die bewusste Entscheidung zu verstehen, etwas Kontraproduktives künftig nicht mehr zu tun. Aufgrund der ***Absence Blindness*** neigen wir dazu, ein System möglichst dadurch zu verbessern, dass wir etwas tun – weil es sich »falsch anfühlt«, nichts zu tun. Das heißt aber nicht, dass Nichtstun eine schlechte Strategie ist: Oft ist es sogar die effektivere Strategie.

In *Der Große Weg hat kein Tor* schrieb Masanobu Fukuoka über seine Experimente mit naturnaher Landwirtschaft. Dazu gehörte, dass er der Natur ihren

Lauf ließ und möglichst wenig eingriff. Während die meisten landwirtschaftlichen Betriebe Chemikalien und Maschinen einführten, tat Fukuoka einfach *nichts* – und erntete die Früchte in Form hoher Erträge und reichhaltigerer Böden. Das hatte er zum Thema »etwas unterlassen« zu sagen:

> Mit ihrem Eingreifen tun die Menschen etwas Falsches, sie beheben den Schaden nicht, und wenn sich dann die unerwünschten Folgen häufen, arbeiten sie mit aller Kraft, um diese zu korrigieren. Sind diese Korrekturmaßnahmen »erfolgreich«, meinen sie, diese Maßnahmen seien glänzende Errungenschaften. Die Leute tun das ständig. Es ist so, als würde ein Narr auf seine Dachziegeln treten und sie zerbrechen. Wenn es dann zu regnen beginnt und die Decke verrottet, klettert er hinauf, um den Schaden auszubessern, und freut sich am Ende über die gelungene Reparatur.

Statt zu viel zu tun, tat Fukuoka nur, was unbedingt nötig war. Infolgedessen gehörten seine Felder zu den ertragsreichsten der ganzen Gegend.

Zum Unterlassen gehört Mut. Es ist oft unpopulär oder schlecht angesehen, nichts zu tun, auch wenn es die richtige Lösung wäre. So werden beispielsweise »Preisblasen« oft durch staatliche Eingriffe auf bestimmten Märkten ausgelöst, die den ***Sekundäreffekt*** haben, die Kosten bestimmter Handlungen künstlich zu drücken, was die Spekulation anheizt. Wenn dann alle wieder auf dem Boden der Tatsachen landen und die Blase »platzt«, wie bei den Dotcom-Unternehmen im Jahr 2000 oder auf dem Häusermarkt im Jahr 2008, ist es für die Regierung politisch unpopulär, tatenlos zuzusehen, obwohl *es ihre Interventionen waren, die die Misere überhaupt erst ausgelöst haben.* Meist mischt sich die Regierung dann wieder ein, was ein paar Jahre später erneut zu einer noch größeren Blase führt.

Sich von Kunden zu trennen, Ihren Job zu kündigen, ein Produkt einzustellen oder sich von einem Markt zurückzuziehen, auf dem Sie keine Chance haben – das alles sind schwierige Entscheidungen, die Sie aber auf lange Sicht in eine bessere Position bringen können.

Aktionismus ist nicht immer die beste Vorgehensweise. Denken Sie ruhig auch mal daran, lieber gar nichts zu tun.

Link zur Referenz: **personalmba.com/cessation/**

Resilienz

»Wenn Sie ein System in die Zwangsjacke der Konstanz stecken, kann es fragil werden.«

C. S. Holling, Ökologe

Schildkröten sind nicht gerade die Vertreter des Tierreichs mit dem größten Sex-Appeal. Sie können weder besonders schnell laufen noch fliegen. Sie haben keine gefährlichen, scharfen Zähne oder Klauen. Sie können sich nicht aufplustern, um bedrohlich zu wirken, oder ihre Feinde mit tödlichem Gift bekämpfen. Verglichen mit der rohen Gewalt eines Tigers oder Falken, wirkt so eine Schildkröte eher lahm.

Dabei verfügen Schildkröten über eine Vielzahl von Schutzstrategien – sie können schwimmen, sie können sich tarnen, sie können mit dem Kiefer zuschnappen, und wenn alles andere versagt, können sie sich in ihren Panzer zurückziehen und warten, bis die Gefahr vorüber ist.

Andere Tiere haben ein Problem, wenn sie von einem Raubtier gestellt werden. Schildkröten haben eine faire Chance – sie können überleben, weil sie von Natur aus gepanzert sind. Außerdem ernähren sie sich äußerst vielseitig, und wenn es ungemütlich wird, überwintern sie in einem Ruhezustand. Deshalb leben sie auch so lange.

Tiger dagegen verlassen sich auf der Jagd nach ihrer Beute ganz auf ihre Kraft, Dynamik und Schnelligkeit. In guten Zeiten sind sie die Könige des Dschungels. Doch werden die Beutetiere knapp oder sie verlieren ihr Jagdgeschick, weil sie alt oder verletzt sind, holt sie gnadenlos der Tod – eine zweite Chance gibt es für sie nicht.

Die Wirtschaft braucht mehr Schildkröten und weniger Tiger.

Die Welt ist von Haus aus ein ***unsicherer*** Ort. Es passieren ständig unerwartete Dinge – gute wie schlechte. Sie können nie wissen, wann Mutter Natur, persönliches Pech oder ein hungriges Raubtier dafür sorgen, dass heute nicht Ihr Tag ist.

Resilienz ist eine Eigenschaft, die im Geschäftsleben unterschätzt wird. Die nötige Härte und Flexibilität, mit allem fertigzuwerden, was Ihnen das Leben vorsetzt, ist eine maßgebliche Stärke, die Ihnen die Haut retten kann – im wörtlichen ebenso wie im übertragenen Sinn. Dass Sie die Fähigkeit besitzen, Ihre Strategie und Ihre Taktik anzupassen, wenn sich die Rahmenbedingungen ***verändern,*** kann darüber entscheiden, ob etwas für Sie glimpflich ausgeht oder verheerend.

Resilienz ist nie »optimal«, wenn Sie ein System nur am ***Durchsatz*** bewerten. Flexibilität hat immer ihren Preis. So ein Schildkrötenpanzer hat ordentlich Gewicht – ohne ihn wäre die Schildkröte bestimmt etwas schneller. Würde sie ihn aber ablegen, wäre sie genau dann verletzbar, wenn es nicht mehr ausreicht, ein bisschen schneller zu sein. Um noch ein Quäntchen mehr Gewinn zu erzielen, verzichten viele Unternehmen zugunsten des kurzfristigen Ergebnisses auf Resilienz – und zahlen dafür einen hohen Preis.

Ein klassisches Beispiel dafür sind die großen Investmentbanken. Liquidität vorzuhalten, um unerwartete Vorkommnisse zu bewältigen, gilt inzwischen als »ultrakonservativ« und »ineffizient« – alle Investments gleich ums Mehrfache zu hebeln, um in jedem Quartal einen Cent mehr Gewinn je Aktie herauszuquetschen, ist mittlerweile »bewährte Praxis«. Das Unternehmen reagiert dadurch aber schon auf geringfügige Umsatzeinbußen äußerst empfindlich.

Ein Unternehmen ohne Liquiditätsreserven, ohne Versicherung, aber mit hohem Fremdkapitalanteil zu betreiben, kann Ihre Erträge für ein paar Monate oder auch Quartale in die Höhe treiben, doch sobald der Umsatz auch nur leicht nachgibt oder Ihr Unternehmen in Rechtsstreitigkeiten verwickelt wird, haben Sie verloren.

Der Leverage-Effekt (der Einfluss von Fremdkapital auf die Eigenkapitalrentabilität) wirkt wie Raketentreibstoff – je nachdem, wie er eingesetzt wird, kann er Ihr Unternehmen in schwindelerregende Höhen befördern oder eine Explosion auslösen, die es auslöscht. Viele der raffinierten Taktiken zur Finanzmanipulation, die an den Business Schools gelehrt werden, beruhen darauf, dass zugunsten von Erträgen auf dem Papier auf Resilienz verzichtet wird – und einstmals erfolgreiche Unternehmen bezahlen dafür, indem sie pleitegehen, wenn es hart auf hart kommt.

Resilienz erreichen Sie, indem Sie sich auf das Unerwartete einstellen. Im Privatleben ist es nicht paranoid, in einen Erste-Hilfe-Kasten für zu Hause und fürs Auto und in Vorräte wie Lebensmittel und Wasser zu investieren. Das alles sind für weitblickende Menschen billige Möglichkeiten, sich abzusichern. Dasselbe gilt für den Abschluss von ***Versicherungen*** und den Aufbau von Liquiditätsreserven für unerwartete Ereignisse. Womöglich werden Sie diese niemals brauchen. Wenn aber doch, werden Sie froh sein, dass Sie sie haben.

Und so stellen Sie Ihr Unternehmen resilienter auf:

- geringe (bevorzugt gar nicht vorhandene) ausstehende Schulden
- geringe Gemein-, Fix- und Betriebskosten

- größere Liquiditätsreserven für unerwartete Eventualitäten
- mehrere voneinander unabhängige Produkte/Branchen/Sparten
- eine flexible Belegschaft, die in der Lage ist, viele Aufgaben gut zu erledigen
- keine große Schwachstelle
- Ausfallsicherungen/Back-up-Systeme für alle zentralen Prozesse

Gutes Management zeichnet sich dadurch aus, dass Resilienz in der Planung eine ebenso große Rolle spielt wie Erfolg. Resilienz ist nicht so sexy, weil ihre Vorzüge der ***Absence Blindness*** zum Opfer fallen. Sie kann aber die Rettung sein, wenn es brenzlig wird.

Denken Sie weniger wie ein Tiger und mehr wie eine Schildkröte, dann kann Ihr Unternehmen mit so ziemlich allem fertigwerden.

Link zur Referenz: **personalmba.com/resilience/**

Ausfallsicherungen

»›Immer‹ und ›nie‹ sind zwei Wörter, bei denen Sie immer daran denken sollten, sie nie zu verwenden.«

Wendell Johnson, Psychologe und Pionier der Patholinguistik

Jeden Mittwoch um 12 Uhr mittags schaltet sich vor dem Haus, in dem ich aufgewachsen bin, ein Generator ein. Läuft alles, schaltet er sich nach zehn Minuten wieder ab – bis zum nächsten Testlauf. So ist er ständig einsatzbereit, falls der Strom ausfällt.

Mein Vater arbeitete früher bei der Feuerwehr und im medizintechnischen Notdienst und hat es zur Kunstform erhoben, »vorbereitet zu sein«. Der Generator soll einspringen, sobald die primäre Stromversorgung im Haus ausfällt, und innerhalb von Sekunden den Stromverbrauch des Hauses sichern, wenn es zu einem Stromausfall kommt. Er wird von einem Propangastank hinter der Garage versorgt, der ausreicht, um ihn eine Woche lang zu betreiben. Sollte ein Sturm in unserer Region für einen Stromausfall sorgen, ist mein Vater darauf vorbereitet.

Diese Mentalität hat auf mich abgefärbt. Wir leben ja jetzt in den Bergen Colorados und müssen daher damit rechnen, dass unser Auto in einer entlegenen Gegend liegen bleiben kann – womöglich bei Schnee und Eis. Auf einen Automobilklub (oder Handyempfang) können wir uns dann nicht verlassen.

Kelsey macht sich oft darüber lustig, dass ich immer Kleidung, Schlafsäcke, Schneeschuhe und über Satellit betriebene Ortungssender im Auto habe, doch das ist mir egal. Wenn etwas passiert, werden wir froh sein, dass wir vorbereitet sind – ich betrachte die Investition in solche Ausrüstung als billige, verlässliche ***Versicherungspolice.***

Eine ***Ausfallsicherung*** ist ein Back-up-System, das den Ausfall eines Primärsystems verhindern oder es wiederherstellen soll. Versagt das Primärsystem aus irgendeinem Grund, können richtig konzipierte Ausfallsicherungen dafür sorgen, dass es nicht unerwartet zusammenbricht. Back-up-Systeme gibt es überall dort, wo es auf unterbrechungsfreie Leistung ankommt.

Für hochkarätige Broadway-Stücke gibt es Zweitbesetzungen. Wenn es heißt: »The show must go on«, zahlt es sich aus, dass es für jeden ausgefallenen Darsteller einen Ersatz gibt. Für die meisten Stücke gibt es sogar ein paar sogenannte Swinger, die kurzfristig *jede* Rolle übernehmen können.

Externe Festplatten sichern wichtige Daten auf Ihrem Rechner. Stürzt dessen Festplatte ab, haben Sie über die Back-up-Festplatte trotzdem noch Zugriff auf Ihre Daten. Manche Unternehmen ergreifen sogar besondere Vorsichtsmaßnahmen und bringen Back-up-Festplatten außerhalb unter, damit sie sicher sind, wenn ein Feuer ausbricht oder eine Naturkatastrophe eintritt.

In jedem Flugzeug gibt es ein System, das abfallenden Kabinendruck erkennt und dann automatisch Masken herabfallen lässt, die mit einem Sauerstofftank verbunden sind. Versagt aus irgendeinem Grund die Druckkabine der Maschine, bleiben die Passagiere bei Bewusstsein – gut zu wissen, oder?

Solche Ausfallsicherungen sind nicht effizient – in gewissem Sinn investieren Sie ja Zeit und Ressourcen in ein System, von dem Sie hoffen, dass Sie es nie brauchen werden. Back-up-Systeme und Versicherungen können also als Geldverschwendung angesehen werden. Wozu wertvolle Ressourcen für etwas opfern, was Sie hoffentlich nie einsetzen müssen?

Aus folgendem Grund: Wenn Sie so eine Ausfallsicherung brauchen, ist es zu spät, sie einzurichten. Damit solche Sicherungssysteme Wirkung zeigen können, müssen sie installiert werden, *bevor* Sie sie brauchen. Warten Sie damit, bis Sie so ein System auch benötigen, haben Sie Ihre Chance verpasst. Dann bringt es nichts mehr. Ihr Eigenheim zu versichern, kann sich wie Geldverschwendung anfühlen – bis Ihr Haus niederbrennt. Warten Sie mit dem Abschluss einer Versicherung, bis etwas Schlimmes passiert ist, ist es zu spät.

Versuchen Sie, Ausfallsicherung und Primärsystem so weit wie irgend möglich voneinander zu trennen. Viele Menschen mieten sich unter anderem deshalb ein Bankschließfach, um bestimmte Dinge vor Feuer oder Diebstahl zu schützen. Passiert zu Hause etwas, sind solche Wertgegenstände im Bankschließfach sicher. Dem gleichen Zweck dienen Daten-Back-ups in Rechenzentren außerhalb des eigenen Firmengeländes. Versagen die Primärsysteme des Unternehmens, sind die Daten an einem anderen Standort trotzdem sicher.

Ausfallsicherungen mit starken ***Abhängigkeiten*** vom Primärsystem können sogar zusätzliche Risiken bergen. Einer der größten Fehler, den Sie begehen können: Machen Sie aus Ihrem Back-up-System einen Teil des Systems, das Sie schützen wollen. So hätte meinem Vater beispielsweise ein Generator schlechte Dienste geleistet, der die primäre Stromversorgung des Hauses hätte lahmlegen können. Ein ***automatisches*** Back-up-System für Rechner tut ebenfalls nichts Gutes, wenn bei seiner Installation die Gefahr besteht, dass alle Originaldateien gelöscht werden.

Verhindern Sie nach Kräften, *dass es eine Schwachstelle gibt, die das gesamte System außer Gefecht setzen kann.* Benötigt Ihr System erfolgskritische Inputs oder Prozesse, damit es funktionieren kann, sollten Sie damit rechnen, dass solche Inputs nicht verfügbar sein oder Prozesse unterbrochen werden könnten. Was würden Sie tun, wenn das Primärsystem ausfällt?

Planen Sie im Voraus, um Ausfallsicherungen für sämtliche erfolgskritischen Systeme einzurichten. ***Resilienter*** können Sie Ihr System nicht aufstellen.

Link zur Referenz: **personalmba.com/fail-safe/**

Stresstests

> »Es steht nicht in der Macht des Menschen, keine Fehler zu begehen. Doch die Weisen und Guten lernen aus ihren Fehlern für die Zukunft.«
>
> Plutarch, griechischer Historiker und Essayist des 1. Jahrhunderts

Nehmen wir an, Sie haben ein Ihrer Ansicht nach robustes, ***resilientes*** System entwickelt, wollen aber sichergehen, dass Ihre Vorkehrungen im Ernstfall auch etwas bringen. Wie würden Sie vorgehen, um diese zu ***testen?***

Ein ***Stresstest*** ist ein Prozess, der Sie die Grenzen eines Systems erkennen lässt, indem bestimmte ***Umweltbedingungen*** simuliert werden. Um einen Stresstest durchzuführen, müssen Sie Ihre konstruktive Systementwicklermentalität bewusst ablegen und destruktiv denken. Was wäre nötig, um Ihr System zum Zusammenbruch zu bringen?

In den ersten Tagen des *Personal MBA* ging mein Server prompt jedes Mal in die Knie, wenn ich eine neue Version meiner Liste mit Lektüreempfehlungen[91] online stellte – das System konnte nicht Schritt halten mit der Zahl der Menschen, die meine Website besuchten. Ich stieg auf verschiedene leistungsfähigere Systeme um, musste aber jedes Mal feststellen, dass das noch nicht reichte.

Meine Serverprobleme bestanden so lange, bis ich mich ernsthaft mit dem Thema Stresstests auseinandersetzte. Statt abzuwarten, bis die Besucherfrequenz so hoch war, dass meine Website zusammenbrach, begann ich, sie gezielt zum Zusammenbruch zu bringen, und probierte dann verschiedene Ansätze aus, um das System belastungsresistenter zu machen.

Mithilfe eines ***automatisierten*** Tools[92] simulierte ich, wie eine große Zahl von Besuchern meine Website gleichzeitig aufrief. Das Tool erhöhte die Zahl der virtuellen Besucher, die meine Website frequentieren wollten, jede Sekunde und verfolgte dann, wie lang meine Website brauchte, um auf die einzelnen Anfragen zu reagieren. Je zahlreicher die Anfragen, desto geringer war die Leistung meiner Website, bis sich der Server schließlich ganz verabschiedete.

Anhand der Daten, die ich aus meinen Stresstests gewann, nahm ich mehrere maßgebliche Verbesserungen an der Infrastruktur und an dem System für meine Website vor. Inzwischen können Tausende Besucher auf einmal meine Website aufrufen, ohne dass das ihre Leistung beeinträchtigt – ein großer Vorteil.

Aus Stresstests können Sie mehr darüber erfahren, wie Ihr System funktioniert. Wenn Sie im produzierenden Gewerbe tätig sind, könnten Sie beispielsweise eine unerwartete Bestellung von 10 000 Stück simulieren. Wären Sie in der Lage, diese zu bewältigen? In der Kundenbetreuung könnten Sie einen Massenansturm von Fragen oder Reklamationen simulieren – wie würden Sie damit umgehen? Ihre Testmöglichkeiten werden lediglich durch die Zeit beschränkt, die Ihnen zur Verfügung steht – und durch Ihre Fantasie. Lassen Sie Ihren inneren Dämonen freien Lauf und lösen Sie dadurch größere Probleme, bevor sich diese auf echte Kunden auswirken.

Link zur Referenz: **personalmba.com/stress-testing/**

Szenarioplanung

»Gefahr erkannt, Gefahr gebannt.«

Sprichwort

Wie in diesem Buch schon mehrfach angesprochen, kann niemand vorhersagen, was morgen passiert – und schon gar nicht, was in zehn Jahren sein wird. Das ist ein Problem, wenn Ihre Pläne und ***Ziele*** von Faktoren abhängen, die außerhalb Ihres ***Einflussbereichs*** liegen. Was können Sie tun, um sich auf eine ungewisse Zukunft vorzubereiten?

Unter ***Szenarioplanung*** ist der Prozess zu verstehen, systematisch eine Reihe hypothetischer Situationen zu konstruieren und im Anschluss im Kopf zu ***simulieren,*** was Sie dann tun würden. Sie können vielleicht nicht hellsehen, doch ***Gedankenexperimente*** vermitteln Ihnen eine wertvolle Fähigkeit: Sie können sich Dinge vorstellen, die *möglicherweise* eintreten, und sich dann überlegen, wie Sie in diesem Fall vorgehen würden. Szenarioplanung ist nichts anderes als detaillierte, gründliche und systematische Gedankenexperimente, die herangezogen werden, um wichtige Entscheidungen zu treffen.

Szenarioplanung fängt stets mit einer einfachen Frage an: »Was täte ich, wenn …?« Das »Was, wenn«-Element wird auch als »kontrafaktisch« bezeichnet und regt die Planungskapazitäten Ihres Gehirns an, sodass Sie sich mögliche Reaktionen ausdenken können. Indem Sie alle möglichen Vorgehensweisen unter den vorgegebenen Umständen niederschreiben, können Sie verschiedene Reaktionen auf jede erdenkliche Situation entwickeln.

Szenarioplanung ist das A und O jeder effektiven Strategie. Wer sich nach Prognosen zu Zinssätzen, Ölpreisen oder Aktienkursen richtet, ist verrückt. Sie sollten gar nicht erst versuchen, die Zukunft hundertprozentig genau vorherzusagen. Szenarioplanung kann Ihnen helfen, sich auf viele verschiedene mögliche Zukunftsszenarien vorzubereiten. Statt sich stur auf eine einzige Option zu fokussieren, wird Ihr Unternehmen dadurch flexibler und ***resilienter,*** sodass Sie leichter ***Veränderungen*** vornehmen und sich an eine Welt im Wandel anpassen können.

Die meisten großen Unternehmen setzen Szenarioplanung als Grundlage für eine Praxis ein, die auch als »Hedging« bezeichnet wird: Darunter ist der Erwerb verschiedener Formen von ***Versicherungen*** zu verstehen, um das Risiko ungünstiger künftiger Entwicklungen zu mindern. So interessieren sich Produzenten für die Ölpreise, weil dadurch die Kosten für den Rohstoffimport und den Versand fertiger Produkte an die Kunden steigen können – und beides schmälert ihre ***Gewinnmargen.*** Indem Unternehmen sogenannte Futures erwerben – Finanzkontrakte, die an Terminbörsen gehandelt werden –, können Sie Geld verdienen, wenn der Ölpreis anzieht. Dadurch lassen sich Verluste ausgleichen, die ihnen in diesem Fall in ihrem Primärgeschäft entstehen.

Die Szenarioplanung wird oft vernachlässigt – vor allem, wenn sonst viel zu tun ist. Dabei können Sie Ihre Zeit beim Aufbau eines Unternehmens mitunter kaum effektiver verwenden. Dennoch gehen viele schnell darüber hinweg, wenn sie sehr unter Druck stehen. Sich regelmäßig und konsequent die Zeit zu nehmen, bewusst hinzuschauen und für die Zukunft zu planen, ist immer eine gute Idee – darauf sollten Sie keinesfalls verzichten.

Sparen Sie sich lieber die Zeit für müßige Zukunftsprognosen – konstruieren Sie die wahrscheinlichsten Szenarien und überlegen Sie sich planvoll, wie Sie in diesen Fällen vorgehen würden. Dann dürften Sie so ziemlich auf alles vorbereitet sein.

Link zur Referenz: **personalmba.com/scenario-planning/**

Sondierung/Nutzung

»Wir müssen uns die Wahrheit erobern, indem wir sie erraten. Das ist unsere einzige Chance.«

C. S. Pierce, Philosoph und Mathematiker des 19. Jahrhunderts

Zu ermitteln, welche Veränderungen oder Investitionen die besten Ergebnisse bringen, ist ein Studienschwerpunkt der Wahrscheinlichkeitstheorie, der sich am besten am Problem des »mehrarmigen Banditen« illustrieren lässt.

Stellen Sie sich vor, Sie gehen in eine Spielhalle, um Ihr Glück an den Spielautomaten zu versuchen – den »einarmigen Banditen«. Sie stehen dort sauber aufgereiht, und jeder bietet Ihnen eine andere Gewinnwahrscheinlichkeit, wenn Sie am Hebel ziehen. Manche Automaten zahlen mehr Gewinne aus – sogar *viel* mehr – als andere, doch Sie können unmöglich wissen, welcher den höchsten Ertrag verspricht.[93]

Wüssten Sie im Voraus, welcher Spielautomat die höchsten Gewinne ausschüttet, würden Sie nur dort spielen. Doch Sie wissen es nicht, und es gibt auch niemanden, der es Ihnen sagen wird. Welcher der aussichtsreichste Hebel ist, können Sie nur herausfinden, indem Sie nach dem Zufallsprinzip an verschiedenen Automaten spielen, darüber Buch führen, was wie gut funktioniert, und die Ergebnisse analysieren.

Mit diesem Ansatz gehen Sie aber von vornherein einen nicht unerheblichen ***Kompromiss*** ein: Entscheiden Sie sich, den Hebel an einem Automaten zu ziehen, an dem Sie bisher noch nie gespielt haben, erhalten Sie neue Informationen über genau diese Option – wertvolle Informationen, die dazu beitragen können, den besten Automaten von allen ausfindig zu machen. Einen Hebel zu ziehen, den Sie bislang noch gar nicht ausprobiert haben, ist jedoch mit ***Opportunitätskosten*** verbunden: Sie verzichten nämlich im Gegenzug darauf, an dem Hebel zu ziehen, den Sie momentan für den ertragreichsten halten. Es besteht das Risiko, dass Sie dadurch weniger Gewinn machen, als wenn Sie sich auf den bislang optimalen Hebel konzentrieren – und dies ist mit ganz realen Kosten verbunden.

Informationen sind wertvoll, aber nicht umsonst zu haben: Experimente können auch eine ***Fehlinvestition*** sein. Diese Erkenntnis ist die Voraussetzung dafür, das Banditenproblem zu lösen.

Ohne auf die mathematischen Hintergründe einzugehen, ist die Lösung des Banditenproblems leicht nachvollziehbar: Die optimale Strategie besteht darin, eine ***Sondierungs***phase vorzuschalten, in der sie willkürlich alle möglichen Hebel ziehen und Informationen sammeln. Sobald Sie mehr darüber wissen, was besonders gut funktioniert, widmen Sie den Großteil Ihrer Zeit dem Spiel am gewinnträchtigsten Automaten, den Sie bislang ermitteln konnten ***(Sondierung),*** probieren aber weiter auch die anderen Optionen aus für den Fall, dass es sich bei Ihrer aktuell besten Option noch nicht um die tatsächlich optimale handelt.

Dabei kommt es besonders auf den letzten Teil der optimalen Strategie an: *Die Sondierungsphase geht nie zu Ende.* Selbst wenn Sie sicher sind, dass Sie die bestmögliche Option gefunden haben, hören Sie nicht auf zu experimentieren, weil die Informationen, die Sie dadurch sammeln, stets wertvoll sind. Sie können den Banditen nur ein Schnippchen schlagen, wenn Sie immer wieder mal etwas Neues ausprobieren.

Unter realweltlichen Bedingungen haben Sie in diesem ***Gedankenexperiment*** einen großen Vorteil: Andere spielen dasselbe Spiel und Sie können verfolgen, was diese tun, um mehr darüber zu erfahren, was gut läuft und was nicht, ohne dass Sie denselben Ansatz selbst ausprobieren müssen. Von anderen zu lernen – und ihre Ergebnisse zu beobachten –, ist eine effiziente Methode, nützliche Informationen zu gewinnen.

Dieser Ansatz lässt sich ganz einfach auf Entscheidungen im Tagesgeschäft übertragen: Experimentieren Sie so viel wie möglich und variieren Sie dabei möglichst stark. Behalten Sie gleichzeitig die Experimente anderer im Blick. Stellen Sie fest, dass eine bestimmte Vorgehensweise offenbar die gewünschten Ergebnisse bringt, sollten Sie dafür mehr Zeit und Energie aufwenden. Haben Ihre Bemühungen Erfolg und Ihr Vertrauen auf eine bestimmte Option nimmt zu, sollten Sie entsprechend mehr in diese Option investieren. Je mehr Sie experimentieren, desto mehr lernen Sie. Je mehr Informationen und Optionen Ihnen zur Verfügung stehen, desto besser Ihre Aussichten, Wege zu finden, um Ihre angestrebten Ergebnisse zu realisieren.

Wer nie etwas Neues ausprobiert, kann keine bahnbrechenden Entdeckungen machen, die Verbesserungen bringen. Experimentieren Sie also auf Teufel komm raus!

Link zur Referenz: **personalmba.com/explore-exploit/**

Der nachhaltige Wachstumszyklus

»Nach dem Sieg solltest du deinen Helm festzurren.«

Tokugawa Ieyasu, Gründer des Tokugawa-Shogunats des frühen 17. Jahrhunderts in Japan

Es ist ein Irrtum anzunehmen, dass ein System immerzu wachsen kann. Systeme haben in aller Regel eine naturgegebene Sollgröße. Wird diese überschritten, können daraus viele Probleme entstehen. Elemente eines Systems, die außer Kontrolle geraten, müssen eliminiert werden.

Ein Beispiel dafür ist das Zellwachstum. Ihre Körperzellen wachsen in der Regel auf eine bestimmte Größe an und vermehren sich in einem Tempo, das gewährleistet, dass abgestorbene Zellen durch neue ersetzt werden können. Findet das alles im richtigen Verhältnis statt, funktioniert Ihr Körper einwandfrei. Wachsen oder vermehren sich Zellen dagegen unkontrolliert, so kann das für das gesamte System lebensbedrohlich werden. Krebszellen müssen entfernt werden, damit der Körper gesund bleiben kann.

Unternehmen und biologische Organismen haben viel gemein: Sie bestehen aus zahlreichen zusammenhängenden Teilen und Systemen, die sich verändern und mit der Zeit wachsen. Gerät das Wachstum der ***fünf Bausteine eines***

Unternehmens außer Kontrolle oder aus dem Gleichgewicht, kann das die Gesundheit der gesamten Organisation gefährden.

Der ***nachhaltige Wachstumszyklus*** ist ein Muster, das ich in Unternehmen festgestellt habe, die ohne größere Probleme Jahr um Jahr weiterwachsen. Dieser Zyklus hat drei separate Phasen: Expansion, Aufrechterhaltung und Konsolidierung.

In einer *Expansionsphase* ist das Unternehmen ganz auf Wachstum fokussiert. Neue Angebote werden entwickelt und getestet. Neue Märkte werden erschlossen. Neue Unternehmenssparten werden aufgebaut und mit Personal bestückt und Zukunftspläne erstellt. Es werden erste Daten zu funktionierenden Strategien erhoben, um sie später zu verwenden.

In einer Phase der *Aufrechterhaltung* ist das Unternehmen auf die Ausführung des aktuellen Plans ausgerichtet. Die Unternehmensbereiche Marketing, Verkauf und Wertbeitrag für den Kunden laufen auf vollen Touren, und der Schwerpunkt liegt auf der vollständigen Auslotung des Potenzials der bisherigen Unternehmensstruktur. Es werden Systeme eingerichtet, um die ordnungsgemäße Ausführung zu gewährleisten.

In einer *Konsolidierungsphase* konzentriert sich das Unternehmen auf die Analyse. Informationen über den Unternehmenserfolg werden ausführlich untersucht, um herauszufinden, was gut läuft und was nicht. Was nicht funktioniert, wird zurückgefahren oder ganz gestrichen, was gut klappt, erhält mehr Ressourcen.

Sie müssen sich das ähnlich vorstellen wie die Aufzucht von Pflanzen: Die besten Gärtner lassen zu, dass die Pflanzen wachsen, stellen sicher, dass sie alles haben, was sie brauchen, um gut zu gedeihen, und schneiden die Pflanzen zurück, die das nicht tun. Dieser Zyklus wiederholt sich jede Saison aufs Neue. Und jeder Zyklus ist wichtig.

Viele Unternehmer reagieren frustriert, wenn ihr Unternehmen allem Anschein nach ein »Plateau« erreicht und aufhört zu wachsen. Zeit, die für die Aufrechterhaltung oder Konsolidierung des Unternehmens verwendet wird, erscheint ihnen verschwendet oder lässt sie sogar anzweifeln, ob die Geschäftsidee noch stimmt. Und das völlig zu Unrecht: Diese Phasen sind notwendig, um sicherzustellen, dass das Unternehmen florieren kann, und sie sollten unbedingt zugelassen werden.

Ein Unternehmen, das ganz auf Expansion fixiert ist und Aufrechterhaltung und Konsolidierung zu kurz kommen lässt, erlebt das wirtschaftliche Pendant zu Krebswucherungen. In manchen Unternehmensteilen wird das Wachstum außer Kontrolle geraten und im Verhältnis zu seinem Beitrag zur Unternehmensgesundheit zu viel Zeit, Energie und Ressourcen beanspruchen. Dann werden neue Chancen ausgelotet, bewährte dagegen ignoriert oder hintangestellt.

Aufrechterhaltung und Konsolidierung sind notwendig, um im System für Gleichgewicht zu sorgen. Läuft das System, setzt in aller Regel der Wachstumszyklus ein, und dann beginnt der Prozess von vorn.

Ein gesundes Unternehmen zeigt eine häufige, in Zyklen verlaufende Entwicklung von Expansion, Aufrechterhaltung und Konsolidierung. Ganz gleich in welcher Phase des Zyklus Sie sich gerade befinden – es ist wichtig zu erkennen, dass diese notwendig und grundlegend für die Gesundheit des Unternehmens ist. Indem Sie jedem Zyklus genügend Zeit und Aufmerksamkeit widmen, stellen Sie den langfristigen Unternehmenserfolg sicher.

Link zur Referenz: **personalmba.com/sustainable-growth-cycle/**

Der Mittelweg

»In jeder Kunst meidet ein Meister das Zuviel und das Zuwenig. Er sucht den Mittelweg und schlägt diesen ein.«

Aristoteles, griechischer Philosoph des 4. Jahrhunderts

Ein Unternehmen zu betreiben, ist keine einfache Sache – es ist ebenso Kunst wie Wissenschaft.

Der ***Mittelweg*** ist der ständig variierende Grat zwischen Zuwenig und Zuviel – das gerade eben Ausreichende. Niemand kann Ihnen genau sagen, wo der Mittelweg verläuft. Wenn Sie das wissen wollen, müssen Sie ihn gehen – und er verändert sich ständig. Im Angesicht der ***Unsicherheit*** die richtige Balance zu finden – darin besteht der Unterschied zwischen einem kompetenten Manager und einem herausragenden.

Die beste Herangehensweise an jede Aufgabe ist immer die, die irgendwo zwischen »Zuwenig« und »Zuviel« angesiedelt ist. Wie beim Kochen sind Rezepte auch im Geschäftsleben nicht alles. Sie wissen dann zwar, welche Zutaten Sie brauchen, wie Sie vorgehen sollen und welche Werkzeuge Sie einsetzen können, doch um ein schmackhaftes Gericht zuzubereiten, sind dennoch Aufmerksamkeit, Mühe und Geschmackssinn erforderlich.

Niemand ist allwissend. Niemand kann mit Sicherheit sagen, ob etwas funktioniert, oder hat nie Angst, dass etwas nicht so läuft wie geplant. Am erfolgreichsten sind auf dieser Welt die Menschen, die sich mit Unsicherheit und Angst so gut wie möglich arrangieren, aus ihren Erfahrungen lernen und Neues ausprobieren.

Versuchen Sie, den Mittelweg zu finden, und folgen Sie diesem, so gut Sie es vermögen. Finden Sie das richtige Maß und Sie können alles schaffen.

Link zur Referenz: **personalmba.com/middle-path/**

Experimentierfreude

»Wenden lernen Sie am besten, indem Sie etwas wenden!«

Julia Child, Starköchin, nachdem ihr in ihrer Fernsehsendung ein Kartoffelpfannkuchen beim Wenden auf dem Boden gelandet war

Wenn Sie sich selbst oder Ihr Unternehmen optimieren wollen, ist oft nicht klar, welche Herangehensweise zum angestrebten Ergebnis führt. Dann kommt Ihnen ***Experimentierfreude*** gut zupass.

Nur durch ständiges Experimentieren können Sie herausfinden, wie sich das gewünschte Ergebnis herbeiführen lässt. Die beste (oder einzige) Methode, etwas zu lernen, besteht oft darin, ins kalte Wasser zu springen und sich auszuprobieren. Vielleicht gehen Sie dabei erst einmal unter, doch schneller können Sie nicht in Erfahrung bringen, ob eine Methode funktioniert. Haben Sie sich entschlossen, etwas auszuprobieren, dann lernen Sie dadurch schneller als durch Zögern und Abwarten.

Und am meisten lernen Sie, wenn etwas nicht rundläuft. Solange Ihre Fehler nicht existenzbedrohend sind, liefern sie Ihnen nützliche Hinweise, wenn Sie darauf achten, was nicht so gut funktioniert. Diese können Sie dann heranziehen, um herauszufinden, wie es besser geht. Fehlschläge sind nicht in Stein gemeißelt – was Sie daraus lernen, kann Ihnen in Zukunft immer nützlich sein.

Experimentieren bedeutet, spielerisch zu lernen. Sie müssen sich nicht als »ernst zu nehmender Unternehmer« gerieren, der beim Gedanken an den kleinsten Fehler zusammenzuckt. Aus jedem Experiment lernen Sie etwas, und all diese Lektionen verbessern Ihre Fähigkeit, Herausragendes zu leisten.

Experimente sind die Quintessenz eines erfüllenden, produktiven, glücklichen Lebens. Je stärker Sie Ihre Experimentierfreude kultivieren, desto mehr lernen und erreichen Sie.

Link zur Referenz: **personalmba.com/experimental-mindset/**

Nicht das »Ende«

»Aus einem wirklich guten Buch lerne ich mehr als nur Angelesenes. Ich muss es schon bald aus der Hand legen und anfangen, danach zu leben. Was für mich mit Lesen begann, muss ich durch Handeln zu Ende führen.«

Henry David Thoreau, amerikanischer Schriftsteller und Philosoph

Viele meiner Leser und Klienten fragen mich:

»Diese betriebswirtschaftliche Weiterbildung ist toll, aber wann bin ich damit durch?«

Falsche Frage, mein Padawan. Sich weiterzubilden – ob in betriebswirtschaftlichen oder anderen Dingen –, ist ein Prozess, der nie endet. Sie werden nie so weit kommen, dass Sie sagen können: »Also gut, jetzt bin ich fertig – ab heute lerne ich nichts mehr dazu.« Jedes neue Konzept, das Sie sich erschließen, eröffnet Ihnen Tausende weiterer Gelegenheiten, zu forschen und mehr zu erfahren.

Deshalb macht es ja so viel Spaß und zahlt sich aus, sich weiterzubilden: weil man immer dazulernen kann.

In der östlichen Philosophie bedeutet *Tao* »Weg« oder »Pfad« – eine Reise, zu der Sie aufbrechen. Tao hat keinen Anfang und kein Ende – es ist einfach da. Weiterbildung, ganz gleich zu welchem Thema, ist ebenfalls Tao – ein Prozess ohne Ende. Der Lohn liegt in der Reise an sich.

Selbst Meister in der Kunst der Geldvermehrung wie Warren Buffett sind stets daran interessiert, Neues zu lernen. Als Buffett in einem Gespräch mit Studierenden an der University of Nebraska-Lincoln gefragt wurde, welche Superkraft er gerne hätte, entgegnete er: »Ich würde gern schneller lesen können.« Buffett verbringt die meiste Zeit damit, Finanzberichte zu lesen und sich neue Konzepte anzueignen auf der Suche nach Möglichkeiten, den Wert seines Unternehmens zu steigern.

Selbst die wohlhabendsten Menschen auf der Welt können noch besser werden und mehr erfahren. Diese unstillbare Neugier ist die Grundlage für ihren Erfolg.

Ihr Weg ist von Meilensteinen gesäumt: wenn Sie ein Buch durchgelesen, eine neue Kompetenz erworben, ein Unternehmen gegründet oder ein Geschäft zum Abschluss gebracht haben. Doch Sie werden jedes Mal feststellen, dass es noch weitergeht und die Reise nicht zu Ende ist.

Für Ihr Wachstum gibt es keine Grenzen.

Wenn Sie dieses Buch gelesen haben, empfehle ich Ihnen, personalmba.com zu besuchen und sich auf die E-Mail-Liste zu setzen. Ich überarbeite meine Liste mit Literaturempfehlungen regelmäßig und veröffentliche neue Forschungsergebnisse. Sie können sie kostenlos abonnieren, dann halte ich Sie gern über die nützlichsten betriebswirtschaftlichen Informationen auf dem Laufenden, die ich auftreiben kann.

Ich möchte mich mit ein paar weisen Worten von B. C. Forbes von Ihnen verabschieden. Der Gründer der Zeitschrift *Forbes* schrieb 1917 einen Essay mit dem Titel »Keys to Success« (sinngemäß: Schlüssel zum Erfolg). Darin schlage ich oft nach und lasse mir immer wieder vor Augen führen, worum es in der Wirtschaft und im Leben wirklich geht:

Ihr Erfolg hängt ganz von Ihnen ab.
Ihr Glück hängt ganz von Ihnen ab.
Sie müssen Ihren eigenen Weg gehen.
Sie müssen Ihr Schicksal in die Hand nehmen.
Sie müssen sich weiterbilden.
Sie müssen eigenständig denken.
Sie müssen mit Ihrem Gewissen leben können.
Ihr Verstand gehört Ihnen. Nur Sie können ihn verwenden.
Sie kommen allein auf diese Welt.
Sie werden allein ins Grab gelegt.
Auf Ihrem Lebensweg sind Sie in Ihrem tiefsten Inneren mit Ihren Gedanken allein.
Sie treffen Ihre eigenen Entscheidungen.
Sie müssen die Folgen Ihrer Handlungen tragen …
Sie allein können Ihre Gewohnheiten ändern und etwas für Ihre Gesundheit tun – oder eben nicht.
Sie allein können sich Ideelles und Materielles aneignen …
Das müssen Sie Ihr Leben lang allein.
Sie können von einem Lehrer unterwiesen werden, doch Sie müssen das Wissen in sich aufnehmen. Er kann es Ihnen nicht in Ihr Gehirn übertragen.
Sie allein können Ihren Verstand und Ihr Gehirn steuern.
Die Weisheit der Jahrhunderte mag vor Ihnen liegen, bringt Ihnen aber nur etwas, wenn Sie sie sich zu eigen machen. Niemand kann sie Ihnen in Ihren Schädel zwingen.
Nur Sie können Ihre Beine bewegen.
Nur Sie können Ihre Arme bewegen.

Nur Sie können Ihre Hände benutzen.
Nur Sie können Ihre Muskeln steuern.
Sie müssen auf Ihren eigenen Füßen stehen – im physischen und im übertragenen Sinn.
Sie müssen Ihre eigenen Schritte machen.
Ihre Eltern können nicht in Ihrer Haut stecken, Ihre psychischen und physischen Abläufe kontrollieren und etwas aus Ihnen machen.
Sie können nicht die Schlachten Ihrer Kinder schlagen. Das müssen sie schon selbst tun.
Sie müssen der Kapitän Ihres Schicksals sein.
Sie müssen durch Ihre eigenen Augen sehen.
Sie müssen Ihre eigenen Ohren benutzen.
Sie müssen Ihre eigenen Fähigkeiten beherrschen.
Sie müssen Ihre eigenen Probleme lösen.
Sie müssen Ihre eigenen Ideale gestalten.
Sie müssen Ihre eigenen Ideen entwickeln.
Sie müssen Ihre eigenen Worte wählen.
Sie müssen Ihre eigene Rede führen.
Ihr wahres Leben sind Ihre Gedanken.
Ihre Gedanken entstehen aus Ihnen selbst heraus.
Ihr Charakter ist Ihr Werk.
Sie allein können das Material auswählen, das Sie dafür verwenden.
Sie allein können ablehnen, was nicht hineinpasst.
Sie sind der Schöpfer Ihrer eigenen Persönlichkeit.
Niemand kann Schande über Sie bringen als Sie selbst.
Niemand kann Sie erhöhen oder stützen als Sie selbst.
Sie müssen Ihre eigene Geschichte schreiben.
Sie müssen sich selbst ein Denkmal setzen – oder eine Grube graben.
Wofür entscheiden Sie sich?

Ich hoffe, dieses Buch hat Ihnen gefallen und Sie finden es nützlich – wenn ja, geben Sie es bitte an Freunde und Kollegen weiter, die davon profitieren könnten, ihren betriebswirtschaftlichen Horizont zu erweitern. Mit Fragen oder Kommentaren können Sie sich jederzeit gern an mich wenden – Sie erreichen mich unter josh@personalmba.com.

Vielen Dank, dass Sie mein Buch gelesen haben, und gute Reise durch die faszinierende, immer wieder neue Welt der Wirtschaft.

Viel Spaß dabei!

Danksagung

An Kelsey: Wir haben es geschafft. Danke für deine unerschütterliche Liebe, dein Vertrauen und deine Unterstützung.

An Mom und Dad: Danke, dass ihr mich schon so früh lesen gelehrt habt. Eurem Vorbild verdanke ich meine Neugier auf die Welt und meine Aufgeschlossenheit.

An Seth Godin: Danke für die Anregungen – und dafür, dass du mein Leben in ganz verschiedener Hinsicht spürbar verändert hast.

An Charlie Munger: Danke, dass Sie Ihr Wissen mit der Welt geteilt haben. Es hat mich zu einem besseren Menschen gemacht.

An Todd Sattersten und Jack Covert: Danke für die Vermittlung an das Team bei Portfolio – ohne eure Großzügigkeit gäbe es dieses Buch nicht.

An Ben Casnocha und Ramit Sethi: Danke dafür, dass ihr mich dazu ermutigt habt, dieses Projekt in Angriff zu nehmen, dass ihr die Rohfassungen gelesen, mich mit Lisa bekannt gemacht und mich durch euer Beispiel inspiriert habt.

An Carlos Miceli: der an der Erstellung der Website zu diesem Buch mitgewirkt hat.

An Lisa DiMona: Dein Ruf ist dir vorausgeeilt, und es ist klar, warum. Deine Begeisterung, Hingabe und Geduld suchen ihresgleichen. Danke für alles.

An Adrian Zackheim: Danke, dass Sie einem jungen Mann mit einer verrückten Idee eine Chance gegeben haben – und dafür, dass Sie so großartige Werke publizieren. Die von Ihnen verlegten Bücher haben mein Leben besser gemacht, und ich freue mich, dass ich etwas zur Sache beitragen kann. Ich hoffe, die Verkaufszahlen gehen in die Millionen.

An David Moldawer: Ich habe mit einem klugen, erfahrenen und unerbittlichen Redakteur gerechnet. Du bist all das und noch viel mehr – ein Freund, dem ich vertraue. Danke für dein gutes Auge und deinen scharfen Verstand: Das Buch hat durch dich gewonnen.

An Will Weisser, Maureen Cole, Richard Lennon, Joseph Perez, Oliver Munday, Jaime Putorti, Noirin Lucas, Michael Burke und alle hinter den Kulissen bei Portfolio. Vor vielen Jahren habe ich mir geschworen: Sollte ich jemals ein Buch schreiben, würde ich nur mit einem Verlag arbeiten, wo ich mit den besten Leuten zu tun hätte. Eure Erfahrung und Professionalität dabei, dieses Buch auf den Markt zu bringen, sind unglaublich – ich hätte mir kein besseres Team wünschen können.

An Eric Gonzalez, Enoch Ko, Steven McGuinnity, Peter Millonig, Denver Rix, Marina Murray, Joseph Magliocco, Tim Shadel, Joel Masters, Sweeney Amenya, Tony Guntrip, Amy Hay, Eric Rogstad und Tudor F. Dumitrescu: Danke für eure Hilfe beim Aufspüren und Korrigieren der Fehler in früheren Ausgaben. Ich weiß euren scharfen Blick, eure Sorgfalt und eure Verbesserungsvorschläge sehr zu schätzen.

Mein besonderer Dank gilt Chase Karpus, Niki Papadopoulos, David Moldawer, Molly Lindley Pisani, Lisa DiMona und Kelsey Kaufman für ihre redaktionelle Unterstützung und Hilfe bei der Vorbereitung der Ausgabe von 2020 für die Veröffentlichung und Pete Garceau für das aktualisierte Cover.

An meine Klienten und Leser: Ohne Sie gäbe es dieses Buch nicht. Danke für Ihre Unterstützung, Ihr Feedback und Ihre Aufmunterung – ich hoffe, Sie finden diese Ressource nützlich und erreichen alles, was Sie sich vorgenommen haben.

ANHANG A

WIE SIE IHRE BETRIEBSWIRTSCHAFTLICHE AUSBILDUNG FORTSETZEN

»Wir schreiben im Licht aller Bücher, die wir je gelesen haben.«

Richard Peck, Autor

»Am besten ist, man weiß etwas – am zweitbesten, man weiß, wo man es findet.«

Samuel Johnson, Essayist

Bei diesem Buch handelt es sich um eine hochkarätige Übersicht über den Fundus an Wirtschaftsliteratur: Es stellt den Anfang Ihres Studiums der Betriebswirtschaft dar, nicht das Ende. Fanden Sie dieses Buch hilfreich, empfehle ich Ihnen, weitere Bücher aus den Fachgebieten zu lesen, die für Sie besonders interessant und aufschlussreich waren.

Am besten fangen Sie mit der Liste von Literaturempfehlungen zum *Personal MBA* an, die ich online unter **personalmba.com/best-business-books/** veröffentlicht habe.

Möchten Sie gern benachrichtigt werden, wenn ich die Liste aktualisiere, melden Sie sich bitte für den E-Mail-Verteiler auf der Seite an oder unter: **joshkaufman.net/newsletter.** Viel Freude beim Lesen!

ANHANG B

49 FRAGEN, UM IHR ERGEBNIS ZU VERBESSERN

Gute Fragen helfen Ihnen, die Welt anders zu sehen. Wenn Sie über eine Frage nachdenken und mögliche Antworten abwägen, eröffnen sich Ihnen manchmal unerwartete Möglichkeiten, von Ihrem Ausgangspunkt zum Ziel zu gelangen.

Die folgenden Fragen habe ich vor ein paar Jahren für mich selbst aufgelistet. Die Liste sollte mir helfen festzustellen, was ich in meinem Privatleben und in meinem Berufsleben verbessern wollte. Die Fragen halfen mir, in einer beruflich besonders schwierigen Phase herauszufinden, wer ich war und was ich erreichen wollte. Ich hoffe, sie bringen Sie genauso viel weiter wie mich.

Wie gut behandle ich meinen Körper?

- Ernähre ich mich gut?
- Schlafe ich genug?
- Haushalte ich jeden Tag vernünftig mit meinen Kräften?
- Wie gut verkrafte ich den Alltagsstress?
- Trete ich gelassen und selbstsicher auf?
- Was kann ich tun, um die Welt um mich herum besser wahrzunehmen?

Weiß ich, was ich will?

- Welche Leistungen finde ich spannend?
- Welche Daseinszustände möchte ich jeden Tag erleben?
- Habe ich klare Prioritäten und Werte?
- Kann ich schnell und sicher Entscheidungen treffen?
- Ist meine Aufmerksamkeit dort, wo ich sie haben will?

Wovor habe ich Angst?

- Habe ich meine Ängste ehrlich und vollständig aufgelistet?
- Habe ich mich mit meinen Ängsten auseinandergesetzt und mir überlegt, was ich tun würde, wenn sie sich bewahrheiten?
- Merke und korrigiere ich, wenn ich mich selbst einschränke?
- Gehe ich in angemessener Weise an meine Grenzen?

Denke ich klar und fokussiert?

- Externalisiere ich meine Gedanken (schreibe oder zeichne ich sie auf)?
- Mache ich es mir leicht, entstehende Gedanken zu erfassen?
- Worauf konzentriere ich mich gerade?
- Stelle ich mir regelmäßig die richtigen Leitfragen?
- Fokussiere ich mich die meiste Zeit über auf eine Aufgabe oder springe ich zwischen vielen verschiedenen Aufgaben hin und her?
- Nehme ich mir genug Zeit, um über meine Ziele, Projekte und Fortschritte nachzudenken?

Bin ich zuversichtlich, entspannt und produktiv?

- Habe ich eine Planungsmethode gefunden, die zu mir passt?
- Bin ich »gerade gut genug organisiert«?
- Verfüge ich über eine aktuelle Liste meiner Projekte und aktiven Aufgaben?
- Überprüfe ich alle meine Verpflichtungen regelmäßig?
- Gönne ich mir regelmäßig echte Auszeiten von der Arbeit?
- Entwickle ich positive Angewohnheiten?
- Kann ich gut »Nein« sagen?

Wie kann ich Bestleistungen bringen?

- Was macht mir besonders viel Spaß?
- Was kann ich besonders gut?
- Unter welchen Rahmenbedingungen bin ich am leistungsfähigsten?
- Wie lerne ich gewöhnlich am besten?
- Wie arbeite und kommuniziere ich am liebsten mit anderen?
- Was bremst mich noch?

Was brauche ich, um glücklich und erfüllt zu sein?

- Wie definiere ich für mich, was »Erfolg« ist?
- Ließe sich »Erfolg« auch anders definieren – für mich erfüllender?
- Wie oft vergleiche ich mich damit, wie mich andere wahrnehmen?
- Lebe ich über meine Verhältnisse?
- Wenn ich nur 100 Dinge besitzen könnte, was würde ich dann haben wollen?
- Kann ich zwischen Notwendigem und Luxus unterscheiden?
- Wofür bin ich in meinem Privat- und Berufsleben dankbar?

Holen Sie sich ein Notizbuch und nehmen Sie sich eine Stunde Zeit für sich selbst, um diese Fragen zu beantworten. Verwöhnen Sie sich dabei ruhig: Gönnen Sie sich ein schönes Essen in einem Restaurant Ihrer Wahl und beantworten Sie nebenbei die Fragen. Bis die Rechnung kommt, sind Ihnen sicherlich schon mehr als nur ein paar neue Ideen eingefallen, wie Sie Ihr Privat- oder Berufsleben verbessern können.

Anmerkungen

1 Dieses Epigramm wurde in der ersten und zweiten Ausgabe fälschlicherweise Ralph Waldo Emerson zugeschrieben. Besonderer Dank an Garson O'Toole von dem Blog *Quote Investigator* für die Rückverfolgung zur Originalquelle (»The Man Who Tries Methods, Ignoring Principles, Is Sure to Have Trouble«, 17. Juli 2015, https://quoteinvestigator.com/2015/07/17/methods/).

2 Seth Godin, »Good News and Bad News«, *Seth's Blog* (Blog), 14. März 2005, https://seths.blog/2005/03/good_news_and_b/.

3 Josh Kaufman, »The Personal MBA Recommended Reading List: The 99 Best Business Books«, *The Personal MBA*, https://personalmba.com/best-business-books/.

4 Warren Buffett, »The Superinvestors of Graham-and-Doddsville«, *Hermes*, 17. Mai 1984, https://www8.gsb.columbia.edu/articles/columbia-business/superinvestors.

5 Janet Lowe, *Damn Right. Ein exklusiver Blick hinter die Kulissen von Berkshire Hathaway mit Charlie Munger* (München: FinanzBuch Verlag, 2023), 109.

6 *Outstanding Investor Digest* (New York, NY: Outstanding Investor Digest, Inc.), 29. Dezember 1997.

7 Peter D. Kaufman, ed., *Poor Charlie's Almanack: The Wit and Wisdom of Charles T. Munger*, 3rd ed. (Virginia Beach, VA: The Donning Company Publishers, 2005), 64.

8 Siehe »College: Big Investment, Paltry Return« von Francesca Di Meglio, *Bloomberg Businessweek*, 28. Juni 2010, https://www.bloomberg.com/news/articles/2010-06-28/college-big-investment-paltry-returnbusinessweek-business-news-stock-market-and-financial-advice. Dieses Problem betrifft aber nicht nur Business Schools, sondern das Collegestudium ganz allgemein. Die Studiengebühren für Colleges in den USA sind seit den 1980er-Jahren pro Jahr um 7 bis 14 Prozent gestiegen, die Gehälter aber stagnierten, sodass sich die Rendite eines Collegestudiums verringert hat.

9 Bill Gates hat weder einen Collegeabschluss noch einen MBA. Die meisten erfolgreichen und vermögenden Menschen haben keine Business School besucht – sie haben Unternehmen gegründet und sich selbst alles Nötige beigebracht.

10 Institute for College Access & Success, »Student Debt and the Class of 2017: 13th Annual Report«, September 2018, https://ticas.org/files/pub_files/classof2017.pdf.

11 National Center for Education Statistics, »Trends in Graduate Student Loan Debt«, *NCES Blog*, 2. August 2018, https://nces.ed.gov/blogs/nces/post/trends-in-graduate-student-loan-debt.

12 »Find the Best Business School«, U. S. New, aufgerufen am 29. Januar 2020, https://www.usnews.com/best-graduate-schools/top-business-schools.

13 Marc Ethier, »How Much Does a Top MBA Now Cost? Nine Schools Are in the $200K Club«, *Poets&Quants*, 24. Dezember 2018, https://poetsandquants.com/2018/12/24/cost-of-an-mba-program/.

14 Wer mehr darüber wissen möchte, wie Spitzenuniversitäten das Zulassungsverfahren zugunsten vermögender Bewerber mit guten Beziehungen verzerren, dem sei *The Price of Admission* by Daniel Golden (New York: Crown, 2006) empfohlen, der für seine Berichterstattung zu diesem Thema 2004 mit dem Pulitzerpreis ausgezeichnet wurde.

15 Shahien Nasiripour, »Top U. S. B-School Students Pile on Debt to Earn MBAs«, *Bloomberg Businessweek*, 17. Juni 2019, https://www.bloomberg.com/news/articles/2019-06-17/top-u-s-b-school-students-pile-on-debt-to-earn-mbas.

16 Christian Schraga, »A Wharton grad's caveat emptor for prospective MBAs«, *MBA—Think Carefully Before Taking the Plunge* (Blog), 2. Juni 2005, https://web.archive.org/web/20181220151724/http://mbacaveatemptor.blogspot.com/2005/06/wharton-grads-caveat-emptor-for.html.

17 Jeffrey Pfeffer und Christina T. Fong, »The End of Business Schools? Less Success than Meets the Eye«, *Academy of Management Learning & Education 1*, Nr. 1 (September 2002), http://www.aomonline.org/Publications/Articles/BSchools.asp.

18 Dan Rasmussen und Haonan Li, »The MBA Myth and the Cult of the CEO«, *Institutional Investor*, 27. Februar 2019, https://www.institutionalinvestor.com/article/b1db3jy3201d38/The-MBA-Myth-and-the-Cult-of-the-CEO.

19 Siehe Daniel Pinks Buch *Drive. Was Sie wirklich motiviert* (Salzburg: EcoWIN, 2020).

20 Die Theorie zur Wahrnehmungssteuerung eingeschlossen, auf die wir im sechsten Kapitel noch näher eingehen.

21 Noam Scheiber, »Upper Mismanagement«, *New Republic*, 18. Dezember 2009, http://www.tnr.com/article/economy/wagoner-henderson.

22 Unter Hebelwirkung ist der Einsatz von Fremdkapital zu verstehen, um die finanzielle Rendite auf das eingesetzte Kapitel (ROI) zu erhöhen (Leverage-Effekt). Das hat aber den Nebeneffekt, dass sich die Abwärtsrisiken verstärken, wenn das Unternehmen nicht erfolgreich ist. Über Hebelwirkung und ROI sprechen wir im fünften Kapital noch ausführlich.

23 Ein Beispiel dafür, wie das geht, finden Sie bei Julie Creswell, »At Simmons, Bought, Drained and Sold, Then Sent to Bankruptcy«, *New York Times*, 4. Oktober 2009, http://www.nytimes.com/2009/10/05/business/economy/05simmons.html.

24 »Frequently Asked Questions«, US Small Business Administration Office of Advocacy, September 2019, https://cdn.advocacy.sba.gov/wp-content/uploads/2019/09/24153946/Frequently-Asked-Questions-Small-Business-2019-1.pdf.

25 »Small Businesses Drive Job Growth In United States; They Account For 1.8 Million Net New Jobs, Latest Data Show«, US Small Business Administration Office of Advocacy, 24. April 2019, https://advocacy.sba.gov/2019/04/24/small-businesses-drive-job-growth-in-united-states-they-account-for-1-8-million-net-new-jobs-latest-data-show/.

26 »Frequently Asked Questions«, US Small Business Administration Office of Advocacy, September 2019, https://cdn.advocacy.sba.gov/wp-content/uploads/2019/09/24153946/Frequently-Asked-Questions-Small-Business-2019-1.pdf.

27 »Small Businesses Generate 44 Percent Of U.S. Economic Activity«, US Small Business Administration Office of Advocacy, 30. Januar 2019, https://advocacy.sba.gov/2019/01/30/small-businesses-generate-44-percent-of-u-s-economic-activity/.

28 Lavelle, Louis, »Is the MBA Overrated?« *Bloomberg Businessweek*, 20. März 2006. https://www.bloomberg.com/news/articles/2006-03-19/is-the-mba-overrated.

29 Genauere Tipps dazu, wie Sie sich beim Lesen Notizen machen, finden Sie in »3 Simple Techniques to Optimize Your Reading Comprehension and Retention« auf https://personalmba.coma.com/resources/.

30 Wenn Sie als Beispiel wissen möchten, wie ich das mache, dann schauen Sie sich bitte »How to Create a Basic Business Plan« auf https://personalmba.com/resources/ an.

31 Ein rechtsverbindlicher Vertrag beziehungsweise eine Zusicherung, Informationen über ein Unternehmen oder eine Geschäftsidee für sich zu behalten.

32 Louviere bezeichnete den Ansatz als »MaxDiff«-Test. Wie er funktioniert, finden Sie erklärt in: Sarah Littler, »Maximum Difference Scaling (MaxDiff)«, Select Statistical Services, aufgerufen am 3. Dezember 2019, https://select-statistics.co.uk/blog/maximum-difference-scaling-maxdiff/.

33 Ein Beispiel dazu, wie Sie Ihre Geschäftsidee auf relative Bedeutung prüfen können, finden Sie unter »How to Conduct Relative Importance Testing« auf https://personalmba.com/resources/.

34 »Arizona Outdoors Interview: Brief Biography of Patrick Smith«, Kifaru International, September 2001, http://www.kifaru.net/radio.htm.

35 Miguel Caballerousa, YouTube-Kanal, http://www.youtube.com/user/miguelcaballerousa.

36 Amy Cortese, »Wiggling Their Toes at the Shoe Giants«, *New York Times*, 30. August 2009, https://www.nytimes.com2009/08/30/business/30shoe.html.

37 Jaya Saxena, »130 Years Ago, Elephants Solved Panic on the Brooklyn Bridge«, *Behind the Scenes* (Blog), New-York Historical Society Museum and Library, 29. Mai 2014, http://behindthescenes.nyhistory.org/elephants-panic-brooklyn-bridge-1883/.

38 »The Elephants Cross the Bridge«, *New York Times*, 18. Mai 1884, https://www.nytimes.com/1884/05/18/archives/the-elephants-cross-the-bridge.html.

39 Beispiele für Billys Werbesendungen finden Sie auf https://www.youtube.com/watch?v=91K8MvN01b4.

40 Siehe https://www.progressive.com.

41 Kevin Kelly, »Amish Hackers«, *The Technium* (Blog), 10. Februar 2009, https://kk.org/thetechnium/amish-hackers-a/.

42 Edon Ophir, »507-Carat Cullinan Heritage Diamond Sells for $35.3 Million«, IDEX Online, 1. März 2010, http://www.idexonline.com/FullArticle?id=33728.

43 Die Formel finden Sie hier: »Discounted Cash Flow (DCF)«, Investopedia, 19. Juni 2019, https://www.investopedia.com/terms/d/dcf.asp.

44 Wie ich das mache, ersehen Sie aus folgendem Beispiel: »Diagramming a Value Stream/Flowcharting a System« auf https://personalmba.com/resources/.

45 David A. Garvin, »Competing on the Eight Dimensions of Quality«, *Harvard Business Review*, November 1987, https://hbr.org/1987/11/competing-on-the-eight-dimensions-of-quality.

46 Drew Harwell, »America's Best-Selling Cars and Trucks Are Built on Lies: The Rise of Fake Engine Noise«, *Washington Post*, 21. Januar 2015, https://www.washingtonpost.com/business/economy/americas-best-selling-cars-and-trucks-are-built-on-lies-the-rise-of-fake-engine-noise/2015/01/21/6db09a10-a0ba-11e4-b146-577832eafcb4_story.html.

47 Wohlgemerkt setzen nicht alle Unternehmen Zufriedenheitsdurchsatz auf dieselbe Weise ein. Luxuserlebnisse wie Fine Dining erfordern oftmals viel mehr Zeit (und kosten mehr) als die schnelle Mahlzeit in einem einfachen Lokal. Dass Kunden so viel Zeit und Aufmerksamkeit gewidmet wird, ist in diesen Fällen ein Qualitätssignal, das die Kundenzufriedenheit steigern und dem Kunden ein Gefühl von Bedeutung und sozialem Status vermitteln soll.

48 Vor der Erfindung der Druckerpresse wurden Bibeln von Mönchen in Klöstern kopiert und illuminiert (verziert und illustriert). Sie brauchten Jahre, um nur ein Exemplar fertigzustellen.

49 Kevin Kelly, »Better Than Free«, *The Technium* (Blog), 31. Januar 2008, https://kk.org/thetechnium/better-than-fre/.

50 Über Toyotas Rückrufmisere sprechen wir an anderer Stelle noch – im Abschnitt über das Automatisierungsparadoxon.

51 »2018–2019 CMI Annual Report«, Can Manufacturers Institute, aufgerufen am 27. Januar 2020, http://www.cancentral.com/sites/cancentral.com/files/public-documents/2018CMIAnnualReport.pdf.

52 Felix Richter, »The Terminal Decline of BlackBerry«, Statista, 26. Juni 2017, https://www.statista.com/chart/8180/blackberrys-smartphone-market-share.

53 Dr. Peter J. Meyers, »How Often Does Google Update Its Algorithm?«, *Moz* (Blog), 14. Mai 2019, https://moz.com/blog/how-often-does-google-update-its-algorithm.

54 Wenn Sie wissen möchten, wie das geht, empfehle ich Ihnen *Venture Deals* von Brad Feld und Jason Mendelson (Weinheim: Wiley-VCH, 2023).

55 James Carland et al, »Fraud: A Concomitant Cause of Small Business Failure«, *Entrepreneurial Executive* 6, 2001, http://citeSieherx.ist.psu.edu/viewdoc/download?doi=10.1.1.201.3276&rep=rep1&type=pdf#page=79.

56 Näheres über meine Methode des Krafttrainings finden Sie auf https://joshkaufman.net/strength-training-for-non-athletes/.

57 Ich verwende das Lichttherapiegerät GoLITE BLU von Philips und kann es wärmstens empfehlen. Es ist klein, hat viel Leuchtkraft, lässt sich gut mitnehmen und wirkt wahre Wunder.

58 Mehr über die Neurophysiologie des Gehirns finden Sie bei *Kluge: The Haphazard Construction of the Human Mind* von Gary F. Marcus (New York, NY: Houghton Mifflin Harcourt), 2008.

59 Suzanne McGee, »Go for Gold, Wind Up Broke: Why Olympic Athletes Worry About Money«, *Guardian*, 7. August 2016, https://www.theguardian.com/sport/2016/aug/07/olympic-games-rio-athletes-personal-finance-struggle; Charles Riley, »Olympians Face Financial Hardship«, *CNN Money*, 10. Juli 2012, https://money.cnn.com/2012/07/10/news/economy/olympic-athletes-financial/index.htm.

60 »Pedestrian Counts«, Times Square: The Official Website, aufgerufen am 24. Oktober 2019, https://www.timessquarenyc.org/do-business/market-research-data/pedestrian-counts.

61 Adam Hayes, »Dutch Tulip Bulb Market Bubble«, Investopedia, 25. Juni 2019, https://www.investopedia.com/terms/d/dutch_tulip_bulb_market_bubble.asp.

62 Adam Hayes, »Dotcom Bubble«, Investopedia, 25. Juni 2019, https://www.investopedia.com/terms/d/dotcom-bubble.asp

63 Jim Chappelow, »The Great Recession«, Investopedia, 25. Juli 2019, https://www.investopedia.com/terms/g/great-recession.asp.

64 Ich habe über die Jahre schon mit verschiedenen Anwendungen zum Sperren des Internets gearbeitet. Manche blockieren das gesamte Internet, andere lassen sich so konfigurieren, dass nur bestimmte Websites nach einem festgelegten Plan gesperrt werden. Bei der Arbeit an diesem Buch verwende ich den Cold Turkey Blocker (https://getcold turkey.com).

65 »The Pomodoro Technique«, Francesco Cirillo, aufgerufen am 24. Oktober 2019, http://www.pomodorotechnique.com/.

66 Karin Foerde et al., »Modulation of Competing Memory Systems by Distraction«, *Proceedings of the National Academy of Sciences of the United States of America 103*, Nr. 31 (1. August 2006), http://www.pnas.org/content/103/31/11778.abstract.

67 »Drivers on Cell Phones Are as Bad as Drunks«, University of Utah, 29. Juni 2006, https://archive.unews.utah.edu/news_releases/drivers-on-cell-phones-are-as-bad-as-drunks/.

68 »Maker's Schedule, Manager's Schedule«, Paul Graham, Juli 2009, http://www.paulgraham.com/makersschedule.html.

69 »The Emergent Task Planner«, David Seah, 20. Juli 2015, http://davidseah.com/pceo/etp.

70 Oren Harari, »Quotations from Chairman Powell: A Leadership Primer«, Gov Leaders.org, aufgerufen am 1. Dezember 2019, http://govleaders.org/powell.htm.

71 Vollständigen Einblick in mein persönliches Produktivitätssystem erhalten Sie in »Josh Kaufman's Personal Productivity System«, https://personalmba.com/resources/.

72 »The Autofocus Time Management System«, *Get Everything Done* (Blog), http://www.markforster.net/autofocus-system/.

73 Andrew Whalen, »›Behind the Curve‹ Ending: Flat Earthers Disprove themselves with Own Experiments in Netflix Documentary«, *Newsweek*, 15. Februar 2019, https://www.newsweek.com/behind-curve-netflix-ending-light-experiment-mark-sargent-documentary-movie-1343362.

74 Ein Beispiel dafür, wie ich das mache, finden Sie in »How to Track Your Time and Energy Cycles« auf https://personalmba.com/resources/.

75 Winston Churchill, *Zum Zeitvertreib* (Hamburg: Hoffmann und Campe, 2023), S. 5–7.

76 Beispiele dazu, wie Geld unglücklich machen kann, finden Sie in *Fables of Fortune: What Rich People Have That You Don't Want* von Richard Watts (Austin, TX: Emerald Book Company, 2012).

77 Joshua Wolf Shenk, »What Makes Us Happy?«, *Atlantic*, Juni 2009, http://www.theatlantic.com/magazine/archive/2009/06/what-makes-us-happy/7439/3/.

78 Derek Sheane, *Beyond Bureaucracy*, Organization Research, 1976. In der ersten Ausgabe dieses Buches wurde als Quelle für diese Liste Dr. Michael Sutcliffe von der University of Cambridge angegeben. Herzlichen Dank an Marina Murray für die Korrektur.

79 Kerry Patterson, Al Switzler, Joseph Grenny und Ron McMillan, *Heikle Gespräche. Worauf es ankommt, wenn viel auf dem Spiel steht* (Wien: LINDE VERLAG WIEN Ges.m.b.H., 2012), S. 142.

80 Shane Parrish, »The Trust Battery: My Interview with Shopify Founder Tobi Lütke«, in *The Knowledge Project*, Episode 41, Podcast, MP3 Audio, 1:45:56, http://fs.blog/tobi-lutke/.

81 Eine genauere Kontextanalyse des Milgram-Experiments einschließlich Audioaufnahmen der Experimente selbst hören Sie bei Jad Abumrad und Robert Krulwich, »The Bad Show«, 9. Januar 2012, in *Radiolab*, Podcast, MP3 Audio, 1:07:28, https://www.wnycstudios.org/story/180092-the-bad-show.

82 Mark Morgan Ford, »Lessons From a Persian Rug Merchant in Jaipur«, *Early to Rise* (Blog), 30. November 2007, http://w ww.earlytorise.com/2007/11/30/lessons-from-a-persian-rug-merchant-in-jaipur/.

83 Mike Bostock, Shan Carter und Archie Ise, »Is It Better to Rent or Buy?«, *New York Times*, http://www.nytimes.com/interactive/business/buy-rent-calculator.html.

84 Joel Spolsky, »The Management Team—Guest Post from Joel Spolsky«, *AVC* (Blog), 13. Februar 2012, http://www.avc.com/a_vc/2012/02/the-management-team-guest-post-from-joel-spolsky.html.

85 Ein Beispiel dafür, wie ich das mache, finden Sie in »Diagramming a Value Stream/Flowcharting a System« auf https://personalmba.com/resources/.

86 »WSJ.com Audience Profile«, Dow Jones & CO, Inc., aufgerufen am 4. Dezember 2019, https://images.dowjones.com/wp-content/uploads/sites/183/2018/05/09164150/WSJ.com-Audience-Profile.pdf.

87 Mon Chu Chen, John R. Anderson und Myeong Ho Sohn, »What Can a Mouse Cursor Tell Us More?: Correlation of Eye/Mouse Movements on Web Browsing«, CHIEA '01: CHI '01 Extended Abstracts on Human Factors in Computing Systems, März 2001, 281– 82, http://portal.acm.org/citation.cfm?id=634067.634234.

88 Rahul Chadha, »Nearly Half of US Households Are Now Amazon Prime Subscribers«, *eMarketer*, 26. Juni 2018, https://www.emarketer.com/content/nearly-half-of-us-households-are-now-amazon-prime-subscribers.

89 Lisanne Bainbridge, »Ironies of Automation«, Department of Psychology, University College London, 1983, http://www.bainbrdg.demon.co.uk/Papers/Ironies.html.

90 Atul Gawande, »The Checklist«, *New Yorker*, 2. Dezember 2007, http://www.newyorker.com/reporting/2007/12/10/071210fa_fact_gawande.

91 Die aktuelle Version meiner Liste mit Lektüreempfehlungen finden Sie auf https://personalmba.com/best-business-books/.

92 LoadImpact.com ist ein Dienst zum Austesten der Belastbarkeit für Websites, Internet- oder Handy-Apps oder Schnittstellen für die Anwendungsprogrammierung. Mithilfe solcher Tools lassen sich ohne Weiteres Hunderte (oder Tausende) von Besuchern gleichzeitig simulieren, sodass Sie Fehlern und Leistungsproblemen auf die Spur kommen, die das System verzeichnet, wenn es stark strapaziert wird.

93 Glücksspielautomaten werden auch als »einarmige Banditen« bezeichnet. Daher hat das »Banditen«-Problem seinen Namen. Ich kann Ihnen übrigens nicht empfehlen, Ihr Glück an einem Spielautomaten zu versuchen – Kasinos machen schließlich nicht ohne Grund Gewinn. Unter normalen Bedingungen gewinnt die Bank über längere Zeit immer. Sie können daher nur gewinnen, indem Sie gar nicht erst spielen. Nehmen wir für dieses Gedankenexperiment jedoch an, Sie könnten ohne Einsatz spielen – jedes Spiel würde Sie nur die Zeit kosten, die Sie brauchen, um den Hebel zu betätigen und das Ergebnis abzuwarten.

Register

Q

R

Über den Autor

Josh Kaufman ist Autor von Bestsellern über Wirtschaft, Unternehmergeist, Kompetenzerweiterung, Produktivität, Kreativität, angewandte Psychologie und praktische Intelligenz. Mit seiner Arbeit fokussiert er sich darauf, Menschen zu helfen, mehr Geld zu verdienen, mehr zu schaffen und mehr Freude am Leben zu haben – privat ebenso wie im Beruf.

Bevor Josh Kaufman PersonalMBA.com entwickelte, war er im Markenmanagement, in der Produktentwicklung und in der Marketingerfolgsmessung bei Procter & Gamble tätig. Dort lancierte er maßgebliche neue Produkte und arbeitete an einer Strategie zur Messung des Erfolgs von P&Gs globalem Onlinemarketing. Er lebt in Fort Collins im US-Bundesstaat Colorado.

Mehr dazu, worüber Josh Kaufman forscht und schreibt, erfahren Sie auf joshkaufman.net.